"十二五"国家重点图书
新能源法律与政策研究丛书
总主编　杨泽伟

中国—东盟
能源安全合作法律问题研究

谭民　著

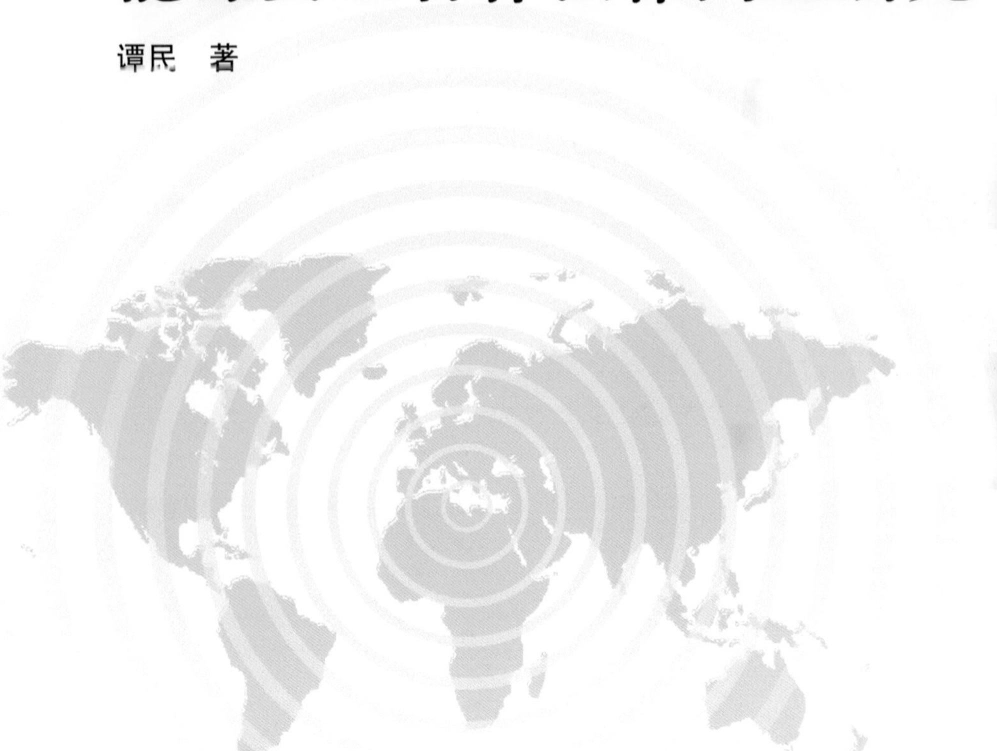

WUHAN UNIVERSITY PRESS
武汉大学出版社

图书在版编目(CIP)数据

中国 - 东盟能源安全合作法律问题研究/谭民著. —武汉：武汉大学出版社,2016. 10

新能源法律与政策研究丛书/杨泽伟总主编

“十二五”国家重点图书

ISBN 978-7-307-18527-2

Ⅰ. 中…　Ⅱ. 谭…　Ⅲ. ①能源竞技—经济安全—法律—研究—中国、东南亚国家联盟　②能源经济—经济合作—法律—研究—中国、东南亚国家联盟　Ⅳ. D996. 9

中国版本图书馆 CIP 数据核字(2016)第 195299 号

责任编辑:张　欣　　　责任校对:李孟潇　　　版式设计:马　佳

出版发行：**武汉大学出版社**　（430072　武昌　珞珈山）

（电子邮件：cbs22@ whu. edu. cn　网址：www. wdp. com. cn）

印刷:虎彩印艺股份有限公司

开本：720 × 1000　1/16　印张:35. 5　字数:512 千字　插页:1

版次:2016 年 10 月第 1 版　　2016 年 10 月第 1 次印刷

ISBN 978-7-307-18527-2　　定价:88. 00 元

国家社会科学基金青年项目（项目编号11XFX023）、国家社会科学基金重大项目“发达国家新能源法律与政策研究及中国的战略选择”（项目批准号为：09&ZD048）研究成果

总　序

新能源是一个广义的概念。它不但包括风能、太阳能、水能、核能、地热能和生物质能等可再生能源或清洁能源，而且包括通过新技术对传统化石能源的再利用，如从化石能源中提取氢、二甲醚和甲醇等。同时，能源资源的高效、综合利用以及节能等(如分布式能源、智能电网)，也为新能源体系中的重要组成部分。

进入21世纪以来，在能源需求增长、油价攀升和气候变化问题日益突出等因素的推动下，新能源再次引起世界各国的重视，掀起了新一轮发展高潮。特别是在2008年全球性金融危机的影响下，发展新能源已成为发达国家促进经济复苏和创造就业的重要举措。例如，美国推出了“绿”与“新”的能源新政，并在众议院通过了《2009年美国清洁能源与安全法》(American Clean Energy and Security Act 2009)；英国相继出台了《低碳转型计划》(The UK Low Carbon Transition Plan：National Strategy for Climate and Energy)、《2009年英国可再生能源战略》(UK Renewable Energy Strategy 2009)和《2010年英国能源法》(UK Energy Act 2010)；澳大利亚推出了《2010年可再生能源(电力)法》(Renewable Energy (Electricity) Act 2000)；欧洲议会也在2009年通过了《欧盟第三次能源改革方案》(它包括三个条例和两个指令)等，引起了世界各国的广泛关注。

面对世界能源体系向新能源系统的过渡和转变，中国作为世界第二大能源消费国，在国际石油市场不断强势震荡，中国国内石油、煤炭、电力资源供应日趋紧张的形势下，特别是在温室气体减排的国际压力不断加大的背景下，开发利用绿色环保的新能源，已经成为缓解制约中国能源发展瓶颈的当务之急。

因此，研究新能源法律与政策问题，在深入比较、借鉴分析欧美发达国家和地区新能源法律与政策的基础上，根据中国新能源产业和法律发展的现状，提出我国应如何发展新能源、提高能源使用效率、制定和实施新能源发展战略、构建新能源的法律与政策体系，无疑具有重要的现实意义。

其实，研究新能源法律与政策问题，也具有重要的理论价值。早在20世纪80年代初，国际能源法律问题，就引起了学界的关注。1984年，“国际律师协会能源与自然资源法分会”(International Bar Association Section on Energy and Natural Resources Law)就出版了一本名为《国际能源法》(International Energy Law)的著作。这或许是“国际能源法”一词的首次出现与运用。近些年来，包括能源安全、国际(新)能源法律与政策问题，更是受到国内外学者们的重视。① 国际能源法(International Energy Law)也有成为一个新的、特殊的国际法分支之势。可以说，国际能源法的兴起，突破了传统部门法的分野，是国际法发展的新突破。②

首先，国际能源法体现了当今经济全球化背景下部门法的界限日益模糊的客观事实。国际能源法作为一个特殊的国际法分支，它打破了传统部门法中被人为划定的界限，其实体规范包含了国际公法、国际经济法、国际环境法、国内能源法等部门法的一些具体内

① 英国邓迪大学“能源、石油和矿产法律与政策研究中心”沃尔德(Thomas W. Wälde)教授认为，国际能源法有狭义和广义之分：狭义的国际能源法是指调整国际法主体间有关能源活动的法律制度；而广义的国际能源法是指调整所有跨国间有关能源活动的法律制度，它由国际公法、国际经济法、比较能源法等部门法的一些内容所组成。See Thomas W. Wälde, *International Energy Law: Concepts, Context and Players*, available at http://www.dundee.ac.uk/cepmlp/journal/htm/vol9/vol9-21.html, last visit on April 9, 2011; Thomas W. Wälde, *International Energy Law and Policy*, in Cutler J. Cleveland Editor - in Chief, *Encyclopedia of Energy*, Vol. 3, Elsevier Inc. 2004, pp. 557-582.

② 参见杨泽伟：《国际能源法：国际法的一个新分支》，载《华冈法萃》(台湾)2008年第40期，第185~205页；杨泽伟著：《中国能源安全法律保障研究》，中国政法大学出版社2009年版，第226~245页。

容。因此，它不是任何一个传统法律部门所能涵盖的。国际能源法的这一特点也是经济全球化的客观要求。

其次，国际能源法反映了国际法与国内法相互渗透、相互转化和相互影响的发展趋势。例如，国际能源法和国内能源法虽然是两个不同的法律体系，但由于国内能源法的制定者和国际能源法的制定者都是国家，因此这两个体系之间有着密切的联系，彼此不是互相对立而是互相渗透和互相补充的。一方面，国际能源法的部分内容来源于国内能源法，如一些国际能源公约的制定就参考了某些国家能源法的规定，国内能源法还是国际能源法的渊源之一。另一方面，国内能源法的制定一般也参照国际能源公约的有关规定，从而使与该国承担的国际义务相一致。此外，国际能源法有助于各国国内能源法的趋同与完善。

最后，国际能源法印证了"国际法不成体系"或曰"碎片化"（Fragmentation of International Law）的时代潮流。近些年来，国际法发展呈两种态势：一方面，国际法的调整范围不断扩大，国际法的发展日益多样化；另一方面，在国际法的一些领域或一些分支，出现了各种专门的和相对自治的规则和规则复合体。因此，国际法"不成体系成为一种现象"。国际能源法的产生和发展，就是其中一例。

为了进一步推动中国新能源法律与政策问题的研究，2009 年 9 月，全国哲学社会科学规划办公室以"美、日等西方国家新能源政策跟踪研究及我国新能源产业发展战略"作为国家社科基金重大项目，面向全国招标。在武汉大学国际法研究所的大力支持下，我以首席专家的身份，组织国家发展与改革委员会、国务院法制办、外交部、中国能源法研究会、煤炭信息研究院法律研究所、湖南省高级人民法院、中国人民大学、华北电力大学、北京理工大学、中南财经政法大学、郑州大学、辽宁大学、英国邓迪大学"能源、石油和矿产法律与政策研究中心"（Centre for Energy, Petroleum and Mineral Law & Policy）等国内外一些研究新能源问题的学者和实务部门的专家，成功申报了国家社科基金重大招标项目"发达国家新能源法律政策研究及中国的战略选择"，并获准立项。经过近几年的潜心研究，我们推出了《新能源法律与政策研究丛书》，作为该项目的阶段性研究成果之一。

《新能源法律与政策研究丛书》以21世纪以来国际能源关系的发展为背景，从新能源涉及的主要法律与政策问题入手，兼用法学与政治学的研究方法，探讨发达国家和地区新能源的最新立法特点、发展趋势、政策取向及其对中国的启示，阐明中国新能源发展过程中的法律问题，提出完善中国新能源法律制度的若干建议等。

由于新能源法律与政策问题，是法学、特别是国际法学很少涉足的领域，加上我们研究水平的限制，因此《新能源法律与政策研究丛书》必然会存在诸多不足之处，请读者不吝指正。

杨泽伟①

2011年6月

于武汉大学国际法研究所

① 武汉大学珞珈杰出学者、法学博士、博士生导师、国家社科基金重大招标项目"发达国家新能源法律政策研究及中国的战略选择"首席专家。

目录

引　言

能源安全合作是指能源出口国、进口国和过境国为了使各自的能源供应、需求、运输、使用等方面处于没有危险、忧虑、恐惧和不确定性的状态而进行的国际合作，合作领域涵盖贸易、投资、运输通道安全维护等各个方面。国际能源安全合作是保障一国能源安全的有效手段。① 能源资源在地理上的分布不均以及各国经济实力、科技水平的差异，是导致国际能源合作最主要的原因。

中国能源安全如今遭受重大挑战，尤其是石油和天然气，严重依赖进口，2014 年中国石油对外依存度已高达 59.5%，② 因此确保能源安全已成为中国当前面临的现实问题。法律制度层面的滞后和准备不充分被认为是导致中国能源安全危机的主要原因之一。③ 而一国能源安全体系的法律制度包括国内法和国际法两个部分，因此，要建立完善的中国能源法律制度，确保中国的能源安全，既要加强国内法制建设，也要积极参与国际法制创建。开展国际能源安全合作，参与能源安全国际法制的创建，是构建、完善中国能源法律制度的应有内容。

从 20 世纪 90 年代开始，中国就已经认识到国际能源安全合作的重要性。在 1993 年成为石油净进口国之后，中国逐渐加强了在

① 参见岳树梅：《国际能源合作法律问题研究》，西南政法大学 2007 年博士论文，第 156 页。

② 参见冉永平：《去年表观消费量超 5.18 亿吨 我国石油对外依存度近 60%》，载《人民日报》2015 年 1 月 29 日，第 2 版。

③ 参见黄进：《中国能源安全问题研究——法律与政策分析》，武汉大学出版社 2008 年版，序言部分。

国际能源贸易领域的合作，目前已成为世界上最大的原油进口国。① 并且在20世纪90年代末，中国提出了“走出去”的战略口号，开始加大能源投资在国际能源合作中的比重，中国的大型能源企业、工程企业如今已参与了超过100个的海外能源项目勘探、开发、施工、建设等活动。

中国目前已加入了多个双边及多边能源合作机制，如中国与美国、欧盟、日本、俄罗斯、哈萨克斯坦、土库曼斯坦、乌兹别克斯坦、巴西、阿根廷、委内瑞拉等国家和地区建立的双边能源对话与合作机制，以及中国作为正式成员的亚太经济合作组织能源工作组、世界能源理事会、国际能源论坛、上海合作组织、二十国集团等多边能源合作组织和机制。

中国与多个国家签订了内容和性质不同的能源合作协议，② 还在40多个双边条约、协定、声明、议定书、联合公报和宣言中不同程度地提及了国际能源合作问题。与此同时，中国的能源企业还和国外的相关企业、机构签订了不少非官方性质的能源协议、安排、备忘录等文件。③ 这显示了中国积极参与创建能源安全国际法制、解决中国能源安全问题的决心。

① See British Petroleum Company, BP Statistical Review of World Energy, June 2013, 2014.

② 主要的能源协议包括：1993年《中国化工部和墨西哥能源矿产部间合作协议》、1996年《中俄关于共同开展能源领域合作的协定》、1997年《中哈关于在石油天然气领域合作的协议》、2000年《中美化石能合作议定书》、2005年《中安(哥拉)能源、矿产资源和基础设施领域合作协定》、2006年《中国国家发展和改革委员会与巴基斯坦石油和自然资源部关于能源领域合作框架协议》、2006年《中印石油、天然气领域合作谅解备忘录》、2006年《中、印、日、韩、美联合能源声明》、2007年《中国国家发展和改革委员会和美国能源部关于工业能源有效合作的备忘录》、2009年《中缅关于建设原油和天然气管道的政府协议》。

③ 例如《振华石油控股有限公司和巴基斯坦石油资源部关于授予巴斯卡和东巴哈瓦普尔区块勘探许可证的协议》、《中国石油天然气集团公司与俄罗斯天然气工业股份公司关于从俄罗斯向中国供应天然气的谅解备忘录》、《中国石油天然气集团公司参股外布劳思天然气勘探项目区快转让协议》等。

东盟是当前中国能源进口的重要来源地、能源企业实施“走出去”战略的重要目的地和能源运输的必经之地。与东盟及其成员国开展能源安全合作，对于中国而言，具有特殊的重要意义。

首先，可实现资源的优势互补，保障中国的能源供应安全。中国能源资源总量丰富，但由于人口众多，导致人均资源拥有量在世界上处于较低水平。其中，石油和天然气的人均资源拥有量仅为世界平均值的5.4%和7.5%，即便是储量最为丰富的煤炭和水力资源，人均拥有量仍只相当于世界平均值的67%和50%。① 东盟地区能源资源储量丰富，其天然气资源、水力资源储量和地热资源均位居世界前列；更为重要的是，东盟地区的能源资源具有很大的开发潜力。② 与东盟成员国开展国际能源贸易合作，将其较为丰富的石油和天然气输入中国，可以缓解中国当前的能源需求困境。同时，中国也可向东盟成员国输出在产量、质量方面占有优势的煤炭、水电，由此实现双方的资源优势互补，保障中国的能源供应安全。

其次，经济、科技水平存在差异，有利于中国能源资金和技术的输出。整体而言，东盟成员国的经济实力和科技水平较低，勘探开发陆地、海上能源资源的能力有限。而中国在能源科技方面的整体优势较为明显，如石油天然气工业、煤炭工业的开发技术已经比较成熟，电站建设水平位于世界前列，对新能源的利用也具有十分丰富的经验。同时，经过改革开放以来快速持续的经济发展，中国已积累了大量的资金，完全具备对外输出的能力。东盟成员国经济、科技水平相对落后，在能源勘探开发、加工冶炼、基础设施建设等方面迫切需要外界的帮助，这就为中国的能源资金和技术提供了一个十分广阔的市场。因此，与东盟成员国开展国际能源投资合作，一方面可从长远利益上保障中国的能源供应安全，另一方面也

① 参见中国国务院新闻办公室：《中国的能源状况与政策》，2007年12月26日发布；《中国的能源政策(2012)》，2012年10月24日发布。

② See British Petroleum Company, BP Statistical Review of World Energy, June 2013; Asian Development Bank, Myanmar: Energy Sector Initial Assessment, October 2012; World Energy Council, 2010 Survey of Energy Resources, 2010.

可有效利用中国规模庞大的外汇储备。

最后，地缘优势明显，可保障中国的能源运输安全。东盟地区战略位置重要，不仅在地理上与中国毗邻，而且是连接太平洋和印度洋的交通要道。东盟还是中国能源运输的必经之地：作为中国能源进口咽喉的马六甲海峡即由东盟成员国新加坡、马来西亚和印度尼西亚所控制；已于2013年10月20日全线贯通的中缅天然气管道和于2015年完工运营的中缅原油管道，以及极具潜在能源运输用途的“泛亚铁路”(昆明至新加坡)，主要路线均位于东盟成员国境内。因此，与东盟成员国开展国际能源运输合作，利用东盟国家的地缘优势，可以降低中国能源运输的成本和风险，保障中国的能源运输安全。

然而，中国与东盟及其成员国的国际能源安全合作目前尚处于初级阶段，相关的法律制度并不完善。专门性的能源安全合作机制只有中菲越南海油气资源共同开发制度、东盟与中日韩的“10+3能源部长级会议”和中印(尼)能源论坛，前者属于能源企业之间的合作，因此法律层次较低，后两者均属于对话机制，只是表明政府之间的合作意向，并未附加具体的权利义务，因此作用有限。

中国与东盟及其成员国能源安全合作的法律制度，更多地体现在一些共同参与的综合性的多边与双边合作机制当中。这些综合性的合作机制，既有普遍性的WTO、ICSID、MIGA，也有区域性的APEC和中国—东盟自由贸易区，还有次区域性的大湄公河次区域经济合作，以及为数众多的双边协定。这些综合性机制确实也为中国与东盟成员国在能源贸易和能源投资等方面的合作，提供了一定的制度框架。但是，由于未对能源方面的合作加以专门考虑，存在调整范围过宽、效率低下等缺陷，不能起到应有的能源安全保障作用。

目前，只有“GMS经济合作”框架下的GMS电力贸易合作，以及中缅两国之间的油气管道合作，属于中国与东盟成员国之间的专门性能源安全合作法律机制。《GMS政府间电力贸易协定》等电力贸易合作协议，为中国与部分东盟成员国在电力贸易方面的合作提供了规则约束；《中缅油气管道协议》为中国和缅甸在原油“过境运输”和天然气“跨境运输”①方面的合作提供了国际法层面的制度铺垫。但这两个专门性法律机制由于参与国数量有限，不具有普遍性，前者只能约束中国和 GMS 地区的 5 个东盟成员国，后者只能约束中缅两国；而且调整的领域缺乏整体性，分别只局限于电力贸易和油气运输。

同时，经过仔细分析，我们可以发现中国与东盟成员国的能源安全合作现有法律制度也存在诸多不足之处，如能源产品的出口限制行为突出、能源服务的准入障碍严重、对东道国能源投资准入管辖权的控制不足、东道国对外国投资者的一些利益剥夺行为未能引起充分重视。因此，本书的主要任务就是将中国与东盟成员国的能源安全合作法律制度进行体系化归纳，并对其中存在的法律问题进行辨析，希望找到合适的解决途径。

① 参见杨振发：《中缅油气管道运输的若干国际法律问题》，载《昆明理工大学学报(社会科学版)》2011 年第 4 期，第 16~21 页。

第一章　中国—东盟能源安全合作的意义及现状

第一节　中国—东盟能源安全合作概述

一、能源与能源安全

（一）能源

1. 能源的概念和种类

能源，即能量的源泉，是指可以直接或经转换为人类提供所需能量的各种载能体资源①，包括原煤、原油、天然气、煤层气、水能、核能、风能、太阳能、地热能、生物质能、电力、热力、成品油、焦炭等。能源是经济的命脉，是社会发展、人类日常生活、国家安全和全球稳定不可缺少的物质基础。②

能源种类繁多，根据不同的标准，可将能源划分为不同的类型，如一次能源与二次能源，可再生能源与非再生能源，传统能源与新能源。一次能源是直接从自然界取得的、未经加工的能源，如太阳能、原煤、原油、天然气、水能等；二次能源是指一次能源经过加工、转换得到的能源，如电力、成品油、焦炭等。可再生能源

---

① 参见王庆一：《能源词典（第二版）》，中国石化出版社2005年版，第1页。

② See William Martin and Evan Harrje, The International Energy Agency, in Jan Kallicki & David Goldwyn ed., Energy and Security: Toward a New Foreign Policy Strategy. The Johns Hopkins University Press, 2005, p. 97.

是指可供人们取之不尽的一次能源，包括太阳能、水能、风能、潮汐能等；非再生能源是指化石能源，包括煤炭、石油、天然气等。传统能源也叫常规能源，是指已经被广泛利用的煤炭、石油、天然气、水能等能源；新能源是指在新技术基础上加以开发利用的可再生能源，如太阳能、风能、生物质能、海洋能、地热能、氢能等。

2. 世界能源的分布状况

世界范围内能源的分布极不均衡，尤其是化石能源，过于集中在少数国家和地区，造成了其他国家或地区的资源短缺。其中，石油主要集中在中东、中南美洲、俄罗斯与中亚四国(阿塞拜疆、哈萨克斯坦、土库曼斯坦、乌兹别克斯坦，下同)和非洲。天然气主要集中在中东和中亚五国。煤炭则主要集中在美国、俄罗斯、中国、澳大利亚、印度、南非、德国、哈萨克斯坦、乌克兰等 9 个国家。

根据英国石油公司(British Petroleum Company, BP)2015 年的统计数据显示：到 2014 年底为止，全世界探明石油储量为 2398 亿吨，中东、中南美洲、中亚五国和非洲分别占 45.7%(1097 亿吨)、21.4%(512 亿吨)、7.96%(191 亿吨)和 7.13%(171 亿吨)；全世界探明天然气储量为 187.1 万亿 m^3，中东和中亚五国分别占 42.7%(79.8 万亿 m^3)和 28.8%(53.9 万亿 m^3)；全世界探明煤炭储量为 8915.31 亿吨，美国、俄罗斯、中国和澳大利亚分别占 26.6%(2372.95 亿吨)、17.6%(1570.1 亿吨)、12.8%(1145 亿吨)和 8.6%(764 亿吨)。①

北美、欧盟和亚太则是目前世界上三大能源消费区。根据 2015 年 BP 的统计数据显示：2014 年，上述三个地区的石油消费量占世界总量的 72.4%(30.49 亿吨)，天然气消费量占世界总量的 60.1%(2.04 万亿 m^3)，煤炭消费量占世界总量的 90.3%(3610.1 百万吨油当量)。与此同时，这三个地区的石油生产量占世界总量的 33.2%(14.01 亿吨)，天然气生产量占世界总量的 49.7%(1.72

① See British Petroleum Company, BP Statistical Review of World Energy, June 2015.

万亿 m^3），煤炭生产量占世界总量的 86.8%（3414.28 百万吨油当量）。①

由此可见，世界能源储藏和消费地区呈现出分离的状态。作为全球经济实力最强、经济发展速度最快的北美、欧盟和亚太地区，是能源消费的绝对大户，但其能源生产量不足，尤其是石油，需要大量进口以填补空缺。其中，亚太地区人口数量世界第一，该地区不仅存在中国、印度这样的人口大国，还有日本、韩国这样的工业强国，能源需求十分旺盛，2010 年中国已超过美国成为世界上最大的能源消费国，② 然而该地区的油气资源储量不足，到 2014 年底为止，石油和天然气的探明储量仅占世界的 2.5%和 8.2%③，油气紧缺问题十分严重。

（二）能源安全

能源安全（Energy Security）是当前的一个全球性热门话题，但如何对其进行界定，学界存在较大分歧，正如英国剑桥能源研究会主席丹尼尔·耶金（Daniel Yergin）所认识的那样："虽然能源安全的重要性越来越成为全球的共识，但各国的理解却很不相同。"④

1. 能源安全的本质——非传统安全

非传统安全（Non-Traditional Security），也称非常规安全、非传统威胁、新安全，是冷战后西方学界提出并广泛应用的一个概念，是指对主权国家及人类整体生存与发展构成威胁的除军事、政治和外交冲突之外的那些因素。⑤

① See British Petroleum Company, BP Statistical Review of World Energy, June 2015.

② See British Petroleum Company, BP Statistical Review of World Energy, June 2011.

③ See British Petroleum Company, BP Statistical Review of World Energy, June 2015.

④ See Daniel Yergin, What Does 'Energy Security' Really Mean? Wall Street Journal, 11 July 2006.

⑤ 参见王秀梅：《论非传统安全与国际合作原则》，载《世界经济与政治》2005 年第 7 期，第 66 页。

非传统安全的内涵十分广泛，主要包括：金融安全、生态安全、信息安全、资源安全、能源安全、粮食安全、恐怖主义、武器扩散、跨国犯罪、疾病蔓延、非法移民，等等。非传统安全的主要特点是：跨国性、不确定性、转化性和协作性。跨国性是指非传统安全带来的威胁跨越国境；不确定性是指非传统安全的威胁者既可以是主权国家，也可以是非国家行为体；转化性是指非传统安全与传统安全之间没有绝对的界限，前者可向后者转化；协作性是指只有通过国际合作才能将非传统安全可能造成的损害减少到最低程度。

能源安全属于非传统安全范畴。能源安全问题所产生的影响往往跨越一国边界。能源是国民经济和日常生活必须的物资基础，各国的能源资源禀赋不同，如果能源进口国与能源出口国之间不展开合作，不仅前者无法维持国内社会系统的正常运转，从而给周边国家甚至整个国际社会带来压力，而且后者自己的利益也会受到损害。对能源安全产生影响的不仅有主权国家，还有国际组织、跨国能源企业等非国家行为体。国家在维护能源安全方面发挥着最为重要的作用，这是由国际社会的基本性质所决定的，但除了国家之外，国际组织和跨国能源企业等非国家行为体也对能源安全发挥着巨大的影响。国际组织是国际社会的重要成员，可以在更广阔的范围内协调各国在能源安全方面的利益。跨国能源企业在保障能源安全方面的作用也不容忽视，它们财力雄厚、技术先进，可以克服资源国在能源勘探开发方面遇到的资金和技术困难，有利于维护能源安全。虽然能源安全是非传统安全问题，但在一定条件下也可以向传统安全转变。由于能源资源的匮乏和分布不均，为确保本国的能源安全，各国在全球展开激烈的竞争，甚至可引发战争，可以说在一定程度上，战争史就是一部能源争夺史，阿富汗战争、伊拉克战争，皆是如此。因此，只有通过善意、真诚的国际合作，才能有效确保国家的能源安全，才能使国际社会处于和谐稳定的状态。

2. 能源安全的内涵

(1)演变中的能源安全观。

能源安全是多维度的概念，其内涵随着主体、视角、对象的不同而有所差异。对于俄罗斯这样的能源出口国而言，能源安全主要是获得通往市场和消费者的充足和稳定的渠道，以及确认未来投资的正当合理性并使国家利益最大化；而对日本这样的能源进口国来说，能源安全主要指以合理的价格得到充足、稳定的能源供应。同样是能源进口国，对于西欧国家而言，能源安全主要是天然气的供应安全；而对美国来说，保障石油的供应或许更为重要。

能源安全也是一个动态、发展的概念。① 能源安全以前只限于进口国，仅指能源供应安全，如今还涉及出口国，包含了能源需求安全。② 随着科学技术的发展和全球化进程的加快，国际社会的环境保护意识增强，出现了能源使用安全的概念，因此能源安全又增加了使用安全的内容。③ 能源安全最初只涉及国家，现在非国家行为体在能源安全方面发挥着越来越重要的作用。而且，能源安全也已从初期的石油安全，发展到如今的天然气安全、水能安全、核能安全等。

(2)能源安全的具体内容。

我们认为，能源安全是国家在能源供应、能源需求、能源运输、能源使用等方面没有危险、忧虑、恐惧和不确定性的状态，具体应包括以下内容：

①能源供应安全。

能源供应安全(Energy Supply Security)是指一国可用稳定合理的价格持续不断地获得充足的能源产品以满足其国内需求。④ 能源

① See John V. Mitchell, Energy Supply Security: Changes in Concepts, Text of Presentation to the Sminare Europen sur la Scurited Approvisionnment Energtique, Ministry of Economy, Finance and Industry, Paris, November 2000, p. 1.

② See Arne Walther, The International Energy Forum and Energy Security & Stability, in H. Mcpherson et al. eds., Emergency Threats to Energy Security and Stability, Springer Netherlands, 2005, p. 77.

③ 参见杨泽伟：《中国能源安全法律保障研究》，中国政法大学出版社2009年版，第4页。

④ 参见杨泽伟：《中国能源安全法律保障研究》，中国政法大学出版社2009年版，第5页。

供应安全主要包括两方面内容：充足的能源供应量与合理的购买价格。充足的能源供应量是指能源消费国获得的能源产品在数量和质量上能够满足其国内社会的需要。合理的购买价格是指能源消费国为获取能源产品所支付的价款是基于公平贸易的原则所形成，并在合理的范围内进行浮动。

②能源需求安全。

能源需求安全(Energy Demand Security)是指一国在国家利益最大化的基础上，获得通往能源市场和消费者的充足和稳定的渠道。能源需求安全主要是针对能源出口国而言，包括两方面内容：充足稳定的消费市场和国家利益的最大化。充足稳定的消费市场是指能源出口国所生产的用于出口的能源产品能够被能源进口国悉数购买。国家利益最大化是指能源出口国出口其能源产品，必须能够使其国家利益得到最大程度的满足。

③能源运输安全。

能源运输安全(Energy Transport Security)是指一国可平稳安全地将能源产品从出口始发地运送至进口目的地。能源运输安全通常包括运输路线安全、运输工具安全、承运份额安全等方面内容。①运输路线安全是指能源运输所经由的地理位置能够确保运输工具和能源产品的完好状态。运输工具安全是指能源运输所使用的载货工具能够适应于相关能源产品和运输路线的物理和地理特征。承运份额安全是指在能源运输中本国船舶的承运份额必须得到一定程度的保障。

④能源使用安全。

能源使用安全(Energy Use Security)是指能源的消费和使用不对人类自身的生存与发展构成任何威胁。② 能源使用安全的内容主要包括两个方面：能源使用效率和能源环境保护。能源使用效率是

① 参见孙晓蕾、王永锋：《浅析我国石油进口运输布局与运输安全》，载《中国能源》2007年第5期，第17~44页。

② 参见中关村国际环保产业促进中心：《谁能驱动中国——世界能源危机和中国方略》，人民出版社2006年版，第44页。

指能源的利用必须符合经济效益最大化的原则，提高单位资源产出效率，降低单位产值能耗比。能源环境保护是指在能源开发、利用的过程中尽最大努力减少对环境的不利影响。①

3. 能源安全问题产生的主要原因

(1)能源资源的稀缺及分布不均。

前已述及，能源资源在地理上的分布极不均衡，多数资源集中在少数国家和地区。这种现象导致许多国家需要利用他国的能源来填补本国的供需缺口，即便是一些能源生产大国，由于其能源消费量大于生产量，也不得不利用他国能源来满足自身的需求。但是，他国的能源供应可能会因为自然灾害、社会动荡、武装冲突等原因受到阻碍，从而对本国能源安全造成不利影响。

(2)长距离运输的风险。

能源资源在地理上的分布不均，导致国际能源贸易产生，即消费国向生产国购买能源产品，以满足本国经济、社会发展需要。国际能源贸易必然离不开运输，而且通常是大规模、长距离的运输。在长距离运输过程中，由于货物长时间处于第三方的控制之下，再加上运输工具和运输方式所固有的安全隐患，运输过程中货物毁损灭失的风险增大，从而对进口国的能源供应造成不利影响。

(3)国际政治因素的影响。

能源产品并非普通的商品，而是极其重要的战略物资。能源资源的稀缺及分布不均的特点，使得能源消费国为了保障本国的能源供应，在全球范围内展开激烈竞争。这种竞争通常表现为外交谈判、政治协作，严重者可引发战争。历史上，因能源问题而爆发战争和武装冲突，不乏先例。可以说，在一定意义上，现代战争史就是一部能源争夺史。② 第二次世界大战、第四次中东战争、两伊战争、海湾战争、阿富汗战争、伊拉克战争等，均与能源安全存在密

---

① 参见杨泽伟：《中国能源安全法律保障研究》，中国政法大学出版社2009年版，第5页。

② 参见[美]丹尼尔·耶金：《石油风云》，上海译文出版社1997年版，第78页。

切联系。

(4)科技水平和经济实力的限制。

能源的重要性已众所皆知，但要将埋藏于地下或蕴藏于其他物质中的能源资源变为可直接或间接使用的能源产品，并非简单易事，这通常需要较高的科技水平和大量的资金投入。例如，能源的勘探开发，尤其是深海资源的开发、复杂地块的勘探以及新能源的利用，需要先进的技术和设备作为支撑。同样，能源的生产、冶炼、运输、存储、分销等环节也离不开先进设备的使用和大量的资金投入。大多数发展中国家，甚至包括一些发达国家，由于经济实力和科技水平有限，仅仅依靠本国的力量无法充分确保自身的能源安全。

4. 能源安全的实现方式和保障手段

(1)能源安全的实现方式。

一国要确保能源安全，必须从两个方面着手：在国内层面上，要加强制度建设，通过经济、科技、政治、法律等各种手段的综合运用，勘探开发更多的能源资源，进一步优化能源消费结构，提高能源使用效率，减少能源生产和消费对环境造成的不利影响；在国际层面上，要积极开展国际合作，采取经济、政治、外交、军事、法律等多种方法，实现能源产品进口来源地多样化，保障能源运输通道畅通无阻，提高国际能源贸易中的谈判实力，保护投资者的海外能源投资利益。

①加强国内制度建设。

能源安全首先与一国的国内制度有关。一国的经济、科技、政治、法律等制度在保障能源安全方面发挥着重要的作用。具体而言，要确保能源安全，一国在国内应当做到以下几点：建立和完善能源的战略储备体系；鼓励研发新的能源技术，推进节能增效，积极开发新能源；调整、优化能源的消费结构，实现能源消费结构的多样化；转变经济发展模式，促进能源与环境的协调发展。

②积极开展国际合作。

能源安全也与国际社会存在密切联系。能源安全属于非传统安全问题，其影响及后果跨越一国边界，单凭国家自身的力量，无法妥善解决。因此，开展双边或多边合作是保障能源安全的必由之路。能源资源在地理上的分布不均以及各国经济实力、科技水平的差异，是导致国际能源安全合作最主要的原因。而且，国际能源安全合作也被普遍认为是保障一国能源安全的有效手段。国际能源安全合作种类繁多(既有出口国之间的合作，也有进口国之间的合作，还有出口国和进口国之间的合作)，层次各异(既有国家之间的合作，也有国家与国际组织之间的合作，还有国家与跨国能源企业之间的合作)、内容丰富(既有能源贸易领域的合作，也有能源投资领域的合作，还有能源运输领域的合作)，不同的国家可针对自身特点寻找最佳的合作方式。

(2)能源安全的保障手段。

能源安全的保障手段是指能够维护国家能源安全的一切方法和措施，主要包括军事手段、外交手段、经济手段、法律手段等。

①军事手段。

军事手段是使用武装力量维护国家利益的方式，它对保障一国能源安全具有十分重要的意义。能源安全在很多方面需要军事力量的支持。一些能源生产国国内政局动荡，民族分裂势力强大，能源进口国加强与这些能源生产国的军事合作，可以更好地保障本国的能源供应安全。此外，能源产品在运输过程中极易成为反政府武装、叛乱团体、海盗、恐怖主义分子的攻击目标，用军事手段提供保护也很有必要。现实中，不少国家采用军事手段保障自身的能源安全。使用武装力量保障本国能源安全最具代表性的国家是美国。美国不仅长期在世界重要的能源产地和运输通道保持军事存在，甚至不惜发动战争来维护本国的能源供应安全，1991 年的海湾战争、2001 年的阿富汗战争、2003 年的伊拉克战争等，均是美国实现其能源安全战略所采取的军事行动。除美国之外，西欧国家、日本、印度、澳大利亚等国也纷纷效仿美国，实施以武力确保其能源供应的战略。

②外交手段。

外交手段是派遣外交代表进行对外交往以实现国家目的的方

式，它是保障一国能源安全最常用的方法。① 能源领域的外交通称“能源外交”，其特点是以政府的外交部门、对外经贸部门和能源部门为主，并辅之以实力雄厚的能源公司。② 能源外交的方式与手段除了传统的双边和多边谈判之外，还有禁运、制裁等专门的措施和工具。③

能源外交谈判十分重视战略协作，尽管各国在能源领域存在利益分歧，但为了共同的目标，他们通常会结成利益同盟，以增加自己的谈判实力。禁运是指能源出口国或国际组织为了达到某种政治或经济目的，对能源进口国采取的中断能源供应的行为。④ 1973年第4次中东战争爆发后，阿拉伯石油输出国组织为了支持埃及，就对按其标准划分的“不友好”国家实施了石油禁运，沉重打击了殖民主义的嚣张气焰。制裁是指国际组织或国家为达到某种政治或经济目的，对其他国家实施的非武力强制措施。美国在能源外交中就经常使用制裁这一手段。1996年，美国国会通过对伊朗和利比亚进行制裁的“达马托”法案，禁止美国和外国公司向这两个国家的油气工业投资，违者将予以处罚。

③经济手段。

经济手段是通过经济合作或经济援助来贯彻国家对外政策的方式，它是保障一国能源安全的重要方法。⑤ 能源安全的部分内容(如能源贸易、能源投资)与国际经济合作存在密切联系，因此在制定双边或多边经济合作协议时，加入能源安全的保障条款，似乎

① 参见[俄]日兹宁：《国际能源政治与外交》，华东师范大学出版社2005年版，第59页。

② 参见[俄]日兹宁：《俄罗斯能源外交》，人民出版社2006年版，第31页。

③ 参见[俄]日兹宁：《国际能源政治与外交》，华东师范大学出版社2005年版，第59~70页。

④ 参见[俄]日兹宁：《俄罗斯能源外交》，人民出版社2006年版，第435~440页。

⑤ 参见杨泽伟：《中国能源安全法律保障研究》，中国政法大学出版社2009年版，第13页。

是一个一举两得的做法。1994年美国与加拿大、墨西哥签订的《北美自由贸易协定》就采用了这种方式，该协定有效地保障了美国的能源供应安全。一些国家还通过对资源丰富或地理位置重要但缺乏资金的国家提供经济方面援助的方式来维护自己的能源安全。日本是采用这种做法较有代表性的国家。由于本国能源资源极度匮乏，日本为保障其能源供应安全，对能源资源大国和海上通道关键国家提供了大量的技术、资金和设备支持，2002年，日本以提供资金援助为条件介入中国和俄罗斯的能源安全合作，成功迫使当时几乎已经确定的"安大线"输油管道改道。此外，日本还长期向马六甲海峡的沿岸国提供用于海峡维护的资金和设备，以保证其能源进口的运输安全。

④法律手段。

法律手段是通过制定法律、遵守法律、并对违法行为进行惩处，从而维护一国利益的方式。法律手段对于保障一国能源安全具有特殊的意义。用法律手段保障国家能源安全，其最大的优点在于具有较强的确定性和拘束力。法律以权利义务为主要内容，通过发挥行为规范和审判规范两方面的作用来达到维持和恢复社会秩序的目的，国内法如此，国际法亦然。① 并且，法律通常以正式、规范化的表现形式对外予以公布，具有较强的透明度和可预期性。

国际法对国家具有拘束力，这种拘束力来自于国家的同意。将政府之间通过外交谈判达成的合意以法律形式固定下来，不仅可以使权利义务明确化，同时也有利于为进一步合作提供谈判基础。国际实践表明，各国不仅明确承认国际法的拘束力，还经常性地自觉遵守国际法。② 目前，没有任何国家公开声明国际法不是法律，相反，违反国际法的国家往往想方设法寻找种种理论上的依据，用以

① 参见[日]寺泽一、山本草二：《国际法基础》，中国人民大学出版社1983年版，第15页。

② See Peter Malanczuk, Akehurst's Modern Introduction to International Law, Routledge, 1977, p. 6.

证明其行为的合法性。① 虽然国际社会的“平行式”结构导致了国际法较弱的执行力，但各国为了自身的声誉和利益，绝大多数情况下仍会履行国际法的义务。② 总而言之，只有遵循国际法，国家间的交往与联系才能正常有序进行。

二、国际能源安全合作

(一)国际能源安全合作的概念

国际能源安全合作，即在能源领域开展的国际合作，具体是指能源出口国、能源进口国和能源过境国为了使各自的能源供应、能源需求、能源运输、能源使用等处于没有危险、忧虑、恐惧和不确定性的状态而在各个领域进行的国际合作。

(二)国际能源安全合作的特征

1. 合作的主体

国际能源安全合作的主体是国家和国际组织。虽然跨国公司、非政府国际组织等非国家行为体在国际能源安全合作中发挥着越来越重要的作用，但限于篇幅，我们将不对其进行讨论。

国家是国际法的基本主体，也是国际能源安全合作的基本主体。作为国际能源安全合作主体的国家，包括能源出口国、能源进口国和能源过境国，它们在国际能源安全合作中发挥着最为重要的作用。

国际组织是国际法的重要主体，并且从数量上看，已远远超过了主权国家，它也是国际能源合作的重要主体。在国际能源安全合作中，国际组织发挥着单个主权国家无法企及的重要作用。目前，能源安全合作领域的国际组织主要可分为三类：(1)能源出口国之间的国际组织，如石油输出国组织；(2)能源进口国之间的国际组织，如国际能源机构；(3)能源出口国和能源进口国共同参与的综合性组织，如能源宪章条约组织。

---

① 参见梁西：《国际法》，武汉大学出版社2003年版，第8页。

② 参见[英]阿库斯特：《现代国际法概论》，汪瑄等译，中国社会科学出版社1981年版，第11~13页。

2. 合作的客体

国际能源安全合作的客体是能源安全，即在能源供应、能源需求、能源运输、能源使用等方面处于没有危险、忧虑、恐惧和不确定性的状态。

能源出口国、能源进口国和能源过境国在能源安全方面的要求并不完全相同。能源出口国在意的是能源需求安全，希望在国家利益最大化的基础上获得通往能源市场和消费者的充足和稳定的渠道。能源进口国侧重于能源供应安全和能源使用安全，希望可以稳定合理的价格持续不断地获得充足的能源产品以满足国内需求，同时提高能源的使用效率和减少在能源使用过程中对环境造成的污染。能源过境国则更强调能源运输安全，希望能够安全地将能源产品从出口国运送至进口国，以获得持续、稳定的输送费用，从而增强自己在国际事务中的力量。

3. 合作的内容

国际能源安全合作的内容涵盖整个能源产业链，其范围极广，从上游的施工、设计、勘探、开采，到中游的加工、提炼、运输、装配，再到下游的分销、贮存、营销，等等。因此，大体上我们可以将国际能源安全合作分为上游领域的能源安全合作、中游领域的能源安全合作和下游领域的能源安全合作。上游领域的能源安全合作是在能源的施工、设计、勘探、开采等方面进行的国际合作；中游领域的能源安全合作是在能源的加工、提炼、运输、装配等方面进行的国际合作；下游领域的能源安全合作则是在能源的分销、贮存、营销等方面进行的国际合作。

（三）国际能源安全合作的分类

除了按照能源的产业链对国际能源安全合作进行上述分类之外，我们还可以根据下列标准将国际能源安全合作分为不同的种类。

1. 以合作主体为标准

以合作主体为标准，我们可以将国际能源安全合作分为国家之间的能源安全合作、国家与国际组织之间的能源安全合作和国际组织之间的能源安全合作。国家之间的能源安全合作是指国家为了保障本国的能源安全而与其他国家进行的国际合作；国家与国际组织之间的能源安全合作是指国家和国际组织为了保障本国和国际组织成员国的能源安全，而在彼此之间展开的国际合作；国际组织之间的能源安全合作是指国际组织为了保障其成员国的能源安全而与其他国际组织进行的国际合作。

2. 以合作客体为标准

以合作客体为标准，可将国际能源安全合作分为能源供应安全合作、能源需求安全合作、能源运输安全合作和能源使用安全合作。能源供应安全合作是指国家或国际组织为了保障自己或成员国的能源供应安全而进行的国际合作；能源需求安全合作是指国家或国际组织为了保障自己或成员国的能源需求安全而进行的国际合作；能源运输安全合作是指国家或国际组织为了保障自己或成员国的能源运输安全而进行的国际合作；能源使用安全合作是指国家或国际组织为了保障自己或成员国的能源使用安全而进行的国际合作。

3. 以合作内容为标准

以合作内容为标准，可将国际能源安全合作分为能源贸易合作、能源投资合作、能源通道安全维护合作和争议区域能源资源共同开发合作等。能源贸易合作是指国家或国际组织为了保障本国或成员国的能源安全而在能源贸易领域进行的国际合作；能源投资合作是指国家或国际组织为了保障本国或成员国的能源安全而在能源投资领域进行的国际合作；能源通道安全维护合作是指国家或国际组织为了保障本国或成员国的能源安全而在能源运输领域进行的国际合作；争议区域能源资源共同开发合作是指国家或国际组织为了保障本国或成员国的能源安全而在争议区域能源资源共同开发领域进行的国际合作。

(四) 国际能源安全合作的机制

国际机制，是指特定国际关系领域的一整套明示或默示的原则、规范、规则以及决策程序的统称。① 国际能源安全合作机制，

① See Steohen Krasner, International Regimes, Ithaca: Cornell University Press, 1983, p. 2.

则是指国际能源安全合作领域的一系列明示或默示的原则、规范、规则以及决策程序，主要包括政治机制和法律机制两类。

1. 政治机制——非正式多边会议

目前，国际社会与能源安全有关的政治性合作机制数量较多，具有代表性的主要是“八国集团”和国际能源论坛。

（1）“八国集团”。

“八国集团”（Group of Eight，G8）①是一个成立于1998年的论坛性质、非正式的多边会议机制，由美国、英国、法国、德国、意大利、加拿大、日本和俄罗斯等8个工业国家组成，成员国的国家元首每年召开一次“八国集团”首脑会议（简称“八国峰会”，G8 Summit）。“八国峰会”起初以讨论经济问题为主，自20世纪80年代以来，有关国际政治、安全、社会、贫困、环境等领域问题的讨论逐渐增多。从2002年起，“八国集团”开始与发展中国家展开对话，共商重大国际问题。从2005年起，中国、印度、巴西、墨西哥、南非5个发展中国家开始受邀出席“八国峰会”，“八国峰会”也开始由G8向G8+5转变。

自成立时起，“八国集团”就一直非常关注能源安全问题，不仅将能源问题作为重要议题加以讨论，还成立了能源工作组，举行专门的能源部长会议，并与中国、印度等能源消费大国和经济大国建立了对话机制。② 自2005年以来，“八国峰会”多次讨论能源安全议题并达成有关共识，旨在倡导能源生产国、过境国和消费国相互发展伙伴关系，建立透明、稳定和遵循竞争原则的国际能源市场，如2005年的《气候变化、清洁能源和可持续发展行动计划》、

① “八国集团”的前身是由美国、英国、法国、德国、意大利、日本、加拿大于1976年成立的“七国集团”（G7）。俄罗斯1991年开始参加“七国峰会”，1998年成为“八国集团”成员，“七国集团”由此变为“八国集团”，2002年成为“八国集团”正式成员，2008年之后获准参加“八国集团”的所有会议。See G8 Information Centre，What is the G8?，available at http：//www. g8. utoronto. ca/what_is_g8. html，last visit on September 10，2015.

② 参见龚伟：《八国峰会中的世界能源问题》，载《当代世界》2007年第12期，第48~49页。

2006 年的《全球能源安全行动计划》、2008 年的《环境与气候变化》、2009 年的《关于能源与气候变化的领导人宣言》，等等。①

"八国集团"成员国经济、科技实力强大，是当今国际政治和经济秩序的主要领导者，既有美国、日本这样的能源消费大国，也有俄罗斯、加拿大这样的能源出口大国，它们对世界经济和能源政策的影响十分深远。"八国集团"在成员国能源政策的协调和促进方面，对于世界能源格局的塑造起了一定作用，有助于平衡世界能源市场，降低能源危机再次出现的可能性。而且，通过内部定期的会晤与磋商，以及对外与发展中国家的对话和沟通，能在一定程度上缓解能源安全危机。但是，"八国集团"并非正式的国际组织，只是具有论坛性质、非正式的多边会议机制，形成的文件不具备严格的法律约束力。而且，其成员国代表性也不足。因此，在维护能源安全方面所起的作用仍然有限。

(2)国际能源论坛。

国际能源论坛(International Energy Forum，IEF)成立于 1991 年，是一个在能源生产国、能源消费国和能源过境国之间定期举行的政府间能源对话合作机制，到目前为止共有成员国 74 个，既有 OPEC、IEA 成员国这样的传统能源生产和消费国，也有巴西、中国、印度、墨西哥、俄罗斯、南非这样的新兴经济体，所有成员国的石油和天然气供需，约占全球总量的 90%。②

IEF 意在通过定期的对话与合作，实现能源市场的稳定，刺激世界经济发展，实现能源生产国、能源消费国、能源过境国的共赢。③

---

① 参见赵宏图：《全球能源安全对话与合作——能源相互依赖时代的战略选择》，载《现代国际关系》2006 年第 5 期，第 43~44 页。See G8 Information Centre，G7/8 Summits，available at http：//www. g8. utoronto. ca/summit/ index. htm，last visited on September 10，2015.

② See International Energy Forum，IEF Overview，available at http：//www. ief. org/about-ief/what-is-the-ief/ overview. aspx，last visited on September 10，2015.

③ See International Energy Forum，IEF Charter，available at https：//www. ief. org/about-ief/ief-charter. aspx，last visited on September 10，2015.

IEF 迄今共成功举办论坛 14 届，参加论坛的除了成员国的代表之外，还有国际货币基金组织、世界银行等国际组织，以及 BP、美孚这样的大型能源企业的代表，讨论的议题包括各种国际性的能源安全问题，如欧亚能源合作、能源部门的可持续发展、能源生态、能源供应与投资、未来能源保障的共同责任、金融危机下的全球能源合作，等等。

IEF 在探索能源安全的保障途径、促进全球能源合作方面，发挥着重要的作用，其成员国的广泛代表性和在能源供需市场举足轻重的地位，任何国家或国际组织都不能对其存在加以忽视。不过，由于 IEF 并非严格意义上的国际组织，作出的决议没有法律上的效力，因而无法有效地约束其成员国，这样就减损了其应有的作用。① 为了应对国际能源市场的动荡变化，更好地促进国际能源合作，IEF 于 2002 年建立了常设性的秘书处，开始朝着常设国际机制的方向转变。

2. 法律机制——政府间国际组织

国际社会除了上述政治性的能源安全合作机制之外，还存在着法律性的能源安全合作机制，这些机制当中具有代表性的主要是：石油输出国组织、能源宪章条约组织和国际能源机构。

(1)石油输出国组织。

成立于 1960 年的石油输出国组织(Organization of the Petroleum Exporting Countries，OPEC)，是一个由亚非拉主要石油生产国组成、行为具有卡特尔色彩的国际能源组织，也是第三世界国家建立最早、影响最大的原料生产和输出国组织。② OPEC 现有 13 个成员国，分别是：阿拉伯联合酋长国、阿尔及利亚、安哥拉、厄瓜多尔、科威特、卡塔尔、利比亚、尼日利亚、沙特阿拉伯、委内瑞

---

① See International Energy Forum，IEF Overview，available at http：//www.ief.org/about-ief/what-is-the-ief/ overview.aspx，last visited on September 10，2015.

② 参见郭瑜：《国际经济组织法教程》(第二版)，北京大学出版社 2002 年版，第 190 页。

拉、伊拉克、伊朗、印度尼西亚。①

OPEC 成员国油气资源储量十分丰富，是世界上主要的油气生产和出口国。据统计，2014 年 OPEC 的石油探明储量为 1705 亿吨，约占全球总量的 71.6%，日产石油 3659 万桶，约占全球总量的 41%；② 此外，OPEC 的天然气探明储量为 95 万亿 m^3，约占全球总量的 47.3%，年产天然气 7263 亿 m^3，约占全球总量的 20.4%；③ 与此同时，OPEC 还控制着全球约 11.6%的石油加工能力，拥有全球近 6.4%的油轮船队。④ OPEC 的石油和天然气具有品质高、易于开采的特点，与其他的油气生产国或地区相比，在生产成本上具有明显的竞争优势，而且产能调节潜力很大。

OPEC 是一个以规则为导向(Rule-Oriented)的政府间国际组织，具有国际法律人格。OPEC 的章程(OPEC Statute)详细地规定了 OPEC 的宗旨、原则、成员资格、机构设置等内容，是 OPEC 的纲领性文件。OPEC 的宗旨是协调和统一成员国的石油政策，通过石油生产配额制度来维护成员国的共同利益；确保国际市场石油价格的稳定，消除有害、不必要的价格波动，保障成员国在任何情况下均可获得稳定的石油收入，并满足消费国长期、充足、经济的石油需求。⑤ OPEC 的主

---

① 沙特阿拉伯、伊朗、伊拉克、科威特和委内瑞拉等 5 国是 OPEC 的创始成员；安哥拉于 2007 年加入；厄瓜多尔曾于 1973—1992 年是 OPEC 成员，2007 年 11 月重新加入；加蓬于 1975—1994 年是其成员，现已退出；印度尼西亚曾于 2009 年 1 月中止其成员资格，但从 2016 年 1 月 1 日起将恢复其成员资格。See Organization of the Petroleum Exporting Countries, Member Countries, available at http://www.opec.org/opec_web/en/about_us/25.htm, last visited on December 10, 2015.

② See British Petroleum Company, BP Statistical Review of World Energy, June 2015.

③ See Organization of the Petroleum Exporting Countries, OPEC Annual Statistical Bulletin 2015.

④ See Organization of the Petroleum Exporting Countries, OPEC Annual Statistical Bulletin 2015.

⑤ See Organization of the Petroleum Exporting Countries, OPEC Statute, Article 2, available at http://www.opec.org/opec_web/static_files_project/media/downloads/publications/OPEC_Statute.pdf, last visited on September10, 2015.

要机构有大会、理事会和秘书处。大会是 OPEC 的最高权力机构，由成员国代表组成，每年召开两次会议，并可召开特别会议，大会实行一国一票、全体一致的议事规则；理事会是 OPEC 的执行机构，负责执行大会决议并指导管理工作；秘书处是日常事务的处理机构，在理事会指导下开展工作，由秘书长、秘书长办公室及相关机构组成，此外还设有一个专门机构——经济委员会。①

OPEC 从诞生之日起，就一直对国际能源市场发挥着举足轻重的作用。虽然 OPEC 并不能完全控制国际油气市场，其石油和天然气产量分别只占世界总量的 41%和 20.4%，但 OPEC 的石油和天然气出口量却分别占世界总量的 56.5%和 21.4%，② 对国际油气市场，尤其是石油市场的影响是巨大的。OPEC 成员国曾利用"石油武器"在反抗世界殖民体系压迫的斗争中取得过重大胜利，成为当时国际石油市场的决定性力量。如今，随着全球化进程的加快和非 OPEC 国家市场份额的逐渐壮大，OPEC 控制国际石油市场的能力已大不如前，但无论如何，它仍是决定国际石油价格最重要的因素之一，并进而对世界经济产生重要影响。从近几年 OPEC 的会议宣言来看，OPEC 正在努力寻求突破，谋求由单纯的石油供应组织转变为多元化的国际组织。

（2）国际能源机构。

国际能源机构（International Energy Agency，IEA），是根据 1974 年《经济合作与发展组织理事会关于建立国际能源机构组织的决议》（*OECD Council Resolution about Building the Organization of International Energy Agency*）和《国际能源计划协定》（*Agreement on an International Energy Program*）建立的石油消费国组织，是发达石油消费国在 OECD（经济合作与发展组织）框架内成立的一个独立自治

① See Organization of the Petroleum Exporting Countries, OPEC Statute, Chapter III, available at http://www.opec.org/opec_web/static_files_project/media/downloads/publications/OPEC_Statute.pdf, last visited on September10, 2015.

② See Organization of the Petroleum Exporting Countries, OPEC Annual Statistical Bulletin 2015.

的国际组织,① 目前共有成员国 29 个。②

IEA 的宗旨主要是：在合理公平的基础上促进石油的供应安全；通过发展紧急情况下的自给自足、抑制需求、合理分配，采取共同有效的措施以应付石油供应的紧急情况；通过有目的的对话及其他方式的合作，促进与石油生产国和其他石油消费国的合作关系，进一步增加石油消费国与石油生产国达成更好谅解的机会；通过建立广泛的国际信息系统和同石油公司协商的常设机制，在石油工业领域发挥更为积极的作用；通过采取节能、加速开发替代能源、能源研发、铀浓缩等方面的长期合作，努力减少对石油进口的依赖。③

为确保成员国的石油供应安全，IEA 建立了紧急共享、协调应急反应、石油市场信息、能源合作与研发、争端解决等集体能源安全法律制度，其中，紧急共享和协调应急反应制度居于核心地位。IEA 的紧急共享制度为成员国规定了紧急储备、需求抑制、石油共享等三项义务，要求成员国的石油储备量不低于其 90 天的进口量，并预先制订应急石油需求抑制计划，在石油供应短缺达到一定比例(7%或 12%)时予以实施，当发生严重石油供应危机时，由 IEA 秘书处进行调查并启动石油分配程序，使供应中断国获得 IEA 的集体支持。协调应急反应制度是 IEA 的临时性危机应对机制，包括动用储备、需求抑制及其他措施在内的一种或几种紧急措施,④ 适

① 参见杨泽伟：《中国能源安全法律保障研究》，中国政法大学出版社 2009 年版，第 46 页；另参见肖兴利：《国际能源机构能源安全法律制度研究》，中国政法大学出版社 2009 年版，第 9 页。

② IEA 的 29 个成员国是：澳大利亚、奥地利、比利时、加拿大、捷克、丹麦、爱沙尼亚、芬兰、法国、德国、希腊、匈牙利、爱尔兰、意大利、日本、韩国、卢森堡、荷兰、新西兰、挪威、波兰、葡萄牙、斯洛伐克、西班牙、瑞典、瑞士、土耳其、英国、美国。See International Energy Agency, Member Countries, available at http://www.iea.org/countries/membercountries/, last visited on September 10, 2015.

③ See International Energy Agency, Agreement on An International Energy Program(As amended 9 May2014).

④ 参见肖兴利：《国际能源机构能源安全法律制度研究》，中国政法大学出版社 2009 年版，第 132~138 页。

用于两种情况：①石油供应减少未达到启动紧急共享制度的水平；②石油供应减少已达到启动紧急共享制度的水平，正式启动紧急共享机制之前使用或与其同时使用。

经过数十年的发展，IEA 建立的消费国集体能源安全机制愈加完善，并经受住了实践的检验。在 1991 年海湾战争和 2005 年美国卡特里那飓风引发的石油危机中，① IEA 面对短期石油危机的迅速反应和有效处理能力都得到了较好的体现。IEA 不仅在保障成员国能源安全方面做出了重要贡献，而且在促进能源市场的竞争与透明、加强国家之间能源合作与协调方面成效也十分卓著，是当今最有影响力的能源组织之一。

虽然 IEA 并没有提供一种常态的能源市场制度，只是建立了紧急状态下的临时干预机制，类似于战争时期的国际配给计划，其核心作用只是防御性的应急之策与带有对抗性的制衡力量。② 但 IEA 极大地丰富了国际能源安全的法律制度，对促进全球能源安全具有重要的积极意义。随着国际能源市场格局的变化，IEA 的政策重心开始向下列方向转变：能源安全(Energy Security)、经济发展(Economic Development)、环境保护(Environment Protection)和联系世界(Engagement Worldwide)。近期工作则专注于气候变化、市场改革、能源技术合作以及与其他能源消费国(中国、印度、俄罗斯)和 OPEC 国家建立更广泛、深入的联系。③

(3)能源宪章条约组织。

根据 1994 年 12 月 17 日签订、1998 年 4 月 16 日生效的《能源

① 1991 年海湾战争爆发，国际能源机构实施应急计划，21 个成员国以及冰岛、芬兰和法国，每天向国际市场提供 200 万桶战略储备石油，因此在该阶段内，国际石油市场仍然供给充足，达到了稳定国际石油市场的目的。参见肖兴利：《国际能源机构能源安全法律制度研究》，中国政法大学出版社 2009 年版，第 244 页。

② 参见岳树梅：《国际能源合作法律问题研究》，西南政法大学 2007 年博士学位论文，第 33 页。

③ See International Energy Agency, Our Mission, available at http://www.iea.org/aboutus/, last visited on September 10, 2015.

宪章条约》(Energy Charter Treaty, ECT)建立的能源宪章条约组织，是一个在能源领域具有重要意义的国际组织，到目前为止共有成员 50 个，① 除欧共体和欧洲原子能共同体之外，均为主权国家，此外还有 57 个观察员，包括 45 个主权国家②和 12 个国际组织③。

能源宪章条约组织最具核心价值的部分，是作为其组织章程的 ECT，在能源贸易、能源投资、能源运输、能源效率、能源环境等方面，为其成员所创设的各项义务。ECT 的内容主要集中在下列 5 个方面：①以 WTO 规则为基础，实行能源原材料、能源产品及与能源相关设备的自由贸易；②以国民待遇或最惠国待遇为基础，保护和促进外国能源投资；③实行经由管道或网线的能源过境自由；

① 澳大利亚、白俄罗斯、挪威和俄罗斯等 4 个国家签署但未予批准 ECT。其中，白俄罗斯暂时适用 ECT，俄罗斯对 ECT 暂时适用至 2009 年 10 月 18 日，2009 年 8 月 20 日，俄罗斯正式表明无意成为 ECT 的缔约方，根据 ECT 第 45 条，60 天之后，即从 2009 年 10 月 20 日起，ECT 的暂时适用对俄罗斯不再具有约束力。See Energy Charter Treaty, The Energy Charter Secretariat, available at http://www.energycharter.org/process/ energ-charter-treaty-1994/energy-charter-treaty/, last visited on September10, 2015.

② 布隆迪、加拿大、乍得、印度尼西亚、约旦、毛里塔尼亚、黑山、摩洛哥、尼日尔、巴基斯坦、巴勒斯坦、塞尔维亚、叙利亚、美国、也门、孟加拉、贝宁、智利、中国、哥伦比亚、坦桑尼亚、乌干达、阿尔及利亚、巴林、埃及、伊朗、韩国、科威特、尼日利亚、阿曼、卡塔尔、沙特阿拉伯、突尼斯、阿拉伯联合酋长国、委内瑞拉。See Energy Charter Secretariat, Constituency of the Energy Charter Conference Members of the Energy Charter Conference, available at http://www.energycharter.org/who-we-are/members-observers/, last visited on September10, 2015.

③ 西非国家经济共同体(ECOWAS)、东南亚国家联盟(ASEAN)、波罗的海区域能源合作组织(BASREC)、黑海经济合作组织(BSEC)、独联体国家电力委员会(CIS Electric Power Council)、欧洲复兴开发银行(EBRD)、国际能源机构(IEA)、国际可再生能源机构(IRENA)、经济合作与发展组织(OECD)、世界银行(World Bank)、联合国欧洲经济委员会(UNECE)、世界贸易组织(WTO)。See Energy Charter Secretariat, Constituency of the Energy Charter Conference Members of the Energy Charter Conference, available at http://www.energycharter.org/who-we-are/members-observers/, last visited on September10, 2015.

④建立缔约方之间和缔约方与投资者之间的争端解决机制；⑤通过提高能源利用效率，减少能源循环对环境的不利影响。① 为确保各成员履行条约义务，能源宪章条约组织设立了一系列的配套机构。②

ECT旨在推动和保护能源贸易、能源投资和能源运输自由化，③ 几乎覆盖了整个能源价值链，为解决能源贸易、能源投资、能源运输、能源效率、能源环境等问题提供了一个较为理想的法律框架，是东西方在能源领域进行合作的里程碑。ECT创造了多项世界纪录，它是能源领域里第一个具有法律约束力的多边条约、第一个同时覆盖贸易和投资保护的多边条约、第一个对过境运输进行规范的多边条约、第一个将具有法律约束力的争端解决方案作为总则的多边条约。④

能源宪章条约组织对于推动和促进能源领域的贸易、投资、运输等活动具有重要意义，已引起越来越多国家的关注。它通过鼓励和促进能源贸易、投资和过境运输，有助于保障世界能源供应和运输安全；它在能源效率、能源环保等方面的规定，也有助于保障能源的使用安全。值得注意的是，能源宪章条约组织明确尊重缔约方的自然资源主权，⑤ 这有利于资源禀赋不同的缔约方之间开展合作。

---

① See Energy Charter Secretariat, The Energy Charter Treaty and Related Documents, September 2004, p. 14.

② 能源宪章条约组织的最高领导和决策机构为所有缔约方组成的代表大会，在比利时首都布鲁塞尔设有秘书处。代表大会下设投资、贸易、运输和能源效率4个工作组，旨在“通过创设由所有参与方政府遵守的规则公平竞争平台，加强能源事项的法律规制，从而减少能源投资与贸易的风险”。

③ See Energy Charter Secretariat, The Energy Charter Treaty and Related Documents: A Legal Framework For International Energy Cooperation, September 2004, pp. 13-16.

④ 参见中国国家发展计划委员会：《能源宪章条约(条约、贸易修正案及相关文件)》，中国电力出版社2000年版，第1~2页。

⑤ See Energy Charter Treaty, Article18.

三、中国—东盟能源安全合作

中国—东盟能源安全合作，是指中国和东盟及其成员国为了使各自的能源供应、能源需求、能源运输、能源使用等方面处于没有危险、忧虑、恐惧和不确定性的状态而在各个领域进行的国际合作。

(一)中国—东盟能源贸易与投资合作的主体

1. 中国

作为单一的国际法主体，中国在地理范围上由大陆、香港、澳门和台湾四个部分构成。根据《中华人民共和国宪法》、《中华人民共和国香港特别行政区基本法》、《中华人民共和国澳门特别行政区基本法》等相关法律的规定，香港、澳门和台湾是神圣的中国领土不可分割的一部分，它们均位于中国的主权所及范围之内。

香港、澳门和台湾地区虽然不是一般意义上的国际法主体，但却根据中国法律享有高度的自治权，可以自己的名义在经济、贸易、金融等非政治领域对外开展国际合作，① 2001年香港、澳门、台湾地区分别以单独关税区的身份加入WTO，便是例证。目前，香港、澳门和台湾地区在非政治领域以自己的名义与东盟成员国已展开了多方位的合作，其中不少合作涉及能源方面的事项。② 不过为了论述的方便，本书所指的中国，范围仅限于中国大陆地区，即WTO所定义的中国关税领土，对香港、澳门和台湾地区的问题暂不予讨论。

2. 东盟及其成员国

---

① 参见《中华人民共和国宪法》序言部分和第31条、《中华人民共和国香港特别行政区基本法》第1和第2章、《中华人民共和国澳门特别行政区基本法》第1和第2章。

② 台湾地区是东盟成员国重要的能源贸易和投资伙伴，香港在东盟地区也有较大规模的能源投资。参见王敏：《台湾与东盟经贸关系发展现状与特点研究》，载《台湾研究》2011年第4期，第48~53页；另参见吴崇伯：《香港与东盟国家经贸关系探析》，载《厦门大学学报(哲学社会科学版)》2000年第4期，第55~66页。

东盟是东南亚国家联盟(Associate of South-East Asian Nations, ASEAN)的简称，它是于1967年成立的一个区域性政府间国际组织，现有成员国10个：文莱、柬埔寨、老挝、印度尼西亚、菲律宾、马来西亚、缅甸、新加坡、泰国和越南。①

作为一个区域性的政府间国际组织，东盟无疑具有国际法律人格，但其对外交往权和缔约权，却是在2007年11月20日，才由《东盟宪章》(*Charter of the Association of Southeast Asian Nations*)从法律上予以明确。2008年10月15日生效的《东盟宪章》第3条规定："作为政府间国际组织，东盟被授予法律人格。"第41条第7款规定："东盟可以与其他国家或次区域、区域以及国际组织缔结条约。缔结此类条约的程序由东盟协调理事会与东盟共同体理事会协商后确定。"②

在《东盟宪章》生效之前，中国一直都是与东盟相关成员国缔结各种与能源安全合作有关的条约，但是在《东盟宪章》生效之后，由于东盟的缔约权已经得到正式确认，中国有可能会直接与东盟而非其成员国缔结与能源安全合作有关的条约，③ 因此，东盟也应当成为与中国进行能源安全合作的主体。

(二)中国—东盟能源安全合作的主要内容

中国—东盟能安全合作的内容主要包括四个方面：能源贸易合作、能源投资合作、能源通道安全维护合作、争议海域能源资源的

---

① See The ASEAN Secretariat, ASEAN Member States, available at http://www.asean.org/asean/asean-member-states, last visited on September 10, 2015.

② See The ASEAN Secretariat, The ASEAN Charter, Article 3&41, available at http://www.asean.org/archive/ publications/ASEAN-Charter.pdf, last visited on September 10, 2015.

③ 国际组织作为条约一方参与条约缔结的现象十分普遍，如国际组织与有关国家签订的总部协定、国际组织之间签订的合作协定、国际组织参与建立新国际组织签订的协定等。国际组织的缔约权一方面来自于国际组织章程的明确规定，另一方面可以从国际组织为实现其宗旨和行使其职能的需要中得到推定，国际法院在1949年"赔偿案"的咨询意见中对此有明确说明。See International Court of Justice, Reports of Judgments, advisory Opinions and Orders of Reparation for Injuries Suffered in the Service of the United Nations, 1949.

共同开发合作。①

1. 能源贸易合作

是中国与东盟开展能源合作的传统方式，主要的贸易伙伴是印度尼西亚、马来西亚、缅甸、越南和老挝。其中，印度尼西亚和马来西亚是中国重要的原油和天然气的进口国，缅甸也已成为中国重要的天然气供应国，缅甸、越南和老挝则是中国主要的电力出口国。能源服务贸易是中国与东盟开展能源合作的新方式。在“走出去”战略的指引下，中国的大型能源企业和工程企业在能源领域，为东盟成员国提供了许多的专业性服务，接受专业性能源服务的东盟成员国主要是柬埔寨、老挝、缅甸、越南和泰国。

2. 能源投资合作

能源投资合作是当前中国非常重视的与东盟成员国开展能源合作的方式。随着 CAFTA 在中国和东盟成员国之间建立起统一的投资保护规则，中国对东盟地区的能源投资正逐年加大，涉及的具体能源领域涵盖油气开发、电站建设、网管铺设，等等，东盟如今已成为中国能源企业海外投资的重要目的地。

3. 能源通道安全维护合作

中国与东盟及其成员国在能源运输方面相互依赖，面对当前复杂多变的国际局势和艰巨的防盗反恐任务，中国正在加强与东盟及其成员国的能源通道安全维护合作。中国—东盟能源通道安全维护合作涉及的领域包括马六甲海峡、中缅油气管道、泛亚铁路(新加坡—昆明)，以及拟议中的克拉地峡运河(Kra Isthmus Canal)。但是，当前中国—东盟能源通道安全维护合作基本上局限于马六甲海峡领域，中国采用双边或多边合作的方式参与马六甲海峡的安全维护，积极与包括沿岸国在内的东盟成员国就马六甲海峡的安全维护开展对话。

4. 争议海域能源资源共同开发合作

中国与越南、菲律宾、马来西亚、文莱、印度尼西亚等 5 个东

① 参见谭民：《国际法视角下的中国—东盟能源安全合作》，载《太原理工大学学报(社会科学版)》2012 年第 1 期，第 20 页。

盟成员国，就南海地区岛屿、沙洲、暗礁、暗沙、暗滩等海洋地理构造的主权归属，以及大陆架与专属经济区的划分产生了争议，俗称"南海问题"。"南海问题"的解决难度很大，目前较为合适的方式应当是暂时搁置争议，共同开发争议海域的能源资源，即"搁置争议、共同开发"。中国与相关东盟成员国就共同开发南海争议海域的能源资源，虽然已经达成了一定的共识，但总体而言仍停留在初级阶段，有待进一步深化。

第二节　中国—东盟能源安全合作的意义

一、资源优势互补，保障能源供应安全

（一）中国的能源资源状况

中国是当前世界上最大的能源消费国和能源生产国，2014 年能源消费量和能源生产量分别占世界总量的 23%和 19.1%，① 其中，初级能源消费达 29.72 亿吨油当量。② 中国的能源消费主要依靠国内供应，能源自给率基本上维持在 90%左右。③ 中国能源资源储量的总体情况可概括为"富煤、贫油、少气"，其中，煤炭占 92%，石油占 2.9%，天然气仅占 0.2%。中国的能源状况主要有以下特征：

---

① See British Petroleum Company, BP Statistical Review 2015: China's energy market in 2014, available at http: // www.bp.com/content/dam/bp/pdf/Energy-economics/statistical-review-2015/bp-statistical-review-of-world-energy-2015-china-insights.pdf, last visited on September 10, 2015.

② See British Petroleum Company, BP Statistical Review of World Energy, June 2015.

③ See U.S. Energy Information Administration, Total Primary Energy Production 2012, available at http: //www.eia. gov/beta/international/data/browser/index.cfm#? iso=CHN&c=00000002&ct=0&ord=SA&cy=2012&start=1980& end=2012&v=H&vo=0&so=0&io=0&vs=INTL.44-1-CHN-QBTU.A, last visited on September 10, 2015.

1. 总量较为丰富

中国的化石能源资源储量比较丰富，其中煤炭占主导地位。截至2014年底，中国煤炭资源的探明储量为1145亿吨，居世界第3位，约占世界煤炭资源探明储量的12.8%。① 已探明的石油和天然气资源储量则相对不足，分别为25亿吨和3.5万亿 m^3，仅占世界总量的1.1%和1.8%。②

中国的页岩油、页岩气、煤层气等非常规化石能源储量潜力较大，位居世界前列。美国能源信息署2013年预测，中国页岩油、页岩气的技术可采资源量分别为320亿桶和31.6万亿 m^3，分别居世界第3和第1位。③ 中国2008年新一轮煤层气资源评价结果显示，2000米以浅的煤层气地质资源量为36.8万亿 m^3，1500米以浅煤层气可采资源量为10.9万亿 m^3。④

此外，中国还拥有丰富的可再生能源资源。其中，水力资源无论是理论蕴藏量(7.06亿千瓦、折合年发电量6.19万亿度)、技术可开发量(5.42亿千瓦、折合年发电量3.13万亿度)，还是经济可开发量(4.04亿千瓦、折合年发电量1.76万亿度)，均居世界首位，相当于世界水力资源总量的12%。⑤

2. 人均拥有量较低

中国的能源资源虽然总量丰富，但由于人口基数太大，人均能源资源拥有量一直处于世界较低水平。中国的石油人均资源拥有量

① See British Petroleum Company, BP Statistical Review of World Energy, June 2015.

② See British Petroleum Company, BP Statistical Review of World Energy, June 2015.

③ See U.S. Energy Information Administration, Technically Recoverable Shale Oil and Shale Gas Resources: An Assessment of 137 Shale Formations in 41 Countries Outside the United States, June 2013.

④ 参见车长波、杨虎林、李富兵、刘成林、朱杰、李玉喜、张道勇、刘立、唐文连：《我国煤层气资源勘探开发前景》，载《中国矿业》2008年第5期，第2页。

⑤ 参见中国国务院新闻办公室：《中国的能源状况与政策》，2007年12月26日发布；《中国的能源政策(2012)》，2012年10月24日发布。

仅为世界平均值的5.4%，天然气人均资源拥有量也才是世界平均值的7.5%，即便是储量最丰富的煤炭和水力资源，人均拥有量仍只分别相当于世界平均值的67%和50%。同时，中国的人均耕地资源尚不足世界平均水平的1/3，制约了生物质能源的开发。①

随着经济的高速增长，中国的能源需求量，尤其是石油和天然气的需求量急剧上升，为了应对国内油气短缺的局面，中国加快了在能源领域进行国际合作的步伐，每年均花费巨额资金从国外进口大量石油和天然气，以满足国内需求。2003年中国以2.75亿吨的石油消费量，成为仅次于美国的第二大石油消费国。② 2007年以来，中国每年进口的石油均在2亿吨以上，2014年更是达到3.73亿吨。③

3. 开发难度较大

中国的能源资源还具有开发难度大的特点。中国的煤炭资源虽然储量丰富、分布广泛，是战略上最安全可靠的能源资源，但是却存在品种和质量变化较大、分布不理想、开采条件差等缺陷，只有少量可供露天开采，其余均需井工开采。

中国石油和天然气资源的埋藏位置深、地质条件复杂，给勘探开发带来很大困难，而且未来可供勘探开发的油气资源大多位于深层、深海或自然地理条件恶劣的沙漠、高山和高寒地区，技术方面的要求很高。

中国的水力资源虽然开发程度还不到30%，但未开发的部分大多位于西南地区的崇山峻岭中，远离负荷中心，开发难度和输送成本均很大；至于非常规能源，虽然储量也较为可观，但由于勘探程度低，经济性较差，因而缺乏竞争力。

4. 分布不均衡，生产和消费区域脱离

---

① 参见中国国务院新闻办公室：《中国的能源状况与政策》，2007年12月26日发布；《中国的能源政策(2012)》，2012年10月24日发布。

② See British Petroleum Company, BP Statistical Review of World Energy, June 2004.

③ See British Petroleum Company, BP Statistical Review of World Energy, June 2008~2015.

中国能源资源的分布虽然广泛但却极不均衡，总体而言是“北多南少、西富东贫”，品种分布是北煤、南水和西油气。中国的水力资源主要分布在西南和中南地区，西南地区约占中国水力资源总量70%；煤炭资源主要分布在华北和西北地区的山西、内蒙古、陕西、河南、山东、河北、安徽和江苏(北部)；石油资源主要分布在东北、华北和西北地区，以陆相油藏为主，不过近年来沿海大陆架也有较多蕴藏发现；天然气资源则主要分布在经济落后的中西部内陆地区。但是，中国的能源消费却主要集中于东南及沿海地区。中国的能源资源分布和能源产品消费存在的如此巨大地域差别，导致大规模、长距离的北煤(油)南运、西气(电)东输(送)，成为中国能源流向的显著特征和能源运输的基本格局。①

(二)东盟的能源资源状况

东盟是亚太能源资源，尤其是天然气储量比较丰富的地区。东盟的能源资源，主要集中于印度尼西亚、马来西亚、文莱、缅甸、越南、柬埔寨、老挝等国，其他成员国有少量分布。根据能源资源的蕴藏状况，我们可将东盟国家作如下分类：

1. 印度尼西亚、马来西亚和文莱

在东盟诸国中，印度尼西亚、马来西亚、文莱三国能源资源储量最为丰富，它们同时也是东盟传统的三大原油和液化天然气的生产和出口国。其中，印度尼西亚是当前东盟最大的能源出口国，其石油和天然气的产量高居东盟各国之首，2014年其石油和天然气的探明储量约分别为5亿吨和2.9万亿m^3，产量分别是4120万吨和734亿m^3，天然气出口量为312亿m^3，居世界第11，其中，液化天然气出口量为217亿m^3，仅次于卡塔尔、马来西亚、澳大利亚、尼日利亚居世界第5位，主要出口到韩国、日本、新加坡、中国、印度、中国台湾地区等周边国家和地区。除了石油和天然气之外，印度尼西亚的煤炭资源也很丰富，而且具有煤质好、分布集中、采掘成本低等优点，它是东盟地区最大的煤炭生产、消费和出

① 参见杨泽伟:《中国能源安全法律保障研究》，中国政法大学出版社2009年版，第19页。

口国。截止 2014 年底，印度尼西亚煤炭的探明储量达 280. 17 亿吨，产量为 2. 82 亿吨油当量(约 4. 03 亿吨标准煤)，为世界第 3，出口量为 2. 11 亿吨油当量(约 3. 01 亿吨标准煤)，仅次于澳大利亚，位居世界第 2。①

马来西亚和文莱的能源资源也很丰富。截至 2014 年年底，马来西亚的石油和天然气探明储量分别为 5 亿吨和 1. 1 万亿 m^3，产量分别是 3030 万吨和 664 亿 m^3；文莱的石油和天然气探明储量分别为 1 亿吨和 0. 3 万亿 m^3，产量分别是 620 万吨和 119 亿 m^3。②与印度尼西亚向石油净进口国转变相同，③ 马来西亚从 2011 年开始成为石油净进口国，但供需缺口不大，2014 年仅需进口 490 万吨。文莱不仅一直保持着一定的石油出口能力，同时还保持着旺盛的天然气出口能力，2014 年，文莱生产的石油几乎全部用于出口，同时还出口液化天然气 83 亿 m^3，马来西亚则出口液化天然气 339 亿 m^3，文莱和马来西亚的液化天然气出口量分居世界第 2 和第 11 位，出口方向基本上与印度尼西亚相同。④

2. 越南、缅甸和柬埔寨

越南、缅甸和柬埔寨是东盟新兴的石油和天然气生产国与出口国。2014 年越南的石油探明储量达 6 亿吨，产量为 1780 万吨；天然气探明储量为 0. 6 万亿 m^3，产量为 1020 万 m^3。⑤ 此外，越南还

① See British Petroleum Company, BP Statistical Review of World Energy, June 2015.

② See British Petroleum Company, BP Statistical Review of World Energy, June 2015.

③ 2014 年印度尼西亚的石油产量为 4120 万吨，消费量却为 7390 万吨，供需缺口达 3270 万吨。2009 年之前，印度尼西亚是 OPEC 唯一的东南亚成员国，但由于其油田老化、新的勘探发现不足，导致石油产量减少，加上国内需求增大，不得不通过进口来满足内需，无法满足 OPEC 成员的资格条件，因此印度尼西亚 2009 年 1 月宣布中止其 OPEC 成员资格。

④ See British Petroleum Company, BP Statistical Review of World Energy, June 2015.

⑤ See British Petroleum Company, BP Statistical Review of World Energy, June 2015.

有一定数量的煤炭资源，截至 2014 年年底，探明储量约为 1.5 亿吨，产量达 2310 万吨油当量(约 3300 万吨标准煤)，① 其特点是品质高，开采成本低，而且便于运输。② 由于经济发展速度较快导致能源需求增加，目前越南生产的天然气基本上仅供国内消费，而炼油能力的不足又导致其既出口原油也进口成品油。因此，越南保持了一定数量的原油出口，以及一定数量的煤炭出口，2014 年越南的原油出口量为 1.73 万桶/天，③ 煤炭出口量为 400 万吨油当量(约 571 万吨标准煤)。④

缅甸能源资源丰富，尤其是水力和天然气资源，但由于经济和科技实力落后，一直未能得到有效的开发和利用。缅甸国内河流密布，其水力资源的技术可开发量 2011 年统计约为 1.4 亿千瓦，⑤ 其中仅伊洛瓦底江(Ayeyarwaddy)、钦敦江(Chindwin)、萨尔温江(Thanlwin)、锡当河(Sittaung)4 条河流的水力资源可开发量，就可达 1 亿千瓦(折合年发电量 0.88 万亿千瓦时)，⑥ 但 2014 年缅甸的水电装机容量仅为 315 万千瓦，⑦ 水力资源的利用率只有 3.2%左右，因此开发潜力相当大。

缅甸的化石能源以天然气为主，它是目前东盟最大的管道天然

---

① See British Petroleum Company, BP Statistical Review of World Energy, June 2015.

② 越南广宁省的鸿基市有东南亚最大的煤炭基地，其优质无烟煤储量丰富(矿区长达 100 多公里，宽 15~20 公里，煤层最厚处达 80 米)，开采成本低(露天开采，现代化作业)，而附近的鸿基港则为煤炭出口提供了运输便利。参见徐绍丽等编著：《越南》，社会科学文献出版社 2005 年版，第 14~15 页。

③ See Organization of the Petroleum Exporting Countries, OPEC Annual Statistical Bulletin 2015, 2015.

④ See British Petroleum Company, BP Statistical Review of World Energy, June 2015.

⑤ See World Energy Council, World Energy Resources 2013 Survey, 2013.

⑥ See Asian Development Bank, Myanmar: Energy Sector Initial Assessment, October 2012.

⑦ See International Hydropower Association, 2015 Hydropower Status Report, 2015.

气出口国和第三大天然气出口国。截至 2014 年年底，缅甸的天然气探明储量为 0.3 万亿 m^3，生产量和出口量分别是 168 亿 m^3 和 127 亿 m^3。① 截至 2008 年底，缅甸的石油储量约为 2.07 亿桶，② 其石油产量 2014 年达到 2.1 万桶/天。③ 值得注意的是，缅甸能源部对其油气资源储量的估计更为乐观，认为其石油和天然气储量应当分别为 4.67 亿桶和 47.06 万亿立方英尺（1.33 万亿 m^3），④ 这主要是考虑到缅甸的 17 个海上和 14 个陆上含油气构造盆地，均只有 3 个得到全面勘探，其余盆地获得商业性油气发现的可能性很大。

柬埔寨的能源资源较为丰富，但也是由于经济和技术方面的原因，开采力度不大。柬埔寨的煤炭资源主要分布在磅同、桔井、上丁等省份，蕴藏量不多，且煤层较薄，变化较大，只有上丁的他拉地区的两个矿点储量较大，一共才 700 万吨。柬埔寨的油气资源主要分布在泰国湾沿岸和洞里萨湖区域。近年来的勘探和研究工作表明，柬埔寨的 3 大地下盆地（东部盆地、中央盆地和高棉盆地），均存在石油和天然气蕴藏，前景较好的是高棉盆地。根据世界银行的估计，柬埔寨西南部 3 万多平方公里海域的石油储量可达 20 亿桶，能为柬埔寨提供每年 20 亿美元的收入。进一步的勘探、研究工作目前正在紧张地进行，许多外国石油公司已获准进入柬埔寨。随着勘探工作的进一步深入，柬埔寨的油气资源蕴藏情况将更加明朗，极有可能成为新兴的油气出口国。柬埔寨的水力资源估计有 500 万～850 万千瓦的理论蕴藏量，但目前只有 1.3 万千瓦得到利用。⑤

---

① See British Petroleum Company, BP Statistical Review of World Energy, June 2015.

② See Asian Development Bank, Myanmar: Energy Sector Initial Assessment, October 2012.

③ See U. S. Energy Information Administration, International energy data and analysis: Burma (Myanmar), available at http://www.eia.gov/beta/international/analysis.cfm?iso=MMR, last visited on September 10, 2015.

④ See Asian Development Bank, Myanmar: Energy Sector Initial Assessment, October 2012.

⑤ See Asian Development Bank, Status and Potential for the Development of Biofuels and Rural Renewable Energy: Cambodia, 2009.

3. 老挝、泰国和菲律宾

老挝、泰国、菲律宾三国本身能源蕴藏量不大，有限的产能无法完全保障国内需求，必须从国外进口以填补空缺，它们是东盟地区的能源净进口国。

泰国有一定数量的能源蕴藏，截至2014年年底，泰国的石油和天然气探明储量分别为1亿吨和0.2万亿 m^3。① 由于经济较为发达，能源需求量大，自身产能有限，导致泰国在能源供应方面，尤其是石油供应高度依赖进口。从2000年到2014年，泰国的石油产量和消费量基本上呈逐年递增态势，产量从700万吨跃升至1630万吨，年均增长9%，消费量从3870万吨增加到5300万吨，年均增长4%，由于其消费量基数过大，自给率尚不足30%。泰国的天然气产量和消费量也是逐年递增，产量由2000年的202亿 m^3 上升到2014年的421亿 m^3，年均增长4%，消费量由2000年的220亿 m^3 上升到2014年的527亿 m^3，年均增长10%，由于产量和消费量基数接近，虽然需求仍有缺口，但自给率始终维持在70%以上，近3年甚至超过77%。② 此外，泰国还是东盟地区仅次于印度尼西亚的第2大煤炭资源国和生产国，2014年探明储量和生产量分别为12.39亿吨和714万吨，生产的是热值较低的褐煤，仅供国内消费。③

菲律宾也有一定的能源蕴藏，截至2011年年底，其石油、天然气、煤炭的探明储量分别为1.11亿桶、333亿 m^3、45.8万吨。④ 菲律宾2012年的天然气产量为990亿立方英尺，2013年的石油产量为2.6万桶/天，除天然气能基本满足国内需求外，

① See British Petroleum Company, BP Statistical Review of World Energy, June 2015.

② See British Petroleum Company, BP Statistical Review of World Energy, June 2004-2015.

③ See British Petroleum Company, BP Statistical Review of World Energy, June 2015.

④ See Asia Pacific Energy Research Centre, APEC Energy Overview 2013.

91.3%的石油和50%的煤炭需从国外进口。① 虽然菲律宾在传统能源方面不占优势，但其地热和水力资源比较丰富，在可再生能源方面有较大的发展前景。菲律宾的地热资源储量约600万千瓦，截止2014年其地热发电装机容量约1900万千瓦，仅次于美国，位居世界第二。②

老挝的化石能源资源极度匮乏，除少量的煤炭资源外，并无任何油气资源发现，但老挝的水力资源却非常丰富。老挝境内水力资源理论蕴藏量约为3000万千瓦(折合年发电量0.233万亿度)，技术可开发量为2347万千瓦，仅湄公河老挝段的水力资源技术可开发量就有1225万千瓦，约占该国水力资源技术可开发量的52.2%，湄公河支流及其他河流的水力资源技术可开发量为1122万千瓦，约占该国技术可开发量的47.3%。老挝投入运营的水电站已有12座，总装机容量为357万千瓦，才仅占全国技术可开发量的15%，因此发展潜力很大。③

4. 新加坡

新加坡比较特殊，它本身几乎不蕴藏任何能源资源，但却凭借其强大的石油加工能力和独特的地理位置，逐渐成长为世界上著名的石油加工中心和航运中心，每年出口大量加工的成品油。④

新加坡境内的能源消费基本都需从国外进口。新加坡每年进口大量原油用于加工提炼，加工得到的成品油约有一半供出口，其余则供国内使用。新加坡曾是世界第三大炼油中心，但是根据BP的

① See U. S. Energy Information Administration, International energy data and analysis: Philippines, available at http: //www.eia.gov/beta/international/analysis.cfm? iso=PHL, last visited on September 10, 2015.

② See Renewable Energy Policy Network for 21st Century, Renewables 2015 Global Status Report, 2015.

③ See World Energy Council, World Energy Resources 2013 Survey, 2013; also see International Hydropower Association, 2015 Hydropower Status Report, 2015.

④ See Robert A. Manning, The Asian Energy Factor: Myths and Dilemma of Energy, Security and the Pacific Future, New York: Palgrave, 2000, p. 179.

统计数据显示，2014 年新加坡的炼油产能仅为 151.4 万桶/天，在亚太地区位列中国(1409.8 万桶/天)、印度(431.9 万桶/天)、日本(374.9 万桶/天)、韩国(288.7 万桶/天)之后，居第 5 位，在全球排第 15 位。① 新加坡虽然正在逐渐丧失作为区域炼油中心的地位，但是由于独特的地理位置，作为亚太地区主要的石油贸易和定价中心，其地位仍将会在较长时期内得到维持。

由上可知，东盟 10 国能源资源丰富，并且各具特点。印度尼西亚、马来西亚、缅甸、文莱的天然气出口量位居世界前列；印度尼西亚、越南在煤炭出口方面具有较大优势；缅甸、柬埔寨的油气和水力资源比较丰富，但开发力度不大；新加坡的石油加工能力较强。因此，与东盟国家开展能源贸易合作，将其较为丰富的石油和天然气输入中国，可缓解中国的能源需求困境。同时，中国也可向东盟输出在产量、质量方面占有优势的煤炭、水电等能源产品，由此实现资源的优势互补，保障彼此的能源供应安全。

二、地缘优势明显，保障能源运输安全

能源资源(尤其是化石能源)在地理上的分布不均，必然导致能源贸易离不开运输。从世界范围来看，能源运输的方式主要有海上运输、管道运输、铁路运输和网线运输四种。其中，海上运输和管道运输分别在石油和天然气的输送中占据主导地位；铁路运输是一种辅助的运输方式，适合于陆地领土具有毗邻性、且不具备管道运输条件的国家；网线运输则是专门适用于电力的运输方式。目前，全世界超过 60%的石油和大约 25%的天然气使用海运，不到 40%的石油和将近 75%的天然气使用管道运输。对于中国而言，海运在能源运输中的比例则更高，90%以上的石油和几乎所有的天然气运输都通过海运进行。②

① See British Petroleum Company, BP Statistical Review of World Energy, June 2015.

② 参见孙晓蕾、王永锋：《浅析我国石油进口运输布局与运输安全》，载《中国能源》2007 年第 5 期，第 17~44 页。

(一)东盟是中国现实的能源过境地

东盟战略位置重要，不仅在地理上与中国毗邻，而且是连接太平洋和印度洋的交通要道。不少东盟成员国的领土已经成为或即将成为中国油气进口的过境通道。由印度尼西亚、马来西亚、新加坡三个东盟成员国共同扼守的马六甲海峡(Malacca Strait)①，就是当前中国能源进口的必经之地，中国如今每年进口原油的80%以上需由此过境。

除马六甲海峡之外，缅甸也已成为中国油气运输的过境地。2009年3月，中国与缅甸签署协议，决定修建从缅甸马德岛到中国昆明的原油和天然气管道，该油气管道的缅甸段和中国段分别于2010年6月和9月开工建设，其中，天然气管道已于2013年6月4日全线贯通，并于7月1日开始运行，原油管道也已于2015年1月28日建成试投产，极大缓解了中国能源运输的“马六甲困境”。

此外，正在建设中的“泛亚铁路”(新加坡—昆明)也极具潜在的能源运输用途。“泛亚铁路”途经柬埔寨、老挝、马来西亚、缅甸、越南、泰国、新加坡和印度尼西亚等8个东盟成员国，其中，新加坡、马来西亚、泰国、缅甸4国沿海且在陆地上与中国临近，具有成为中国石油海外存储基地的潜质，如中国将从中东和非洲地区购买的石油通过这些国家转运回国内，无疑又将开辟一条绕开马六甲海峡的能源运输通道。

(二)中国是东盟潜在的能源过境地

与中国的境况相似，多数东盟成员国也存在能源紧缺的问题。

---

① 马六甲海峡位于印度洋北部、马来半岛和印度尼西亚的苏门答腊岛之间，是连接中国南海和安达曼海的一条狭长水道，它与其南部的巽他海峡和望加锡海峡共同成为沟通太平洋与印度洋的重要通道，是亚洲、非洲、欧洲、大洋洲之间相互往来的海上枢纽，交通位置十分重要，历来有“东方的直布罗陀”之称。马六甲海峡具有重要的战略地位和经济价值。二战后，马六甲海峡由马来西亚、印度尼西亚和新加坡三国共管。每年通过海峡的船只约5万多艘，仅大型油轮就超过5000艘，世界贸易的25%、中日韩所需石油的90%、世界石油的50%都经由这条航线进行运输，马六甲海峡由此成为世界上最繁忙的海峡之一。

根据亚太能源研究中心(Asia Pacific Energy Research Center, APERC)的预测，到2020年和2030年，整个东南亚地区将短缺石油1.74亿和2.88亿吨油当量，短缺天然气2330和4990万吨油当量，① 届时将不得不通过进口以满足国内需求。而俄罗斯和中亚国家石油和天然气储量丰富，距离东盟地区也并不遥远，因此极有可能成为东盟潜在的能源供应国。由于中国与俄罗斯、哈萨克斯坦等国领土接壤，如果东盟成员国考虑进口上述国家的石油和天然气等能源资源的话，届时中国将会成为东盟成员国的能源运输过境国。

中国与俄罗斯、哈萨克斯坦、土库曼斯坦等国已建成油气输送管道，并投入使用，同时与中国的“西气东输”管道对接。通过中国国内现有的油气运输管道，将来自上述独联体国家的石油和天然气，输送至东盟本土，将会给后者未来的能源运输带来便利。因此，中国与东盟成员国开展能源运输合作，相互利用对方的地缘优势，既能有效降低能源运输的成本，又能较好地保障能源运输安全。

此外，根据“跨东盟天然气管道”(Trans-ASEAN Gas Pipeline, TAGP)②和东盟电网(ASEAN Power Grid, APG)③计划，东盟目前已修建了共计长达3631公里的13条天然气管道，其中5条是国内

① See Asia Pacific Energy Research Center, APEC Energy Demand and Supply Outlook 2006: Projections to 2030, Economic Review, 2006.

② See The ASEAN Secretariat, Programme Area No. 2: Trans-ASEAN Gas Pipeline (TAGP), available at http://www.asean.org/communities/asean-economic-community/item/programme-area-no-2-trans-asean-gas-pipeline-tagp, last visiedt on September 10, 2015; also see The ASEAN Secretariat, The ASEAN Memorandum of Understanding (MoU) on the Trans-ASEAN Gas, available at http://www.asean.org/news/item/the-asean-memorandum-of-understanding-mou-on-the-trans-asean-gas, last visited on September 10, 2015.

③ See The ASEAN Secretariat, Memorandum of Understanding on the ASEAN Power Grid, available at http://www.asean.org/news/item/memorandum-of-understanding-on-the-asean-power-grid, last visited on September 10, 2015.

管道，8 条是连接两国的双边管道，并打算最终形成多边管道，①同时东盟还确定了电网联网项目 16 个，除 1 个是国内联网项目外，其余 15 个都是双边联网项目，已完成 6 个，正在建设 7 个，剩余 3 个仍在规划中，② 并打算连接老挝、泰国、马来西亚、新加坡 4 国电网。③ 如果能将东盟成员国的天然气运输管道或电网，延展至中国或与中国的天然气运输管道或电网对接，将有助于缓解东盟成员国或中国在能源运输安全方面的压力。

三、经济科技水平存在差异，利于资金市场互换

（一）东盟国家整体经济和科技实力较弱

东盟成员国除新加坡以外，均是发展中国家，其中，柬埔寨、

---

① See ASEAN Council on Petroleum, Projects & Initiatives: Trans ASEAN Gas Pipeline Project (TAGP), available at http://www.ascope.org/projects.html, last visited on September 10, 2015.

② See ASEAN Centre for Energy, ASEAN Power Grid, available at http://www.aseanenergy.org/programme-area/apg/, last visited on September 10, 2015.

③ See Heads of ASEAN Power Utilities/Authorities, HAPUA Council Joint Statement 2015, available at http://www.hapuasecretariat.org/doc2015/4-hapua-council-joint-statement-2015-ver-3.pdf, last visited on September 10, 2015.

老挝和缅甸还是国际公认的最不发达国家。① 整体而言，东盟成员国的经济实力和科技水平较低，勘探开发陆地和海上能源资源以及开发利用新能源的能力有限。而能源产业属于资金、技术密集型产业，需要大量的资金投入和较高的科技水平，很显然，大部分东盟成员国目前还不具备这一条件。

（二）中国经济和科技实力位居世界前列

中国虽然与大多数东盟成员国一样，也同属发展中国家之列，但中国是位居世界前列的经济和科技大国，这个特点在能源领域也得到体现。

中国在能源科技方面取得的成就较为显著。石油和天然气工业方面，中国的勘探开发技术体系目前已经较为完备，而且关于提高油田采收率、复杂区块勘探开发等方面的技术，还处于国际领先地位。煤炭工业方面，中国已经建成了一批具有国际先进水平的大型矿井，显著地提高了重点煤矿的综合机械化程度。电力工业方面，中国的电站设计、工程技术、设备制造技术等，已经达到世界领先水平，先进的发电技术和大容量高参数的机组也得到了普遍的应用。②

同时，经过改革开放以来的快速发展，中国已积累了大量的资金，完全具备在能源领域进行对外投资、输出技术和提供服务的能力。东盟成员国的经济、科技水平相对落后，在能源勘探开发、加工冶炼、基础设施建设等方面需要国外的帮助，这也为中国的能源资金、技术和服务提供了一个十分广阔的市场。

第三节　中国—东盟能源安全合作的现状

一、现实层面——优势互补，相互依赖

目前，东盟是中国能源产品进口的重要来源地，也是中国能源

---

① See UN Development Policy and Analysis Division, Least Developed Countries: Country resolutions and reports, available at http://www.un.org/en/development/desa/policy/cdp/ldc2/ldc_countries.shtml, last visited on September 10, 2015.

② 参见中国国务院新闻办公室：《中国的能源状况与政策》，2007 年 12 月 26 日发布；《中国的能源政策（2012）》，2012 年 10 月 24 日发布。

企业实施“走出去战略”的主要目的地。① 2005 年以来，中国每年从东盟进口的原油约占中国原油进口总量的 1%～4%，主要的出口国是马来西亚、印度尼西亚、文莱、泰国、越南；进口的液化天然气所占比例更高，2014 年约占中国液化天然气进口总量的 30%，印度尼西亚、马来西亚是主要的提供方。② 另外，印度尼西亚和越南生产的无烟煤和炼焦煤，还为中国东南部沿海省份(广东、广西、福建等)的经济发展提供了重要帮助。中国则主要向新加坡、印度尼西亚、越南、马来西亚、缅甸、菲律宾、泰国提供成品油(汽油、柴油、燃料油等)。此外，中国的边境省份云南和广西，还从 2004 年开始向越南、缅甸、老挝输送电力。③

东盟是中国在全球范围内建立的四大重点能源开发区之一。④ 中国的大型能源企业和工程企业，凭借先进的技术和雄厚的财力，不仅为东盟成员国提供了大量专业性的能源服务(如能源咨询、能源勘探、能源设计、能源施工等)，⑤ 还通过跨国并购、合作开发

① 参见谭民：《加强中国与东盟能源安全合作的国际法思考》，载《南洋问题研究》2012 年第 1 期，第 29 页。

② See British Petroleum Company, BP Statistical Review of World Energy, June 2005-2015.

③ 参见谭民：《加强中国与东盟能源安全合作的国际法思考》，载《南洋问题研究》2012 年第 1 期，第 30 页。

④ 其余三个重点能源开发区是：中东地区、非洲地区、中亚—里海地区。

⑤ 2004 年中石化旗下的滇黔桂石油勘探局获得在越南河内盆地钻探天然探井的服务合同，2005 年中海油旗下的中海油田服务股份有限公司获得在缅甸海域的石油钻井作业合同，2006 年南方电网的子公司广西电网中标越南海防发电厂 2 台 30 万千瓦机组工程建设项目，2010 年华电集团的下属企业中国华电工程(集团)有限公司承建位于西哈努克省的柬埔寨首座燃煤火力发电厂，2010 葛洲坝集团中标柬埔寨达岱河水电站主体工程项目，2012 年中石油渤海钻探有限公司中标印尼占卑区块 750 马力钻机两年期的服务合同，2013 年由中石化西南石油工程公司广西钻井分公司承钻的缅甸 Patolon1-1 井顺利开钻。

等形式在东盟地区进行广泛的能源投资。① 中国的各大型能源及工程企业，包括四大油企(中国石油天然气集团公司、中国石油化工集团公司、中国海洋石油总公司、中国中化集团公司)、五大电企(中国华能集团公司、中国大唐集团公司、中国华电集团公司、中国国电集团公司、中国电力投资集团公司)和两大电网(国家电网公司和中国南方电网有限责任公司)，在此方面均有涉及。②

此外，中国还是马六甲海峡最主要的使用国之一，中国每年超过80%的进口原油需由此过境。③ 为了保障马六甲海峡这一世界上最繁忙的国际水道的航运安全，中国积极向该海峡的3个沿岸国提供技术和资金援助，以加强后者的维护能力。另外，从缅甸马德岛到中国昆明的中缅油气管道也于2015年全部建成并投入运营，这标志着中国油气进口通道战略格局的初步成型，有效地缓解了中国能源进口的安全困境。

二、制度层面——对话与合作机制逐步建立

当前，中国与东盟及其成员国已经建立了一定的能源安全对话

① 2002年中海油收购西班牙Repsol公司在印度尼西亚油田资产的部分权益，2003年中石化获许在印度尼西亚苏门答腊省的朗卡特地区进行石油与天然气资源勘探，2006年南方电网获许以BOT方式投资越南平顺省燃煤发电厂一期工程，2007年中石油获得缅甸若开邦近海的三个深水区块石油天然气勘探开采权，2007年国家电网联合蒙特罗电网资源公司和卡拉卡高电公司中标获得菲律宾国家输电网25年的特许经营权，2007年中电投拿下缅甸三大水系(恩梅开江、迈立开江及伊洛瓦底江)交界处7座梯级电站的开发权，2008年大唐集团在柬埔寨菩萨省投资的斯登沃代水电站暨金边马德望电网工程建设项目正式开工，2009年华能集团以BOT方式投资的缅甸瑞丽江一级水电站顺利建成，2010华电集团以ECP方式投资的印度尼西亚阿萨汉一级水电站成功并网发电，2010年国电集团获得柬埔寨柴阿润和松博两个水电项目270.8万千瓦装机容量的开发权。

② 参见谭民：《加强中国与东盟能源安全合作的国际法思考》，载《南洋问题研究》2012年第1期，第30页。

③ 参见孙晓蕾、王永锋：《浅析我国石油进口运输布局与运输安全》，载《中国能源》2007年第5期，第17~44页。

与合作机制。其中，专门性的主要有中印(尼)能源论坛、亚太经合组织(Asia-Pacific Economic Cooperation，APEC)能源工作组、“10+3 能源部长级会议”，以及中菲越三国南海油气资源的联合调查与中越两国北部湾油气资源的联合勘探开发。综合性的主要是中国—东盟自由贸易区(China-ASEAN Free Trade Area，CAFTA)、大湄公河次区域合作(Greater Mekong Subregion Cooperation，“GMS 合作”)、亚洲地区反海盗及武装劫船合作(The Regional Cooperation on Combating Piracy and Armed Robbery against Ships in Asia，ReCAAP)、中国—东盟非传统安全合作(China-ASEAN Non-traditional Security Cooperation，CANSC)和东盟地区论坛(ASEAN Regional Forum，ARF)。

2002 年 9 月，首届中印(尼)能源论坛在巴厘岛举行，这标志着中国与东盟最重要的能源出口国之间的能源对话机制正式启动。2004 年 6 月，中国正式加入“10+3 能源部长级会议”，这为加强中国与东盟的能源对话与合作提供了新的渠道。2005 年 3 月，中国、菲律宾、越南三国的石油公司签署了一份为期 3 年的《南海特定区域联合海洋地震研究协议》，商定共同在南海协议区内开展联合调查以评估石油资源状况，这实际上是共同开发的前期步骤。2005 年 10 月和 11 月，中国海洋石油总公司分别与越南石油总公司和越南油气总公司签署了《北部湾油气合作框架协议》及《北部湾协议区联合勘探协议》，就联合勘探开发北部湾油气资源达成了一致。此外，APEC 的能源工作组也是开展中国与东盟能源安全对话与合作的重要场所，中国与除缅甸、老挝、柬埔寨之外的东盟国家，都是 APEC 成员国。①

除上述专门性的对话与合作机制之外，CAFTA、“GMS 合作”、ReCAAP、ARF 和 CANSC，也与能源安全有关。CAFTA 可为中国与东盟全体成员国在能源货物贸易、能源服务贸易、能源投资、能源争端解决等方面的合作提供一定的制度框架。“GMS 合作”主要

① 参见谭民：《加强中国与东盟能源安全合作的国际法思考》，载《南洋问题研究》2012 年第 1 期，第 30 页。

对中国与 GMS 范围内的东盟成员国之间的跨国电力贸易提供规则约束。ReCAAP 加强了打击海盗和武装劫船活动方面的信息合作，对保护中国与东盟成员国的能源运输通道安全具有积极意义。CANSC 的非传统安全合作涵盖的内容和范围十分广泛，可以囊括能源领域的所有方面。ARF 是亚太地区重要的多边官方政治与安全对话合作机制，可为中国和东盟及其成员国在政治、军事等领域开展能源安全合作提供对话平台。①

三、存在的主要问题

虽然中国—东盟能源安全合作，已经从现实与制度两个层面得到展开，同时也取得了不俗的成就，但是仍然存在着一些不足之处，如不妥善加以解决，势必阻碍中国—东盟能源安全合作的进一步深化。

（一）专门性的法律合作机制缺失

国际能源合作机制是指国家、国际组织在调整国际能源关系、处理国际能源问题时的一系列原则、规范、规则以及决策程序的总称。按不同的标准，可将国际能源合作机制作不同的分类。

以调整对象为标准，可将国际能源合作机制分为：（1）专门性机制，这是将能源领域作为主要调整对象的国际合作机制，如天然气出口国论坛组织（Gas Exporting Countries Forum，GECF）；（2）综合性机制，这是不以能源领域为主要调整对象，但调整对象中包含能源事项的国际合作机制，如世界贸易组织（World Trade Organization，WTO）。

以参与国类型来划分，可将国际能源合作机制分为：（1）生产国机制，这是由能源生产国建立的国际合作机制，如 OPEC；（2）消费国机制，这是由能源消费国建立的国际合作机制，如 IEA；（3）生产国、消费国协同机制，这是由能源生产国和消费国共同建立的国际合作机制，如能源宪章条约组织。

---

① 参见谭民：《加强中国与东盟能源安全合作的国际法思考》，载《南洋问题研究》2012 年第 1 期，第 30 页。

以约束性程度的不同，可将国际能源合作机制分为：(1)政治性机制，主要是指非正式的多边能源会议，其产生的相关文件大多属于宣言和共识性质，并无严格的拘束力，如国际能源论坛(International Energy Forum，IEF)；(2)法律性机制，主要是指政府间的国际组织，其产生的相关文件大多是国际条约，缔约国必须切实遵守，如前述的OPEC、IEA、ECT。①

值得注意的是，上述国际能源合作机制的不同分类，可以互相渗透和转化。换言之，政治机制和法律机制之中存在综合性机制与专门性机制的区别，综合性机制与专门性机制之中也有政治机制和法律机制的分野。并且，综合性机制和政治性机制在一定条件下也可向专门性机制和法律性机制转化。

虽然在能源安全合作方面，中国与东盟及其成员国已形成了一定的专门性机制，如中印(尼)能源论坛、“10+3能源部长级会议”、APEC能源工作组、中菲越三国南海油气资源的联合调查、中越两国北部湾油气资源的联合勘探开发。但这些专门性机制要么属于能源企业之间的合作，法律层次仍然较低，如中菲越三国南海油气资源的联合调查、中越两国北部湾油气资源的联合勘探开发，要么属于政府间的对话水平，并无严格的法律拘束力，如中印(尼)能源论坛、“10+3能源部长级会议”、APEC能源工作组。②

虽然在能源安全合作方面，中国与东盟及其成员国也存在具有拘束力的法律机制，不过大多属于共同参与的综合性机制，如WTO、CAFTA、双边贸易与投资保护协定，它们确实可以为中国与东盟成员国在能源货物贸易、能源服务贸易、能源投资、能源争端解决等方面的合作，提供一定的制度框架，但是由于并未对能源问题加以专门考虑，因此存在调整范围过宽、效率低下等缺陷，不

① 参见谭民、邱寅莹：《中国—东盟能源贸易合作国际法问题探讨》，载《昆明理工大学学报(社会科学版)》2013年第5期，第23页。

② 参见谭民、邱寅莹：《中国—东盟能源贸易合作国际法问题探讨》，载《昆明理工大学学报(社会科学版)》2013年第5期，第23页。

能对保障能源安全起到应有的作用。①

除了 ReCAAP 以外，目前只有"GMS 合作"框架下的电力贸易合作和中缅两国之间的油气管道合作，以及中越两国之间的北部湾油气资源共同开发合作，属于中国和东盟成员国之间的法律性专门合作机制。《GMS 政府间电力贸易协定》等电力贸易合作协议，为中国与部分东盟成员国在电力贸易方面的合作提供了规则约束；《中缅油气管道协议》为中国和缅甸在原油的"过境运输"和天然气的"跨境运输"②合作，提供了国际法层面的制度铺垫；③ 而《北部湾油气合作框架协议》及《北部湾协议区联合勘探协议》，则是中越两国共同开发北部湾跨界油气资源的具体行动。

（二）能源货物贸易方面的产品出口限制

国际能源货物贸易的出口限制，是整个国际社会面临的共同问题，中国与东盟成员国也不例外。国际能源货物贸易的出口限制措施包括出口关税和非关税措施两类，前者是通过提高能源产品的出口关税来达到限制能源产品出口的目的，后者是通过实施除出口关税之外的其他非关税措施，来达到限制或禁止能源产品出口的目的。

对能源产品的出口施加关税或非关税措施限制，其原因主要有如下几个：(1)国内需求增加。在能源生产量不变或增长缓慢的情况下，如果一国国内的能源需求量增加，为了保障国内的能源供应，能源生产国会主动对能源产品的出口施加限制。(2)国内能源生产量减少。由于能源资源不可再生，在没有获得足够的资源新发现进行补充的情况下，生产国的能源可采储量总是呈现不断下降的趋势，在这种情况下，生产国也会对能源产品的出口施加限制。(3)国际政治因素的影响。一些能源生产国基于国际政治因素的考

---

① 参见谭民、邱寅莹：《中国—东盟能源贸易合作国际法问题探讨》，载《昆明理工大学学报(社会科学版)》2013 年第 5 期，第 23 页。

② 参见杨振发：《中缅油气管道运输的若干国际法律问题》，载《昆明理工大学学报(社会科学版)》2011 年第 4 期，第 16~21 页。

③ 参见谭民、邱寅莹：《中国—东盟能源贸易合作国际法问题探讨》，载《昆明理工大学学报(社会科学版)》2013 年第 5 期，第 23 页。

虑，会在国内的能源需求没有增加或增加的幅度并不大的情况下，对能源产品的出口施加限制。

中国和东盟成员国不仅对能源产品的出口征收关税，也对能源产品的出口实施非关税措施限制。中国和东盟成员国的征税能源产品主要是原煤（HS27011210）、焦炭（HS27040010）和原油（HS27090000）。如越南于2008年6月将其原油与煤炭的出口关税从15%提升至20%①，中国于2009年对原煤、焦炭、原油分别征收10%、40%、5%的出口关税。除了对能源产品征收出口关税外，中国和部分东盟成员国还对能源产品的出口施加非关税措施限制。如中国于2004年将焦炭的出口配额削减了300万吨，印度尼西亚于2010年开始实施每年最高可达1.5亿吨的煤炭出口配额限制，②越南计划将2012年的煤炭出口量削减18.2%。③

上述国家的能源产品出口限制行为在国际范围内引发了很大的争议。如中国2004年对焦炭实施的削减配额的行为就引发了欧盟的抗议，最后通过中欧协商得到解决；中国2009年对包括焦炭在内的资源产品征收出口关税并实施出口配额管制的行为，更是引发了美国、欧盟、墨西哥的集体反对，最后不得不依靠WTO的争端解决机制以寻求解决之道。

无论是中国还是东盟成员国，它们对能源产品实施出口限制具有多方面的原因，既有国内需求增加、产品产量减少、国内环境保护等带来的压力，也有国际政治因素方面的考虑，但更为主要的原因可能是：能源产品的出口限制行为并不受国际法律制度的约束。

① See Ministry of Finance of Vietnam, Decision Amending Export Duty Rates Applicable to a Number of Lines of Goods in the Export Tariff List.

② See Fitri Wulandari, Analysis-Indonesia Coal Exports Curb Will Take Time to Bite, available http://in.reuters.com/article/2009/11/19/coal-indonesia-idINJAK43591920091119, last visited on September 10, 2015.

③ See Ho Binh Minh, UPDATE 2-Vietnam's 2012 coal exports to fall, imports eyed, available at http://www.reuters.com/article/2011/12/01/vietnam-coal-export-idUSL4E7N10G720111201, last visited on September 10, 2015.

首先，由于在制度设计时可能欠缺充分考虑，或者是在谈判过程中各方的利益分歧无法得到协调，当前的各类国际组织和国际条约，除了极少数的例外之外(如 ECT、NAFTA)，基本上都没有将包括能源产品在内的产品出口关税纳入关税减让表进行约束，这为其缔约方提高或实施能源产品的出口关税创造了制度上的条件。① 例如，作为最重要的国际经济组织之一的世界贸易组织(WTO)，就未将出口关税纳入关税减让表进行约束，虽然少数国家在加入WTO时作出了额外承诺，对某些能源产品的出口关税承担了约束义务，例如中国，② 但是绝大多数国家在实施出口关税方面是行动自由的。

其次，以例外条款的规定为由实施非关税出口限制措施，也能实现甚至是更好地达到限制出口的效果。以 WTO 协议为代表的关于国际贸易方面的条约，虽然也原则上禁止对能源产品的出口施加非关税限制，但是由于同时还设置了大量的例外条款，使得实施非关税出口限制的国家频繁援引，进而导致其上位条款的约束近同虚设。③ 中国和上述东盟成员国无一不是以保护国内环境、保护可用竭的自然资源等例外条款的规定为理由，来实施能源产品的出口限制。

(三)能源服务贸易方面的壁垒障碍

国际能源服务贸易的壁垒障碍，是国际社会面临的又一问题，

① 参见谭民：《加强中国与东盟能源安全合作的国际法思考》，载《南洋问题研究》2012 年第 1 期，第 31 页。

② 中国是少数需要对出口关税承担约束性义务的 WTO 成员之一。在《中国加入议定书》中，中国就出口关税作出承诺。《中国加入议定书》第 11 条第 3 款指出："除非本议定书附件 6 有明确规定或者按照 GATT 第 8 条的规定，中国应当取消适用于出口产品的全部税费。"附件 6 为"实行出口税的产品"名单，规定了 84 种实行出口税的产品及出口税率，并且明确表示："中国确认本附件中所含关税水平为最高水平，不得超过。中国进一步确认将不提高现行实施税率，但例外情况除外。如出现此类情况，中国将在提高实施税率前与受影响的成员方进行磋商，以期找到双方均可接受的解决方法。"

③ See Francis N. Botchway, International Trade Regime and Energy Trade, Syracuse Journal of International Law and Commerce, Vol. 28, 2001, pp. 6-7.

中国和东盟成员国也不例外。

国际能源服务贸易的壁垒障碍主要包括市场准入方面的限制和国民待遇方面的限制。市场准入方面的限制是指国家可以自行决定是否对外开放本国的能源服务市场，以及外国服务及其提供者进入本国能源服务市场的条件。国民待遇方面的限制是指国家对于进入本国能源服务市场的外国服务及其提供者，可以在一定程度上背离国民待遇原则而给予歧视待遇。

由于服务贸易对国家安全具有重大影响，因此各国对本国服务贸易市场的开放持十分谨慎的态度，要么不予开放，要么予以开放但施加市场准入和国民待遇方面的限制，这种做法也得到国际社会的普遍认可，因此当前国际社会的各种关于服务贸易的国际条约，并不是要取消国家对外国服务及其提供者进行限制的权力，而是希望尽可能地对服务消费国的这种权力进行约束。

从中国与东盟成员国当前共同缔结或参与的国际条约来看，虽然中国与10个东盟成员国，都明确开放了部分国内的能源服务部门，但也存在未将能源服务部门予以单列、开放程度不够、限制性规定较多等问题。

中国与东盟成员国共同缔结或参与的国际条约，如《服务贸易总协定》(GATS)、《中国—东盟自由贸易区服务贸易协议》(CAFTA服务贸易协议)等，都没有将能源服务作为单独的服务部门进行规定，而是涵盖在其他服务部门之中或者是作为其他服务部门的分部门存在。

而且，中国与东盟成员国对能源服务领域的开放水平较低，没有完全放开所有的能源服务部门。并且，在对外开放的能源服务部门中，中国与东盟成员国还施加了较多的市场准入和国民待遇方面的限制，如商业存在中的外资比例或独资条件限制，跨境提供中的特许合同审批限制，自然人移动中的商业联系限制，等等，这些限制阻碍了中国与东盟成员国之间能源服务的自由流动。

与其他领域的服务贸易相比，能源领域的服务贸易更容易遭到市场准入和国民待遇方面的限制，因为能源领域是国民经济的关键领域，各国都力图尽可能地加以控制，往往都严格规定了外国能源服务及其提供者的进入条件。

一般领域的服务贸易壁垒主要有：开业权限制、经营权限制、数量限制、歧视待遇限制、资格承认限制、外汇管制限制、自然人入境限制等。但除了上述传统的限制之外，能源领域的服务贸易还经常遭遇一些特殊的限制，如跨境贸易中的商业存在要求、武断和歧视性的招标程序、跨境融资中的歧视待遇、不公平和不透明的传输费用、重要基础设施行业先前存在的垄断专营权，等等。①

(四)能源投资方面的壁垒障碍

能源投资方面的壁垒障碍，主要包括能源投资的准入限制和能源投资待遇与保护的不完善。

能源投资的准入限制是指东道国对进入本国能源领域的外国资本施加的各种限制条件，包括投资范围、投资比例、投资形式、履行要求、审查批准等方面的内容。能源投资待遇与保护的不完善是指东道国对进入本国能源领域的外国资本提供的待遇标准与保护措施不足以确保该投资财产的安全。

受国家自然资源主权和国家属地管辖权的影响，能源领域的外资通常会面临东道国苛刻的准入条件限制。一方面，能源资源不可再生，因此对其勘探开发需要合理统筹规划，资源国希望利用能源资源的稀缺性，尽可能地使国家的利益最大化，因此在收益的分享方面会提出很高的要求。另一方面，能源领域具有战略意义，资源国不希望自己的经济命脉由他国掌控，因此对开放的领域、开放的方式、风险的分配等均有高标准的要求。

能源领域也是非常容易遭受东道国非商业风险影响的领域。能源领域中的外国资本不仅容易成为东道国征收(国有化)和政府违约的目标，还会因为战争和内乱的爆发而遭受严重的经济损失，因此，多边或双边的投资保护协定在能源投资领域的作用就显得十分重要，虽然不能完全避免能源领域政治风险的发生，但至少会使东

① See United Nations Conference on Trade and Development, Managing 'Request-Offer' Negotiations under the GATS: the Case of Energy Services, 2003, pp. 4-5.

道国在采取相关措施时不得不考虑可能产生的后果，从而能够在最低的程度上给予外国资本一定的安全保障。

中国与所有东盟成员国不仅均订有双边投资保护协定，还共同制定了《中国—东盟自由贸易区投资保护协议》(CAFTA 投资保护协议)，并且共同参与的世界贸易组织(WTO)也订有 TRIMs 协议、SCM 协议、TRIPs 协议、GATS 等多边性的国际条约，此外，中国与部分东盟成员国还共同参与了《解决国家与他国国民之间投资争议公约》(ICSID 公约)、《多边投资担保机构公约》(MIGA 公约)，这些国际条约能够直接或间接地对东道国的投资管理行为起到一定的约束作用。

但上述国际条约并未能触动东道国的投资准入控制权，只是在能源投资准入方面，对东道国施加了最惠国待遇义务的限制。外资能否进入东道国的能源领域，基本上仍然属于东道国国内法自由裁量的范畴。虽然中国和东盟成员国目前均不禁止外资进入本国能源领域，部分国家(如柬埔寨和缅甸)甚至还对此予以鼓励，但是都施加了投资比例、出资方式、组织形式、审批手续等各方面的条件限制，无疑会影响外资进入本国能源领域的积极性。

在能源投资待遇与能源投资保护方面，中国和东盟成员国之间还存在最惠国待遇的适用范围、东道国政间接征收(国有化)行为的判断标准等法律问题。在能源投资的国民待遇、最惠国待遇、公平与公正待遇这三种待遇标准中，目前较有争议的是最惠国待遇的适用范围能否扩展至程序性的事项。此外，东道国恶意征税、强制重新谈判投资合同是否构成间接征收或国有化，东道国以环境保护为理由终止外国投资者的投资项目如何挽回损失，这些也是中国或东盟成员国当前面临的难题。

(五)能源运输通道安全受到威胁①

马六甲海峡具有重要的经济和军事价值，作为世界上最繁忙的国际水道之一，它是包括中国在内的整个东亚地区的能源运输生命线，

① 参见谭民：《加强中国与东盟能源安全合作的国际法思考》，载《南洋问题研究》2012 年第 1 期，第 31~32 页。

其沿岸三国(新加坡、马来西亚、印度尼西亚)也因此而获得巨大的经济和政治利益。但如今该海峡的海盗和武装劫船活动猖獗，并且可能存在与国际恐怖组织相勾结的发展趋势，① 不仅威胁到东亚国家的能源运输安全，同样也严重影响了沿岸三国的切身利益。

马六甲海峡的海盗和武装劫船问题由来已久，但与国际恐怖组织相勾结则主要始于“9·11事件”之后，② 虽然沿岸三国也一直费尽心思予以治理，但却并未能够将其有效解决，这主要有以下几个方面的原因：

第一，自然地理条件特殊。马六甲海峡全长约1185公里，但其最浅处仅有23米，最窄处还不到2.8公里，而且该海峡的海底密布暗礁浅滩，这样的航运状况，一方面限制了载货船舶航行速度，另一方面也降低了海盗和武装劫船分子犯罪的难度。

第二，沿岸三国实力有限。打击海盗和武装劫船行为需要较为强大的经济和军事实力，但海峡沿岸三国的军事实力都不够发达，并且印度尼西亚和马来西亚还属于发展中国家，经济实力也比较有限，因而在打击海盗和武装劫船行为方面缺乏足够的军事手段和资金支持。

第三，合作机制先天不足。打击马六甲海峡海盗和武装劫船行为的最大障碍还是制度问题。由于拒绝区外国家的直接介入，目前打击马六甲海峡的海盗和武装劫船行为基本上由海峡沿岸三国自身负责，为此而建立的主要合作机制有：印新两国海上协同巡逻、印马两国海上协同巡逻、印马新三国海上协同巡逻(代号“MASINDO”)、印马新泰四国的空中协同巡逻(代号“空中之眼”)。上述机制对于打击马六甲海峡的海盗和武装劫船行为确实具有一定作用，但是仍停留于扬汤止沸阶段，不能彻底解决问题，主要原因

---

① See Adam J. Young and Mark J. Valencia, Conflation of Piracy and Terrorism in Southeast Asia: Rectitude and Utility, Contemporary Southeast Asia, Vol. 25, No. 2, August 2003, pp. 270-274.

② See Richard C. Paddock, Singapore Says Terror Ring Planned Attacks on Americans, Los Angeles Times, January 12, 2002, available at http://articles.latimes.com/2002/jan/12/news/mn-22157, last visited on September 10, 2015.

在于无法有效平衡打击海盗和武装劫船分子与尊重国家主权之间的关系。因为马六甲海峡所在水域分别属于沿岸三国，而海盗和武装劫船分子却十分善于流窜作案，非常容易跨越沿岸一国的海上边界线而进入沿岸他国的海域，但目前的合作机制在性质上属于“协同巡逻”(Coordinated Patrol)而非“联合巡逻”(Joint Patrol)，即：不允许其他合作参与国擅自进入本国管辖范围内采取打击海盗和武装劫船行为的任何单方行动，这样就影响了打击海盗和武装劫船行为的实际效果。

(六)“南海问题”深度国际化①

南海(The South China Sea)是中国的核心利益所在，其战略位置非常重要，被喻为“亚洲的地中海”，油气资源十分丰富，被称做“第二个波斯湾”。南海水域辽阔，总面积约356万平方公里，岛屿众多，包含东沙、中沙、西沙、南沙4大群岛在内，岛屿、沙洲、暗礁、暗沙、暗滩等地理构造超过287个，② 这些岛屿、沙洲、暗礁、暗沙、暗滩，自古以来就是中国领土，并有大量史料为证。③ 但在20世纪60年代末“埃默里报告”出台之后，周边国家基于对油气资源的强烈渴求，非法侵占了大量的岛屿、沙洲、暗礁、暗沙、暗滩，由此引发了中国与越南、菲律宾、马来西亚、印度尼西亚、文莱等5个东盟成员国，在这一区域所谓的“领土主权及海域管辖权争议”(俗称“南海问题”)，而且至今未能得到有效解决。除了非法侵占、控制南沙群岛的岛、礁、沙、滩之外，“南海问题”的东盟申索国还在争议海域进行大规模的油气资源勘探开采活动，并由此获得了巨大的经济利益，甚至还将争议海域油气资源的勘探开采权大量授予西方国家的石油公司，以期形成利益捆绑，进

① 参见谭民：《加强中国与东盟能源安全合作的国际法思考》，载《南洋问题研究》2012年第1期，第32页。

② 参见中国地名委员会：《我国南海诸岛部分标准地名》，1983年4月24日。

③ See Jianming Shen, China's Sovereignty over the South China Sea Islands: A Historical Perspective, Chinese Journal of International Law, Vol. 1, Issue 1, 2002, pp. 94-157.

而使争议的解决进一步复杂化。

"南海问题"近年来持续升温，深度国际化的发展趋势十分明显，① 其根本原因在于国际政治因素的影响，主要有两个方面的体现：

一是东盟作为区域性国际组织的影响力持续增强，其全体成员国越来越趋向于对外用一个声音说话。1992 年 7 月《南海问题东盟宣言》的签署，是东盟全体成员国在"南海问题"上采取共同立场的首次体现。1994 年东盟明确表示今后将以集体名义而非双边名义接受关于"南海问题"的谈判。② 2002 年 11 月，东盟全体成员国与中国共同签署了《南海各方行为宣言》。2011 年 7 月，东盟全体成员国又与中国达成了《落实〈南海各方行为宣言〉的指导方针》。2012 年 7 月，东盟第 45 届外长会议达成《关于东盟制定〈南海行为准则〉关键要素的建议》，③ 并发布《关于东盟南海六点原则的声明》。④ 2015 年 4 月，第 26 届东盟峰会发表主席声明，对南海正在进行的填海造地活动表示严重关切。⑤ 2015 年 8 月，东盟第 48 届外长会议发表联合公报，指出部分东盟国家外长对中国在南海岛

---

① See Daniel Ten Kate, U. S. Warship Docks in Vietnam Amid China Sea Dispute, available at http://www.businessweek.com/news/2010-08-10/u-s-warship-docks-in-vietnam-amid-china-sea-dispute.html, last visited on September 10, 2015.

② 参见张植荣：《中国边疆与民族问题》，北京大学出版社 2005 年版，第 186 页。

③ See ASEAN, On Track to ASEAN Community 2015: ASEAN annual report 2012-2013, 23 June 2013.

④ See ASEAN Foreign Ministers Meeting, Statement of ASEAN Foreign Ministers on ASEAN's Six-Point Principles on the South China Sea, 20 July 2012, available at http://www.asean.org/images/AFMs%20Statement%20on%206%20Principles%20on%20SCS.pdf, last visited on 1 July 2015.

⑤ See ASEAN Summit, Chairman's Statement of the 26th ASEAN Summit, 6 August 2015, available at http://www.asean.org/images/2015/april/26th_asean_summit/Chairman%20Statement%2026th%20ASEAN%20Summit_final.pdf, last visited on 1 July 2015.

礁上的填海造地活动表示严重关切，并表示各方应加强《南海行为准则》的磋商和自我行为的约束。① 东盟的上述行为，已明确表现出其成员国在“南海问题”上的行动已基本趋向一致。

二是美国、日本、印度等区外大国的干预。“南海问题”被美国视为构建亚太安全秩序的重要机遇，日本和印度则依附美国分别推行“南向”和“东进”政策，意图共同遏制中国。1995 年，美国便表示愿意以参与对话的方式协助解决“南海问题”。② 2001 年之后，美国则积极推动与东盟国家共同举行以“南海问题”为背景的各类军事演习，并试图以反恐、防扩散、打击跨国犯罪的名义向马六甲海峡派驻军队。③ 2010 年，美国更是直接表示“南海问题”关涉其国家利益，并称愿意帮助解决争端。④ 2011 年，美国在 1 个月之内连续举行了 4 场以“南海问题”为背景的军事演习，⑤ 日本与菲律

① See ASEAN Foreign Ministers Meeting, Joint Communiqué 48th ASEAN Foreign Ministers Meeting, 4 August 2015, available at http: //www. asean. org/news/asean-statement-communiques/item/joint-communique-48th-asean-foreign-ministers-meeting-kuala-lumpur-malaysia-4th-august-2015? category _ id = 26, last visited on 1 July 2015.

② See US Department of Defense, United States Security Strategy for the East Asia-Pacific Region, Feb. 27, 1995.

③ See Daniel H. Joyner, The Proliferation Security Initiative: Nonproliferation, Counterproliferation and International Law, Yale Journal of International Law, Vol. 30, Issue 2, Summer, 2005, pp. 507-508; also see Yann-huei Song, Security in the Strait of Malacca and the Regional Maritime Security Initiative: Responses to the US Proposal, International Law Studies Series, US Naval War College, Vol. 83, Issue 1, 2007, pp. 97-98.

④ See Mark Landler, Offering to Aid Talks, U. S. Challenges China on Disputed Islands, The New York Times, July 24, 2010.

⑤ 参见裴军：《日美澳欲在南海联合军演牵制中国》，载《中国青年报》2011 年 7 月 9 日，第 4 版；另参见李大光：《美国携手东盟 6 国海上联合军演：加速重返东南亚》，http: //www. china. com. cn/military/txt/2011-06/ 20/content_22818558. htm，2015 年 9 月 10 日访问；李宗泽：《美越 15 日举行海上联合演习，美媒称其意在抑制中国》，http: //world. huanqiu. com/roll/2011-07/1825698. html，2015 年 9 月 10 日访问；凤凰网：《美菲军演 28 日上演，中方吁对话解决南海争端》，http: //news. ifeng. com/mainland/special/nanhaizhengduan/content-3/ detail_2011_06/28/7299092_0. shtml，2015 年 9 月 10 日访问。

宾共同发表宣称其在南海有重大利益的联合声明,① 印度则联合越南在南海争议海域共同勘探开采油气资源。② 2012 年，美国和菲律宾在巴拉望岛附近海域联合举行以夺取被占近海油气平台为内容的军事演习，并与越南军队在岘港开展包括海上搜救在内的军事交流；日本则正式决定向菲律宾提供海上巡逻艇，以换取日本自卫队在南海的船舶停泊据点，并与美国探讨共同使用菲律宾军事训练设施的问题。2013 年，美国考本斯号导弹巡洋舰，在南海海域监视中国辽宁舰时，与航母编队的一艘中国两栖船坞登陆舰发生对峙，双方距离最近时仅为 457 米。2014 年，美国国务院的海洋、国际环境和科学事务局发表《海洋边界——中国的南海主张》(*Limits in the Seas*, *China*: *Maritime Claims in the South China Sea*)的研究报告，质疑中国南海"U 形线"的法律地位。③ 2015 年，美国军用侦察机对中国建设南海岛礁进行侦察，遭到中国军队 8 次警告；日本公布年度《防卫白皮书》，诬称中国在南海的填海造陆工程违背现有的国际法律秩序。

---

① See Philippines-Japan Joint Statement on the Comprehensive Promotion of the "Strategic Partnership" between Neighboring Countries Connected by Special Bonds of Friendship, September 27, 2011, Article 4.

② See Ananth Krishnan, China Warns India on South China Sea Exploration Projects, available at http://www.thehindu.com/news/international/article2455647.ece, last visited on September 10, 2015.

③ See United States Department of State, Bureau of Oceans and International Environmental and Scientific Affairs, Limits in the Seas, China: Maritime Claims in the South China Sea, 5 December 2014.

第二章　中国—东盟能源安全合作现有的法律机制

中国—东盟能源安全合作当前基本未形成专门性的法律机制，现有的制度约束主要散见于联合国、世界贸易组织、世界银行集团、国际海事组织、中国—东盟自由贸易区、大湄公河次区域合作框架下的一系列国际条约，以及中国与各东盟成员国签订的双边协定之中。由于这些条约或协定的部分内容涉及能源安全合作问题，而且中国与全体或部分东盟成员国均有参与，因而可对中国—东盟能源安全合作起到规范和指引作用。

第一节　普遍性多边合作法律机制

普遍性多边合作是指世界上大多数国家均有参与的国际合作。目前，中国与全体或部分东盟成员国均有参与，并且又涉及能源安全的普遍性多边合作法律机制主要有：联合国、世界贸易组织和世界银行集团。

一、联合国

联合国(United Nations)是当前世界上最具权威性和普遍性的政府间国际组织，目前共有会员国192个，包括中国和所有的东盟成员国。① 联合国对中国—东盟能源安全合作的影响主要在于：

① See United Nations, Member States of United Nations, available at http://www.un.org/en/members/index.shtml, last visited on September 10, 2015.

《联合国宪章》与《关于各国依联合国宪章建立友好关系及合作之国际法原则宣言》(《国际法原则宣言》)对会员国彼此之间关系的约束；安理会决议和相关条约在维护能源通道安全和解决争议领土能源资源归属方面，为中国与东盟及其成员国提供了基本的行为指引。

另外，在联合国框架下通过的部分宣言、决议等国际文件，如《关于自由开发自然财富和自然资源的权利的决定》、《关于自然资源永久主权的宣言》、《各国经济权利和义务宪章》，确认了资源国对本国能源资源的所有权和对本国能源领域经济活动的排他性管辖权，对中国与东盟及其成员国之间的能源贸易合作、能源投资合作具有重要意义。

此外，在联合国框架下制定的1969年《维也纳条约法公约》，是关于国际条约法最权威的规定，也是中国与东盟成员国缔结、批准、遵守、保留、加入、解释能源安全合作方面的条约、协定不可或缺的国际法依据。

(一)《联合国宪章》与《国际法原则宣言》

《联合国宪章》规定了联合国的宗旨和原则、组织结构、职权范围、活动程序等事项，是联合国及其会员国一切行动的法律依据。《联合国宪章》第1条规定了联合国的4项宗旨，第2条规定了会员国为了实现联合国的宗旨所应当遵循的7项基本原则，《国际法原则宣言》对这7项基本原则作了进一步解释，它们对中国—东盟能源安全合作具有重要的指导意义。

联合国将发展和促进各国在经济、社会方面的国际合作作为其崇高目标。根据《联合国宪章》第1条第3款，联合国的宗旨之一便是“促成国际合作，以解决国际间属于经济、社会、文化及人类福利性质之问题”。中国和东盟及其成员国在能源安全方面的合作，是作为国际法主体的国家之间或国家与国际组织之间的合作，这种合作无疑属于《联合国宪章》第1条第3款所指的国际合作，因而成为其促进的对象。

《联合国宪章》第2条从组织法角度规定了会员国为了实现联合国的宗旨而应当遵循的7项基本原则，虽然严格来说只能约束联合国及其会员国，但是由于联合国会员国的广泛代表性和《联合国宪章》本身的造法作用，使得这些原则具有了远超出国际组织基本文件限制的法律意义，尤其是主权平等、和平解决国际争端、禁止使用武力或以武力相威胁、不干涉内政等原则，已被国际社会公认为国际法的基本原则，① 对国际社会的全体成员均具有拘束力。

根据《联合国宪章》第 2 条的规定，中国—东盟能源安全合作须遵守主权平等、和平解决国际争端、禁止使用武力或以武力相威胁、不干涉内政等义务。主权平等是中国—东盟能源安全合作的前提，中国与东盟及其成员国在能源贸易、能源投资、能源通道安全维护、争议海域能源资源共同开发等领域，应当平等地协商达成合作协议，产生纠纷时须以和平的方式解决争议，在协商和解决争议的过程中不得使用武力或以武力相威胁，任何一方也不能干涉他方内政。

(二)安理会决议

作为联合国的主要机关，联合国安全理事会(UN Security Council，安理会)在维持世界和平与安全方面起着核心作用。根据《联合国宪章》第 24、25、39、41、42、49 条的规定，安理会对维持国际和平与安全负有最主要的责任，安理会作出的决议，会员国必须遵守，并且安理会可采取包括武力在内的执行行动。安理会对中国—东盟能源安全合作的影响，主要在于其通过的一系列打击国际恐怖主义犯罪的决议，对维护中国和东盟的能源运输通道安全具有重要作用。

鉴于恐怖主义行为给人类社会带来的极大危害，安理会曾多次召开专门会议，要求会员国对恐怖主义罪行加以防范惩治和开展国际合作，并通过了一系列反恐决议，这些决议对恐怖主义进行了强烈谴责，同时也为会员国施加了反恐的义务。其中，比较具有代表性的是第 1267、1373 和 1540 号决议。

第 1267 号决议专门针对塔利班和基地组织而设，其主要内容是要求塔利班终止对恐怖主义的支持并引渡本·拉登，同时冻结由

① 参见梁西：《国际法》，武汉大学出版社 2003 年版，第 43 页。

塔利班直接或间接掌控制的财产及其衍生资金，并专门设立 1267 委员会以监督资金冻结情况。①

第 1373 号决议是安理会对 9·11 事件的直接反应，它为所有国家设置了 11 项强制性义务，② 在安理会反恐决议中的地位最为重要，在一定程度上确认了联合国会员国对恐怖主义罪行的普遍管辖权，这是国际社会在反恐斗争中取得的重大突破。③ 此外，第 1373 号决议还设立了由安理会全体成员国组成的反恐委员会。

第 1540 号决议的目的主要是防止大规模杀伤性武器落入恐怖分子手中，它要求各国采取有效措施，加强对大规模杀伤性武器、材料、技术的国内管理和出口管制，以防范和打击非国家实体的获取行为。④

根据安理会的上述反恐决议，中国与东盟及其成员国有义务在自身管辖范围之内，并有权在自身管辖范围之外打击恐怖主义活动，以保障能源通道的安全。

（三）《关于自由开发自然财富和自然资源的权利的决定》、《关于自然资源永久主权的宣言》、《关于建立国际经济新秩序的宣言》、《各国经济权利和义务宪章》

自然资源永久主权（Permanent Sovereignty over Natural Resources）是国家对本国的自然资源或自然财富所享有的占有、使用、处分、收益的权利，它是 20 世纪 60 年代以来，发展中国家在建立国际经济新秩序的斗争中提出、并经国际法和国际社会实践确认的一项国家主权权利。

1952 年第 7 届联合国大会通过《关于自由开发自然财富和自然

① See UN Security Council, Resolution 1267 (1999): Afghanistan, S/RES/1267(1999).

② See UN Security Council, Resolution 1373 (2001): Threats to International Peace and Security Caused by Terrorist Acts, S/RES/1373(2001).

③ 参见赵秉志、杜邈：《在联合国法律框架内进行反恐斗争》，载《法学杂志》2008 年第 3 期，第 20~21 页。

④ See UN Security Council, Resolution 1540 (2004): Non-Proliferation of Weapons of Mass Destruction, S/RES/1540(2004).

资源的权利的决定》，明确规定自由开发自然资源是国家主权的固有内容。① 1962 年第 17 届联合国大会通过《关于自然资源永久主权的宣言》，正式确认国家对其自然资源享有永久主权。②

1974 年联合国大会第 6 届特别会议通过的《关于建立国际经济新秩序的宣言》及《行动纲领》明确指出：每个国家"对自己的自然资源和一切经济活动拥有充分的永久主权"，③ 有权"采取措施收回、开发、发展、销售和分配自然资源，特别是发展中国家的自然资源，来为它们的国家利益服务……"④

1974 年第 29 届联合国大会通过的《各国经济权利和义务宪章》，再次确认了国家的自然资源永久主权，并进一步指出："每个国家对其全部财富、自然资源和经济活动，享有包括拥有权、使用权和处置权在内的充分的永久主权，并得自由行使此项主权。"⑤

根据联合国大会上述宣言、决议、决定的规定，中国与东盟各成员国对其境内的能源资源享有包括拥有权、使用权和处置权在内的永久主权，有权对发生在本国境内的与能源资源有关的一切经济活动行使专属管辖权，这是双方开展能源贸易合作与能源投资合作的基础性条件。

（四）相关国际条约

到目前为止，在联合国框架下，通过了不少国际条约，其中中

---

① See UN General Assembly, Resolution 626 (VII): Right to Exploit Freely Natural Wealth and Resources, A/RES/626(VII).

② See UN General Assembly, Resolution 1803 (XVII): Permanent Sovereignty over Natural Resources, A/RES/1803 (XVII).

③ See UN General Assembly, Resolution 3201 (S-VI): Declaration on the Establishment of a New International Economic Order, A/RES/3201 (S-VI), Article 4.

④ See UN General Assembly, Resolution 3202 (S-VI): Program of Action on the Establishment of a New International Economic Order, A/RES/3202 (S-VI), Section I, Article 1.

⑤ See UN General Assembly, Resolution 3281 (XXIX): Charter of Economic Rights and Duties of States, A/RES/3281 (XXIX), Charpter II, Article 2.

国和东盟全体或部分成员国均有参与，并且涉及能源安全合作的主要有以下几项：

1.《反对劫持人质国际公约》

1979年制定、1983年生效的《反对劫持人质国际公约》是一个防止和惩治劫持人质罪行的专门性国际条约，中国和除印度尼西亚以外的东盟成员国是其缔约国。①《反对劫持人质国际公约》首次明确规定劫持人质的行为是国际犯罪，缔约国有打击此类犯罪并进行国际司法协助的义务，同时也对劫持人质罪的概念和构成、管辖原则、人质的保护以及司法协助的形式和规则作了规定。

根据《反对劫持人质国际公约》第1、2条的规定，任何人的下列行为属于劫持人质罪行，缔约国必须予以刑事重罚：(1)劫持、扣押人质并以杀死、伤害、继续扣押人质为威胁，强迫某个国家、国际组织、自然人、法人或一群人作为或不作为，并以此作为释放人质的明示或暗示条件。(2)图谋劫持人质，或与实行或图谋劫持人质者同谋而参与其事。

对惩治劫持人质的犯罪，公约作了如下规定：(1)确立了优先管辖、普遍管辖、其他管辖等三个层次的管辖原则。犯罪发生地国、罪犯所属国、受害国或人质所属国，享有优先引渡罪犯并对其起诉的权力。任何国家均享有普遍管辖权。不具备优先和普遍管辖条件的国家同样享有管辖权。(2)实行“或引渡或起诉”的追究原则。根据公约第9、10条的规定，无论是否以条约为引渡的前提，劫持人质罪都应视为可引渡的罪行，公约本身即可作为引渡的法律依据，如拒绝引渡则应当在国内起诉。(3)进行国际合作。根据公约规定，缔约国对罪犯享有先行扣留的权力，及时向有关国家和政府间国际组织通报，并互相给予刑事诉讼方面最大限度的协助。②

① See UN Treaty Collection, Status of International Convention Against the Taking of Hostages, available at https://treaties.un.org/Pages/ViewDetails.aspx?src=IND&mtdsg_no=XVIII-5&chapter=18&lang=en, last visited on September 10, 2015.

② See United Nations, International Convention Against the Taking of Hostages, UN Treaty Series, Vol. 1316, 1991, pp. 206-211.

2.《制止恐怖主义爆炸的国际公约》

1997年通过、2001年生效的《制止恐怖主义爆炸的国际公约》，是人类历史上第一个专门打击恐怖主义爆炸活动的国际条约，中国和除印度尼西亚、越南以外的东盟成员国是其缔约国。①《制止恐怖主义爆炸的国际公约》对恐怖主义爆炸罪行的犯罪构成、管辖权、引渡、起诉及司法协助等作了说明。

根据《制止恐怖主义爆炸的国际公约》第2条的规定，恐怖主义爆炸罪是指任何人的下列行为：(1)非法故意对公共场所、公交系统、政府或基础设施，投掷、放置、发射、引爆爆炸性或其他致死装置，致人死亡、重伤或造成重大经济损失。(2)企图实施，或以共犯身份参与，或组织、指使他人实施或参与，以及以任何其他方式协助他人实施上述行为者。对恐怖主义爆炸行为，缔约国必须将其纳入刑法进行规制。

为了确保恐怖主义爆炸的犯罪行为受到惩治，公约规定：(1)罪行实施地国、罪犯所属国、受害者所属国、受害国等均具有管辖权。(2)实行“或引渡或起诉”的追究原则。无论是否以条约为引渡的前提，本罪都应视为可引渡罪行，并且不得视为政治罪行、与政治罪行有关的罪行或由政治动机引起的罪行。公约本身可作为引渡的法律依据，如拒绝引渡则应当在国内起诉。(3)进行国际合作。根据公约规定，缔约国对罪犯享有先行扣留的权力，及时向有关国家和政府间国际组织通报，并互相给予刑事诉讼方面最大限度的协助。②

3.《制止向恐怖主义提供资助的国际公约》

1999年通过、2002年生效的《制止向恐怖主义提供资助的国际公约》，是打击资助恐怖主义罪行的专门条约，中国和所有东盟

---

① See UN Treaty Collection, Status of International Convention for the Suppression of Terrorist Bombings, available at https://treaties.un.org/Pages/ViewDetails.aspx?src=IND&mtdsg_no=XVIII-9&chapter=18&lang=en, last visited on September 10, 2015.

② See United Nations, International Convention for the Suppression of Terrorist Bombings, UN Treaty Series, Vol. 2149, 2003, pp. 273-293.

成员国均是其缔约国。①《制止向恐怖主义提供资助的国际公约》将对恐怖主义的打击范围扩大到对其进行资助的行为，详细规定资助恐怖主义罪行的概念和犯罪构成、法律责任、管辖原则、国际合作等内容。

根据《制止向恐怖主义提供资助的国际公约》第2条的规定，下列行为属于资助恐怖主义罪：(1)非法直接或间接提供资金，意图全部或部分用于实施特定的罪行或恐怖主义行为。(2)企图实施，或以共犯身份参与，或组织、指使他人实施或参与，以及以任何其他方式协助他人实施资助恐怖主义行为。对资助恐怖主义的行为，缔约国须依其国内法追究刑事、行政、民事等法律责任。

为了惩治资助恐怖主义罪行，公约规定：(1)罪行实施地国、罪犯所属国、受害国等具有管辖权。(2)实行“或引渡或起诉”的追究原则。无论是否以条约为引渡的前提，劫持人质罪都应视为可引渡的罪行，公约本身即可作为引渡的法律依据，如拒绝引渡则应当在国内起诉。(3)个人承担刑事责任，有关金融机构则根据管辖国国内法刑事、行政或民事责任。(4)缔约国不得以政治、思想、种族、族裔、宗教、意识形态或其他类似性质的理由为资助恐怖主义的行为辩解。(5)进行国际合作。根据公约规定，缔约国对罪犯享有先行扣留的权力，及时向有关国家和政府间国际组织通报，并互相给予刑事诉讼方面最大限度的协助②。

4.《制止核恐怖主义行为国际公约》

2005年通过、2007年生效的《制止核恐怖主义行为国际公约》，是第一项专门打击核恐怖罪的国际条约，中国和印度尼西亚

---

① See UN Treaty Collection, Status of International Convention for the Suppression of the Financing of Terrorism, available at https://treaties.un.org/Pages/ViewDetails.aspx?src=IND&mtdsg_no=XVIII-11&chapter=18&lang=en, last visited on September 10, 2015.

② See United Nations, International Convention for the Suppression of the Financing of Terrorism, UN Treaty Series, Vol. 2178, 2004, pp. 216-241.

是其缔约国。① 该公约对核恐怖主义罪行的概念和构成、法律责任、管辖原则、国际合作等作了规定。

根据《制止核恐怖主义行为国际公约》的规定，任何人的下列行为构成核恐怖主义罪：(1)非法和故意拥有放射性材料或制造或拥有核爆炸装置，意在致人死亡、严重伤害或使财产、环境受重大损害。(2)以任何方式利用放射性材料或核爆炸装置，或以致放射性材料外泄或有外泄危险的方式利用或破坏核设施，意在致人死亡、严重伤害或使财产、环境受重大损害；或迫使某人、某国际组织或某国家实施或不实施某一行为。(3)威胁实施前述行为，或通过威胁、使用武力非法和故意索要放射性材料、核爆炸装置或核设施。(4)犯罪未遂，或以共犯身份参与，或组织、指使他人实施或参与，或以任何其他方式促使他人实施或参与。

针对核恐怖主义罪行的特点，在对其惩治方面公约特作出如下规定：(1)罪行实施地国、罪犯所属国、受害者所属国、受害国等具有管辖权。(2)实行"或引渡或起诉"的追究原则。无论是否以条约为引渡的前提，核恐怖主义罪都应视为可引渡的罪行，公约本身即可作为引渡的法律依据，如拒绝引渡则应当在国内起诉。(3)缔约国不得以政治、思想、种族、族裔、宗教、意识形态或其他类似性质的理由为核恐怖主义行为辩解。(4)进行国际合作。根据公约规定，缔约国对罪犯享有先行扣留的权力，及时向有关国家和政府间国际组织通报，并互相给予刑事诉讼方面最大限度的协助。②

5.《联合国海洋法公约》

1982年通过、1994年生效的《联合国海洋法公约》是当今国际社会在海洋领域最重要的法律文件，被誉为"海洋宪章"，其参与国众多，到2015年9月10日，已有缔约国167个，中国和除柬埔

① See UN Treaty Collection, Status of International Convention for the Suppression of Acts of Nuclear Terrorism, available at https://treaties.un.org/Pages/ViewDetailsIII.aspx?&src=IND&mtdsg_no=XVIII-15&chapter=18&Temp=mtdsg3&lang=en, last visited on September 10, 2015.

② See United Nations, International Convention for the Suppression of Acts of Nuclear Terrorism, UN Treaty Series, Vol. 2445, 2010, pp. 127-161.

寨之外的所有东盟成员国均为该公约缔约国，柬埔寨已经签署但未批准。①《联合国海洋法公约》就缔约国在海域纠纷和打击海盗方面的权利义务规定，对中国与东盟及其成员国解决争议领土或海域的能源资源归属，以及维护能源运输通道的安全，具有重要指导作用。

《联合国海洋法公约》共有 17 个部分、320 个条款和 9 个附件。其中，第 2、5、6 部分规定了领海、专属经济区和大陆架的法律地位、划界规则以及沿岸国的权利义务，第 100~107、110~111 条则是关于打击海盗罪行的规定。

《联合国海洋法公约》第 2、5、6 部分分别对领海、专属经济区和大陆架的法律地位、划界规则以及沿岸国的权利义务作了规定。根据公约的规定，沿海国的主权及于领海、领海上空、领海的海床和底土；在专属经济区内享有为勘探、开发、养护、管理海床、水域、底土的生物或非生物资源的主权权利，并对人工岛屿、设施和结构的建造和使用、海洋科研和环保等事项享有管辖权；对大陆架享有为勘探开发非生物资源和定居种的生物的专属性主权权利；但海岸相向或相邻国家之间的领海、专属经济区、大陆架的划分，应根据国际法签订协议公平划定，如未在合理期限内达成协议，则应诉诸第 15 部分的"国际海洋法法庭"的程序，无论如何，在协议达成之前，相关各国应尽一切努力作出实际性的、不危害或阻碍最后协议达成和最后界限划定的临时安排。②

《联合国海洋法公约》第 100~107、110~111 条则是关于打击海盗罪行的规定，该部分详细阐述了海盗罪的定义，并对缔约国的普遍管辖权、登临权、紧追权、扣押权等权利作了说明。根据公约规定，海盗罪是指私人船舶(飞机)的船员(机组成员、乘客)或军

① See UN Treaty Collection, Status of United Nations Convention on the Law of the Sea, available at https: // treaties. un. org/pages/ViewDetailsIII. aspx? src = TREATY&mtdsg_no = XXI-6&chapter = 21&Temp = mtdsg3&lang = en, last visited on September 10, 2015.

② See United Nations, United Nations Convention on the Law of the Sea, UN Treaty Series, Vol. 1833, 1998, pp. 202-523.

舰、政府船舶(飞机)的叛变船员(机组成员)，实施的下列行为：(1)为私人目的在公海对另一船舶(飞机、人、财物)实施非法暴力(扣留、掠夺)行为；(2)在国家管辖范围以外的地方对船舶(飞机、人、财物)，实施非法暴力(扣留、掠夺)行为。(3)自愿参与、教唆、便利实施(参与)上述行为。①

对于海盗行为，缔约国享有普遍管辖权、登临权、紧追权、扣押权。公约第100条的规定被学界通称为海盗罪的“普遍管辖权”：为制止发生于公海或国家管辖范围以外地方的海盗行为，所有国家应尽最大可能进行合作。根据公约第110条的规定，缔约国的军舰(军用飞机)或经正式授权并有清楚识别标志的政府船舶(飞机)，在公海上对海盗船舶享有登临权，即靠近和登上被合理认为犯有海盗罪行的船舶(海盗船舶)进行检查的权利。根据公约第111条的规定，缔约国的军舰(军用飞机)或经正式授权并有清楚识别标志的政府船舶(飞机)，有充分理由认为处于本国内水、群岛水域、领海、毗连区、专属经济区或大陆架内的外国船舶属于海盗船舶时，可行使紧追权，即对从该国管辖范围内的水域驶向公海的海盗船舶进行追逐、迫停的权利，但须从国家管辖范围的水域开始并连续不断地进行，且止于他国领海界限。根据公约第105条的规定，缔约国的军舰(军用飞机)或经正式授权并有清楚识别标志的政府船舶(飞机)，在公海上或国家管辖范围以外的地方，对海盗船舶(飞机)或为海盗所夺取并控制的船舶(飞机)可行使扣押权，即扣押海盗船舶(飞机)或其财物并逮捕船(机)上人员的权利。②

6.《维也纳条约法公约》

1969年签订、1980年生效的《维也纳条约法公约》，共有114个缔约国，包括中国和老挝、马来西亚、缅甸、菲律宾、越南等5

① See United Nations, United Nations Convention on the Law of the Sea, UN Treaty Series, Vol. 1833, 1998, pp. 202-523.

② See United Nations, United Nations Convention on the Law of the Sea, UN Treaty Series, Vol. 1833, 1998, pp. 202-523.

个东盟成员国。①《维也纳条约法公约》对其适用范围和溯及力、条约缔结、条约保留、条约生效、条约遵守、条约适用、条约解释、条约修正、条约失效、条约终止等国际条约法的重要问题作了详细规定。由于《维也纳条约法公约》的主要内容属于对条约方面国际习惯法的编纂，因此未加入该公约的国家，在条约方面的国际实践仍会受到该公约相关内容的约束，不过此时国际义务的来源是国际习惯而非国际条约。

《维也纳条约法公约》是中国与东盟成员国缔结、批准、遵守、保留、加入、解释能源安全合作方面诸项国际条约的法律依据。根据《维也纳条约法公约》第 26 条——“条约必须遵守原则”的规定：“凡有效之条约对其各当事国有约束力，必须由各该国善意履行。”中国与东盟成员国必须遵守共同缔结、参与、加入的各项与能源安全合作有关的国际条约。虽然在中国和东盟成员国之间，只有中国、老挝、马来西亚、缅甸、菲律宾、越南等 6 国是《维也纳条约法公约》的缔约国，但是基于国际习惯的普遍效力，该公约的主要内容仍然对文莱、柬埔寨、印度尼西亚、泰国、新加坡这 5 个未加入的东盟成员国具有约束力。②

二、世界贸易组织

世界贸易组织(World Trade Organization，WTO)是当今全球范围内最大、最有影响力的国际经济组织之一，目前已有成员 161 个，③ 包

① See UN Treaty Collection, Status of Vienna Convention on the Law of Treaties, available at https://treaties.un.org/Pages/ViewDetailsIII.aspx?src=IND&mtdsg_no=XVIII-15&chapter=18&Temp=mtdsg3&lang=en, last visited on September 10, 2015.

② See United Nations, Vienna Convention on the Law of Treaties, UN Treaty Series, Vol. 1155, 1987, pp. 322-353.

③ See World Trade Organization, Members and Observers, available at https://www.wto.org/english/thewto_e/whatis_e/tif_e/org6_e.htm, last visited on September 10, 2015.

括中国和所有东盟成员国。① WTO 的基本法律文件是《建立世界贸易组织的协议》(*Marrakech Agreement Establishing the World Trade Organization*，简称 WTO 协议)，该协议是一个协议群，主要由 4 个附件和一系列子协议构成。② WTO 对中国—东盟能源安全合作的影响主要是可以用于规范能源贸易和能源投资的纪律。

(一) WTO 的基本原则

WTO 体系下的众多条约，贯穿着一些共同的基本原则，如最惠国待遇原则、国民待遇原则、市场准入原则、公平贸易原则等，这些原则在 WTO 诸多子协议的具体条文中均得到了充分的反映，体现了国际社会对贸易自由化的强烈要求。

最惠国待遇(Most Favored Nation Treatment)原则是 WTO 的基石，是指 WTO 成员现在和将来在货物贸易、服务贸易和知识产权领域对来自另一国家的产品、服务及其提供者、知识产权人提供的优惠待遇，应当立即无条件地给予所有其他成员的产品、服务及其提供者、知识产权人。

国民待遇(National Treatment)原则是最惠国待遇原则的补充，两者共同构成非歧视原则，是指 WTO 成员为其他成员的产品、服务及其提供者、知识产权人提供的待遇，不应低于向本成员的相同产品、服务及其提供者、知识产权人提供的待遇。

市场准入(Market Access)原则指 WTO 成员应该在一定条件下允许另一成员的货物、服务及其提供者以及资本进入本方市场。市

---

① 老挝已于 2013 年 2 月 2 日成为 WTO 的第 158 个正式成员，至此，所有 10 个东盟成员国均已加入 WTO。See World Trade Organization, Lao People's Democratic Republic and the WTO, available at https://www.wto.org/english/thewto_e/countries_e/lao_e.htm, last visited on September 10, 2015.

② 附件 1 是多边贸易协定，附件 2 是《关于争端解决规则与程序的谅解协定》，附件 3 是《贸易政策评审机制协定》，附件 4 包括 4 个诸边贸易协议：《民用航空器协议》、《政府采购协议》、《国际奶制品协议》、《国际牛肉协议》(《国际奶制品协议》、《国际牛肉协议》现已失效)。此外，针对 WTO 协议所做出的谅解、宣言、决定等法律文件，这些法律文件对各成员具有约束力，因而也是 WTO 协议的有机组成部分。

场准入原则主要体现在关税减让、削减非关税壁垒和服务贸易的逐步自由化等方面。

公平贸易(Fair Trade)原则指WTO成员及其出口贸易经营者不得采取扭曲市场竞争的措施或不公正的贸易手段。根据公平贸易原则，倾销和补贴这两种行为受到禁止；限制性商业惯例被要求进行规制；此外，对知识产权的有效保护和反不正当竞争也是其重要内容。

透明度原则指WTO成员应当向其他成员公布并向WTO通知其制定和实施的与国际贸易有关的措施及其变化情况，未经公布不得实施。透明度原则对增强市场竞争的可预见性和减少政府的暗箱操作具有重要作用，也是贸易政策评审机构对各国贸易政策进行监督的前提。

(二)WTO的贸易制度

WTO主要调整国际贸易关系，而能源贸易是国际贸易的一个分类，从理论上说，只要没有被明确排除在外，国际贸易的规则对其就应当同样适用。从WTO协议现有的规定来看，虽然没有对能源贸易作出专门规定，但也没有任何条款将能源贸易排除在其适用范围之外，因此可以适用于能源贸易，包括能源货物贸易和能源服务贸易。

WTO框架下的货物贸易关系主要由货物多边贸易协议进行调整。其中，与能源贸易有关的主要包括：《1994年关税与贸易总协定》(以下简称GATT1994)、《贸易技术壁垒协议》、《反倾销措施协议》、《海关估价协议》、《装运前检验协议》、《原产地规则协议》、《补贴与反补贴措施协议》、《进口许可证程序协议》、《保障措施协议》。上述协议要求WTO成员给予来自或运往任何其他国家或地区产品的优惠待遇，应当立即和无条件地给予来自或运往其他各成员的产品；给予其他成员产品的待遇，不得低于给予本方相同或相似产品享受的待遇；除了征收关税和其他税费以外，不得以非关税壁垒来限制产品的进出口。

WTO框架下的服务贸易关系主要由GATS(《服务贸易总协定》)进行调整。GATS要求除了明确规定的例外情况之外，WTO成员应当向外国服务贸易提供者开放本国服务市场。GATS根据服务提供方式的不同，将服务贸易分为跨境交付、境外消费、商业存在、自然人移动4种类型。GATS与能源服务贸易有关，它规定了WTO成员在能源服务贸易领域应当遵守的规则，如最惠国待遇原则、国民待遇原则、市场准入原则等。① 在GATS对服务贸易所做的4种分类中，商业存在与能源服务贸易关系最大，而且往往和能源投资联系在一起。

(三)WTO对国际投资的影响

WTO对国际投资也有涉及。在整个WTO规则体系中，下列4个协议与国际投资直接相关：TRIMs协议(《与贸易有关的投资措施协议》)、SCM协议(《补贴与反补贴措施协议》)、TRIPs协议(《与贸易有关的知识产权协议》)、GATS。

TRIMs协议是WTO的诸多协议中，规范国际投资最主要的协议，也是世界上第一个专门规范贸易与投资关系的国际条约，在国际投资领域占有重要地位。TRIMs协议规制的对象是狭义的投资措施②，即资本输入国采取的投资措施，而且是与贸易有关的投资措施(Trade-Related Investment Measures, TRIMs)，并且仅限于货物贸易(Trade in Goods)领域。TRIMs协议要求WTO成员不得采用违反

① GATS中的最惠国待遇原则是WTO成员的一项普遍义务，适用于所有的服务部门，但是国民待遇原则和市场准入原则不是WTO成员的一项普遍义务，它只适用于各成员具体承诺范围内的服务部门。

② 广义的投资措施是指直接或间接由资本输入国或输出国通过政策法令实施的，针对外国直接投资或本国的海外投资所采取的鼓励性或限制性措施，前者如税收减让、关税减让等，后者如当地成分要求、当地股权要求等。广义的投资措施可分为四大类：投资鼓励(investment incentives)、履行要求(performance requirements)、公司行为(corporate measures/restrictive business practice)、母国措施(home country measures)。狭义的投资措施仅指由资本输入国采取的投资措施，即由资本输入国实施的投资鼓励和履行要求。无论是广义或狭义、鼓励性或限制性的投资措施，均可能对国际贸易造成扭曲或限制。TRIMs协议中的投资措施是指与贸易有关的(Trade-Related)投资措施，并且侧重于限制性的投资措施。See United Nations Centre on Transnational Corporation, The Impact of Trade-related Investment Measureson Trade and Development, 1991, pp. 11-13.

GATT1994 第 3 条(国民待遇原则)和第 11 条(一般取消数量限制原则)的 TRIMs，并列举了 5 种禁止使用的 TRIMs：当地成份要求、贸易平衡要求、外汇平衡要求、国内销售要求、限制进口。

SCM 协议对国际投资也有重要影响。资本输入国为了吸引外资而采取的投资鼓励措施，如果表现为政府或公共机构为相关企业提供财政资助、价格或收入支持，实际上就是一种补贴行为，① 可能会造成贸易的扭曲或不公平的竞争。SCM 协议根据补贴对国际贸易的不同影响，将补贴分为禁止性补贴、可诉补贴和不可诉补贴②三种。禁止性补贴是 WTO 成员不得实施或维持的补贴，分为出口补贴③和进口替代补贴两类。可诉补贴是原则上可采用但又不能自动免于质疑的补贴。

TRIPs 协议和 GATS 同样对投资具有重要影响。知识产权是一种重要的出资形式和投资手段，知识产权保护制度是否完善，是判断投资环境好坏的重要标准。TRIPs 协议为知识产权提供了到目前为止最高标准的国际保护，不仅在实体方面作了严格要求，而且

---

① 参见刘笋：《WTO 法律规则体系对国际投资法的影响》，中国法制出版社 2001 年版，第 176~177 页。

② 根据 SCM 协议第 31 条，不可诉补贴制度已于 2000 年失效。参见黄志雄、罗嫣：《中美可再生能源贸易争端的 WTO 法律问题》，载杨泽伟主编：《发达国家新能源法律与政策研究》，武汉大学出版社 2011 年版，第 230 页；另参见朱庆华：《SCM 协议不可诉补贴条款简析》，载《世界贸易组织动态与研究》2007 年第 2 期，第 33~36 页。

③ SCM 协议附件 1 中专门列举了 12 种禁止使用的出口补贴：(1)按出口实绩对企业或产业而直接给予的补贴。(2)外汇留成或类似的出口奖励。(3)出口装运补贴。(4)对用于出口货物中的产品或服务提供优于内销货物的条件，该条件同时也优于世界市场上通过商业途径可获得的条件。(5)免除、减免或缓征直接税或社会福利费用。(6)缩小直接税的征税基础。(7)超额退还或免除出口企业的间接税。(8)超额免除或缓征用于出口商品生产的货物或服务的前期积累间接税。(9)减免或超额退还用于生产出口商品的进口投入物的进口税费。(10)按不能明显弥补费用和损失的保险费率，长期提供出口信贷担保或保证。(11)提供的出口信贷利率低于使用该项资金所实际应付的利率或低于国际资本市场获得同样信贷所应支付的利率。(12)对构成出口补贴的其他由政府公共账户开支的项目。

USD 的存在加强了其保护效果。GATS 所规定的"商业存在"服务贸易方式，涉及服务贸易领域的投资。一缔约方的服务提供者通过在另一缔约方境内设立各种商业实体(法人或非法人实体)的方式，向该另一缔约方境内的消费者提供服务，这是典型的国际投资行为。

能源领域是国际资本流向的主要领域，在能源领域的投资简称能源投资。与能源贸易一样，能源投资也是国际投资的一个分类，因此只要没有被明确地排除在外，国际投资的一般规则也应当对其同样适用。根据联合国贸易和发展会议(United Nations Conference on Trade and Development，UNCTAD)近几年的统计数据，我们可以发现，对自然资源的需求已成为各国对外投资的主要动力(此类投资简称资源型投资)，资源型投资在全球跨国投资中占有极重要的地位，尤其是美国、日本这样的能源消费大国，资源型投资约占其整个对外投资的 25%。① 由于 WTO 对国际投资进行直接或间接调整，因此能源领域的投资行为同样要受其规制。

在 WTO 框架下，中国和所有东盟成员国之间的能源货物贸易、能源服务贸易、与贸易有关的能源投资措施以及相关争议的解决要遵守 GATT1994、GATS、TRIMs 协议和 USD 的相应规定。在能源货物贸易方面，中国和东盟成员国除了纳入减让表的关税和其他税费之外，不得实施非关税壁垒妨碍能源产品的进出口，对待相同的能源产品的进出口，必须给予最惠国待遇；对待相同的能源产品的进口，必须给予国民待遇。在能源服务贸易方面，在承诺开放的能源服务部门，要给予来自其他国家的服务或服务提供者以最惠国待遇原则，如果承担了给予国民待遇的义务，还要给予相应的国民待遇。在能源投资方面，中国和东盟成员国不能采取或维持任何与国民待遇原则和一般取消数量限制原则不符的 TRIMs。在争端解决方面，如果中国和东盟成员国在能源货物贸易、能源服务贸易或能源投资领域的合作过程中出现纠纷，可以在 WTO 的 DSB 框架下

① See United Nations Conference on Trade and Development, World Investment Report, 2010, 2011, 2012, 2013.

进行解决。

三、世界银行集团

世界银行集团(World Bank Group)①是世界上最大的多边开发援助机构，对各成员国而言，也是最大的国外借贷机构。世界银行集团的5个机构成员中，对中国—东盟能源安全合作最具影响力的是多边投资担保机构(Multilateral Investment Guarantee Agency, MIGA)和解决投资争端国际中心(International Centre for Settlement of Investment Disputes, ICSID)，前者可为能源领域的国际投资提供一定程度的政治风险担保，后者可为外国投资者与东道国之间的能源投资争议提供有效的解决途径。这两个机构中国均有参与，但东盟成员国中，文莱尚未加入MIGA，② 老挝、缅甸、泰国、越南等4国尚未加入ICSID。③

MIGA的宗旨是通过对成员国的投资者承保生产性投资的政治风险来促进发展中成员国吸引国外直接投资。MIGA设计了一套独特的投资担保体系对成员国私人投资者(海外投资者)在发展中成

① 世界银行集团是国际复兴开发银行(International Bank for Reconstruction and Development)、国际开发协会(International Development Association)、国际金融公司(International Finance Corporation)、多边投资担保机构(Multilateral Investment Guarantee Agency)、解决投资争端国际中心(International Centre for Settlement of Investment Disputes)这5个彼此互不隶属、具有独立法律人格的国际组织的统称。See World Bank Group, Five Institutions, One Group, available at http://www.worldbank.org/en/about, last visited on September 10, 2015.

② See Multilateral Investment Guarantee Agency, MIGA Member Countries (181), available at https://www.miga.org/who-we-are/member-countries/, last visited on September 10, 2015.

③ See International Centre for Settlement of Investment Disputes, Database of ICSID Member States, available at https://icsid.worldbank.org/apps/ICSIDWEB/about/Pages/Database-of-Member-States.aspx, last visited on September 10, 2015.

员国（资本输入国）的生产性投资的政治风险①进行承保，当承保风险致损时，MIGA 对海外投资者先行赔付，然后取得代位求偿权，再向资本输入国索赔。这使资本输入国和海外投资者这两个不平等的主体之间的争端，转化为国家与国际组织之间的争端，大大改善了海外私人投资者的弱势地位；而且考虑到 MIGA 的影响力，资本输入国往往不会冒然采取征用、征收、国有化等措施，这有利于政治风险的预先防范和提高海外私人直接投资的安全性。②

ICSID 是世界上第一个专门解决国际投资争议的仲裁机构，其宗旨是有效解决缔约国与缔约他国国民之间的投资争议，以此促进国际投资的发展。ICSID 为经过成员国的海外投资者与作为成员国的资本输入国共同同意而向自己提交的直接产生于投资的法律争端提供仲裁和调解两种解决途径。一旦海外投资者和资本输入国同意将争端提交 ICSID 解决，任何一方不得单方面撤回，而且此时 ICSID 获得了排他性的管辖权，排除了成员国的司法管辖和外交保护。ICSID 作出的仲裁裁决当事方必须遵守，如一方不履行，另一方可向 ICSID 任一成员国申请执行，保证了执行的效力。

东盟地区既是中国引进外资的重要地区，也是中国企业境外投资的重要场所。近 11 年来，东盟对中国的投资金额每年在 70 亿美元左右，中国对东盟的投资金额每年在 22 亿美元左右。到 2014 年底，中国与东盟双向投资累计超过 1300 亿美元，其中，中国企业到东盟的投资额超过 400 亿美元，东盟企业到中国的投资额超过 900 亿美元。③ 如今，中国是东盟的第四大外资来源地，东盟是中国的第三大外资来源地。中国和除新加坡、文莱以外的东盟成员国，绝大多数都属于发展中国家，这些国家本身的海外投资保险制

① MIGA 承保的政治风险包括货币汇兑险、征收和类似措施险、政府违约险、战争和内乱险以及经 MIGA 董事会特别多数认可的其他政治风险。

② 参见郭晓莉：《论 MIGA 在海外投资保险制度中的作用》，载《金卡工程》2009 年第 7 期，第 118~119 页。

③ 参见中国自由贸易区服务网：《商务部：中国—东盟自贸区升级版有望今年完成谈判》，http：//fta. mofcom. gov. cn/article/chinadongmeng/dongmengfguandian/201508/27763_1. html，2015 年 9 月 10 日访问。

度要么尚未建立，要么不够完善，给本国海外投资者的财产安全带来隐患，如果能够充分利用 MIGA 这一投资担保机制，可以在一定程度上防范潜在的政治风险。

中国和作为 ICSID 成员国的东盟成员国之间相互投资额度正逐年加大，如何解决海外投资者和资本输入国之间就投资产生的法律争端，是一个必须认真面对的问题。随着中国—东盟自由贸易区的建立，作为该自由贸易区的支柱性协议之一的《中国与东盟全面经济合作框架协议投资协议》，在投资者与东道国的投资争议解决方面纳入了 ICSID 管辖的条款。这样，尚未加入 ICSID 的老挝、缅甸、泰国、越南仍有相当大的机会接受 ICSID 规则的约束。因此，ICSID 将成为一个解决中国与东盟成员国之间投资者与东道国的投资争议问题的理想场所。

四、国际海事组织

国际海事组织(International Maritime Organization，IMO)是一个促进各国政府和航运业改进海上安全、防止海洋污染、进行海事技术合作的国际组织，现有成员国 171 个，包括中国和除老挝之外的所有东盟成员国。① IMO 对能源安全合作的影响主要在于，其制定的《国际海上人命安全公约》(*International Convention for the Safety of Life at Sea*)和《制止危及海上航行安全非法行为的公约》(*Convention for the Suppression of Unlawful Actsagainst the Safety of Maritime Navigation*)对维护能源通道安全具有特殊作用，而且中国和东盟成员国有不同程度的参与。

1974 年签订、1980 年生效的《国际海上人命安全公约》对防范海上恐怖主义行为作了技术要求，该公约第 XI-2 章规定了“加强海上保安的特别措施”，并以《国际船舶和港口设施保安规则》作为实施细则。1988 年签订、1992 年生效的《制止危及海上航行安全非

① See International Maritime Organization，Member States，available at http：//www. imo. org/About/Membership /Pages/MemberStates. aspx，last visited on September 10，2015.

法行为的公约》则专门针对在船舶上发生的恐怖活动，它吸纳了有关惩治海盗的习惯法，详细规定了危及航海安全罪行的定义、管辖权与处罚规则，其修改议定书将登临权的适用范围扩大到专属经济区、毗连区、用于国际航行的海峡和群岛水域。中国和老挝之外的东盟成员国是《国际海上人命安全公约》的缔约国，中国和印度尼西亚、马来西亚、泰国之外的东盟成员国是《制止危及海上航行安全非法行为的公约》的缔约国。①

第二节　区域性多边合作法律机制

区域性多边合作是由特定地区的国家参与的国际合作，其特点是参与国存在一定的地理、历史、文化等方面的联系。当前中国与全体或部分东盟成员国均有参与，并且涉及能源安全的区域性多边合作主要是中国—东盟自由贸易区和泛亚铁路网。

一、中国—东盟自由贸易区

中国—东盟自由贸易区（China-ASEAN Free Trade Area, CAFTA），是中国与10个东盟成员国以WTO的相关规定为依据，②通过签订《中国与东盟全面经济合作框架协议》，决定于2010年1月1日在中国与“东盟6国”③之间、2015年1月1日在中国与东盟全体成员国之间实现货物贸易、服务贸易、投资等领域自由化的区

---

① See International Maritime Organization, Status of multilateral Conventions and instruments in respect of which the International Maritime Organization or its Secretary-General performs depositary or other functions As at 13 October 2015, available at http://www.imo.org/en/About/Conventions/Status Of Conventions/Documents/Status% 20-%202015.pdf, last visited on October 25, 2015.

② WTO协议的相关规定是指GATT1994第24条、《关于解释GATT1994第24条的谅解》、GATS第5条以及1979年东京回合“授权条款”。

③ “东盟6国”是指印度尼西亚、泰国、新加坡、菲律宾、马来西亚和文莱等6个较早加入且经济相对发达的东盟成员国，后加入的越南、缅甸、老挝和柬埔寨等4国通常被称为“东盟新成员”。

域经济一体化合作形式。它是中国对外参与建立的第一个自由贸易区，也是世界范围内人口基数最大的自由贸易区，其成员包括中国和10个东盟国家，涵盖人口18.5亿、领土面积达1400万平方公里。①

CAFTA的法律文件主要包括：2002年11月4日签订的《中国与东盟全面经济合作框架协议》(CAFTA框架协议)、② 2004年11月29日签订的《中国与东盟全面经济合作框架协议货物贸易协议》(CAFTA货物贸易协议)、③ 2007年1月14日签订的《中国与东盟全面经济合作框架协议服务贸易协议》(CAFTA服务贸易协议)、④ 2009年8月15日签订的《中国与东盟全面经济合作框架协议投资

① 参见中国商务部：《中国—东盟自贸区简介》，http://fta.mofcom.gov.cn/dongmeng/dm_xieyijianjie.shtml，2015年9月10日访问。

② CAFTA框架协议第16条规定："本协议于2003年7月1日生效。各缔约方应于2003年7月1日前完成使本协议生效的国内程序。如一缔约方未能在2003年7月1日之前完成使本协议生效的国内程序，该缔约方依照本协议的权利与义务应自其完成此类国内程序之日开始。"但根据东盟秘书处的统计，到2012年3月，只有印度尼西亚、老挝、菲律宾、越南、柬埔寨5国批准。See ASEAN Secretariat, Table of ASEAN Treaties/Agreements and Ratification, March 2012.

③ CAFTA货物贸易协议第23条规定："本协议经各缔约方代表签署后，于2005年1月1日生效。各缔约方应在2005年1月1日之前完成使本协议生效的国内程序。如一缔约方未能在2005年1月1日之前完成使本协议生效的国内程序，该缔约方依照本协议的权利与义务应自其完成此类国内程序之日开始。但根据东盟秘书处的统计，到2012年3月，中国、印度尼西亚、菲律宾尚未批准。See ASEAN Secretariat, Table of ASEAN Treaties/Agreements and Ratification, March 2012.

④ CAFTA服务贸易协议第32条规定："本协议经各缔约方代表签署后，应于2007年7月1日生效。各缔约方应在2007年7月1日之前完成使本协议生效的国内程序。如一缔约方未能在2007年7月1日之前完成使本协议生效的国内程序，该缔约方依照本协议的权利与义务应自其完成此类国内程序之日开始。"但根据东盟秘书处的统计，到2012年3月，中国、新加坡、泰国、缅甸尚未批准。See ASEAN Secretariat, Table of ASEAN Treaties/Agreements and Ratification, March 2012.

协议》(CAFTA 投资协议)①和 2004 年 11 月 29 日签订的《中国与东盟全面经济合作框架协议争端解决协议》(CAFTA 争端解决协议)。②

另外，中国和东盟 10 国于 2003 年 10 月 6 日签订了《关于修订 CAFTA 框架协议的议定书》，于 2006 年 10 月 8 日签订了《关于修订 CAFTA 框架协议的第二议定书》和《关于修订 CAFTA 货物贸易协议的议定书》，于 2010 年 10 月 29 日签订了《CAFTA 货物贸易协议第二议定书》，于 2011 年 11 月 16 日签订了《关于实施 CAFTA 服务贸易协议第二批具体承诺的议定书》，于 2012 年 11 月签订了《关于修订 CAFTA 框架协议的第三议定书》和《关于在 CAFTA 中纳入技术性贸易壁垒和卫生与植物卫生措施章节的议定书》，上述议定书构成 CAFTA 相关协议不可分割的组成部分，进一步完善了 CAFTA 的各项制度。

在贸易方面，CAFTA 承认了 WTO 的优先地位，将 WTO 规范成员方贸易管理行为的规定几乎全部纳入自己的体系当中；在争端解决方面，CAFTA 兼容了 WTO 的争端解决机制，并有重大突破和发展——增加了关于投资者与东道国之间投资争议解决的规定；在投资方面，与 WTO 只调整与贸易有关的投资问题不同，CAFTA 将

① CAFTA 投资协议第 27 条规定："本协议自签订之日起 6 个月生效。缔约方承诺完成使本协议生效的国内程序。如一缔约方未能在签订之日起 6 个月内完成使协议生效的国内程序，该缔约方依照本协议的权利与义务应自其完成此类国内程序之日后 30 天开始。"但根据东盟秘书处的统计，到 2012 年 3 月，只有中国、菲律宾、马来西亚、文莱、柬埔寨和印度尼西亚 6 个国家批准。See ASEAN Secretariat, Table of ASEAN Treaties/Agreements and Ratification, March 2012.

② CAFTA 争端解决协议第 18 条规定："本协议经缔约方代表签署后，于 2005 年 1 月 1 日生效。缔约方应于 2005 年 1 月 1 日前完成本协议生效的国内程序。如一缔约方未能于 2005 年 1 月 1 日前完成本协议生效的国内程序，则该缔约方在本协议项下的权利和义务，自其国内程序完成之日起开始。"但根据东盟秘书处的统计，到 2012 年 3 月，中国、柬埔寨尚未批准。See ASEAN Secretariat, Table of ASEAN Treaties/Agreements and Ratification, March 2012.

调整范围扩大到一般性的投资保护，具体包括投资准入、投资待遇、投资保护等各方面内容。

能源合作在 CAFTA 中占有重要地位，主要体现在以下几个方面：首先，与 WTO 相似，CAFTA 也未将能源贸易和能源投资排除在其调整范围之外，因此其规则适用于能源贸易和能源投资没有理论上的问题；其次，CAFTA 框架协议第 7 条第 2 款的明确规定，中国与东盟成员国的合作应扩展到其他领域，其中就包括"矿业、能源"领域；最后，根据中国和各东盟成员国在 CAFTA 货物贸易协议中的关税减让表，以及在 CAFTA 服务贸易协议中的承诺清单，能源产品的进口关税和与能源相关服务部门的市场开放，均受到一定的规制。

二、东南亚友好合作条约组织

东南亚友好合作条约组织（Oganization of Treaty of Amity and Cooperation in Southeast Asia）是根据《东南亚友好合作条约》（*Treaty of Amity and Cooperation in Southeast Asia*，*TAC*），于 1976 年成立的一个旨在维护东南亚地区和平的政治性国际组织，该组织主要向东南亚国家开放，① 也包括少数东南亚地区之外的重要国家，② 中国即于 2003 年以第一个区外大国的身份加入。③

① 东南亚地区共有 11 个国家，包括 10 个东盟成员国和东帝汶，但后者没有加入东南亚友好合作条约组织。

② 《东南亚友好合作条约》原先是一个封闭性的国际组织，其成员资格只对东南亚地区的国家开放。但根据 1987 年《第一修改议定书》和 1998 年《第二修改议定书》的规定：经过东南亚所有缔约国——文莱、柬埔寨、印度尼西亚、老挝、马来西亚、缅甸、菲律宾、新加坡、泰国和越南的同意，东南亚以外的国家也可加入。从而为非东南亚地区的国家加入《东南亚友好合作条约》排除了法律上的障碍。

③ 除了东盟成员国外，目前加入该条约的还有中国、印度、日本、韩国、俄罗斯和新西兰等国。2003 年 10 月中国与印度同时加入《东南亚友好合作条约》。2004 年日本、巴基斯坦、韩国和俄罗斯加入。2005 年新西兰、蒙古和澳大利亚加入。2006 年法国加入。2007 年东帝汶加入。2009 年美国加入。目前，欧盟、加拿大、土耳其、孟加拉、斯里兰卡、朝鲜等国家和国际组织拟加入。

东南亚友好合作条约组织继承并发展了《联合国宪章》关于国家间关系①以及《宪章》第 8 章“区域办法”的规定，对于东南亚地区维护能源通道安全和解决争议领土能源资源归属，具有不可忽略的作用。

三、亚洲反海盗及武装劫船合作信息分享中心

亚洲地区反海盗及武装劫船合作信息分享中心（Information Sharing Centre of Regional Cooperation Agreement on Combating Piracy and Armed-robbery against Ships in Asia，ISC），是根据《亚洲地区反海盗及武装劫船合作协定》（*The Regional Cooperation Agreement on Combating Piracy and Armed Robbery against Ships in Asia*，*ReCAAP*），于 2006 年 9 月成立的区域性政府间国际组织。该组织是自《联合国海洋法公约》签署以来，世界上第一个专门打击海盗和武装劫船行为的多边机构，目前有 17 个成员国，包括中国和除印度尼西亚、马来西亚之外的所有东盟成员国。②

根据 ReCAAP 设立的 ISC，是一个由全体缔约国组成的国际组织，下设管理委员会和秘书处两个常设机构，其主要职能是：在缔约国和其他相关国家与国际组织之间传播、收集、整理和分析有关海盗及武装劫船事件的信息。ISC 加强了缔约国在打击海盗和武装劫船活动方面的信息合作，对保护亚洲地区能源运输通道的安全具有积极意义。

四、《南海各方行为宣言》

中国与东盟全体成员国于 2002 年 11 月共同签署的《南海各方

---

① 《东南亚友好合作条约》第 2 条规定：“在处理国与国之间的关系时，缔约国将遵循以下基本原则：(a)各国相互尊重彼此的独立、主权、平等、领土完整和民族特性；(b)每个国家都有维护其民族生存、反对外来干涉、颠覆和强制的权利；(c)互不干涉内政；(d)用和平方式解决分歧和争端；(e)不以武力相威胁或使用武力；(f)在缔约国间进行有效的合作。”

② See ReCAAP，About ReCAAP，available at http：//www. recaap. org/AboutReCAAPISC. aspx，last visited on September 10，2015.

行为宣言》(*Declaration on the Conduct of Parties in the South China Sea*, *DOC*),是中国和东盟为解决“南海问题”①而达成的一项政府间协议。

根据《南海各方行为宣言》的规定，南海争端各方必须：保障南海航行及飞越自由；依据《联合国宪章》、《联合国海洋法公约》等公认的国际法处理“南海问题”；保持自我克制，不采取使争议复杂化、扩大化及影响和平与稳定的行动。

2011 年 7 月，中国与东盟 10 国达成《落实〈南海各方行为宣言〉指导方针》(Guidelines for the Implementation of the DOC, Guidelines of DOC),决定通过海洋科研、海上搜救等务实性的具体项目合作，来探寻和平解决“南海问题”的出路。目前，中国与东盟 10 国正在为制定《南海行为准则》(*Code of Conduct in the South China Sea*, *COC*)展开磋商谈判。②

五、泛亚铁路

(一)《泛亚铁路网政府间协定》

1960 年，联合国亚洲及远东经济委员会(Economic Commission for Asia and the Far-East，以下简称 ECAFE)提议就建设泛亚铁路(Trans-Asian Railway)的可行性进行研究，目标是建设一条连接新加坡和土耳其的长达 14000 公里的铁路，途经东南亚、孟加拉、印度、巴基斯坦、伊朗等国和地区。1967 年，ECAFE 的内陆运输和通信委员会(Inland Transport and Communications Committee)建议将泛亚铁路的涵盖范围扩展至欧洲和西(南)亚。

1976 年，在联合国亚太经社委员会(United Nations Economic

---

①　“南海问题”是指中国与文莱、印度尼西亚、马来西亚、菲律宾、越南等 5 个东盟国家在南海地区就岛屿的主权归属和大陆架与专属经济区的划分而产生的纠纷。“南海问题”的产生原因复杂，解决难度很大，目前处于僵持阶段。

②　参见中国外交部：《王毅谈“南海行为准则”进程》，http://www.fmprc.gov.cn/mfa_chn/zyxw_602251/t1064187.shtml，2015 年 5 月 1 日访问。

and Social Commission for Asia and the Pacific，UNESCAP）①第 32 届委员会进一步将泛亚铁路的范围扩展到多式联运，以便连接农业地区和港口。UNESCAP 倡议建立一个能够满足 1990~2000 年及以后运输要求、系统连贯的铁路干线，称之为“亚洲铁路总体规划”。1992 年 4 月，UNESCAP 第 48 届会议推出亚洲陆路交通基础设施发展项目（Asian Land Transport Infrastructure Development，ALTID），该项目由下列三个部分组成：泛亚铁路网、亚洲公路网、运输便利化。

2004 年 4 月，UNESCAP 第 60 届会议同意制定《泛亚铁路网政府间协定》。同年 11 月，UNESCAP 就《泛亚铁路网政府间协定》的制定展开谈判。2005 年 4 月和 9 月，UNESCAP 分别在新德里和莫斯科组织召开了第 1 次和第 2 次专家组会议，审议了《泛亚铁路网政府间协定草案》。同年 11 月，在曼谷举行的政府间会议上，最终确定了《泛亚铁路网政府间协定》的条约文本。2006 年 4 月，UNESCAP 在第 62 届会议上通过了《泛亚铁路网政府间协定》。同年 11 月举行的交通运输部长级会议上，泛亚铁路网所涵盖的 28 个国家中，有 18 个签署了《泛亚铁路网政府间协定》。

2007 年 4 月，柬埔寨向联合国秘书长交存批准书，成为《泛亚铁路网政府间协定》第 1 个缔约方。2007 年 9 月，印度批准《泛亚铁路网政府间协定》，同年，孟加拉国、格鲁吉亚、印度等 3 个国家签署《泛亚铁路网政府间协定》。到 2007 年底，共有 21 个国家签署了协议，2 个国家成为缔约方。2008 年 1 月，巴基斯坦签署《泛亚铁路网政府间协定》，同年，蒙古、韩国、俄罗斯、塔吉克斯坦、泰国等 5 个国家成为该协议的缔约方。到 2008 年底，共有 22 个国家签署《泛亚铁路网政府间协定》，7 个国家成为缔约方。

2009 年 3 月，中国作为第 8 个向联合国秘书长交存批准书的缔约方，该协议第 5 条规定：“协议从至少 8 个成员国政府同意接受约束的 90 天后生效。”据此，《泛亚铁路网政府间协定》于 2009

① 联合国亚太经社委员会于 1974 年取代了联合国亚洲及远东经济委员会。

年6月11日生效。目前,《泛亚铁路网政府间协定》已有18个缔约国,包括中国、柬埔寨、老挝、泰国、越南,① 印度尼西亚签署后未予批准,文莱、菲律宾、缅甸、马来西亚和新加坡既未签署也未批准。

根据《泛亚铁路网政府间协议》的规划,泛亚铁路是一项贯通欧亚大陆庞大的铁路网络计划,如果建成,将连通28个国家、长达114000公里。泛亚铁路分为四大通道:北部通道、南部通道、南北通道、中国—东盟通道。其中,北部通道连接欧洲和太平洋,共有5条线路,经德国、波兰、白俄罗斯、俄罗斯、哈萨克斯坦、蒙古、中国到达朝鲜半岛。② 南部通道连接中国(云南)、泰国和土耳其,共3条线路,涵盖孟加拉、中国、印度、伊朗、缅甸、巴基斯坦、斯里兰卡、泰国。③ 南北通道经俄罗斯、中亚和高加索地区连接北欧和波斯湾,涵盖亚美尼亚、阿塞拜疆、芬兰、格鲁吉亚、伊朗、哈萨克斯坦、俄罗斯、土库曼斯坦、乌兹别克斯坦。④

① 《泛亚铁路网政府间协议》目前共有22个签署国:亚美尼亚、阿塞拜疆、孟加拉、柬埔寨、中国、朝鲜、格鲁吉亚、印度、印度尼西亚、伊朗、哈萨克斯坦、老挝、蒙古、尼泊尔、巴基斯坦、俄罗斯、斯里兰卡、塔吉克斯坦、泰国、土耳其、乌兹别克斯坦和越南,批准(加入)国有18个:孟加拉、柬埔寨、中国、朝鲜、格鲁吉亚、印度、伊朗、老挝、蒙古、尼泊尔、巴基斯坦、韩国、俄罗斯、斯里兰卡、塔吉克斯坦、泰国、乌兹别克斯坦和越南。See UN Treaty Collection, Status of Intergovernmental Agreement on the Trans-Asian Railway Network (with annexes), available at https://treaties.un.org/pages/ViewDetails.aspx?src=TREATY&mtdsg_no=XI-C-5&chapter=11&lang=en, last visited on September 10, 2015.

② See United Nations Economic and Social Commission for Asia and the Pacific, Development of Asia-Europe Rail Container Transport Through Block-Trains Northern Corridor of the Trans-Asian Railway, ST/ESCAP/2032, New York, 1999.

③ See United Nations Economic and Social Commission for Asia and the Pacific, Development of the Trans-Asian Railway: Trans-Asian Railway in the Southern Corridor of Asia-Europe Routes, ST/ESACP/1980, New York, 1999.

④ See United Nations Economic and Social Commission for Asia and the Pacific, Development of the Trans-Asian Railway: Trans-Asian Railway in the North-South Corridor Northern Europe to the Persian Gulf, ST/ESCAP/2182, 2001.

中国—东盟通道连接中国、越南、老挝、缅甸、柬埔寨、泰国、马来西亚、新加坡。①

(二)泛亚铁路(中国—东盟通道)

中国—东盟通道在泛亚铁路网的规划中具有较大的特殊性，主要原因在于绝大多数东盟成员国使用1000毫米的窄轨，② 而中国、朝鲜、韩国、伊朗、土耳其使用1435毫米的标准轨，印度、尼泊尔、巴基斯坦、斯里兰卡的铁路和孟加拉的部分铁路是1676毫米的宽轨，蒙古和包括俄罗斯在内的前苏联国家的铁路是1520毫米的宽轨。因此，UNESCAP将东南亚地区的铁路网络单独进行讨论。

根据《泛亚铁路网政府间协定》附件1的规定，列入泛亚铁路网的东盟国家有柬埔寨、老挝、印度尼西亚、马来西亚、缅甸、新加坡、泰国、越南。虽然除了柬埔寨、老挝、泰国、越南之外，印度尼西亚、马来西亚、缅甸、新加坡目前并未成为《泛亚铁路网政府间协定》的缔约国，但这并不妨碍东盟就泛亚铁路(中国—东盟通道)自行开展谈判与合作。当然，缅甸、新加坡、马来西亚、印度尼西亚可以随时递交《泛亚铁路网政府间协定》的批准书或加入申请书。

事实上，东盟成员国从1995年开始就十分重视泛亚铁路(中国—东盟通道)的规划和设计。在1995年12月举行的东盟第5届首脑会议上，时任马来西亚总理的马哈蒂尔根据UNESCAP的研究成果，提出了修建从新加坡经马来西亚、泰国、柬埔寨、越南、老挝到达中国昆明的“泛亚铁路”倡议，获得各东盟成员国的认同和中国的响应，这条超越湄公河流域范围的跨国铁路实际上就是UNESCAP规划中的泛亚铁路(中国—东盟通道)，也称为泛亚铁路(昆明—新加坡)或泛亚铁路(新加坡—昆明)。

① See United Nations Economic and Social Commission for Asia and the Pacific, Trans-Asian Railway Route Requirements: Development of the Trans-Asian Railway in the Indo-China and ASEAN Subregion, ST/ESCAP/ 1679, New York, 1996.

② 除此之外，印度尼西亚使用1067毫米轨距，越南还有1435毫米轨距和1000/1435毫米双轨距的铁路线。

在1996年3月召开的首届亚欧领导人会议上，马哈蒂尔再次将泛亚铁路(新加坡—昆明)的提议推出，希望亚欧各国共同推动该计划，得到与会各国的积极赞同，法国等欧盟国家表示愿意提供技术援助。这次的提议更为详尽，明确了该铁路计划拟经过的城市，具体是：新加坡、吉隆坡(马来西亚)、曼谷(泰国)、清迈(泰国)、仰光(缅甸)、波贝(柬埔寨)、诗梳风(柬埔寨)、金边(柬埔寨)、胡志明市(越南)、河内(越南)、万象(老挝)、昆明(中国)。此外，一些与会国还建议将该铁路从昆明延伸至北京连接亚欧铁路线，以组成完整的泛亚铁路网。

在1996年6月召开的东盟—湄公河流域开发合作首次部长级会议上，泛亚铁路(新加坡—昆明)项目的优先启动成为会议的主要议题，会议确定由马来西亚负责研究项目的可行性、资金和线路等问题。在马来西亚1996年12月主持的第一次泛亚铁路特别工作小组会议上，与会各国(中国、泰国、柬埔寨、老挝、缅甸、越南、马来西亚、新加坡、印度尼西亚)对修建泛亚铁路(新加坡—昆明)表示积极支持，并就可行性研究以及评估、论证等问题达成基本共识。

2000年11月，马来西亚完成了泛亚铁路(新加坡—昆明)可行性研究的最终报告。2001年10月，该研究报告在东盟第7届交通部长会议上获得通过，并在同年第4次东盟非正式峰会上获得批准。以该研究报告为基础，东盟提出了泛亚铁路(新加坡—昆明)的三条线路：东线、中线、西线，这三条线路均需经过新加坡、马来西亚、泰国和中国，并且还分别连接柬埔寨和越南(东线)、老挝(中线)、缅甸(西线)。具体而言，东线经过新加坡、吉隆坡(马来西亚)、曼谷(泰国)、清迈(泰国)、波贝(柬埔寨)、诗梳风(柬埔寨)、金边(柬埔寨)、胡志明市(越南)、河内(越南)、中国(昆明)，中线经过新加坡、吉隆坡(马来西亚)、曼谷(泰国)、清迈(泰国)、万象(老挝)、尚勇(中国)、祥云(中国)、昆明(中国)，西线经过新加坡、吉隆坡(马来西亚)、曼谷(泰国)、清迈(泰国)、仰光(缅甸)、瑞丽(中国)、大理(中国)、昆明(中国)。

结合东盟国家提出的泛亚铁路(新加坡—昆明)三条线路的建设方案，中国也针对性地制定了中国境内的泛亚铁路(新加坡—昆明)对接方案，即中越(东线)、中老(中线)、中缅(西线)三大国际铁路通道，这三条国际铁路通道均纳入了中国2004年制订的《中长期铁路网规划》，并明确要求在2005年至2015年实施。其中，泛亚铁路(新加坡—昆明)东线的中越铁路已于2014年12月1日全线贯通。①

泛亚铁路(新加坡—昆明)中线的中老铁路，玉溪至磨憨段的前期工作已经完成，作为其配套工程的磨憨铁路物流中心已于2010年12月开始动工建设，2015年7月29日中国国家发展和改革委员会作出同意建设的批复，预计泛亚铁路中线的中国境内段将于2021年全线贯通。泛亚铁路(新加坡—昆明)西线中缅铁路的中国境内各段大部分已开始动工建设，其中昆明至广通段已于2007年10月开始动工建设，大理至保山段已于2008年6月开始动工建设，其重点控制性工程——保山至瑞丽段的高黎贡山隧道已于2014年12月开始动工建设，预计泛亚铁路西线的中国境内段将于2020年全线贯通。

2010年4月，老挝与中国达成协议，决定以建立合资公司的方式，修建时速为120~160公里的连接中国昆明与老挝首都万象的铁路，该铁路将延伸至泰国，同时也是泛亚铁路网的一部分。2010年12月23日，老挝第6届国会第10次会议批准了该铁路建设计划。2012年10月18日，老挝第7届国会特别会议，审议通过老挝政府向中国全额贷款70亿美元修建该铁路项目的计划。2015年11月13日中国和老挝签署政府间铁路合作协定。2015年12月2日，中老铁路老挝段(磨丁-万象)正式开工建设，.建设期为5年左右。

2011年4月27日和5月27日，中国铁路工程总公司(中国中铁股份有限公司)与缅甸铁道部铁路公司，分别签署《关于缅甸木

① 参见万乘里：《云南首条国际铁路通道贯通》，载《科技日报》，2014年12月8日。

姐—皎漂铁路运输系统项目谅解备忘录》和《关于缅甸木姐—皎漂铁路运输系统项目谅解备忘录补充协议》，决定由中方以拥有50年运营权的BOT方式投资建设作为泛亚铁路网组成部分的中缅昆明—皎漂铁路工程，该工程本来应在2014年内启动，建设期为5年半左右，但是由于缅甸国内局势的影响，中缅铁路缅甸境内段(木姐—皎漂)的建设进程遭到延误，而作为中缅铁路中国境内段(昆明—瑞丽)组成部分的大临铁路(大理—临沧)已于2015年12月7日正式开工建设。

值得注意的是，中国与泰国之间的铁路合作计划，同样也是泛亚铁路网的组成部分。2014年7月，泰国通过两项投资总额达7414亿泰铢的铁路规划，分别经过泰国北部的清孔和廊开，与中老铁路(昆明—万象)相连。2014年11月，中泰两国达成修建上述两条泰国铁路的合作谅解备忘录草案，2014年12月泰国国家立法议会批准该合作谅解备忘录草案，同月中泰签署正式合作谅解备忘录，2015年12月19日中泰铁路项目动工仪式在清惹举行，建设期将为3年左右。

(三)泛亚铁路(中国—东盟通道)与能源合作

泛亚铁路(新加坡—昆明)在保障能源安全方面具有特殊的作用。对于中国而言，虽然中缅石油管道为中国绕开"马六甲"海峡提供了一定的帮助，但是其作用仍然具有一定的局限性。因为中缅石油管道的设计输送能力为2200万吨/年，只占中国每年石油进口总量的10%左右。而泛亚铁路(新加坡—昆明)是铁路运输，其运输能力大大高于中缅石油管道，也同样不易受恶劣气候的影响，这确实是中国又一条理想的石油运输线路。如果中国将从中东、非洲等地购买的石油存储在印度洋沿岸的东盟成员国(新加坡、马来西亚、泰国、缅甸)，再经由泛亚铁路运回国内，无疑可以降低穿越"马六甲"海峡的运输成本和风险。对于东盟成员国而言，在石油短缺的不远的将来，通过泛亚铁路(新加坡—昆明)将从俄罗斯、中亚等国家和地区购买的石油运回本国，也不失为弥补其油气短缺的有效途径。

泛亚铁路(新加坡—昆明)对中国—东盟能源贸易与投资合作

也有重要影响。首先，如果通过泛亚铁路(新加坡—昆明)运输中国或东盟成员国自己生产的能源产品，无疑可提高能源产品的运输速度和运输量，进而扩大能源产品的贸易规模；其次，如果中国或东盟成员国通过泛亚铁路(新加坡—昆明)运输来自其他地区的能源产品，则会扩大彼此之间能源服务贸易的规模，提供能源运输服务的国家将会获得一定的运输费用收益；最后，泛亚铁路(新加坡—昆明)所经的不发达东盟成员国，需要巨额投资进行铁路建设和改造，这为中国企业提供了投资获益的机会，老挝于2012年接受中国贷款修建中老边境及首都万象的铁路项目，即为例证。

第三节　次区域合作法律机制

次区域合作(Subregional Cooperation)是以地理相邻的若干国家为主开展的，实际参与方全部或部分为主权国家边境地区的跨境合作。次区域合作是区域合作与双边合作之间的一个过渡阶段，它最主要的特点是主权国家的地方政府作为合作的实际参与方。目前中国和东盟成员国之间形成的次区域合作主要是大湄公河次区域合作(包括大湄公河次区域经济合作、东盟—湄公河流域开发合作、“黄金四角”经济开发合作、湄公河委员会)和泛北部湾经济合作，但只有大湄公河次区域合作进入实际操作层面，泛北部湾经济合作尚处于从学术讨论向正式实施的过渡阶段。

一、大湄公河次区域合作

大湄公河(Greater Mekong)是国际社会对“澜沧江—湄公河”的统称。大湄公河是一条发源于中国唐古拉山的国际河流，穿过柬埔寨、老挝、缅甸、泰国、越南5国后汇入南海。大湄公河在中国境内的河段称做澜沧江，澜沧江自云南省西双版纳南部出境后称为湄公河。大湄公河次区域(Greater Mekong Subregion，GMS)是指澜沧江—湄公河所流经的区域，包括柬埔寨、老挝、缅甸、泰国、越南和中国云南省。

(一)大湄公河次区域合作

大湄公河次区域合作(Greater Mekong Subregional Cooperation,"GMS合作")是指在包括柬埔寨、老挝、缅甸、泰国、越南和中国云南省在内的澜沧江—湄公河流域开展的国际合作。"GMS合作"内容丰富、机制复杂,① 其中,涉及能源贸易或能源投资,并且中国与东盟全体或部分成员国均有参与的主要是:亚洲开发银行(Asia Development Bank)主导的大湄公河次区域经济合作、东盟主导的东盟—湄公河流域开发合作、泰国倡议的"黄金四角"经济开发合作。此外,湄公河委员会也与能源贸易或能源投资合作存在一定关系,不过中国目前尚未作为正式成员参与。

1. 大湄公河次区域经济合作

大湄公河次区域经济合作(Greater Mekong Subregional Economic Cooperation,"GMS经济合作")在亚洲开发银行的大力支持下,自1992年起开始启动,参与方包括中国、柬埔寨、老挝、缅甸、泰国、越南等6个澜沧江—湄公河流域的国家。其中,中国以云南和广西②这两个与东盟地理位置相邻的边境省份作为"GMS经济合作"的实际参与方。

"GMS经济合作"主要涉及能源、环境、交通、贸易与投资、人力资源开发、旅游、通信、农业、禁毒等9个领域,合作机制可分为3个层次:1. 领导人会议,这是"GMS经济合作"的最高决策机构,自2002年开始每3年轮流在次区域6国召开1次,2014年在泰国的曼谷召开了第5届领导人会议;2. 部长级会议,自1992年起每年举行1次,2015年9月9~10日,"GMS经济合作"第20次部长级会议在缅甸的内比都举行;③ 3. 司局级高官会议、工作组会议(环境、旅游、贸易与投资)以及具体领域的对话论坛(交

① 参见贺圣达:《大湄公河次区域合作:复杂的合作机制和中国的参与》,载《南洋问题研究》2005年第1期,第6~14页。

② 广西壮族自治区于2005年经中国国务院批准开始参与"GMS经济合作"。

③ 由于经济危机等原因,原定每年举行1次的"GMS经济合作"部长级会议中断过两次。

通、能源、电讯)，这些会议每年分别举行，同时须向部长级会议报告。

目前，在“GMS经济合作”框架下达成的具有法律效力的文件主要分为两类：(1)交通运输协定：包括《GMS便利货物及人员跨境运输协定》①、《中越关于在河口—老街实施〈GMS便利货物及人员跨境运输协定〉的谅解备忘录》、《中老关于在磨憨—磨丁实施〈GMS便利货物及人员跨境运输协定〉的谅解备忘录》。(2)电力贸易协定：包括《GMS电力贸易政府间协定》、《GMS电力贸易运营协议》、《实施〈GMS电力贸易运营协议〉第一阶段原则的谅解备忘录》、《实施GMS跨境电力贸易路线图的谅解备忘录》、《关于成立GMS电力协调中心的政府间谅解备忘录》。

2. 东盟—湄公河流域开发合作

东盟—湄公河流域开发合作(ASEAN Mekong Basin Development Cooperation，AMBDC)根据《东盟—湄公河流域开发合作基本框架协议》(《AMBDC基本框架协定》)于1996年正式确立，参与国为中国和东盟10国。其中，中国以云南省作为合作的实际参与方。

AMBDC的合作领域包括矿业、基础设施、贸易与投资、农业、旅游、科技、人力资源开发和工业及中小企业发展等8个方面。AMBDC的合作机制为部长级会议，根据《AMBDC基本框架协定》，部长级会议每年至少举行1次。第1次AMBDC部长级会议确定了AMBDC的核心国为：东盟7国，以及作为湄公河沿岸国的中国、柬埔寨、老挝、缅甸4国。随着柬埔寨、老挝、缅甸3国相继加入东盟，日本和韩国应邀加入AMBDC之后，AMBDC的组织核心实际上就是东盟10国加中国、日本和韩国，即“10+3”的区域

① 老挝、泰国、越南分别于1999年11月和2001年11月签订了《老挝、泰国和越南便利货物及人员跨境运输协定》和《〈老挝、泰国和越南便利货物及人员跨境运输协定〉修正案》。柬埔寨、中国、缅甸分别于2001年11月、2002年11月、2003年9月加入经修正案修订的协定。至此，《老挝、泰国和越南便利货物及人员跨境运输协定》演变为《大湄公河次区域便利货物及人员跨境运输协定》。《大湄公河次区域便利货物及人员跨境运输协定》于2002年11月和2004年4月经过2次修改，最后的版本于2004年4月生效。

合作格局。

3.“黄金四角”经济开发合作

由泰国1993年倡议的“黄金四角”经济开发合作（Golden Quadripartite Economic Cooperation，GQEC），参与方为中国、老挝、缅甸、泰国4个大湄公河流域国家，中国以云南省为合作的实际参与方。

GQEC涵盖的地理范围主要包括：中国云南的西双版纳和思茅、老挝的北方七省、缅甸东部的景栋和大其力地区、泰国的清迈和清莱两府。GQEC的合作领域涉及水电、贸易和投资、旅游资源开发、航运、道路交通建设、生态环境保护、替代种植等多个方面。目前中国、老挝、缅甸、泰国在GQEC框架下达成的具有约束力的法律文件主要有：《澜沧江—湄公河商船通航协议》、《关于实施澜沧江—湄公河商船通航协议的谅解备忘录》。此外，中国还分别于1994和1997年与老挝和缅甸签订了《中老关于澜沧江—湄公河客货运输的协定》、《中缅关于澜沧江—湄公河客货运输协定》。

4. 湄公河委员会

湄公河委员会（Mekong River Commission，MRC）是以1957年成立的湄公河下游调查协调委员会（Committee for the Coordination of the Comprehensive Development of the Lower Mekong Basin）为基础而设立的一个区域性国际组织。

湄公河流域及其环境和自然资源具有巨大的经济价值，是沿岸国用以提高经济和社会福祉以及人民生活水平的重要自然资产。1995年4月，柬埔寨、老挝、泰国、越南等4个湄公河下游国家，签署了《湄公河流域可持续发展合作协定》（Agreement on the Cooperation for the Sustainable Development of the Mekong River Basin），决定设立MRC，并决定在可持续开发、利用、管理、保护等与湄公河流域相关的一切领域进行合作，包括但不限于灌溉、水电、航运、防洪、渔业、木材浮运、娱乐、旅游等领域。中国和缅甸于1996年成为MRC的对话国，但目前不是其成员。

（二）大湄公河次区域合作中的能源因素

能源问题是次区域诸国决定开展“GMS合作”的重要考虑因素。

GMS 地区能源资源丰富，天然气、石油、煤炭的储量分别达 12 亿 m^3、8.2 亿吨、280 亿吨，此外还拥有 2.29 亿千瓦/年的水电潜力。① GMS 地区的能源资源分布极不均匀，水力资源的 94%集中在中国云南和广西、老挝、缅甸、越南；天然气主要集中在缅甸、泰国、越南；石油主要集中在越南；煤炭则主要集中在中国云南省。

随着经济的持续稳定增长，GMS 各方对能源的需求逐年加大，尤其是对电力这种日常生活必需品的需求与日俱增。但是 GMS 各方的经济水平和科技实力普遍较低，特别是作为最不发达国家的柬埔寨、老挝和缅甸，它们缺乏足够的勘探开发利用自身能源资源的能力。目前只有中国的云南和广西以及泰国在资金和技术方面能够占有一定的优势。因此，通过合作开发来利用能源资源就成为 GMS 各方满足自身需求的有效途径。

GMS 地区的能源合作以电力贸易为主,② 同时也包括电站建设、电网运营等能源领域的投资合作。根据《GMS 电力贸易政府间协定》、《GMS 电力贸易运营协议》、《〈GMS 电力贸易运营协定〉第一阶段实施原则谅解备忘录》、《实施 GMS 跨境电力贸易路线图的谅解备忘录》等 GMS 电力贸易协议的规定，GMS 各方决定在 2020 年之前建设、连接 10 条跨越国境的输电网络(见表 2-1)，实现 GMS 地区电力网络的互联互通。

除了开展电力贸易合作之外，目前 GMS 各方还在次区域进行能源领域的投资合作，主要是中国、泰国、越南的企业对 GMS 其他国家进行水电项目的投资。③ 如中国国家电网公司 2009 年以

① See Asian Development Bank, Greater Mekong Subregion power trade and interconnection: 2 decades of cooperation, September 2012.

② 2010 年，GMS 地区的电力贸易量约为 34.139 亿千瓦时。See Asian Development Bank, Greater Mekong Subregion power trade and interconnection: 2 decades of cooperation, September 2012.

③ See Mr Juhani Antikainen, Dr. Rita Gebert and Mr. Ulf Møller, Review of the Greater Mekong Sub-Region Regional Power Trade, Swedish International Development Cooperation Agency Review, December 2011, p. 16.

表 2-1 **GMS 设计联网输电线路一览表**

2020 年之前 GMS 拟联网的输电线路			
序号	参与方	电压(KV)	计划建成时间(年)
1	柬埔寨金边—越南朱笃	230	2004
2	泰国—柬埔寨西部	115	2004
3	泰国黎逸—越南河静	500	2009
4	越南百里居市—老挝沙湾拿吉	500	2010
5	老挝 NamMo—越南 Ban Mai	230	2009
6	老挝 Na Bon—泰国 Udon Thai	230/500	2008
7	缅甸达桑—泰国眉莫	500	2012
8	中国云南景洪—泰国他宏	500	2013
9	中国云南马鹿塘—越南塑山	230/500	2019
10	柬埔寨 Sambor—越南 Tan Dinh	230	2019

Asian Development Bank, *Technical Assistance Completion Report*, December 12, 2003.

BOT 方式投资柬埔寨的基里隆 3 号水电站；中国水利水电建设集团国际工程有限公司与泰国产电机构国际有限公司于 2010 年共同投资建设缅甸的哈吉水电站；越南沱江集团于 2012 年投资建设老挝色功省和阿速坡省的 Sekong3 号和 Sekaman4 号水电站。

二、泛北部湾合作

北部湾(Beibu Gulf)，旧称东京湾(Gulf of Tonkin)，是一个位于中国南海西北部、为中越两国陆地与中国海南岛所环抱的半封闭大海湾。该海湾东临中国的雷州半岛和海南岛，北临中国广西壮族自治区，西临越南的河内和海防，南与中国南海相连。

(一)泛北部湾经济合作

泛北部湾经济合作(Pan-Beibu Gulf Ecnomic Cooperation，“泛北合作”)，是指在环绕北部湾的中国广西与文莱、印度尼西亚、马来西亚、菲律宾、新加坡、泰国、越南等东盟沿海国之间开展的经济合作。“泛北合作”属于次区域合作，虽然当前仍处于从学术讨论向正式实施的过渡阶段，但由于具有较大的可行性，并得到中国政府的大力支持和东盟相关国家的积极响应，预计将很快成为现实。

“泛北合作”建立在环北部湾经济圈的构想之上。2004 年 5 月，中越两国提出建设“两廊一圈”的设想，即在中国和越南之间，构建南宁—河内—海防和昆明—河内—海防两个经济走廊，以及环北部湾经济圈。根据“两廊一圈”战略的设想，环北部湾经济圈的范围包括中国的广西、广东、海南和越南北部的一些大中城市。

“泛北合作”的覆盖范围比环北部湾经济圈更大，虽然仍以中国和越南为主，但却几乎涵盖了所有沿海的东盟成员国，将原本局限于中国和越南两国的环北部湾经济合作（“环北合作”），延伸至与中国隔海相望的文莱、印度尼西亚、马来西亚、菲律宾、新加坡、泰国等东盟沿海国，其深层次考虑是构建“一轴两翼”的区域合作大格局，即以南宁—新加坡经济走廊为中轴，“泛北合作”和“GMS 合作”为两翼。

2006 年 7 月，中国国务院西部开发领导小组办公室、中国国务院发展研究中心、中国财政部、中国人民银行、人民日报社、广西区政府与亚洲开发银行联合举办“环北部湾经济合作论坛”，提出了将中越之间的“环北合作”扩展为更大范围的“泛北合作”的构想。

《环北部湾经济合作论坛主席声明》第 4 点指出：要围绕拓展和深化中国—东盟战略伙伴关系，站在面向东亚合作的高度上，构建“泛北合作”区，将“环北合作”延伸到隔海相邻的文莱、印度尼西亚、马来西亚、菲律宾、新加坡等东盟沿海国，密切物流、产业、贸易与投资合作，共同促进本地区加快发展。①

---

① 参见新华网广西频道：《环北部湾经济合作论坛主席声明》，http://www.gx.xinhuanet.com/misc/2006-07/21/content_7576060.htm，2015 年 9 月 10 日访问；另参见《环北部湾经济合作论坛主席声明》，载《广西日报》2006 年 7 月 22 日，第 1 版。

"泛北合作"的构想得到了中国国家领导人的支持。2006年10月，在广西南宁举行的第3届中国—东盟商务与投资峰会上，温家宝同志提出"积极探讨开展'泛北合作'可行性"、"使次区域经济合作成为中国与东盟经贸合作新亮点"的倡议。① 2007年1月，在菲律宾宿务举行的中国—东盟第10次领导人会议上，温家宝同志再次提出"积极探讨'泛北合作'可行性"的倡议。② 2007年3月，胡锦涛同志指出"泛北合作"前景广阔。2007年6月，贾庆林同志指出，广西要抓住建设CAFTA的机遇，积极参与"泛北合作"、"GMS合作"等次区域合作。③ 中国政协还提出将"泛北合作"列为国家战略的议案，认为"泛北合作"将成为中国与东盟经贸合作的新亮点，进一步丰富和充实中国—东盟合作的内涵、拓展和深化中国和东盟的战略伙伴关系。④

"泛北合作"的构想也得到东盟国家领导人的积极响应。越南总理阮晋勇2007年指出，"泛北合作"构想具有建设性和务实性，越南支持在"两廊一圈"合作的基础上，推进"泛北合作"。新加坡总理李显龙2006年认为"泛北合作"将在中国—东盟合作中扮演重要角色，表示完全支持"泛北合作"的构想并建议以基础建设为重点。时任菲律宾总统阿罗约也高度赞赏"泛北合作"，认为"泛北合作"有利于加强中国与东盟的海上合作。时任印度尼西亚总统苏西洛赞同开展"泛北合作"，认为可以在泛北部湾地区开展港口、产

① 参见温家宝：《共同谱写经贸合作的新篇章——在第三届中国—东盟商务与投资峰会开幕式上的演讲》，载《中华人民共和国国务院公报》，2006年第35号。

② 参见温家宝：《共同谱写中国—东盟关系的新篇章——在第十次中国与东盟领导人会议上的讲话》，载《中华人民共和国国务院公报》，2007年第6号。

③ 参见新华网广西频道：《泛北部湾经济合作研究报告》，http://www.gxnews.com.cn/specialzip/351/01.htm，2015年9月10日访问。

④ 参见新华网广西频道：《泛北部湾经济合作研究报告》，http://www.gxnews.com.cn/specialzip/351/01.htm，2015年9月10日访问。

业、金融、旅游等方面的互利合作。①

"泛北合作"构想还得到了相关国际机构的支持。时任东盟秘书长的王景荣(Ong Keng Yong)称，东盟秘书处将积极与东盟相关成员国协调，组建跨国专家小组进行联合研究。时任亚洲开发银行副行长的格林伍德(C. Lawrence Greenwood)也表示，亚洲开发银行将采取更有效的方式支持"泛北合作"。②

2008年1月，《广西北部湾经济区发展规划》获得中国国务院的实施批准，该规划将"泛北合作"作为国际区域合作的重点。该规划指出，要"大力推进'泛北合作'，继续参与'GMS合作'"，"加快推动形成以'GMS经济合作'和'泛北合作'为两翼、以南宁—新加坡经济走廊为中轴的中国—东盟"一轴两翼"区域经济合作新格局"，"打造次区域合作的新亮点"。③

2008年7月，中国与东盟10国、东盟秘书处、亚洲开发银行共同成立了由专家、学者和政府官员组成的"泛北合作"联合专家组，对"泛北合作"的战略目标、优先领域、机制安排、行动计划等开展研究。2008年8月，在第4届"泛北合作"论坛召开期间，"泛北合作"联合专家组通过了《关于加快"泛北合作"的行动建议》。

2011年8月，"泛北合作"联合专家组，发布了《泛北部湾经济合作可行性研究报告》，提出了5个优先合作的领域：基础设施建设、港口和海运服务、跨境贸易和投资便利化、工业、农业，④ 该

---

① 参见新华网广西频道：《"泛北共识"取得重大突破》，http://www.csc.mofcom.gov.cn/csweb/csc/info/Article.jsp?a_no=79745&col_no=129，2015年9月10日访问；另参见《泛北部湾经济合作研究报告》，http://www.gxnews.com.cn/specialzip/351/01.htm，2015年9月10日访问。

② 参见新华网广西频道：《泛北部湾经济合作研究报告》，http://www.gxnews.com.cn/specialzip/351/01.htm，2015年9月10日访问。

③ 参见中国国家发展和改革委员会：《国家发展改革委关于印发广西北部湾经济区发展规划的通知》(发改地区[2008]144号)，2008年1月16日。

④ See Asian Development Bank, Support for Pan-Beibu Gulf Economic Cooperation, December 2011, p. 2; also see Daisuke Hosokawa, Pan-Beibu Gulf Ecnomic Cooperation: China's New Initiative in Cooperation with ASEAN, Osaka Keidai Ronshu, Vol. 60, No. 2, July 2009, pp. 67-77.

报告于同年11月获得中国—东盟第14次领导人会议通过。

2013年8月7~8日，“泛北合作”的首个项目——“泛北合作”项目选择与管理培训班在广西南宁举办，来自柬埔寨、老挝、马来西亚、缅甸、泰国、越南经贸主管部门以及中国广西、海南政府部门的近70名官员参加了培训。① 2014年1月，“泛北合作”高官会讨论通过了《“泛北合作”路线图(战略框架)》。2014年5月15日，第8届“泛北合作”论坛在广西南宁举行。

(二)泛北部湾经济合作与能源问题

“泛北合作”涉及的能源问题主要是北部湾和南海地区的能源勘探开发。北部湾的海床具有良好的储油条件，蕴藏着丰富的石油和天然气资源。② 中越两国从20世纪70年代起，便已相继在北部湾海域进行油气资源勘探活动，但由于在北部湾划界问题上当时两国存在不同的主张，因此围绕北部湾油气资源勘探问题的纠纷也不断产生，从而严重地影响了两国的关系。

南海地区的能源资源更为丰富，该地区不仅存在着大量的石油、天然气等传统能源资源，还蕴藏着数量极为可观的新能源资源，如“可燃冰”(天然气水合物)、潮汐能、波能、温差能、密度差能、压力差能等，③ 这些能源资源若能得到有效开采与合理利

① 参见新华网广西频道：《泛北部湾经济合作首个项目启动》，http://www.fdi.gov.cn/1800000121_21_49009_0_7.html，2015年9月10日访问。

② 北部湾海域分布着三个重要的含油气沉积盆地，即北部湾盆地、莺歌海盆地和琼东南盆地。经初步勘探表明，北部湾盆地是我国沿海已发现的六大含油盆地之一。北部湾含油盆地位于涠洲岛西南海域，距涠洲岛30~60海里，面积10万平方米，已圈定储油构造22个。据2000年的评价结果，北部湾盆地石油资源量167亿吨，其中最终技术可采储量20亿吨；天然气(伴生气)资源量14570亿立方米。累计探明石油地质储量87.4亿吨，其中可采储量25亿吨；探明天然气地质储量184.4亿立方米，其中可采储量38.6亿立方米。目前，北部湾盆地的石油、天然气资源勘探程度较低，随着勘探程度的进一步加大，北部湾盆地的油气资源储量还有望增加。

③ 据预测，南海地区的能源资源储量为：石油约367.8亿吨、天然气约75539亿立方米、“可燃冰”上百亿吨油当量。参见吕华：《中国石油天然气的勘查与发现》，地质出版社1992年版，第420页；另参见于猛、张洪涛：《我国成功钻获“可燃冰”》，载《人民日报》2007年6月6日，第11版。

用，无疑可缓解中国当前面临的能源需求困境，但是由于“南海问题”的存在，导致中国在南海地区能源资源的开发遇到极大阻碍。

2000 年 12 月 25 日，中越两国签署《关于中国和越南在北部湾领海、专属经济区和大陆架的划界协定》(简称《中越北部湾划界协定》)，该协定于 2004 年 6 月 30 日生效。《中越北部湾划界协定》结束了中国和越南长达数十年的领土纷争，为双方的能源合作提供了很大的可能性。

《中越北部湾划界协定》涉及跨界能源资源的共同开发，该协定第 7 条是中越两国共同开发北部湾海底油气资源的直接法律依据，学理上通称“单一地质构造条款”，如此规定：如果任何石油、天然气的单一地质构造或其他矿藏跨越本协定第 2 条所规定的分界线，缔约双方应就该构造或矿藏的最有效开发以及公平分享开发收益，通过友好协商达成协议。①

《中越北部湾划界协定》生效后，中越两国参照其他国家的划界条约和实践，约定合作开采跨界油气资源。中国海洋石油总公司于 2005 年 10 月 31 日与越南石油总公司签署了《北部湾油气合作框架协议》，于 2006 年 11 月 16 日与越南油气总公司签署了《北部湾协议区联合勘探协议》。

为了尽早开发南海地区的能源资源，1984 年中国提出了“搁置争议、共同开发”的主张，希望暂时搁置南海地区的岛屿归属及海域管辖权争议，将其留待将来解决，中国的主张曾获得过东盟及其相关成员国的正面回应。2002 年中国与全体东盟成员国共同签署了《南海各方行为宣言》，虽然没有提及南海地区能源资源的共同开发问题，但该宣言规定的和平解决争端的方式，为南海地区能源资源的共同开发奠定了基础。

2005 年 3 月，中菲越三国的石油公司共同签署了《南海特定区域联合海洋地震研究协议》，商定在南海的共同协议区范围内开展联合调查，该协议虽未明确提及共同开发，但这种联合调查实际上

① 参见《关于中国和越南在北部湾领海、专属经济区和大陆架的划界协定》第 7 条。

是共同开发的前期步骤。2011 年 7 月，中国与全体东盟成员国国达成了《落实〈南海各方行为宣言〉指导方针》，决定通过海洋科研、海上搜救等务实性的合作，来探寻和平解决“南海问题”的出路，这表明距离共同开发已不再遥远。

第四节 双边合作法律机制

双边合作是在两个国家之间开展的国际合作。当前中国与东盟成员国之间涉及能源贸易或能源投资安全的双边合作主要是：中国与东盟成员国签订的双边(自由)贸易协定、双边投资保护协定、《关于建设中缅原油和天然气管道的政府间协议》。

一、双边投资保护协定及双边贸易协定

中国与所有的东盟成员国均订有双边投资保护协定，它们是：1985 年《中国和泰国关于促进和保护投资的协定》和《中国和泰国关于促进和保护投资的协定的议定书》、1985 年《中国和新加坡关于促进和保护投资协定》、1992 年《中国和菲律宾关于鼓励和相互保护投资协定》和《中国和菲律宾关于促进贸易和投资合作的谅解备忘录》、1992 年《中国和越南关于鼓励和相互保护投资协定》、1993 年《中国和老挝关于鼓励和相互保护投资协定》、1994 年《中国和印度尼西亚关于促进和保护投资协定》、1996 年《中国和柬埔寨关于促进和保护投资协定》、1998 年《中国和马来西亚关于相互鼓励和保护投资协定》、2000 年《中国和文莱关于鼓励和相互保护投资协定》、2001 年《中国和缅甸关于鼓励促进和保护投资协定》。上述双边投资保护协定，除《中国和文莱关于鼓励和相互保护投资协定》未生效之外，其余的均已生效。①

中国还与除马来西亚和文莱之外的东盟成员国订有双边贸易协

① 参见中国商务部条法司：《我国对外签订双边投资协定一览表》，http：//tfs. mofcom. gov. cn/aarticle/Nocategory/201111/20111107819474. html，2015 年 9 月 10 日访问。

定，它们分别是：1971年《中国和缅甸贸易协定》、1975年《中国和菲律宾贸易协定》、1978年《中国和泰国贸易协定》、1979年《中国和新加坡贸易协定》、1990年《中国和印度尼西亚贸易协定》、1991年《中国和越南贸易协定》、1996年《中国和柬埔寨贸易协定》、1997年《中国和老挝贸易协定》。此外，1998年11月，中泰两国在北京签署了一份《泰国总理府与中国经济贸易委员会关于泰国从中国购电的谅解备忘录》。

上述双边投资保护协定及双边贸易协定，在鼓励双边贸易和保护双边投资方面发挥着重要作用，由于没有将能源领域排除在外，因此对于中国和东盟成员国之间的能源贸易和能源投资，也应当同样适用。虽然在更高标准的CAFTA、CSFTA(中国—新加坡自由贸易区)正式建立之后，上述双边投资保护协定及双边贸易协定，其大部分功能实际上已被CAFTA、CSFTA的货物贸易制度、投资制度和争端解决制度所吸收。但是，考虑到可能目前并非所有的CAFTA成员国均完成了CAFTA框架下各协议的批准程序，因此，在CAFTA框架下的各协议对所有CAFTA成员国生效之前，上述双边投资保护协定及双边贸易协定，仍将作为中国与相关东盟成员国之间，保护投资或鼓励贸易的双边条约，继续进行适用。即使在所有的CAFTA成员国均完成了CAFTA框架下各协议的批准程序之后，由于上述双边投资保护协定及双边贸易协定并未规定失效时间，因此，仍可与CAFTA框架下的各协议同时适用。

二、中国—新加坡自由贸易区

中国—新加坡自由贸易区(China-Singapore Free Trade Area, CSFTA)，是中国和新加坡2008年10月23日在CAFTA的基础上，根据WTO的相关规定，通过签署《中国和新加坡自由贸易协定》(China-Singapore Free Trade Agreement,《中新自由贸易协定》)，于2009年1月1日建立的自由贸易区，它是中国与东盟成员国建立的第2个自由贸易区，调整范围是货物贸易、服务贸易、投资自由化，成员为中国和新加坡两国。

CSFTA的主要法律文件为《中新自由贸易协定》，这是一份内容全面的自由贸易协定，涵盖货物贸易、服务贸易、投资、争端解决等各个领域，是中新两国在 CAFTA 的基础上，进一步加快贸易自由化的进程、拓展经贸关系深度与广度的合作成果。根据《中新自由贸易协定》，新加坡从 2009 年 1 月 1 日起对所有的中国产品实行进口零关税，中国则于 2010 年 1 月 1 日起对 97.1%的新加坡产品实行进口零关税，其中 87.5%的新加坡产品于 2009 年 1 月 1 日实行进口零关税。

《中新自由贸易协定》有 115 个条文，包括初始条款、总定义、货物贸易、原产地规则、贸易救济、海关程序、技术性贸易壁垒及卫生与植物卫生措施、服务贸易、自然人移动、投资、经济合作、争端解决、例外、总条款、最后条款等在内共 14 章，并含 7 个附件、2 项换文。主要内容为货物贸易领域的关税减让、非关税壁垒削减，服务贸易领域的市场开放、人员流动便利化，争端解决领域的司法化等。值得注意的是，根据《中新自由贸易协定》第 84 条的规定，CAFTA 投资协议被纳入成为《中新自由贸易协定》第 10 章(投资)的一部分。

与 CAFTA 相同，CSFTA 也没有将能源领域排除在外，因而其规则对能源贸易和能源投资同样适用。但是，由于对投资与 CAFTA 投资协议采用同样的规则，因此 CSFTA 只是在货物贸易、服务贸易和与贸易有关的争端解决措施方面，具有自身的特色，如对货物贸易领域的原产地规则、海关程序、动植物卫生措施、技术性贸易壁垒、贸易救济，以及服务贸易领域的自然人移动作了专门规定。

三、《关于建设中缅原油和天然气管道的政府协议》

2009 年 3 月，中缅两国在缅甸首都内比都签订了《关于建设中缅原油和天然气管道的政府间协议》(简称《中缅油气管道协议》)，决定建设从缅甸皎漂(Kyaukphyu)至中国昆明的石油和天然气输送管道。按照《中缅油气管道协议》，中缅油气管道为双线并行的天然气管道和石油管道各一条，两者均起于缅甸皎漂市的实兑(Sittwe)港，经缅甸第二大城市曼德勒，从中国云南的边境城市瑞丽入境，最后抵达云南省会昆明。其中，中缅原油管道干线全长约1100公里，缅甸境内段长771公里，主要负责中转从中东、非洲等地区购买的原油，设计输送能力为2200万吨/年；中缅天然气管道干线全长2806公里，缅甸境内段长793公里，主要输送产于缅甸近海的天然气，设计输送能力为120亿m^3/年。

2009年6月，缅甸能源部与中国石油天然气集团公司签署了《关于开发、运营、管理中缅原油管道项目的谅解备忘录》，根据该备忘录，中缅原油管道项目包括中缅原油管道和储运及其附属设施，以及建于缅甸马德岛、可从超大型油轮卸载原油的一个码头和终端；中缅原油管道项目由中国石油天然气集团公司负责设计、建设、运营和管理，设计输送能力为2200万吨/年。

2009年12月21日，缅甸能源部与中国石油天然气集团公司签署了《中缅原油管道权利与义务协议》，明确了由中国石油天然气集团公司控股的东南亚原油管道有限公司，对中缅原油管道的建设、运营享有的权利和承担的义务。该协议规定：东南亚原油管道有限公司获得缅甸政府授予的特许经营权，负责中缅原油管道的建设和运营，并享有税收减免、进出口清关、原油过境、路权作业等权利。该协议还规定，缅甸政府保证东南亚原油管道有限公司对中缅原油管道的所有权和独家经营权，并保障中缅原油管道的安全。2010年6月，中国石油天然气集团公司与缅甸国家油气公司签署了《东南亚原油管道有限公司股东协议》、《东南亚天然气管道有限公司股东协议》和《东南亚天然气管道有限公司权利与义务协议》。

上述系列协议明确了中国石油天然气集团公司所属的东南亚管道公司，作为中缅合资的东南亚原油管道有限公司和东南亚天然气管道有限公司的控股股东地位，并负责中缅原油管道和中缅天然气管道的设计、建设、运营、扩建和维护。其中，中缅天然气管道(缅甸段)由中、缅、韩、印4个国家的6个股东共同出资，分别占股50.9%、7.4%、29.2%、12.5%；中缅原油管道(缅甸段)由中国石油天然气集团公司和缅甸国家油气公司共同出资，分别占股50.9%和49.1%。

2010年6月3日和9月10日，中缅油气管道的缅甸段和中国段分别开工建设。中缅天然气管道已于2013年6月4日全线贯通，并于2013年7月1日开始运行，于2013年7月28日向中国供气，至2015年1月29日已累计供气40亿m^3,① 中缅原油管道也于2015年1月28日试投产,② 这两条管道有效地缓解了中国当前能源进口的安全困境，同时也对推动中国"西部大开发"战略的实施起了重要作用。

中缅油气管道的开工建设，标志着中国油气进口通道战略格局的初步成型。中缅油气管道是继中哈原油管道、③ 中俄原油管道④、中

---

① 参见《中缅原油管道试运行 中东原油首次在印度洋上岸》，http://energy.people.com.cn/n/2015/0201/c71661-26486392.html，2015年3月9日访问。

② 参见《中缅原油管道投产 设计输量达每年2200万吨》，http://finance.chinanews.com/ny/2015/01-29/7014395.shtml，2015年3月9日访问。

③ 中哈原油管道是我国首条陆路能源传输大动脉，也是我国首次实现从境外陆路输入原油，该管道西起哈萨克斯坦的阿特劳，东到中国新疆的阿拉山口，全长2798公里，设计运输能力为2000万吨/年。前期工程阿特劳-肯基亚客段448.4公里，已于2003年底建成投产；一期工程阿塔苏-阿拉山口段962.2公里，已于2006年5月25日对华输油；二期工程肯基亚客-库姆克尔761公里，已于2009年7月建成投产，由此实现中哈原油管道全线对华输油；截至2015年3月11日，累计向华输油超过7700万吨；2013年中石油与哈萨克斯坦国际石油公司签署《关于中哈原油管道扩建原则协议》，目前中哈原油管道扩建工程正在进行。

④ 中俄原油管道起自俄罗斯远东原油管道斯科沃罗季诺分输站，穿越中国边境，途经黑龙江和内蒙古，止于黑龙江大庆，全长999.04公里，俄罗斯境内72公里，中国境内927.04公里，设计运输能力为1500万吨/年，最大年输量为3000万吨。按照协定，俄罗斯将通过中俄原油管道每年向中国供应1500万吨原油，合同期20年。中俄原油管道2010年11月1日试运行，2011年1月1日正式运行，标志着中国东北方向的原油进口战略要道正式贯通。截至2015年1月1日，累计向华输油超过6145万吨。

国—中亚天然气管道①之后，中国的又一能源进口战略通道，有利于降低中国对马六甲海峡的依赖程度，减少油气进口的安全风险，实现能源运输渠道的多元化，保障中国能源供应安全。

中缅油气管道建设是中缅两国之间的双赢合作。不仅可带动缅甸石油化工行业和管道所经地区经济的发展，满足缅甸的国内能源需求(缅甸石油加工能力极低，每年均需大量进口成品油)。同时也是中国“西部大开发”战略实施的重要推动力量。中缅油气管道中国境内段途经云南、贵州、广西、重庆4省(区/市)、23个地级市、73个县市。除了云南省内的丽江(天然气)、安宁(原油)、玉溪(天然气)三条支线外，中缅油气管道还将在贵州安顺实现油气管道分离，原油管道将到达重庆，天然气管道将到达广西。

中缅油气管道的建设将改变中国西南地区长期处于能源链条末端的局面。据预测，中缅油气管道项目建成运营后，中国西南地区的炼油能力可达每年2000万吨，并可年产成品油1277万吨(汽、柴、煤油分别为310、840、127万吨)，与之配套的乙烯工程项目也可分别实现年产乙烯、合成树脂、基本有机原料100、153、177

---

① 中国—中亚天然气管道西起土库曼斯坦和乌兹别克斯坦边境，经乌兹别克斯坦中部和哈萨克斯坦南部，进入中国新疆的阿拉山口，与“西气东输二线”管道对接，全长1万多公里，运营期为30年，每年将向中国稳定输送天然气约300亿m^3。其中，土库曼斯坦境内段188公里，乌兹别克斯坦境内段530公里，哈萨克斯坦境内段1300公里，中国境内段8000公里。管道分AB双线敷设，单线长1833公里，是世界上最长的天然气管道。中国—中亚天然气管道A线和B线已分别于2009年12月和2010年8月向中国境内输气。2011年12月15日，中国—中亚天然气管道C线乌兹别克斯坦段正式开工，C线长1840公里，已于2014年6月15日向中国境内输气，使中国—中亚天然气管道的输气能力提升至550亿m^3/年。2013年9月，中国与土库曼斯坦签署框架协议，决定建设中国—中亚天然气管道D线，以土库曼斯坦复兴气田为起点，经乌兹别克斯坦、塔吉克斯坦、吉尔吉斯斯坦进入中国，全长1000公里，其中境外段840公里，设计输气量为300亿m3/年，已于2014年9月13日开工，预计2020年完工。

万吨。①

作为最大受益者的缅甸政府，除了可按 7.4%(天然气管道)、49.1%(原油管道)的比例获取投资收益之外，还可获得管道公司的企业所得税、土地租金、过境费、就业岗位、技能培训补贴等好处，并可获得 200 万吨原油和 24 亿 m^3 天然气的优先保障，此外，在中方信贷支持下，缅甸将兴建 350 万吨级的大型炼油厂，生产的成品油除可满足缅甸现阶段全部需求之外，还可供出口创汇。而作为中国方面最大受益者的云南省，中缅油气管道在推进经济结构的调整及增长方式的转变、促进边疆少数民族地区的进步、加快经济和社会的发展等方面，都具有重要的意义。中国甚至还可进一步考虑沿着中缅油气管道修筑铁路和公路，将缅甸的皎漂开辟为中国西南地区面向南亚、西亚、欧洲、非洲的货物出口中转站。

四、《中越北部湾划界协定》

2000 年 12 月 25 日，中越两国在签署《关于中国和越南在北部湾领海、专属经济区和大陆架的划界协定》(简称《中越北部湾划界协定》)，该协定于 2004 年 6 月 30 日正式生效。

《中越北部湾划界协定》不仅结束了中国和越南长达数十年的领土纷争，而且为双方的能源安全合作提供了很大的可能性。就能源安全合作而言，《中越北部湾划界协定》主要涉及跨界能源资源的共同开发。《中越北部湾划界协定》第 7 条，是共同开发北部湾海底油气资源的直接法律依据，该条学理上通称“单一地质构造条款”(Single Geological Structure Clause)，规定如下：如任何石油、天然气的单一地质构造或其他矿藏跨越本协定第 2 条的分界线，双方应就该构造或矿藏的最有效开发以及公平分享开发收益，通过友好协商达成协议。②

① 参见夏剑锋：《论中缅油气管道与中国石油安全》，载《云南民族大学学报(哲学社会科学版)》2012 年第 2 期，第 110~114 页。

② 参见《关于中国和越南在北部湾领海、专属经济区和大陆架的划界协定》第 7 条。

北部湾的海床具有良好的储油条件，蕴藏着丰富的石油和天然气资源。中越两国从 20 世纪 70 年代起，便已相继在北部湾海域进行油气资源勘探活动，但由于在北部湾划界问题上当时两国存在不同的主张，因此围绕北部湾油气资源勘探问题的纠纷也不断产生，从而严重地影响了两国的关系。

《中越北部湾划界协定》生效后，中越两国除了确定彼此的北部湾领海、专属经济区和大陆架界限之外，同时还参照其他国家的划界条约和实践，约定合作开采跨界油气资源。中国海洋石油总公司于 2005 年 10 月 31 日与越南石油总公司签署了《北部湾油气合作框架协议》，于 2006 年 11 月 16 日与越南油气总公司签署了《北部湾协议区联合勘探协议》，这两份协议正是落实《北部湾划界协定》第 7 条的具体表现。

2011 年 10 月，中越两国又签署了《关于指导解决中国和越南海上问题基本原则的协议》，就海上合作达成了基本共识：循序渐进、先易后难地稳步推进关于北部湾湾口外海域的划界谈判，并积极商谈该海域的共同开发问题。

第三章 中国—东盟能源贸易合作的法律问题

第一节 中国—东盟能源贸易合作概述

一、能源贸易与能源安全

(一) 能源贸易

能源贸易是能源货物贸易和能源服务贸易的统称。至于在能源领域发生的技术或知识产权贸易，由于多数情况下是以许可证形式进行的，这往往构成投资的重要组成部分，故放入能源投资部分进行讨论。

能源货物贸易是指以各种能源产品为标的的贸易形式。根据不同的标准，可对能源货物贸易作不同的分类，如以能源产品的种类为标准，可将能源货物贸易分为煤炭贸易、石油贸易、天然气贸易、电力贸易等；以能源产品是否跨越国境为标准，可将能源货物贸易分为国内能源货物贸易和国际能源货物贸易；以能源产品的交易手段为标准，可将能源货物贸易分为能源现货贸易和能源期货贸易。

能源服务贸易是指在商业基础上进行的、与能源产品直接相关的服务的购买与销售。能源服务贸易也可依据不同标准作不同种类的区分，如以所涉能源产品的种类为标准，可将能源服务贸易分为煤炭领域的服务贸易、石油领域的服务贸易、天然气领域的服务贸易、电力领域的服务贸易等；以服务是否跨越国境为标准，可将能源服务贸易分为国内能源服务贸易和国际能源服务贸易；以服务所处能源产业链的位置为标准，可将能源服务贸易分为上游领域的能源服务贸易、中游领域的能源服务贸易和下游领域的能源服务贸易。

(二) 国际能源贸易与能源安全

国际能源贸易是最直接的国际能源安全合作的方式，它能够有效地保障一国的能源供应安全。由于能源资源在地理上分布不均，多数资源集中于少数国家和地区，导致其他国家需要从资源国进口能源产品以填补供需缺口，这样，以能源产品为标的的国际能源货物贸易，其发生就不可避免。

此外，对能源资源国来说，要将埋藏于地下或蕴藏于其他物质之中的能源资源变为可直接或间接使用的能源产品，并非轻而易举之事，这往往需要较高的科技水平和大量的资金投入。对于经济水平和科技实力都不发达的发展中国家来说，无论是将自身的能源资源勘探开采出来供本国消费或是出口供他国消费，均需外界的技术和资金支持，这通常会导致国际能源服务贸易的产生，如资源国政府或其授权的国有企业与外国能源企业签订勘探开采本国石油、天然气、煤炭等能源资源的协议。对于工业基础薄弱的发展中国家来说，购买外国的能源服务，或许是其能源产业发展史上不可回避的一个必经阶段。

(三) 国际能源贸易合作的特点

国际能源贸易合作是指国家或国际组织为了保障本国或成员国的能源安全而在能源贸易领域进行的国际合作。国际能源贸易合作具有直接性、政府干预性、国际政治影响性等显著特点。

1. 最直接的能源合作方式

与其他的国际能源合作方式相比，国际能源贸易具有直接性这一特点，它是最"直截了当、直奔主题"的能源合作方式。一国缺少何种能源产品或需要何种能源服务，通过国际贸易直接从国外购买，这符合"互通有无、各取所需"的一般贸易原理，也获得大量的国际实践支持。目前，以石油贸易、天然气贸易等为标的的国际能源货物贸易，是全球范围内最大宗的产品交易。UNCTAD(United Nations Conference on Trade and Development，联合国贸易与发展会议)的统计数据表明，自2001年以来，能源产品的进出口贸易额在国际贸易中始终占据着最高的比例。① 同时，由于传统能源的开采难度日渐加大、各国环境保护压力大增，使用新能源和新能源技术的呼声越来越高，而要解决这些问题，均离不开先进的科学技术的使用，因此，国际能源服务贸易在当前也变得越来越重要。

2. 政府干预程度高、资源国占有优势

能源是现代社会正常运转的物质基础，是关涉国家经济命脉与民生大计的重要安全因素，确保能源的正常和有序供应无不被各国政府看作是头等大事。因此，为了保障国家安全、维护社会稳定、增进民众福利，各国政府均对能源领域的事项进行不同程度的干预。由于能源资源，尤其是化石能源具有不可再生的特点，资源国政府为实现国家利益最大化的目的，对能源资源的勘探、开采、生产、销售等实行广泛控制，希望以此获得经济和政治上的理想回报。同时，为了抗衡资源国政府对能源市场干预所导致的贸易扭曲效果，消费国政府也充分调动国内、国际资源，以购买力和科技、经济实力为筹码，与资源国展开博弈。但总体而言，受国家自然资源主权的影响，资源国在博弈中占有优势地位，消费国虽然十分团结，组建了各种消费国组织，不过在这场博弈中仍显得较为被动。

3. 受价格波动、国际政治因素影响很大

国际能源贸易，尤其是国际能源货物贸易，受国际能源市场价格波动的影响较大。国际市场的能源价格并不仅仅由能源的本身价值和供求关系所决定，它同时也受到国际金融市场的极大影响。部分有影响力的国家在本国设立了能源期货市场，使得国际社会能源产品的定价机制呈现出金融化的明显特征，导致供求关系在能源价格形成机制中的地位下降，各种投机资金的逐利行为日益盛行，不断推动国际能源价格上涨。最为典型的就是国际原油价格，当今的原油价格由五大现货市场②和

---

① See United Nations Conference on Trade and Development, UNCTAD Handbook of Statistics, 2002-2014.

② 五大现货市场是：纽约、伦敦、鹿特丹、新加坡、迪拜。参见华晓龙：《现行国际原油定价机制的风险与缺陷》，载《兰州商学院学报》2010 年第 3 期，第 53 页。

三大期货市场①为主的国际石油市场决定，但后者的交易量已超过前者交易量的3倍,② 由此可见国际能源贸易领域的投机行为十分盛行。

国际能源贸易合作还极易受到国际政治的影响。由于能源产品并非普通的商品，而是极为重要的战略物资，因此各国为了争夺能源资源和能源产品的控制权，在世界范围内展开了激烈的竞争和角逐，为此不惜动用武力，甚至引发战争。同样，国际能源产品贸易也不是纯粹的商品交易，它往往还是国家战略的重要组成部分，其背后隐藏着浓厚的国际政治的影子。能源资源国政府为了实现其在国际社会的政治抱负，将自身拥有的能源资源作为对外合作与谈判的筹码，大大增强了自己在国际事务中的力量。

二、中国—东盟能源贸易合作的历史及现状分析

(一)中国—东盟能源贸易合作的历史

中国—东盟能源贸易合作的历史可以追溯到20世纪中后期。20世纪70年代初，中国就与菲律宾、泰国等东盟成员国开展了能源贸易合作。早期的中国—东盟能源贸易合作主要是由中国向部分东盟成员国出口原油。1978年7月，中国与菲律宾签订了为期5年的原油贸易协议，约定中国从1979—1983年向菲律宾供应原油120万吨，这是中国与东盟成员国签订的第一份能源产品贸易协议，根据最后的统计数据，中国实际上共向菲律宾出口了393万吨原油，超额履行了条约规定的义务。③ 1979年3月，中国与泰国也签订了类似的原油贸易协议，根据这份协议，中国从1979—

① 三大期货市场是：纽约商业交易所、伦敦国际石油交易所、东京工业品交易所。参见华晓龙：《现行国际原油定价机制的风险与缺陷》，载《兰州商学院学报》2010年第3期，第53页。

② 参见唐旗：《论WTO对能源贸易规则的重构——以能源安全为视角》，武汉大学2009年博士学位论文。

③ 参见中国驻菲律宾大使馆经济商务参赞处：《中菲两国双边协议》，http：//ph. mofcom. gov. cn/article/zxhz/sbmy/200302/20030200069439. shtml，2015年9月10日访问。

1983年向泰国供应的原油总计达480万吨。①

20世纪90年代之后，中国与东盟成员国的能源贸易合作进一步深化，并呈现出一些新的特征：(1)由早先的以中国单方出口为主，逐渐演变为双向交流——中国既向东盟出口能源产品，同时也从东盟进口能源产品；(2)由于中国的经济发展提速，向东盟出口的能源产品逐渐减少，但出口的能源服务逐渐增多；(3)东盟由于自身的需求加大，再加上原有的油田老化等因素，向中国出口的原油逐渐减少，但由于在天然气的勘探方面不断有新的发现，因此向中国出口的液化天然气则逐渐增多。

(二)中国—东盟能源贸易合作的现状

1. 互为重要的能源贸易伙伴

目前，东盟既是中国能源进口的重要来源地，也是中国能源出口(尤其是能源服务)的主要市场。2006年以来的统计数据表明，东盟是继中东、非洲、前苏联、西半球之后，中国的第5大原油进口来源地；也是继前苏联和中东地区之后，中国的第3大天然气进口来源地。东盟每年向中国出口的原油占中国同期原油进口总量的1%~4%，约为200~500万吨，印度尼西亚、马来西亚、文莱、越南、泰国是主要的出口国；② 自2010年以来，东盟向中国出口的液化天然气占中国液化天然气进口总量的30%左右，2010—2014

① 参见[新加坡]黄朝翰著：《中国与亚太变化中的政治经济关系》，张乃坚等译，暨南大学出版社1990年版，第160页。

② 参见田春荣：《2014年中国石油和天然气进出口状况分析》，载《国际石油经济》2015年第3期，第60~61页；《2013年中国石油和天然气进出口状况分析》，载《国际石油经济》2014年第3期，第33~34页；《2012年中国石油和天然气进出口状况分析》，载《国际石油经济》2013年第3期，第49页；《2011年中国石油和天然气进出口状况分析》，载《国际石油经济》2012年第3期，第60页；《2010年中国石油进出口状况分析》，载《国际石油经济》2011年第3期，第19~20页；《2009年中国石油进出口状况分析》，载《国际石油经济》2010年第3期，第8页；《2008年中国石油进出口状况分析》，载《国际石油经济》2009年第3期，第34页；《2007年中国石油进出口状况分析》，载《国际石油经济》2008年第3期，第40页；《2006年中国石油进出口状况分析》，载《国际石油经济》2007年第3期，第17页。

年分别为32%、29%、29%、28%、29%，印度尼西亚和马来西亚是主要的提供方，① 缅甸则从2014年开始向中国供应管道天然气。

同时，东盟也是中国成品油和煤炭进口的主要来源地。中国每年进口的成品油中，来自新加坡、马来西亚、泰国和印度尼西亚等东盟成员国的占进口总量的30%左右，约为1000万吨，其中新加坡的出口量最大，约为400万吨；② 此外，印度尼西亚和越南还是中国煤炭进口的主要来源地，这两个国家每年出口到中国的煤炭约占同期中国煤炭进口总量的45%，③ 中国东南部沿海省份的广东、广西、福建等地，其经济发展由此获益。

东盟是当前中国最大的原油、成品油和电力的出口地区。中国每年向东盟地区出口的原油约占当年原油出口总量的20%，进口国主要是新加坡、马来西亚、泰国和印度尼西亚。中国每年还向新加坡、印度尼西亚、越南、马来西亚、缅甸、菲律宾、泰国等东盟成员国提供一定数量的成品油，约占中国同期成品油出口

---

① See British Petroleum Company, BP Statistical Review of World Energy, June 2010-2015.

② 参见田春荣：《2014年中国石油和天然气进出口状况分析》，载《国际石油经济》2015年第3期，第60~61页；《2013年中国石油和天然气进出口状况分析》，载《国际石油经济》2014年第3期，第33~34页；《2012年中国石油和天然气进出口状况分析》，载《国际石油经济》2013年第3期，第49页；《2011年中国石油和天然气进出口状况分析》，载《国际石油经济》2012年第3期，第60页；《2010年中国石油进出口状况分析》，载《国际石油经济》2011年第3期，第19~20页；《2009年中国石油进出口状况分析》，载《国际石油经济》2010年第3期，第8页；《2008年中国石油进出口状况分析》，载《国际石油经济》2009年第3期，第34页；《2007年中国石油进出口状况分析》，载《国际石油经济》2008年第3期，第40页；《2006年中国石油进出口状况分析》，载《国际石油经济》2007年第3期，第17页。

③ 参见王震：《我国煤炭进出口现状及展望》，载《煤炭经济研究》2012年第7期，第24页；另参见汪巾力、张素艳：《中国"十一五"期间煤炭进出口贸易分析》，载《中国煤炭》2012年第8期，第130页。

总量的70%。① 此外，中国的边境省份云南和广西，还分别于2004、2006、2009年开始向越南、缅甸、老挝输送电力，② 并计划在2017年之前向泰国送电300万千瓦时。③ 截至2015年6月30日，中国已累计向越南输送电力超过307.48亿千瓦时，④ 向老挝输送电力达8.19亿千瓦时，⑤ 向缅甸输送电力超过2.8亿千瓦时。⑥ 同时，

① 参见田春荣：《2014年中国石油和天然气进出口状况分析》，载《国际石油经济》2015年第3期，第60~61页；《2013年中国石油和天然气进出口状况分析》，载《国际石油经济》2014年第3期，第33~34页；《2012年中国石油和天然气进出口状况分析》，载《国际石油经济》2013年第3期，第49页；《2011年中国石油和天然气进出口状况分析》，载《国际石油经济》2012年第3期，第60页；《2010年中国石油进出口状况分析》，载《国际石油经济》2011年第3期，第19~20页；《2009年中国石油进出口状况分析》，载《国际石油经济》2010年第3期，第8页；《2008年中国石油进出口状况分析》，载《国际石油经济》2009年第3期，第34页；《2007年中国石油进出口状况分析》，载《国际石油经济》2008年第3期，第40页；《2006年中国石油进出口状况分析》，载《国际石油经济》2007年第3期，第17页。

② 参见中国国家发展和改革委员会、外交部、财政部、科技部：《中国参与大湄公河次区域经济合作国家报告》，2011年12月16日发布；另参见南方电网新闻网：《云南电网贴心服务缅甸佤邦》，http://www.csg.cn/nwxww/shsh/201308/t20130827_65874.html，2015年9月10日访问。

③ 参见中国商务部：《中泰签署购售电项目谅解备忘录》，http://www.mofcom.gov.cn/article/resume/n/201306/20130600155647.shtml，2015年9月10日访问。

④ 参见陆永忠、沈宏、姚雨君：《云南对越送电量突破300亿大关》，http://www.yn.csg.cn/html/2015-7/info177602.htm，2015年9月10日访问；另参见阮松萍：《云电送越快步“走出去”》，载《南方电网报》2015年5月15日，第A06版。

⑤ 参见陆永忠、沈宏、姚雨君：《云南对越送电量突破300亿大关》，http://www.yn.csg.cn/html/2015-7/info17760 2.htm，2015年9月10日访问；东兴信息网：《中越两国电力合作成“第四经济通道”》，http://www.123dx.cn/news/local/1675245.html，2015年9月10日访问；南博网：《上半年广西对越南电力出口近300万美元》，http://www.caexpo.com/news/info/number/2013/07/26/3599039.html，2015年9月10日访问。

⑥ 参见中国南方电网：《中缅跨国电力线路成功升级35千伏》，http://www.csg.cn/ywzx/ywdt/201507/t20150721_100749.html，2015年9月10日访问；另参见方皖新：《送电缅甸佤邦》，载《南方电网报》2014年5月23日，第A04版。

中国还于2008年12月开始从缅甸回购电力参与国内的“西电东输”二期工程，① 截至2015年6月30日，已累计回购电力超过110亿千瓦时。②

2. 传统的比较优势正在弱化

中国与东盟之间传统的比较优势在于煤炭、石油和天然气，虽然中国与东盟互为重要的能源贸易伙伴，但是由于各自的经济增长需求以及固有的资源约束等原因，双方的这种传统比较优势正在逐渐丧失。近年来的统计数据表明，中国与东盟之间的传统能源产品贸易数量明显减少。

东盟曾经是亚太地区最大的能源出口基地，也是中国能源进口最主要的来源地之一，虽然如今仍是中国能源进口的重要来源地，但其影响力却不可同日而语。2005年之前，来自东盟的原油在中国原油进口总量的比例均为10%以上，而且始终位于中国的三大原油进口来源地之列（另外两大来源地是中东和非洲），1993年之前甚至超过中东，位居第一，1993—1998年超过非洲，位居第二，1999—2004年，位于中东和非洲之后排名第三，但是2005年之后则跌出前三名之外。并且，东盟对中国出口的原油占中国原油进口总量的比例，从2005年开始下降至10%以下，2006年以来还不到4%，2014年更是降到只有0.7%，仅为215.73万吨。③ 由此可见，

---

① 参见中国国家发展和改革委员会、外交部、财政部、科技部：《中国参与大湄公河次区域经济合作国家报告》，2011年12月16日发布。

② 参见马建胜：《一带一路为跨国联网带来更多机会》，载《中国电力报》2015年7月6日，第1版。

③ 参见田春荣：《2014年中国石油和天然气进出口状况分析》，载《国际石油经济》2015年第3期，第60~61页；《2013年中国石油和天然气进出口状况分析》，载《国际石油经济》2014年第3期，第33~34页；《2012年中国石油和天然气进出口状况分析》，载《国际石油经济》2013年第3期，第49页；《2011年中国石油和天然气进出口状况分析》，载《国际石油经济》2012年第3期，第60页；《2010年中国石油进出口状况分析》，载《国际石油经济》2011年第3期，第19~20页；《2009年中国石油进出口状况分析》，载《国际石油经济》2010年第3期，第8页；《2008年中国石油进出口状况分析》，载《国际石油经济》2009年第3期，第34页；《2007年中国石油进出口状况分析》，载《国际石油经济》2008年第3期，第40页；《2006年中国石油进出口状况分析》，载《国际石油经济》2007年第3期，第17页。

整个东盟地区的原油出口能力已明显弱化。

如今，东盟已从原油净出口地区彻底转变为净进口地区，而且原油的需求缺口还在持续扩大。事实上，整个东盟地区的原油消费量从1994年开始就已超过了生产量。2014年，东盟的原油生产量约为1.12亿吨，消费量约为2.61亿吨，两者相差1倍以上，需进口原油1.49亿吨，① 东盟的成品油需求状况也大抵如此。目前东盟的一次能源产品，只有天然气和煤炭还能保持较大规模的净出口。

与东盟成员国的情况相似，中国自1993年成为石油净进口国和1996年成为原油净进口国以来，对能源的需求逐年加大、出口能力也在不断地下降。2014年，中国进口原油3.08亿吨，同比增长9.3%，出口原油60万吨，同比减少63%；② 进口煤炭2.91亿吨，同比减少10.09%，出口煤炭575万吨，同比下降23.5%。③ 作为中国储量最为丰富且产量最大的能源资源，中国的煤炭贸易一直以出口为主，从20世纪90年代初到2000年，中国煤炭的进口量仅为出口量的4%左右，④ 但从2002年开始，中国煤炭的进口量开始快速增长，2007年中国煤炭的进口量和出口量已接近持平，2009年中国首次成为煤炭净进口国，当年进口煤炭1.26亿吨，同比增长211.9%，出口煤炭2240万吨，同比下降50.7%，⑤ 2013年中国煤炭的进口量则达到3.27亿吨这个令人吃惊的历史最高水

---

① See British Petroleum Company, BP Statistical Review of World Energy, June 2003-2015.

② 参见田春荣：《2014年中国石油和天然气进出口状况分析》，载《国际石油经济》2015年第3期，第58页。

③ 参见别凡：《2014年煤炭进出口双降》，载《中国能源报》2015年1月26日，第10版。

④ 参见房颖：《中国煤炭进出口变化研究》，载《现代商贸工业》2011年第13期，第70页。

⑤ 参见王震：《我国煤炭进出口现状及展望》，载《煤炭经济研究》2012年第7期，第24页。

平，以超过第二名的日本近亿吨的差距而位居世界第一。①

鉴于当前中国与东盟之间的能源需求和供给现状，双方传统的原油和煤炭贸易优势正在逐渐丧失，如果新的能源资源不能及时得到发现，或者在能源技术方面没有取得突破性进展的话，中国与东盟之间传统的原油贸易和煤炭贸易，将无法获得进一步的发展。

但值得注意的是，天然气贸易或许是中国与东盟之间传统能源贸易的唯一亮点，不过这种潜在的优势并没有得到充分利用。虽然从2009年开始，中国每年从东盟成员国印度尼西亚和马来西亚进口的液化天然气共占中国液化天然气进口总量的20%～30%，2009、2010、2011、2012、2013、2014年分别为16、41.3、48、58、69、76亿m^3，但仅占印度尼西亚当年液化天然气出口量2%、7%、9%、13%、15%、16%，占马来西亚当年液化天然气出口量的3%、6%、6%、8%、11%、12%，印度尼西亚和马来西亚液化天然气主要的出口对象是日本、新加坡和韩国，对中国的出口量甚至还不如对中国台湾地区的出口量。②

3. 能源服务及新能源方面的合作日益受到重视

虽然中国与东盟之间传统的能源贸易量在减少，但是能源服务和新能源方面的合作日益受到重视。随着能源资金和技术的积淀和不断取得进展，中国开始向海外能源领域进军，而为国外提供能源服务就是重要的"走出去"模式之一，这种模式的开展也被推广到东盟地区。中国的大型能源企业和工程企业，凭借先进的技术和雄厚的财力，为东盟成员国提供了大量的能源咨询、能源勘探、能源设计、能源施工等专业性能源服务，如2004年中石化旗下的滇黔桂石油勘探局获得在越南河内盆地钻探天然探井的服务合同，2005年中海油旗下的中海油田服务股份有限公司获得在缅甸海域的石油钻井作业合同，2006年南方电网的子公司广西电网中标越南海防

① 参见彭云艳、孔凡玲、闫静怡：《基于政策导向视角下中国煤炭进出口贸易路径研究》，载《经济研究导刊》2015年第15期，第267页。

② See British Petroleum Company, BP Statistical Review of World Energy, June 2010-2015.

发电厂2台30万千瓦机组工程建设项目，2010年中国华电集团的下属企业中国华电工程(集团)有限公司承建位于西哈努克省的柬埔寨首座燃煤火力发电厂,① 2012年中石油渤海钻探有限公司中标印尼占卑区块750马力钻机两年期的服务合同，2013年，由中石化西南石油工程公司广西钻井分公司承钻的缅甸Patolon1-1井顺利开钻。

东盟成员国普遍重视清洁能源和新能源的开发和利用。东盟地区水力资源比较丰富，除了新加坡、马来西亚和文莱之外，东盟成员国均有可供商业开发的水资源蕴藏，较有代表性的国家是老挝和缅甸，而且蕴藏量相当大，理论蕴藏量分别达到3000和14000万千瓦。② 印度尼西亚和菲律宾还有许多可供开发的地热资源，不过目前的开发程度很低，如印度尼西亚已探明的地热资源可发电能力达2900万千瓦，约占世界地热资源总量的40%，但目前的开发利用率还不到5%。③ 此外，东盟成员国还十分重视风能、太阳能的开发和利用，这些都属于新能源，清洁而且无污染，在化石能源日益匮乏的当前，无疑受到各国的大力推崇。

中国在清洁能源和新能源技术方对于东盟成员国具有较强的优势，有些技术甚至在国际范围内处于领先水平，如以三峡水电站为代表的中国水电技术就已位居世界前列。此外，中国的太阳能利用和风力发电技术也具有相当高的国际水准。中国是目前世界上最大的光伏产品生产国，2014年生产的太阳能电池及组件约占全球的64%，新增并网光伏发电容量1060万千瓦，约占全球新增容量的25%，累计光伏发电并网装机容量超过2800万千瓦，约占全球光

① 参见谭民：《加强中国与东盟能源安全合作的国际法思考》，载《南洋问题研究》2012年第1期，第30页。

② See World Energy Council, World Energy Resources 2013 Survey, 2013; also see International Hydropower Association, 2015 Hydropower Status Report, 2015.

③ See Wendy Koch, How Geothermal Could Cleanly Power the Planet: Indonesia's Tale, available at http://news.nationalgeographic.com/news/energy/2015/03/150303-geothermal-power-wayang-windu-indonesia/, last visited on September 10, 2015.

伏发电并网装机容量的16%，位居世界第二。① 中国也是风电装机装机容量最多和增长最快的国家，2014年风电新增装机容量达2320万千瓦，约占全球风电新增装机容量的45%，累计并网装机容量为11500万千瓦，占全球风电装机容量的31%，位居世界第一。② 中国在清洁能源和新能源技术方面的优势，可以成为中国—东盟能源贸易合作新的推动力，中国的能源企业可以加大与东盟成员国在新能源领域的合作，为后者提供新能源产品，以及技术咨询、设计、建设、施工等方面的服务。

三、中国—东盟能源贸易合作的发展趋势预测

中国和东盟都属于经济快速发展的地区，对能源的需求将长期维持在较高的水平，尤其是中国，人口基数和经济总量极为庞大，对能源的需求远高于东盟。虽然中国和东盟在石油供需方面均存在巨大的缺口，到2030年中国和东盟分别需要进口4.87和2.02亿吨石油，③ 但在天然气、新能源、能源技术方面双方面临的境况却并不相同。中国在2030年将需要进口486亿m^3的天然气，而东盟届时预计对天然气仍可保持较大规模的净出口。中国与东盟都有比较丰富的新能源蕴藏，但从总量来看，中国无疑更具优势。在能源技术方面，中国的优势则更为明显，而大部分东盟成员国缺乏对能源技术的充分有效掌握。中国与东盟在天然气、新能源、能源技术方面的这种差距，为双方开展能源贸易方面的合作提供了较大的可能性。

（一）清洁能源的替代效应将为中国—东盟能源贸易合作提供增长空间

清洁能源是指在生产和使用过程不排放或较少排放有害物质的

① See Renewable Energy Policy Network for 21st Century, Renewables 2015 Global Status Report, 2015.

② See Renewable Energy Policy Network for 21st Century, Renewables 2015 Global Status Report, 2015.

③ See International Energy Agency, World Energy Outlook, 2002; 另参见［新加坡］安德鲁·西蒙：《能源与东盟经济一体化》，刘雪芹译，载《东南亚纵横》2005年第4期，第26~28页。

能源，包括可再生能源(如太阳能、风能，生物能、水能、地热能)、部分非再生能源(如天然气)或经过洁净技术处理过的能源(洁净煤、洁净油等)以及核能。

清洁能源代替非清洁能源为人类所普遍使用是人类利用能源的一般发展规律。人类在满足可获得性的条件下，通常会选择能效高、污染少的能源来代替能效低、污染大的能源，这是人类基于经济效用和保护环境而作出的符合自身利益的选择，它反映了人类对自然界认识的程度不断深化。

就中国—东盟能源贸易合作而言，清洁能源领域的合作主要是指天然气、洁净煤、洁净油等清洁能源的货物贸易合作与服务贸易合作(如勘探、开发、运输、存储)，以及太阳能、风能，生物能、水能、地热能、核能等清洁能源的服务贸易合作(如勘探、开发、利用、建设、施工、设计)。

随着石油的剩余储量和产能接近极限、煤炭使用过程中对环境造成的污染不断增加、新能源暂时还不能得到大规模的广泛应用，因此天然气凭借其较大的蕴藏量和较小的环境损害影响，将会成为新一代的人类主要能源产品，如果说 20 世纪是石油世纪的话，那么 21 世纪则是天然气的世纪。①

东盟成员国的天然气储量十分丰富，印度尼西亚、马来西亚、文莱是传统的天然气生产和出口国，越南、缅甸、柬埔寨是新兴的天然气生产国或出口国，② 上述 6 国 2014 年的天然气探明储量超过 5.4 万亿 m^3，约占世界总储量的 2.9%，而且采储比大多超过 20 年，越南甚至可达 60.4 年。③ 目前，东盟成员国的天然气生产能

① 参见高寿柏：《21 世纪——天然气时代》，载《国际石油经济》1997 年第 4 期，第 2~5 页。

② See Robert A. Manning, The Asian Energy Factor: Myths and Dilemma of Energy, Security and the Pacific Future, New York, 2000, p. 179.

③ See British Petroleum Company, BP Statistical Review of World Energy, June 2015.

力超过2208亿m^3/年，出口能力超过641亿m^3/年，① 随着越南、缅甸、柬埔寨等国不断发现新的油气储藏，整个东盟地区的天然气出口能力将会进一步提高。然而，目前中国从东盟地区进口的天然气主要来自印度尼西亚和马来西亚，虽然进口量不断增加，但仍仅占后者出口量的14%左右。不过，由于从2013年7月开始，中国开始通过中缅天然气管道进口来自缅甸生产的天然气，中国从东盟地区进口的天然气数量大约提高了1倍，2014年已达到106亿m^3。因此，中国与东盟地区在天然气贸易领域的合作空间很大。

除了天然气领域的贸易合作之外，中国和东盟在洁净煤、洁净油、太阳能、风能，生物质能、水能、地热能、核能等清洁能源贸易方面也有很大的合作空间。东盟成员国对这些清洁能源有很大的需求，但限于整体科技水平低下，无法凭借自身的能力得到满足。而中国在清洁能源技术方面占有很大优势，既可以向东盟成员国出售洁净煤、洁净油，也可以为东盟成员国提供煤炭、石油的洁净服务，还可以为东盟成员国提供其他清洁能源的勘探、开发、利用、建设、施工、设计等服务。

（二）能源领域新技术的使用将促进中国—东盟能源贸易量的增长

能源技术对于人类利用能源的发展具有重大推动作用。到目前为止，人类经历了三次重要的能源消费结构变革：（1）薪柴木炭时代。该时代因火的发现和利用而产生，持续到18世纪工业革命期间，以薪柴木炭为主要消费能源，开创了人类能源利用的历史；（2）煤炭时代。从18世纪中叶到第二次世界大战结束，煤炭超过薪柴木炭成为人类的主要消费能源，大大加快了生产的发展；（3）石油时代。从20世纪60年代开始，人类进入石油时代，石油取代煤炭成为主要的消费能源。

石油和煤炭一样属不可再生资源，其存量是有限的，当前人类在能源消费方面对石油的依赖使自身面临着空前的危险处境，多元

① See British Petroleum Company, BP Statistical Review of World Energy, June 2015.

化的能源消费结构必将成为下一步改革的方向，因此人类现处于石油时代末期，正在走向“后石油时代”①。

无论人类是从煤炭时代走向石油时代，还是从石油时代走向“后石油时代”，每一步发展都离不开科学技术的帮助。先进科学技术的使用不仅可以提高能源产品的产量和质量，还可以使人类获得更多的能源资源发现和利用。例如，人类使用煤炭实际上从薪柴木炭时代就已开始，随着科学技术的发展，煤炭资源的勘探开采效率不断提高，最终导致煤炭超过薪柴木炭成为主要的消费能源。人类使用石油的历程也是如此。

随着科学技术不断发展，油气开采和炼制技术不断提高，油气的开发和炼制成本也大大降低，这不仅提高了本身具有商业开发价值的油气田的生产能力，也提高了新油气田的发现率，同时还使得原来因开发成本过高而无法有效利用的油气资源重新具有了商业开发价值。如20世纪90年代之后，随着三维地震、油藏模拟、长距离位移井等先进技术的广泛应用，油气田的发现率得到很大提高，同时石油和天然气的生产成本也得到降低。

随着开采和炼制技术以及海洋开发技术的不断成熟与完善，人类又实现了对深海、高寒地区油气资源以及油砂、页岩气、煤层气、可燃冰等非常规能源的商业开发。在即将进入“后石油时代”的当今，先进科学技术的掌握与应用，将帮助我们实现对太阳能、风能、水能、地热能、生物质能、核聚变能等新能源的大规模利用，逐步摆脱对煤炭、石油、天然气等传统化石能源的依赖。

就中国—东盟能源贸易合作而言，能源领域先进技术的使用将促进中国—东盟能源贸易量的增长。一方面，能源领域先进科学技术的广泛应用将使东盟6大能源生产国（印度尼西亚、马来西亚、文莱、越南、缅甸、柬埔寨）已发现油气田的生产能力得到提升，并且还可不断发现新的油气及其他能源蕴藏，从而增加东盟地区的能源产品产量，进而为中国—东盟能源贸易量的增长提供可能性。

---

① 参见杨元华：《从石油时代走向后石油时代》，载《党政论坛》2006年第2期，第4页。

另一方面，能源领域先进科学技术的应用和掌握也将使中国的优势能源产品(如焦炭)的产量、质量、环保性得到提升，同时还为中国对东盟成员国提供能源领域的技术服务打下牢固的基础。因此，能源领域先进科学技术的应用与突破将为中国—东盟能源贸易合作提供新的比较优势，从而促进中国—东盟能源贸易合作的发展。

(三)东盟新成员的能源开发潜力是中国—东盟能源贸易合作的新动力

东盟新成员是指越南、老挝、柬埔寨、缅甸这4个较晚加入东盟的国家。由于经济发展落后、科技水平低下，再加上长年战乱等因素的影响，东盟4个新成员的国内能源产业极不发达，能源资源没有得到有效的勘探、开发和利用，国内的能源需求长期以来基本依靠进口解决，虽然这种状况在近年来有所改善，但其能源资源的开发程度仍然相当不足。事实上，根据国际、国内的调查数据显示，东盟4个新成员的能源资源蕴藏量十分丰富，如能得到有效开发利用，将极大地改善他们目前遇到的能源困境，并且还可大量出口创汇。

越南、缅甸和柬埔寨是东盟地区新兴的石油和天然气生产国与出口国。2014年底越南的石油探明储量达6亿吨，产量为1780万吨，但国内消费为1870万吨，需净进口90万吨；天然气探明储量为0.6万亿m^3，产量为102亿m^3，全部供国内消费；煤炭的探明储量约为1.5亿吨，产量为2310万吨油当量(约3300万吨标准煤)，国内消费1910百万吨油当量(约1629万吨标准煤)，出口400万吨油当量(约571万吨标准煤)。①

缅甸油气资源丰富，但由于经济水平和科技实力落后，一直未能得到有效的勘探和开发。2014年底缅甸的天然气探明储量为0.3

① See British Petroleum Company, BP Statistical Review of World Energy, June 2015.

万亿 m^3，生产量和出口量分别为 168 亿 m^3和 127 亿 m^3；① 缅甸的原油储量超过 2.07 亿桶，② 产量达 2.1 万桶/天。③ 另外，缅甸的水力资源也很丰富，据西方国家和部分国际组织的勘测，缅甸蕴藏的水电装机容量为 1.4 亿千瓦，而目前的装机容量仅为 315 万千瓦，水力资源的利用率只有 3.2%左右，因此开发潜力很大。

柬埔寨的能源资源也很丰富，但开采力度不大。柬埔寨有煤炭、石油、天然气、水力等能源资源，具有开发价值的主要是石油、天然气和水力资源。近年来的勘探和研究工作表明，柬埔寨的 3 大地下盆地(东部盆地、中央盆地和高棉盆地)均存在石油和天然气蕴藏，前景较好的是高棉盆地。根据世界银行估计，在柬埔寨西南部大约 3 万平方公里的海域内，石油储量可能高达 20 亿桶，将会给柬埔寨每年带来 20 亿美元的收入。柬埔寨的水力资源估计约有 500~850 万千瓦的理论蕴藏量，但目前只有 1.3 万千瓦得到利用。④

老挝的化石能源资源虽然极度匮乏，但其水力资源却非常丰富。老挝境内水力资源的理论蕴藏量约为 3000 万千瓦，技术可开发量约为 2347 万千瓦，仅湄公河老挝段就达 1225 万千瓦，约占老挝水力资源技术可开发量的 52.2%，湄公河支流及其它河流为 1122 万千瓦，约占老挝水力资源技术可开发量的 47.3%。目前，老挝投入运营的水电站已有 12 座，总装机容量为 357 万千瓦，仅占全国技术可开发量的 15%，因此发展潜力极大。

东盟 4 个新成员，均位于世界不发达国家之列，缅甸、老挝和柬埔寨还属于最不发达国家。按照国际分工发展的一般规律，经济

① See British Petroleum Company, BP Statistical Review of World Energy, June 2015.

② See Asian Development Bank, Myanmar: Energy Sector Initial Assessment, October 2012.

③ See U. S. Energy Information Administration, International energy data and analysis: Burma (Myanmar), available at http://www.eia.gov/beta/international/analysis.cfm?iso=MMR, last visited on September 10, 2015.

④ See Asian Development Bank, Status and Potential for the Development of Biofuels and Rural Renewable Energy: Cambodia, 2009.

处于初级发展阶段的国家如要开展对外贸易活动，自然资源等初级产品是该国具有比较优势的出口产品。东盟4个新成员正处于经济发展的初级阶段，根据国际分工的理论，初级能源产品是其开展对外贸易合作的优势产品。因此可以预见，东盟4个新成员拥有的储量相对丰富的石油、天然气以及水电等能源资源，将不可避免地成为其对外贸易的主要商品，这将为中国—东盟能源贸易合作的发展提供新动力。

第二节　中国—东盟能源贸易合作的法律制度

一、中国—东盟能源贸易合作的主要法律依据

中国—东盟能源贸易合作的主要法律依据既包括WTO协议这样的普遍性多边条约，也有CAFTA协议这样的区域性多边协议，还有在"GMS经济合作"框架下达成的《GMS政府间电力贸易协议》、《GMS电力贸易运营协议》等GMS电力贸易合作协议，以及中国与东盟成员国签署的各种双边协定。

（一）多边条约

1. WTO协议

WTO是规范政府国际贸易管理行为的国际组织，其调整国际贸易关系的规则体现在WTO协议之中。作为一个多边协议群，WTO协议主要由以下4个附件组成：附件1——多边贸易协定、附件2——《关于争端解决规则与程序的谅解协定》、附件3——《贸易政策评审机制协定》、附件4——诸边贸易协定。

附件1是WTO协议的主体，包括货物多边贸易协定①、《服务

① 货物多边贸易协议包括：《1994年关税与贸易总协定》、《贸易技术壁垒协议》、《反倾销措施协议》、《海关估价协议》、《装运前检验协议》、《原产地规则协议》、《进口许可证程序协议》、《补贴与反补贴措施协议》、《保障措施协议》、《卫生与动植物检疫措施协议》、《与贸易有关的投资措施协议》、《农产品协议》等12个多边条约，其中《纺织品协议》已于2005年终止。

贸易总协定》、《与贸易有关的知识产权协定》三个部分，规定了WTO成员进行国际贸易管理时应当遵守的义务，这些义务主要有：最惠国待遇、国民待遇、市场准入、公平贸易等。

附件2是WTO协议的另一重要组成部分，规定了WTO成员就WTO协议所涉事项产生争端时的解决办法：通过设立专家小组和上诉机构来妥善解决成员之间的贸易纠纷。经过大量的实践证明，这是一套颇为有效的争端解决机制。

附件3则通过设立贸易政策评审机构（Trade Policy Review Body，TPRB），对WTO成员履行WTO协议规定义务的情况进行审核，敦促WTO成员遵守WTO的条约义务。

附件4原先包括4个诸边贸易协议，现在仅剩《民用航空器协议》和《政府采购协议》2个。与其他3个附件不同，附件4仅供WTO成员选择接受，也就是说，附件4的诸边贸易协议只对接受它的WTO成员具有约束力。

2. CAFTA协议

CAFTA是规范政府国际贸易和投资管理行为的区域经济一体化合作形式，其对国际贸易关系的调整主要体现在CAFTA框架协议、CAFTA货物贸易协议、CAFTA服务贸易协议和CAFTA争端解决协议之中。

根据CAFTA的上述协议，WTO多边贸易协定所规定的内容几乎全部被纳入到CAFTA之中，WTO的争端解决机制也被CAFTA的争端解决机制所兼容。事实上，就贸易制度而言，在实体性的义务方面，CAFTA与WTO的规定基本一致。

3. GMS电力贸易协议

在亚洲开发银行主导的“GMS经济合作”框架下达成的GMS电力贸易协议，约束GMS地区的中国、缅甸、泰国、柬埔寨、越南、老挝6国，具体包括《GMS电力贸易政府间协定》、《GMS电力贸易运营协议》、《实施〈GMS电力贸易运营协议〉第一阶段原则的谅解备忘录》、《实施GMS跨境电力贸易路线图的谅解备忘录》等协议。根据《GMS政府间电力贸易协议》、《实施GMS跨境电力贸易路线图的谅解备忘录》，GMS地区将于2020年建成

10 条联网输电线路,① 并按《GMS 电力贸易运营协议》、《实施〈GMS 电力贸易运营协议〉第一阶段原则的谅解备忘录》的相关规定进行运作。

(二)双边条约

1. 双边(自由)贸易协定

中国与文莱、马来西亚之外的所有东盟成员国均订有双边贸易协定，同时与新加坡还订有《中新自由贸易协定》，这些协定在鼓励开展双边贸易方面发挥着重要作用，由于并未将能源领域明确排除在外，因此对于能源贸易理当同样适用。不过，随着 CAFTA 的建立，中国与上述 8 个东盟成员国签订的双边贸易协定，其功能基本上被 CAFTA 货物贸易协议、CAFTA 服务贸易协议、CAFTA 争端解决协议或《中新自由贸易协定》吸收。

2.《中缅油气管道协议》

《中缅油气管道协议》由中国和缅甸两国政府于 2009 年 3 月在缅甸首都内比都签订。根据该协议，中缅两国于 2010 年正式开工建设从缅甸皎漂至中国昆明的中缅油气管道，该管道油气双线并行，其中原油管道全长约 1100 公里，设计输送能力为 2200 万吨/年，天然气管道干线全长 2806 公里，设计输送能力为 120 亿 m^3/年。

二、中国—东盟能源贸易合作法律制度的主要内容

中国和东盟及其成员国并未就能源贸易合作专门制定规则，中国—东盟能源贸易合作法律制度的相关内容主要体现在 WTO 协议、CAFTA 框架协议、CAFTA 货物贸易协议、CAFTA 服务贸易协议、CAFTA 争端解决协议之中。概而言之，中国—东盟能源贸易合作法律制度，其主要内容是遵守 WTO 纪律、非歧视和贸易自

① See Asian Development Bank, Technical Assistance Completion Report, December 12, 2003.

由化。①

(一)遵守 WTO 纪律

遵守 WTO 纪律是中国—东盟能源贸易合作法律制度中较为独特的法律原则之一，主要体现在以下两个方面：

1. 建立 CAFTA 的法律依据

CAFTA 的成立和运行以 WTO 协议的相关规定为法律依据。WTO 对自由贸易区(Free Trade Area)这种区域经济一体化安排(Regional Economic Integration)②，采取的是承认但进行规制的态度，相关的规定主要是 GATT 第 24 条、GATS 第 5 条、《关于解释 GATT 第 24 条的谅解》(简称谅解协定)、1979 年东京回合"授权条款"③(简称"授权条款")，它们共同构成了 CAFTA 成功运作的法律基础。④

GATT 第 24 条、谅解协定和 GATS 第 5 条规定了自由贸易区设立的实体和程序条件，⑤允许它以背离最惠国待遇原则的方式进行运作。而"授权条款"则进一步规定，成员方可以单方面、选择性地向发展中国家提供更加优惠的待遇，而无需将这种待遇提供给其他成员方。而且，这一规定不仅适用于发达国家向发展中国家提供优惠，也适用于发展中国家之间的相互给予优惠。更为重要的是，根据"授权条款"实施的给惠行为只需通知全体成员即可，而无严

---

① 参见谭民：《中国—东盟自由贸易区能源贸易制度的法律问题》，载《昆明理工大学学报(社会科学版)》2011 年第 6 期，第 11~12 页。

② 一般而言，区域经济一体化安排有自由贸易区、关税同盟和共同市场三种类型。

③ 1979 年东京回合"授权条款"是指 GATT 东京回合谈判通过的《1979 年关贸总协定关于发展中国家的差别和更优惠待遇、互惠与更全面参与的决定》中关于给予发展中国家单方面优惠的规定。

④ 参见谭民：《中国—东盟自由贸易区能源贸易制度的法律问题》，载《昆明理工大学学报(社会科学版)》2011 年第 6 期，第 12 页。

⑤ 在实体方面，自由贸易区不得对区外的 WTO 成员实施高于或严于该自由贸易区成立前的关税和贸易法规；在程序方面，决定加入自由贸易区的 WTO 成员应立即通知缔约方全体并提供必要信息，以便在多边场合对其进行审议。

格的审查机制，因此它成为发展中国家之间建立特殊贸易关系的重要依据。

2. 对WTO协议的参照、借鉴和采纳

对WTO协议的服从遵守、大量参照借鉴甚至直接采纳，是中国—东盟能源贸易合作法律制度的重要特征。作为世界经济体系的三大支柱之一，WTO和GATT已经成功有效地运行了将近70年，其框架下的一系列规则是各方协商谈判的成果，较为充分地考虑到了各方的利益诉求，体现了相当高的立法技术。CAFTA与WTO追求的目标基本一致，调整的领域也大体相当，直接吸收WTO和GATT的谈判成果，不仅能提高立法水平，还可节约立法成本。①

CAFTA明确规定了WTO规则的优越地位，CAFTA货物贸易协议第7条和CAFTA服务贸易协议第15条对此进行了专门强调。② CAFTA货物贸易协议第7条规定："根据本协议的条款和基于本协议第17条对本协议进行审议而在将来可能达成的任何协议，各缔约方同意并重申遵守他们在WTO规则有关条款中作出的承诺，……"③CAFTA服务贸易协议第15条规定："各缔约方在此同意并重申承诺遵守有关及适用于服务贸易的WTO协议的规定，除非根据第27条对本协议进行审议而在将来达成任何协议"。④

CAFTA协议的其他条款，有些使用了与WTO协议相同或类似的表达方式，有些则直接采用或援引WTO的具体规则。⑤ 如CAFTA货物贸易协议第12条(一般例外)与GATT第20条(一般例外)在内容上就基本一致，这属于前一种情况。而CAFTA货物贸易协议第4条和第11条则属于后一种情况，它们分别规定：

① 参见谭民：《中国—东盟自由贸易区能源贸易制度的法律问题》，载《昆明理工大学学报(社会科学版)》2011年第6期，第12页。

② 参见谭民：《中国—东盟自由贸易区能源贸易制度的法律问题》，载《昆明理工大学学报(社会科学版)》2011年第6期，第12页。

③ 参见《中国与东盟全面经济合作框架协议货物贸易协议》第7条。

④ 参见《中国与东盟全面经济合作框架协议服务贸易协议》第15条。

⑤ 参见谭民：《中国—东盟自由贸易区能源贸易制度的法律问题》，载《昆明理工大学学报(社会科学版)》2011年第6期，第12页。

“GATT1994 第 10 条应在必要修正后纳入本协议，作为本协议的组成部分”、“如发生严重的国际收支和对外财政困难或威胁，一缔约方可以根据 GATT1994 和《关于 GATT1994 国际收支条款的谅解》，采取限制性进口措施”。

由于中国和所有东盟成员国均是 WTO 的成员，根据“条约必须遵守”的国际法原则，一方面要遵守 WTO 的义务，另一方面也要遵守 CAFTA 的义务。就能源贸易而言，根据遵守 WTO 纪律原则的要求，CAFTA 缔约方在 WTO 框架下承担的义务，同时构成他们在 CAFTA 框架下义务的一部分。①

（二）非歧视

非歧视（Non-discrimination）是现代国际贸易关系中最基本的原则，包括国民待遇和最惠国待遇两个方面，中国—东盟能源贸易合作的法律制度也深刻地体现了这一原则。

1. 国民待遇

GATT 第 3 条、GATS 第 17 条、TRIPs 协议第 3 条、CAFTA 货物贸易协议第 2 条和 CAFTA 服务贸易协议第 19 条是关于国民待遇的规定，对 CAFTA 缔约方在货物贸易领域、服务贸易领域、知识产权领域的国民待遇义务作了要求。

CAFTA 货物贸易协议第 2 条和 GATT 第 3 条是规定货物贸易领域国民待遇义务的条款。CAFTA 货物贸易协议第 2 条规定：“一缔约方应当根据 GATT 第 3 条，给予所有其他缔约方本协议和 CAFTA 框架协议涵盖的货物以国民待遇。为此，GATT 第 3 条的规定应在必要修正后纳入本协议，并作为本协议的组成部分。”②而 GATT 第 3 条是 WTO 关于国民待遇原则的主要条款，根据该条的规定，WTO 任一成员方对来自其他成员方的产品在国内税费和国内法规方面所提供的待遇，不得低于本成员方相同产品所享有的待遇。

CAFTA 服务贸易协议第 19 条和 GATS 第 17 条是规定服务贸易

① 参见谭民：《中国—东盟自由贸易区能源贸易制度的法律问题》，载《昆明理工大学学报（社会科学版）》2011 年第 6 期，第 12 页。

② 参见《中国与东盟全面经济合作框架协议货物贸易协议》第 2 条。

领域国民待遇义务的条款，这两个条款均规定：在遵守所列条件和资格的前提下，在影响服务提供的所有措施方面，缔约方对列入减让表的服务部门，给予缔约他方服务和服务提供者的待遇，不得低于其本国同类服务和服务提供者享受的待遇。①

TRIPs协议第3条则是关于知识产权领域国民待遇义务的条款。TRIPs协议第3条第1款规定：每一成员在遵守《巴黎公约》、《伯尔尼公约》、《罗马公约》或《关于集成电路的知识产权条约》所列例外的前提下，在知识产权的保护方面，给予其他成员国民的待遇不得低于给予本国国民的待遇。②

可见，根据WTO和CAFTA的要求，在能源贸易领域的国内税费和国内法规方面，缔约方对来自缔约他方的能源产品、能源服务及其提供者、知识产权人提供的待遇，不得低于给予本国相同能源产品、能源服务及其提供者、知识产权人的待遇。③ 值得注意的是，在WTO和CAFTA的框架下，能源服务贸易领域的国民待遇同样也属于具体承诺，只适用于缔约方同意开放的能源服务部门。

2. 最惠国待遇

GATT第1条和GATS第2条是关于最惠国待遇的规定，但奇怪的是，CAFTA货物贸易协议和CAFTA服务贸易协议中却并无关于最惠国待遇的明文规定，其主要的原因可能是：像CAFTA这样的区域经济一体化合作形式，本身就是在WTO的框架下背离最惠国待遇原则而建立的，缔约方之间相互给予比WTO更为优惠的待遇，非缔约方并不能自动享受缔约方相互给予的这种比WTO更为优惠的待遇，因此，最惠国待遇在CAFTA货物贸易协议和CAFTA服务贸易协议中没有适用的空间。④

---

① 参见《中国与东盟全面经济合作框架协议服务贸易协议》第19条第1款，《服务贸易总协定》第17条第1款。

② 参见《与贸易有关的知识产权协议》第3条第1款。

③ 参见谭民：《中国—东盟自由贸易区能源贸易制度的法律问题》，载《昆明理工大学学报（社会科学版）》2011年第6期，第12页。

④ 参见谭民：《中国—东盟自由贸易区能源贸易制度的法律问题》，载《昆明理工大学学报（社会科学版）》2011年第6期，第12页。

但是实际情况却并非完全如此。因为CAFTA一方面没有完全消除关税壁垒，尤其是针对高度敏感产品①，同时也没有完全取消非关税壁垒，另一方面也不排除因政治、经济等原因导致非关税措施向非关税壁垒转化的可能性；而且根据遵守WTO纪律原则，如果某一CAFTA成员给予来自另一CAFTA成员的货物、服务及其提供者或知识产权人更优惠的待遇，那么该CAFTA成员必须将这一待遇给予来自其他CAFTA成员的货物、服务及其提供者或知识产权人。② 因此，最惠国待遇毫无疑问地成为CAFTA各缔约方应当遵守的义务。

最惠国待遇是WTO赖以存在的基石，WTO关于最惠国待遇的规定集中体现在GATT第1条、GATS第2条、TRIPs协议第4条之中。GATT第1条第1款规定：任何成员方在对进出口、有关进出口、进出口国际支付转移的关税和费用征收与征收方法方面，在有关进出口的全部规章手续方面，以及在进口的国内税费征收和有关影响国内销售、标价出售、购买、运输、分销或使用的所有法律、法规和规定方面，给予来自或运往任何其他国家产品的利益、优惠、特权或豁免，应立即无条件地给予来自或运往任何其他成员方领土的相同产品。③

① CAFTA的关税削减计划共有5种模式。CAFTA框架协议将货物分为正常货物和敏感货物两种，CAFTA货物贸易协议进一步将正常货物分为一轨货物和二轨货物，将敏感货物分为一般敏感货物和高度敏感货物。一轨货物到2010(针对中国和东盟6国)或2015(针对东盟新成员)年实现零关税，二轨货物到2012(针对中国和东盟6国)或2018(针对东盟新成员)年实现零关税；一般敏感货物到2012和2018年(针对中国和东盟6国)或2015和2020年(针对东盟新成员)关税将降至20%和5%以下；高度敏感货物到2015(针对中国和东盟6国)和2018(针对东盟新成员)年关税将降至50%以下。另一种关税削减计划是"早期收获计划"，按照该计划，从2004年1月1日起对500多种产品(主要是农产品)提前进行降税，到2006年将这些产品的进口关税降为零。

② 参见谭民：《中国—东盟自由贸易区能源贸易制度的法律问题》，载《昆明理工大学学报(社会科学版)》2011年第6期，第12页。

③ 参见《关税与贸易协议》第1条第1款。

GATS 第 2 条第 1 款规定：在影响服务贸易的任何措施方面，任何成员应立即无条件地给予任何其他成员的服务和服务提供者，以不低于其给予任何其他国家相同的服务和服务提供者的待遇。① TRIPs 协议第 4 条规定：在知识产权的保护方面，任何成员给予任何其他国家国民的任何利益、优惠、特权或豁免，应立即无条件地给予任何其他成员的国民。②

根据 WTO 最惠国待遇原则的要求：在能源货物贸易领域，CAFTA 的任何缔约方对来自或运往任何其他缔约方的能源产品，提供的进出口税费、国内税费、国内法规、程序和方式等方面的任何优惠待遇，必须立即无条件地给予来自或运往所有其他缔约方的相同能源产品；在能源服务贸易领域，CAFTA 的任何缔约方对来自任何其他缔约方的能源服务及其提供者，提供的服务贸易措施方面的任何优惠待遇，必须立即无条件地给予来自所有其他缔约方的同类能源服务及其提供者；在与能源有关的知识产权领域，CAFTA 的任何缔约方对来自任何其他缔约方的知识产权人，提供的知识产权保护方面的任何优惠待遇，必须立即无条件地给予来自所有其他缔约方的知识产权人。

(三)贸易自由化

贸易自由化(Trade Liberalization)是指减少和消除一切影响国际贸易正常进行的壁垒与障碍。作为国际社会追求的目标，贸易自由化在不同层次的国际组织的法律文件中均得到体现，但其在自由贸易区这种区域经济一体化的安排中，则具有独特的内涵——自由化的程度通常比多边贸易体制还要高。③ 就中国和东盟之间的能源货物贸易和能源服务贸易而言，根据 GATT 第 24 条、CAFTA 框架协议第 2~3 条、GATS 第 5 条和 CAFTA 货物贸易协议第 3 条，贸易自由化的主要内容是削减、消除关税和限制非关税措施的使用。

① 参见《服务贸易总协定》第 2 条第 1 款。

② 参见《与贸易有关的知识产权协议》协议第 4 条。

③ 参见谭民：《中国—东盟自由贸易区能源贸易制度的法律问题》，载《昆明理工大学学报(社会科学版)》2011 年第 6 期，第 12 页。

1. 削减和消除关税

关税(Tariff)是一国海关依照其本国法律规定，对进出其关境的物品征收的捐税。在国际贸易中，政府对进出关境的商品征收关税，既可以增加财政收入，又能够贯彻国家的经济发展政策。但不适当的高关税会对经济产生消极影响，因为高关税提升了进出口商品的销售价格，增加了消费者的负担，使资源不能按市场规律在世界范围内进行合理配置，最终影响国民经济的健康发展。为此，国际社会一方面允许各国使用关税措施，另一方面要求降低甚至完全取消关税。

削减和消除关税是 WTO 和 CAFTA 的主要议题。① 虽然关税的透明度较高、也易于衡量，但对于商品的进出口价格却存在直接的影响，而且不适当的高关税，会严重阻碍商品在国际市场上的自由流通，对经济产生消极影响。作为管理对外贸易的有效手段，关税的作用得到 WTO 的认可，只是要求缔约方通过谈判来对关税进行"实质性削减"，以使其"不对贸易构成严重阻碍"，并将协商结果以关税减让表的形式体现出来，作为 WTO 协议的重要组成部分，从而增强约束力。在 GATT/WTO 体制下，经过几十年来的发展和多个回合的谈判，关税的水平已基本降至不再对国际贸易构成绝对威胁的程度。

与 WTO 这样的多边贸易体制不同，自由贸易区(Free Trade Area)这种区域经济一体化安排所要求的贸易自由化程度更高，通常希望能够在缔约方之间"取消"关税和非关税壁垒，从而在更大程度上实现货物、服务、资本的自由流通。根据 CAFTA 框架协议第 2-3 条和 CAFTA 货物贸易协议第 3 条，CAFTA 要求缔约方之间应在所有货物贸易中实质上逐步取消关税和非关税壁垒。②

CAFTA 框架协议第 2 条和第 3 条分别规定："为在 10 年内建

① 参见曾令良：《世界贸易组织法》，武汉大学出版社 1996 年版，第 39 页。

② 参见谭民：《中国—东盟自由贸易区能源贸易制度的法律问题》，载《昆明理工大学学报(社会科学版)》2011 年第 6 期，第 12 页。

立中国—东盟自由贸易区，各缔约方同意迅速进行谈判，并通过下列措施加强和增进合作：(1)在所有货物贸易中实质上逐步取消关税和非关税壁垒……”“除本协议第6条的“早期收获计划”①之外，为了加速货物贸易的发展，就在所有货物贸易中实质上取消关税和其他限制性贸易法规，各缔约方同意进行谈判，……”②CAFTA货物贸易协议第3条规定：“各缔约方的关税削减或取消计划，应当要求逐步削减并在适当时侯依照本条取消被列明税目的产品所实施的最惠国税率。”③

为此目的，CAFTA缔约方达成了一系列关税削减计划。2010年1月1日，中国和东盟6国之间超过90%的产品实现了进口零关税，中国对东盟的平均进口关税从9.8%降至0.1%，东盟6国对中国的平均进口关税则从12.8%降至0.6%；2015年1月1日，中国和东盟新成员(柬埔寨、老挝、缅甸、越南)之间已成功实现了90%产品进口零关税的目标，至此，中国与全体东盟成员国基本上消除了关税壁垒。

2. 限制使用非关税措施

非关税措施是指除关税措施以外一切用于管理商品、服务进出口的法律和行政措施。非关税措施也是各国普遍使用的贸易管理手段，如货物贸易领域的数量限制、原产地规则、许可证程序，服务贸易领域的开业权限制、外汇管理限制、移民政策限制，等等。

与关税措施相比，非关税措施具有以下特点：(1)适用范围广。与关税措施仅能针对货物适用不同，非关税措施不仅可针对货物适用，还可针对服务适用。(2)灵活简便、隐蔽性强。非关税措施主要依靠行政措施或行政命令实施，简便灵活而且行动迅速，往往以履行正常的手续和要求为借口，具有较强的隐蔽性和欺骗性。

① “早期收获”计划(Early Harvest Programme)，是在CAFTA框架下最先实施的降税计划，其启动时间为2004年1月1日。按照该计划，从2004年1月1日起，对500多种产品(主要是农产品，也包括少量的其他产品)实行提前降税，到2006年将这些产品的进口关税降为零。

② 参见《中国与东盟全面经济合作框架协议》第2、3条。

③ 参见《中国与东盟全面经济合作框架协议货物贸易协议》第3条。

(3)危害性大、缺乏有效监控。非关税措施最大的问题在于如果使用不当，将转变为贸易壁垒,① 从而阻碍贸易自由化的进程。虽然国际社会也在对规制非关税措施作出努力，制定了一系列条约或协议对非关税措施进行使用方面的限制，但这些条约或协议大多属于一般性质，条文模糊抽象，容易导致纠纷产生，而且同时还规定了大量的例外条款，导致被频繁地援引，从而无法有效限制非关税措施的使用。

早在GATT时期，非关税措施的危害就引起了国际社会的密切关注，并开始受到初步规制。GATT第11条第1款规定：无论是采用配额、进出口许可证还是其他的形式，任何缔约方不得在以下方面设立或维持任何禁止或限制，但关税、国内税或其他费用以外的禁止或限制除外：(1)对任何其他缔约方领土产品的进口，(2)向任何其他缔约方领土出口或销售供出口的产品。② GATT其他的一些条款，如第6条(反倾销税和反补贴税)、第7条(海关估价)、第8条(进出口规费和手续)、第9条(原产地标记)、第16条(补贴)、第17条(国营贸易企业)等，则对具体的非关税措施的使用规则作了规定。

“乌拉圭回合”谈判之前，GATT即已达成《补贴和反补贴措施协议》、《技术贸易壁垒协议》、《进口许可证程序协议》、《海关估价协议》、《反倾销协议》等非关税措施协议，然而美中不足的是，上述协议属于“诸边协议”性质，法律效力有限，只约束签字国，不能自动约束GATT的全体成员。

到WTO时期，国际社会对非关税措施危害性的认识进一步加深，对其约束则进一步加强。“乌拉圭回合”谈判中，《补贴与反补

① 非关税壁垒是指除关税以外的其他一切直接或间接限制商品或服务进出口的措施，如数量限制、苛刻的技术标准和检疫标准、反倾销措施、补贴与反补贴措施等。非关税壁垒与非关税措施是有区别的，后者是指除关税措施以外的一切用于管理商品或服务进出口的法律和行政措施。当非关税措施用于限制贸易的目的时，就是关税壁垒。参见王传丽：《国际贸易法》(第三版)，法律出版社2005年版，第219~225页。

② 参见GATT第11条第1款。

贴措施协议》、《技术贸易壁垒协议》、《进口许可证程序协议》、《海关估价协议》、《装运前检验协议》、《反倾销措施协议》、《原产地规则协议》、《保障措施协议》、《卫生与动植物检疫措施协议》等非关税措施协议，被纳入一揽子谈判计划中，最后获得通过。WTO成立后，上述协议对WTO的所有成员均具有约束力。

基于对贸易自由化的追求，CAFTA也对非关税措施采取了规制的态度。根据CAFTA框架协议第2、3、4条和CAFTA货物贸易协议第8条以及CAFTA服务贸易协议的规定，CAFTA不仅要取消能源货物贸易、也要取消能源服务贸易领域的非关税壁垒。

CAFTA货物贸易协议第8条规定：一、任何时候各缔约方都不应保留任何数量限制措施，除非得到WTO规则的许可……二、本协议生效后各缔约方应尽快列明除数量限制之外的非关税壁垒以逐步取消……①

CAFTA框架协议第4条规定：……各缔约方同意就逐步实现涵盖众多部门的服务贸易自由化进行谈判。此种谈判应致力于：(a)……逐步取消彼此或各缔约方之间存在的实质上的所有歧视，以及禁止增加或采取新的歧视性措施，但GATS第5条第1款(b)允许的措施除外。②

第三节 能源产品的进出口限制

一、进口限制约束存在问题

(一)进口关税受到约束

能源产品的进口限制包括进口关税和非关税措施。根据WTO和CAFTA贸易自由化原则和非歧视原则的规定，中国和所有东盟成员国除了按最惠国待遇对彼此的能源产品征收进口关税和其他税费以外，不能维持数量限制或采用其他的非关税壁垒；并且，在国

① 参见《中国与东盟全面经济合作框架协议货物贸易协议》第8条。

② 参见《中国与东盟全面经济合作框架协议》第4条。

内税费和国内法规方面须给予此类进口能源产品以国民待遇。

中国和大多数东盟成员国当前都面临着能源紧缺的问题，即便是如印度尼西亚、马来西亚这样的传统能源出口大国，在不远的将来，由于能源资源可开采量的减少和能源产品需求量的增加，也将逐步转变为能源净进口国，因此对于能源产品的进口，中国和东盟各成员国并未施加过多的关税限制。

以原煤（HS27011210）、焦炭（HS27040010）、原油（HS27090000）、天然气（HS27112100）、液化天然气（HS27111100）、电力（HS27160000）这6种具有代表性的能源产品为例，根据中国和东盟各成员国在WTO和CAFTA框架下的关税减让表，无论这6种能源产品被缔约方归入何种货物类别，都面临着削减关税的命运。现有的数据表明，到2010年1月1日，对上述6种能源产品完全取消进口关税的有中国、文莱和泰国，马来西亚和柬埔寨则不受约束，其他的东盟成员国虽然也征收进口关税，但基本上属于象征性质，其中越南对上述6种能源产品分别只征收5%、5%、10%、1%、5%、1%的从价税，已属较高水平。①

（二）非关税措施的约束不够完善

所有的非关税措施几乎都能够被用于限制能源产品的进口，如反倾销措施、反补贴措施、② 保障措施、进口许可证程序、技术标准、海关估价等。与关税措施相比，非关税措施手续灵活、行动迅速，具有较强的隐蔽性和欺骗性，且无有效国际监控，被越来越多的国家采用。虽然中国和东盟成员国目前无须限制能源产品的进口，但不排除将来出于政治目的使用非关税措施限制能源产品进口的可能性，因此对其仍有调整的必要。

非关税措施虽然已被CAFTA框架协议和CAFTA货物贸易协议提及，不过除数量限制、贸易技术壁垒、保障措施、原产地规则、

① 参见《中国与东盟全面经济合作框架协议贸易协议》的越南关税减让清单。

② See Sadeq Z. Bigdeli, Will the "Friends of Climate" Emerge in the WTO: The Prospects of Applying the "Fisheries Subsidies" Model to Energy Subsidies, Carbon & Climate Law Review, Issue1, 2008, pp. 78-88.

卫生与动植物检疫措施等少数几种非关税措施之外，CAFTA 框架协议和 CAFTA 货物贸易协议并未对其余的非关税措施作出明确规定。因此，只能根据遵守 WTO 纪律原则的要求，适用 WTO 协议的相关规定。

WTO 协议的附件 1 包含一系列的非关税措施协议，其中能够适用于能源产品贸易的主要是：GATT1994、《补贴与反补贴措施协议》、《贸易技术壁垒协议》、《进口许可证程序协议》、《海关估价协议》、《反倾销措施协议》、《装运前检验协议》、《原产地规则协议》、《保障措施协议》。

这些协议在规范 WTO 成员非关税措施的使用方面，发挥着重要的作用，不过它们仍然属于一般性质，其条文规定虽然涉及面广，但却并非明确无疑，也容易导致纠纷产生。并且，WTO 协议和 CAFTA 货物贸易协议所规定的众多例外条款，① 也给约束非关税措施的使用带来极大困难，使用国往往会以此为借口，来说明使用非关税措施限制能源产品进口的合理性，从而引发国际争端，以致非关税措施的使用无法真正得到有效限制。

二、出口限制缺乏有效规制

(一) 出口关税不受约束

能源资源的稀缺及分布不均导致国际社会的能源产品贸易基本上处于卖方市场状态，因此对能源产品贸易影响最大的不是买方实施的进口限制措施，而是卖方采取的出口限制行为。然而令人遗憾的是，能源产品的出口关税无论是在 WTO 协议还是 CAFTA 货物贸易协议中，基本上都未被纳入关税减让表进行约束，② 缔约方因此不用承担出口关税的减让义务，只需履行一定的通知义务即可，这就为中国和东盟成员国实施或提高出口关税创造了条件。

---

① 如 GATT 第 11、20、21 条和 CAFTA 货物贸易协议第 11~13 条规定了包括国际收支平衡例外、一般例外和安全例外在内，缔约方可采取的与 GATT 或 CAFTA 货物贸易协议相背离的 10 多种例外措施。

② 虽然 WTO 未将约束出口关税作为 WTO 成员的普遍义务，但少数国家在加入 WTO 的过程中做出了额外承诺。如中国就在其《加入 WTO 的议定书》中，以附件 6 的形式，对实行出口关税的 84 个税号的产品及约束关税的最高税率作了规定。

中国和部分东盟成员国目前对能源产品的出口征收关税。如中国对原煤(HS27011210)、原油(HS27090000)分别征收10%和5%的出口税,① 越南对原煤(HS27011210)、焦炭(HS27040010)、原油(HS27090000)分别征收10%、10%、20%的出口税,② 马来西亚对原油(HS27090000)征收10%的出口税,③ 其他东盟成员国也可以随时开征能源出口税。④

(二)原则上禁止出口限制

WTO协议和CAFTA货物贸易协议对贸易壁垒的规定多着眼于货物进口，如进口许可证程序、反倾销措施、反补贴措施等，无一不是针对货物的进口限制而制定的，这给国际社会造成了货物出口限制行为不受约束的假象。但事实上，能源产品的出口限制仍为贸易自由化原则所禁止。

GATT第11条和CAFTA货物贸易协议第8条是贸易自由化原

① 中国曾于2008年8月对包括焦炭(HS27040010)在内的资源产品征收出口关税并实施出口配额管制，此举引发了美国、欧盟、墨西哥的反对，美国、欧盟、墨西哥同时于2009年11月4日向WTO提出申诉，2012年1月30日，上诉机构发布裁决报告，裁定中国案件所涉的9种原材料产品采取的出口限制措施违反了WTO的规定。为了履行WTO的最终裁决，中国于2013年消了对包括焦炭(HS27040010)在内的9种涉案原材料产品征收出口关税的做法。See WTO Panel Report, China—Measures Related to the Exportation of Various Raw Materials, WT/DS394/R, WT/DS395/R, WT/DS398/R；另参见中国国务院关税税则委员会:《2013年关税实施方案》。

② See Ministry of Finance of Vietnam, Decision Amending Export Duty Rates Applicable to a Number of Lines of Goods in the Export Tariff List (No. 35-2008-QD-BTC); Ministry of Finance of Vietnam, Circular Amending Export Tax Rates for Coal of the Heading 27. 01 in Export Tariff (No. 169/2012/TT-BTC); also see Ministry of Finance of Vietnam, Circular Guiding Export duty rates Applicable to a number of lines of goods On the export tariff list(No. 25/2009/TT-BTC).

③ See World Trade Organization, Trade Policy Review Report by the Secretariat: Malaysia, WT/TPR/S/225.

④ See World Trade Organization, Trade Policy Review, available at http://www.wto.org/english/tratop_e/tpr_e/tp_rep_e.htm#bycountry, last visited on April 1, 2013.

则关于限制非关税措施的规定。GATT 第 11 条第 1 款规定：无论是采用配额、进出口许可证还是其他的形式，任何缔约方不得在以下方面设立或维持任何禁止或限制，但关税、国内税或其他费用以外的禁止或限制除外：(1)对任何其他缔约方领土产品的进口；(2)向任何其他缔约方领土出口或销售供出口的产品。① 可见，GATT 不仅禁止进口限制，也禁止出口限制，按照其要求，WTO 成员对能源产品的出口，除了征收关税、国内税或其他费用之外，不得设立或维持关于出口的数量限制、配额、许可证、最低价格等非关税措施。

CAFTA 货物贸易协议第 8 条规定：1. 任何时候各缔约方都不应保留任何数量限制措施，除非得到 WTO 规则的许可……2. 本协议生效后各缔约方应尽快列明除数量限制之外的非关税壁垒以逐步取消……②可见，CAFTA 同样禁止其缔约方对货物出口采取非关税限制措施，当然也包括禁止对能源产品的出口进行非关税措施限制。

(三)例外条款为限制出口提供便利

虽然原则上 WTO 和 CAFTA 均禁止对能源产品的出口施加非关税措施限制，但 GATT 和 CAFTA 货物贸易协议同时又规定了允许缔约方对能源产品实施出口限制措施的 5 种例外情况及其实施条件：(1)为防止或缓解粮食等必需品的严重短缺而临时实施的措施(GATT 第 11 条第 2 款)；(2)为保护可用尽的自然资源而与国内生产或消费一同实施限制的措施(GATT 第 20 条第 7 款、CAFTA 货物贸易协议第 12 条第 7 项)；(3)在作为政府稳定计划的一部分、将国内原料价格压至低于国际价格水平的时期内，为保障国内加工产业的必需数量而采取、不偏离非歧视原则、非用于增加该国内产业出口或对其保护水平的措施(GATT 第 20 条第 9 款、CAFTA 货物贸易协议第 12 条第 7 项)；(4)为了在普遍或局部供应短缺的情况下分配产品而采取的措施(GATT 第 20 条第 10 款、CAFTA 货物贸易

---

① 参见 GATT 第 11 条第 1 款。

② 参见《中国与东盟全面经济合作框架协议货物贸易协议》第 8 条。

协议第 12 条第 10 项）；（5）为了保护国家安全而采取的措施（GATT 第 21 条、CAFTA 货物贸易协议第 13 条）。

上述例外条款为缔约方限制能源产品的出口提供了极大便利，缔约方往往会以各种借口为理由，对能源产品的出口采取诸如许可证、配额、最低价格等非关税限制措施，当然同时也会想方设法地满足例外条款所规定的实施条件。

中国和部分东盟成员国即采用非关税措施对能源产品的出口进行限制，理由无一例外都是保护环境、保护可用竭的自然资源。如印度尼西亚 2014 年之前对煤炭采用出口配额制，但 2014 年将煤炭的出口配额制转变为生产配额制；① 越南除征收出口关税之外，还对煤炭实施出口数量限制；② 泰国则采用外汇管理的方式限制能源产品出口；菲律宾虽然不对能源产品的出口进行限制，但菲律宾总统在国民经济与开发局的建议下可随时对能源产品的出口课征关税或实行配额管理。③ 其他东盟成员国也可基于随时国家的需要，以保护环境和可用竭的自然资源为理由，对能源产品实施出口限制。同样，中国对能源产品的出口也施加了一定的非关税限制，主要是出口配额管制。④

---

① See "Export Ban Out, Production Quota In", available at https://hdradvisoryservices.com/export-ban-out-production-quota-in/, last visited on September 10, 2015; "Indonesia Drops Plan to Lift Coal Prices by Restricting Exports", available at http://jakartaglobe.beritasatu.com/archive/indonesia-drops-plan-to-lift-coal-prices-by-restricting-exports/, last visited on September 10, 2015.

② See "Vietnam to cut coal exports from 2012 as domestic demand rises: report", available at http://www.chinamining.org/News/2011-12-26/1324863053d52774.html, last visited on September 10, 2015.

③ See World Trade Organization, Trade Policy Review, available at http://www.wto.org/english/tratop_e/tpr_e/tp_rep_e.htm#bycountry, last visited on September 10, 2015.

④ 参见黄志雄：《从"市场准入"到"资源获取"——由"中国原材料出口限制措施案"引发的思考》，载《法商研究》2010 年第 3 期，第 35~44 页。

三、近期中国在 WTO 的涉讼案件及其启示

一直以来，中国对能源、自然资源类的产品均进行着适当的出口管制，具体的管制措施包括出口关税、出口配额、出口许可证等。1993 年，中国对煤炭、焦炭、原油、成品油等能源产品开始实行出口配额许可证管理。① 此后，为了更好地调整产业结构及保护环境以实现不可再生资源的可持续利用，中国陆续修订和制定了《对外贸易法》、《海关法》、《进出口货物管理条例》、《进出口关税条例》、《货物出口许可证管理办法》、《出口商品配额管理办法》、《出口商品配额招标办法》、《煤炭出口配额管理办法》、《焦炭出口管理暂行办法》等法律、法规、规章，对部分原材料产品加大了出口管制的力度。②

2001 年 12 月中国加入 WTO，同时向其通报了 84 种中国征收出口关税的产品名单和最高出口税率，以及实行国营贸易管制的产品名单，但是征收出口关税的产品名单并不包括任何能源产品，③ 并且受到国营贸易管制的能源产品只有下列三种：煤炭(出口)、原油(进出口)、成品油(进出口)。④ 2004 年中国与欧盟的焦炭出口配额案、2009 年中国与美国、欧盟、墨西哥的原材料出口限制措施案，以及 2012 年中国与美国、欧盟、日本的稀土出口措施案，对中国包括能源产品在内的原材料出口管理制度提出了严峻挑战。

(一)焦炭出口配额案

中欧焦炭出口配额案的起因是中国于 2004 年对焦炭及相关产

---

① 参见中国对外经济贸易部：《出口商品管理暂行办法》(1992 年 12 月 29 日)、《关于印发〈1999 年出口许可证管理商品分级发证目录〉及有关问题的通知》(外经贸管发[1998]975)、《关于印发〈2000 年出口许可证管理商品目录〉及有关问题的通知》(外经贸管发[1999]696)。

② 参见谭民、邱寅莹：《中国—东盟能源贸易合作国际法问题探讨》，载《昆明理工大学学报(社会科学版)》2013 年第 5 期，第 25 页。

③ See World Trade Organization, Protocol on the Accession of the People's Republic of China, Annex 6.

④ See World Trade Organization, Protocol on the Accession of the People's Republic of China, Annex 2A1, 2A2.

品的出口实施管制，导致国际焦炭价格上涨，引发欧盟国家炼钢成本大增，继而影响相关行业的利益。

2004年之前，中国对焦炭的出口实行配额许可证管理制度并有出口退税的政策，许可证每年分两期发放，1月份发上半年的，全年总量的70%，7月份发下半年的，约为全年总量的30%，出口退税率2003年为15%。

但从2004年开始，中国以"焦炭属于不可再生资源，出于保护环境的需要，对其生产进行限制"为由，对焦炭的出口实施严格控制。2004年1月，中国将焦炭的出口退税率由15%降为5%，① 并只发出233万吨的出口许可配额，同时还将焦炭列为边境小额贸易重点管理的出口商品，须持出口许可证才能放行。② 2004年3月，中国将焦炭的出口配额从2003年的1200万吨削减到900万吨，③ 并将焦炭的出口退税率从15%下调至0%，④ 许可证的延迟发放引发了国际市场的恐慌和抢购，短时间内即使得焦炭的国际价格上涨了20%。

由于欧盟的钢铁企业严重依赖中国焦炭，从中国进口的焦炭约占其进口总量的30%，它们的生产成本压力陡然大增。为此，欧盟于2004年3月31日和5月9日两次致函中国，称中国的焦炭出口许可证制度违背了中国加入WTO时的承诺，如不解除焦炭出口限制，将把争端提交WTO解决。

---

① 参见中国财政部、国家税务总局：《关于调整出口货物退税率的通知》财税[2003]第222号。

② 参见中国商务部、海关总署公告：《2004年出口许可证管理商品目录》(2003年第64号)。

③ 参见中国国家经济贸易委员会：《2003年重要工业品出口配额总量、分配依据和申请程序》(公告[2002]77)；另参见《欧盟为何热衷抢购我国焦炭》，载《中国矿业报》2004年6月3日，第1版。

④ 参见中国财政部、国家税务总局：《关于停止焦炭和炼焦煤出口退税的紧急通知》(财税明电[2004]3号)；另参见中国发展与改革委员会、财政部、商务部、国土资源部、工商总局、税务总局、环保总局、银监会、电监会：《关于清理规范焦炭行业的若干意见》(2004年5月27日)。

2004年5月24日，中国对欧盟进行强硬回应，停止焦炭及半焦炭、炼焦煤的增值税出口退税，使争端进一步加剧。2004年5月26日，欧盟要求中国必须于5月28日前取消焦炭的出口限制，否则将向WTO提起诉讼。

权衡利弊之后，中国和欧盟于2004年5月28日达成妥协，中国保证2004年对欧盟的焦炭出口量将不低于2003年的450万吨出口量，同时中国和欧盟还就焦炭的出口许可证发放问题达成了一致。

(二)原材料出口限制措施案①

2006年11月，中国对煤炭、焦炭、原油等4种能源产品实施5%的出口暂定税率；②2007年5月和2008年1月，中国分别将焦炭的出口税率提高到15%和25%；③2008年8月20日，中国将原煤和焦炭的出口关税分别进一步提升至10%和40%。④

中国对上述能源资源类产品的出口限制措施遭到了美国、欧盟、墨西哥等国家和国际组织的反对。美国、欧盟、墨西哥认为对中国包括焦炭在内的9种可耗竭的原材料产品，所采取的出口配额、出口关税、出口许可证等出口限制措施，违反了中国在加入WTO时所作的承诺，使他国企业在生产和出口钢材、铝材、其他化学制品方面处于不利的竞争地位，并分别于2009年6月23日、

① See WTO Panel Report, China—Measures Related to the Exportation of Various Raw Materials, WT/DS394/R, WT/DS395/R, WT/DS398/R, 5 July 2011; also see WTO Appellate Body Report, China—Measures Related to the Exportation of Various Raw Materials, WT/DS394/AB/R, WT/DS395/AB/R, WT/DS398/AB/R, 30 January 2012.

② 参见中国国务院关税税则委员会：《关于调整部分商品进出口暂定税率的通知》(税委会[2006]30)。

③ 参见中国海关总署：《关于对部分商品进出口暂定税率进行调整的通知》(公告[2007]22)；中华人民共和国国务院关税税则委员会：《关于2008年关税实施方案的通知》(税委会[2007]25)。

④ 参见中国国务院关税税则委员会：《关于调整铝合金焦炭和煤炭出口关税的通知》(税委会[2008]25)；中国国务院关税税则委员会：《关于2009年关税实施方案的通知》(税委会[2008]40)。

7月2日、8月21日向中国提出磋商请求。

因分歧过大而磋商无果，2009年11月4日美国、欧盟、墨西哥分别向WTO申请成立专家组。WTO于2009年12月21日决定设立专家组，由于3个案件（DS394、DS395、DS398）性质相同而且被诉方都是中国，因此专家组决定将其合并审理，巴西、加拿大、欧盟、印度、日本、韩国、挪威、中国台北等13个WTO成员作为第三方参与了上述案件。①

专家组于2011年2月18日提交了中期报告，于2011年4月18日向涉案方提交了最终报告，2011年7月5日，专家组向各成员方散发最终报告。在最终报告中，专家组分别从案件的审查范围、出口关税的要求、出口配额及其管理和分配、出口许可证的要求、最低出口价格的要求、中国的抗辩理由等6个方面，对合并审理的3个案件作出统一裁决，裁定中国对9种涉案原材料产品实施的出口限制措施不符合WTO的规定。②

2011年8月31日，中国向WTO的上诉机构提出上诉请求，要求上诉机构推翻专家组报告的部分内容。上诉机构于2012年1月30日发布了裁决报告，驳回了中国基于环境保护或供应短缺等理由就专家组裁定提出的上诉请求，并最终裁定中国对9种涉案原材料产品实施的出口限制措施违反了WTO的规定。③

为了履行WTO上诉机构的最终裁决，中国于2013年放弃了对

① See WTO Panel Report, China—Measures Related to the Exportation of Various Raw Materials, WT/DS394/R, WT/DS395/R, WT/DS398/R, 5 July 2011; WTO Appellate Body Report, China—Measures Related to the Exportation of Various Raw Materials, WT/DS394/AB/R, WT/DS395/AB/R, WT/DS398/AB/R, 30 January 2012.

② See WTO Panel Report, China—Measures Related to the Exportation of Various Raw Materials, WT/DS394/R, WT/DS395/R, WT/DS398/R, 5 July 2011.

③ See WTO Appellate Body Report, China — Measures Related to the Exportation of Various Raw Materials, WT/DS394/AB/R, WT/DS395/AB/R, WT/DS398/AB/R, 30 January 2012.

9种涉案原材料产品征收出口关税的做法,① 并将焦炭的出口管理方式由出口配额许可证管理模式改为一般的出口许可证管理模式。②

(三)稀土出口措施案

从1998年开始，中国政府对稀土产品的出口实施配额许可证制度。2007年，中国取消了稀土初级产品的增值税退税政策，但对稀土高附加值产品，如永磁体、荧光粉等，仍然保留了这一项政策。2008年中国对稀土资源实施更加严格的控制，采取的手段包括：对轻稀土和重稀土分别征收15%和25%资源税、将41种稀土产品列入禁止贸易的名单。这一系列政策产生的后果是：外国的稀土加工企业比中国企业多支付31%的原材料成本(包括运输和库存成本)。

2010年9月，中国将稀土列入兼并重组的重点行业名单。2011年中国减少了稀土的出口配额。中国对国内稀土资源的这一系列调控措施，再次引起了以美国、欧盟、日本为代表的国家或国际组织的不满和指责。而与此同时，WTO上诉机构于2012年1月30日就中国原材料出口限制案发布的裁决报告，基本上宣告了中国的败诉。在上述因素的共同作用下，美国、欧盟、日本将中国稀土出口限制问题付诸WTO争端解决机制，意图复制“原材料出口限制措施案”的效果。

2012年3月13日，美国就中国对稀土、钨、钼等采取的出口限制措施向中国提出磋商请求。2012年3月22日，欧盟、日本要求加入磋商，3月26日，加拿大要求加入磋商。由于磋商失败，美国、欧盟、日本于6月27日分别提请WTO成立专家组，以调查中国对稀土、钨、钼等原材料的出口限制措施是否符合WTO的规

① 参见中国国务院关税税则委员会：《关于2013年关税实施方案的通知》(税委会[2012]22)。

② 参见中国商务部、海关总署：《2013年出口许可证管理货物目录》(公告[2012]97)；中国商务部：《2013年农产品和工业品出口配额总量》(公告[2012]74)。

定，WTO于2012年7月23日决定设立专家组，由于3个案件(DS431、DS432、DS433)的性质相同而且被诉方都是中国，因此专家组决定将其合并审理，2012年9月24日专家组正式成立。加拿大、欧盟、印度、日本、韩国、挪威、中国台北、越南、澳大利亚、俄罗斯、印度尼西亚等WTO成员方保留第三方权利。① 2013年10月25日，WTO发出暂定判断通知，基本认可了美国、欧盟、日本的主张，认定中国违反了加入WTO时的承诺。② 2014年3月26日，专家组向各成员方散发最终报告，裁定中方对涉案产品实施的出口限制措施违反了WTO的规定。③ 2014年4月17日，中国向WTO争端解决机构提出上诉。上诉机构于2014年8月7日发布了裁决报告，驳回了中国基于环境保护或供应短缺等理由就专家组报告提出的上诉请求，并最终裁定中国对稀土、钨、钼等涉案产品实施的出口限制措施违反了WTO的规定。④ 为应对WTO裁决可能给市场造成的影响，中国从2013年底宣布主要由包钢集团、厦门钨业、中国五矿、中铝公司、广晟有色、赣州稀土集团等6家企业整合全国稀土资源，并表示今后将会进一步调整包括生产配额、指令性计划、新增采矿证等在内的稀土行业相关政策。

(四)上述案件的启示

上述三起案件，均由中国的出口限制措施引起。其中，"焦炭

---

① See World Trade Organization, China — Measures Related to the Exportation of Rare Earths, Tungsten and Molybdenum, available at http://www.wto.org/english/tratop_e/dispu_e/cases_e/ds431_e.htm, last visited on September 10, 2015.

② 参见日本时事通信社：《日米欧、中国に勝訴=レアアース輸出規制紛争—WTO》，http://www.jiji.com/jc/zc?k=201310/2013102500140&g=eco，2013年10月25日访问。

③ See WTO Panel Report, China — Measures Related to the Exportation of Rare Earths, Tungsten, and Molybdenum, WT/DS431/R, WT/DS432/R, WT/DS433/R, 26 March 2014.

④ See WTO Appellate Body Report, China — Measures Related to the Exportation of Rare Earths, Tungsten, and Molybdenum, WT/DS431/AB/R, WT/DS432/AB/R, WT/DS433/AB/R, 7 August 2014.

出口配额案”在磋商阶段即得到解决，未进入诉讼程序；“原材料出口限制措施案”经过专家组和上诉机构的审理，已经结案；“稀土出口措施案”已进入专家组程序，专家组报告将于 2013 年 11 月中旬发布。① 无论是 WTO 专家组和上诉机构的裁决报告，还是国内外学者对这三起案件的分析，均表达了如下观点：

1. 各国均享有对外贸易管理权

对外贸易管理权是指一国通过经济、法律、行政等手段对该国的进出口贸易实施许可、禁止、限制、鼓励、监督等一系列活动的权利。② 通常认为，基于国家经济主权原则和属地管辖理论，各国对发生于本国管辖范围内的涉外经济活动享有专属的管辖权，不过这种管辖权也并非绝对，它还要受到普遍国际法或特殊国际法的制约。③ 一国如在国际贸易领域缔结了国际条约，那么它就要受到该国际条约相关义务的约束，其对外贸易的管理权就会受到一定限制，这是“条约必须遵守”原则所带来的直接效果。

包括 WTO 在内的各类国际组织均认可并尊重国家的对外贸易管理权，只不过希望该权利不被滥用，从而成为国际贸易自由化的阻碍，因此制定出各种规则对国家的贸易管理行为进行约束。④ WTO 专家组和上诉机构在“原材料出口限制措施案”中便肯定了中国对进出口贸易的管理权。

在“原材料出口限制措施案”中，起诉方对中国的原材料、资源类产品的对外贸易管理权提出了挑战，意图否定中国对原材料、资源类产品的出口管理模式，但是并没有获得专家组和上诉机构的支持。专家组和上诉机构肯定了中国有权为保护环境和可用尽的自

① 参见日本时事通信社：《日米欧、中国に勝訴＝レアアース輸出規制紛争—WTO》，http：//www.jiji.com/jc/ zc？ k = 201310/2013102500140&g = eco，2013 年 10 月 25 日访问。

② 参见谭民、邱寅莹：《中国—东盟能源贸易合作国际法问题探讨》，载《昆明理工大学学报（社会科学版）》2013 年第 5 期，第 25 页。

③ 参见杨泽伟：《主权论》，北京大学出版社 2006 年版，第 33~68 页。

④ 参见谭民、邱寅莹：《中国—东盟能源贸易合作国际法问题探讨》，载《昆明理工大学学报（社会科学版）》2013 年第 5 期，第 25~26 页。

然资源的目的而对涉案产品进行进出口管制，只是在具体案件中考查中国对特定产品采取的出口管制措施是否产生贸易扭曲的负面效果。而且，中国为涉案的耐火粘土和萤石设计的综合管理措施，还得到了专家组和上诉机构的明确认可。①

2. 通常只能使用关税措施进行出口限制

关税措施具有较高的透明度，便于外界知晓一国的贸易保护程度。尽量使用关税而不是非关税措施进行贸易、产业等保护，已成为国际社会当前的共识。WTO 制定的规则原则上也要求其成员只能使用关税对出口进行限制。

GATT 第 11 条第 1 款规定：无论是采用配额、进出口许可证还是其他的形式，任何缔约方不得在以下方面设立或维持任何禁止或限制，但关税、国内税或其他费用以外的禁止或限制除外：(1)对任何其他缔约方领土产品的进口，(2)向任何其他缔约方领土出口或销售供出口的产品。② 显而易见，WTO 原则上只允许其成员使用的进出口限制措施仅限于“关税、国内税或其他费用”，其中就出口限制措施而言，主要是指出口关税。

但是由于立法时可能欠缺充分考虑，或者彼时出口限制问题尚未凸显，WTO 在成立时并未要求其成员就产品的出口关税承担任何约束性义务。虽然后来有部分成员在加入 WTO 时，除了承担 WTO 协议本身规定的义务之外，还承担了约束出口关税的额外义务，但是总体而言，大多数 WTO 成员在产品的出口关税方面是行动自由的。③

中国是少数需要对出口关税承担约束性义务的 WTO 成员之一。在加入 WTO 的主要法律文件——《中国加入议定书》(简称《议定书》)中，中国就产品的出口关税向 WTO 及其全体成员作出了承

① 参见谭民、邱寅莹：《中国—东盟能源贸易合作国际法问题探讨》，载《昆明理工大学学报(社会科学版)》2013 年第 5 期，第 26 页。

② 参见 GATT 第 11 条第 1 款。

③ 参见谭民、邱寅莹：《中国—东盟能源贸易合作国际法问题探讨》，载《昆明理工大学学报(社会科学版)》2013 年第 5 期，第 26 页。

诺。《议定书》第11条第3款指出：中国应当取消适用于出口产品的全部税费，但本议定书附件6有明确规定或者按照GATT第8条规定征收国内税的除外。① 附件6是中国“实行出口税的产品”名单，总共规定了84种中国实行出口税的产品名称及出口税率，附件6同时明确规定：中国确认附件6的关税水平为不得超过的最高水平；中国进一步确认不提高现行的实施税率，除非出现例外情况，如出现例外情况，中国将在提高实施税率前与受影响成员方进行磋商，以期找到各方均可接受的解决方法。②

“原材料出口限制措施案”即涉及出口关税问题。根据中国《2009年关税实施方案》的规定，中国对焦炭、黄磷、铝土、氟石、镁、锰、锌、金属硅等8种原材料产品分别征收40%、70%、15%、15%、10%、15%~20%、25%~35%、15%的出口关税。除去锌、黄磷、锰、金属硅等4种产品可依据《议定书》征收出口关税之外，对焦炭、铝土、氟石、镁等4种产品征收出口关税的行为明显违反了《议定书》的规定，超出了附件6规定的征税产品范围，而且对黄磷和锌的关税征收幅度也超过了附件6规定的上限。

3. 基于保护环境等理由实施非关税出口限制时，必须证明对国内生产或消费施加了相同限制

在“原材料出口限制措施案”中，中国援引GATT第20条为对9种原材料产品实施出口限制的行为进行抗辩。GATT第20条是WTO货物多边贸易规则的“一般例外”条款，规定了WTO成员可以在货物贸易领域背离WTO协议所规定的条约义务的10种例外情况，但是这10种例外情况下的背离措施(进口限制或出口限制)必须在非歧视的基础上实施，即实施这10种例外情况下的背离措施，必须以“不在情形相同的国家之间构成任意或不合理的歧视或对国际贸易的变相限制”为前提。根据GATT第20条(b)和(g)款的规定，可在例外情况下采取的背离措施包括：为了保护“人类或动植物的生命或健康所必需”或“可用尽的自然资源而与限制国内生产

① 参见《中国加入世界贸易组织议定书》第11条。

② 参见《中国加入世界贸易组织议定书》附件6。

或消费一同实施”的措施。

在“原材料出口限制措施案”中，中国以 GATT 第 20 条(g)款作为主要的抗辩理由，但是并没有获得专家组和上诉机构的支持。而根据通常的理解，要成功援引 GATT 第 20 条(g)款，必须证明以下 4 点：(1)受到出口限制的产品属于可用尽的自然资源；(2)出口限制措施与可用尽自然资源的保护有关；(3)对受到出口限制产品的国内生产或消费同时也施加了限制；(4)不在情形相同的国家之间造成任意或不合理的歧视。其中关键是要证明第(3)点——“对受到出口限制产品的国内生产或消费同时也施加了限制”。但中国向专家组和上诉机构提交的证据，未能证明中国对涉案产品的国内生产或消费施加了同样的限制。①

2011 年 7 月 5 日，“原材料出口限制措施案”的专家组散发的最终报告，裁定中国对 9 种涉案原材料产品实施的出口限制措施不符合 WTO 的规定。2012 年 1 月 30 日，上诉机构公布的最终裁决报告，也基本上支持了专家组的意见，裁定中国对 9 种涉案原材料产品实施的出口限制措施与 WTO 协议和中国加入 WTO 时所做的承诺不符。

由于“稀土出口措施案”同样涉及原材料产品的出口限制措施问题，因此“原材料出口限制措施案”上诉机构作出的裁决对其具有很大借鉴意义。虽然 WTO 的争端解决机制不实行“遵循先例”的原则，但是在争端解决实践中，专家组或上诉机构作出的裁决对今后同类案件的审理具有重要的指导意义。“原材料出口限制措施案”的专家组和上诉机构作出的裁决对“稀土出口措施案”的影响是十分明显的。

第四节 国有能源企业的垄断专营

一、国有能源企业对国际能源贸易的影响

国有能源企业(State-owned Energy Enterprise)通常是指在能源

① 参见谭民、邱寅莹：《中国—东盟能源贸易合作国际法问题探讨》，载《昆明理工大学学报(社会科学版)》2013 年第 5 期，第 26 页。

领域，由一国政府全资所有或虽未全资所有但享有控制权的企业。国有能源企业的企业资本归国家所有或受国家控制，以石油、天然气、煤炭、水力等能源资源的勘探开发、加工生产、运输存储、销售分配等为生产经营的主要内容。

从理论上看，国有能源企业的存在是国家为了弥补能源市场的理性缺陷，直接将国家资本投入能源市场从事经营活动的反映。作为国有企业这种由来已久的经济形态和法律现象的种类之一，国有能源企业是在经济发展日益社会化的情况下各国的一种普遍现象，而非意识形态的产物。①

国有能源企业广泛存在于能源生产国和能源出口国(尤其是发展中国家)，对全球能源市场具有重要影响，如被誉为“新石油七姐妹”的沙特阿拉伯国家石油公司(Aramco)、俄罗斯天然气工业股份公司(Gazprom)、中国石油天然气集团公司(CNPC)、伊朗国家石油公司(NIOC)、委内瑞拉国家石油公司(PDVSA)、巴西国家石油公司(Petrobras)和马来西亚国家石油公司(Petronas)，均是能源生产或出口大国的国有能源企业，其所属国也均为发展中国家，它们目前控制着全球1/3的石油和天然气产量以及剩余的可采储量。

(一)能源产品的专有经营权

设立国有能源企业是国家干预能源市场的有效手段，政府通过对国有垄断企业的经营活动施加实质性的影响来实现其政策目标，包括管理能源市场以及控制进口与出口的水平，从而确保对于能源市场的掌控。政府通常是通过授予国有能源企业能源贸易方面的特许经营权的方式，来实现对能源市场的控制。

能源进口国强调能源的供应安全，政府为保证能源产品的持续有效供应，避免消费者受到市场波动与高昂价格的影响，出资设立财力雄厚的国有能源企业，并授予国有能源企业能源产品的进口特许经营权，以此实现对能源贸易的强有力控制，不任其单纯由市场力量支配。

① 参见李正、刘钦：《国有能源企业经济性质分析》，载《南方论刊》2007年第6期，第15~16页。

能源出口国强调能源的需求安全，政府为保证本国的能源资源获得稳定的消费市场，避免本国的政治、经济利益受到损害，也会成立大型的国有能源企业，通过授予其能源产品的出口特许经营权，实现对能源贸易的强有力干预。

（二）能源运输网络的专有通行权

能源运输是能源产品从生产过程向消费过程转移的一个的必经环节。能源贸易严重依赖传输网络，2009 年初爆发于俄罗斯与乌克兰之间的天然气价格和运输费用争端，便向世人展示了能源传输网络之于能源安全的重要影响。①

国有能源企业往往控制着所在国的能源运输网络通行权，它可通过操控其辖下的传输网络，来实现其所属国政府的贸易政策。当外国的卖家意图直接在国内销售能源产品，或者第三国的能源产品需由国内运输渠道通行过境时，国有能源企业可以利用其特权，通过控制运输路线、运输工具、运输费用等手段来排挤竞争对手和实现本国的政治与经济目的。

（三）事实上的进出口限制

国有能源企业利用其垄断地位，控制能源产品的进出口贸易水平和方向，以及能源运输网络的路线、工具、通行费用等，会导致不公平的贸易结果，给贸易自由化带来损害，成为事实上的进出口限制措施。

---

① 欧洲是俄罗斯天然气出口的主要市场，欧洲每年进口的天然气中，40%依靠俄罗斯供应。而乌克兰则因其独特的地理位置和成熟的运输网络，是俄罗斯向欧洲输气的主要过境国。每年经由乌克兰输往欧洲的天然气，约占俄罗斯向欧洲出口天然气总量的 80%。2008 年 12 月，俄乌两国就天然气价格和过境费用产生争端。2009 年 1 月 1 日，俄罗斯完全中断了对乌克兰的天然气供应。此后俄罗斯又以乌克兰无法足量保障天然气输往欧洲为由，中断了经乌克兰输向欧洲的供气，至少 17 个欧洲国家的天然气供应因此受到影响。经过欧盟紧急斡旋，乌俄欧三方最终达成妥协。1 月 18 日，俄乌就 2009 年天然气供应价格和过境输气费率问题达成一致意见。1 月 19 日，俄乌签署 2009 年至 2019 年天然气购销合同。1 月 20 日，俄罗斯恢复向乌克兰境内输送天然气。

例如国有能源企业在进出口贸易过程中对能源产品进出口数量的控制，实际上可构成对该能源产品的数量限制，从而违背 WTO 关于禁止进出口限制的规定。又如国有能源企业使用“进口加价”(Import Mark-up)①手段对待其进口的能源产品，当“进口加价”的幅度超过一国承诺的“约束关税”的水平时，便会抵消原先达成的关税减让效果，实际上相当于增加了进口关税。② 再如国有能源企业统一对进入其传输渠道的能源产品收取高于关税减让水平的运输费用，既会形成事实上的进口限制，也使原先达成的关税减让成果形同虚设。

(四)违反非歧视原则

国有能源企业还容易违反自由贸易所崇尚的非歧视原则，对不同的贸易主体武断地实施区别对待，从而扰乱市场秩序。非歧视原则包括国民待遇和最惠国待遇两个方面，前者要求缔约方在国内税费、国内法规等方面，给予来自缔约他方的能源产品、能源服务及其提供者(若开放相关能源服务部门)不低于本国能源产品和能源服务及其提供者享有的待遇；后者要求缔约方在进出口税费、国内税费、国内法规、程序和方式等方面，给予来自或运往缔约他方的能源产品或来自缔约他方的能源服务及其提供者(若开放相关服务部门)的待遇，须立即无条件地给予第三方。

国有能源企业为了本国的政治或经济利益，有时并不以商业因素作为其企业行为的考虑依据，如明知本国或第三国的能源产品质次价高，国有能源企业仍进行大量购买，这样就会给他国的能源企业或产业造成损害。

---

① “进口加价”是指在产品正常进口价格(到岸价加上国内税、运输、赢利等费用)的基础上增加的那部分价格。

② 假设液化天然气的到岸价为每吨 1000 美元，加上 5%关税后的国内销售价为 1050 美元，若国有能源企业将进口液化天然气的国内销售价提至 1200 美元，则效果相当于对液化天然气征收了 20%的关税。

二、WTO 对国营贸易企业的规制

国营贸易企业(State Trading Enterprise)①是经国家特别许可，享有法律或政府授予的特权，在经营活动中行使该特权可大幅度影响相关产品进出口水平或方向的企业或机构。这是较为独特的一类企业，多有政府背景，普遍存在于对一国具有战略意义的领域和部门。能源领域是国营贸易企业的重灾区，这由能源行业的特点所决定：能源资源通常不可再生，并且能源产品的生产及供应事关国计民生，各国对此均极为重视，因而该行业需要政府控制。

(一)国营贸易企业的判断标准

1. 享有特权

WTO 关于国营贸易企业的规定主要是 GATT 第 17 条和《关于解释 GATT 第 17 条的谅解》。根据 GATT 第 17 条和《关于解释 GATT 第 17 条的谅解》的规定，国营贸易企业必须享有法定的或政府通过其他方式所赋予的特权。由于国营贸易企业通常与政府存在密切联系，因此往往容易获得法律或政府授予的特权或专有权，通常包括：(1)进出口权、进出口许可证的颁发权；(2)市场准入的管理权；(3)进出口补贴、市场建设补贴的获取权；(4)国内供应

① 现代意义上的国营贸易制度出现于第一次世界大战后。战后农产品价格下跌，农业受损、农民生活窘迫成为当时欧洲诸国和其他英联邦国家(澳大利亚、新西兰、南非等国)面临的严峻问题。由国家设立的一系列农产品营销局(marketing boards)应运而生，成为国营贸易企业的雏形。这些机构作为农产品市场上强有力的交易主体，致力于恢复疲软的农业经济，维持社会稳定。此后，20 世纪 30 年代资本主义社会经济大萧条使西方自由市场经济理论遭到了挑战。危机让统治者意识到国家干预的必要性，主张进行国家干预经济的凯恩斯主义得到政府的认可。国营贸易做法在各国迅速推广开来，并逐渐发展成为国家对特定产品的贸易权管制制度。国家通过法律赋予国营贸易企业经营特定商品的进出口贸易权，实质上保证了政府对这些企业贸易活动的间接控制。这个做法在实践中一旦被滥用，便成为各国推行贸易保护主义政策、阻碍国际贸易自由化的工具。参见何颖：《论 WTO 国营贸易规则与中国的入世承诺》，载《国际经济法学刊》2005 年第 3 期，第 347 页。

和需求、商品价格的稳定权；(5)产品生产标准的建立和实施权。①

2. 行使特权影响贸易结果

根据《关于解释GATT第17条的谅解》的规定，国营贸易企业利用特权所从事的行为必须能影响进出口的水平或方向。国营贸易企业行使其享有的法定或政府通过其他方式授予的特权，能够影响进出口贸易水平或流向。在市场经济条件下，商品进出口的价格和贸易流向应当由市场机制来决定，但国营贸易企业与政府利益关系较大，其行为容易被政府控制，破坏市场的决定机制。

为了防止政府直接干预国营贸易企业正常的经营活动，《关于解释GATT第17条的谅解》对"特权"一词作了进一步限定，强调特权的行使要达到"能够影响进出口的水平和方向"的程度，这正是WTO规制国营贸易企业的关键所在，因为WTO担心国营贸易企业的特权会导致贸易扭曲。②

3. 所有权归属不影响其性质

国营贸易企业所有权的归属，不影响对其性质的判断。根据《关于解释GATT第17条的谅解》的规定，国营贸易企业既可以是政府出资设立的企业，也可以是非政府主体出资设立的企业，还可以是政府设立的机构，如销售局。判断一个实体是否为国营贸易企业，关键看其是否享有专有权或特权(exclusive or special privilege)。一家企业或公司即使为私人所有，如果它从国家接受某种进出口特权，而这种特权不为本国其他的企业或公司所享有，它同样属于国营贸易企业。③

---

① See Ernest-Ulrich Petersmann, GATT Law on State Trading Enterprises: Critical Evaluation of Article XVⅡ and Proposal for Reform, in T. Cottier and P. Mavroidis, State Trading in the Twenty-first century, University of Michigan Press, 1998, pp. 72-73.

② 参见何颖：《论WTO国营贸易规则与中国的入世承诺》，载《国际经济法学刊》2005年第3期，第348页。

③ 参见曾令良：《世界贸易组织法》，武汉大学出版社1998年版，第206页。

(二)WTO 对国营贸易企业的基本要求

国营贸易企业的行为易受政府控制而成为变相的非关税壁垒，GATT 第 17 条为缔约方特别规定了非歧视、透明度和不妨碍等三项关于国营贸易企业的义务。按照 GATT 第 17 条的要求：国营贸易企业必须以“商业考虑”为唯一依据进行对外贸易，同时还应对缔约他方的企业给予充分竞争的机会；缔约方还须将其国营贸易产品、国营贸易企业的经营方式、国营贸易企业经营活动对国际贸易的影响，主动或应要求向全体缔约方公布；另外缔约方也不得妨碍其国营贸易企业按 WTO 的规则开展经营活动。

1. 非歧视

非歧视是国营贸易制度最重要的规则，但是与作为 WTO 法律制度基本原则的非歧视原则略有不同，按大多数学者的理解，并不包括国民待遇义务。

根据 GATT 1994 第 17 条第 1 款(A)项，国营贸易企业在涉及进口或出口方面的购买和销售行为，应当符合 WTO 非歧视原则的规定。而根据 GATT 1994 第 17 条第 1 款(B)项，非歧视义务应被理解为要求国营贸易企业：应当仅依照商业因素的考虑进行包括价格、质量、可获得性、适销性、运输等购销条件在内的任何进口或出口方面的购买和销售，并应当依照商业惯例对缔约他方的企业参与此类购买或销售给予充分的竞争机会。① 因此，在进行对外贸易活动时，国营贸易企业只要做到了以商业因素作为其贸易行为的唯一考虑依据，就算是符合了非歧视性义务的要求。②

值得注意的是，从某种程度上说，非歧视义务是一种“结果义务”(obligation of results)。非歧视义务是对国营贸易企业的要求，而 WTO 只能直接约束作为其成员的国家或政治实体，这样 WTO

① 参见《关税与贸易总协定》第 17 条。

② 参见李双元：《世贸组织(WTO)的法律制度：兼论中国“入世”后的应对措施》，中国方正出版社 2001 年版，第 225 页；[英]伯纳德·霍克曼、迈克尔考斯泰基：《世界贸易体制的政治经济学——从关贸总协定到世界贸易组织》，刘平等译，法律出版社 1998 年版，第 295 页。

成员就负有保证其管辖的国营贸易企业履行非歧视义务的责任，至于以何种方式促使国营贸易企业履行非歧视义务，WTO 未作明确规定，而是属于 WTO 成员的自由裁量范围。①

2. 透明度

透明度是 WTO 国营贸易制度的另一项重要规则。信息不透明是国营贸易企业的一个突出问题。国营贸易企业要么直接由政府设立，要么由民间出资设立，前者受政府的控制毋庸置疑，即便是后者，为了获取政府颁发的特别许可证进而获取垄断的商业利益，也不得不屈从于政府的权威。这样，政府就可以通过国营贸易的方式对进出口产品的价格、数量、质量、货源等进行操控，而这种操控通常以国营贸易企业内部流程的形式表现出来，往往难以被轻易发现。WTO 的大量案例表明，很多国际贸易争端就产生于这种国家贸易政策与法律的暗箱操作。为了防范政府对国营贸易企业的过度干预，WTO 规定了透明度义务：WTO 成员应当向 WTO 及其他成员通知关于国营贸易的具体措施政策和法律。

GATT 第 17 条第 4 款和《关于解释 GATT 第 17 条的谅解》针对国营贸易制度规定了各缔约方的通知义务和“反向通知”程序。根据 GATT 第 17 条第 4 款，WTO 成员应将本方国营贸易制度的下列信息通知 WTO 及全体成员：国营贸易企业和国营贸易产品目录、国营贸易企业的建立(维持)理由和目的、国营贸易企业的作用以

① 政府是否必须对国营贸易企业进行必要监管和控制使其符合非歧视义务的规定？不同的国家对这一问题有着不同看法。在 2003 年的加拿大小麦案中，美国指责加拿大政府没有采取任何的步骤或程序确保 CWB(加拿大小麦委员会)符合 GATT 第 17 条的标准，未对 CWB 进行监督和控制，对 CWB 所采取的非监管政策违反了加拿大政府要确保 CWB 达到第 17 条标准的义务。加拿大则认为第 17 条没有要求任何“步骤或程序”，也没有要求“确保”，其并不是要求成员一定要采取什么措施，没有要求成员遵守一种行为或方式的义务，而是要看最终的结果，要求成员遵守一种“结果的义务”。中国支持加拿大的观点。专家组未就这一问题作出明确裁定，但是研究专家组的部分分析语言和其他第三方的普遍观点，倾向性的结论似乎是第 17 条没有对成员履行义务的方式作出要求，可以说是一种“结果的义务”。

及对国际贸易的影响，等等。① 根据《关于解释 GATT 第 17 条的谅解》，如果 WTO 的任何成员有理由认为另一成员未充分履行国营贸易企业的通知义务，便可向相关成员提出，如果认为其要求未得到满意解决，则可向 WTO 货物贸易理事会提出反向通知申请，后者应设立工作组审议反向通知申请，同时通知相关 WTO 成员。

3. 不妨碍

由于国营贸易企业与政府之间存在特殊关系，政府有可能出于非商业性的考虑，控制国营贸易企业的经营活动从而达到非商业目的，这往往为追求贸易自由化和利润最大化的国营贸易企业所排斥。为了防止缔约方政府利用国营贸易制度违背 WTO 纪律，WTO 规定了不妨碍义务。

根据 GATT 第 17 条第 1 款(C)项，WTO 成员不得阻止其管辖范围内的国营贸易企业按照非歧视义务的要求从事经营活动，这就是“不妨碍”义务。按照该义务的要求，WTO 成员政府不得阻止其管辖的国营贸易企业，以商业因素为唯一的考虑依据，进行任何进口或出口的购买和销售，并依照商业惯例对其他成员方的企业参与此类购买或销售给予充分的竞争机会。

三、中国—东盟能源贸易合作中的国营贸易问题

中国和部分东盟成员国在能源领域存在着国营贸易的现象，例如中国的原油和部分成品油的进出口便由国营贸易企业经营，越南也是如此。能源领域存在国营贸易现象，这本身并无太大问题，只要国营贸易企业的所属国按要求履行了透明度等义务即可，但是当前中国和东盟成员国的透明度义务履行状况并不尽如人意。

具体而言，在上述存在或可能存在国营贸易现象的国家中，只有中国、越南、老挝对实行国营贸易的产品和企业作了较为

① See World Trade Organization, Technical Information on State Trading Enterprises, avaiable at http://www.wto.org/english/tratop_e/statra_e/statra_info_e.htm, last visited on September 10, 2015.

详尽的通知。① 其他的东盟成员国要么未作任何通知，如文莱、缅甸；② 要么通知其能源领域不存在任何国营贸易企业和国营贸易产品，如柬埔寨、菲律宾、印度尼西亚、马来西亚、泰国。③ 新加坡则通知其国内不存在任何国营贸易企业和产品。④ 新加坡的市场机制也较为成熟，经济发展水平较高，单从人均国民收入来看，已进入发达国家行列，因此其通知的可信度较高。⑤

中国能源领域无论是进口还是出口方面均存在国营贸易企业和国营贸易产品。在能源的进口方面，原油(HS27090000)和成品油(HS27010011、27010013、27010023、27010024、27010031、27010033、27010039)的绝大多数进口经营权，由中国化工进出口总公司、中国国际石油化工联合总公司、中国联合石油有限责任公司、珠海振戎公司等4家国营贸易企业享有。⑥

在能源的出口方面，煤炭(HS27011100、27011210、27011290、27021000)的全部出口经营权，由中国煤炭工业进出口总公司、中国五金矿产进出口总公司、山西煤炭进出口集团公司、神华集团有限责任公司等4家国营贸易企业享有；原油(27090000)、成品油(HS27010011、27010013、27010019、27010023、27010024、27010029、27010031、27010033、27010039、27010053、27010054、27010059)、天然气(HS27111100)的全部出

① See World Trade Organization, State Trading, G/STR/N/7-8/CHN, G/STR/N/9/CHN/Add. 1, G/STR/N/9/CHN/ Add. 1/Corr. 1; Accession of Viet Nam, WT/ACC/VNM/14/Rev. 1; Report of the Working Party on the Accession of Lao PDR to the World Trade Organization, WT/ACC/LAO/45.

② See World Trade Organization, Trade Policy Review Report by the Secretariat, WT/TPR/S/196, WT/TPR/S/253.

③ See World Trade Organization, State Trading, G/STR/N/4-7/PHL, G/STR/N/11-12/IDN, G/STR/N/2/MYS, G/ STR/N/12/THA.

④ See World Trade Organization, State Trading, G/STR/N/7, 8, 14/SGP.

⑤ 参见谭民、邱寅莹:《中国—东盟能源贸易合作国际法问题探讨》，载《昆明理工大学学报(社会科学版)》2013年第5期，第27页。

⑥ See World Trade Organization, Protocol on the Accession of the People's Republic of China, Annex 2A1.

口经营权，由中国化工进出口总公司、中国国际石油化工联合总公司、中国联合石油有限责任公司3家国营贸易企业享有。①

越南能源领域实行国营贸易的产品有原油（HS27090010、27090020、27090090）和成品油（HS27101111 ~ 27101118、27101121 ~ 27101125、27101129、27101911 ~ 27101915、27101919、27101921 ~ 27101928、27101931 ~ 27101933、27101939、27109100、27109900），② 国营贸易企业为越南石油天然气公司（PETROVIETNAM）、PETROLIMEX、PETEC、PETECHIM、SAIGON PETRO、PETROMEKONG、Petroleum Processing and Trading Company、MARINESUPPLY、Military Petroleum and Gas Corporation、Dong Thap Petroleum Import-Export Company、Phu Yen General Supplies Company。③

印度尼西亚、马来西亚和文莱是东盟地区传统的能源生产和出口大国，能源及相关产业对它们的国民经济贡献巨大，这3个国家经济水平有限、市场体制也不完善，存在国营贸易企业的可能性极大，但文莱未作通知，印度尼西亚和马来西亚则认为其能源领域不存在任何国营贸易产品和企业，这令人怀疑。

印度尼西亚是东盟的能源出口大国，也是OPEC的成员，其国有企业产值占其国民生产总值的40%，而且控制着石油、电力、天然气等许多重要领域，④ 很难相信这些国有企业不是国营贸易企业，但是印度尼西亚却认为该国能源领域不存在WTO意义上的国

① See World Trade Organization, Protocol on the Accession of the People's Republic of China, Annex 2A2.

② See World Trade Organization, Report of the Working Party on the Accession of Viet Nam, Annex 2, Table 8(c), WT/ACC/VNM/48, 27 October 2006.

③ See World Trade Organization, Notification on State Trading Enterprises (Revision), WT/ACC/VNM/14/Rev. 1, 6 October 2006.

④ See World Trade Organization, Trade Policy Review, WT/TPR/S/184.

营贸易企业，作为东盟另一能源出口大国的马来西亚也是如此。①

东盟大多数成员国均为发展中国家，能源领域受到国家控制的现象非常普遍，存在很多具有国营贸易企业特征的国有企业，如马来西亚国家石油公司(Petronas)、印度尼西亚国家石油公司(Pertamina)、缅甸国家石油天然气公司(Myanma Oil and Gas)、柬埔寨石化公司(Cambodian Petrochemical Company)，很难令人相信它们不是WTO所指的国营贸易企业。②

能源领域的国营贸易现象具有一定的存在合理性，短期内完全禁止并不现实，较为理性的选择似乎应当是从以下几个方面限制垄断专营权的使用：第一，限制国营贸易企业的"进口加价"行为。"进口加价"是国营贸易企业经常使用的意图抵消关税减让效果的一种手段，GATT第2条第4款对此可进行约束，该条款要求国营贸易企业的垄断水平应当仅限于关税减让表的保护水平。第二，规制国营贸易企业的经营行为。WTO在一系列案件中表明了国营贸易企业的经营行为应当受到WTO规则约束的态度，WTO认为国营贸易企业实施的进出口限制行为不能依据GATT第11条获得正当性评价。第三，积极利用"反向通知"程序。根据GATT第17条，如果WTO的任何成员有理由认为另一成员未充分履行国营贸易企业的通知义务，便可向相关成员提出，如果认为其要求未得到满意解决，则可向WTO货物贸易理事会提出反向通知申请，后者应设立工作组审议反向通知申请，同时通知相关WTO成员。③

---

① See World Trade Organization, Trade Policy Review, WT/TPR/S/225, December 14, 2009.

② 参见谭民、邱寅莹：《中国—东盟能源贸易合作国际法问题探讨》，载《昆明理工大学学报(社会科学版)》2013年第5期，第27页。

③ 参见谭民、邱寅莹：《中国—东盟能源贸易合作国际法问题探讨》，载《昆明理工大学学报(社会科学版)》2013年第5期，第27页。

第五节　能源服务的市场准入限制

一、能源服务并未单列

(一)能源服务的重要性

服务是指提供者凭借体力、智力和技能，借助一定的工具、设施和手段，在消费者参与下完成某种活动，直接满足消费者需要的过程。① 服务具有无形性、不可储存性、依赖性、管理方式特殊性等特征。② 与有形的货物不同，服务是无形的。服务的提供与消费通常同时进行，且其质量严重依赖提供者的体力、智力和技能，由于无法进行准确测量，对其监管多从准入方面着手。③

能源服务(Energy Service)是服务的一个学理上的分类，是与能源货物并列的一个概念，它通常是指能源资源的勘探开采、能源产品的生产存储、输送销售或能源基础设施的设计、建造、咨询等方面的服务。④ 将能源服务作为重要的服务部门进行讨论，主要是WTO成立以来的事情。

WTO成立之前，国际社会鲜有关于能源服务的规定，即便是WTO本身，也未对能源服务进行专门规定，仅规定了少数几个与能源直接相关的服务部门，如采矿业相关服务(CPC883)、能源分销服务(CPC887)、燃料的管道运输服务(CPC7131)等。

2001年，WTO将能源服务列入多哈回合的谈判议程，参与多哈回合谈判的WTO成员就能源服务的界定、分类、范围等问题展

---

①　参见王传丽：《国际贸易法》，中国政法大学出版社2003年版，第328页。

②　See T. P. Hill, On Goods and Services, Review of Income & Wealth, Vol. 23, No. 4, 1977, pp. 315-338.

③　See Joachim Singlemann, From Agriculature to Service: The Transformation of Industrial Employment, Stage Publications, Inc., 1978, p. 25.

④　参见李庆灵：《WTO能源服务贸易谈判之最新进展及中国的对策》，载《世界贸易组织动态与研究》2011年第3期，第39~46页。

开了广泛的讨论，先后进行了多次协商，达成了不少共识，这是WTO首次将能源服务作为特定的服务部门进行考虑，① 虽然到目前为止，尚未能达成任何有拘束力的协议，但是仍然对各成员具有强烈的示范作用。

能源服务的涵盖范围极广，从上游的勘探、开采，到中游的生产、加工、提炼、运输，再到下游的贮存、分销、营销，几乎覆盖了能源的整个产业链。② 能源服务在现代社会中也具有十分重要的作用，虽然能源产品的价格和供应量决定了社会经济发展的水平和人们日常生活的质量，但是能源服务的质量却在相当大程度上影响着能源产品的产量、品质、价格以及分配效率。③

能源资源的勘探、开采，能源产品的生产、存储、输送、销售，能源基础设施的设计、建造、咨询等，与能源服务密不可分。能源资源的勘探开采离不开先进的技术和设备，而能源资源储量丰富的国家，若能得到使用先进技术和设备的国外或国内能源服务提供商的帮助，其能源资源的勘探开采效率将大为提高。

能源产品的生产、加工、提炼、运输、存储、销售等，也受到能源服务的极大影响，若能得到使用先进技术和设备的国外或国内能源服务提供商的帮助，能源产品的的产量、质量和分配效率必能得到极大提升，与此同时，能源产品的价格也将更趋于合理。

(二)能源服务当前的法律地位

WTO和CAFTA均调整服务及服务贸易，它们不仅按一定标准对服务作了分类，同时也规定了服务的跨境交易方式。WTO的《服

---

① See Pascal Lamy, Doha Round will Benefit Energy Trade, available at http://www.wto.org/english/news_e/sppl_e/sppl80_e.htm, last visited on September 10, 2015.

② 参见唐旗:《WTO体制与能源贸易问题》，载《法学评论》2008年第4期，第96~101页。

③ See United Nations Conference on Trade and Development, Energy Services in International Trade: Development Implications, p.3; also see United Nations Conference on Trade and Development, Managing "request-offer" negotiations under the GATS: the case of energy services, p.2.

务部门分类表》(*Services Sectoral Classification List*，以下简称 SSCL)以联合国统计署制定的《核心产品分类临时目录》(*Provisional Central Product Classification*，以下简称 CPC)为依据，将服务分为 12 个大类(部门)和 160 多个小类(分部门)：(1)商业服务；(2)通信服务；(3)建筑及相关工程服务；(4)分销服务；(5)教育服务；(6)环境服务；(7)金融服务；(8)健康与社会服务；(9)旅游及相关服务；(10)娱乐、文化与体育服务；(11)交通运输服务；(12)其他服务。① CAFTA 对服务的分类与 WTO 基本相同。

作为 WTO 主要法律文件之一的 GATS 规定了 4 种服务的跨境交易方式：(1)跨境交付。它是指提供者从一缔约方境内向任何其他缔约方境内的消费者提供服务，其特点是服务发生跨境移动。(2)境外消费。它是指提供者在一缔约方境内向来自其他缔约方的消费者提供服务，其特点是消费者发生跨境移动。(3)商业存在。它是指一缔约方的提供者通过在另一缔约方境内设立商业实体(法人或非法人实体)的方式，向该另一缔约方境内的消费者提供服务，其特点是提供者发生跨境移动。(4)自然人移动。它是指一缔约方的提供者以自然人身份进入另一缔约方境内，向该另一缔约方境内的消费者提供服务，其特点是提供者发生跨境移动。GATS 规定的 4 种服务跨境交易方式被 CAFTA 服务贸易协议全盘吸收。

总体而言，WTO 与 CAFTA 并未对能源服务进行专门规定，无论是 CPC 还是 SSCL，都没有将能源服务作为单独的服务部门，而是涵盖在其他服务部门中或作为其他服务部门的分部门而存在。

根据 WTO 与 CAFTA 的规定，与能源有关的服务部门或分部门主要分布在以下几个领域(具体参见表 3-1)：CPC513、CPC522、CPC613、CPC622、CPC711、CPC713、CPC721、CPC722、CPC742、CPC867、CPC883、CPC887。

在 GATS 和 CAFTA 服务贸易协议规定的 4 种服务贸易方式中，与能源服务贸易关系较大的是跨境提供、商业存在和自然人移动。

---

① See World Trade Organization, Services Sectoral Classification List, MTN. GNS/W/120.

表 3-1 **与能源相关的服务一览表**

CPC	描述	CPC	描述
513	民用工程	711	铁路运输
5133	水利	71122	散装液/气体
5134	长输管道、通信和电力线路/电缆	713	管道运输
5135	本地管道/电缆及其附属工程	7131	石油/天然气
5136	采矿/制造业		
516	安装工程	721	海运
5163	燃气供应装配	72122	散装液/气体
51641	电气布线/安装		
522	土木工程	722	内水运输
52233	堤坝	72222	散装液/气体
52241	长输管道	742	存/仓储
52243	长输电线/缆	7422	散装液/气体
52250	市内管道/电缆及附属工程	867	建筑/工程设计和其他技术服务
52261	采矿	8671	建筑
52262	电厂	8672	工程
52263	化工及相关设施	86751	地质/球物理和其他科学勘探
613	汽车燃料零售	86752	地下勘测
632	非食品零售	883	采矿业相关服务
63297	燃料油/瓶装天然气/煤/木材	887	能源分销相关服务

跨境提供与能源管道运输关系密切。① 商业存在与各种能源服务，如能源勘探开发、生产提炼、储存分销等有关，并且往往和能源投资联系紧密。自然人移动则主要是指专业或非专业技术人员跨越国境为东道国提供技术和管理服务。对于科技水平落后的国家，自然

① 作为最适宜于油气输送的运输方式，管道运输已被广泛采用，目前全球已建成的油气输送管道累计长达 200 多万公里，并且还有大量新的管道正在建设当中，其中不少用于或准备用于油气的跨境运输。参见杨泽伟：《中国能源安全法律保障研究》，中国政法大学出版社 2009 年版，第 108 页。

人移动这种能源服务提供方式显得非常重要。

二、贸易壁垒名正言顺

服务贸易对国家安全有重大影响，为了保障本国利益，各国对服务贸易领域的开放持谨慎的态度，要么不予开放，要么予以开放但施加市场准入和国民待遇方面的限制，这种做法也受到国际社会的普遍认可。因此，各种服务贸易协议不是对此加以禁止，而是对服务消费国的限制行为进行约束。

服务贸易是在等价有偿基础上进行的服务活动，能源服务贸易即指在商业基础上进行的、与能源产品直接相关的服务的购买与销售。当服务贸易跨越国境时，便成为国际服务贸易。而能源服务贸易涵盖的范围又极广，从上游的勘探、开采、施工、建设，到中游的加工、提炼、运输、装配，再到下游的分销、贮存、营销等，几乎覆盖了整个能源产业链。①

与其他的服务贸易壁垒相比，能源服务贸易所遭遇的壁垒除了通常的市场准入与国民待遇方面的限制之外，如资格认证、股权比例、管理层国籍、土地或设施的获取、政府采购、武断和歧视性的技术法规等，还有一些特殊的限制，如过境权限制、不公平和不透明的传输费用、跨境贸易的商业存在要求、跨境融资限制、不透明、武断和歧视性的授权和招标程序规则、重要基础设施行业早先存在的垄断专营权等。②

(一)开放程度不够

从 GATS 和 CAFTA 服务贸易协议的服务承诺减让表内容来看，没有一个 CAFTA 成员国完全开放所有与能源有关的服务部门，中国和 10 个东盟成员国只是部分开放了上述与能源有关的服务部门。

---

① See United Nations Conference on Trade and Development, Energy Services in International Trade: Development Implications, TD/B/COM. 1/EM. 16/2, June 18, 2001, p. 3.

② See United Nations Conference on Trade and Development, Managing "Request-Offer" Negotiations under the GATS: the Case of Energy Services, UNCTAD/DITC/TNCD/2003/5, May 23, 2003, pp. 4-5.

其中越南和柬埔寨两国在 GATS 和 CAFTA 服务贸易协议中的开放水平一致；菲律宾在 CAFTA 服务贸易协议中的开放水平高于 GATS，而中国在 GATS 的开放水平高于 CAFTA 服务贸易协议。中国和东盟 10 国开放的具体能源服务部门参见表 3-2。

表 3-2　中国和东盟 10 国能源服务部门开放一览表

国家 / CPC	中国	文莱	柬埔寨	老挝	马来西亚	印度尼西亚	缅甸	菲律宾	新加坡	泰国	越南
513	513		513		513	513	513	5136[1]	*513**	513	513
516	516		516		516	5160		51630	*516**	516	516
522											
613			613								
632			632						*632**		632
711	7112							7112			7112
713			7131								
721	7212	7212	7212		7212	7212			7212	7212	7212
722	722										722
742	742							742		742	742
867	86751[2] 8672	8671	8671 8672	8671 8672	8671 8672				8671 8672	8671 8672	8671 8672 86751 86752
883			883					883[3]	883		883
887			887[4]					887[5]			
其他	陆上油田服务					能源服务[6]	仓储服务、国际海上货运	能源生产相关服务[7]、能源供给相关服务[8]	*仅在 CSFTA 下开放		

1 为融资和技术援助合同下的大规模采矿发展项目提供的建筑服务；2 包括近海油田服务；3 石油、天然气、地热、煤炭勘探开发；4 以收费或合同为基础的电力、气体燃料运输和分销的相关咨询服务；5 天然气、电力等能源分销网络；6 岩心同位素分析和其他同位素测试、以获取地震数据为目的的地质地球物理服务、煤炭液化和气化；7 包括 BOT 方式在内的电厂建设运营；8 石油精炼厂和码头、储油库。

(二)限制性规定较多

虽然中国、越南、柬埔寨、菲律宾、马来西亚、印度尼西亚、泰国、新加坡、缅甸、文莱、老挝等11个国家均部分开放了与能源有关的服务部门，但在所开放的能源服务部门当中仍然存在较多的市场准入和国民待遇方面的限制。其中，境外消费没有限制，商业存在的限制最多，自然人移动的限制次之，跨境提供的限制最小。

对于能源服务的商业存在方式，各开放国都有限制。市场准入方面的限制主要有：土地获取或租赁(中国、菲律宾、越南、泰国)、外资比例或独资条件(中国、菲律宾、越南、泰国、马来西亚、印度尼西亚)、管理层国籍(菲律宾)、合作的形式及政府管制(中国、印度尼西亚、泰国)、外汇账户设立(中国)、外资国内机构设立(中国)、特许合同审批(柬埔寨)、当地人员培训义务(柬埔寨)、消费者主体资格(越南)、提供者身份和数量限制(马来西亚)。

国民待遇方面的限制主要有：补贴不予承诺或某些情况下不予承诺(中国、越南、柬埔寨、泰国)、外资比例或独资条件(越南、泰国)、土地获取或租赁(柬埔寨、印度尼西亚、泰国)、合作形式及资质要求(印度尼西亚、泰国)、数据/样品/报告的提供和所有权归属(中国)、货币支付(中国)、政府审批(越南)、分支机构主管国籍(越南)、国内信贷条件(菲律宾)、承包商许可证(菲律宾)、非境内成立公司不作承诺(马来西亚)、管理层国籍(新加坡)。

对于自然人移动方式，中国、柬埔寨、越南、新加坡、菲律宾5国的做法类似，在市场准入和国民待遇方面，除水平承诺的内容外，不作承诺；而在水平承诺中，对于自然人入境一般都需要存在商业上的联系，例如属于商业旅游者或东道国商业实体的海外雇佣人员，或者是“申请时无本地居民参与竞争”。马来西亚、印度尼西亚、泰国3国的做法略有不同。除了在WTO中所作的水平承诺之外，马来西亚不作任何其他承诺，而且在市场准入和国民待遇方面，对CPC8671有“与本地职业建筑师合作为独资项目提供咨询”

的部门限制，对 CPC8672 分别有“每年一次的临时登记”和“当地注册”的部门限制。印度尼西亚在市场准入和国民待遇方面分别有居留期限和费用征收的水平限制，而且在“能源服务”的市场准入方面，除了“主管人员和技术专家”之外，不作承诺。泰国在市场准入和国民待遇方面有“入境条件”、“居留期限”和“土地、建筑物的获取或租赁”的水平限制，并且对 CPC8671 不作承诺，对 CPC8672 有“土木工程师”不作市场准入的承诺。

对于跨境提供方式，越南、柬埔寨、马来西亚、印度尼西亚、菲律宾、泰国、新加坡 7 国进行部门限制。越南在市场准入和国民待遇方面，对 CPC513 和 CPC516 不作承诺，对 CPC632，除“供个人使用”外不作承诺，对 CPC86751、CPC86752、CPC883 都存在“外国公司无商业存在须申请注册”的限制。柬埔寨在 CPC7131 的市场准入方面存在“特许合同审批”限制。马来西亚在 CPC8671、CPC8672 的国民待遇方面有“当地执照”的限制，在 CPC513、CPC516 的市场准入和国民待遇方面不作承诺。印度尼西亚在 CPC513、CPC51630 的市场准入和国民待遇方面不作承诺。菲律宾均不作承诺。泰国对市场准入均不作限制，对国民待遇均不作承诺。新加坡除在国民待遇方面有“工程师需具有效住所”的部门限制外，无其他限制。

三、例外条款提供便利

根据 GATS 与 CAFTA 服务贸易协议的规定，缔约方除在其具体承诺表中对承诺开放的服务部门作出的市场准入和国民待遇限制措施外，不得采取其他诸如服务提供者数量、服务交易或资产总值、服务业务总数或服务产出总量、雇佣自然人总数、法律实体形式、外资比例等市场准入限制措施和违背国民待遇原则的措施。

但是 GATS 与 CAFTA 服务贸易协议，也规定了缔约方可以在非歧视基础上实施的 7 种背离市场准入和国民待遇原则的例外措施，这些例外措施规定在 GATS 第 12、14 条，以及 CAFTA 服务贸易协议第 11~13 条之中，它们分别是：(1)保护公共道德或维护公共秩序；(2)保护人类或动植物的生命或健康；(3)使与本协议不相抵触的法律或法规得到遵守；(4)保证对其他缔约方的服务或服务提供者公平或有效地课征直接税；(5)避免双重征税；(6)保护国家安全；(7)保障国际收支平衡。①

① 参见《服务贸易总协定》第12、14条，《中国与东盟全面经济合作框架协议服务贸易协议》第11~13条。

第四章　中国—东盟能源投资合作的法律问题

第一节　中国—东盟能源投资合作概述

一、能源投资与能源安全

（一）能源投资

能源投资，即发生于能源领域的投资，是指投资者为了获得一定的经济效益而将其资本投入到能源领域中的一种经济活动。根据不同的标准，可将能源投资分为不同的种类。以投资主体为标准，可将能源投资分为官方能源投资和私人能源投资；以投资时间的长短为标准，可将能源投资分为长期能源投资和短期能源投资；以资本流向的领域为标准，可将能源投资分为煤炭领域的能源投资、石油领域的能源投资、天然气领域的能源投资、电力领域的能源投资等；以资本是否跨越国境为标准，可将能源投资分为国内能源投资和国际能源投资；以投资领域所处能源产业链的位置为标准，可将能源投资分为上游领域的能源投资、中游领域的能源投资和下游领域的能源投资；以投资者是否享有经营管理权和控制权为标准，可将能源投资分为能源直接投资和能源间接投资。

我们主要侧重于研究国际能源私人直接投资，它是指一国企业为了获得一定的经济效益而将其资本投入国外能源领域、并对所投资项目享有经营管理权和控制权的一种经济活动。

（二）国际能源投资与能源安全

国际能源投资是国际能源贸易的纵深发展和延续，在保障一国能源安全方面，国际能源投资的作用比国际能源贸易更大。国际能源贸易在很大程度上受制于能源产品的现货存量以及能源资源的可采储量，而且还要经受价格波动所带来的不利影响。而国际能源投资可以较好地避免国际能源贸易的上述弊端。由于国际能源投资中的投资方对投资项目享有一定的控制权，因此能够在较大程度上决定投资企业所生产的能源产品的价格，其对抗价格风险的能力要明显地高于国际能源贸易中的进口方。另一方面，国际能源投资对国际能源贸易也有很大的促进作用，投资者对资源国的资金、技术投入会导致能源产品的产量、品质的增加，投资者再将这些能源产品作为资本利润运回本国，无形中就扩大了国际能源贸易的规模。而且，国际能源投资也更符合东道国的产业政策和经济结构的调整需求。国际能源投资者带来的资金和技术，一方面给资源国生产方式和管理水平的提升带来了机遇，另一方面也拉动了相关行业的经济增长，并为资源国的财政收入提供了增长的空间。

(三)国际能源投资合作的特殊性

国际能源投资合作是指国家或国际组织为了保障本国或成员国的能源安全而在能源投资领域进行的国际合作。国际能源投资合作具有远期稳定性、商业风险性、政治风险性等显著特点。

1. 是注重远期效益的能源安全合作方式

与国际能源贸易保障能源安全所具有的直接性不同，国际能源投资在保障能源安全方面具有间接性，它是注重远期效益、着眼于将来的国际能源合作方式，目的在于保障一国能源供应的长期稳定和安全，避免能源产品的价格波动给国家带来重大的经济损失，因此世界各国对其均十分重视，尤其是各能源需求大国，无一不在进行大量的海外能源投资，这种对自然资源的需求，正如UNCTAD所指出的那样，是国际社会对外直接投资额增长的主要推动力。①

2. 需巨额资金和技术投入，商业风险大

国际能源投资具有高度的商业风险性。煤炭、油气等能源资源

① See United Nations Conference on Trade and Development, World Investment Report, 2008-2015.

埋藏于地下或深海洋底，只有投入大量的资金和技术，经过较长时间的勘探，方能查明其可采储量。而且，这种高投入、长周期的勘探开发活动存在着极大的收益不确定性，① 外国投资者的巨额资金投入换来的也许是一无所获。此外，由于质优高产的油田、气田、煤田等几乎已被发达国家的跨国能源公司占领殆尽，因此，目前世界能源资源的勘探开发开始转向成本高、开采难度大的深海大陆架以及高寒、边远、落后、政局不稳的地区，这使得能源资源的勘探开发成本大为增加，国际能源投资由此而面临更为巨大的商业风险。同时，由于资源国政府强力施加的义务所致，通常在能源的勘探开发阶段，所有的费用和风险全部由外国投资者自己承担，如果未能获得任何商业性的勘探发现，外国投资者将失去所有前期投入的资金甚至包括设备。

3. 易受自然资源主权的影响，政治风险大

与其他领域的国际投资不同，在能源领域，由于国家对能源资源享有所有者权利——自然资源主权，往往导致国家不仅是宏观市场的调控者，同时也是能源投资活动的直接或间接参与者，国家的这种双重定位给国际能源投资蒙上了浓厚的政治色彩，② 为国际能源投资增添了许多难以预计的政治风险，如征收或国有化风险、战争或内乱风险、政府违约风险，等等，由这些风险而导致的投资者的财产损失和人身损失，在现实生活当中也不断地一再出现。近几年由于受到能源危机的影响和国家利益最大化的驱动，哥伦比亚、刚果、玻利维亚、委内瑞拉、印度尼西亚等国家在能源领域又重新掀起了一轮新的国有化浪潮，给外国投资者的利益带来了很大损

---

① 以石油为例，目前石油勘探的成功率世界平均是 1 : 33。据日本石油矿业联盟 1997 年统计，从 1900 年到 1990 年的 90 年里，超大油田(大于 7 亿吨)及巨大油田(0. 7~7 亿吨)的发现集中在 1926 年到 1980 年之间，目前发现大型油田的几率降低。

② See Peter D. Cameron, International Energy Ivestment Law: The Pursuit of Stability, Oxford University, 2010, p. 3.

害，外国投资者或者被迫重新签订于己不利的合同，如玻利维亚，① 或者被迫转换合作形式、降低持股比例，并仅得到象征性的补偿，如委内瑞拉。②

二、中国—东盟能源投资合作的历史及现状分析

与中国—东盟能源贸易合作不同，中国—东盟能源投资合作起步较晚，不过发展却十分迅速。虽然中国能源企业在 20 世纪 90 年代才开始涉足东盟地区能源领域的投资业务，但由于投资力度逐年加大，如今东盟已成为中国能源企业海外投资的重要目的地。

1993 年，中石油获得泰国邦亚区块的石油开发作业权，这是中国能源企业首次获得海外石油开采权益；③ 2002 年，中海油收购西班牙能源企业雷普索尔-YPE 公司的印度尼西亚油田资产部分权益；2003 年，中石化获准在印度尼西亚苏门答腊省的朗卡特地区进行石油与天然气资源勘探；2006 年，南方电网获许以 BOT 方式投资越南平顺省燃煤发电厂一期工程；2007 年，中石油获得缅甸若开邦近海 3 个深水区块的油气勘探开采权，国家电网联合菲律宾的蒙特罗电网资源公司和卡拉卡高电公司共同获得菲律宾国家输电网 25 年的特许经营权，中电投拿下缅甸三大水系(恩梅开江、迈立开江及伊洛瓦底江)交界处 7 座梯级电站的开发权；2008 年，大唐集团投资建设的柬埔寨斯登沃代水电站和金边——马德望输变电网工程项目正式开工；2009 年，华能集团以 BOT 方式投资的缅甸瑞丽江一级水电站顺利建成；2010 年，华电集团以 ECP 方式投

---

① 参见新华网：《玻利维亚总统强调油气资源国有化是“主权”问题》，http：//news. xinhuanet. com/fortune/ 2006-05/12/content _ 4536623. htm，2015 年 9 月 10 日访问。

② 参见中国商务部对外贸易司：《委内瑞拉国有化状况跟踪与简析》，http：//wms. mofcom. gov. cn/article/zt _ fxff/ subjectzn/200907/20090706422232. shtml，2015 年 9 月 10 日访问；另参见中国出口信用保险公司：《委内瑞拉国有化状况跟踪与简析》，载《金融危机风险信息专刊》第 47 期。

③ 参见石油网：《中国全球能源布局之守住亚洲》，http：//ww. ehem99. com/oil/news/shownews. asp？ id=26529，2013 年 10 月 8 日访问。

资的印度尼西亚阿萨汉一级水电站成功并网发电，国电集团获得柬埔寨柴阿润和松博两个水电项目270.8万千瓦装机容量的开发权。

三、中国—东盟能源投资合作的发展趋势预测

东盟成员国的常规能源资源储量比较丰富，尤其是其天然气资源。根据BP的统计，东盟6国(文莱、印度尼西亚、马来西亚、泰国、柬埔寨、越南)的天然气探明储量约为5.4万亿m^3，如以现有的开采力度，印度尼西亚和马来西亚的天然气资源能够开采39.2和16.2年(印度尼西亚和马来西亚2014年天然气出口量为312亿m^3和339亿m^3)，① 可为缓解东亚、东南亚等地区的能源危机提供极大帮助。

此外，部分东盟成员国的新能源资源也很丰富，如缅甸和老挝的水力资源、印度尼西亚和菲律宾的地热资源，都具有相当大的开发潜力，如能有效转化为电能或热能，也将极大改善本国和周边国家能源紧张的局面。更为重要的是，在节能减排、保护环境成为全球普遍共识的大环境下，东盟成员国对太阳能、风能、生物质能等新能源的开发日益重视。

东盟成员国迫切需要勘探开发本国的能源资源以发展国民经济，尤其是作为东盟新成员的缅甸、柬埔寨、老挝和越南，更是需要摆脱长期战乱和闭关锁国给整个国民经济带来的伤害，并由此提升民族信心，而这些国家所拥有的能源资源，无疑可为这一战略目标提供坚强的物质基础。但是东盟成员国整体经济实力和科技水平落后，除新加坡等极个别国家外，绝大多数处于发展中阶段，现有的资金和技术无法提供能源勘探和开发所需的足够支持。

而中国正处于工业化的快速发展进程当中，经济社会发展对能源的依赖远大于其他国家，根据中国石油经济技术研究院的统计，2014年中国的石油对外依存度为59.5%，天然气对外依存度为

① See British Petroleum Company, BP Statistical Review of World Energy, June 2015.

32.2%，预计2015年石油的对外依存度将突破60%。① 按照IEA的预测，中国石油净进口量将从2010年的170万桶/日增加到2030年的980万桶/日，对外依存度将增至82%，同时，中国天然气需求量将从2000年320亿m^3增加到2030年的1620亿m^3，对外依存度到2030年将达到30%（实际上中国2014年即已超过），② 如此巨大的供需缺口，必然离不开国际市场的帮助，因此参与勘探开发东盟地区的能源资源无疑是一个很好的选择。

东盟成员国虽然也面临经济、社会发展导致的国内能源需求增长问题，但是却普遍缺乏足够的资金和技术来开发能源资源和建设能源设施，而中国拥有巨额的外汇储备和先进的勘探开发技术和经验，再加上彼此之间地理位置邻近、历史渊源悠久，特别是中国—东盟自由贸易区建立后，在能源投资方面应当具有很大的合作空间，前景十分看好。

第二节　中国—东盟能源投资合作的法律制度

一、中国—东盟能源投资合作的主要法律依据

中国—东盟能源投资合作的主要法律依据有CAFTA投资协议、CAFTA服务贸易协议、TRIMs协议、SCM协议、TRIPs协议、GATS、MIGA公约、ICSID公约等普遍性或区域性多边条约，以及中国与东盟各成员国签署的双边投资保护协定和中国与新加坡签订的《中新自由贸易协定》。

（一）多边条约

1.《多边投资担保机构公约》

《多边投资担保机构公约》（*Convention Establishing the Multilateral Investment Guarantee Agency*，MIGA公约），也称《汉城公

① 参见冉永平：《去年表观消费量超5.18亿吨 我国石油对外依存度近60%》，载《人民日报》2015年1月29日，第2版。

② See International Energy Agency, World Energy Outlook, 2002.

约》，于1985年通过、1988年生效。依据该公约建立的MIGA，是国际投资保护领域重要的国际组织。

MIGA公约共有11章67个条文，外加2个附件，主要内容可概括为以下几个方面：目标和宗旨、机构地位、担保业务、合格投资、合格投资者、合格东道国、理赔与代位、争端解决。MIGA公约最核心的部分在于其规定的对缔约国海外投资者的非商业性风险的承保条件，具体分为以下几个部分：

承保的风险。MIGA承保的风险限于非商业风险，包括征收和类似措施险、政府违约险、战争和内乱险、货币汇兑险，以及应投资者与东道国的联合申请由董事会特别多数票通过同意承保的其他非商业风险。征收和类似措施险是指东道国采取的，对投保人对其投资的所有权、控制权、应得收益具有实际剥夺效果的，任何立法、行政措施或懈怠行为。政府违约险是指东道国不履行或违反与投保人签订的合同并且拒绝司法的行为。战争和内乱险是指由于东道国境内任何地区的任何军事行动或骚乱、暴乱，而导致投保人的资产被转移、毁灭或遭受物质损害，或者对投保人的投资项目的经营存在其他形式的重大妨碍。货币汇兑险是指东道国采取的，限制外国投资者将与投资相关的货币兑换成可自由使用或投保人可接受的货币，以及将这种货币汇出东道国境外的任何措施。

合格的投资者。合格的投资者包括自然人和法人，自然人必须具备东道国以外的成员国国籍，法人则必须在东道国之外的MIGA成员国注册并设有主要营业点，或多数股本来自于东道国以外的MIGA成员国，而且无论是否私有企业，应在商业基础上经营。此外，特殊情况下，经东道国和外国投资者联合申请，以及MIGA董事会特别多数票通过，合格投资者的范围可扩展至东道国的自然人，以及在东道国注册或多数资本由东道国国民拥有的法人，但是用于投资的资本必须来自东道国境外。

合格的投资。合格的投资包括投资形式合格与投资本身合格两个方面。投资形式合格是指任何类型的私人直接投资，包括股权投资和非股权投资。此外，董事会经特别多数票通过，可将合格投资扩大到其他任何中长期投资。投资本身合格是指投资必须发生在获得承保之后，必须具有经济上的合理性，能给东道国带来良好的经济、社会效益，符合东道国的法律和条例。具有军事性质和极大投机性质的投资、各国法律禁止的投资不在合格投资范围之内。

合格的东道国。合格的东道国是指东道国必须是 MIGA 成员国和属于发展中国家之列，必须能够对外国投资者及其资本提供公正和平等的待遇和法律保护，而且要同意 MIGA 的承保。

2.《解决国家与他国国民之间投资争议公约》

《解决国家与他国国民之间投资争议公约》(*Convention on the Settlement of Investment Disputes between States and Nationals of Other States*，ICSID 公约)，也称《华盛顿公约》，该公约于 1965 年通过、1966 年生效。依据该公约建立的解决投资争端国际中心(International Centre for Settlement of Investment Disputes，ICSID)，是解决国际投资争议的重要国际组织。

ICSID 公约共 10 章 75 个条文，主要规定了以下事项：宗旨及地位、管辖权的行使条件及效力、争议的解决程序、仲裁裁决的承认与执行、法律适用。ICSID 公约的核心部分在于其关于管辖权和裁决执行的规定。

ICSID 只受理缔约国与另一缔约国国民直接因国际投资而引起的争端。作为争端当事方的缔约国既包括缔约国政府，也包括缔约国的任何组成部分或机构，如政府部门、地方政府、国有企业等，但须由缔约国向 ICSID 指定并对提交 ICSID 管辖的书面协议进行批准，如 1981 年喀麦隆政府就曾指定索卡莫化肥公司(SOCAME Fertilizer Company)作为其"下属机构"。① 作为争端当事方的另一缔约国国民，是指不具有东道国国籍但具有其他缔约国国籍的自然人和法人，对于部分虽具有东道国国籍，但由外国投资者控制的法人，经争端双方同意，可以视为另一缔约国国民。

ICSID 受理的争端必须是因投资而引起的法律争端。ICSID 公

① See International Centre for Settlement of Investment Disputes, Klöckner Industrie-Anlagen GmbH and others v. United Republic of Cameroon and Société Camerounaise des Engrais, ICSID Case No. ARB/81/2.

约没有对投资下一个明确的定义，主要由仲裁庭根据具体的案件来认定。从ICSID的仲裁实践来看，投资涵盖的范围相当大，从自然资源的勘探开发、工业、农业、旅游业、基础设施行业的开发建设等传统投资，到交钥匙合同、劳务管理合同、知识产权和专有技术的转让合同等新型投资，从伴有企业经营管理权的直接投资到仅以股票或证券作为收益来源的间接投资，均包涵在内。① 至于法律争端，根据世界银行执行董事会《关于〈ICSID公约〉的报告书》的解释，是关于"法律权利或义务的存在及其范围，或者是因违反法律义务而进行赔偿的性质或限度"的争端。② 此外，缔约国可以随时通知其同意提交ICSID管辖的争端的范围，如中国就将ICSID管辖的争端范围限定为"征收或国有化导致的赔偿数额争端"。

ICSID受理案件的前提是争端当事方书面同意将某一项投资争端提交ICSID调解或仲裁，如果争端当事一方为缔约国的"组成部分或机构"，还需缔约国政府批准。争端当事方将投资争端提交ICSID管辖的同意一经作出，便不得单方面撤销。书面同意有两种表现形式：(1)争端当事方就将投资争端提交ICSID管辖签署的专门协议；(2)国内立法、国际条约中同意将投资争端提交ICSID管辖的专门条款，这种方式相当于缔约国预先作出接受ICSID管辖的概括性要约，投资者据此将争端提交ICSID管辖构成承诺，两个行为共同构成书面同意。

ICSID的管辖权具有排他效力。一旦争端当事方同意将争端交由ICSID管辖，就不能再寻求任何形式的其他救济措施，但东道国声明以"用尽当地救济"作为接受ICSID管辖的前提条件或双方另有约定除外。ICSID的管辖权还可排除缔约国国内法院的管辖权和投资者母国的外交保护权。一旦当事方同意将争端提交ICSID管

---

① See Georges R. Delaume, How to Draft and ICSID Arbitration Clause, ICSID Reivew-Foreign Investment Law Journal, Vol. 7, 1992, p. 182.

② See Georges R. Delaumet, ICSID Arbitration Proceedings: Practical Aspects, Pace Law Review, Vol. 5, spring 1985, p. 567；另参见曾华群：《国际投资法》，北京大学出版社1999年版，第585页。

辖，缔约国法院的唯一作用就是对 ICSID 裁决的承认与执行。并且，除非争端当事国不遵守 ICSID 的裁决，投资者母国不得行使外交保护权。

ICSID 仲裁庭作出的裁决具有终局性，对争端当事方均具有拘束力。对仲裁裁决的补救措施只能求助于 ICSID 的仲裁机制，不能在任何国家的法院进行。所有缔约国都负有依照其国内法承认与执行仲裁裁决的义务，而且不能对裁决进行审查。争端当事国不履行 ICSID 裁决义务的，投资者的母国可恢复外交保护权的行使或向国际法院提起诉讼。争端投资者不履行裁决义务的，争端当事国可在本国法院或要求其他缔约国法院对其强制执行。任何争端当事方不履行仲裁裁决，另一当事方可在 ICSID 全体缔约国的国内法院要求强制执行。

3. WTO 的相关协议

虽然 WTO 主要调整国际贸易关系，但是由于贸易与投资存在密切联系，因而 WTO 对国际投资也存在重要影响。在 WTO 的一系列协议中，与国际投资有关的主要是 TRIMs 协议、SCM 协议、GATS 和 TRIPs 协议。

TRIMs 协议是 WTO 的诸多协议中，规范国家对外投资管理行为的最重要的协议，主要规制货物贸易领域中与贸易有关的投资措施(Trade-Related Investment Measures，TRIMs)。TRIMs 协议规定 WTO 成员不能采用违反 GATT1994 第 3 条(国民待遇义务)和第 11 条(一般取消数量限制义务)的 TRIMs，包括但不限于以下 5 种：当地成分要求、贸易平衡要求、外汇平衡要求、国内销售要求、限制进口。换言之，WTO 成员实施的 TRIMs 只要违反了国民待遇义务或一般取消数量限制义务，都在被禁之列。

SCM 协议是规范 WTO 成员政府补贴措施的多边条约，由于补贴与投资也存在密切联系，① 因而该条约对投资也有很大影响。

① 资本输入国为了吸引外资而采取的投资鼓励措施，如果表现为政府或公共机构为相关企业提供财政资助、价格或收入支持，实际上就是一种补贴行为，有可能会造成贸易的扭曲或不公平竞争。

SCM 协议主要规定了两种现行的补贴及其适用规则：(1)禁止性补贴(Prohibited Subsidies)。禁止性补贴也称“红灯补贴”，是指任何 WTO 成员不得实施或维持的补贴，包括出口补贴和进口替代补贴两种。(2)可诉补贴(Actionable Subsidies)。可诉补贴也称黄灯补贴，是指 WTO 成员虽然原则上可以采用，但是并不能自动免于质疑的补贴，在实施过程中如对其他成员的利益造成了不利影响，受影响的成员可以提出申诉。

TRIPs 协议是规范 WTO 成员知识产权保护行为的多边条约。由于知识产权是重要的出资形式和投资手段，知识产权保护制度的完善与否是判断投资环境好坏的重要标准，因此 TRIPs 协议也与投资存在密切的联系。TRIPs 协议对 WTO 成员的知识产权保护提出了许多高标准的要求，而 WTO 的争端解决机制则进一步强化了这种保护效果。

GATS 是规范 WTO 成员服务贸易管理行为的多边条约。由于 GATS 规定的 4 种服务贸易方式中，“商业存在”是由一缔约方的服务提供者，通过在另一缔约方境内设立商业实体(法人或非法人实体)的方式，向该另一缔约方境内的消费者提供服务，这是典型的国际投资行为。因此，GATS 与服务业投资的关系也十分紧密。

4. CAFTA 的相关协议

与 WTO 主要调整国际贸易关系不同，CAFTA 是规范政府管理国际贸易和投资管理行为的区域经济一体化合作形式，投资与贸易至少具有同样的重要性。在 WTO 的框架下，投资或许只是次要的调整对象，而在 CAFTA 的体系中，投资则成为了主要的规范目标。CAFTA 的系列协议中，涉及投资的有：CAFTA 框架协议、CAFTA 投资协议、CAFTA 服务贸易协议、CAFTA 争端解决协议。

(1)CAFTA 框架协议

CAFTA 框架协议是 CAFTA 的纲领性文件，该协议将开展投资合作、建立自由便利的投资机制作为 CAFTA 的主要目标，并要求缔约方为此展开卓有成效的谈判。CAFTA 框架协议第 5 条是关于投资合作的专门条款，该条规定：“为了建立一个自由、便利、透明和具有竞争力的投资体制并促进投资，缔约各方同意：(a)通过谈判实现投资机制的逐步自由化；(b)加强投资领域的合作，便利投资并提高投资规章和法规的透明度；以及(c)提供投资保护”。①

(2)CAFTA 投资协议

CAFTA 投资协议是 CAFTA 调整国际投资关系最重要的条约，是整个 CAFTA 调整国际投资关系的集大成者。该协议共有 27 个条文，涉及面十分广泛，对 CAFTA 成员方所关注的投资定义、投资准入、投资保护、投资待遇、投资争议解决等国际投资活动涉及的重要问题作了具体规定。

CAFTA 投资协议采用“以资产为基础”(Asset-based)的方式来定义投资，根据该协议第 1 条第 1 款第 4 项，投资是指缔约方的投资者根据缔约他方的法律、法规和政策而在缔约他方境内投入的各种资产，包括但不限于：①动产、不动产和抵押、留置、质押等财产权利；②股份、股票、法人债券等法人财产及其利息；③知识产权，包括著作权、专利权和实用模型、工业设计、(商品/服务)商标、商号、商誉、地理标志、集成电路设计、贸易秘密、工艺流程、专有技术等权利；④根据法律或合同授予的商业特许经营权，包括自然资源的勘探、培育、开采或开发特许权；⑤金钱请求权或任何具有财产价值的给付请求权。② CAFTA 协议第 1 条第 1 款第 4 项同时也明确指出：投资任何形式上的变化均不影响其作为投资的属性，投资的收益应视为投资。③ 值得注意的是，CAFTA 投资协议中的“投资者”虽仅指自然人和法人，但法人包括公司、信托、合伙企业、合资企业、个人独资企业或协会。④

在投资准入方面，CAFTA 投资协议采取的是“将最惠国待遇贯

① 参见《中国与东盟全面经济合作框架协议》第 5 条。

② 参见《中国与东盟全面经济合作框架协议投资协议》第 1 条第 1 款第 4 项。

③ 参见《中国与东盟全面经济合作框架协议投资协议》第 1 条第 1 款第 4 项。

④ 参见《中国与东盟全面经济合作框架协议投资协议》第 1 条第 1 款第 5 项。

彻于投资准入阶段”的立法模式。① CAFTA 投资协议第 5 条规定：在投资的准入、设立、获得、扩大、管理、经营、运营、维护、使用、清算、出售或其他形式的处置方面，缔约方须对缔约另一方的投资者及其投资，给予不低于同等条件下向任何其他缔约方或第三国投资者及/或其投资提供的待遇。② 但是投资者及其投资根据下列情况享有的三种优惠待遇，被排除在最惠国待遇的适用范围之外：①缔约方与非缔约方现存的任何协定或经济、区域合作安排；②东盟成员国相互之间的任何协定或安排；③缔约方与其单独关税区的任何协定或安排。③

在投资待遇方面，CAFTA 投资协议规定了最惠国待遇、国民待遇、公平公正待遇等 3 种待遇标准。CAFTA 投资协议第 5 条是关于最惠国待遇的条款，按其规定，最惠国待遇除了适用于投资的准入阶段之外，还适用于投资的经营阶段和退出阶段。④ CAFTA 投资协议第 4 条是关于国民待遇的条款，按其规定，国民待遇只适用于投资的经营阶段和退出阶段，而不适用于投资的准入阶段：缔约方应对在其境内的缔约另一方投资者及其投资，在投资的管理、经营、运营、维护、使用、销售、清算或其他形式的处置方面，给予不低于同等条件下向本国投资者及其投资提供的待遇。⑤ CAFTA 投资协议第 7 条是关于公平公正待遇的条款，按其规定，公平公正待遇应当适用于投资的所有阶段，包括准入阶段、经营阶段和退出阶段：缔约方应对缔约另一方的投资者及其投资给予公平和公正的待遇……公平和公正待遇是指缔约方在任何法定或行政程序中负有不拒绝给予公正待遇的义务……⑥

在投资保护方面，CAFTA 投资协议就征收、国有化或其他等

---

① 参见刘笋：《国际投资保护的国际法制——若干重要法律问题研究》，法律出版社 2002 年版，第 109 页。

② 参见《中国与东盟全面经济合作框架协议投资协议》第 5 条。

③ 参见《中国与东盟全面经济合作框架协议投资协议》第 5 条。

④ 参见《中国与东盟全面经济合作框架协议投资协议》第 5 条。

⑤ 参见《中国与东盟全面经济合作框架协议投资协议》第 4 条。

⑥ 参见《中国与东盟全面经济合作框架协议投资协议》第 7 条。

同措施的实施条件和补偿规则、战争或内乱的损失补偿、投资及其收益的转移作了详细规定。CAFTA 投资协议第 8 条规定，缔约方不得对缔约他方投资者的投资实施征收、国有化或其他等同措施，除非符合下列条件：①为了公共目的；②符合包括法律程序在内的可适用的国内法；③以非歧视方式实施；④按照 CAFTA 投资协议的规定给予补偿。[①] 关于征收的补偿标准，根据 CAFTA 投资协议第 8 条的规定，被征收的缔约另一方投资者投资，其价值应以征收发布或发生时的公平市场价值计算，以先者为准，并且征收补偿的清偿和支付不得有不合理的延误，否则要按主要商业利率计算延误期间的利息。[②] 根据 CAFTA 投资协议第 9 条的规定，缔约方投资者的投资，如在缔约他方境内因战争、武装冲突、革命、国家紧急状态、叛乱、起义、骚乱等遭受损失，缔约他方在恢复原状、赔偿、补偿和其他解决措施方面应对该投资者，给予同等条件下不低于向任何第三国投资者或本国国民提供的待遇，并且应当从优适用。[③] 根据 CAFTA 投资协议第 10 条的规定，缔约方应允许缔约他方投资者的投资的所有转移，能以转移当天外汇市场的现行汇率兑换为可自由兑换的货币，并毫不延误地自由汇入或汇出其领土。[④]

在投资争议解决方面，CAFTA 投资协议规定了两种争端解决程序：一是缔约方之间的投资争议解决程序，二是缔约方与投资者之间的投资争议解决程序。缔约方之间投资争议的解决适用 CAFTA 争端解决协议，缔约方与投资者之间投资争议的解决则适用 CAFTA 投资协议第 14 条的规定。根据 CAFTA 投资协议第 14 条的规定，因 CAFTA 投资协议第 4 条(国民待遇)、第 5 条(最惠国待遇)、第 7 条(公平公正待遇)、第 8 条(征收及国有化)、第 9 条(战争与内乱的损失补偿)、第 10 条(投资及收益的转移)而产生的

---

① 参见《中国与东盟全面经济合作框架协议投资协议》第 8 条。
② 参见《中国与东盟全面经济合作框架协议投资协议》第 8 条。
③ 参见《中国与东盟全面经济合作框架协议投资协议》第 9 条。
④ 参见《中国与东盟全面经济合作框架协议投资协议》第 10 条。

争议，适用缔约方与投资者之间的投资争议解决程序。① 对于上述投资争议，CAFTA 投资协议第 14 条规定了 6 个月的协商期，协商期满仍未解决的，投资者既可寻求东道国国内的司法救济，也可直接提交下列机构进行国际仲裁：ICSID、UNCITRAL（联合国国际贸易法委员会）或当事方同意的其他仲裁机构。②

（3）CAFTA 服务贸易协议、CAFTA 争端解决协议

由于服务贸易方式中的“商业存在”是一缔约方的服务提供者通过在另一缔约方境内设立商业实体（法人或非法人实体），向该另一缔约方境内的消费者提供服务，这种行为实际上属于国际投资的范畴，因此 CAFTA 服务贸易协议的相关规定对投资也存在很大影响。另外，根据 CAFTA 投资协议的规定，缔约方之间关于投资事项的争端适用 CAFTA 争端解决协议解决。因此，CAFTA 服务贸易协议和 CAFTA 争端解决协议，也是中国—东盟能源投资合作的重要法律依据。

（二）双边条约

中国与文莱之外的 9 个东盟成员国签订的下列双边投资保护协定已生效，它们同样也构成中国—东盟能源投资合作法律依据：《中泰关于促进和保护投资的协定》、《中新关于促进和保护投资协定》、《中菲关于鼓励和相互保护投资协定》、《中越关于鼓励和相互保护投资协定》、《中老关于鼓励和相互保护投资协定》、《中印（尼）关于促进和保护投资协定》、《中柬关于促进和保护投资协定》、《中马关于相互鼓励和保护投资协定》、《中缅关于鼓励促进和保护投资协定》。

上述双边投资保护协定的内容相似，一般包括投资定义、投资促进、投资待遇、投资保护、征收及国有化、投资及收益的转移、代位权、缔约方之间的争议解决、投资者与东道国之间的争议解决等条款。下面以《中缅关于鼓励促进和保护投资协定》（《中缅投资

① 参见《中国与东盟全面经济合作框架协议投资协议》第 14 条。

② 对于菲律宾而言，只有争端双方另行书面同意之后，方可将投资争端提交 ICSID 解决。

协定》)为例进行说明。

在投资定义方面,《中缅投资协定》也采用“以资产为基础”的方式来定义投资。根据《中缅投资协定》第1条,“投资”是指缔约方投资者依照缔约他方的法律和法规在后者领土范围内投入的各种财产,包括但不限于:①动产、不动产和抵押、质押等财产权利;②公司股份、债券、股票或其他参股形式;③金钱请求权或具有经济价值的给付请求权;④知识产权,特别是著作权、专利、商标、商号、商誉、工艺流程和专有技术;⑤根据法律或法律允许的合同授予的商业特许权,包括自然资源的勘探、耕作、提炼或开发特许权。①《中缅投资协定》也规定:作为投资的财产发生任何形式上的变化,均不影响其作为投资的属性。②

在投资准入方面,《中缅投资协定》并未规定东道国的最惠国待遇义务或国民待遇义务,只是在其第2条规定:“缔约方应鼓励缔约他方的投资者在其领土内进行投资,并依照其法律和法规接受这种投资。”③

在投资待遇方面,《中缅投资协定》同时规定了最惠国待遇、国民待遇、公平公正待遇等3种待遇标准。《中缅投资协定》第3条规定:“缔约方的投资者在缔约他方领土内的投资,应始终享受公正与平等的待遇”、“缔约方在不损害其法律和法规的前提下,对缔约他方的投资者在其境内的投资以及与投资有关的活动,应给予不低于其向本国投资者的投资以及与投资有关的活动提供的待遇”、“缔约方对缔约他方投资者在其境内的投资以及与投资有关的活动,应给予不低于其向任何第三国投资者的投资以及与投资有关的活动提供的待遇”。④ 同时,《中缅投资协定》第3条也排除了投资者对下列优惠待遇的分享权:①关税同盟、自由贸易区、经济

① 参见《中缅关于鼓励促进和保护投资协定》第1条。
② 参见《中缅关于鼓励促进和保护投资协定》第1条。
③ 参见《中缅关于鼓励促进和保护投资协定》第2条。
④ 参见《中缅关于鼓励促进和保护投资协定》第3条。

联盟；②主要或全部与税收有关的国际协议或安排。①

在投资保护方面，《中缅投资协定》第4、5、6条分别规定了征收、国有化或其他等同措施的实施条件和补偿规则、战争或内乱的损失补偿、投资及其收益的转移。根据《中缅投资协定》第4条的规定，缔约方只有在满足下列条件的情况下，才能对缔约他方投资者的投资采取征收、国有化或类似措施：①为了公共利益；②依照国内法律程序；③以非歧视的方式实施；④按照协定规定的标准进行补偿。关于征收的补偿标准，根据《中缅投资协定》第4条的规定，被征收的缔约他方投资者的投资，其价值应根据普遍承认的估价原则予以确定，等于征收采取或为公众所知的前一刻的价值，包括按正常商业利率计算的从征收之日到付款之日的利息，而且应能有效兑换和自由转移并不得迟延支付。② 根据《中缅投资协定》第5条的规定，缔约方的投资者的投资，如在缔约他方领土内因战争、武装冲突、暴乱、全国紧急状态或其他类似事件而遭受损失，缔约他方应在恢复原状、赔偿、补偿或采取其他措施等方面，给予该投资者不低于其向本国或任何第三国的投资者提供的待遇。③ 根据《中缅投资协定》第6条的规定，缔约方应依照其法律和法规，保证缔约他方的投资者在其领土内的投资和收益，能够按照转移当日的缔约他方通行市场汇率，以可自由兑换货币进行转移。④

在投资争议解决方面，《中缅投资协定》同时规定了缔约方之间以及缔约方与投资者之间两种投资争议的解决程序。其中，缔约方之间的争端采用外交和国际仲裁两种方式解决，在6个月的外交协商期内无法解决的，则可根据任一缔约方的要求，组成国际仲裁庭进行仲裁，仲裁裁决具有终局性。至于投资者与缔约方的争端，首先应当采用友好协商的方式解决，协商期为6个月，若仍未能解决，投资者既可以寻求东道国国内司法解决，也可以直接提交

① 参见《中缅关于鼓励促进和保护投资协定》第3条。

② 参见《中缅关于鼓励促进和保护投资协定》第4条。

③ 参见《中缅关于鼓励促进和保护投资协定》第5条。

④ 参见《中缅关于鼓励促进和保护投资协定》第6条。

ICSID或另行专门设立仲裁庭，但东道国可以要求投资者"用尽当地救济"，而且投资者不能在寻求东道国国内司法救济之后再诉诸国际仲裁。

二、中国—东盟能源投资合作法律制度的基本内容

虽然中国和东盟及其成员国并未就能源投资合作制定专门的规则，但共同参加的MIGA公约、ICSID公约、TRIMs协议、SCM协议、TRIPs协议、GATS、CAFTA框架协议、CAFTA投资协议、CAFTA服务贸易协议、CAFTA争端解决协议等多边条约，以及中国与东盟各成员国签署的双边投资保护协定，对能源投资合作同样会起到调整的作用。总体而言，中国—东盟能源投资合作法律制度的主要内容是：促进投资自由化、公平和公正的投资保护、投资争议解决的司法化。

(一)促进投资自由化

投资自由化(Investment Liberalization)是指减少和消除资本跨国流动的障碍与壁垒，使资本通过市场的力量在全球范围内得到最有效的配置。① 根据联合国贸易与发展会议(United Nations Conference of Trade And Development，UNCTAD)的解释，投资自由化的主要内容包括：(1)减轻或者消除外国投资的市场准入障碍；(2)提高外国投资和投资者享有的待遇标准；(3)加强监管以保障市场机制的正常运作。② 由于经济全球化的推动，当前国际投资立法已明显呈现出自由化的趋势，中国—东盟能源投资合作的法律制度也较好地体现了这一潮流和趋势。

1. 投资准入方面，原则上适用最惠国待遇，特殊情况下适用国民待遇

根据CAFTA投资协议的规定，中国与东盟各成员国在投资的

① 参见刘笋：《国际投资保护的国际法制——若干重要问题研究》，法律出版社2002年版，第85页。

② See United Nations Conference on Trade and Development, World Investment Report, 1998, pp. 94-95.

准入、设立、获得等方面，应当给予缔约另一方投资者及其投资以最惠国待遇，即“不低于同等条件下其向任何缔约他方或第三国的投资者及/或其投资提供的待遇”。

但是，根据GATS和CAFTA服务贸易协议，如果具体服务部门的“商业存在”服务贸易方式，在GATS或CAFTA服务贸易协议框架下承诺开放，只要国民待遇方面“没有限制”①，则意味着该服务部门的投资准入阶段也同样适用国民待遇，即“不低于其在同等条件下给予其本国投资者及其投资的待遇。”

此外，根据TRIMs协议和SCM协议的规定，中国与东盟各成员国采取的“与贸易有关的投资措施”(TRIMs)必须符合WTO的国民待遇要求，并不得以出口实绩要求和当地成分要求而给予补贴，由于TRIMs协议和SCM协议与国际投资关系密切，并且都必须遵守WTO的国民待遇义务，但它们并没有区分其适用的投资的具体阶段，因此，我们完全可以作出推论：对于TRIMs协议所规定的禁止使用的TRIM和SCM协议规定的禁止使用的补贴形式，在投资准入阶段也应当被禁止使用。②

2. 投资经营方面，最惠国待遇与国民待遇并用

根据CAFTA投资协议、TRIMs协议、SCM协议、TRIPs协议、GATS、CAFTA服务贸易协议，以及中国与东盟国家签署的双边投资保护协定的规定，中国与东盟各成员国在投资的管理、经营、运营、维护、使用、销售、清算等方面，应当同时给予另一缔约方投资者及其相关投资以最惠国待遇和国民待遇。

---

① GATS的“服务贸易减让表”中，“没有限制”(none)是指对具体的服务贸易方式不施加“市场准入”或“国民待遇”的限制条件，“不作承诺”(unbound)是指对具体的服务贸易方式不承担任何具体的义务。

② 一些国家为了具体落实本国利用外资的政策和宗旨，往往在其国内外资立法中规定了各种的“履行要求”(Performance Requirement)，这些履行要求有时也会适用于投资的准入阶段，以外国投资者允诺承担某项或某些特定的义务，如出口实绩要求、当地成分要求、贸易平衡要求、外汇平衡要求、国内销售要求等，作为外资进入的前提条件。参见曾华群主编：《国际投资法》，北京大学出版社1999年版，第423~424页。

CAFTA 投资协议第 4 条和第 5 条要求中国与东盟各成员国在投资经营方面，给予缔约他方的投资者及其投资“不低于同等条件下其向本国的投资者及其投资提供”的国民待遇，以及“不低于同等条件下其给予任何缔约他方或第三国的投资者及/或其投资”的最惠国待遇。不过应当注意的是，虽然最惠国待遇是 GATS 和 CAFTA 服务贸易协议的一般义务，但国民待遇却是其具体义务，只适用于缔约方同意开放的服务部门。

同样，TRIMs 协议所规定的禁止使用的 TRIM 和 SCM 协议规定的禁止使用的补贴形式，在经营阶段也被禁止使用。同时，中国与东盟各成员国亦须按 TRIPs 协议的要求，对经营阶段的外国投资中的知识产权予以保护。

本来，中国与东盟国家签署的双边投资保护协定中，也有关于投资经营的最惠国待遇或国民待遇的规定，① 但是这种规定并不足以充分地保护国际投资，尤其是其国民待遇条款，只是要求在“不损害东道国法律法规”的前提下，给予缔约方的投资及投资者以国民待遇。由于 CAFTA 投资协议对国际投资的保护力度更大，因此在其生效后，这些双边投资保护协定的规定实际上就被 CAFTA 投资协议所替代。

3. 投资退出方面，允许资产自由转移

CAFTA 投资协议，以及中国与全体东盟成员国签署的双边投资保护协定，均对投资的退出作了规定。

根据 CAFTA 投资协议第 10 条，中国与东盟各成员国应相互允

① 虽然中国与东盟 9 国签订的双边投资保护协定中，只有《中缅关于鼓励促进和保护投资协定》同时规定了最惠国待遇和国民待遇，《中泰关于促进和保护投资的协定》、《中菲关于鼓励和相互保护投资协定》、《中柬关于促进和保护投资协定》、《中老关于鼓励和相互保护投资协定》、《中马关于相互鼓励和保护投资协定》、《中新关于促进和保护投资协定》、《中印(尼)关于促进和保护投资协定》、《中越关于鼓励和相互保护投资协定》只规定了最惠国待遇而没有规定国民待遇，但是由于最惠国待遇的“自动传导效应”，《中缅关于鼓励促进和保护投资协定》国民待遇条款的内容，也同样适用于中国与其他东盟成员国之间的投资保护。

许 CAFTA 缔约他方的投资者在其境内的下列投资，兑换为可自由兑换的货币，并以转移当日外汇市场的现行汇率，毫不延误地自由汇入或汇出：(1)初始投资与任何用于保持或扩大投资的追加资本；(2)投资所产生的任何净利润、资本利得、分红、专利使用费、许可费、技术支持/使用/管理费、利息和其他现金收入；(3)任何全部或部分销售或清算或减少投资的所得款项；(4)缔约各方认定为投资的缔约方投资者向缔约他方投资者偿付的任何借款或贷款；(5)缔约他方自然人的任何净收入和其他补偿，如受雇佣并被允许从事与在缔约方境内投资相关的工作；(6)依据包括依据贷款业务在内的缔约他方投资者或其投资所订立的合同而进行的支付；(7)依据第 8 条(征收和国有化)和第 9 条(战争和内乱的损失补偿)进行的支付。

中国与 9 个东盟成员国签署的双边投资保护协定关于投资退出的规定，与 CAFTA 投资协议类似。

(二)公平、公正的投资保护

与国内投资相比，国际投资面临更大的商业风险和非商业风险，尤其是非商业风险，往往给外国投资者的财产和人身带来严重损害。因此，如何在国际范围内对外国投资者的权利进行保护，就成为投资者母国和东道国共同关注的重要问题，其核心是征收(国有化)的条件及补偿标准和战争、内乱的损失补偿。

通常，投资者母国要求对其海外投资者资产的征收提供“及时、充分、有效”的赫尔规则保护，而东道国只希望提供力所能及的“适当”补偿。至于战争和内乱造成的损失，东道国除了未尽适当注意义务的情形之外，一般不需要承担绝对赔偿的义务，只需在补偿时遵循非歧视原则即可，只不过其组合方式有三种具体模式。①

1. 征收(国有化)的条件及其补偿标准

中国—东盟能源投资合作的法律制度规定了中国和东盟成员国

① 三种模式分别是：适用国民待遇；适用最惠国待遇；适用国民待遇和最惠国待遇(以优者为准)。

对外国投资实施征收或采取国有化措施的前提条件，并在补偿标准方面事实上采取了“及时、充分、有效”的赫尔规则。

根据 CAFTA 投资协议第 8 条的规定，中国和东盟成员国只有在同时满足以下 4 个条件的情况下，才能对来自缔约他方的投资采取征收、国有化或采取其他等同措施：(1)为了公共目的；(2)符合包括法律程序在内的可适用的国内法；(3)以非歧视的方式实施；(4)按照 CAFTA 投资协议的规定给予补偿。①

对于征收(国有化)的补偿，同样根据 CAFTA 投资协议第 8 条的规定，中国和东盟成员国应以征收发布或发生时被征收投资的公平市场价值(以先者为准)，毫不延误地对被征收的投资进行支付，否则要按主要商业利率计算延误期的利息。

2. 战争、内乱的损失补偿

中国—东盟能源投资合作的法律制度对外国投资的战争、内乱损失补偿的规定，采取的是最惠国待遇和国民待遇择优适用的模式。

根据 CAFTA 投资协议第 9 条的规定，外国投资者在本国境内的投资如因战争、武装冲突、革命、国家紧急状态、叛乱、起义、骚乱而遭受损失，中国和东盟成员国在恢复原状、赔偿、补偿和其他解决措施方面，应在同等条件下从优给予最惠国待遇或国民待遇。②

此外，MIGA 公约对保护国际投资也有重要作用。根据 MIGA 公约的规定，在符合规定条件的情况下，MIGA 可对战争或内乱风险、征收或国有化风险、政府违约风险等进行承保，如果投保人因承保风险造成财产损失，MIGA 在对投资损失作出理赔后可取得代位求偿权。

(三)投资争议解决的司法化

投资者与东道国之间的争端是所有投资争端中最为复杂、解决难度最大的一种，由于争端主体地位的不平等，涉及国际法、国内

① 参见《中国与东盟全面经济合作框架协议投资协议》第 8 条。

② 参见《中国与东盟全面经济合作框架协议投资协议》第 9 条。

法等诸多问题，非常容易引发投资者母国对争端解决的外交干涉，使争端的解决呈现政治化的色彩。通常，投资者及其母国倾向于利用国际司法或仲裁机构解决此类争端，而东道国则更愿意将此类争端在其国内解决，希望投资者能够“用尽当地救济”。

随着经济全球化的发展，投资者与东道国之间的争端解决越来越呈现出司法化的趋势。并且，“用尽当地救济”原则在此类纠纷解决过程中的作用被不断削弱，而国际法作为可适用的纠纷解决的裁判依据也越来越得到重视。中国—东盟能源投资合作的法律制度也体现了投资者与东道国间争端解决司法化的特征。

在投资争议解决方面，CAFTA 投资协议规定了两种争端解决程序：一是缔约方之间的投资争议解决程序，二是缔约方与投资者之间的投资争议解决程序。缔约方之间投资争议的解决适用 CAFTA 争端解决协议，缔约方与投资者之间投资争议的解决则适用 CAFTA 投资协议第 14 条的规定。根据 CAFTA 投资协议第 14 条的规定，因 CAFTA 投资协议第 4 条(国民待遇)、第 5 条(最惠国待遇)、第 7 条(公平公正待遇)、第 8 条(征收及国有化)、第 9 条(战争和内乱的损失补偿)、第 10 条(投资及收益的转移)而产生的争议，适用缔约方与投资者之间的投资争议解决程序。① 对于上述投资争议，CAFTA 投资协议第 14 条规定了 6 个月的协商期，协商期满仍未解决的，投资者既可寻求东道国国内的司法救济，也可直接提交下列机构进行国际仲裁：ICSID、UNCITRAL(联合国国际贸易法委员会)或当事方同意的其他仲裁机构。②

此外，中国—东盟能源投资合作的法律制度还最大限度地排除了外交保护在投资争端解决中的应用。根据 CAFTA 投资协议第 14 条的规定，本国海外投资者和缔约他方按照 CAFTA 投资协议同意提交调解或仲裁的投资争议，中国和东盟成员国不得对本国海外投资者提供外交保护，除非此争议的缔约他方未能遵守仲裁机构所做

① 参见《中国与东盟全面经济合作框架协议投资协议》第 14 条。

② 对于菲律宾而言，只有争端双方另行书面同意之后，方可将投资争端提交 ICSID 解决。

出的裁定。

第三节　能源投资准入的限制

一、能源投资准入

(一)能源投资准入的概念

能源投资准入是指东道国许可外国资本进入本国能源领域的程度，包括本国能源领域接受何种类型的外国投资、外国投资能够进入本国能源领域哪些部门、外国投资进入本国能源领域的条件、对本国能源领域外国投资的审查和批准，等等。从外国投资者角度来说，能源投资准入意味着外国投资者获得了进入东道国能源领域的权利和机会,① 虽然这种权利的行使可能或多或少地受到东道国所施加的各种条件的限制。

能源投资准入是东道国能源市场对外开放程度的综合体现，反映着东道国能源领域对国际生产要素在其管辖范围内进行流动、配置所能够接受的广度和深度，影响着能源领域国际资本流动的方向和规模，其表现形式为东道国从本国利益出发制定的各种法律、法规、规章、行政命令等，它们规定了外国投资进入本国能源领域的具体部门、前提条件和审批程序，这是东道国对能源领域的外国投资进行引导、规划、管理的重要手段。

(二)国家主权对能源投资准入的影响

1. 能源投资准入控制的理论基础

对能源领域的外国投资进行准入控制，其理论依据在于众所周知的国家主权原则。当代学者对主权的研究，揭示了国家主权具有多维度的属性，其中，国家经济主权和国家自然资源主权，是国家主权的重要内容，并可为国家对能源投资准入的控制提供直接的理论依据。

---

① 参见徐泉：《略论外资准入与投资自由化》，载《现代法学》2003 年第 4 期，第 146~150 页。

根据国家主权原则，一国对其境内的一切人、物、事享有排他性管辖的权利，除非承担了某些国际法上的特别义务，否则这种管辖权的行使基本上没有任何限制。国家经济主权和国家自然资源主权是国家主权在经济领域和自然资源领域的反映和延伸，前者是指国家决定其经济制度、管理其境内各种经济活动和参与国际经济交往的自主权和独立权，后者是指国家对本国的自然资源或自然财富所享有的占有、使用、处分、收益的权利，两者体现了国家主权在适应社会发展的过程中所做的自我调节。

外国资本进入东道国能源领域是一种意图在东道国获取利益的经济活动，当然要受到国家经济主权的制约。根据国家经济主权原则，东道国可以自主决定是否允许或者根据何种条件允许外国资本进入本国从事经济活动，① 具体到能源领域，则表现为东道国可以自由选择和确定其所欲对外国资本开放的能源部门，以及外国资本进入这些能源部门所需符合的前提条件。

外国资本所进入的东道国的能源领域是一种特殊的领域，涉及自然资源这一通常情况下为国家所有的财富的开发利用、利益分配问题，② 这一问题事关重大，对东道国的国家利益具有重大影响，往往会受到东道国的严格控制。根据国家自然资源主权的理论，东道国对其领土范围内的能源资源享有所有人的权利，未经东道国同意，任何人不得勘探、开发、利用其拥有的能源资源，外国投资者只有在满足东道国提出的条件的情况下，才能够获得东道国授予的能源资源的勘探、开发、利用的特许权利，而东道国基于所有权的理论，可以任意决定外国投资者获得这种特许权的条件，因此外国投资者处于相当不利的地位，这一状况目前难以改变。

---

① See Wallace Cynthia, Legal Control of the Multilareral Enterprise, The Hague: Martinus Nijhoff, 1983, pp. 84-85.

② 除了美国、英国、俄罗斯等少数几个国家和地区的法律允许私人拥有石油、天然气等自然资源之外，世界上绝大多数国家和地区的能源资源所有权都由资源国掌控。参见隋平：《海外能源投资法律与实践》，法律出版社2011年版，第4页；另参见叶玉：《石油投资与贸易措施的国际法规则》，上海人民出版社2009年版，第55页。

2. 能源投资准入控制的基本内容

东道国对其能源领域的外国投资实行准入控制，主要涉及以下几个方面，它们构成了东道国能源外资准入法律制度的基本内容。

(1)投资范围。

能源领域外国资本的投资范围是指东道国法律所规定的、外国资本可以进入的本国能源行业的具体部门。

能源行业关涉国家安全与国计民生，具有重要的战略地位，除少数国家之外，大多数国家对外国资本进入本国能源领域均实行严格的范围控制。虽然多数国家并不完全禁止外国资本进入本国能源领域，但是对外国资本进入本国能源行业的具体部门，其限制则十分严格，通常禁止外国资本进入能源的上游领域而开放下游领域，美国和大多数中东国家即是如此。①

更为常见的做法是国家将能源领域的特许经营权授予本国的国有能源企业，由此来限制外国资本的介入程度，这样，拿到能源领域特许经营权的往往都是本国企业，外国投资者只能通过合作的方式进入东道国的能源行业。

(2)投资比例和形式。

能源领域外国资本的投资比例是指东道国法律对进入本国能源领域的外国资本在企业股权配置方面的限制或要求。

宏观上，能源领域外国资本的投资比例体现了东道国对外国资本在其能源领域内具体投资方向的控制。通常，越是对东道国重要的能源部门，要求本国资本的持股比例越高，要求外国资本的持股比例越低。

微观上，能源领域外国资本的投资比例，只是涉及如何分配外国投资者与东道国当地合资者之间的利益和管理权，双方选择何种

① 美国1920年《矿产租赁法》仅允许联邦政府将煤炭石油油页岩以及天然气等资源的开采权卖给美国公民及美国公司或其他美国实体，非经内务部长的批准不得分租和转租给外国人。沙特阿拉伯、伊拉克禁止外资进入原油勘察、开发领域。参见徐喜君：《能源领域国际投资中的准入与风险法律问题》，复旦大学2009年硕士学位论文，第10~23页。

比例进行合作，基本上从自身的实际情况进行考虑，不过仍须符合法律关于最高或最低比例限制的要求。①

此外，某些东道国还有外资股权当地化的规定，要求外国投资者须按法律规定或约定的期限和条件，将其持有的部分股份出售给东道国或东道国的企业。而且，由于能源行业的战略意义，许多国家即便对外开放本国的能源领域，也会要求外国资本以合资或合作的形式进入，尤其是进入能源的上游领域。

(3)履行要求。

能源领域外资准入的履行要求(Performance Requirements)，是指东道国为了实现本国的社会经济发展目标，对欲进入本国能源领域的外国投资施加的特殊义务限制。

基于发展本国经济的需要，东道国通常会对能源领域的外国投资施加一些除投资范围和投资比例之外的准入限制条件，意在促使外国投资者作出有关本国产品、服务或其他事项的购买、销售等方面的决定，从而使本国的产品或服务取得优势的竞争地位。②

根据各国的实践，履行要求主要存在以下一些类型：当地成分要求、贸易平衡要求、外汇平衡要求、国内销售要求、进口限制、当地股权要求、劳动就业要求、技术转让要求、汇款限制、制造限制、企业总部地理限制、产品指令要求、制造方面要求、出口要求、进口替代要求等。③ 其中，前5种履行要求已被TRIMs协议明令禁止使用，后2种履行要求的使用则受到SCM协议的限制。

许多国家对本国能源领域外国资本的准入规定了履行要求，其

---

① 参见姚梅镇：《比较外资法》，武汉大学出版社1993年版，第340~343页；另参见余劲松：《国际投资法(第二版)》，法律出版社2003年版，第143~145页。

② 参见余劲松：《〈TRIMs协议〉研究》，载《法学评论》2001年第6期，第97~103页。

③ 参见赵维田：《世贸组织(WTO)的法律制度》，吉林人民出版社2000年版，第417~418页；See United Nations Conference on Trade and Development, Foreign Direct Investment and Performance Requirements: New Evidence from Selected Countries, 2003, p. 3.

主要目的在于希望利用外国的资金和技术促进本国的经济和社会发展，带动就业，同时避免本国的经济命脉被外国资本控制。

(4)审查批准。

能源领域外资准入的审查批准是指东道国依据一定的程序和标准，对想要进入本国能源领域的外国投资进行鉴定、甄别、评价，并决定是否给予许可。

对外国资本进行准入审查，是东道国管制本国能源领域外国投资进入的一种重要手段，主要目的在于审查外国资本欲在东道国能源领域投资的项目技术上和经济上是否具有可行性，对东道国的国民经济整体是否具有价值，国家安全是否受到影响。通过审查，东道国可以确保能源领域的外国投资符合本国法律规定的要求和国民经济发展的需要，避免外国投资进入或控制涉及国家安全和国计民生的能源领域关键部门，减轻能源领域的外国投资可能给东道国国民经济和社会发展带来的不利影响。

大多数国家对能源领域的外资进入均设置了一定的审查机制，发展中国家自不待说，即便是发达国家，对外国资本进入本国能源领域仍会进行严格审查。例如美国，虽然其外资政策最为宽松，但美国总统基于国家安全需要，可以阻止外国资本进入美国能源领域。2005 年，中国第三大石油天然气企业——中国海洋石油总公司的全资上市子公司——中国海洋石油有限公司收购美国第九大石油公司——优尼科石油公司折戟而归，便是实例。

能源领域特有的战略意义和政治色彩，导致许多国家对打算进入本国能源领域的外国投资进行国家安全审查，这种审查目前正成为能源领域外国投资在准入阶段面临的最大风险，① 该风险不同于传统的征收及国有化、政府违约、战争和内乱等政治风险，这些政

① 2004 年中国五矿集团公司并购加拿大的诺兰达矿业公司(Noranda)、2006 年俄罗斯天然气工业股份公司(Gazprom)并购英国的 Centrica 均遭失败，原因都在于东道国以国家安全为借口阻止并购行为。参见葛顺奇：《跨国并购及其对中国经济安全的影响》，载《国际经济评论》2007 年第 6 期，第 1～11 页。

治风险通常是在东道国政局不稳的情况下产生的，被称为“传统政治风险”，而国家安全审查的风险是在东道国政局稳定的情况下产生的，因而被称为“非传统政治风险”，这是它最为独特的地方。

二、相关条约对东道国投资准入管制权的约束

虽然投资准入控制是属于东道国国内法管辖的问题，但是如果东道国参与的国际条约对这项权利进行了限制，那么根据“条约必须遵守”的国际法原则，东道国就必须承受国际条约的这种限制，否则便会承担国际法上的责任。

(一) WTO 协议的规定

在 WTO 的一系列协议中，涉及投资准入的主要是 TRIMs 协议、SCM 协议、TRIPs 协议和 GATS。

TRIMs 协议规定了 WTO 成员不得采用违反 GATT1994 第 3 条(国民待遇原则)和第 11 条(一般取消数量限制原则)的 5 种与贸易有关的投资措施(TRIMs)；SCM 协议规定了 WTO 成员不得采用的两种补贴形式：出口补贴和进口替代补贴；TRIPs 协议规定了 WTO 成员最低标准的知识产权保护义务，这与投资的形式密不可分；GATS 直接规定了 WTO 成员对允许以“商业存在”方式进入国内服务市场的外国资本应当遵循的义务，即只要相关服务部门不存在国民待遇方面的限制条件，则该部门的投资准入阶段就应当适用国民待遇。

如前所述，TRIMs 协议、SCM 协议、TRIPs 协议和 GATS 与投资密切相关，但并未明确其适用于投资的何种阶段，由于理论上可以将投资阶段分为准入阶段、经营阶段和退出阶段，① 因此可以认为，上述协议应当适用于投资的全部阶段，当然也包括准入阶段。

(二) CAFTA 协议的规定

CAFTA 的系列协议中，涉及投资准入的主要是 CAFTA 投资协议和 CAFTA 服务贸易协议。

---

① 参见董世忠：《国际经济法》，复旦大学出版社 2009 年版，第 397 页。

CAFTA 投资协议规定了 CAFTA 成员国在外资准入、设立、获得、扩大方面，必须给予 CAFTA 其他成员国的投资者及其相关投资“不低于同等条件下给予缔约他方或第三国的投资者及/或其投资”的最惠国待遇，但排除了“缔约方根据与非缔约方现存的任何协定或经济、区域合作安排，给予投资者及其投资的任何优惠待遇”、“东盟成员国根据相互之间的任何协定或安排，给予投资者及其投资的任何现有或将来的优惠待遇”、“缔约方根据与其单独关税区的任何协定或安排，给予投资者及其投资的任何现有或将来的优惠待遇”。①

与 CATS 相同，CAFTA 服务贸易协议也规定了 CAFTA 成员国对允许以“商业存在”方式进入国内服务市场的外国资本应当遵循的义务，即只要相关服务部门对外开放，并且国民待遇方面不存在限制，那么国民待遇就应当适用于该服务部门的投资准入阶段。但是 CAFTA 投资协议和 CAFTA 服务贸易协议也规定了保护公共道德、公共秩序、人类或动植物的生命或健康、不可再生的自然资源等一般例外和安全例外。②

（三）双边投资保护协定的规定

在投资准入方面，中国与 9 个东盟成员国签订的双边投资保护协定，均未规定缔约方必须接受外国投资的义务，只规定了“依国内法律接受”或最惠国待遇的义务。

《中柬关于促进和保护投资协定》、《中菲关于鼓励和相互保护投资协定》、《中老关于鼓励和相互保护投资协定》、《中马关于相互鼓励和保护投资协定》、《中缅关于鼓励促进和保护投资协定》、《中越关于鼓励和相互保护投资协定》、《中印（尼）关于促进和保护投资协定》规定：缔约方应鼓励并依照其法律和法规接受缔约他方

① 参见《中国与东盟全面经济合作框架协议投资协议》第 5 条。

② 参见《中国与东盟全面经济合作框架协议投资协议》第 16、17 条，《中国与东盟全面经济合作框架协议服务贸易协议》第 12、13 条。

的投资。①

《中菲关于鼓励和相互保护投资协定》、《中老关于鼓励和相互保护投资协定》还规定了“更为优惠的待遇”：如果缔约方根据其法律和法规给予缔约他方投资的待遇较本协定的规定更为优惠，应从优适用。②

《中泰关于促进和保护投资的协定》、《中新关于促进和保护投资协定》则更为宽松，仅规定：缔约方应“在顾及其计划和政策的同时”或“在符合其经济总政策条件下”，“鼓励和促进缔约他方的投资”或“鼓励并为缔约他方的投资创造良好的环境”。③

《中菲关于鼓励和相互保护投资协定》、《中柬关于促进和保护投资协定》、《中马关于相互鼓励和保护投资协定》、《中缅关于鼓励促进和保护投资协定》、《中越关于鼓励和相互保护投资协定》、《中新关于促进和保护投资协定》，对外国投资准入规定了“不应低于任何第三国投资”的最惠国待遇。并且，这些最惠国待遇均无一例外地排除了“依照关税同盟、自由贸易区、经济联盟、避免双重征税协定和为了方便边境贸易而给予的任何优惠待遇”。④

《中泰关于促进和保护投资的协定》、《中印(尼)关于促进和保护投资协定》则将最惠国待遇限制在投资的“管理、维持、使用、

① 参见《中菲关于鼓励和相互保护投资协定》、《中柬关于促进和保护投资协定》、《中老关于鼓励和相互保护投资协定》、《中马关于相互鼓励和保护投资协定》、《中缅关于鼓励促进和保护投资协定》、《中印(尼)关于促进和保护投资协定》、《中越关于鼓励和相互保护投资协定》第2条。

② 参见《中菲关于鼓励和相互保护投资协定》第11条和《中老关于鼓励和相互保护投资协定》第9条。

③ 参见《中泰关于促进和保护投资的协定》、《中新关于促进和保护投资协定》第3条。

④ 参见《中柬关于促进和保护投资协定》第3条、《中马关于相互鼓励和保护投资协定》第3、4条、《中缅关于鼓励促进和保护投资协定》第3条、《中印(尼)关于促进和保护投资协定》第4条、《中泰关于促进和保护投资的协定》第8条、《中越关于鼓励和相互保护投资协定》第3条、《中新关于促进和保护投资协定》第4、5条。

享有或处置"方面,① 直接排除了在投资准入方面的适用。

只有《中缅关于鼓励促进和保护投资协定》第3条规定了投资准入方面的国民待遇义务，但却施加了前提条件的限制：在不损害其法律法规的前提下，缔约方应给予缔约他方的投资者和投资不低于其给予本国投资者和投资的待遇。

三、中国及东盟各国对能源投资准入的限制

(一)中国对能源投资准入的限制

中国一直致力于积极完善对外开放的法律、法规和政策，曾先后颁布《中外合资经营企业法》、《中外合作经营企业法》、《外资企业法》，以努力营造公平开放的外商投资环境。中国于1995、2000、2002年分别制定了《指导外商投资方向暂行规定》、《外商投资产业指导目录》、《中西部地区外商投资优势产业目录》和《指导外商投资方向规定》，并于1997、2002、2004、2007、2011、2013、2015年6次修订了《外商投资产业指导目录》，于2004、2008、2013年3次修订了《中西部地区外商投资优势产业目录》，鼓励外商投资于中国的能源及相关的采掘、生产、供应、运输行业，以及能源设备的制造产业和中西部地区的能源产业。

中国的外资立法种类繁多、内容丰富，据不完全统计，中国仅中央级的外资立法就已超过100项，内容涉及工商、保险、金融、外汇、海关、税收、市场、技术、土地、劳动、财会、审计等各个领域，地方性立法数量则更多、内容更为庞杂。② 其中，现行的涉及能源领域外资准入的法律法规主要有：《中外合资经营企业法》及《中外合资经营企业法实施条例》(2001年)、《中外合作经营企业法》及《中外合作经营企业法实施细则》(2000年)、《外资企业法》(2000年)及《外资企业法实施细则》(2001年)、《矿产资源法》

① 参见《中泰关于促进和保护投资的协定》第4条、《中印(尼)关于促进和保护投资协定》第4条。

② 参见王玉梅：《中国的外国直接投资法律制度研究》，法律出版社2003年版，第38页。

(1996年)及《矿产资源法实施细则》(1994年)、《关于进一步鼓励外商投资勘查开采非油气矿产资源的若干意见》(2000年)、《对外合作开采海洋石油资源条例》(2011年)、《对外合作开采陆上石油资源条例》(2011年)、《中西部地区外商投资优势产业目录》(2013年)、《外商投资产业指导目录》(2015年),等等。

1. 投资范围

根据中国的《指导外商投资方向规定》(2002年)第4、5、6、7条规定,中国将外商投资的领域划分为鼓励、允许、限制、禁止4类,具体参见表4-1。

表4-1　　中国外商投资领域开放一览表

鼓励类	(1)农业新技术、农业综合开发和能源、交通、重要原材料工业;(2)高新技术、先进适用技术。能够改进产品性能、提高企业技术经济效益或者生产国内生产能力不足的新设备、新材料的;(3)适应市场需要,能够提高产品档次、开拓新兴市场或者增加产品国际竞争能力的;(4)新技术、新设备。能够节约能源和原材料、综合利用资源和再生资源以及防治环境污染的;(5)能够发挥中西部地区的人力和资源优势,并符合国家产业政策的;(6)法律、行政法规规定的其他情形
限制类	(1)技术水平落后的;(2)不利于节约资源和改善生态环境的;(3)从事国家规定实行保护性开采的特定矿种勘探、开采的;(4)属于国家逐步开放的产业的;(5)法律、行政法规规定的其他情形
禁止类	(1)危害国家安全或者损害社会公共利益的;(2)对环境造成污染损害、破坏自然资源或者损害人体健康的;(3)占用大量耕地,不利于保护、开发土地资源的;(4)危害军事设施安全和使用效能的;(5)适用我国特有工艺或者技术生产产品的;(6)法律、行政法规规定的基他情形
允许类	不属于鼓励类、限制类和禁止类的外商投资项目

根据中国2015年修订的《外商投资产业指导目录》规定,能源

领域基本上不属于中国禁止和限制外商投资的领域，有些部门甚至还鼓励外商投资。除了明确禁止外商投资大电网范围内单机容量不大于“30万千瓦的燃煤凝汽火电站”和“20万千瓦的燃煤凝汽抽汽两用热电联产电站”的建设经营，① 限制外商投资小电网范围内单机容量不大于“30万千瓦的燃煤凝汽火电站”和“10万千瓦的燃煤凝汽抽汽两用机组热电联产电站”的建设经营②、中方控股的“特殊和稀缺煤类勘查和开采”③，以及“城市人口大于50万的城市燃气管网”④和“同一外国投资者设立分店超过30家、销售多个供应商不同种类和品牌成品油的连锁加油站”⑤的建设经营之外，中国能源领域的其他所有部门均对外资开放，并且，中国还特别鼓励外商投资于下列能源部门：(1)包括非常规油气在内的石油、天然气勘探开发和矿井瓦斯利用，但限于合资及合作；(2)提高原油采收率的工程服务和相关新技术的开发应用；(3)石油勘探开发新技术的开发应用；(4)单机不小于60万千瓦的超超临界机组电站的建设经营；(5)背压(抽背)型的热电联产、热电冷多联产、不小于30万千瓦的热电联产机组电站的建设经营；(6)单机不小于60万千瓦的缺水地区大型空冷机组电站的建设经营；(7)洁净煤发电项目的建设经营；(8)采用流化床锅炉并利用煤矸石、中煤、煤泥等进行发电且单机不小于30万千瓦的项目建设经营；(9)以发电为主的水电站的建设经营；(10)中方控股的核电站的建设经营；(11)新能源电站的建设经营；(12)中方控股的电网的建设经营；

① 参见中国国家发展和改革委员会、商务部：《外商投资产业指导目录》(2015年修订)，《禁止外商投资产业目录》第14条。

② 参见中国国家发展和改革委员会、商务部：《外商投资产业指导目录》(2015年修订)，《限制外商投资产业目录》第14条。

③ 参见中国国家发展和改革委员会、商务部：《外商投资产业指导目录》(2015年修订)，《限制外商投资产业目录》第3条。

④ 参见中国国家发展和改革委员会、商务部：《外商投资产业指导目录》(2015年修订)，《限制外商投资产业目录》第15条。

⑤ 参见中国国家发展和改革委员会、商务部：《外商投资产业指导目录》(2015年修订)，《限制外商投资产业目录》第23条。

(13)油气输送管道、油气库的建设经营；等等。①

此外，《中西部地区外商投资优势产业目录》(2013年)还进一步放宽了外商的投资领域，将中国22个中西部省级行政区划②的部分能源行业对外资开放，如“城市燃气管网的建设和经营”(中西部22个省级行政区划)，“太阳能发电或设备和零部件制造”(重庆、甘肃、贵州、江西、内蒙古、宁夏、四川)，“《天然气利用政策》不予限制或禁止的天然气下游化工产品的开发和利用”(内蒙古、重庆、四川、陕西、甘肃、海南)，“煤层气和煤炭伴生资源综合开发和利用”(山西、内蒙古)，“包括蓄能电池、抽水蓄能技术、空气储能技术、风电与后夜供热在内的大型储能技术的研发与生产应用”(内蒙古、辽宁、四川)，“包括煤层气压缩机在内的天然气压缩机的制造”(四川、内蒙古)，“洗中煤、焦炉煤气余热发电、供热等综合利用”(山西、内蒙古)，“电网智能管理控制系统设备制造”(黑龙江、新疆)，“限于合资、合作的生物质能发电设备制造”(吉林)，“汽车加气站的建设和经营”(湖北)，“500千伏及以上高压直流换流变压器研发及制造”(重庆)，“深水海洋工程设备的制造”(海南)，“焦炭副产品的综合利用”(山西)，“采煤矿区采空、塌陷区域生态系统恢复与重建工程”(山西)，“除勘探、开采之外的煤层气和天然焦等煤炭伴生资源综合利用”(安徽)，“煤层气抽采和利用技术产品开发与生产”(河南)，“中方控股的煤炭加工应用技术开发”(新疆)，“油气伴生资源综合利用”(新疆)，小电网范围内“单机容量不大于30万千瓦的燃煤凝汽火电站”和“单机容量不大于10万千瓦的燃煤凝汽抽汽两用热电联产电站”的建设和经营(新疆)，等等。③

① 参见中国国家发展和改革委员会、商务部：《外商投资产业指导目录》(2015年修订)。

② 这22个省级行政区划是山西、内蒙古、辽宁、吉林、黑龙江、安徽、江西、河南、湖北、湖南、广西、重庆、四川、贵州、云南、西藏、陕西、甘肃、宁夏、青海、新疆、海南。

③ 参见中国国家发展和改革委员会、商务部：《中西部地区外商投资优势产业目录》(2013年修订)。

2. 投资比例和形式

在石油和天然气领域，中国主要实行以产品分成合同为基础的对外合作模式。2011 年，中国第 3 次修订《对外合作开采海洋石油资源条例》与《对外合作开采陆上石油资源条例》，以此保护外商参与合作勘探开采中国的海洋或陆地石油、天然气资源的合法权益，同时鼓励外商投资于石油、天然气的勘探开发，油气输送管道、油气库的建设经营，提高原油采收率的工程服务和相关新技术的开发应用，石油勘探开发新技术的开发应用。①

中国还鼓励外商投资于非常规能源资源的勘探开发。根据 2015 年修订的《外商投资产业指导目录》，中国鼓励外商投资于油砂、油页岩、煤层气、页岩气等非常规油气的勘探开发，太阳能、风能、地热能、生物质能、潮汐能、潮流能、波浪能等新能源电站的建设经营，以及矿井瓦斯的利用。② 根据 2000 年国土资源部、国家计委、国家经贸委、财政部、外经贸部、国家工商行政管理局联合发布的《关于进一步鼓励外商投资勘查开采非油气矿产资源的若干意见》，中国更大程度地放开了非油气矿产的探矿权和采矿权市场，不仅允许外商以独资或合作形式在中国境内进行风险勘探并赋予其优先采矿权，而且在外商投资开采回收共/伴生矿、利用尾矿、使用先进技术，或投资于西部地区非油气矿产的情况下，还给予减/免矿产资源补偿费或探/采矿权使用费等优惠政策。③

中国也鼓励外商投资于能源设施的建设经营。根据 2015 年修订的《外商投资产业指导目录》，中国鼓励外商投资于单机不小于 60 万千瓦的超超临界机组电站，背压(抽背)型的热电联产、热电冷多联产、不小于 30 万千瓦的热电联产机组电站，单机不小于 60

① 参见中国国家发展和改革委员会、商务部:《外商投资产业指导目录》(2015 年修订)。

② 参见中国国家发展和改革委员会、商务部:《外商投资产业指导目录》(2015 年修订)。

③ 参见中国国土资源部、国家计委、国家经贸委、财政部、外经贸部、国家工商行政管理局:《关于进一步鼓励外商投资勘查开采非油气矿产资源的若干意见》(2000 年)。

万千瓦的缺水地区大型空冷机组电站，洁净煤发电项目，采用流化床锅炉并利用煤矸石、中煤、煤泥等进行发电且单机不小于30万千瓦的项目，以发电为主的水电站建设经营，中方控股的电网或核电站的建设经营。

目前，中国允许外资以下列4种方式进入国内：(1)设立外商投资企业，具体有外资企业(外商独资企业)①、中外合资经营企业②、中外合作经营企业③、外商投资股份有限公司④4种类型；(2)并购中国企业，具体有股权并购⑤和资产并购⑥两种类型；(3)BOT方式，它主要适用于基础设施和公用设施领域的投资；(4)中外合作开发，这是适用于石油、天然气、其他非油气等自然资源开发的投资形式。

根据《中外合资经营企业法》(2001年)的规定，中外合营企业的形式为有限责任公司，其中外国合营者的出资比例一般不低于

① 外资企业全部资本由外商出资，其企业形式既可是具有中国法人资格的公司(通常为有限责任公司，但经批准也可以是其他形式)，也可是不具有中国法人资格的非公司型企业。

② 中外合资经营企业由外商和中国投资者共同出资，其企业形式只能为具有中国法人资格的有限责任公司。

③ 中外合作经营企业由外商和中国投资者共同出资，其企业形式可以是具有中国法人资格的公司，也可以是具有中国法人资格的准合伙型联营企业。

④ 外商投资股份有限公司是指按中国《关于设立外商投资股份有限公司若干问题的暂行规定》(1995年)设立的，全部资本由等额股份构成，股东以其所认购的股份对公司承担责任，公司以全部财产对公司债务承担责任，中外股东共同持有公司股份，外国股东购买并持有的股份占公司注册资本25%以上的企业法人。

⑤ 股权并购是指外国投资者购买境内非外商投资企业股东的股权或认购境内非外商投资企业增资，使该境内非外商投资企业变更设立为外商投资企业。

⑥ 资产并购是指外国投资者设立外商投资企业，并通过该企业协议购买境内企业资产且运营该资产，或者是，外国投资者协议购买境内企业资产，并以该资产投资设立外商投资企业运营该资产。

25%。① 根据2011年修订的《对外合作开采海洋石油资源条例》与《对外合作开采陆上石油资源条例》的规定，外商不得在中国境内独资开采石油和天然气，而必须采用与中方指定公司②合作的方式进行。

此外，根据中国国家发展和改革委员会、商务部于2013、2015年修订的《中西部地区外商投资优势产业目录》和《外商投资产业指导目录》，对于下列能源部门，必须由中方控股③：(1)特殊和稀缺煤类的勘查开采；④ (2)小电网范围内单机容量不大于"30万千瓦及的燃煤凝汽火电站"和"10万千瓦的燃煤凝汽抽汽两用机组热电联产电站"的建设经营；⑤ (3)城市人口大于50万的城市燃气管网的建设经营；⑥ (4)同一外国投资者设立分店超过30家、销售多个供应商不同种类和品牌成品油的连锁加油站的建设经营；⑦ (5)核电站的建设和经营；(6)电网的建设和经营；⑧ (7)新疆的煤炭加工应用技术开发。⑨

---

① 参见《中外合资经营企业法》(2001年)第4条。

② 中方目前指定的公司是：中国石油天然气集团公司、中国石油化工集团公司、中国海洋石油总公司。其中，中国石油天然气集团公司和中国石油化工集团公司主要负责陆上石油和天然气的对外合作，中国海洋石油总公司主要负责海上石油和天然气的对外合作。

③ 根据中国的《指导外商投资方向规定》第8条，中方控股是指中方投资者在外商投资项目中的投资比例之和为51%及以上。

④ 参见中国国家发展和改革委员会、商务部：《外商投资产业指导目录》(2015年修订)，《限制外商投资产业目录》第3条。

⑤ 参见中国国家发展和改革委员会、商务部：《外商投资产业指导目录》(2015年修订)，《限制外商投资产业目录》第14条。

⑥ 参见中国国家发展和改革委员会、商务部：《外商投资产业指导目录》(2015年修订)，《限制外商投资产业目录》第15条。

⑦ 参见中国国家发展和改革委员会、商务部：《外商投资产业指导目录》(2015年修订)，《限制外商投资产业目录》第23条。

⑧ 参见中国国家发展和改革委员会、商务部：《外商投资产业指导目录》(2015年修订)。

⑨ 参见中国国家发展和改革委员会、商务部：《中西部地区外商投资优势产业目录》(2013年修订)。

对于下列能源部门，外国资本只能采取合资或合作的方式进行投资：(1)包括油页岩、油砂、页岩气、煤层气等非常规油气在内的石油、天然气勘探开发；(2)矿井瓦斯的利用；① (3)吉林省的生物质能发电设备制造。②

3. 履行要求

中国的外资立法曾经存在大量的关于履行要求的规定，但为了适应贸易自由化的国际趋势，在加入 WTO 前夕，中国对外资立法中与 WTO 规定相冲突的内容进行了修正，主要是修改了外资立法中与 TRIMs 协议不符的部分，取消了当地成分、贸易平衡、外汇平衡、国内销售、出口实绩等履行要求。

但是，由于 WTO 的主要职能只涉及国际贸易领域，因此作为 WTO 职能扩大化表现形式之一的 TRIMs 协议，在投资方面的要求就只能与贸易相关。而与贸易无关的履行要求，TRIMs 协议目前并不能约束。这就导致许多与贸易无关的履行要求，仍然大量存在于包括中国在内的世界各国外资立法之中。

4. 审查批准

中国目前对外资准入采取逐一复核式的审批方式，负责审查批准外资准入的涉及多个政府机构和部门，除了发展与改革委员会(发改委)、商务部及其授权的省级行政区划、较大的市或国务院有关部门之外，往往还需要环保、城建、国土等部门进行先期审批。

从审查机构的组成来看，外资准入的审批机关分为中央和地方两级，其审批权限有所不同。由于地区情况存在一定差异，审批机关可以在各自的权限范围内下放审批权。目前，中国还没有设立专门的能源类外商投资审批机关，能源类外商投资的审批涉及的管理机关多达 10 个以上，主要的管理机关是国家发展和改革委员会、

① 参见中国国家发展和改革委员会、商务部：《外商投资产业指导目录》(2015 年修订)。

② 参见中国国家发展和改革委员会、商务部：《中西部地区外商投资优势产业目录》(2013 年修订)。

国土资源部、商务部、科技部、农业部和环境保护部等部门。

从审查标准来看，多部法律法律法规作了原则性规定。根据中国的《外资企业法实施细则》第5条、《中外合作经营企业法实施细则》第9条、《中外合资经营企业法实施条例》第4条，下列情况的外商投资企业(三资企业)设立申请不予批准：(1)有损中国的主权或者社会公共利益；(2)危及中国的国家安全；(3)违反中国的法律、法规或者国家产业政策；(4)不符合中国的国民经济发展要求；(5)可能造成中国的环境污染；(6)协议、合同、章程显属不公平，损害合营一方权益。①

根据中国2007年制定的《反垄断法》第31条，外国资本并购中国境内企业或以其他方式参与经营者集中，涉及中国国家安全的，除依照《反垄断法》进行经营者集中审查之外，还应按照中国的其他相关规定进行国家安全审查。②

根据中国商务部2009年制定的《关于外国投资者并购境内企业的规定》第12条的规定，外国投资者并购中国境内企业并取得实际控制权的，如果涉及重点行业，或者存在影响或可能影响中国国家经济安全的因素，当事人应向中国商务部申报，并由中国商务部决定是否进行国家安全审查。③

根据中国商务部2011年制定的《商务部实施外国投资者并购境内企业安全审查制度的规定》第3条，外国投资者并购中国境内企业，中国国务院有关部门、全国性行业协会、同业企业或上下游企业如认为需要进行国家安全审查的，可向中国商务部提出建议，同时须提交包括对国家安全的具体影响在内的情况说明，属于国家安全审查范围的，中国商务部应在5个工作日内将该建议提交联席会

---

① 参见中国《外资企业法实施细则》第5条、《中外合作经营企业法实施细则》第9条、《中外合资经营企业法实施条例》第4条。

② 参见中国《反垄断法》(2007年)第31条。

③ 参见中国商务部:《关于外国投资者并购境内企业的规定》(2009年)第12条。

议，由联席会议决定是否进行国家安全审查。①

根据中国国务院办公厅2011年制定的《国务院办公厅关于建立外国投资者并购境内企业安全审查制度的通知》第1条的规定，实际控制权可能被外国投资者取得的重要能源、资源、基础设施、运输服务的外资并购，属于国家安全审查的范围。② 该通知还规定了国家安全审查的内容、工作机制及程序。③

上述法律法规表明中国禁止外国资本进入危害国家安全或者不利于社会公共利益的行业，但是，中国在投资准入审查的透明度方面存在不足，没有对"国家安全"和"社会公共利益"的内涵进行明确界定，这样势必会导致有关部门会基于自身利益需要或者其他目的而拒绝通过外国投资的审查。

（二）东盟成员国对能源投资准入的限制

东盟成员国经济发展水平不一，既有较为富裕的新加坡和文莱，也有处于中等水平的印度尼西亚、马来西亚、菲律宾、泰国，还有不发达的柬埔寨、老挝、缅甸、越南。它们对能源领域外国投资的准入均与中国一样存在限制，只不过存在程度上的差异。这些能源领域外资准入的限制差异主要体现在投资范围、投资比例和形式、履行要求和审批程序等方面。

以印度尼西亚为例。印度尼西亚能源资源丰富，其关于能源投资准入的国内立法主要有：2007年的《投资法》、2001年的《石油和天然气法》、2009年的《矿产和煤炭法》、2007年的《能源法》、2010年的《关于禁止和限制投资领域的条例》等，它们对进入本国能源领域的外国资本的投资范围、投资比例、履行要求、审查批准等事项作出了详细规定。

1. 投资范围

① 参见中国商务部：《商务部实施外国投资者并购境内企业安全审查制度的规定》(2011年)第3条。

② 参见中国国务院办公厅：《国务院办公厅关于建立外国投资者并购境内企业安全审查制度的通知》(2011年)第1条。

③ 参见中国国务院办公厅：《国务院办公厅关于建立外国投资者并购境内企业安全审查制度的通知》(2011年)第2、3、4条。

根据印度尼西亚最新修订的《投资法》(2007年第25号)①、《矿产和煤炭法》(2009年第4号)、《石油和天然气法》(2001年第22号)、《能源法》(2007年第30号)，以及《关于禁止和限制投资领域的条例》(2010年第36号总统令)等法律文件的规定，能源领域属于印度尼西亚对外国资本有限制地开放的领域，外国资本可以投资于印度尼西亚能源领域的任何部门，但只有在满足规定条件的情况下才能获准进入。

具体而言，印度尼西亚对外国资本开放了本国能源领域的下列相关部门：火力发电厂、地热设施的运营和维护、地热钻探、地热发电厂、石油和天然气的海上钻探(限于"印度尼西亚东部之外的地区")、石油和天然气的陆地钻探、石油和天然气设施的运行和维护、火力发电厂的维护和操作安装、核电站、电力传输、电力分配、电力构建和安装、设计采购施工(工程总承包)、电力咨询、电力供应设备的技术发展、放射性矿物的开采、② 煤炭的勘探、开采、加工、提炼、运输、存储和销售、③ 石油和天然气的勘探、开采、加工、提炼、运输、存储和销售。④

2. 投资比例和形式

虽然在相当大的程度上对外开放了国内的能源市场，但是，为了对进入本国能源领域的外国资本进行有效控制，印度尼西亚法律对外国资本的持股比例作了一定限制。

根据印度尼西亚《关于禁止和限制投资领域的条例》(2010年第

---

① 印度尼西亚于2007年颁布新的《投资法》，取代了其1967年的《外国投资法》和1968年的《国内投资法》，成为印度尼西亚投资管理方面的基本法，该法最大的特点是将外国资本与国内资本同等看待。

② See Presidental Regulation of The Republic of Indonesia on List of Business Fields Closed to Investment and Business Fields Open, With Conditions, to Investment (Number 36 of 2010).

③ See Law of The Republic of Indonesia Regarding Mineral and Coal Mining (Number 4 of 2009).

④ See Law of The Republic of Indonesia Concerning Oil and Natural Gas (Number 22 of 2001).

36 号总统令)的规定，外国资本在“地热设施的运营和维护服务”的投资中最高持股比例为 90%，在“地热钻探服务”、“地热发电厂”、“石油和天然气的海上钻探服务”(限于“印度尼西亚东部之外的地区”)、“石油和天然气的陆地钻探服务”、“石油和天然气设施的运行和维护服务”、“火力发电厂的维护和操作安装服务”、“火力发电厂”(10MW 以上)、“核电站”、“电力传输”、“电力分配”、“电力构建和安装服务”、“设计采购施工(工程总承包)服务”、“电力咨询服务”、“电力供应设备的技术发展”等方面的投资中最高持股比例为 95%。①

此外，根据印度尼西亚《投资法》(2007 年第 25 号)的规定，外国资本若要投资于印度尼西亚市场，首先必须根据印度尼西亚的法律规定注册为有限责任公司。② 根据印度尼西亚《石油和天然气法》(2001 年第 22 号)的规定，石油和天然气的上游业务(勘探和开采)只能通过合作即签订合作合同的形式进行，③ 石油和天然气的下游业务(加工、提炼、运输、存储和销售)的商业许可只授予依印度尼西亚法律成立的商业实体(Business Entity)，④ 而所谓的商业实体是指根据印度尼西亚现行法律在印度尼西亚领土范围内设立、从事永久性和持续性商业活动、具有法律实体形式的公司。⑤

另外，根据印度尼西亚《矿产和煤炭法》(2009 年第 4 号)的规定，外国股东在生产 5 年后有义务向印度尼西亚的中央政府、地方

---

① See Presidental Regulation of The Republic of Indonesia on List of Business Fields Closed to Investment and Business Fields Open, With Conditions, to Investment (Number 36 of 2010), the Appendix List.

② See Law of The Republic of Indonesia Concerning Investment (Number 25 of 2007), Article 5.

③ See Law of The Republic of Indonesia Concerning Oil and Natural Gas (Number 22 of 2001), Article 6.

④ See Law of The Republic of Indonesia Concerning Oil and Natural Gas (Number 22 of 2001), Article 7.

⑤ See Law of The Republic of Indonesia Concerning Oil and Natural Gas (Number 22 of 2001), Article 1.

地府、国有企业(State-owned Business Enterprises)、地方企业(Region-owned Business Enterprises)或国内私营企业转让一定数量的股份,① 印度尼西亚2010年第23号政府条例规定印度尼西亚方面至少要获得20%的股份,② 但2012年将这一比例提升至51%,印度尼西亚方面获得的股份第6年为20%,第7年为30%,第8年为37%,第9年为44%,最后在第10年达到51%。③ 另外,印度尼西亚《能源法》(2007年第30号)规定,能源服务只能由商业实体(Business Entity)和个人提供,该法关于商业实体的解释与《石油和天然气法》(2001年第22号)相同。④ 因此,外国资本必须依印度尼西亚法律在印度尼西亚设立有限责任公司,才能进入印度尼西亚的国内能源市场从事能源的勘探、开采、加工、提炼、运输、存储和销售等活动。

3. 履行要求

为了使国民经济更多地受益于国内能源市场的对外开放,印度尼西亚对进入本国能源领域的外国投资规定了较多的履行要求。根据印度尼西亚《矿产和煤炭法》(2009年第4号)和《关于矿业经营活动的政府规章》(2010年第23号)的规定,持有普通矿业许可证(IUP)和特别矿业许可证(IUPK)⑤的生产经营者,其矿产或煤炭

① See Law of The Republic of Indonesia Regarding Mineral and Coal mining (Number 4 of 2009), Article 112.

② See Government Regulation of The Republic of Indonesia Regarding the Implemetation of Mineral and Coal Mining Business Activity (Number 23 of 2010), Article 97.

③ See Government Regulation of The Republic of Indonesia Regarding the Implemetation of Mineral and Coal Mining Business Activity (Number 24 of 2012), Article 97.

④ See Law of The Republic of Indonesia on Energy (Number 30 of 2007), Article 23.

⑤ 印度尼西亚的《矿产和煤炭法》(2009年第4号)用矿业许可证制度代替了原来使用的矿业标准工作合同制度,并将矿业许可证分3种:普通矿业许可证(IUP)、民间矿业许可证(IPR)、特别矿业许可证(IUPK)。

的加工和冶炼环节必须在印度尼西亚国内进行,① 必须优先使用印度尼西亚当地或国内的矿业服务公司②以及当地人员③提供的服务,不得使用或雇佣自己的下属公司或非当地人员,除非获得印度尼西亚能源与矿产部部长的批准。④ 此外,持有普通矿业许可证(IUP)和特别矿业许可证(IUPK)的生产经营者,必须优先满足印度尼西亚的国内市场需求后方能出口其生产的矿产品,⑤ 并且,为了满足质量标准和售后服务的要求或为了保证持续供应和及时输送,还应优先购买印度尼西亚国内的产品、设备、原材料或在印度尼西亚国内销售的进口原材料。⑥ 值得注意的是,持有普通矿业许可证(IUP)和特别矿业许可证(IUPK)的生产经营者,同时还负有矿区周围地区的社区发展义务,他们必须与政府和所在社区协商制定社区发展规划并给予经费支持。⑦

此外,根据印度尼西亚《石油和天然气法》(2001 年第 22 号)的规定,石油和天然气的生产者应当至少将其产品的 25%用于满

① See Law of The Republic of Indonesia Regarding Mineral and Coal mining (Number 4 of 2009), Article 103.

② See Law of The Republic of Indonesia Regarding Mineral and Coal mining (Number 4 of 2009), Article 124.

③ See Government Regulation of The Republic of Indonesia Regarding the Implemetation of Mineral and Coal Mining Business Activity (Number 23 of 2010), Article 86.

④ See Government Regulation of The Republic of Indonesia Regarding the Implemetation of Mineral and Coal Mining Business Activity (Number 23 of 2010), Article 86.

⑤ See Government Regulation of The Republic of Indonesia Regarding the Implemetation of Mineral and Coal Mining Business Activity (Number 23 of 2010), Article 84.

⑥ See Government Regulation of The Republic of Indonesia Regarding the Implemetation of Mineral and Coal Mining Business Activity (Number 23 of 2010), Article 87.

⑦ See Government Regulation of The Republic of Indonesia Regarding the Implemetation of Mineral and Coal Mining Business Activity (Number 23 of 2010), Article 106.

足印度尼西亚国内的市场需求,① 还应当优先使用当地的人力资源、产品和服务，并负有环境和社区发展的义务。② 印度尼西亚《能源法》(2007 年第 30 号)也同样规定了能源企业的社区发展义务。③

4. 审查批准

进入印度尼西亚能源领域的外国资本要受到印度尼西亚政府严格的审查和批准后方能开展投资经营活动。

根据印度尼西亚《投资法》(2007 年第 25 号)、印度尼西亚《矿产和煤炭法》(2009 年第 4 号)、《石油和天然气法》(2001 年第 22 号)的规定，印度尼西亚国内负责审批能源领域外国投资及相关事项的国家机构主要有：总统、投资协调委员会(Investment Coordinating Board)、能源与矿产资源部(Ministry of Energy and Mineral Resources)、环境国务部(State Ministry for the Environment)和上述部门在印度尼西亚地方政府中的相应机构以及各地方政府。其中，印度尼西亚总统负责批准石油和天然气领域的合作合同，投资协调委员会负责批准或代表其他政府机构批准外资投资的项目、外国投资公司的设立与营业执照的发放等,④ 能源与矿产资源部和各地方政府负责审批能源项目以及矿业许可证的发放，环境国务部负责审批建设项目，根据印度尼西亚法律规定，印度尼西亚国内所有建设项目均需通过环境影响评价。

① See Law of The Republic of Indonesia Concerning Oil and Natural Gas (Number 22 of 2001), Article 22.

② See Law of The Republic of Indonesia Concerning Oil and Natural Gas (Number 22 of 2001), Article 40.

③ See Law of The Republic of Indonesia on Energy (Number 30 of 2007), Article 24.

④ 在印度尼西亚设立外资公司原先至少需要经历 16 道审批程序，从 2009 年 2 月开始，印度尼西亚投资协调委员会获得授权对外国投资者提供“一站式”的审批服务，简化了外资的审批程序。See Indonesia Investment Coordinating Board, Invest in Remarkable Indonesia, http://www7.bkpm.go.id/contents/general/16/one-stop-shop#.ViiXPYWAIwJ, last visited on September 10, 2015.

第四节 能源投资的待遇与保护

一、能源投资待遇

能源投资待遇是指东道国给予进入本国能源领域的外国投资者及其投资或相关投资活动的法律上的地位和权利。东道国对进入本国能源领域的外国投资者及其投资或相关投资活动所提供的待遇，主要包括国民待遇、最惠国待遇和公平公正待遇三种待遇标准。

(一)国民待遇

国际投资法中的国民待遇通常是指东道国给予外国投资者及其投资或相关投资活动，不低于(或等同于)本国投资者及其投资或相关投资活动所享有的待遇。作为一种相对待遇，国民待遇的立法目的主要在于使外国的投资者和东道国本国的投资者享有平等的竞争条件，避免外国投资者及其投资因其国籍不同而受到东道国的歧视。

1. 国民待遇的定义方式

国际投资条约和各国外资立法对国民待遇主要有两种定义方式：第一种定义方式强调东道国给予外国投资者及其投资或相关投资活动的待遇要等同于(As the same favorable as)或等于(The same as)本国投资者及其投资或相关投资活动享有的待遇。《世界银行外商直接投资待遇指南》即采用此种方式来定义国民待遇。① 第二种定义方式强调东道国给予外国投资者及其投资或相关投资活动不低于(No less favorable than)本国投资者及其投资或相关投资活动享有的待遇。晚近签定的国际投资条约大多数采用第二种方式来定义投资，② 如

① See World Bank, World Bank Guidelines on the Treatment of Foreign Direct Investment, Article Ⅲ, 3(a).

② 参见卢炯星：《中国外商投资法问题研究》，法律出版社 2001 年版，第 98 页。

NAFTA① 和中日双边投资保护协定。②

2. 国民待遇的适用范围

国民待遇源于自由平等的人文主义思想，也符合国家属地管辖权的基本要求，因为平等是人与人之间的应然状态，自由则反映了人类追求的社会秩序的价值目标。但是，外国投资者的权利是依据东道国国内法而取得的，而每个国家有其自己的社会、政治、经济制度，以及符合自身情况的发展目标，因此，国民待遇的适用往往不是绝对的，通常都具有一定的范围限制。

首先，国民待遇一般会受到互惠原则的限制。这是指东道国给予外国投资者及其投资或相关投资活动的国民待遇，以该外国投资者的母国也同样给予东道国的投资者及其投资或相关投资活动以国民待遇为条件。国民待遇受互惠原则限制，是国家主权平等原则在外国投资者投资待遇方面的体现。《法国民法典》第 11 条即规定，外国人在法国享有与法国公民同等的民商事权利，但以法国与该外国人所属国签订的条约中约定互相给予国民待遇为前提条件。

其次，国民待遇还会受到东道国国内法的限制。从现代国际实践来看，国民待遇所确立的是外国人和本国人享有同等而非同样的权利。东道国在确立国民待遇制度时，通常都会从本国利益出发作出一定的限制，如将国民待遇限于特定的范围，或是规定种种例外情况。一般来说，国民待遇只限于民商事等方面的非政治性权利，虽然外国人在内国享有的权利范围随着国际社会的发展不断扩大，但是某些重要的权利仍然属于内国开放的保留范围。另外，对一国具有重大利害关系的行业，禁止或限制外国人和外国资本进入的观念也被国际社会普遍认同。

最后，国民待遇通常只适用于投资经营阶段，而不适用于投资准入阶段。由于在理论上通常把外国投资活动划分为投资准入阶段和投资经营阶段，因此，投资待遇也可相应地分为投资准入阶段的待遇和投资经营阶段的待遇。在传统国际投资法上，投资准入及其

① See North American Free Trade Agreement, Article 1102.

② 参见《中日关于鼓励和相互保护投资协定》第 2 条。

待遇被认为是专属于东道国国内法管辖的事项，东道国可以基于国家经济主权原则对外资的进入进行控制，自由决定外资准入的条件和待遇，国际投资条约在外资准入方面对东道国施加的义务至多是“应当鼓励”(shall encourage)、“应当创造良好条件”(shall create favorable conditions)或“应当尽最大努力”(shall endeavour to)。

但晚近国际投资法的发展，出现了对投资准入阶段实行国民待遇的要求，美国是主要的幕后推手。美国是最早要求在投资准入阶段采用国民待遇的国家，投资准入阶段的国民待遇是其在双边投资条约谈判中不可放弃的重要内容之一。① 最新版的美式双边投资协定范本(2012 年)要求对投资的整个阶段适用国民待遇和最惠国待遇，该协定范本第 3 条和第 4 条分别是关于国民待遇和最惠国待遇的规定，该协定范本的第 3 条第 1、2 款规定：“缔约一方应对缔约另一方的投资者在其境内设立、并购、扩大、管理、运营、转让或对投资进行其他形式的处置方面，给予同等情况下不低于本国国民享有的待遇”、“缔约一方应对合格投资在其境内设立、并购、扩大、管理、运营、转让或对投资进行其他形式的处置方面，给予同等情况下不低于本国国民投资享有的待遇”。②

在美国的推动下，NAFTA、ECT 等区域或多边法律文件也对投资准入阶段的国民待遇作了规定，其中，NAFTA 对投资准入阶段的国民待遇的规定与美式双边投资协定范本的规定基本相同，要求对投资的整个过程同时适用国民待遇和最惠国待遇，以优者为准，但允许缔约国提出保留，该协定的附件即是各缔约国保留和豁免清单的汇总。③ ECT 则有较大不同，虽然也规定了对投资的整个过程同时适用国民待遇和最惠国待遇，以优者为准，④ 但却施加了“尽最大努力”的限制条件：“缔约各方应努力给予在其境内进行投

① 参见余劲松：《中国发展过程中的外资准入阶段国民待遇问题》，载《法学家》2004 年第 6 期，第 12~17 页。

② See U. S. Model Bilateral Investment Treaty (2012), Annex B, Article 3.

③ See North American Free Trade Agreement, Article 1102, 1103, 1104, Annex Ⅰ-Ⅶ.

④ See Energy Charter Treaty, Article 10(3).

资的缔约他方的投资者以第3段中提到的待遇。”①

除了美国等发达国家极力推动投资准入阶段适用国民待遇之外，部分发展中国家缔结的区域投资条约和双边投资协定也对投资准入阶段适用国民待遇进行了规定，如1999年生效的《东盟投资区框架协议》第7条第1款规定：任一缔约国“应当立即对东盟的投资者开放其所有的工业领域”，并且“应当在所有的工业领域和影响投资的措施方面，立即给予东盟的投资者及其投资不低于给予本国相同投资者和投资的待遇，包括但不限于投资的许可、设立、收购、扩大、管理、运营、处置等”。② 但同时第7条第2款又允许将不能开放和不能给予国民待遇的行业列入“暂时排除清单”和“敏感清单”③。2012年生效的《东盟全面投资协议》第5条和第9条基本上延续了《东盟投资区框架协议》上述条款的规定。此外，2003年越南与日本签订的投资保护协定第2条和第5条也有类似规定。④

但是无论如何，从国际投资立法的实践来看，将国民待遇适用于投资准入阶段的做法仍没有被广泛接受，只是少数发达国家在为数不多的双边投资协定和极少数的多边投资立法中对此进行了规定，虽然部分发展中国家也接受了这种做法，但是仍不能表明已获得国际社会的普遍承认，至多只是一种发展的趋势，不过的确值得我们重视。

3. 国民待遇的局限性

国民待遇的具体落实以东道国的国内法律制度为参考标准，而每个国家的法律制度是由该国的社会、政治、经济状况所决定的，因此，国民待遇的具体内涵会因国家的不同而存在或大或小的区别，外国人在不同的国家享有的权利状况可能会有很大的差异，如

① See Energy Charter Treaty, Article 10(2).

② See Framework Agreement on the ASEAN Investment Area, Article7 (1).

③ See Framework Agreement on the ASEAN Investment Area, Article7 (2).

④ See Agreement Between Japan and the Socialist Republic of Viet Nam for the Liberalization, Promotion and Protection of Investment, Article 2, 5.

因东道国政治不善、行政效率低下、法制不健全等原因，适用国民待遇就未必能对外国人提供足够的保护。①

对于这种情况，有两种方法可以补救。一种方法是将国民待遇与最低国际法待遇标准结合使用，无论如何也不能低于最低国际法待遇标准。这是西方发达国家学者提出的观点，② 但通常会遭到发展中国家的反对，主要原因在于最低国际法待遇标准抽象模糊，发展中国家担心会使自己处于不利地位。另一种方法是将国民待遇与最惠国待遇标准结合使用，即同时适用国民待遇和最惠国待遇，以待遇更优者为准。这种方法能较好地维护东道国的经济主权，也能为外国资本提供比较公平的待遇，因此较容易被东道国接受，许多双边投资协定就是采用这种方法来规定外资的待遇。

(二)最惠国待遇

国际投资法中的最惠国待遇是指东道国给予一国投资者及其投资或相关投资活动，不低于其给予任何第三国投资者及其投资或相关投资活动所享有的待遇。与国民待遇稍有不同的是，最惠国待遇虽然也是一种相对待遇，但它是专属于条约法上规定的待遇，只有条约对最惠国待遇作出明确规定后，外国投资者才能依据条约享受这种待遇，联合国国际法委员会1978年拟定的《最惠国条款条文草案》对此即有说明。③ 设立最惠国待遇的目的是使外国投资者之间享有平等的竞争条件，避免外国投资者及其投资因母国与东道国的亲疏远近不同而遭受歧视。

1. 最惠国待遇与国民待遇的关系

① 参见姚梅镇：《比较外资法》，武汉大学出版社1993年版，第308页。

② See Thomas W. Waelde, International Investment under the 1994 Energy Charter Treaty: Legal Negotiating and Policy Implication for International Investor within Western and Commonwealth of Independent States/Eastern European Countries, Journal of World Trade, Vol. 29, p. 38

③ See UN International Law Commission, Draft Articles Adopted by the International Law Commission on Topics Considered at its 30th Session, A/33/192, 1978.

最惠国待遇和国民待遇是东道国在给予外国投资者法律地位时的两种不同的法律制度，它们共同构成非歧视待遇的两翼，但两者的着眼点不同：最惠国待遇强调外国人之间的平等，而国民待遇强调的是外国人与本国人之间的平等。最惠国待遇必须依据条约而获得，而国民待遇除了依条约获得之外，还可以通过国内立法的方式获得。最惠国待遇和国民待遇通常不存在两者谁更优惠的绝对判断，需要就具体情况进行分析。如果东道国给予其本国投资者的待遇本身就很高，那么国民待遇或许是更为优惠的待遇，但如果东道国给予其本国投资者的待遇低于国际社会的通常标准，则最惠国待遇可能更为优惠。

最惠国待遇具有“多边自动传导效应”，一国投资者可以根据本国与东道国签订的条约中的最惠国待遇条款，自动享有东道国给予第三国国民的更为优惠的待遇，这一点已无疑义。但一国投资者能否依据本国与东道国签订的条约中的最惠国待遇条款，要求享有东道国给予第三国的国民待遇，则是一个有一定争议的问题，主要是看东道国给予第三国的国民待遇是否比给予该投资者的最惠国待遇更为优惠。

这种情况在投资领域是有可能存在的，因为东道国在投资方面给予本国投资者的待遇往往要高于其给予外国投资者的待遇，特别是在某些国民经济关键部门的开放上(即投资准入方面)，尤其如此。当东道国给予某些第三国的投资者以国民待遇，而未将该待遇给予其他国家的投资者时，该投资者就可以依据条约中的最惠国待遇条款要求享有该国民待遇。

因此，无论是在理论上还是现实中，均存在国民待遇比最惠国待遇更为优惠的可能性，这也可以从发达国家在投资协定的谈判中极力推行国民待遇的事实中得到佐证，否则很难理解为什么发达国家要极力推广国民待遇，也很难解释为什么现代投资保护协定会规定同时适用最惠国待遇和国民待遇并以优者为准。可见在此情况下，外国投资者依据条约的最惠国待遇条款要求东道国给予更为优惠的国民待遇，并非没有道理和法律依据。

2. 最惠国待遇的适用范围

最惠国待遇的适用范围比国民待遇的适用范围广泛得多，几乎所有的国际投资条约都规定了最惠国待遇，但只有少数国际投资条约规定了国民待遇。最惠国待遇可以适用于投资的所有阶段，包括通常不给予国民待遇的投资准入阶段。但目前最具挑战性的问题是：最惠国待遇能否适用于投资争端解决程序？如果能的话应该符合哪些标准？

在国际投资争端解决方面，如果允许适用于争端解决程序的话，最惠国待遇对外资的保护水平的确有可能比国民待遇更高。因为一般来说，国民待遇只是规定外国投资者在东道国能够享受"不低于"该国国民的待遇，这有两种可能：(1)外国投资者的待遇与东道国国民相同；(2)外国投资者的待遇高于东道国国民。因此，只要外国投资者在东道国能够享受与其国民相同的待遇，即不属于违反国民待遇的要求。至于外国投资者与东道国之间投资争端的解决，在第一种情况下，只能采取"用尽当地救济"的方式，只有在第二种情况下，才有可能采用包括国际仲裁在内的其他解决方式，但这种情况极少见，因为很难想象东道国会接受其他司法机构对自己与本国投资者之间争端的管辖权。最惠国待遇则不存在此种局限，它不妨碍东道国给予外国投资者以"超国民待遇"。也就是说，最惠国待遇并不排除外国投资者享受比本国投资者更高的保护水平，包括允许外国投资者将其与东道国的投资争端提交国际仲裁。

不过，晚近的国际投资仲裁实践对最惠国待遇能否扩张适用于争端解决程序这一问题，却出现了两种截然不同的主张。[①] ICSID 于 1997 年仲裁的"Emilio Agustín Maffezini v. Kingdom of Spain"案("Maffezini 案")是赞成最惠国待遇条款能够适用于投资争端解决程序的代表性案件。该案的基本情况是：阿根廷人 Emilio Agustín Maffezini 在西班牙投资建有一个化工厂，因与当地政府产生投资争议而向 ICSID 提起国际仲裁。根据 1991 年《西班牙与阿根廷投资保护协定》(《西阿投资保护协定》)第 10 条的规定，外国投资者须先寻求

① 参见徐崇利：《从实体到程序：最惠国待遇适用范围之争》，载《法商研究》2007 年第 2 期，第 41～50 页。

当地司法救济，18 个月满未获判决则可向 ICSID 提起仲裁。但 1991 年《西班牙与智利投资保护协定》(《西智投资保护协定》)第 10 条却只要求外国投资者进行 6 个月的磋商，期满未获解决即可向 ICSID 提起仲裁。于是 Maffezini 援用《西阿投资保护协定》第 4 条第 2 款的最惠国待遇条款，要求享受《西智投资保护协定》第 10 条规定的待遇，即无须寻求当地司法救济而向 ICSID 提起仲裁，ICSID 仲裁庭支持了 Maffezini 就投资争端解决程序享有最惠国待遇的主张。① “Maffezini 案”仲裁庭关于最惠国待遇适用于投资争端解决程序的观点获得了 “Siemens v. Argentina”②、“Camuzzi v. Argentina”③、“Gas Natural v. Argentina”④、“Tecmed v. Mexico”⑤、“Interaguas v. Argentina”⑥、“Grid v. Argentina”⑦、“Vivendi v. Argentina”⑧等国际仲裁案件的支持。

而以“Plama Consortium Limited v. Republic of Bulgaria”案(“Plama 案”)为代表的另一系列案件，则反对将最惠国待遇条款

---

① See International Centre for Settlement of Investment Disputes, Emilio Agustín Maffezini v. Kingdom of Spain, Decision on Jurisdiction and Award of the Tribunal, ICSID Case No. ARB/97/7.

② See International Centre for Settlement of Investment Disputes, Siemens v. Argentina, ICSID Case No. ARB/02/ 8.

③ See International Centre for Settlement of Investment Disputes, Camuzzi v. Argentina, ICSID Case No. ARB/03 /2.

④ See International Centre for Settlement of Investment Disputes, Gas Natural SDGS. A. v. Argentian, ICSID Case No. ARB/03/10.

⑤ See International Centre for Settlement of Investment Disputes, Tecnicas Medioambientales Tecmed, S. A. v. Mexico, ICSID Case No. ARB(AF)/00/2.

⑥ See International Centre for Settlement of Investment Disputes, Suez, Sociedad General de Aguas de Barcelona S. A. & InterAguas Servicios Integrales del Agua S. A. v. Argentina, ICSID CaseNo. ARB/03/17.

⑦ See International Centre for Settlement of Investment Disputes, National Gridplcv. The Argentine Republic, Decision On Jurisdiction dated 20 June2006, ad hoc arbitration under UNCITRAL Rules.

⑧ See International Centre for Settlement of Investment Disputes, Vivendi Universal v. Argentine Republic, ICSID Case No. ARB/97/3.

适用于投资争端解决程序。“Plama 案”的基本情况是：塞浦路斯的 Plama Consortium Limited(公司)在保加利亚有投资，因其认为保加利亚政府的行为构成“间接征收”而产生投资争议，遂向 ICSID 提起仲裁。根据 1987 年《保加利亚与塞浦路斯投资保护协定》(《保塞投资保护协定》)第 4 条的规定，外国投资者必须经过东道国常规的行政和司法救济程序，才能将有关征收补偿额的争端提交特设仲裁庭。但在此之前缔结的《保加利亚与芬兰投资保护协定》(《保芬投资保护协定》)对提交 ICSID 仲裁的征收争端没有前置程序的限制，而且条件也更为宽松，于是 Plama 就援用《保塞投资保护协定》第 3 条的最惠国待遇规定，要求享有《保芬投资保护协定》规定的这种争端解决程序方面的更为优惠的待遇。ICSID 仲裁庭没有支持 Plama 的主张,① 并对“Maffezini 案”的裁决提出了批评，认为将最惠国待遇适用于投资争端解决程序，不仅不能协调不同国际投资条约中的争端解决机制，还会造成外国投资者从各种国际投资条约中挑选对自己有利的条款，从而出现“实际上不利于协调的混乱情形”。②“Plama 案”仲裁庭关于最惠国待遇不适用于投资争端解决程序的观点，获得了“Telenor v. Hungary 案”仲裁庭的支持。③

3. 中国在 ICSID 面临的挑战

(1)Ekran Berhad 诉中国案。

2011 年 5 月 24 日，ICSID 秘书处对马来西亚 Ekran Berhad 公司诉中国④的仲裁请求予以登记(简称“Ekran 案”)，这是中国首次成为 ICSID 国际投资争端案件的被诉方。

---

① See International Centre for Settlement of Investment Disputes, Plama Consortium Limited v. Republic of Bulgaria, ICSID Case No. ARB/03/24.

② See International Centre for Settlement of Investment Disputes, Plama Consortium Limited v. Republic of Bulgaria, Decision on Jurisdiction and Award of the Tribunal, ICSID Case No. ARB/03/24.

③ See International Centre for Settlement of Investment Disputes, Telenor Mobile Communications A. S. v. Republicof Hungary, ICSID Case No. ARB/04/15.

④ See International Centre for Settlement of Investment Disputes, Ekran Berhad v. People's Republic of China, ICSID Case No. ARB/11/15.

“Ekran 案”的基本情况是：马来西亚 Ekran Berhad 公司的子公司 SMCAC(Sino Malaysia Art & Culture)于 1993 年与中国海南省政府签订了一份土地租赁合同并进行了土地使用权的转让，但后来中国海南省政府以 SMCAC 公司未按合同约定进行土地开发为由，根据中国相关土地法的规定收回了 SMCAC 通过转让获得的土地使用权，双方由此产生投资纠纷，由于协商未果，Ekran Berhad 公司遂根据 1990 年 3 月 31 日生效的《中马关于相互鼓励和保护投资协定》(《中马投资协定》，向 ICSID 提起申诉，要求中国政府给予赔偿，ICSID 于 2011 年 5 月 24 日受理了此案，虽然该案件事实尚未充分披露，目前的进展无法确切知晓，但我们仍可从中推导出可能出现的主要争议点。

“Ekran 案”最大的争议点可能是：最惠国待遇条款的适用范围是否能够扩及适用于投资争端解决程序，这也是 ICSID 确立其管辖权的最主要的法律依据。Ekran Berhad 是一家马来西亚公司，而根据 1990 年 3 月 31 日生效的《中马关于相互鼓励和保护投资协定》第 7 条(投资争议的解决)的规定，中马双方能够提交国际仲裁的“东道国—投资者”争议仅限于“有关征收补偿数额的争议和双方同意的其他争议”，而且并没有接受 ICSID 管辖的条款(“ICSID 管辖条款”)①。

1993 年 2 月 6 日，中国正式加入《ICSID 公约》，但同时也对《ICSID 公约》第 25 条第 4 款提出了保留，仅同意将“因征收和国有

---

① 由于 1990 年《中马关于相互鼓励和保护投资协定》生效时，中国还未成为《ICSID 公约》的缔约国，因此《中马关于相互鼓励和保护投资协定》没有订入接受 ICSID 管辖的条款(“ICSID 管辖条款”)，但根据中马双方达成的谅解之约定：中国一旦成为《ICSID 公约》的缔约国，中马双方应及时就扩大提交 ICSID 管辖的投资争议范围的可能性进行磋商，双方经磋商而同意扩大提交 ICSID 管辖的投资争议范围，中国给予马来西亚投资者的待遇，在相同情况下不应低于中国给予其他国家投资者的待遇，并且这种新的规定应代替《中马关于相互鼓励和保护投资协定》第 7 条(参见《中马关于鼓励和相互保护投资协定》的双方谅解部分)。不过，从 1993 年 2 月 6 日《ICSID 公约》对中国正式生效直到现在，中马双方并未根据上述谅解展开任何磋商。

化产生的补偿争议"提交ICSID管辖。但1998年之后，中国签订的双边投资保护协定不仅开始订入"ICSID管辖条款"，而且还扩大了向ICSID提交管辖的争议事项的范围，即不再局限于征收补偿数额的争议，① 如2005年生效的《中德关于促进和相互保护投资的协定》第9条规定："缔约一方投资者与缔约另一方的任何投资争议，应尽可能由争议双方友好解决。如争议自争议一方提出之日起6个月内未能得到解决，缔约一方的投资者可请求将争议提交仲裁。争议应依据《ICSID公约》提交仲裁，除非双方同意依据《联合国国际贸易法委员会仲裁规则》或其他仲裁规则设立专门的仲裁庭"。②

因此，马来西亚投资者Ekran Berhad公司极有可能援引《中马关于相互鼓励和保护投资协定》第3条要求中国接受ICSID管辖，该条是关于最惠国待遇的条款：缔约一方应给予缔约另一方投资者在其领土内的投资，不低于任何第三国投资者的投资所享有的待遇。③

(2)谢业深诉秘鲁案。

2007年ICSID裁决的"谢业深诉秘鲁案"("谢业深案")④，也涉及最惠国待遇条款的适用范围问题，这是迄今为止ICSID第一例涉及中国双边投资协定的仲裁案件。该案基本案情如下：谢业深(Tza Yap Shum)是中国香港居民，于2002年在维尔京群岛成立了Linkvest公司，并购买了秘鲁TSG公司90%的股份。2005年，秘鲁的税务部门对TSG公司征收1200万秘鲁新索尔的税收，并对TSG公司的银行账户实施了税收抵押，双方由此产生投资争议。

谢业深根据《中秘关于相互鼓励和保护投资协定》(《中秘投资

① 1998年，中国与巴巴多斯签订的双边投资协定首次全盘接受ICSID管辖，此后，中国与外国缔结的双边投资保护协定中均规定了"ICSID管辖条款"，基本上放弃了当年加入《ICSID公约》的保留，最多只是施加了"用尽当地救济"的前置性限制条件。

② 参见《中德关于促进和相互保护投资的协定》(2005年)第9条。

③ 参见《中马关于相互鼓励和保护投资协定》第3条。

④ See International Centre for Settlement of Investment Disputes, Mr. Tza Yap Shum v. Peru, ICSID Case No. ARB/07/6.

协定》)于2006年9月29日向ICSID提交仲裁申请书，要求秘鲁政府给予赔偿，并希望适用第三方条约——《秘鲁与哥伦比亚关于相互鼓励和保护投资协定》(《秘哥投资协定》)第12条中对其更有利的争议解决程序。因为根据《中秘投资协定》第8条第3款，只能将关于征收补偿数额的争议提交ICSID管辖，并有6个月友好协商期的规定，而《秘哥投资协定》第12条既无争议事项范围的限制，也无提交ICSID管辖的前置性时间规定，因此待遇可谓较为优惠。然而ICSID仲裁庭认为《中秘投资协定》第8条第3款对争议范围的规定，优于第3条第2款对最惠国待遇的规定，并驳回了谢业深的该项请求。

ICSID仲裁庭对"谢业深案"在最惠国待遇条款适用范围上的推理较"Maffezini案"等案件有明显不同，前者是通过对基础条约中的两个条款进行效力比较而得出结论，后者是从最惠国待遇条款的目的出发，分析最惠国待遇条款的适用范围是否应当扩及至第三方条约中的争议解决条款，这是迥然相异的两种推理路径，最惠国待遇条款的适用范围仍未明确。①

虽然不同的ICSID仲裁庭对国际投资条约的最惠国待遇条款的适用范围存在不同的解释，但总体来看，投资者的要求主要是免除当地救济等候期和扩大仲裁事项范围。ICSID仲裁庭对投资者这两种要求的处理意见有所不同：1. 如果投资者援引最惠国待遇条款，其目的在于免除投资争议的仲裁前置程序，如当地救济等候期，ICSID仲裁庭通常会倾向于支持投资者的主张；2. 如果投资者援用最惠待遇条款，其目的在于扩张或改变仲裁争议的范围，如将仲裁范围从征收补偿数额争议扩张至其他投资争议，ICSID仲裁庭则会慎重考虑。② 中国政府如何应对"Ekran案"，包括管辖权异议，实

---

① 参见梁丹妮：《国际投资条约最惠国待遇条款适用问题研究——以"伊佳兰公司诉中国案"为中心的分析》，载《法商研究》2012年第2期，第98~103页。

② 参见梁丹妮：《国际投资条约最惠国待遇条款适用问题研究——以"伊佳兰公司诉中国案"为中心的分析》，载《法商研究》2012年第2期，第98~103页。

体审理阶段的国家利益维护，ICSID 仲裁裁决的执行等，将引起国际社会广泛关注，也是中国面临的严峻考验。

(三)公平公正待遇

公平公正待遇(Fair and Equitable Treatment)是一项存在争议的投资者待遇标准。虽然它被广泛地规定于各类国际投资条约之中,① 并在实践中也得到了普遍的应用，但是它的具体内涵和判断标准却仍然十分模糊，而且国际社会对于什么待遇才是“公平公正”的待遇存在各种不同的解释。作为一项绝对待遇标准，公平公正待遇被认为属于传统的国际法待遇标准。② 一方面，公平公正待遇得到国家实践、相关学说和国际司法判决的肯定；另一方面，传统国际法标准的某些内容以及它们对外国投资的适用又受到许多发展中国家的抵制③。

在资本输出国看来，仅给予国民待遇和最惠国待遇可能还是无法充分保护本国的海外投资者及其投资，因为国民待遇和最惠国待遇都属于相对待遇标准，其本身并无具体明确的待遇内容，海外投资者及其投资实际上能够享受到的待遇要取决于东道国的国内法律和投资条约的具体规定。如果东道国在国内法中给予本国投资者及其投资，或者在国际条约中给予他国投资者及其投资的待遇，本身就很低，那么国民待遇和最惠国待遇就仍不足以保护本国境内的外国投资者及其投资的利益。因此发达国家一直坚持主张，要在国际投资条约中设定一种具有“绝对”性质的待遇标准，为外国投资者

---

① 据统计，90%以上的双边投资协定都订有公平公正待遇条款。See Charles H. Brower Ⅱ, Fair and Equitable Treatment under NAFTA Charpter, American Society of International Law Proceeding of the Annual Meeting, Vol. 96, 2002, p. 9.

② See United Nations Conference on Trade and Development, Bilateral Investmnet Treaties, 1988, p. 31；另参见余劲松：《国际投资法》，法律出版社2003年版，第218页。

③ See United Nations Conference on Trade and Development, Bilateral Investmnet Treaties, 1988, p. 41；另参见姚梅镇：《比较外资法》，武汉大学出版社1993年版，第292页。

及其投资提供“最低限度”的保护。①

1. 公平公正待遇的不同表述方式

在国际投资保护的立法实践中，公平公正待遇的表述方式总体上可分为两种类型：不涉及“国际法”的公平公正待遇和涉及“国际法”的公平公正待遇。②

(1)不涉及“国际法”的公平公正待遇。

这种公平公正待遇的条款中没有使用“国际法”这个词语，可以进一步分为下列几种具体类型：

第一种是不附加任何条件的公平公正待遇。这种表述方式将公平公正待遇予以单独规定，而不与其他的待遇或法律相关联。如1999年的《德国与柬埔寨关于相互鼓励和保护投资的协定》第2条第1款规定：“每一缔约方在其领土内应尽可能地促进另一缔约方的国民和公司的投资，并按其法律规定许可这种投资，同时应在任何情况下给予这种投资以公平和公正的待遇。”③

第二种是与国民待遇或最惠国待遇相联系的公平公正待遇。这种表述方式将公平公正待遇与国民待遇或最惠国待遇相关联，明确规定公平公正待遇就是国民待遇或最惠国待遇。如1996年的《土耳其与伊朗相互促进和保护投资的协定》第4条规定：“对在其领土内生效的缔约另一方投资者的投资，缔约一方应当给予全面的法律保护和公平的待遇，这种法律保护和待遇，不应低于相似情况下其本国或任何第三国投资者的投资所享有的法律保护和待遇。”④

第三种是与国内法相联系的公平公正待遇。这种表述方式将公平公正待遇与东道国的国内法相联系，规定公平公正待遇的给予以缔约国国内法为依据。如1997年的《加勒比共同体与古巴相互促

① 参见徐崇利：《双边投资条约研究》，厦门大学1996年博士论文，第118~122页。

② 参见徐崇利：《公平与公正待遇标准：国际投资法中的“帝王条款”?》，载《现代法学》2008年第5期，第123~134页。

③ 参见《德国与柬埔寨关于相互鼓励和保护投资的协定》(1999年)第2条第1款。

④ 参见《土耳其与伊朗相互促进和保护投资的协定》(1996年)第4条。

进和保护投资的协定》第 4 条规定：“任一缔约方应当保证根据其国内法律和法规，对缔约另一方投资者的投资给予公平和公正的待遇。”①

第四种是附加了一些实质内容的公平公正待遇。这种表述方式虽然也将公平公正待遇予以单独规定，但同时又附加了一些实质内容，如不得采取不合理的歧视性措施等。如 2002 年的《瑞典与罗马尼亚促进和相互保护投资的协定》第 2 条第 3 款规定：“对于缔约他方投资者的投资，缔约各方应保证始终给予公平和公正的待遇，并且不得通过不合理或歧视性的措施，从而损害缔约他方投资者对其投资的管理、使用、维持、收益、处置或对产品和服务的获取和销售。”②

(2)涉及“国际法”的公平公正待遇。

这种公平公正待遇的条款中使用了“国际法”这个词语，也可以进一步分为下列几种具体类型：

第一种是与一般国际法相关联的公平公正待遇。这种表述方式将公平公正待遇与国际法相关联，但不作具体解释。如 2007 年的《中国与法国关于相互鼓励和保护投资的协定》第 3 条第 1 款规定：“任一缔约方应对缔约另一方的投资者在其境内或海域内所作的投资，根据普遍接受的国际法原则给予公平和公正待遇。”③1991 年的《美国与捷克斯洛伐克相互鼓励和保护投资的协定》④第 2 条第 2 款 a 项规定：“对缔约另一方投资者的投资，缔约方在任何时候均应给予公平和公正的待遇以及充分的保护和安全，并且在任何情形

---

① 参见《加勒比共同体与古巴相互促进和保护投资的协定》(1997 年)第 4 条。

② 参见《瑞典与罗马尼亚促进和相互保护投资的协定》(2002 年)第 2 条第 3 款。

③ 参见《中法关于相互鼓励和保护投资的协定》(2007 年)第 3 条第 1 款。

④ 1993 年捷克斯洛伐克解体分为捷克和斯洛伐克两个国家后，该协定同时被捷克和斯洛伐克继承。

下均不应低于国际法的要求。"①

第二种是与习惯国际法中外国人最低待遇相关联的公平公正待遇。这种表述方式将公平公正待遇与习惯国际法中外国人的最低待遇相关联，如2012年版的《美国双边投资条约范本》第5条第1款规定："每一缔约方给予条约所指的投资的待遇应符合习惯国际法，包括公平和公正的待遇以及充分的保护和安全。"②《美国双边投资条约范本》第5条第2款对公平和公正待遇做出了进一步解释："给予投资的最低待遇标准就是习惯国际法给予外国人的最低待遇标准。"③1994年生效的NAFTA第1105条也规定："每一缔约方给予条约所指的投资的待遇应符合国际法，包括公平与公正的待遇以及全面的保护与安全。"④NAFTA的自由贸易委员会(Free Trade Commission)于2001年7月31日作出的一项解释，将NAFTA第1105条中规定的公平公正待遇标准限定为"习惯国际法中关于外国人的最低待遇标准"，同时还规定"对其他NAFTA条款或独立国际协定的义务的违反，不构成对NAFTA第1105条的义务的违反"。⑤

第三种是作出较为具体解释的公平公正待遇。这种表述方式将公平公正待遇与国际法相关联，同时又作出具体的解释。如1993年的《玻利维亚与法国相互鼓励和保护投资的协定》第3条规定："对缔约另一方投资者的投资，缔约各方应根据国际法原则给予公平和公正的待遇，并保证这种待遇不会受到法律或事实上的阻碍。……"⑥

(3)公平公正待遇的独立性问题。

① 参见《美捷相互鼓励和保护投资的协定》(1991年)第2条第2款a项。

② See U. S. Model Bilateral Investment Treaty (2012), Annex B, Article 5.

③ See U. S. Model Bilateral Investment Treaty (2012), Annex B, Article 5.

④ See North American Free Trade Agreement, Article 1105.

⑤ See NAFTA Free Trade Commission, Notes of Interpretation of Certain Chapter 11 Provisions (2001), available at http://www.naftaclaims.com/files/NAFTA_Comm_1105_Transparency.pdf. , last visited on Jan. 1, 2013.

⑥ 参见《玻法相互鼓励和保护投资的协定》(1993年)第3条。

规定外国投资者及其投资享有公平公正待遇，已成为国际投资立法的主流趋势，但公平公正待遇能否独立于国民待遇和最惠国待遇等投资待遇标准，从而构成一项单独的待遇标准，却是一个有争议的问题。

关于公平公正待遇的地位，西方学术界通常有三种观点：第一种观点认为公平公正待遇实际上就是"国际最低待遇"或"国际最低待遇"的一部分，这种观点主要得到美国、加拿大的条约实践、NAFTA 的有关案例、某些国际组织文件以及部分学者意见的支持。① 第二种观点认为公平公正待遇与充分保护和安全、国际法最低要求、禁止武断和歧视措施等待遇标准相并列，构成一种独立的待遇标准；② 第三种观点认为公平公正待遇是一项综合待遇标准，由非歧视待遇、充分保护和安全、国际法最低要求等多项待遇标准合成。③ 实际上，可以认为这种观点也将公平公正待看做一项独立的待遇标准。

近几年在有关国际投资的仲裁实践中，投资者以东道国违反公平公正待遇为由进行索赔的案件迅速增加，其中不少获得了仲裁庭的支持，东道国的处境变得十分被动，使得各国对公平公正待遇的地位又再次开始重视起来。④ 以 ICSID 为例，在过去的 10 多年当中，ICSID 对公平公正待遇条款的处理方式大致分为以下三种类型：⑤

① See Pamela B. GANN, The U.S. Bilateral Investment Treaty Program, Stanford Journal of International Law, Vol. 21, 1985, p. 389；另参见余劲松、梁丹妮：《公平公正待遇的最新发展动向及我国的对策》，载《法学家》2007 年第 6 期，第 151~156 页。

② See Kenneth J. Vandevelde, The Bilateral Investment Treaty Program of the United States, Cornell International Law Journal, Vol. 21, 1988, p. 221.

③ See F. A. Mann, BritishTreaties for the Formation and Protection of Investment, British Yearbook of International Law, Vol. 24, 1981, p. 244.

④ See UNCTAD Series on Issues in International Investment Agreements II, Fair and Equitable Treatment, 2012.

⑤ See United Nations Conference on Trade and Development, Investor-State Dispute settle-ment and Impact on Investment Rulemaking, 2007, pp. 40-46.

第一种类型，单纯地进行语义分析，而不参考所国际法或国际习惯法，给予公平公正待遇较为宽泛的适用范围。"Maffezini 案"中，仲裁庭就认为政府的一笔银行转账行为欠缺透明度，违反了《西班牙与阿根廷投资保护协定》中的公平公正待遇条款。① 1999年受理的"Middle East Cement Shipping and Handling Co. S. A. v. Arab Republic of Egypt"案中，ICSID 仲裁庭认为埃及扣押、拍卖起诉方的船舶时，随意放置扣押、拍卖决定的行为不符合正当的程序要求，违反了《埃及与希腊投资保护协定》的公平公正待遇条款。②

第二种类型，将公平公正待遇与国际法最低标准相联系，对公违反平公正待遇适用较高的门槛。1999 年受理的"Alex Genin, Eastern Credit Limited, Inc. and A. S. Baltoil v. Republic of Estonia"案中，ICSID 仲裁庭认为判断是否违反公平公正待遇应当以最低国际法标准为依据，这需要达到严重疏忽、远低于国际标准的行为缺失或者是主观恶意的程度，虽然爱沙尼亚中央银行撤销美国投资者作为股东的银行的金融业务许可证的某些程序不符合爱沙尼亚的国内法律，但并不违反公平公正待遇。③

第三种类型，是将公平公正待遇与国际习惯法相联系，但强调国际习惯法处于发展过程中。2000 年受理的"Técnicas Medioambientales Tecmed S. A. v. United Mexican States"案中，ICSID 仲裁庭认为，公平公正待遇建立在国际法的善意原则基础之上，缔约方提供的待遇应当不影响投资者作出投资决定时的基本预期，包括：缔约方在处理与投资者的关系时应当保持政策具有前后

---

① See International Centre for Settlement of Investment Disputes, Emilio Agustín Maffezini v. Kingdom of Spain, Award of the Tribunal, ICSID Case No. ARB/97/7.

② See International Centre for Settlement of Investment Disputes, Middle East Cement Shipping and Handling Co. S. A. v. Arab Republic of Egypt, Award of the Tribunal, ICSID Case No. ARB/99/6.

③ See International Centre for Settlement of Investment Disputes, Alex Genin, Eastern Credit Limited, Inc. v. Republic of Estonia, Award of the Tribunal, ICSID Case No. ARB/99/2.

一致的连贯性，不模棱两可且完全透明，墨西哥政府在给予西班牙投资者危险物品填埋场的许可证之后，又拒绝了投资者的许可证续期申请，行事前后矛盾，违反了《墨西哥与西班牙投资保护协定》的公平公正待遇条款。①

二、能源投资保护

能源投资保护是指东道国对进入本国能源领域的外国投资者及其投资或相关投资活动的权利或利益给予法律上的保障，主要包括征收(国有化)的条件及其补偿标准、战争内乱的损失补偿、资本的自由转移、政府违约的风险防范、以及禁止某些履行要求等方面的内容。能源领域是征收(国有化)和政府违约的重灾区，由于能源领域对国民经济的重要性及其战略地位，其中的外国资本非常容易成为征收(国有化)和政府违约的目标，如玻利维亚自2006年以来就先后在石油、天然气、电力、电网、采矿等能源部门对数十家外资私营公司的资产实行了国有化，并要求它们与政府指定的国内企业重新谈判、签订合同。并且，由于世界上的主要产油区是国际势力激烈斗争的场所，政局不稳已成为主要产油区的基本特色，这往往会导致战争和内乱，严重影响外国投资者的利益，如作为"世界油库"的中东地区，历来受到欧美等国的军事、政治干预，武装冲突十分频繁，投资其中须多加防范。另外，资本及其收益的自由转移也是能源领域的外国投资者极为关心的问题。外国投资者到东道国的能源领域投资，其主要目的是将生产出来的能源产品运回本国，保证本国的能源供应安全，如果生产出来的能源产品不能自由转移的话，将严重损害投资者及其本国的利益。

(一)征收(国有化)及其条件和补偿标准

征收(国有化)是外国投资者面临的最大政治风险，② 它是指

① See International Centre for Settlement of Investment Disputes, Técnicas Medioambientales Tecmed, S. A. v. United Mexican States, ICSID Case No. ARB (AF)/00/2.

② See M. Sornarajah, The International Law on Foreign Investment, Cambridge University Press, 1994, p. 253.

国家对原属于私人或外国政府所有的财产采取的收归国家所有的强制性措施。① 按照大多数学者的理解，征收(Expropriation)和国有化(nationalization)的法律性质相同，没有明显区别，可以相互替代，虽然少数学者认为两者在强制的范围和程度上存在差异，但同时也认为它们的基本性质是一致的。② 而且在实践中，大多数的投资条约在使用征收和国有化这两个术语时未对其加以区别，因此本文对它们也不作区分。

征收(国有化)不仅包括一国采取的“征收或国有化”措施，还包括“与征收或国有化措施具有类似或相同效果的其他措施”，后者即通常所指的间接征收，但对于哪些措施属于“与征收或国有化措施具有类似或相同效果的其他措施”，目前未能达成广泛一致。

征收(国有化)较为突出的问题是征收(国有化)的条件及其补偿标准，前已述及，关于征收(国有化)的条件目前基本上已无太大的争议：为公共目的、符合法律程序、非歧视、补偿，但在补偿标准方面则仍存在“及时、充分、有效”的赫尔规则与“适当补偿”理论之争。

(二)战争和内乱的损失补偿

战争和内乱是外国投资者面临的重大政治风险，它是指发生在东道国境内任何地区的任何军事行动和国内动乱，③ 如武装冲突、国家紧急状态、革命、暴乱、军事政变等。

战争和内乱往往会造成外国投资者有形财产的毁损和灭失，但与征收(国有化)有所不同，战争或内乱造成的投资者的财产损失，并非是东道国有意而为之，通常处于东道国政府的可控范围之外，因此，除非东道国政府没有尽到国际习惯法规定的“适当注意”义务，否则对外国投资者的财产损失就没有国际法上的赔偿责任，但

① 参见姚梅镇主编:《比较外资法》，武汉大学出版社 1993 年版，第 763 页。

② 参见姚梅镇主编:《比较外资法》，武汉大学出版社 1993 年版，第 763~764 页。

③ 参见姚梅镇:《比较外资法》，武汉大学出版社 1993 年版，第 810 页。

如果东道国决定给予补偿，则必须遵守非歧视义务，即适用最惠国待遇或国民待遇。

另外，有些国际投资条约将战争或内乱情况下的征用或不必要的破坏所造成的外国投资者财产的损失视同为征收，适用征收的补偿标准，ECT 第 12 条第 2 款即规定：如果缔约方的投资者在其他缔约方区域内遭受的损失是由于武装或权力征用、不是环境所必须要求的武装或权力破坏所造成的，应当得到快速、充分和有效的赔偿或补偿。

（三）资本及其收益的自由转移

资本及其收益能否自由转移，是关涉外国投资者切身利益的重大事项。外国投资者在东道国进行投资的主要目的是为了赚取利润并将其顺利地汇回本国，如果外国投资者的这一目标不能实现，那么国际投资的存在基础就要受到动摇。因此，资本及收益的转移条款，便成为各类国际投资协定最为重要的条款之一。通过此类条款设定东道国允许外国投资者的资本及收益的支付、兑换和汇出义务，使外国投资者可以有效地享有其投资带来的经济利益。

（四）政府违约的风险防范

政府违约是指东道国政府撕毁与外国投资者签订的协议或收回其已作出的承诺，并且存在拒绝司法的情形。① 政府违约也是外国投资者面临的主要风险之一，而且有时会与征收（国有化）相关联。当外国投资者获得东道国政府的特许协议授权而进入东道国的能源领域时，如果东道国单方违反特许协议收回特许权，这种行为既可视为政府违约，也可视为征收（国有化）。此外，也存在东道国政府违反特许协议之外其他政府协议的情况，如出于政治原因终止外国投资者享有的优先权，2001 年伊拉克就曾取消法国在伊拉克石油领域的“优先协商权”。

（五）禁止某些履行要求

履行要求的禁止也属于投资保护的范畴，因为履行要求通常对

① 参见黄进：《中国能源安全问题研究——法律与政策分析》，武汉大学出版社 2008 年版，第 189 页。

外国投资者施加了过多的义务，会违反国民待遇原则，进而构成歧视。履行要求可分为两种类型：限制性的履行要求和鼓励性的履行要求，① 它们既可用于投资的准入阶段，也可用于投资的经营阶段。限制性的履行要求是东道国对外国投资者及其投资施加的无任何优惠待遇回报的强制性义务要求，而鼓励性的履行要求则是东道国对外国投资者及其投资施加的有优惠待遇回报的非强制性义务要求。换言之，外国投资者及其投资若想获得优惠的待遇，必须先履行这种非强制性义务。无论是限制性的履行要求还是鼓励性的履行要求，均在不同程度上具有扭曲国际投资市场的作用，② 因此禁止履行要求在一定程度上能够保护外国投资者的利益。

随着经济一体化的进一步发展，国际社会对投资自由化的要求越来越高，发达国家开始对东道国的履行要求提出质疑，导致双边投资条约和多边投资立法开始出现禁止某些履行要求的条款③，比较具有代表性的是美式双边投资条约、NAFTA、ECT 和 TRIMs 协议的相关规定。

美式双边投资条约对履行要求的禁止较为全面，既禁止投资准入阶段的履行要求，也禁止投资经营阶段的履行要求，既禁止限制性的履行要求，也禁止鼓励性的履行要求。不过略有区别的是：限

① 联合国贸易与发展会议将履行要求分为三类：第一类是明确被 TRIMs 协议所禁止的履行要求；第二类包括地区间、区域或双边协定明确禁止、限制或不鼓励的履行要求；第三类包含所有不被任何国际投资协定约束的履行要求。See United Nations Conference on Trade and Development, Foreign Direct Investment and Performance Requirements: New Evidence from Selected Countries, 2003, pp. 2-3.

② 1992 年世界银行制订的《外国直接投资待遇指南》指出，用来作为外资准入条件的某些履行要求经常是起反作用的，它们会阻碍外商投资或者是鼓励逃税和腐败，更为有效的手段是采取限制性列举（即列举禁止、限制、允许外国投资的部门）的方式来放开外资准入。See "World Bank Guidelines on the Treatment of Foriegn Direct Investment", available at http://italaw.com/documents/WorldBank.pdf. , last visited on Janarary 1, 2013.

③ 参见刘笋：《投资条约中的"履行要求禁止规则"》，载《武汉大学学报（社会科学版）》2001 年第 6 期，第 739~743 页。

制性的履行要求是普遍禁止，而鼓励性的履行要求则是部分禁止，只限于当地成分、当地原材料、进口限制、当地销量这 4 种鼓励性的履行要求，并且还排除了基于特定的生产区域政策、人力资源和劳动力的培训和雇佣、特定设施的建设扩建、科研方面的特定要求等因素而提供优惠待遇的履行要求。对此，美式双边投资条约范本(2004 年版)第 8 条有详细的说明。

NAFTA 禁止履行要求的规定体现在作为投资专章的第 11 章，虽然基本要求与美式双边投资条约范本(2012 年版)类似，但是仍然存在一些区别，主要是前者在禁止程度上不如后者，对鼓励性履行要求的禁止仅限于投资经营阶段。根据 NAFTA 第 11 章第 1106 条第 1 款①规定，任一成员国对另一成员国或非成员国的投资不得在投资准入阶段和投资经营阶段施加下列限制性的履行要求：出口比例、当地成分、当地原材料、贸易平衡、技术转让、生产强制等。此外，根据 NAFTA 第 11 章第 1106 条第 3 款②和第 4

① NAFTA1106 条第 1 款规定：任一缔约方不得在他的领土内，对一缔约方或一非缔约方投资者的投资的设立、取得、扩展、管理、经营或运作强加任何下列的要求或强迫任何的承诺或负担：(a)出口一定水平或百分比的货物或服务；(b)达到一定水平或百分比的当地含量；(c)购买、使用当地生产的货物或当地提供的服务或给予这些货物和服务以优先，或购买来自其境内生产者的货物或服务；(d)进口量或价值需占出口量或价值的某种比例，或视该投资流入外汇的金额而定；(e)根据出口量或价值或赚取的外汇的情况，限制该投资的生产或其提供货物或服务在其境内的销售；(f)转移技术、生产程序或其他具有财务价值的知识给予境内的人，除非被强加的要求或被强迫的承诺是经法院、行政裁决或竞争当局作为违反竞争法的补救或符合该协定其它条款的方式；(g)排他性地向特定地区或世界市场供应生产的货物或提供的服务。

② NAFTA1106 条第 3 款规定：任一缔约方对一缔约方或非缔约方投资者在其境内的投资不可要求在满足任何下列要求的情况下，有条件地接受或继续接受好处：(a)实现一定水平或百分比的当地含量；(b)购买、使用其境内生产的货物或给予优先，或购买来自其境内生产者的货物；(c)进口量或价值占出口量或价值的某种比例，或视该投资流入外汇的金额而定；或(d)根据出口量或价值或赚取的外汇情况，限制该投资的生产或其提供货物或服务在其境内的销售。

款①的规定，任一成员国对其境内的投资不得在经营阶段施加下列鼓励性的履行要求：当地成分、当地原材料、进口限制、当地销量，但排除了基于特定的生产区域政策、人力资源和劳动力的培训和雇佣、特定设施的建设扩建、科研方面的特定要求等因素而提供优惠待遇的履行要求。

ECT 也对禁止履行要求作了规定，但局限性更大，仅禁止“与贸易有关的投资措施”(TRIMs)。根据 ECT 第 5 条的规定，缔约国不得实施任何与 GATT1994 第 3 条(国民待遇原则)和第 6 条(反倾销和反补贴规则)不一致的 TRIMs，无论这些它们是限制性的还是鼓励性的，其中包括“当地成分、进口限制、当地销量、外汇限制、外销比例”。②

TRIMs 协议是最具普遍性的投资条约，但其对履行要求的禁止程度也许是最低的，因为它不仅将禁止的履行要求限于“与贸易有关”的投资措施(TRIMs)，还将 TRIMs 限定在“货物贸易”领域。根据 TRIMs 协议第 2 条的规定，WTO 成员不得采用违反 GATT1994 第 3 条(国民待遇原则)和第 11 条(一般取消数量限制原则)的 TRIMs，包括但不限于以下 5 种：当地成分要求、贸易平衡要求、外汇平衡要求、国内销售要求、进口限制。不过，由于 TRIMs 协议既未明确是否适用于投资的准入阶段，也未明确是否包含鼓励性的 TRIMs，因此，具有适用于这两个阶段的极大理论可能性。

三、相关条约对能源投资待遇和能源投资保护的规定

(一) WTO 协议的规定

WTO 的系列协议中，涉及投资待遇与投资保护的主要是 TRIMs 协议、SCM 协议、TRIPs 协议和 GATS。

---

① NAFTA1106 条第 4 款规定：上述第 3 款规定不能被解释成阻止缔约方要求一缔约方或非缔约方投资人在其境内的投资，遵从其对生产厂房区位、提供服务、训练或雇佣工人、建设或扩充特定设施、执行研究和发展的要求，而有条件接受或继续接受好处。

② See Energy Charter Treaty, Article 5(1) & (2).

1. TRIMs 协议

TRIMs 协议对 WTO 成员对待其境内的外国投资规定了“有限的”国民待遇义务，以及禁止实施违背国民待遇原则和取消数量限制原则的履行要求的投资保护义务。

TRIMs 协议第 1 条和第 2 条第 1 款分别规定：“本协议仅适用于与货物贸易有关的投资措施”、“在不妨碍 GATT1994 规定的其他权利和义务的前提下，任一成员方不得实施与 GATT1994 第 3 条或第 11 条规定不相符的任何投资措施。”①

根据 TRIMs 协议第 1 条和第 2 条第 1 款的上述规定，WTO 成员在实施“与货物贸易有关的投资措施”时，必须给予外国投资以国民待遇，不过这种国民待遇的给予有其前提条件，即只适用于 WTO 成员实施“与货物贸易有关的投资措施”的场合。

此外，WTO 成员还不得实施违反国民待遇原则和一般取消数量限制原则的履行要求(TRIMs)，特别是应当避免采取当地成分要求和贸易平衡要求这两种违背国民待遇原则的 TRIMs，以及限制进口、外汇平衡要求和国内销售要求这三种违背一般取消数量限制原则的 TRIMs。

2. SCM 协议

SCM 协议对 WTO 成员对待其境内的外国投资规定了一定的投资保护义务：禁止实施违背公平贸易原则的鼓励性履行要求(具有“专向性”的补贴措施)。SCM 协议主要规范 WTO 成员实施补贴措施的纪律，原则上禁止使用具有“专向性”的补贴措施，特别是出口补贴和进口替代补贴，这两种补贴措施分别非正当地提升了本国产品的国外和国内价格竞争力，但非专向性补贴和对科研、落后地区或环保方面的专向性补贴，不在禁止之列。

由于补贴与投资存在密切联系，因此 SCM 协议对东道国实施投资鼓励措施存在很大影响。前已述及，东道国为吸引外资而采取的投资鼓励措施，若表现为政府或公共机构对相关外商投资企业财政资助、价格或收入支持，实际上就是一种补贴行为，而且是具有

---

① 参见《与贸易有关的投资措施协议》第 1 条，第 2 条第 1 款。

专向性的补贴行为。这些投资鼓励措施可分为两种：不附带要求的投资鼓励措施和附带要求的投资鼓励措施。后者即我们所说的鼓励性履行要求，无论哪一种，均有可能受到合法性质疑，特别是受到资助的外商投资企业出口其在东道国生产的产品时，更是难逃政府补贴的质疑。

3. TRIPs 协议

TRIPs 协议对 WTO 成员对待其境内外国投资的知识产权部分规定了最低限度的投资保护义务：在知识产权的保护范围和保护程度方面必须符合 TRIPs 协议的最低要求。在满足最低限度投资保护义务的前提下，TRIPs 协议还要求 WTO 成员给予其境内外国投资的知识产权部分以最惠国待遇、国民待遇或互惠待遇。

根据 TRIPs 协议第 3 条的规定，WTO 成员在知识产权的效力、取得、范围、维持、实施等方面，给予其他成员国民的待遇不得低于给予本国国民的待遇。根据 TRIPs 协议第 4 条的规定，WTO 成员在知识产权的效力、取得、范围、维持、实施等方面，给予任何其他国家国民的利益、优惠、特权或豁免，应立即、无条件地给予所有 WTO 其他成员的国民。

4. GATS

GATS 对 WTO 成员对待其境内服务领域的外国投资规定了最惠国待遇和“有限的”国民待遇义务：同意开放的服务部门不存在国民待遇的限制条件，则该服务部门的外国投资即可享受国民待遇。

GATS 规定的 4 种服务贸易方式中的“商业存在”方式，实质上属于服务领域的跨国投资，即一成员方的服务提供者在另一成员方境内设立商业实体，由此向该另一成员方境内的消费者提供服务。

（二）CAFTA 协议的规定

CAFTA 的系列协议中，涉及投资待遇与投资保护的主要是 CAFTA 投资协议和 CAFTA 服务贸易协议。

1. 投资待遇

在投资待遇方面，CAFTA 投资协议规定了国民待遇、最惠国待遇、公平公正待遇等三种投资待遇标准。

CAFTA 投资协议规定的国民待遇只适用于投资经营阶段，而不适用于投资准入阶段，该协议第 4 条是关于国民待遇的专门条款，如此表述：缔约方应对在其境内的缔约另一方投资者及其投资，在投资的管理、经营、运营、维护、使用、销售、清算或其他形式的处置方面，给予不低于同等条件下向本国投资者及其投资提供的待遇。①

与国民待遇不同，CAFTA 投资协议规定的最惠国待遇不仅适用于投资经营阶段，同时也适用于投资准入阶段，但有例外情况。CAFTA 投资协议第 5 条第 1 款规定：在投资的准入、设立、获得、扩大、管理、经营、运营、维护、使用、清算、出售或其他形式的处置方面，缔约方须对缔约另一方的投资者及其投资，给予不低于同等条件下向任何其他缔约方或第三国投资者及/或其投资提供的待遇。②

CAFTA 投资协议第 5 条第 2、3 款是最惠国待遇的例外条款，具体排除了 5 种投资者及其投资不适用最惠国待遇的情况：(1)缔约方与非缔约方现存的任何协定或经济、区域合作安排；(2)缔约方与缔约他方或非缔约方将来的任何协定或安排；(3)东盟成员国之间的任何协定或安排；(4)缔约方与其单独关税区的任何协定或安排；(5)CAFTA 投资协议规定内容之外的争端解决程序。③

与最惠国待遇相同，CAFTA 投资协议规定的公平公正待遇同样适用于投资的所有阶段，不过没有例外情况。CAFTA 投资协议第 7 条共用 3 个条款对公平公正待遇专门作了规定："缔约方应对缔约另一方的投资者及其投资给予公平和公正的待遇，提供全面的保护和安全"、"公平和公正待遇是指缔约方在任何法定或行政程序中负有不拒绝给予公正待遇的义务，全面的保护与安全要求缔约方采取必要合理措施确保缔约他方投资者的投资的保护与安全"、

① 参见《中国与东盟全面经济合作框架协议投资协议》第 4 条。

② 参见《中国与东盟全面经济合作框架协议投资协议》第 5 条第 1 款。

③ 参见《中国与东盟全面经济合作框架协议投资协议》第 5 条第 2、3 款。

“违反其他本协议或单独国际协定的义务，不构成对第 7 条的违反”。①

2. 投资保护

在投资保护方面，CAFTA 投资协议规定了征收(国有化)的条件及其补偿标准、战争内乱的损失补偿、资本的自由转移等方面的投资保护义务。

根据 CAFTA 投资协议第 8 条第 1 款，缔约方只有在同时满足以下 4 个条件的情况下，才能对来自缔约他方的投资采取征收、国有化或其他等同措施：(1)为了公共目的；(2)符合包括法律程序在内的可适用的国内法；(3)以非歧视的方式实施；(4)按照 CAFTA 投资协议的规定给予补偿。②

对于征收(国有化)的补偿标准，根据 CAFTA 投资协议第 8 条第 2、3 款的规定，应按征收发布或发生时被征收投资的公平市场价值(以先者为准)、毫不延误地对被征收的投资进行补偿支付，否则要按主要商业利率计算延误期的利息，同时还应允许补偿自由转移，但是“土地征收”被排除在外，列为完全由缔约方国内法管辖的事项。③

根据 CAFTA 投资协议第 9 条的规定，缔约方投资者的投资，如在缔约他方境内因战争、武装冲突、革命、国家紧急状态、叛乱、起义、骚乱等遭受损失，缔约他方在恢复原状、赔偿、补偿和其他解决措施方面应对该投资者，给予同等条件下不低于向任何第三国投资者或本国国民提供的待遇，并且这两种待遇应当从优适用。④

根据 CAFTA 投资协议第 10 条的规定，缔约方应允许缔约他方投资者的投资及收益的所有转移，能以转移当天外汇市场的现行汇

① 参见《中国与东盟全面经济合作框架协议投资协议》第 7 条。

② 参见《中国与东盟全面经济合作框架协议投资协议》第 8 条第 1 款。

③ 参见《中国与东盟全面经济合作框架协议投资协议》第 8 条第 2、3 款。

④ 参见《中国与东盟全面经济合作框架协议投资协议》第 9 条。

率兑换为可自由兑换的货币，并毫不延误地自由汇入或汇出其领土。① 不过也规定了在公平、非歧视和善意实施相关法律法规基础上的 8 种例外情况，如破产、丧失偿付能力或保护债权人权利，未履行税收义务，追缴犯罪所得，外商投资项目停业的劳动补偿等。②

（三）双边投资保护协定的规定

中国与全体东盟成员国签订的双边投资保护协定，均有关于投资待遇和投资保护的规定，这些规定对促进彼此之间的相互投资发挥着重要的作用。

1. 投资待遇

在投资待遇方面，除了《中缅关于鼓励促进和保护投资协定》之外，中国与其他东盟成员国签订的双边投资保护协定，只是同时规定了最惠国待遇和公平公正待遇这两种投资待遇标准，③ 并且认为公平公正待遇就是最惠国待遇，或将公平公正待遇解释为最惠国待遇。如《中柬关于促进和保护投资协定》第 3 条第 1 款规定：缔约方应对在其领土内的缔约他方投资者的投资以及与投资有关的活动，提供公正的待遇和保护。④ 该协定第 3 条第 2 款进一步将公平公正待遇解释为最惠国待遇：本条第 1 款所述的待遇和保护应不低于任何第三国投资者的投资以及与投资有关的活动所享受的待遇和保护。⑤ 除了《中缅关于鼓励促进和保护投资协定》之外，中国与其他东盟成员国签订的双边投资保护协定，关于投资待遇的规定与《中柬关于促进和保护投资协定》基本相同。

---

① 参见《中国与东盟全面经济合作框架协议投资协议》第 10 条。

② 参见《中国与东盟全面经济合作框架协议投资协议》第 10 条。

③ 参见《中菲关于鼓励和相互保护投资协定》、《中柬关于促进和保护投资协定》、《中马关于相互鼓励和保护投资协定》、《中老关于鼓励和相互保护投资协定》、《中越关于鼓励和相互保护投资协定》第 3 条，《中泰关于促进和保护投资的协定》、《中印(尼)关于促进和保护投资协定》、《中新关于促进和保护投资协定》第 4 条。

④ 参见《中柬关于促进和保护投资协定》第 3 条第 1 款。

⑤ 参见《中柬关于促进和保护投资协定》第 3 条第 2 款。

在中国与所有东盟成员国签订的双边投资保护协定中，只有《中缅关于鼓励促进和保护投资协定》同时规定了最惠国待遇、国民待遇和公平公正待遇三种投资待遇标准,① 该协定第3条第1款规定的是公平公正待遇：对在其领土内的缔约另一方投资者的投资，缔约一方应始终给予公平与平等的待遇。② 该协定第2款规定的是国民待遇，但施加了条件限制：对在其境内的缔约另一方投资者的投资以及与投资有关的活动，在不损害其法律法规的前提下，缔约一方应给予不低于本国投资者的投资以及与投资有关活动享有的待遇。③ 该协定也将公平公正待遇解释为最惠国待遇，其第3款规定：在缔约一方境内，缔约另一方投资者的投资以及与投资有关活动享受的待遇，不应低于缔约一方给予任何第三国投资者的投资以及与投资有关活动的待遇。④

值得注意的是，中国与所有东盟成员国签订的双边投资保护协定，在投资待遇方面均无一例外地排除了依“关税同盟、自由贸易区、经济联盟、边境贸易、避免双重征税协定”而享有的优惠待遇。⑤

2. 投资保护

在投资保护方面，中国与所有东盟成员国签订的双边投资保护协定，均规定了征收与国有化的条件及其补偿标准、战争内乱的损失补偿、资本的自由转移等投资保护义务。

中国与所有东盟成员国签订的双边投资保护协定，都规定只有

---

① 参见《中缅关于鼓励促进和保护投资协定》第3条。

② 参见《中缅关于鼓励促进和保护投资协定》第3条第1款。

③ 参见《中缅关于鼓励促进和保护投资协定》第3条第2款。

④ 参见《中缅关于鼓励促进和保护投资协定》第3条第3款。

⑤ 参见《中柬关于促进和保护投资协定》、《中缅关于鼓励促进和保护投资协定》、《中越关于鼓励和相互保护投资协定》、《中老关于鼓励和相互保护投资协定》、《中菲关于鼓励和相互保护投资协定》第3条，《中马关于相互鼓励和保护投资协定》、《中印(尼)关于促进和保护投资协定》第4条，《中新关于促进和保护投资协定》第5条，《中泰关于促进和保护投资的协定》第8条。

在同时满足下列4个条件的情况下，才能对缔约另一方投资者的投资采取征收、国有化或类似措施：(1)为了公共目的、公共利益或国家安全；(2)依照国内法律程序；(3)以非歧视方式实施；(4)按协定的要求给予补偿。至于补偿的标准，应以被征收投资在征收宣布时或为公众知晓的前一刻的公平市场价值，或依公认的估价原则和公平原则确定的价值计算，并不得无故延误支付，同时还应允许补偿自由转移，① 否则可能要按商业利率计算延误期的利息，② 此外，部分双边投资保护协定还允许投资者请求对征收决定进行司法审查。③

中国与东盟成员国签订的绝大部分双边投资保护协定均规定，对外国投资的战争内乱损失要按最惠国待遇给予补偿，④ 如《中马关于相互鼓励和保护投资协定》第3条第2款规定：缔约方投资者的投资，如在缔约他方的领土内因战争、武装冲突、全国紧急状态、叛乱、暴乱、骚乱而遭受损失，该缔约他方在采取恢复、补偿、赔偿或其他解决办法方面应对该投资者，给予不低于向任何第三国投资者提供的待遇。⑤

---

① 参见《中柬关于促进和保护投资协定》、《中缅关于鼓励促进和保护投资协定》、《中越关于鼓励和相互保护投资协定》、《中老关于鼓励和相互保护投资协定》、《中菲关于鼓励和相互保护投资协定》第4条，《中马关于相互鼓励和保护投资协定》、《中泰关于促进和保护投资的协定》第5条，《中新关于促进和保护投资协定》、《中印(尼)关于促进和保护投资协定》第6条。

② 参见《中缅关于鼓励促进和保护投资协定》、《中泰关于促进和保护投资的协定》第4条，《中新关于促进和保护投资协定》第6条。

③ 参见《中菲关于鼓励和相互保护投资协定》，《中新关于促进和保护投资协定》第6条。

④ 参见《中马关于相互鼓励和保护投资协定》第3条，《中菲关于鼓励和相互保护投资协定》、《中老关于鼓励和相互保护投资协定》、《中越关于鼓励和相互保护投资协定》第4条，《中柬关于促进和保护投资协定》、《中缅关于鼓励促进和保护投资协定》、《中泰关于促进和保护投资的协定》、《中印(尼)关于促进和保护投资协定》第5条，《中新关于促进和保护投资协定》第7条。

⑤ 参见《中马关于相互鼓励和保护投资协定》第3条第2款。

只有《中缅关于鼓励促进和保护投资协定》同时规定了最惠国待遇和国民待遇的补偿原则，该协定第 5 条规定：缔约方投资者的投资，如在缔约他方领土内因战争、全国紧急状态、武装冲突、暴乱或类似事件而遭受损失，缔约他方在恢复原状、赔偿、补偿或采取其他措施方面应对该投资者，给予不低于该缔约他方向本国或任何第三国投资者提供的待遇。①

中国与所有东盟成员国签订的双边投资保护协定，均规定缔约方应保证外国投资者能够自由转移其资本及收益。② 如《中菲关于鼓励和相互保护投资协定》第 5 条规定：缔约方应依照其法律和法规，保证在其领土内的缔约他方投资者转移投资和收益，包括：(1)利润、股息、利息等合法收入；(2)投资清算款项；(3)投资贷款的偿还款项；(4)著作权、工业产权、专有技术、工艺流程的提成费；(5)技术援助或服务费及管理费；(6)工程承包的支付款项；(7)缔约他国民从事与投资有关活动的正常收入。③

四、部分东盟成员国近期采取的措施对中国的影响

(一)印度尼西亚要求对矿业合同重新进行谈判

2011 年 10 月 18 日，印度尼西亚现任总统苏西洛改组内阁并随后要求部长们立即与外国公司就矿业、石油、天然气方面的合同进行重新谈判。④ 此举主要是针对苏哈托总统时代为了吸引外资而

---

① 参见《中缅关于鼓励促进和保护投资协定》第 5 条。

② 参见《中越关于鼓励和相互保护投资协定》、《中老关于鼓励和相互保护投资协定》、《中菲关于鼓励和相互保护投资协定》第 5 条，《中柬关于促进和保护投资协定》、《中缅关于鼓励促进和保护投资协定》、《中马关于相互鼓励和保护投资协定》、《中泰关于促进和保护投资的协定》第 6 条，《中印(尼)关于促进和保护投资协定》第 7 条，《中新关于促进和保护投资协定》第 8 条。

③ 参见《中菲关于鼓励和相互保护投资协定》第 5 条。

④ See Dorothy Kosich, Indonesian Gov't. persists in contract re-negotiations despite Grasberg woes, available at http://www.mineweb.com/mineweb/content/en/mineweb-base-metals?oid=138717&sn=Detail, last visited on October 1, 2013.

签订的一些长期矿业合同，矿业公司当时只需缴纳较低的矿业税就可获得矿业合同。

2012年8月7日，印度尼西亚总统苏西洛在雅加达表示，为了维护国家利益和造福人民，需要与矿业公司就已经签署的矿业合同重新进行谈判。苏西洛认为，过去印度尼西亚与矿业公司签署的一些矿业合同是不公平的，损害了印度尼西亚的国家利益，不能造福人民。苏西洛表示，当前印度尼西亚人口不断增加，对能源需求日益扩大，因此政府应在能源和矿业领域推行正确的战略和政策。

实际上，印度尼西亚政府自2009年颁布新的《矿产及煤炭法》之后，就一直酝酿对矿业产业进行彻底的清理和规范。随着条件的逐步成熟，2012年印度尼西亚政府开始多管齐下，连续在矿业改革问题上频繁采取措施：

一是颁布2012年第24号政府条例——《关于执行矿产和煤炭企业活动的政府条例》(*Government Regulation of The Republic of Indonesia Regarding the Implementation of Mineral and Coal Mining Business Activity*)(Number 24 of 2012)，规定外国矿业公司在投产后的5年至10年中，必须分阶段向印度尼西亚的政府或合作伙伴转让至少51%的股权，印度尼西亚方面持有的股份第6年为20%，第7年为30%，第8年为37%，第9年为44%，最后在第10年达到51%；

二是为了提高相关产品的出口附加值，减少原煤和矿石出口，颁布2012年第7号能源与矿产部条例——《通过加工和提炼提高矿产附加值》规定，所有的煤炭和矿务企业必须将原煤和矿石在印度尼西亚国内完成加工程序，最迟在2014年5月6日前完全停止出口原煤和矿石；

三是大幅度提高原煤和矿石的出口税，计划2012年的出口税为25%，但暂时执行15%的税率，2013年则提高到50%；

四是推动此次的矿业合同重新谈判，受此次谈判影响的外国能源企业包括雪佛龙(Chevron)、埃克森美孚(Exxon Mobil)、道达尔(Total)、壳牌(BP)、康菲石油(ConocoPhillips)、维科石油(Vico oil)等，它们共同占有印度尼西亚国内石油生产量的90%。由于中国企业在印度尼西亚能源领域也有不少投资，因此同样会受到一定的影响。

(二)缅甸终止中国密松水电站的投资项目

2011年9月30日，缅甸政府在国内政治体制酝酿变革的氛围中，以保护环境为理由宣布在本届政府任期内搁置原本由中资公司——中国电力投资集团(中电投)开发建设的伊洛瓦底江上规划中最大的水电项目——密松水电站。为此，缅甸总统吴登盛称密松水电站项目可能会“破坏密松的自然景观……气候变化造成的大坝坍塌也将损害附近和下游居民的生计”；吴登盛还强调“缅甸政府是民选政府……有义务把重心放在解决人民的担忧和顾虑上”。

继搁置密松水电站项目之后，缅甸政府又以环保为理由撤销了一项4000兆瓦的燃煤电厂的兴建计划，这是由泰国Italthai公司与缅方合作开发的一个项目，是缅甸南部工业发展计划的一部分。缅甸政府声称撤销这一计划的原因是出于对环保的考虑，因为这项投入巨大的煤电厂位于缅甸南部的土瓦港，紧邻泰国，缅甸担心会造成跨境环境污染。

密松水电站位于缅甸的伊洛瓦底江上游迈迪开江与恩梅开江汇合处，由中国电力投集团采用BOT方式与缅甸国家电力公司、缅甸亚洲国际集团共同投资兴建，是缅甸伊洛瓦底江上游密支那以上流域7个梯级水电站中的第一座、也是最大的一座，装机容量为600万千瓦，总工期为8年，首台机组计划于2017年发电。工程完成后的50年内，缅甸将得到总发电量的10%，以及总收益的25%，约为170亿美元，并拥有所得税和出口税的征收权，50年之后，缅甸政府将完全收回整个项目。密松水电站曾于2009年12月21日举行了前期工程的开工典礼，中国水电集团下属的几个工程局参与了项目的具体施工。

密松水电站搁置的最主要原因是缅甸的国内民族矛盾、民族和解问题，此外也有西方国家干预和国内“民主运动”影响等因素，至于环保因素，只是一个表象。密松水电站的所在地属于缅甸的地方政府“克钦邦”管辖，是缅甸北部最大的地方武装势力“克钦独立军”的传统控制区域，也是缅甸政府军与“克钦独立军”势力的冲突交织地带，当地民族一直在谋求独立。近年来“克钦独立军”与缅甸政府军更是矛盾不断，甚至还影响到中国边境城市的安全。① 由于“克钦邦”认为密松水电站没有充分考虑其利益，因此强烈反对。另外，根据维基解密公布的文件显示，美国驻缅甸使馆还资助了一些反对建设密松水电站的团体。本来，美国的这种资助更应被理解为是针对缅甸政府的，因为美国向来对缅甸军政府采取敌视态度，但现在缅甸国内涌起的“民主化改革”浪潮，使缅甸政府不得不对民意加以重视，而且，缅甸反对派领袖昂山素季也公开表示反对密松水电站的建设。在多种因素的影响下，出于稳定国内局势的考虑，缅甸政府不得不重新考虑密松水电站项目是否应当继续进行。

早在缅甸政府的奈温时代，日本的 Kansai 电力开发公司就曾主持过密松水电站项目的勘探设计工作。在仔细研究了“克钦邦”的情况之后，Kansai 公司认为该项目实施时非常可能引发军事冲突，暂时搁置了该项目计划，希望条件成熟以后再行启动。而缅甸的丹瑞军人政权为了实现其占领“克钦邦”全境和统一缅甸联邦的战略目标，利用中国的战略需要，把 Kansai 公司已完成勘探设计的密松电站项目，作为重大招商引资项目提供给资金雄厚的中国国有企业——中国电力投资集团(中电投)。但是中电投在进行项目可行性研究时未能充分关注“克钦邦”对密松水电站所在地区的实际影响力，以及该地区措施武装冲突的可能性，没有与“克钦邦”协商密松水电站项目的利益分配问题，由此埋下安全隐患。

(三)第三次国有化浪潮的影响

印度尼西亚要求就矿业、石油、天然气方面的合同矿业与外国公司重新进行谈判，缅甸搁置中资公司的水电站投资项目，这些行为实际上是第三次国有化浪潮在东南亚地区的继续。

第一次国有化浪潮发生在 1920—1950 年，以墨西哥、委内瑞拉、阿根廷等美洲国家的国有化运动最具代表性。第二次国有化浪潮出现在 20 世纪 50—80 年代，起源于中东，蔓延至拉丁美洲和北

---

① 参见新华网：《中缅两军举行首次战略安全磋商》，http://news.xinhuanet.com/2013-01/20/c_124255050.htm，2013 年 1 月 15 日访问。

非。第三次国有化浪潮发生在2000年之后，范围属全球性质，涵盖欧洲的俄罗斯，拉丁美洲和南美洲的委内瑞拉、玻利维亚、厄瓜多尔、阿根廷，以及非洲的乍得和中东的卡塔尔、科威特、阿尔及利亚等国。此次国有化运动以拉丁美洲和南美洲各国最为集中。

俄罗斯从2000年普京总统执政以来，通过对油气产业进行国有化改造，重新恢复了国家对油气资源的控制。2005年，俄罗斯颁布《矿产资源法》，规定外国公司和个人不能成为俄罗斯矿产资源的使用者，外国公司必须与俄罗斯企业合资才能参与俄罗斯国内的油气开发，且俄罗斯资企业持股不能少于51%，并且储量超过1.5亿吨的油田和1万亿立方米的天然气田属战略矿床，外国公司就必须与俄罗斯资企业合资公司才能进行开发，且俄罗斯资企业必须控股。

委内瑞拉从2000年开始大范围推行国有化政策，能源领域的国有化被其视为"国有化改革"的关键步骤。2001年11月，委内瑞拉颁布新的《石油法》，规定委内瑞拉国家石油公司(PDVSA)在与外国公司的石油合作项目中，必须占有51%以上的股份。该法将矿区使用费从16.6%增至30%，所得税则由67.7%降至50%。2008年4月15日，委内瑞拉通过《石油高价特殊贡献法》，批准委内瑞拉政府对在国内运营的石油公司征收特别收益金(暴利税)，该法规定，委内瑞拉政府将征收高出标准油价部分50%~60%的收益。2009年5月7日，委内瑞拉颁布《国家掌管石油行业基础活动相关资产和服务法》，允许对油气服务行业的外国公司进行国有化。

厄瓜多尔于2006年5月颁布《石油法修正案》，规定外国公司必须向政府缴纳因石油价格上涨而超过原销售合同价格所获收益的50%，这一比例于2007年9月被提至99%，由于外国企业的普遍反对，2008年1月的《平等税法修正案》最后将该比例降至70%。2008年，厄瓜多尔通过了新修订的《宪法》和《石油法修正案》，新《宪法》规定国家是包括石油和天然气在内的不可再生资源的所有权人，并享有征收的权利，《石油法修正案》则强调能源资源要优先满足国内供应，并要求与外国公司就已签订的石油合同在180天之内进行重新谈判。

玻利维亚于2006年5月1日颁布国有化法令，下令军队进驻全国的天然气田，宣布对本国的石油和天然气资源进行国有化，由玻利维亚国家石油公司(YPFB)对所有的油气田实行全面控制，而且所有的外国公司必须在180天内与YPFB重新签订合同，并上交其生产的油气的82%。此外，玻利维亚还要求所有的外国公司必须在180天内与政府重新签订合同，并将石油税率由18%提高到50%。2009年初，玻利维亚通过新宪法，规定本国一切自然资源归人民所有，由国家代表人民利益进行管理。2012年5月1日，玻利维亚对由西班牙电网集团的下属企业“西班牙输电公司”(Transportadora de Electricidad)控制的两家电力公司进行国有化，2012年6月20日又对瑞士嘉能可公司所属的科尔基里矿业公司实行了国有化。

阿根廷于2002年颁布《经济紧急法案》，该法案以冻结油气价格为主要内容，标志着阿根廷的油气政策进入了以“强化政府对油气产业的控制力和主导权”为目标的调整阶段。① 2012年4月16日，阿根廷总统克里斯蒂娜宣布阿根廷政府将对西班牙能源集团雷普索尔(Repsol)持有的阿根廷国家石油公司(YPF)51%的股份进行国有化，以实现阿根廷政府对本国油气资源的全面控制。2012年5月5日，在阿根廷议会以压倒性优势通过《阿根廷石油主权法案》之后，经总统克里斯蒂娜的签署，该法案正式生效。

拉美国家的国有化浪潮迅速地横越大西洋辐射到非洲，中非国家乍得受到影响。2006年8月22日，乍得总统代比要求乍得政府与埃克森美孚石油公司(ExxonMobil)、美国雪佛龙石油公司(Chervon)和马来西亚国家石油公司(Petronas)财团重新讨论原先签署的石油开发协议，以使乍得获得更多的收益。2006年8月22日代比宣布，由于Chervon和Petronas未能信守缴纳企业税的有关承诺，他们的代表必须立即离开乍得，并关闭其代表处，他们的资产

① 参见孙洪波：《阿根廷的油气开发政策与中阿能源合作》，载《拉丁美洲研究》2010年第5期，第43~48页。

由乍得国家石油公司接管，但如果他们交齐税金并将部分股权交给乍得国家石油公司，则可继续留在乍得。

应当指出的是，上述国家实行的第三次油气资源国有化行动，主要是采用提高与外国公司的利润分成比例、重新签订合同等方式进行的，资源国同时也会对外国公司的损失进行一定的补偿。外国企业在满足资源国提出的利润分成比例或重新签订合同后，可以继续原来的经营活动，但可能不再掌握控制权。外国企业只有在拒不接受资源国提出的解决方案时，才会被资源国采取无补偿征收这样传统的、更容易引起冲突的国有化手段。

（四）上述东盟成员国采取的措施涉及的法律问题——间接征收

由于晚近国际社会对东道国保护外国投资的纪律要求日益严格，许多关于国际投资保护的立法均原则上禁止东道国征收外国投资者资产，如确实需要征收，则必须满足“为公共目的、符合法律程序、非歧视、补偿”等要求。由此导致外国投资者及其投资的保护标准得到提高，进而导致东道国对外资及其活动进行管理的难度增大。东道国如果想对国民经济的关键领域实行全面控制，就不能再使用过去那些明显构成征收的外资管理行为。为此，东道国转而寻求采用一些隐蔽的、具有表面合法性的手段，以实现其对国民经济关键领域进行全面控制的目的，并在必要时实施具有直接征收效果的行为，即间接征收。

1. 间接征收的概念及表述方式

间接征收（indirect expropriation）也称变相征收（disguised expropriation）、事实征收（de facto expropriation）、推定征收（constructive expropriation）、管制性征收（regulatory expropriation）、蚕食性征收（creeping expropriation），① 是指国家虽未对原属于私人

① See Organization for Economic Co-operation and Development, “Indirect Expropriation” and the “Right to Regulate” in International Investment Law, OECD Working Papers on International Investment, 2004, p. 4; also see R. Dolzer and M Stevens, Bilateral Investment Treaties, The Hague: Kluwer Law International, 1995, p. 27.

或外国政府所有的财产采取直接剥夺财产所有权的强制性措施，但其行为构成对所有权人占有、使用、处置财产的无理干涉，使所有权人在合理的时间内不能占有、使用、处置该财产。①

长期以来，国际投资立法并未明确界定间接征收的内涵，在各类国际条约中，间接征收通常被表述为“相当于国有化或征收的措施”(NAFTA 第 1110 条第 1 款)、“与国有化或征收具有相同效果的措施”(ECT 第 13 条第 1 款)，但其具体内涵却得不到清晰的描述。

美国双边投资协议范本(2004、2012)第 4 条将间接征收定义为：没有正式移转所有权或直接没收，但效果相当于直接征收的缔约一方的一个或一系列行为。② 该条同时也规定：判断缔约方的行为是否构成间接征收，应以事实为根据逐案进行考察，而且必须考虑下列因素：(i)政府行为的经济影响，但仅对投资的经济价值造成不利影响，不能认定为间接征收；(ii)政府对投资者确定的、合理的投资期待的干预程度；(iii)政府行为的性质。③ 并且，“除极少数特殊情况之外，缔约方为了保护公共健康、安全和环境等合法公共利益而采取的非歧视性管制措施，不构成间接征收”。④ 受美国双边投资协议范本影响，2004 年的《美国与新加坡自由贸易协定》对间接征收也作了类似规定。

2. 间接征收的表现形式

间接征收的表现形式通常有：过度或武断的税收、不断趋于苛刻的规章制度、对进出口的限制、对价格的管制、延长对资产的

---

① See Louis B. Sohn and R. R. Baxter, Responsibilities of States for Injuries to the Economic Interests of Aliens, The American Journal of International Law, Vol. 55, 1961, p. 553.

② See U. S. Model Bilateral Investment Treaty (2004, 2012), Annex B, Article 4.

③ See U. S. Model Bilateral Investment Treaty (2004, 2012), Annex B, Article 4(a).

④ See U. S. Model Bilateral Investment Treaty (2004, 2012), Annex B, Article 4(b).

“临时扣押”的时间、提高最低工资水平、限制利润的汇出等。① 具体到能源领域，间接征收的表现形式主要有过度或武断地征税、强制变更合同、强制参股和强制代理。②

1961 年的《国家对外国人造成损害的国际责任公约草案》曾明确列举了一些属于间接征收的措施，如将本地雇员的工资提高到起阻止外国投资作用的水平，拒绝对外国技术人员发放签证，禁止必要的机械设备的进口，拒绝外资企业进口机器设备所需的外汇配给，以维持公共秩序为由禁止外国投资者经营其拥有的企业，限制或禁止外国人使用其财产或享受财产收益，禁止外国人使用其所占据的建筑物的一部分，派驻保护、管理或检查人员阻碍外国投资者自由使用物业及设施，禁止外国人出售财产等。③ 1962 年的《保护外国财产公约草案》也曾规定一些属于间接征收的行为，包括过度或者武断的征税、强制派遣管理人员、因强制贷款而禁止分红、禁止解雇员工、拒绝供应原材料、拒绝发放必要的进出口许可证等。④

(1)过度或武断地征税。

税收管辖权是国家主权在税收领域的体现，东道国单纯提高外国资本的应税税率通常不会产生征收问题。但是，如果东道国对外国投资者施加在相同的情况下比本国投资者更为繁重的税收义务，或违背特许协议税收稳定条款的规定加重外国投资者的税收负担，既可能违反国民待遇、公平公正待遇的要求，也可能构成政府违约行为，不能免除间接征收的质疑——具有征收性质的“没收性征

① See Paul E. Comeaux and N. Stephan Kinsella, Protecting Invstment under International Law, Oceana Publications Inc., 1997, p. 9.

② 参见吴彦杰：《国际石油投资间接征收问题研究》，中国政法大学 2011 年硕士学位论文，第 15~25 页。

③ See Louis B. Sohn and R. R. Baxter, Responsibility of States for Injuries to the Economic Interests of Aliens, The American Journal of International Law, Vol. 55, 1961, p. 559.

④ See Organization for Economic Co-operation and Development, Draft Convention on the Protection of Foreign Property, 1962, p. 19.

税”(confiscatory taxation)。① 厄瓜多尔2007年9月对外国公司因油价上涨所获的超过合同原价的收益征收99%的暴利税，即属此类。

ICSID于1978年裁决的案件——Revere Copper and Brass Inc. v. Overseas Private Investment Corporation，是认定东道国的征税行为构成间接征收的一个较早的案例。在该案中，ICSID仲裁庭认为牙买加政府与Revere Copper公司之间存在一个包含税收稳定条款的投资协议，牙买加政府开征生产税的行为违反了税收稳定条款，损害了Revere Copper公司的利益，导致后者丧失对一些财产的有效控制和使用，因此牙买加政府的行为构成征收。②

值得注意的是，无论是发展中国家还是发达国家，均对本国的税收管辖权颇为重视，不愿轻易将涉及税收征管的案件交由国际仲裁机构审理，通常会设定一个前置性的程序条件。③ 如2004、2012年美国的双边投资协议范本第21条就规定，虽然征收的规定适用于税收措施，但只有在满足以下条件的情况下，才能将涉及“没收性征税”的投资争议提交仲裁：(1)向缔约国双方的税收部门提交相关税收措施是否构成征收的问题；(2)180天内缔约国双方的税收部门对相关税收措施是否构成征收未能达成一致。④

(2)强制变更合同。

通过强制手段改变与外国投资者的原先签订的特许协议中的关键条款，是东道国使用已久的一种外资管理方式。实际上，基于资

---

① See Joseph J. Darby, Confiscatory Taxation, the American Journal of Comparative Law, Vol. 38, 1990, p. 545.

② See Organization for Economic Co-operation and Development, “Indirect Expropriation” and the “Right to Regulate” in International Investment Law, OECD Working Papers on International Investment, 2004, pp. 13-14; also see American Arbitration Association, Revere Copper and Brass Incoroporated-Overseas Private Investment Corportion: Arbitral Award in Dispute Involving U. S. Investment Guaranty Program, International Leagal Materials, Vol. 17, 1978, pp. 1321-1383.

③ 参见石俭平：《东道国外资征税权与间接征收关系辨析》，载《企业经济》2012年第5期，第160~163页。

④ See U. S. Model Bilateral Investment Treaty (2004, 2012), Article 21.

金和技术方面的考虑，大多数对本国能源领域实行国有化政策的国家，并不想驱逐外国投资者，只是希望能够从外国投资者开发本国资源的活动中获得更多的利益。因此，这些国家在与外国投资者重新谈判协商合同内容后，允许外国投资者继续留在本国从事原有的经营活动，而后者仍可获得相对丰厚的利润。

毫无疑问，歧视性的、不合理的合同重新谈判损害了外国投资者的财产利益，造成外国投资者可得利益的减少，应当属于间接征收。① 但是，由于能源资源的稀缺性，外国投资者又往往不得不接受东道国提出的重新谈判要求，甚至放弃诉诸国际仲裁机构的权利。因为即便赢得了官司，也无法改变东道国国有化的权力，反而会被他国的投资者乘机抢占市场。而且，如今资源国与外国投资者签订的投资合同或资源国规范能源领域投资合同的法律中，稳定性条款已经越来越少，而要求适用东道国法律的条款则越来越多，这就为东道国要求重新谈判合同内容提供了依据。

从理论上说，如果不存在稳定性条款的限制，合同在履行期限内适用的东道国法律，不仅包括签订合同时东道国现有的法律，也应当包括合同履行期限内东道国新制定的法律或原有法律的新变化。为此，东道国往往会先出台一部对外国投资者权利进行进一步限制的法律，然后政府机构或国有企业依据该法律的规定要求与外国投资者重新谈判合同的内容，从形式上看这种做法是层层递进的，具有表面的合法性。

(3)强制参股或强制代理。

除了大幅度提高税收、强制变更合同之外，资源国还会采用强制参股或强制代理的方式来控制本国的国民经济关键部门，如要求外国投资者必须按规定向资源国政府或企业转移一定比例的股份，或者资源国占有的股份不低于一定比例。

强制参股或强制代理的做法会产生三种法律效果：①构成投资准入的条件。如果资源国关于强制参股或强制代理的规定早于外国

① See Cynthia Day Wallace, Legal Control of the Multinational Enterprise, Martinus Nijhoff Publishers, 1982, pp. 276-279.

投资者进入资源国的时间，就构成外国投资者进入资源国从事勘探开发活动的前提条件，即属于能源领域投资准入的履行要求中的内容，这是一种合法的做法，因为外国投资者已事先知晓并且同意。②构成投资经营的条件。无论资源国关于强制参股或强制代理的规定是否早于外国投资者进入资源国的时间，只要外国投资者与资源国或其国有企业之间的投资合同中没有载入稳定条款，这种行为就可以原则上理解为合法，但具体要看强制参股或强制代理对外国投资者利益的影响程度。③构成间接征收。如果资源国关于强制参股或强制代理的规定晚于外国投资者进入资源国的时间，或者外国投资者与资源国或其国有企业之间的投资合同中载有稳定条款，强制参股和强制代理的规定就极有可能构成间接征收，因为此时资源国的行为属于事后立法，而且违背了合同的约定。

印度尼西亚2012年颁布的第24号政府条例——《关于执行矿产和煤炭企业活动的政府条例》，规定外国矿业公司必须在投产后的5~10年分阶段向印度尼西亚政府或本地合作伙伴转让至少51%的股权。这种规定属于强制参股或强制代理行为，对于该立法生效之前已进入该国或者投资合同中载有稳定条款的外国投资者而言，均不排除构成间接征收的可能性。

间接征收的实质是国家的行为构成对投资者占有、使用、处置其财产的无理干涉，使投资者在合理的时间内不能占有、使用、处置其财产。① 间接征收的范围十分宽广，难以穷尽，需要结合具体情况进行分析。当然，并非所有的东道国干涉外国投资者投资权益的行为都属于征收，例如东道国合法采取的环境保护、消费者保护、反垄断等外资管理行为，虽然可能对投资者的财产权益造成一定的负面影响，但只要不是歧视性的，这些行为就不能被认定为间

① See Louis B. Sohn and R. R. Baxter, Responsibilities of States for Injuries to the Economic Interests of Aliens, The American Journal of International Law, Vol. 55, 1961, p. 553.

接征收，进而要求东道国支付补偿。①

3. 间接征收的判断标准

在间接征收的界定问题上，东道国行为的"效果"(effect)和"目的"(purpose)被认为是认定该行为性质的关键。② 依此大致可以将东道国间接征收行为的判断标准分为行为效果标准(effect doctrine)、行为目的标准(purpose doctrine)、效果与目的兼顾标准(effect and purpose doctrine)。

(1)行为效果标准。

行为效果标准以东道国所采取的措施对外国投资者及其投资所造成的负面影响程度来判断该行为是否构成间接征收。③ 行为效果标准在认定间接征收时，重点考察两个因素：东道国政府对投资的干预程度是否达到"实质性"剥夺外国投资者财产权利的地步，以及外国投资者的合理期待是否受到损害，基本上不考虑政府实施该行为的目的。④ 该标准在2000年之前，是认定间接征收的主流观点，即使是现在，仍有不少仲裁庭采用这一标准。ICSID于1997年受理的Metalclad Corporation v. United Mexican States案，仲裁庭就主张行为效果标准。⑤

(2)行为目的标准。

行为目的标准以东道国行为的目的来作为是否属于间接征收的

① See M. Sornarajah, The International Law on Foreign Investment, Cambridge University Press, 1994, p. 283.

② See L Yves Fortier, CC, QC and Stephen L Drymer, Indirect Expropriation in the Law of International Investment: I Know It When I See It, or Caveat Investor, Asia Pacific Law Review, Vol. 13, 2005, p. 86.

③ 参见徐崇利:《"间接征收"之界分：东道国对外资管理的限度》，载《福建法学》2008年第2期，第2~7页。

④ 参见徐崇利:《利益平衡与对外资间接征收的认定及补偿》，载《环球法律评论》2008年第6期，第28~41页。

⑤ See International Centre for Settlement of Investment Disputes, Metalclad Corporation v. United Mexican States, Award of the Tribunal, ICSID Case No. ARB (AF)/97/1.

判断标准。① 该标准认为，合法正当的公共目的本身即足以认定东道国的行为是在正常地行使“治安权”(police power)，并不会构成征收，因而不管其对外国投资者会产生多么巨大的负面影响，政府均无须给予补偿。但目前在国际司法实践中，明确支持行为目的标准的案件并不多见，ICSID 于 2002 年裁决的 Marvin Roy Feldman Karpa v. The United Mexican States 案②是支持行为目的标准的典型案例。

(3)效果与目的兼顾标准。

效果与目的兼顾标准是行为效果标准和行为目的标准的折中。该标准认为，在认定东道国的有关行为是否构成间接征收时，应当综合考虑各种因素，不能仅考虑行为的目的，也不能仅考虑行为对投资者造成的影响，要将两者结合起来作为认定东道国行为是否属于间接征收的判断标准。ICSID 于 2000 年受理的 Técnicas Medioambientales Tecmed, S. A. v. United Mexican States 案(以下简称“Tecmed 案”),③ 是采用效果与目的兼顾标准来认定间接征收的典型案例。

“Tecmed 案”仲裁庭认为：确定墨西哥政府的行为是否构成征收，必须分析其行为对于环保目标的实现、外国投资者财产权利的影响、外国投资者的合理预期是否都具有合理性，并考虑行为的影响在保护公共利益和投资者利益之间是否成比例。虽然仲裁庭最后确认了墨西哥的行为构成间接征收，但是仍然强调“国家作为管理者，在公共管理权的框架内行使主权权力，由此导致的经济损失无

① 参见徐崇利：《“间接征收”之界分：东道国对外资管理的限度》，载《福建法学》2008 年第 2 期，第 2~7 页。

② See International Centre for Settlement of Investment Disputes, Marvin Roy Feldman Karpa v. The United Mexican States, Award of the Tribunal, ICSID Case No. ARB(AF)/99/1.

③ See International Centre for Settlement of Investment Disputes, Técnicas Medioambientales Tecmed, S. A. v. United Mexican States, ICSID Case No. ARB (AF)/00/2.

需补偿”。① 可见，尽管“Tecmed 案”仲裁庭主要关注东道国行为的实际效果，但并没有否认东道国在公共管理权框架内的主权权力。

目前，在国际司法实践中，主张兼采行为效果与目的标准有不断增加的趋势。毫无疑问，行为效果标准过于注重保护外国投资者的财产权利，有侵害东道国政府外资管理权的嫌疑；而行为目的标准又过分地强调东道国社会公共利益的优先性，可能会导致东道国滥用外资管理权，进而对外国投资者造成不公。总之，单纯地采用行为效果标准或行为目的标准，均将造成间接征收认定过程中利益考量的严重失衡，而兼采行为效果与目的标准，能够更好地平衡东道国社会公共利益与外国投资者私人财产权利之间的关系，具有理论上的正当性。②

（五）相关国际条约的规定

1. MIGA 公约

MIGA 公约第 11 条(a)款(ii)项是关于“征收和类似措施”(expropriation and similar measures)的规定，根据该规定，“征收和类似措施”是指东道国采取的效果在于剥夺投保人对其投资的所有权或控制权或应从投资中得到的大量收益的立法上的作为或行政上的作为或不作为，但政府为管理国内经济活动采取的普遍适用的非歧视措施除外。③ 根据该条规定，MIGA 所承保的政治风险中，“征收和类似措施”险既包括直接征收，也包括间接征收，但排除了“政府为管理国内经济活动而通常采取的普遍适用的非歧视性措施”。

此外，MIGA 提供的担保合同(Contract of Guarantee)还对征收作了进一步解释，征收包括下列东道国政府的措施：(1)剥夺项目

① See International Centre for Settlement of Investment Disputes, Técnicas Medioambientales Tecmed, S. A. v. United Mexican States, Award of the Tribuna, ICSID Case No. ARB(AF)/00/21, pp. 122, 133, 147-149.

② 参见徐崇利：《利益平衡与对外资间接征收的认定及补偿》，载《环球法律评论》2008 年第 6 期，第 28~41 页。

③ See Convention Establishing the Multilareral Investment Guarantee Agency, Article 11(a) (ii).

财产；(2)剥夺投资者的红利取得权；(3)阻止股东基于股份的投票权；(4)阻止投资者行使实质性权利；(5)对投资者施加经济义务使其无法在不损失的情况下继续经营项目。该担保合同还规定只有在相关措施的效果持续1年以上时，投资者才有权提起申诉。此外，该担保合同第8条第4款又明确规定："为了确保公共安全、增加财政收入、保护环境或者管制经济活动的公共利益，东道国采取的任何普遍适用的非歧视措施不得被认为征收，除非东道国为了剥夺合同被保证人致使其放弃被保证的投资或者将其以低价贱卖。"

MIGA公约无疑是具有广泛约束力的多边投资立法，该公约关于征收的规定和解释意义重大。MIGA公约将征收的范围扩展到包括间接征收在内的范畴，同时还对政府的合法管制行为与需要补偿的征收行为作了简单的区分，虽然间接征收在当时尚未引起足够的重视，发生的争议也不多见，但如今仍可作为我们界定征收的可资引用的重要国际规则。虽然中国和文莱、缅甸以外的东盟成员国均已加入MIGA，但是从目前的情况来看，中国企业在印度尼西亚的投资基本上都没有向MIGA投保，因此，今后不妨将MIGA的规则利用起来，在向政治风险较大的东盟成员国投资时，可考虑向MIGA申请投保。

2. CAFTA投资协议

CAFTA投资协议第8条将间接投资定义为与征收或国有化相同的"其他等同措施"，该条规定：缔约方不得对缔约他方投资者的投资实施征收、国有化或其他等同措施。①

但根据CAFTA投资协议第3条第4款的规定，CAFTA投资协议不适用于任何"税收措施"，并且不损害缔约方在下列情况下采取税收措施的权利和义务：(1)依据WTO准予或征收；(2)实施征收、国有化或其他等同措施；(3)投资者的投资转移和利润汇回；(4)因实施征收、国有化或其他等同措施而产生的投资者与国家之

① 参见《中国与东盟全面经济合作框架协议投资协议》第8条。

间的争议；(5)任何避免双重征税的税收协定”。①

此外，CAFTA 投资协议第 14 条(缔约方与投资者间争端解决)允许外国投资者将征收方面的争议提交东道国司法机构或 ICSID 等国际仲裁机构解决，CAFTA 投资协议第 14 条第 9、10 款规定了“没收性征税”争议的前置程序：当投资者向争端缔约方提出其采取或执行的税收措施构成征收或国有化措施时，应争端缔约方的请求，非争端缔约方应与其磋商，以决定争议税收措施是否构成征收或国有化措施，任何依本协议设立的仲裁庭应认真考虑缔约双方的决定；如缔约双方未能启动此类磋商，也未能在收到磋商请求的 180 天内，决定此类税收措施是否构成征收或国有化措施，则投资者可提交仲裁。②

3. 双边投资协定

(1)《中缅关于鼓励促进和保护投资协定》。

《中缅关于鼓励促进和保护投资协定》第 4 条是关于征收及其补偿的规定：对在其领土内的缔约另一方投资者的投资，缔约方不得采取征收、国有化或其他类似措施，除非符合下列条件：①为了公共利益；②依照国内法律程序；③以非歧视的方式实施；④按协定的要求给予补偿。补偿的标准应以被征收投资在征收宣布时或为公众知晓的前一刻依普遍承认的估价原则确定的价值计算，并不得无故延误支付，同时还应允许补偿自由转移。③

《中缅关于鼓励促进和保护投资协定》第 5 条是关于战乱损失补偿的规定：缔约他方投资者的投资如在其领土内因战争、全国紧急状态、武装冲突、暴乱或类似事件而遭受损失，缔约方在恢复原状、赔偿、补偿或采取其他措施方面，应对该投资者提供不低于其给予本国或任何第三国投资者的待遇。④

---

① 参见《中国与东盟全面经济合作框架协议投资协议》第 3 条第 4 款。

② 参见《中国与东盟全面经济合作框架协议投资协议》第 14 条第 9、10 款。

③ 参见《中缅关于鼓励促进和保护投资协定》第 4、6 条。

④ 参见《中缅关于鼓励促进和保护投资协定》第 5 条。

(2)《中印(尼)关于促进和保护投资协定》。

《中印(尼)关于促进和保护投资协定》第6条是关于征收及其补偿的规定：缔约方对缔约他方投资者在其领土内的投资，不得采取征收、国有化或其他类似措施，除非符合下列条件：①为了公共目的；②按协定的要求给予补偿。补偿的标准应以被征收投资在征收决定被宣布或公布前一刻的价值计算，并不得无故延误支付，同时还应允许补偿自由转移。①

《中印(尼)关于促进和保护投资协定》第5条是关于战乱损失补偿的规定：缔约他方投资者的投资在缔约方的领土内如因战争、武装冲突、全国紧急状态、叛乱、暴乱、骚乱而遭受损失，缔约方应在采取恢复、补偿、赔偿或其他解决办法方面，给予该投资者不低于其向任何第三国投资者提供的待遇。②

① 参见《中印(尼)关于促进和保护投资协定》第6条。
② 参见《中印(尼)关于促进和保护投资协定》第5条。

第五章 马六甲海峡防盗反恐的法律问题

第一节 中国—东盟能源通道安全维护合作概述

一、能源通道及其安全维护

(一)能源通道

能源通道(Energy Channel),也称能源运输通道(Energy Transport Channel),是指连接能源生产地与能源消费地的能源产品的较为固定的运输渠道。根据不同的标准,可将能源通道作不同的分类。

以能源通道所处的地理位置为标准,可将能源通道分为国内能源通道和国际能源通道。国内能源通道是起点和终点均位于一国境内的能源通道,如中国的"西气东输"天然气管道。国际能源通道是起点和终点有一个以上位于一国境外的能源通道,如中俄原油管道。

以能源通道的重要性为标准,可将能源通道分为关键能源通道、重要能源通道和常规能源通道。关键能源通道是对能源安全具有极为重要保障作用的能源通道,如霍尔木兹海峡。重要能源通道是对能源安全具有较为重要保障作用的能源通道,如用于原油运输的通过俄罗斯外贝加尔斯克铁路口岸的中俄铁路。常规能源通道是对能源安全具有一般意义保障作用的能源通道,如昆曼公路。

以能源通道使用的运输工具种类为标准,可将能源通道分为船舶运输通道、管道运输通道、铁路运输通道、公路运输通道、网线运输通道。船舶运输通道是使用船舶作为运输工具的能源通道,主要用于石油、(液态)天然气、煤炭的运输。管道运输通道是使用固定管道作为运输工具的能源通道，主要用于天然气和石油的运输。铁路运输通道是使用火车作为运输工具的能源通道，主要用于煤炭、石油的运输。公路运输通道是使用汽车作为运输工具的能源通道，主要用于煤炭、石油的运输。网线运输通道是使用电线作为运输工具的能源通道，专门用于电力的运输。

以能源通道运输的能源产品种类为标准，可将能源通道分为石油运输通道、天然气运输通道、煤炭运输通道、电力运输通道。石油运输通道是以石油为运输对象的能源运输通道，运输工具主要是船舶和管道。天然气运输通道是以天然气为运输对象的能源运输通道，运输工具主要是管道和船舶。煤炭运输通道是以煤炭为运输对象的能源运输通道，运输工具主要是船舶和火车。电力运输通道是以电力为运输对象的能源运输通道，运输工具是电线。

(二)能源通道的安全维护

能源通道的安全维护，是指能源出口国、能源进口国、能源过境国为了保障能源产品的运输安全，对能源通道进行建设、管理、防止破坏的行为。能源通道安全维护的内容包括：能源通道的设计、建造，能源通道的运营、管理，防止和惩治破坏能源通道的违法行为。能源通道安全维护的方式包括自主维护、第三方维护和联合维护。

1. 自主维护

能源通道的自主维护，是指一国依靠自己的力量对本国境内或境外的能源通道进行建设、管理、防止破坏。根据国家主权原则，一国对本国境内的一切人、物、事享有排他性的管辖权，由于能源通道对所在国而言具有重要的战略意义，因此，对本国境内的能源通道进行自主维护，是大多数国家的首要选择。此外，部分具有实力的国家还可以对位于本国境外的能源通道进行自主维护。

2. 第三方维护

能源通道的第三方维护，是指一国依靠他国的力量对本国境内的能源通道进行建设、管理、防止破坏。在某些情况下，一国可能会出于特殊的原因或考虑，将本国境内能源通道安全维护的权力让渡给其他国家，只要这是基于双方平等协商而产生的结果，就不违背国际法的基本原则，这种情况曾经于第二次世界大战之前出现过，在现代国际社会中较为少见，但是也不能排除由于今后相关国家平等协商而再次出现的可能性，例如相关国家缺乏维护能力。

3. 联合维护

能源通道的联合维护，是指一国依靠自己和他国的力量共同对本国境内或境外的能源通道进行建设、管理、防止破坏。有时候，几个国家基于共同的利益需求，会采取统一的行动来确保能源通道的安全。这种情况主要出现在对国际能源通道的安全维护上，因为国际能源通道往往存在多个使用国，若干国家如果对国际能源通道均有使用，那么进行共同维护的要求是可以理解的。此外，部分国家本身的维护能力不足，同时又不愿意完全放弃自主维护的权力，此时便可邀请他国与其共同对本国境内的能源通道进行维护。

二、中国—东盟能源通道安全维护合作

中国—东盟能源通道安全维护合作属于前述联合维护的范畴，既包括对一国境内的能源通道安全进行联合维护，也包括对一国境外的能源通道安全进行联合维护。前已述及，中国与东盟及其成员国在能源运输方面存在现实的或将来的相互依赖，面对如今复杂多变的国际局势和艰巨的防盗反恐任务，实有必要就能源通道的安全维护进行密切合作。

(一)中国—东盟能源通道安全维护合作的现状

当前，中国—东盟能源通道安全维护合作基本上局限于马六甲海峡领域，对于中缅油气管道、泛亚铁路(新加坡—昆明)这两条既有或潜在的国际能源通道，尚未达成任何安全维护方面的协定，目前由所在国进行自主维护。

马六甲海峡的安全维护合作机制较为复杂，既有沿岸国之间的自主维护合作，也有由外国参与的联合维护合作。虽然马六甲海峡所在水域是沿岸三国的领海或专属经济区,① 海峡沿岸三国享有排

① 马六甲海峡最宽处西北部为370公里，仍无法形成《联合国海洋法》规定的公海海域。

他或专属性的管辖权，但是沿岸国自身的实力有限，需要外国提供一定的资金、技术和设备。

马六甲海峡与中国当前和将来的能源运输安全关系都十分密切，中国今后无论修建多少条陆上油气通道，都无法完全摆脱马六甲海峡对中国能源运输安全的影响。同时，马六甲海峡也是东盟及其成员国从其能源供应国——俄罗斯和中亚国家，向本土运输油气的重要通道。鉴于马六甲海峡沿岸三国的经济和军事实力较为有限，由中国等海峡使用国以提供资金、装备、人员培训等方式参与海峡的安全维护，就显得十分必要。

沿岸三国在马六甲海峡的安全维护方面，并非完全自主，只不过是拒绝区外大国势力直接介入海峡内部的管理事务。目前马六甲海峡的安全维护机制主要有：马印(尼)的海上协同巡逻、新印(尼)的海上协同巡逻、马新印(尼)的海上协同巡逻、马新泰印(尼)的空中协同巡逻、马新印(尼)设立的航行援助基金(Aids to Navigation Fund Committee)等。上述机制并不排斥其他海峡使用国以提供资金、装备、人员培训等方式参与其中，而且马新印(尼)三国设立的航行援助基金，本身就希望使用国能够以提供援助资金的形式主动参与马六甲海峡的安全维护，因此，以提供资金、装备、人员培训等方式参与海峡的安全维护，是受到鼓励的。

中国采用双边或多边合作的方式参与马六甲海峡的安全维护，积极与包括沿岸国在内的东盟成员国就马六甲海峡的安全维护开展对话，分别与马来西亚、印度尼西亚签署了相关的双边合作文件，并加入了《亚洲地区反海盗及武装劫船合作协定》，同时还向马六甲海峡合作机制(Cooperative Mechanism on the Straits of Malacca and Singapore)和马六甲海峡信托基金(IMO Malacca and Singapore Straits Trust Fund)提供项目合作支持和捐款。

2003年10月，中国提议并设立中国—东盟海事机构磋商机制，目前该机制已成为中国和东盟各国在海事领域交换信息、分享经验和加强合作的重要平台，合作范围包括港口国监督、海洋环境保护、海上搜救、海上安保、航标测绘、船员培训和发证、海上事故(事件)调查等，现已召开10次会议。2011年11月，中国在第

14 次中国—东盟领导人会议上提出建立"中国—东盟海洋合作伙伴关系"的倡议，并决定出资 30 亿元人民币设立中国—东盟海上合作基金。

2004 年 1 月，中国与东盟建立了东盟—中日韩(10+3)打击跨国犯罪部长会议(ASEAN Ministers Meeting on Transnational Crime+3，AMMTC+3)，并签署了《中国—东盟非传统安全领域合作谅解备忘录》，开始在打击海盗和海上恐怖主义等非传统安全问题上进行合作。2009 年 11 月，中国与东盟建立了中国—东盟(10+1)打击跨国犯罪部长级会议(AMMTC+1)，并签署了新的《中国—东盟非传统安全领域合作谅解备忘录》，与东盟在打击海盗和海上恐怖主义等非传统安全问题上同时进行单独合作，2011 年 10 月又签署了《关于落实〈中国—东盟非传统安全领域合作谅解备忘录〉的行动计划》。

2006 年 7 月，中国和马来西亚签署了《中马海上合作谅解备忘录》，旨在加强两国海峡海运海事、水道航运、安全救援、行业协会等领域的对话与合作。2012 年 3 月，中国和印度尼西亚签署了《中印(尼)海上合作谅解备忘录》，同时决定设立中国—印度尼西亚海上合作委员会，并由中方出资 10 亿元人民币设立中印(尼)海上合作基金，旨在加强两国海上安全、航行安全、海洋科研与环保及渔业等领域的对话与合作，2012 年 12 月，中国—印度尼西亚海上合作委员会第一次会议在北京举行，现已召开 9 次会议。2015 年 9 月，中国与马来西亚在马六甲海峡及附近海域进行了为期 6 天的联合军事演习。

2006 年 9 月，中国作为创始成员国加入了《亚洲地区反海盗及武装劫船合作协定》，指定中国海上搜救中心为该协定设立的信息分享中心的联络点，并指定中国香港海上救助协调中心为联络单位，积极与其他成员国就包括马六甲海峡在内的反海盗及武装劫船行为开展信息交换合作。

(二)中国—东盟能源通道安全维护合作的内容

中国—东盟能源通道安全维护合作的内容，主要包括：能源通道的设计、建造，能源通道的运营、管理，防止和惩治破坏能源通道的违法行为。中国与东盟成员国就能源通道的设计、建造、运营、日常管理，以及提升东盟成员国在防止和惩治破坏能源通道的违法行为方面的能力，积极开展了多方位的合作。

2009年3月，中国与缅甸签订了《关于建设中缅原油和天然气管道的政府协议》，决定修建从缅甸皎漂至中国昆明的石油和天然气输送管道，并由中方负责该油气管道的设计、建设、运营、扩建和(技术)维护。在中方的积极努力下，中缅天然气管道已于2013年7月28日正式向中国输气，中缅原油管道也于2015年1月28日进行试投产。

除中缅油气管道之外，中国还与东盟成员国就泛亚铁路(新加坡—昆明)的设计、建造积极展开合作。中国与东盟成员国共同商定了泛亚铁路(新加坡—昆明)三条线路的建设方案，以及中国境内的对接方案。2012年10月18日，中国向老挝全额贷款70亿美元，用于老挝修建连接中老边境及首都万象的铁路。

值得关注的是，当前中国正在与泰国积极探讨修建克拉地峡运河(Kra Isthmus Canal)的可行性，中国或许会将其作为海上丝绸之路的战略枢纽，该运河建成后远洋油轮由此通行的航程比马六甲海峡缩短700英里，大型油轮每航程可减少约30万美元成本。

2014年12月8日，中国对外经济贸易大学于与泰国方面联合举办了“克拉地峡运河国际研讨会”，对外经济贸易大学中国开放经济与国际科技合作战略研究中心、北京本元时代科技研究院与泰国泰中文化经济协会(Thai-Chinese Culture and Economic Association of Thailand)就共建中泰克拉地峡运河签署合作备忘录；①

2014年12月29日，由和君创业咨询集团公司等中国企业在香港筹建的克拉运河投资(中国)有限公司(Kela Canal Investment (China) Limited)②，与泰国的克拉地峡项目可行性研究全国委员

① 参见对中国对外经济贸易大学：《全面深化中泰战略合作国际研讨会在我校举办》，http：//news. uibe. edu. cn/ uibenews/10_article. php？ articleid = 22061，2015年3月9日访问。

② 克拉运河投资(中国)有限公司于2015年2月4日在中国香港注册成立。

会(National Committee for the Feasibility Study of the Kra Canal Project)达成了初步的研究意向。①

2015 年 4 月 10 日，中资企业中泰克拉基础设施投资开发有限公司②在泰国签署了克拉运河投资建设项目;③ 2015 年 5 月 15 日，在中国广州举行的泰国克拉运河研究和投资合作洽谈会上，相关各方签署了泰国克拉运河项目合作备忘录。④

中国于 2006 年 9 月在吉隆坡召开的马六甲和新加坡海峡安全会议上，明确表示愿意为维护和加强马六甲海峡航行安全、保安和环境保护，提供包括人员培训、技术交流和能力建设在内的实质性支持，并承诺承担马六甲海峡沿岸三国提出的“更换被海啸破坏的助航设施”项目、参与“马六甲和新加坡海峡有毒有害物质溢漏事故防备、反应合作能力建设”和“为马六甲和新加坡海峡建立海峡潮汐、海流和风测量系统”项目。同时，中国还承诺与马六甲海峡沿岸三国开展船舶交通管理中心专业人员、海事培训院校教员的交流互访，并为有关国家海事管理人员开展“港口设施保安”、“港口国监督检查”、“海上事故调查”培训。

中国于 2007 年 2 月在深圳为印度尼西亚举办了“港口设施保安培训班”，于 2008 年 8 月在珠海为印度尼西亚和马来西亚举办了“港口国监督检查官培训班”，于 2008 年 11 月在珠海为马来西亚、新加坡、印度尼西亚举办了“海上事故调查培训班”，于 2011 年 6

① 参见喻春来:《中企翘首克拉地峡运河开发 在港组建公司欲组团开凿》，http://finance.ifeng.com/a/20141229/13392295_0.shtml，2015 年 3 月 9 日访问。

② 中泰克拉基础设施投资开发有限公司于 2015 年 4 月 9 日在中国成立，股东为中投亚联(北京)投资基金管理有限公司和李亚斌，注册资本为 20 亿元人民币。

③ 参见新华网:《中企积极参与“一带一路” 在泰签署克拉运河等大型项目》，http://news.xinhuanet.com/ fortune/2015-04/17/c_127702808.htm，2015 年 4 月 12 日访问。

④ 参见中国海事服务网:《泰国克拉运河项目合作备忘录在穗签署》，http://www.cnss.com.cn/html/2015/ gjgkxw_0515/176423.html，2015 年 4 月 12 日访问。

月在烟台为马来西亚、新加坡、印度尼西亚举办了“有毒有害物质事故应急培训班”，于2012年9月在大连为马来西亚、新加坡、印度尼西亚举办了“马六甲和新加坡海峡周边国家海上安全与防污染培训班”，旨在加强中国与马六甲海峡沿岸三国在交通海事领域的沟通和对话，以期提升马六甲海峡沿岸三国在航行安全方面的能力建设。

在2009年11月国际海事组织第26届大会上，中国承诺向马六甲海峡航行援助基金和马六甲海峡信托基金分别提供20万美元和10万美元捐款。① 2010年，中国向马六甲海峡航行援助基金捐款25万美元。② 2013年4月18日，中国再次向马六甲海峡航行援助基金捐款20万美元。③

第二节　中国—东盟能源通道安全维护合作的法律制度

一、中国—东盟能源通道安全维护合作的主要法律依据

（一）《联合国宪章》与安理会反恐决议

1.《联合国宪章》

《联合国宪章》第2条规定了会员国为了实现联合国的宗旨而应当

① 参见中国交通新闻网：《徐祖远出席新一届IMO理事国竞选并作发言》，http：//www.zgjtb.com/content/2009-12/18/content_150299.htm，2015年4月12日访问。

② See Tripartite Technical Experts Group, An Updates on the Aids to Navigation Fund under the Cooperative Mechanism in the Straits of Malacca and Singapore, TTEG 36/Annex G, 1 October 2011, available at http://www.cm-soms.com/uploads/1/18/6-1%20An%20Updates%20on%20the%206TH%20ANF%20by%20Malaysia.pdf, visited on 12 April, 2015.

③ 参见新华网：《中国交通部长访新20万美元捐助航行基金》，http：//sg.xinhuanet.com/2013-04/19/c_124601338.htm，2015年4月12日访问。

遵循的7项基本原则：(1)会员国主权平等；(2)善意履行宪章义务；(3)和平解决国际争端；(4)禁止使用武力或以武力相威胁；(5)集体协助；(6)确保非会员国遵守宪章义务；(7)不干涉内政。

《联合国宪章》第2条从组织法角度规定的上述7项应当遵守的基本原则，严格来说只能约束联合国及其会员国。但是，由于联合国会员国的广泛代表性和《联合国宪章》本身具有的造法作用，使得这些原则具有了远超出一般国际组织基本文件的法律意义，尤其是主权平等、禁止使用武力或武力威胁、和平解决国际争端、不干涉内政等原则，已被国际社会公认为国际法的基本原则，从而对国际社会的全体成员均具有拘束力。

2. 安理会的反恐决议

作为联合国的主要机关之一，安理会在维持世界和平方面起着核心的作用。首先，安理会负有维持国际和平的主要责任。《联合国宪章》第24条第1款规定："……各会员国将维持国际和平及安全的主要责任，授予安全理事会……"①其次，在联合国体系内，安理会是唯一可采取包括武力在内的执行行动的机关。根据《联合国宪章》第42条的规定，安理会如认为第41条规定的办法(非武力行动)不足以维护国际和平，可采取必要的陆海空军事行动。最后，安理会作出的决议，会员国必须遵守。《联合国宪章》第25条规定："联合国会员国同意依宪章之规定接受并履行安全理事会之决议。"

安理会对中国—东盟能源安全合作的影响，主要在于其通过了一系列打击国际恐怖主义犯罪的决议，这些决议对维护中国和东盟的能源运输通道安全具有重要作用。鉴于恐怖主义行为给人类社会带来的极大危害，安理会曾多次召开专门会议，要求会员国对恐怖主义罪行加以防范惩治和开展国际合作，为此通过了一系列的反恐决议，截至2015年，此类决议共有48个，② 较为重要的有17个，

① 参见《联合国宪章》第24条第1款。

② See United Nations, Security Council Resolutions and Records of Meetings, available at http://www.un.org/en/terrorism/sc-res.shtml, last visited on March 1, 2015.

分别是：第 1267（1999）、1333（2000）、1363（2001）、1373（2001）、1390（2002）、1452（2002）、1455（2003）、1526（2004）、1566（2004）、1617（2005）、1624（2005）、1699（2006）、1730（2006）、1735（2006）、1822（2008）、1904（2009）、1963（2010）号决议。这些决议均无一例外地对恐怖主义进行了强烈谴责，同时也为会员国施加了反恐义务。比较具有代表性的是第 1267、1373、1540 号决议。

安理会第 1267、1373 和 1540 号决议具有里程碑式的意义，根据这 3 个决议分别设立了 1267 委员会、反恐委员会和 1540 委员会，作为上述反恐决议的执行监督机构，使得联合国体制内的反恐行动趋向常态化。如果说第 1267 号决议是安理会在反恐领域行使“准司法权”的话，那么第 1373 号和 1540 号决议则是安理会在反恐领域行使“准立法权”。

第 1267 号决议专门针对塔利班和基地组织而设，其主要内容是要求塔利班终止对恐怖主义的支持并引渡本 · 拉登，同时冻结由塔利班直接或间接掌控制的财产及其衍生资金，并专门设立 1267 委员会以监督资金冻结情况。第 1540 号决议的目的主要是防止大规模杀伤性武器落入恐怖分子手中，它要求各国加强对大规模杀伤性武器、材料和技术的管理和管制，防止非国家实体获取。

第 1373 号决议在安理会的反恐决议中的地位最重要，从某种程度上确认了对恐怖主义罪行的普遍管辖权，这是反恐斗争的重大突破。第 1373 号决议是安理会对 9 · 11 事件的直接反应，它为所有国家设置了 11 项强制义务，主要包括：(1)将本国国民或在本国领土内，直接、间接和故意提供或筹集资金，意图用于恐怖主义行为的行为定为犯罪；(2)冻结恐怖主义罪犯的个人财产及其衍生资金；(3)禁止本国国民或本国领土内任何个人和实体为犯下恐怖主义罪行的个人提供财产或服务；(4)不向参与恐怖主义罪行的实体或个人提供任何支持；(5)防止恐怖主义罪犯利用本国领土；(6)在国内法规中确定恐怖主义罪为刑事重罪，并确保惩罚的严重性；(7)防止恐怖分子和恐怖主义集团的边境移动。此外，第 1373 号决议还设立了由安理会全体成员国组成的反恐委员会。

(二)反恐公约

1.《反对劫持人质国际公约》

1979年制定、1983年生效的《反对劫持人质国际公约》是一个防止和惩治劫持人质罪行的专门性国际条约，中国和印度尼西亚以外的所有东盟成员国是其缔约国。①

《反对劫持人质国际公约》首次明确规定劫持人质的行为是国际罪行，缔约国有打击此类犯罪并进行国际司法协助的义务，同时也对劫持人质罪的概念、犯罪构成、管辖原则、保护人质和司法协助作了规定。根据《反对劫持人质国际公约》，任何人的下列行为属于劫持人质罪行，缔约国必须予以刑事重罚：(1)劫持、扣押人质并以杀死、伤害、继续扣押人质为威胁，强迫某个国家、国际组织、自然人、法人或一群人作出或不作出某种行为，以此作为释放人质的明示或暗示条件。(2)图谋劫持人质，或与实行或图谋劫持人质者同谋而参与其事。

对惩治劫持人质的犯罪，《反对劫持人质国际公约》作了如下规定：(1)确立了优先管辖、普遍管辖、其他管辖等三个层次的管辖原则。犯罪发生地国、罪犯所属国、受害国或人质所属国，享有优先引渡罪犯并对其起诉的权力。任何国家均享有普遍管辖权。不具备优先和普遍管辖条件的国家同样享有管辖权。(2)实行"或引渡或起诉"的追究原则。根据《反对劫持人质国际公约》的规定，无论是否以条约为引渡的前提，劫持人质罪都应视为可引渡的罪行，《反对劫持人质国际公约》本身即可作为引渡的法律依据，如拒绝引渡则应当在国内起诉。(3)进行国际合作。根据《反对劫持人质国际公约》的规定，缔约国对罪犯享有先行扣留的权力，及时向有关国家和政府间国际组织通报，并互相给予刑事诉讼方面最大限度的协助。此外，《反对劫持人质国际公约》还有保护人质的规定：

① See UN Treaty Collection, Status of International Convention Against the Taking of Hostages, available at https://treaties.un.org/Pages/ViewDetails.aspx?src=IND&mtdsg_no=XVIII-5&chapter=18&lang=en, last visited on September 10, 2015.

罪犯行为发生地国应采取一切适当措施缓和人质的处境，设法使人质获释，如有必要，人质获释后应便利其离开。

2.《制止恐怖主义爆炸的国际公约》

1997年通过、2001年生效的《制止恐怖主义爆炸的国际公约》是人类历史上第一个专门打击恐怖主义爆炸活动的国际条约，中国和所有东盟成员国均是其缔约国。①

《制止恐怖主义爆炸的国际公约》对恐怖主义爆炸罪行的犯罪构成、管辖权、起诉、引渡和司法协助等作了规定。根据《制止恐怖主义爆炸的国际公约》，恐怖主义爆炸罪是指下列行为：(1)非法和故意在或针对公共场所、设施、公交系统，投掷、放置、发射、引爆致死装置，致人死亡或重伤或造成巨大毁损，带来或可能带来重大经济损失。(2)企图实施，或以共犯身份参与，或组织、指使他人实施或参与，以及以任何其他方式协助他人实施上述行为者。对恐怖主义爆炸行为，缔约国必须将其纳入刑法进行规制。

为了确保恐怖主义爆炸的犯罪行为受到惩治，《制止恐怖主义爆炸的国际公约》规定：(1)罪行实施地国、罪犯所属国、受害者所属国、受害国等均具有管辖权。(2)实行"或引渡或起诉"的追究原则。无论是否以条约为引渡前提，本罪都应视为可引渡，不得视为政治犯罪。《制止恐怖主义爆炸的国际公约》本身即可作为引渡的法律依据，如拒绝引渡则应当在国内起诉。(3)进行国际合作。根据《制止恐怖主义爆炸的国际公约》规定，缔约国对罪犯享有先行扣留的权力，及时向有关国家和政府间国际组织通报，并互相给予刑事诉讼方面最大限度的协助。

3.《制止向恐怖主义提供资助的国际公约》

1999年通过、2002年生效的《制止向恐怖主义提供资助的国际公约》，是打击资助恐怖主义行为的专门条约，中国和所有东盟

① See UN Treaty Collection, Status of International Convention for the Suppression of Terrorist Bombings, available at https://treaties.un.org/Pages/ViewDetails.aspx?src=IND&mtdsg_no=XVIII-9&chapter=18&lang=en, last visited on September 10, 2015.

成员国均是其缔约国①。

《制止向恐怖主义提供资助的国际公约》将打击恐怖主义的范围扩大到资助行为，就资助恐怖主义罪行的概念和构成、法律责任、管辖原则、国际合作等作了规定。根据《制止向恐怖主义提供资助的国际公约》，任何人的下列行为属于资助恐怖主义罪：(1)直接或间接地非法提供资金，意图用于实施特定的罪行或恐怖主义行为。(2)企图实施，或以共犯身份参与，或组织、指使他人实施或参与，以及以任何其他方式协助他人实施资助恐怖主义行为。对资助恐怖主义的行为，缔约国须依其国内法追究刑事、行政、民事等法律责任。

为了惩治资助恐怖主义罪行，《制止向恐怖主义提供资助的国际公约》规定：(1)罪行实施地国、罪犯所属国、受害国等具有管辖权。(2)实行"或引渡或起诉"的追究原则。无论是否以条约为引渡的前提，劫持人质罪都应视为可引渡的罪行，《制止向恐怖主义提供资助的国际公约》本身即可作为引渡的法律依据，如拒绝引渡则应当在国内起诉。(3)个人承担刑事责任，有关金融机构则根据管辖国国内法承担刑事、行政或民事责任。(4)缔约国不得以政治、意识形态、种族、宗教或其他类似理由为资助恐怖主义的行为辩解。(5)进行国际合作。根据《制止向恐怖主义提供资助的国际公约》，缔约国对罪犯享有先行扣留的权力，及时向有关国家和政府间国际组织通报，并互相给予刑事诉讼方面最大限度的协助。

4.《制止核恐怖主义行为国际公约》

2005年通过、2007年生效的《制止核恐怖主义行为国际公约》是第一个专门打击核恐怖罪的国际条约，中国和印度尼西亚

① See UN Treaty Collection, Status of International Convention for the Suppression of the Financing of Terrorism, available at https://treaties.un.org/Pages/ViewDetails.aspx?src=IND&mtdsg_no=XVIII-11&chapter=18&lang=en, last visited on September 10, 2015.

是其缔约国。①

《制止核恐怖主义行为国际公约》对核恐怖主义罪行的概念和构成、法律责任、管辖原则、国际合作等作了规定。《制止核恐怖主义行为国际公约》所称的核恐怖主义罪是指下列行为：(1)非法和故意制造或拥有放射性材料或核爆炸装置，意图致人死亡、严重伤害或使财产、环境受重大损害。(2)利用放射性材料或核爆炸装置，意图致人死亡、严重伤害或使财产、环境受重大损害；或迫使某人、某国际组织或某国家实施或不实施某一行为。(3)威胁实施上述行为。(4)犯罪未遂，或以共犯身份参与，或组织、指使他人实施或参与，或以任何其他方式促使他人实施或参与。

针对核恐怖主义罪行的特点，在对其惩治方面，《制止核恐怖主义行为国际公约》特作出如下规定：(1)罪行实施地国、罪犯所属国、受害者所属国、受害国等具有管辖权。(2)实行“或引渡或起诉”的追究原则。无论是否以条约为引渡的前提，核恐怖主义罪都应视为可引渡的罪行，《制止核恐怖主义行为国际公约》本身即可作为引渡的法律依据，如拒绝引渡则应当在国内起诉。(3)缔约国不得以政治、意识形态、种族、宗教或其他类似理由为核恐怖主义行为辩解。(4)进行国际合作。根据《制止核恐怖主义行为国际公约》，缔约国对罪犯享有先行扣留的权力，及时向有关国家和政府间国际组织通报，并互相给予刑事诉讼方面最大限度的协助。

5.《联合国海洋法公约》

1982年通过、1994年生效的《联合国海洋法公约》是当今国际社会在海洋领域最重要的法律文件，被誉为“海洋宪章”，其参与国众多，截至2014年底，已有缔约国162个，中国和除柬埔寨之

---

① See UN Treaty Collection, Status of International Convention for the Suppression of Acts of Nuclear Terrorism, available at https: //treaties. un. org/Pages/ViewDetailsIII. aspx? &src = IND&mtdsg _ no = XVIII-15&chapter = 18&Temp=mtdsg3&lang=en, last visited on September 10, 2015.

外的所有东盟成员国均为该公约的缔约国。①《联合国海洋法公约》关于缔约国在海洋权利纠纷和打击海盗方面的权利义务规定，对中国和东盟或其成员国维护能源运输通道安全有重要指导作用。

《联合国海洋法公约》共有 17 个部分、320 个条款和 9 个附件。其中，第 2、5、6 部分规定了领海、专属经济区和大陆架的法律地位、划界规则以及沿岸国的权利义务，第 100~107、110~111 条则是关于打击海盗罪行的规定。

《联合国海洋法公约》第 2、5、6 部分分别对领海、专属经济区和大陆架的法律地位、划界规则以及沿岸国的权利义务作了规定。根据公约的规定，沿海国的主权及于领海、领海的上空、海床和底土；在专属经济区内享有为勘探、开发、养护、管理海床、水域、底土的生物或非生物资源的主权权利，并对人工岛屿、设施、结构的建造和使用、海洋科研和环保等事项享有管辖权；对大陆架享有为勘探开发非生物资源和定居种的生物的专属性主权权利；但海岸相向或相邻国家之间的领海、专属经济区、大陆架的划分，应根据国际法签订协议公平划定，如未在合理期限内达成协议，则应诉诸第 15 部分的“国际海洋法法庭”的程序，无论如何，在协议达成之前，相关各国应尽一切努力作出实际性的、不危害或阻碍最后协议达成和最后界限划定的临时安排。②

《联合国海洋法公约》第 100~107、110~111 条则是关于打击海盗罪行的规定，该部分详细阐述了海盗罪的定义，并对缔约国的普遍管辖权、登临权、紧追权、扣押权等权利作了说明。根据公约规定，海盗罪是指私人船舶(飞机)的船员(机组成员、乘客)或军舰、政府船舶(飞机)的叛变船员(机组成员)，实施的下列行为：(1)在公海上为私人目的对另一船舶(飞机、人、财物)实施非法暴

① See UN Treaty Collection, Status of United Nations Convention on the Law of the Sea, available at https: // treaties. un. org/pages/ViewDetailsIII. aspx? src = TREATY&mtdsg_no = XXI-6&chapter = 21&Temp = mtdsg3&lang = en, last visited on September 10, 2015.

② See United Nations, United Nations Convention on the Law of the Sea, UN Treaty Series, Vol. 1833, 1998, pp. 202-523.

力(扣留、掠夺)行为；(2)在任何国家管辖范围以外的地方对船舶(飞机、人、财物)，实施非法暴力(扣留、掠夺)行为。(3)自愿参与、教唆、便利实施、参与上述行为。①

对于海盗行为，缔约国享有普遍管辖权、登临权、紧追权、扣押权。公约第100条的规定被学界通称为海盗罪的“普遍管辖权”：为制止公海上或任何国家管辖范围以外的地方的海盗行为，所有国家应尽最大可能进行合作。根据公约第110条，缔约国的军舰(军用飞机)或经正式授权并有清楚识别标志的政府船舶(飞机)，在公海上对海盗船舶享有登临权，即靠近和登上被合理认为犯有海盗罪行的船舶(海盗船舶)进行检查的权利。根据公约第111条，缔约国的军舰(军用飞机)或经正式授权并有清楚识别标志的政府船舶(飞机)，有充分理由认为处于本国内水、群岛水域、领海、毗连区、专属经济区或大陆架内的外国船舶属于海盗船舶时，可行使紧追权，即对从该国管辖范围内的水域驶向公海的海盗船舶进行追逐、迫停的权利，但须从国家管辖范围的水域开始并连续不断地进行，且止于他国领海界限。根据公约第105条，缔约国的军舰(军用飞机)或经正式授权并有清楚识别标志的政府船舶(飞机)，在公海上或任何国家管辖范围以外的地方，对海盗船舶(飞机)或为海盗所夺取并控制的船舶(飞机)，可行使扣押权，即扣押海盗船舶(飞机)或其财物，并逮捕船(机)上人员的权利。②

(三)区域性条约

1.《东南亚友好合作条约》

《东南亚友好合作条约》(*Treaty of Amity and Cooperation in Southeast Asia*)由印度尼西亚、菲律宾、马来西亚、泰国、新加坡5个东盟成员国于1976年2月24日在印度尼西亚巴厘岛举行的东盟第一次首脑会议上签署，并于1976年6月21日生效，迄今包括所

① See United Nations, United Nations Convention on the Law of the Sea, UN Treaty Series, Vol. 1833, 1998, pp. 202-523.

② See United Nations, United Nations Convention on the Law of the Sea, UN Treaty Series, Vol. 1833, 1998, pp. 202-523.

有东盟成员国。中国于2003年加入，除中国之外，其成员还有印度、日本、韩国、俄罗斯、巴基斯坦、法国、美国、加拿大、欧盟、巴西、英国、挪威等21个国家和国际组织。①

1987年12月15日，缔约方签署《东南亚友好合作条约修改议定书》，决定在《东南亚友好合作条约》基础上增加两款，分别作为《东南亚友好合作条约》的第18条第3款和第14条第2款，内容分别为："非东南亚国家，经所有东南亚缔约国及文莱同意，也可加入该条约"；"但加入本条约的非东南亚国家，只有直接涉及并需要通过上述地区程序解决的争端时，才适用第14条第1款"，该议定书于1989年7月2日生效。②

1998年7月25日，缔约方签署《东南亚友好合作条约第二修改议定书》，决定将《东南亚友好合作条约》第18条第3款修改为"经所有东南亚国家同意，非东南亚国家也可加入"，从而使非东南亚地区的国家也可加入《东南亚友好合作条约》，该议定书于2000年7月17日生效。③

2010年7月23日，缔约方签署《东南亚友好合作条约第三修改议定书》，决定将《东南亚友好合作条约》第18条第3款和14条第2款分别修改为"经所有东南亚国家同意，条约将开放供非东南亚国家和成员仅为主权国家的区域组织加入"；"但是任何非东南亚国家的缔约方，只有直接涉及并需要通过上述地区程序解决的争端时，才适用此条款"。从而使国际组织也可加入《东南亚友好合

① See Associate of South-East Asian Nations, Instruments of Ratification, available at http://agreement.asean.org/agreement/detail/60.html, last visited on March 1, 2015.

② See Associate of South-East Asian Nations, Protocol Amending the Treaty of Amity and Cooperation in Southeast Asia, available at http://www.asean.org/news/item/protocol-amending-the-treaty-of-amity-and-cooperation-in-southeast-asia-philippines-15-december-1987, last visited on September 10, 2015.

③ See Associate of South-East Asian Nations, Second Protocol Amending the Treaty of Amity and Cooperation in Southeast Asia, available at http://agreement.asean.org/home/index/3.html, last visited on March 1, 2015.

作条约》，该议定书于2012年6月8日生效。①

《东南亚友好合作条约》继承并发展了《联合国宪章》关于国家间关系以及《联合国宪章》第8章关于“区域办法”的规定，是《联合国宪章》第8章“区域办法”的规定在东南亚地区的实践，其宗旨是促进东南亚地区各国人民之间永久和平、友好与合作，加强东南亚各国的实力、团结和密切关系；它要求各缔约方在处理相互间关系时应相互尊重独立、主权、平等、领土完整和各国的民族特性，互不干涉内政，和平解决争端，反对诉诸武力或武力威胁。《东南亚友好合作条约》对于中国和东盟及其成员国维护能源通道安全具有不可忽略的作用。

2.《亚洲地区反海盗及武装劫船合作协定》

2005年4月28日签署、2006年9月4日生效的《亚洲地区反海盗及武装劫船合作协定》(*The Regional Cooperation Agreement on Combating Piracy and Armed Robbery against Ships in Asia*)，是自《联合国海洋法公约》签署以来，世界上第一个专门打击海盗和武装劫船行为的多边条约，目前有缔约国20个，包括中国和除印度尼西亚、马来西亚之外的所有东盟成员国。②

《亚洲地区反海盗及武装劫船合作协定》就海盗和武装劫船的定义、缔约国惩治海盗和武装劫船行为的义务、信息分享中心的设置及职能、缔约国之间的合作等内容作了规定，对保护中国和东盟及其成员国的能源运输通道安全具有积极意义。

为了加强了缔约国在打击海盗和武装劫船活动方面的信息合作，《亚洲地区反海盗及武装劫船合作协定》设立了信息分享中心(Information Sharing Centre)，该中心是具有国际法律人格的国际组织，拥有管理委员会和秘书处两个常设机构，其主要职能是：在缔

① See Associate of South-East Asian Nations, Third Protocol Amending the Treaty of Amity and Cooperation in Southeast Asia, available at http: //agreement. asean. org/home/index/3. html, last visited on March 1, 2015.

② See ReCAAP, About ReCAAP, available at http: //www. recaap. org/AboutReCAAPISC. aspx, last visited on March 1, 2015.

约国之间、缔约国与其他相关国家与国际组织之间传播、收集、整理和分析有关海盗及武装劫船的信息。

根据《亚洲地区反海盗及武装劫船合作协定》的规定，海盗是指以下行为：(1)私人船舶(飞机)的船员(机组成员、乘客)为私人目的，对下列对象的非法暴力(扣留、掠夺)行为：①在公海上对另一船舶(人、财物)。②在国家管辖范围以外的地方对船舶(人、财物)。(2)明知是海盗船舶(飞机)，自愿参加其活动。(3)教唆、便利(1)或(2)的行为。武装劫船是指以下行为：(1)在缔约方对该项罪行拥有管辖权的范围内，为私人目的针对船舶(人、财产)的非法暴力(扣留、掠夺)行为；(2)明知船舶被用作武装劫船，自愿参加其活动；(3)教唆、便利(1)或(2)的行为。

根据《亚洲地区反海盗及武装劫船合作协定》，缔约国应按照其国内法律和规章及可适用的国际法规则，尽最大努力采取以下有效措施：(1)预防和打击海盗和武装劫船；(2)逮捕海盗或从事武装劫船的人员；(3)扣押海盗或实施武装劫船的船舶或飞机和为海盗或实施武装劫船的人员所夺取并在其控制下的船舶和船舶上的财物；(4)救助海盗或武装劫船的受害船只和受害人员。《亚洲地区反海盗及武装劫船合作协定》同时也说明，其任何规定和依其实施的任何行为或活动不授权缔约国在其他缔约国的领土上行使由该其他缔约国国内法规定的专属性管辖权或职权，并且不影响：(1)缔约国根据参加的包括《联合国海洋法公约》在内的其他国际协定和相关国际法规则享有的权利和承担的义务；(2)军舰和其他用于非商业目的的政府船舶的豁免权；(3)缔约国在涉及领土主权或任何海洋法问题的争端上所持的立场。

根据《亚洲地区反海盗及武装劫船合作协定》的规定，缔约国应就预防和打击海盗和武装劫船行为开展下列信息分享合作：(1)缔约国应指定一个联络点负责与信息分享中心保持联系，并应尊重信息分享中心对其发送信息的保密要求；(2)缔约国应确保在其指定的联络点与本国其他主管机关(包括救助协调中心及相关非政府组织)之间的沟通顺畅和有效；(3)缔约国应尽力要求其船舶、船舶所有者或经营者尽速将所遭遇的海盗或武装劫船事件通知包括联络点在内的有关国内机关，并在适当时通报信息分享中心；(4)缔约国收到或获取海盗或武装劫船的紧迫威胁或事件的信息后，应通过其指定的联络点尽速通知中心；(5)缔约国收到信息分享中心关于海盗或武装劫船紧迫威胁的警报时，应尽速转发给位于该紧迫威胁所涉区域内的船舶。

根据《亚洲地区反海盗及武装劫船合作协定》的规定，缔约国可以下列方式直接或通过信息分享中心向其他缔约国提出合作请求：(1)要求其他缔约国合作侦查下列任何人员、船舶或飞机：海盗、从事武装劫船的人员、用作实施海盗或武装劫船的船舶或飞机、为海盗所夺取并在海盗或实施武装劫船人员控制下的船舶、海盗或武装劫船的受害船只和受害人员；(2)要求其他缔约国在国内法律和规章及可适用的国际法规则允许的限度内，针对(1)中提及的人员或船舶采取包括逮捕或扣押在内的适当措施；(3)要求其他缔约国采取有效措施救助海盗或武装劫船的受害船只和受害人员。直接向其他缔约国提出合作请求的应当尽速通知信息分享中心。涉及引渡或刑事司法协助的任何请求，应直接向其他缔约国提出。

根据《亚洲地区反海盗及武装劫船合作协定》的规定，缔约国收到其他缔约国直接或通过信息分享中心提出合作请求后，应当：(1)采取有效和可行的措施执行该请求并尽速通报中心，但可以要求发出请求的缔约国提供执行该请求所需的额外信息；(2)在国内法律和规章的范围内将在其领土上的海盗或从事武装劫船的人员引渡给对上述人员有管辖权并已提出引渡请求的缔约国；(3)在其国内法律和规章的范围内提供刑事司法协助，包括提交有关海盗和武装劫船的证据。

二、中国—东盟能源通道安全维护合作法律制度的基本内容

(一)公海和专属经济区航行自由原则

公海是不受任何国家管辖和支配的海域，根据《联合国海洋法公约》第 86 条的规定，公海是指一国内水、领海、群岛水域、专属经济区之外的全部海域。根据《联合国海洋法公约》第 89 条的规定，公海属于全人类而非属于某个或某些国家，因此任何国家不得

将公海置于其主权之下，这是公海最基本的法律属性，也是公海区别于其他海洋水域的最主要特征。

公海对包括沿海国、内陆国在内的所有国家开放。《联合国海洋法公约》第 87 条规定了公海的六大自由：(1)航行自由，即所有国家均有权在公海上行驶悬挂其旗帜的船舶；(2)飞越自由，即所有国家均有权在公海上空行驶悬挂其旗帜的飞行器；(3)铺设海底电缆和管道的自由，即所有国家均有权在公海海底铺设电缆和管道；(4)建造人工岛屿和设施的自由，即所有国家均有权在公海建造国际法所容许的人工岛屿和其他设施；(5)捕鱼自由，即所有国家在遵守公海生物资源的养护和管理制度的前提下，均有权在公海捕鱼；(6)科学研究自由，即所有国家在遵守海洋科学研究制度的前提下，均有权在公海进行科学研究。

公海航行自由在公海六大自由中居于首要位置，其具体内容包括以下几个方面：

1. 适用于所有国家的一切船舶

公海属于全人类的共同财产，各国都有权使用。因此，任何国家的所有船舶，包括但不限于商船、政府船舶、军用船舶、潜水器，均享有在公海任何区域无阻碍自由航行的权利。

2. 船舶公海航行必须具有国籍

在公海上航行或停泊的船舶必须具有国籍且悬挂船旗国旗帜。《联合国海洋法公约》第 91、92、93 条规定：(1)船舶应具有其悬挂旗帜所属国的国籍，船舶和船旗国必须具有真正联系；(2)船旗国应向有权悬挂其旗帜的船舶颁发权利证明文件；(3)船舶应仅悬挂一国旗帜，除所有权转移或变更登记外，在航程中或停泊港内不得更换旗帜；(4)悬挂两国或以上旗帜航行并视方便而换用旗帜的船舶，视为无国籍船舶。

3. 只受船旗国管辖和国际法限制

公海航行自由并非绝对，也要受到一定限制，即船旗国管辖权和国际法的限制，但除此之外，在公海上航行的船舶不受任何其他国家管辖。

根据《联合国海洋法公约》第 92、95、96 条的规定，船舶在公海上船舶受船旗国的专属管辖，并且军舰和政府非商业性船舶只接受船旗国的专属管辖，不受其他国家的管辖。根据《联合国海洋法公约》第 97 条的规定，船舶在公海上发生碰撞或航行事故，如船长或为船舶服务的人员涉及刑事责任，只能由船旗国或该人的国籍国予以追究，非船旗国不得逮捕或扣留船舶。

根据《联合国海洋法公约》第 99~111 条的规定，任何船舶不得从事贩奴、海盗、非法贩运麻醉药品、未经许可的广播等行为。军舰(军用飞机)和经正式授权并有清楚识别标志的政府船舶(飞机)，有合理根据认为公海上的外国船舶涉嫌从事海盗、贩奴、未经许可的广播，而且具有管辖权或存在无国籍、拒不展示旗帜、悬挂外国旗帜但与该军舰(军用飞机)同一国籍等情形的，可行使登临权；如有充分理由认为外国船舶在其管辖范围内违反其法律和规章，可在公海上继续行使紧追权。

需要注意的是，公海航行和飞越自由同样适用于专属经济区。根据《联合国海洋法公约》第 58 条的规定，所有国家，无论是沿海国还是内陆国，在本公约有关规定的限制下，于专属经济区内享有第 87 条所指的航行和飞越自由。

(二)无害通过与过境通行原则

1. 领海的通行制度

根据《联合国海洋法公约》第 2 条的规定，作为沿海国领土组成部分的领海，是指沿海国的海岸、内水或群岛水域，从领海基线起向外扩展至不超过 12 海里，受国家主权管辖和支配的海域。国家主权不仅及于领海，也及于领海上空、海床和底土。但是，包括沿海国和内陆国在内的所有国家，其非军用船舶在领海均享有无害通行的权利，《联合国海洋法公约》第 17~21 条对这种权利作了具体规定。根据《联合国海洋法公约》，非军用船舶的领海无害通行制度，具体有以下几个方面含义：

(1)只适用于船舶，不适用于飞行器。虽然都是领土的组成部分，但领海与领海上空(即领空)的法律地位不完全相同，国家主权在领海受到的国际法限制比领空更多。领空属于一国主权完全支配的范围，外国飞行器未经允许不得进入，否则沿海国有权采取包括武力在内的必要措施。

(2)是否适用于军用船舶，由沿海国决定。虽然《联合国海洋法公约》规定所有国家的船舶享有无害通过的权利，但是没有对船舶的性质作出限制，而且还就军用船舶的领海通行作了专门规定，此外，沿海国也有权就外国船舶无害通过其领海制定国内法律和规章，因此不能认为军用船舶必然享有无害通过权。军用船舶是否能够享有无害通过权，应当由沿海国的国内法予以规定。

(3)非军用船舶的通行目的必须是为了穿过领海但不进入内水或驶往、驶出内水。《联合国海洋法公约》第18条规定，非军用船舶行使无害通过权时，必须是出于以下目的："穿过领海但不进入内水"、"停靠内水以外的泊船或港口设施"、"驶往、驶出内水或停靠内水以外的泊船或港口设施"。①

(4)非军用船舶的通行应继续不停和迅速进行。《联合国海洋法公约》第18条规定，非军用船舶行使无害通过权时，"应继续不停和迅速进行"，包括"通常航行附带发生的或因不可抗力必需的"或"以遇难或为救助遇险或遇难的人员(船舶、飞机)为目的"的停船和下锚在内。

(5)非军用船舶的通行应不损害沿海国的和平、良好秩序或安全。《联合国海洋法公约》第19条规定，非军用船舶通过领海时，"只要不损害沿海国的和平、良好秩序或安全"，就是无害通过，但如果实施下列行为，则为非无害通过：①对沿海国的主权、领土完整、政治独立或以违反国际法原则的其他方式，使用武力或武力威胁；②进行武器操练或演习；③意图损害沿海国安全或防务的情报宣传或搜集；④发射、起(降)落或接载飞机或军事装置；⑤违反沿海国海关、财政、移民、卫生法律和规章上下客货；⑥捕鱼、研究、测量、故意严重污染；⑦意在干扰沿海国通信系统或其他设施、设备；⑧潜水器不在海面航行并展示旗帜；⑨与通过无直接关系。

(6)非军用船舶应遵守沿海国关于无害通过的法律和规章。根

① 参见《联合国海洋法公约》第18条。

据《联合国海洋法公约》第22条的规定，沿海国可对下列事项制定无害通过的法律和规章：①航行安全与交通管理；②保护助航及其他设备(施)电缆、管道；③养护海洋生物资源；④保护环境，防、减、控污染；⑤海洋科研、测量；⑥防止违反海关、财政、移民、卫生、渔业法律和规章。《联合国海洋法公约》第21条同时也规定，沿海国关于无害通过的法律和规章：①应妥为公布；②不应涉及外国船舶的设计、构造、人员配(装)备，但执行一般接受的国际标准或规则除外。

《联合国海洋法公约》第22条特别规定，沿海国基于航行安全的必要性考虑，特别是油轮、核动力船、载运危险或有毒物质船舶的危险性，可采用指定海道或规定分道通航制，并要求行使无害通过权的非军用船舶予以遵守，但应考虑主管国际组织的建议，以及水道的使用习惯、船舶和水道的特性、船舶来往的频度，并在海图上清楚地标出和妥为公布。

此外，根据《联合国海洋法公约》第24~26条的规定，沿海国可采取必要步骤防止非无害通过，但不得妨碍外国船舶行使无害通过权，如对外国船舶强加事实上否定或损害无害通过权的要求，或存在形式上或事实上的歧视；也不得仅以通过领海为由对外国船舶征收任何费用，除非在非歧视基础上收取特定的服务费。

2. 群岛水域的通行制度

群岛国(Archipelagic States)和群岛水域(Archipelagic Waters)是自成一类的制度，《联合国海洋法公约》对此有专门规定。根据《联合国海洋法公约》第46、47、49条，群岛(Archipelago)是指一群彼此密切相关、与相连水域和自然地形在本质上构成或在历史上被视为一个地理、经济和政治实体的岛屿；群岛国是指全部领土由群岛构成的国家；群岛基线是指连接群岛最外缘各岛和各干礁最外缘各点的直线基线；群岛水域是指群岛基线范围内的水域；群岛国的主权及于群岛水域及其上空、海床和底土。①

群岛水域适用特殊的通行制度，即群岛海道通行制

① 参见《联合国海洋法公约》第46、47、49条。

(Archipelagic Sea Lanes Passage)。《联合国海洋法公约》第53条对群岛海道通行制作了详细规定，具体包括以下几个方面的内容：

(1)既适用于船舶，也适用于飞机。与领海的无害通过制不同，群岛水域的过境通行制不仅适用于船舶，也适用于飞机。

(2)适用于群岛国指定的两端连接公海或专属经济区的海道及其之上的空中航道。根据《联合国海洋法公约》第53条的规定，为了使外国船舶和飞机能够继续不停和迅速地通过和飞越群岛水域和邻接的领海，群岛国可指定适当的以“通道进出点之间连续不断的中心线”划定的海道和空中航道，其位置应处于“公海或专属经济区的一部分与另一部分之间”，并应穿过“群岛水域和邻接的领海”。①

(3)通行应当以继续不停、迅速和无障碍地过境为目的。根据《联合国海洋法公约》第53条的规定，船舶或飞机行使群岛水域过境通行权时，应以“继续不停、迅速无障碍过境为目的，行使正常的航行和飞越权利”，不应偏离群岛国指定的过境通行海道和空中航道中心线25海里以上。②

(4)群岛国指定过境通行海道及其之上的空中航道时，可采用分道通航制。《联合国海洋法公约》第53条规定，为了使“船舶安全通过群岛海道内的狭窄水道”，群岛国指定群岛海道时也可规定分道通航制，且在“妥为公布后，可用其他海道或分道通航制替换”，但指定(规定)或替换海道或分道通航制应“符合一般接受的国际规章”，且应在海图上清楚地标出并妥为公布，否则外国船舶和飞机可“通过正常的用于国际航行的航道”行使群岛海道通过权。③

(5)船舶和飞机应当遵守沿海国关于过境通行的法律和规章。根据《联合国海洋法公约》第53条的规定，船舶和飞机通过群岛海道和空中航道的义务、群岛国的义务、群岛海道或空中航道通行的

① 参见《联合国海洋法公约》第53条。
② 参见《联合国海洋法公约》第53条。
③ 参见《联合国海洋法公约》第53条。

法律和规章等事项，可比照适用《联合国海洋法公约》第3部分“用于国际航行的海峡”中的第39、40、42、44条。

3. 用于国际航行的海峡的通行制度

海峡是指两端连接海洋、位于两块陆地或岛屿之间的天然狭窄水道。用于国际航行的海峡（Straits Used for International Navigation），是指两端连接公海或专属经济区、因常用作国际航行用途而构成国际航道的海峡。根据《联合国海洋法公约》第37条的规定，用于国际航行的海峡是指位于“公海或专属经济区的一部分和另一部分之间”用作国际航行用途的海峡。

用于国际航行的海峡，其法律地位不受通行制度的影响，如为内海峡，则属于国家的内水，如为领峡，则属于国家的领海，如为非领峡，则分别属于国家的领海、专属经济区或公海。根据《联合国海洋法公约》第34、35条的规定，用于国际航行的海峡，其所在水域的法律地位不受通行制度的影响，但如采用直线基线法使原来不是内水的区域被成为内水，则外国船舶在该内水范围内享有无害通过权。

用于国际航行的海峡，其通行制度有三种：过境通行制、无害通过制、条约通行制，过境通行制为主要的通行制度。

用于国际航行的海峡的过境通行制（Transit Passage），是指为了在用于国际航行的海峡继续不停和迅速过境的目的，而行使航行和飞越自由。该制度的主要内容包括以下几个方面：

（1）既适用于船舶，也适用于飞机。与领海的无害通过制不同，用于国际航行的海峡的过境通行制不仅适用于船舶，也适用于飞机。

（2）适用于两端连接公海或专属经济区并常用作国际航行用途而构成国际航道的海峡。但如果在其范围内，有一条航行和水文特征方面同样方便的穿过公海或专属经济区的航道，则过境通行制就不对其适用，但该同样方便的穿过公海或专属经济区的航道可适用公海航行和飞越自由的规定。

（3）通行应以继续不停和迅速过境为目的，毫不迟延地通过或飞越，除不可抗力或遇难而有必要之外，不得从事通常过境方式附带活动以外的活动。

(4)船舶和飞机在行使用于国际航行的海峡的过境通行权时，不对沿岸国的主权、领土完整、政治独立或以违反国际法原则的其他方式使用武力或武力威胁；遵守与海上安全相关或与防止、减少和控制船舶污染相关的普遍国际规章、程序和惯例。

(5)非经沿岸国事先许可，包括海洋科研和水文测量船舶在内的所有外国船舶，过境通行时不得进行任何研究或测量活动。

(6)沿岸国可采用海道和分道通航制。根据《联合国海洋法公约》第41条的规定，沿岸国为了促进船舶安全通过，可在必要时"指定海道和规定分道通航制"，且在"妥为公布后，可用其他海道或分道通航制替换"，指定(规定)或替换海道或分道通航制应"符合一般接受的国际规章"，且应在海图上清楚地标出并妥为公布，如"所提议的海道(分道)通航制穿过海峡的两个或以上沿岸国水域，相关各国应与主管国际组织协商，合作拟订提议"。

(7)船舶和飞机应当遵守沿岸国关于过境通行的法律和规章。根据《联合国海洋法公约》第42条的规定，沿岸国可对以下事项制定关于过境通行的法律和规章：①航行安全及交通管理；②执行排放油类或其他有毒物质的国际规章，防、减、控污染；③防止渔船捕鱼；④防止违反海关、财政、移民、卫生法律和规章，上下客货。《联合国海洋法公约》第42条同时也规定，沿岸国关于过境通行的法律和规章，应当：①须妥为公布；②不在形式或事实上形成歧视，或在适用上产生否定、妨碍、损害过境通行权的实际后果；③不停止并不妨碍过境通行，并妥为公布海峡内或海峡上空对航行或飞越有危险的任何情况。

(8)通过国际合作以改进助航和安全设备以及防止、减少和控制污染。根据《联合国海洋法公约》第43条的规定，海峡使用国和沿岸国应对下列事项进行合作：①建立并维持海峡内的必要助航和安全设备或其他帮助航行的改进办法；②防、减、控船舶污染。

用于国际航行的海峡的无害通过制，是指为了在用于国际航行的海峡继续不停和迅速过境的目的，而行使航行自由，主要适用于下列几种情况：(1)由沿岸国的一个岛屿和该国大陆构成，且该岛向海一面有一条航行和水文特征同样方便的穿过公海或专属经济区的航道；(2)位于公海或专属经济区的一部分和外国领海之间。

另外，某些用于国际航行的海峡的通行制度，已由长期存在、现行有效的专门国际条约全部或部分作了规定，《联合国海洋法公约》对这种特别的通行安排予以承认，今后可继续施行。

4. 陆地领土的过境通行制度

(1)国际法上的地役权。

地役权(Servitude)的概念源自罗马法,① 现已被各国民法普遍接受，如我国《物权法》第14章就专门规定了地役权。作为一种用益物权，地役权是指土地的所有人或使用人为了实现自己土地的利益而使用他人土地的权利。② 其中，享有地役权的土地称为“需役地”，供使用的土地称为“供役地”。国内法中地役权的产生通常以存在相邻关系为前提，其种类繁多，包括通行地役权、取水地役权、导水地役权、排水地役权、眺望地役权、采光地役权、支撑地役权、放牧地役权、排污地役权等。

国际法上的地役权，也称国际地役(International Servitude)或国家地役(State Servitude)，是国内法中的地役权概念在国际社会的延伸，具体是指一国为他国利益根据条约对本国领土主权施加的一些特殊限制。③ 国际地役的主体是国家，包括提供地役国和享受地役国；国际地役的客体是提供地役国的全部或部分领土，包括领陆、领水、领空和底土；国际地役的有效成立需由提供地役国在非受迫的基础上自愿设限；国际地役的消灭途径主要是：当事国协议废除、当事国领土合并、享受地役国单方面放弃、提供地役国在情势变更时单方面解除；国际地役通常由国际条约创设。

国际地役主要分为积极地役和消极地役。积极地役是指提供地役国承担一定程度的容忍义务，允许享受地役国在本国领土上从事

① 参见王铁崖：《国际法》，法律出版社2004年版，第175页。

② 参见马俊驹、余延满：《民法原论(第二版)》，法律出版社2005年版，第380页。

③ 参见王铁崖：《国际法》，法律出版社2004年版，第175页。

某种行为，如允许享受地役国利用其道路或港口进出口货物，允许享受地役国的渔民在其领海捕鱼，允许享受地役国修筑穿过其领土的油气管道，甚至允许享受地役国的武装部队通行或驻扎。1990年德国统一之前，联邦德国依据与民主德国签订的条约，享有通过后者公路、铁路、空中和水路进出西柏林的权利，① 这是一种积极地役。消极地役是指提供地役国承担一定程度的不作为义务，向享受地役国承诺不在本国领土从事某种行为，如承诺不在边境地区建造污染环境的工厂，不在特定地区设置军事设施或修建军事要塞。意大利依据1929年与梵蒂冈签订的《拉忒兰条约》，承诺不在后者周围领土上建造任何能够俯瞰梵蒂冈的新建筑物，② 这是一种消极地役。

国际地役是现代国际法认可的对提供地役国的领土主权所施加的特殊限制，国际社会通过1930年国际常设法院的“上萨瓦及节克斯自由区(Free Zones of Upper Savoy and the District of Gex)案”③和1955年国际法院的“印度领土通行权(Right of Passage over Indian Territory)案”④，肯定了国际地役的存在。但历史上曾有资本主义强国以不平等条约强迫弱小国家提供国际地役的现象，严重侵犯了弱小国家的领土主权，因此，在现代国际法上，国际地役关系只有在当事国双方自愿的基础上才能合法建立，尤其是提供地役国必须自愿接受对其领土主权的限制。

(2)《联合国海洋法公约》关于内陆国通行权的规定。

---

① 参见[英]詹宁斯、瓦茨：《奥本海国际法(第一卷第二分册)》，王铁崖、李适时、汤宗舜、周仁译，中国大百科全书出版社1998年版，第138页。

② 参见[英]詹宁斯、瓦茨：《奥本海国际法(第一卷第二分册)》，王铁崖、李适时、汤宗舜、周仁译，中国大百科全书出版社1998年版，第137页。

③ See Permanent Court of International Justice, Judgement on Free Zones of Upper Savoy and the District of Gex (France v. Switzerland), 1929, 1930.

④ See International Court of Justice, Pleadings, Case concerning Right of Passage over Indian Territory (Portugal v. India), Vol. 1, 1955.

《联合国海洋法公约》第10部分是关于内陆国出入海洋的权利和过境自由的规定。根据《联合国海洋法公约》第124~132条的规定，为了行使《联合国海洋法公约》赋予的权利，特别是关于公海自由和人类共同继承的财产方面的权利，内陆国仍享有利用一切运输工具经过境国领土出入海洋的自由，但应通过条约对过境自由的行使条件和方式进行约定，而且过境国有权采取一切必要措施确保内陆国行使过境自由权利不侵害其合法利益。

根据《联合国海洋法公约》第124条的规定，内陆国行使过境自由权利所使用的运输工具包括火车、汽车、船舶和搬运工人、用于运输的动物，以及内陆国与过境国约定的其他运输工具，包括但不限于管道和煤气管道。

根据《联合国海洋法公约》第126、127条的规定，过境国为便利内陆国行使过境自由权利而为其提供的各种优惠待遇，其他国家不得援引最惠国条款要求享受，而且，除因提供特定服务而征收的费用之外，过境国不得因过境运输向内陆国征收任何关税、税捐或其他费用，但可对过境运输工具征收税捐或费用，不过应以国民待遇为征收标准。

根据《联合国海洋法公约》第130条的规定，过境国有保障内陆国的过境运输不受阻碍的义务，应采取一切适当措施避免和迅速消除内陆国的过境运输遭到迟延或其他技术性困难。

(3) WTO关于过境权的规定。

GATT第5条和GATS第8条与过境自由有关。GATT第5条是关于产品过境权的规定，根据该条规定的规定，仅起点和终点不在WTO成员领土范围内的货物运输（包括行李和运输工具）为过境运输，在过境运输方面，WTO成员享有选择最方便路线通过任何其他WTO成员领土的权利，其他WTO成员不得因此类货物和运输工具所有权的不同而实施差别待遇，或不必要地耽延或限制过境运输，而且，除在最惠国待遇基础上收取运费①和必要的管理费、服

---

①　根据GATT附件I（注释和补充规定），在适用最惠国待遇收取运费时，须以相同条件下经相同路线运输的同类产品为考虑标准。

务费之外，不得对过境运输征收关税、过境税或其他过境费用。

GATS 第 8 条是关于服务的垄断和专营提供的规定，根据该条规定，WTO 成员可赋予特定的企业在其境内就某种服务的提供享有垄断权或专营权①，但须确保该特定企业遵守下列义务：①最惠国待遇义务；②关于市场准入与国民待遇的具体承诺义务；③不滥用垄断地位参与垄断权限之外的具体承诺范围的服务竞争。如其他 WTO 成员有理由相信此类企业违背上述义务，可请求服务贸易理事会要求授权此类企业的成员提供有关经营的具体资料。CAFTA 服务贸易协议第 7 条也作了与 GATS 第 8 条类似的规定。

（三）国际合作防盗反恐原则

《联合国宪章》规定的国际合作原则是国际社会在打击海盗和恐怖主义行为方面进行合作的国际法依据。《联合国宪章》第 1 条第 3 款是关于国际合作原则的规定。《国际法原则宣言》则对国际合作原则作了进一步概括。

海盗与恐怖主义行为是典型的非传统安全问题，具有跨国性、不确定性、转化性、协作性等非传统安全的显著特点。海盗与恐怖主义行为的威胁及损害后果往往跨越国境，其实施者通常是非国家行为体，如相关国家的防治措施不足，极有可能转化为传统安全问题，引发国家之间的敌对行为，因此，只有通过国际合作才能将海盗与恐怖主义行为造成的损害减小到最低程度。

海盗是一种古老的犯罪行为，可追溯至古希腊时期。海盗行为严重危害人的生命安全并影响国际贸易的开展，国际社会从 19 世纪末期开始就已尝试通过制定条约的方式进行国际合作。② 在联合国成立之后，国际社会积极编纂关于打击海盗的条约，其中最有影响力的是《联合国海洋法公约》。《联合国海洋法公约》第 101 条规

① 根据 GATS 第 8 条，WTO 成员正式或实际上批准或建立少数几个服务提供者，或实质上阻止这些服务提供者之间在其境内竞争，便构成服务的专营提供。

② 参见李文沛：《国际海洋法之海盗问题研究》，中国政法大学 2008 年博士论文。

定了海盗罪的犯罪构成，《联合国海洋法公约》第100、105、106、107条规定了缔约国合作制止海盗行为的义务。

恐怖主义是对非武装人员有组织地使用暴力或以暴力相威胁，通过将一定的对象置于恐怖之中，来达到某种政治目的的行为。恐怖主义危害极大，国际社会对其早有认识，一直在为防范和打击不懈地努力，尤其是“9·11”事件之后，日益引起各国的关注和重视。

在防范和打击恐怖主义方面，最卓有成效的努力来自联合国。在联合国的框架下，国际社会从1963年起共制定了13项反恐公约，分别是《关于在航空器内的犯罪和犯有某些其他行为的公约》、《关于制止非法劫持航空器的公约》、《关于制止危害民用航空安全的非法行为的公约》、《关于防止和惩处侵害应受国际保护人员包括外交代表的罪行的公约》、《反对劫持人质国际公约》、《核材料实物保护公约》、《制止在为国际民用航空服务的机场发生的非法暴力行为以补充1971年9月23日订于蒙特利尔的〈关于制止危害民用航空安全的非法行为的公约〉的议定书》、《制止危及海上航行安全非法行为公约》、《制止危及大陆架固定平台安全非法行为议定书》、《在可塑性炸药中添加识别标志以便侦测的公约》、《制止恐怖主义爆炸事件的国际公约》、《制止向恐怖主义提供资助的国际公约》、《制止核恐怖主义行为国际公约》。

上述公约对打击特定恐怖主义行为发挥了重要作用，但由于缺少一部全面性的国际反恐公约，至今仍无法对恐怖主义进行有效界定。为此，联合国决定制定《关于国际恐怖主义的全面公约》，以求对恐怖主义作出明确界定，从而打击上述公约无法涵盖的恐怖主义行为。目前已就该公约正式公布过以下几个版本的草案文本：1996年(A/C.6/51/6)、2000年(A/C.6/55/1)、2002年(A/57/37)、2005年(A/59/894)、2010年(A/C.6/65/L.10)，其中2010年版本由主席之友编制。虽然《关于国际恐怖主义的全面公约》的正式文本还未形成，但是这些草案仍然具有重要的指导意义，特别是2005年版本和2010年版本，在形成正式文本时基本上不会有太大的改动。

根据2005年版本和2010年版本的公约草案，恐怖主义罪行是指为了恐吓某地居民、迫使政府或国际组织实施或不实施某一行为，非法、故意实施下列行为，致使：(1)人员死亡或身体严重伤害；(2)包括公用场所、国家设施、运输系统、基础设施或环境在内的公私财产严重损害；(3)因(1)、(2)所述财产、场所、设施、系统损害而造成重大经济损失；(4)威胁实施(1)、(2)、(3)所列行为，威胁可信和严重的；(5)实施(1)、(2)、(3)所列行为未遂的。并且，下列行为也视为恐怖主义罪行。(1)共同实施恐怖主义罪行。(2)组织、指使他人实施恐怖主义罪行。(3)故意促进以共同目的行动的群体实施恐怖主义罪行并且符合下列条件的：①为了助长恐怖主义罪行的犯罪活动或犯罪目的；②明知该群体有意实施恐怖主义罪行。

2005年版本和2010年版本的公约草案对缔约国的惩治义务作了规定：缔约国应采取必要措施，在国内法中将恐怖主义罪行定为刑事重罪，并在任何情况下都不得以政治、意识形态、种族、宗教或其他类似的考虑因素为之辩解；对于有重大理由认为已实施恐怖主义罪行的嫌疑人，缔约国应采取适当措施，确保不给予难民身份；防止和制止任何人为在境内或境外实施恐怖主义罪行进行准备，特别是禁止为实施恐怖主义罪行建立和使用设施和训练营；对建立法律实体实施恐怖主义罪行的罪犯，须追究该法律实体的刑事、民事或行政责任。

2005年版本和2010年版本的公约草案对缔约国管辖权的规定是草案的核心内容：缔约国在下列情况可取得对恐怖主义罪行的管辖权：在本国境内、悬挂本国国旗的船舶、根据本国法律登记的航空器上实施；行为人是本国国民或在本国境内有惯常居所的无国籍人；全部或部分在本国境外实施但后果或所意图产生的后果构成或导致在本国境内实施恐怖主义罪行；犯罪意图是迫使本国实施或不实施某一行为、犯罪对象是本国国民或位于国外的本国国家或政府设施；发生在本国政府营运的航空器上。并且，主张管辖权的多个缔约国之间应进行协调，特别是关于起诉的条件和提供法律协助的方式。如本公约和其他专门性的反恐公约均可适用，在共同缔约国之间，专门性的反恐公约优先。

2005年版本和2010年版本的公约草案对缔约国之间的合作义务作了规定：缔约国应依国内法的规定进行防止恐怖主义罪行的合作，协调为防止恐怖主义罪行而采取的行政及其他措施，特别是在主管机构和事务处之间建立和维持通讯渠道以促进保密迅速交换有关资料、就恐怖主义罪行进行调查以了解嫌疑人的身份、下落和活动以及资金、财产、设备或其他工具的流动情况。

2005年版本和2010年版本的公约草案规定了嫌疑人的权利：缔约国应保证被拘留或采取其他措施或被起诉的嫌疑人获得公平待遇，包括享有一切符合所在国法律的，以及包括国际人权法特别是《囚犯待遇最低限度标准规则》在内的可适用的国际法规定的权利与保障。

2005年版本和2010年版本的公约草案特别关注了引渡的问题：恐怖主义罪行应被视为包括在任何缔约国之间在本公约生效前已有的任何引渡条约中的可引渡罪行，并不得视为政治犯罪或同政治犯罪有关或由政治动机引起的犯罪，缔约国承诺将其作为可引渡罪行列入以后缔结的每一项引渡条约中；被请求的缔约国有实质理由认为发出引渡或司法协助请求的缔约国，是基于国籍、宗教、种族、族裔或政治观点而起诉或惩罚，可拒绝引渡或提供司法协助；缔约国可以回国服刑为条件而引渡或移交本国国民；罪犯所在缔约国如拒绝引渡，则应采取必要措施确立管辖权，而且无论罪行是否在其境内实施，均有义务毫无例外、不作无理拖延地以惩治本国重罪的方式进行处理；以条约为引渡条件的缔约国，可选择以本公约为引渡的法律依据。

2005年版本和2010年版本的公约草案规定了不适用的情况：罪行仅在本国境内实施、罪犯在本国境内被发现、罪犯和被害人均为本国国民，而且没有其他国家具有根据公约行使管辖权的基础；武装冲突中武装部队的行为；一国军事部队为执行公务的活动。此外，2005年版本和2010年版本的公约草案规定了争端解决程序。

第三节　马六甲海峡的战略意义及法律地位

一、马六甲海峡的战略意义

(一)马六甲海峡的地理位置

马六甲海峡(Malacca Strait)①位于印度洋北部的马来半岛和印度尼西亚苏门答腊岛之间(E101°20′，N2°30′)，因沿岸有马来西亚古城马六甲而得名，是连接中国南海和安达曼海的一条狭长水道，与巽他海峡(Sunda Strait)②、龙目海峡(Lombok Strait)③和望加锡海峡(Makassar Strait)④等共同构成沟通太平洋与印度洋的重要通道，是亚洲、非洲、欧洲、大洋洲之间相互往来的交通枢纽，战略位置非常重要，有"东方直布罗陀"之称。

马六甲海峡呈东南—西北走向，北宽南窄，其东南端连接中国南海，西北端通往印度洋的安达曼海，全长约 1185 公里，大部分水深 25～150 米，一般水深 25～27 米，由北向南、由东往西递减，西北部最宽处可达 370 公里，东南部最窄处菲利普斯通道(Philips

① 本文所称马六甲海峡包括新加坡海峡在内。

② 巽他海峡位于印度尼西亚群岛中的苏门答腊岛和爪哇岛之间(E105°40′，S6°0′)，长约 150 千米，宽约 3.3～110 千米，水深 20～80 米，最大水深 1080 米，是沟通太平洋的爪哇海与印度洋的重要通道，峡底多为泥、沙、石、贝质，较适于潜艇水下航行，但由于航道狭长，最窄处仅有 3.3 千米，战时易遭到封锁。

③ 龙目海峡位于印度尼西亚群岛的巴厘岛和龙目岛之间(E115° 50′，S8°30′)，长约 80 千米，宽约 35～65 千米，北深南浅，水深 1200～1306 米，无暗礁、沙砾底，北接巴厘海，南通印度洋。龙目海峡是印度尼西亚群岛各海峡中最安全的水道，20 万吨以上的大型船只完全通行无阻。

④ 望加锡海峡位于印度尼西亚群岛中的苏拉威西岛和加里曼丹岛之间(E117°30′，S2°0′)，长约 740 公里，宽约 120～407 公里，大部分水深 50～2458 米，平均水深 967 米，北连苏拉威西海，南接爪哇海和弗洛里斯海。望加锡海峡与龙目海峡相连，不仅是太平洋西部和印度洋东北部之间的重要通道，也是从中国南海、菲律宾到澳大利亚的重要航线。

Channel)不到 2. 8 公里，主要深水航道位于海峡东侧，可通行吃水深度 20 米的巨轮。马六甲海峡具有重要的战略地位和经济价值，是世界上最重要的两个石油运输战略瓶颈之一(另一个是霍尔木兹海峡),① 是东亚地区的能源运输生命线，世界石油的 25%、中日韩所需石油的 90%由此过境，每年通过船只约 8 万艘。

(二)马六甲海峡的战略地位

马六甲海峡是连接印度洋和太平洋最便捷的水道，船舶航行马六甲海峡比巽他海峡、龙目海峡、望加锡海峡减少 850 公里以上的航程。② 马六甲海峡具有重要的军事用途。由于马六甲海峡尤其是其西北端十分狭窄，因此只要控制住该地区，就可以影响整个海峡的通行，可谓是易守难攻。一直以来，美、日、印等大国均意图通过各种理由控制马六甲海峡，美国直接将马六甲海峡作为其意欲掌控的 16 条海上通道③之一并在新加坡的樟宜设有海军基地，日本通过与海峡沿岸国开展经济与技术合作来增加话语权，印度将马六甲海峡作为其战略关切点并在安达曼-尼科巴群岛设立远东司令部。

马六甲海峡对于我国而言具有极为重要的意义，它不仅是我国油气进口的主要通道，而且也是我国各类工业产品出口的重要通道。虽然我国已建成中哈原油管道、中俄原油管道、中缅原油管道三条陆上石油进口通道，中哈原油管道设计运输能力为 2000 万吨/年，中俄原油管道设计运输能力为 1500 万吨/年(2018 年可达 3000 万吨/年)，但是中缅原油管道尚未完全投入运营。2014 年我国进

① See U. S. Energy Information Administration, World Oil Transit Chokepoints, November 10, 2014.

② See Alastair Coupe red. , The Times Atlas of the Ocean, The Times Books Ltd. , 1983.

③ 这 16 个海上通道是：马六甲海峡、望加锡海峡、巽他海峡、朝鲜海峡、苏伊士运河、曼德海峡、波斯湾、霍尔木兹海峡、直布罗陀海峡、斯卡格拉克海峡、卡特加特海峡、格陵兰—冰岛—联合王国海峡、巴拿马运河、佛罗里达海峡、阿拉斯加湾、非洲以南和北美航道。参见鞠海龙：《亚洲海权地缘格局论》，中国社会科学出版社 2007 年版，第 223~224 页。

口原油 3.1 亿吨，① 其中通过中哈原油管道和中俄原油管道分别进口 1184 万吨②和 1560 万吨③，中俄原油铁路运输的远景能力为 1500 万吨/年，即使全部加上，我国陆路进口原油也才 4244 万吨，仅占原油进口总量的 14%。因此，2014 年我国原油进口对海运的依赖程度约为 86%，如三条原油管道以及中俄铁路均满负荷运输，最多可进口原油 8700 万吨，以 2014 年的进口总量计还不到 30%，所以长远来看，我国原油进口对海运的依赖程度不会低于 50%，应在 50%~70%。

我国原油海运进口主要有以下四条路线：(1)中东航线：波斯湾→霍尔木兹海峡→阿拉伯海→印度洋→马六甲海峡→南海→中国。(2)非洲航线：①北非航线：北非→苏伊士运河→亚丁湾(30 万吨以下)或北非→直布罗陀海峡→好望角(30 万吨以上)→印度洋→马六甲海峡→南海→中国；②西非航线：西非→好望角→印度洋→马六甲海峡→南海→中国；③南非航线：南非→印度洋→马六甲海峡→南海→中国。(3)拉美航线：拉美→好望角→印度洋→马六甲海峡→南海→中国或拉美→巴拿马运河→太平洋→中国。(4)东南亚航线：马六甲海峡→南海→中国。④ 可见，我国进口石油海运基本上都须经过马六甲海峡，马六甲海峡在我国石油进口中的地位的确是举足轻重的。

---

① 参见中国新闻网：《2014 年中国原油进口 3.1 亿吨 总值超万亿元人民币》，http：//finance. chinanews. com/cj/ 2015/02-05/7038099. shtml，2015 年 4 月 1 日访问。

② 参见中国石油新闻中心：《中亚油气合作之中哈原油管道项目巡礼》，http：//news. cnpc. com. cn/system/2015/ 03/12/001532069. shtml，2015 年 4 月 1 日访问。

③ 参见中国新闻网：《中俄原油管道 2014 年进口原油 1560 万吨》，http：//finance. chinanews. com/cj/2015/01-23/ 6998048. shtml，2015 年 4 月 1 日访问。

④ 参见汪玲玲、赵媛：《中国石油进口运输通道安全态势分析及对策研究》，载《世界地理研究》2014 年第 3 期，第 34 页。

二、马六甲海峡的法律地位

(一)马六甲海峡是用于国际航行的海峡

用于国际航行的海峡，是指两端连接公海或专属经济区并因常用做国际航行用途而构成国际航道的海峡。这是以海峡的重要性和国际社会对其依赖程度为标准，而对海峡所作的一种分类，与其相对应的概念是不用于国际航行的海峡。此类海峡两端连接公海或专属经济区，构成重要的国际航道，各国船舶经常由此通行，战略地位险要。

《联合国海洋法公约》第37条规定：用于国际航行的海峡是“在公海或专属经济区的一部分和另一部分之间”的海峡。马六甲海峡两端连接太平洋和印度洋，是国际贸易运输的重要通道，虽然两岸分别属于三个国家，但是毫无疑问应当属于《联合国海洋法公约》所指的用于国际航行的海峡，该属性也得到国际社会的广泛认同。

(二)马六甲海峡同时具有内海海峡、领海海峡和非领海海峡的特征

海峡是位于两块陆地或岛屿之间，两端连接海洋的天然狭窄水道。以海峡两岸之间的距离为标准，可将海峡分为三种类型：(1)内海海峡。内海海峡是指处于一国领海基线之内的海峡，如中国的琼州海峡。内海海峡所在水域属于一国内水，其地位与陆地领土相同，由沿岸国行使完全、排他的主权，未经沿岸国许可外国船舶和飞机不得进入。(2)领海海峡。领海海峡是指两岸之间距离从领海基线起算不超过领海宽度2倍的海峡。如果两岸属于同一国家，则海峡所在水域为沿岸国领海；如果两岸分属不同国家，则海峡所在水域为不同国家的领海。(3)非领海海峡。非领海海峡是指两岸之间距离从领海基线起算超过领海宽度2倍的海峡。无论两岸是否属于同一国家，海峡所在水域分别从两岸领海基线起算，在领海宽度范围内是领海，在领海宽度范围外则适用其他的海域制度，或者是专属经济区，或者是公海，如莫桑比克海峡、丹麦海峡、台湾海峡。

马六甲海峡由马来半岛和苏门答腊岛构成，苏门答腊岛属于印度尼西亚领土，马来半岛则属于马来西亚和新加坡领土，该海峡全长约1185公里，两岸之间的距离变化较为明显，从东南到西北逐渐增大，最窄处仅2.8公里，最宽处达370公里，相差超过10倍。从马六甲海峡两岸距离分布状况来看，同时具备内海海峡、领海海峡和非领海海峡的特征。其中，比较能够确定的是马六甲海峡具备领海海峡和非领海海峡的特征，该海峡两岸从领海基线起算不超过领海宽度2倍的地方(即24海里，44.448公里)属于领海海峡，所在水域是领海，该海峡两岸从领海基线起算超过领海宽度2倍的地方属于非领海海峡，所在水域分别从两岸领海基线起算，在领海宽度范围以内是领海，在领海宽度范围以外则适用其他的海域制度，或者是专属经济区，或者是公海。但是，马六甲海峡最窄处是否属于内海海峡则不太能够确定，主要原因在于作为群岛国的新加坡目前还未公布其领海基线。① 而根据《联合国海洋法公约》第47条的规定，新加坡可以使用群岛基线作为其领海基线。如果新加坡采用群岛基线将新加坡海峡划于其内，则新加坡海峡将成为内海海峡。

(三)马六甲海峡的通行制度不影响其法律地位

根据《联合国海洋法公约》第8、50条的规定，领海基线或群岛基线向陆地一面的水域属于沿岸国或群岛国的内水(Internal Waters)，其地位与陆地领土相同，沿海国或群岛国可行使完全、排他的主权和管辖权，任何外国船舶、飞机非经许可不得入内。如海峡位于领海基线或群岛基线向陆地一面，则属于内海海峡，该海峡所在水域是内水，外国船舶只有获得沿海国或群岛国许可方能驶入。

根据《联合国海洋法公约》第2、3、17~21条的规定，沿海国或群岛国的海岸、内水或群岛水域，从领海基线起向外扩展至不超过12海里的水域，是沿海国或群岛国的领海，受沿海国或

① 参见文铂：《马六甲海峡通行制度及其管理》，载《国际研究参考》2013年第8期，第21页。

群岛国主权管辖和支配，但是外国非军用船舶享有无害通行权（军用船舶是否享有无害通过权由沿海国或群岛国决定），沿海国或群岛国并可制定关于无害通过领海的法律和规章。如海峡两岸之间距离从领海基线起算不超过领海宽度2倍，则属于领海海峡，该海峡所在水域为沿岸国或群岛国的领海，外国非军用船舶享有无害通行权，但须遵守沿海国或群岛国制定的关于无害通过的法律和规章。

根据《联合国海洋法公约》第2、55、57、86、87条的规定，沿海国或群岛国的海岸、内水或群岛水域，从领海基线起向外扩展超过12海里的水域，适用其他的海域制度，或者是毗连区、或者是专属经济区以及公海，沿海国或群岛国不再享有主权，只能行使一定程度的管辖权或小部分主权权利。如海峡两岸之间距离从领海基线起算超过领海宽度的2倍，则属于非领海海峡，该海峡所在水域分别从两岸领海基线起算，在领海宽度范围内是领海，外国非军用船舶可行使无害通行权；在领海宽度范围外则是毗连区、专属经济区或公海，任何外国船舶可行使公海自由权。

但是，作为用于国际航行的海峡，马六甲海峡的法律地位并不受其通行制度的影响。《联合国海洋法公约》第34、35条规定，用于国际航行的海峡，其通过制度不应影响海峡所在水域的法律地位，或影响沿岸国对该海峡所在水域行使主权或管辖权，不过，如果采用直线基线法使原来不是内水的区域成为内水，外国船舶则可根据《联合国海洋法公约》第8条第2款的规定，在该内水范围内行使领海无害通过权。

马六甲海峡虽然同时具有领海海峡和非领海海峡的特征，并且具有成为内海海峡的可能性，但是根据《联合国海洋法公约》的上述规定，马六甲海峡仍然可以采用与领海无害通过制度、公海和专属经济区自由航行制度不同的通行制度，即下文所阐述的过境通行制度。

第四节 马六甲海峡的通行制度及面临的风险

一、马六甲海峡的通行制度

(一)1957 年之前：3 海里领海范围之外适用公海自由航行制

在现代化的海洋观念产生之前，马六甲海峡一直实行自由通行制度，最早的文字记录似乎应当为 1824 年英国与荷兰的《英荷条约》，在此之前，各国则依据当时的国际习惯法规则行使自由通行权。① 马六甲海峡现今三个沿岸国印度尼西亚、马来西亚、新加坡都是群岛国，1957 年之前它们的领海宽度均为 3 海里，3 海里之外均为公海，均适用自由航行制度。印度尼西亚独立前是荷兰殖民地，于 1945 年 8 月宣布独立，于 1954 年 8 月脱离荷印(尼)联邦，但 1957 年之前其领海制度适用荷兰法律，各岛屿都有 3 海里的独立领海，3 海里之外的群岛间海域为公海。② 马来西亚和新加坡独立前则是英国殖民地，马来西亚的前身马来亚于 1957 年 8 月 31 日宣布独立，于 1961 年与新加坡、沙巴、沙捞越共同成立马来西亚(联邦)，1965 年新加坡退出马来西亚独立建国，但双方独立前其领海制度均适用英国法律，领海宽度为 3 海里，3 海里之外的海域为公海。③

(二)1957—1970 年：各沿岸国均主张主权，适用无害通过制

这一时期，马六甲海峡实行领海的无害通过制度，但沿岸国对马六甲海峡的主权归属问题争执不休。印度尼西亚 1957 年发布政府宣言，并分别于 1960 年和 1962 年颁布《领水法案》和《印度尼西

① See K · E · Shaw, Juridical Status of the Malacca Straits in International Law, The Japanese Annual of International Law, Vol. 14, 1970, pp. 34-47.

② See Dutch, Ordinance on Territorial Waters and Maritime Zones, 1939.

③ See United Kingdom, Territorial Waters Jurisdiction Act, 1878.

亚水域外国船舶行使无害通过权政府条例》,① 宣布本国为群岛国,将领海宽度扩大到12海里，马六甲海峡所在水域是其领海，受其主权及管辖权支配，但外国船舶可行使无害通行权。马来西亚1958年依据其准备加入的《领海及其毗连区公约》，并于1969年颁布《紧急(基本权利)法令》,② 宣布对马六甲海峡拥有主权和管辖权，但外国船舶可行使无害通行权。1965年，新独立的新加坡也对马六甲海峡提出了主权要求。③ 然而，到了20世纪60年代末期，国际局势开始缓和，沿岸国之间的立场逐渐接近。1969年10月印度尼西亚和马来西亚签订《大陆架划分协定》,④ 1970年两国又签订《马六甲海峡领海边界线划分协定》。⑤

(三)1971—1981年：沿岸国消除分歧共同管理，仍适用无害通过制

这一时期，由于局势已经缓和，沿岸国对马六甲海峡的主权归属争端基本上得到解决，同时还一致对外共同行使马六甲海峡的管理权，是马六甲海峡通行制度的新时期。

1971年11月，印度尼西亚、马来西亚、新加坡三国发表《关于马六甲海峡和新加坡海峡问题的联合声明》，宣布马六甲海峡不是国际性海峡，反对将其国际化，承认外国船舶享有无害通过权，但通行时须遵守沿岸国的法律和规章，不承认外国飞机享有无害通

---

① See Indonesian Act concerning Indonesian Waters, No. 4, 1960; Indonesian Government Regulation on Innocent Passage of Foreign Vessels in Indonesian Waters, No. 8, 1962.

② See Malaysian Emergency (Essential Powers) Ordinance, No. 7, 1969.

③ 参见张杰:《成本规避与印度尼西亚和马来西亚在打击马六甲海峡武抢劫犯罪上合作形式的选择(1998—2008)》，复旦大学2010年博士学位论文，第35页。

④ See Agreement between the Government of Malaysia and the Government of Indonesia on the delimitation of the continental shelves between the two countries, 27 October 1969.

⑤ See Treaty between the Republic of Indonesia and Malaysia Relating to the Delimitation of the Territorial Seas of the Two Countries in the Strait of Malacca, 17 March 1970.

过权，并决定组建共同管理海峡事务、负责海峡安全的合作机构。①

1973年，印度尼西亚与新加坡签订《新加坡海峡领海边界线划分协定》，②并与马来西亚、泰国共同签订《马六甲海峡北段大陆架划分三国协定》。③ 1974年和1976年，印度尼西亚和马来西亚两次就航道使用、相互支持等问题签订谅解备忘录。④ 至此，沿岸三国基本上解决了在马六甲海峡主权及管辖权上的争端。1977年2月，印度尼西亚、马来西亚、新加坡三国签署《马六甲海峡和新加坡海峡安全航行三国协定》，再次重申上述1971年三国联合声明的规定。⑤ 1980年9月，新加坡发表声明宣布将领海宽度扩展为12海里。⑥

(四)1982年至今：应适用不低于过境通行标准的海峡通行制度

1982年，联合国第3次海洋法会议通过了被誉为"海洋宪章"的《联合国海洋法公约》，确立了国际海洋法的基本框架。以霍尔木兹海峡、马六甲海峡等为代表的用于国际航行的海峡，其通行制度是这次会议关注的重点，最后，《联合国海洋法公约》用专章的形式作了规定，赋予其自成一类的属性——过境通行制。这是印度

① See Joint Statement of Indonesia, Malaysia and Singapore on the Straits of Malacca, 16 November, 1971.

② See Treaty between the Republic of Indonesia and the Republic of Singapore relating to the Delimitation of the Territorial Seas of the two countries in the Strait of Singapore, 25 May 1973.

③ See Agreement between the Government of the Republic of Indonesia, The Government of Malaysia and the Government of the Kingdom of Thailand Relating to the Delimitation of the Continental Shelf Boundaries in the Northern Part of the Strait of Malacca, 21 December 1971.

④ 参见韦朝晖：《马六甲海峡沿岸国家的外交选择与我国的对策》，载《学术论坛》2007年第5期，第19页。

⑤ See Agreement of Indonesia, Malaysia and Singapore on Safety of Navigation in the Straits of Malacca and Singapore, 24 February, 1977.

⑥ 参见高伟浓：《东南亚国家的海洋法实践(之一)》，载《东南亚研究》1996年第2期，第35页。

尼西亚、马来西亚和新加坡等国家在海洋权益斗争方面取得的胜利。

《联合国海洋法公约》对各国的海洋立法影响很大，在尚未生效的时候，其内容就已得到部分国家遵守，如印度尼西亚于1982年2月同马来西亚签署了《群岛国法律制度和印度尼西亚领海、群岛水域(东、西马来西亚之间)及上空与印度尼西亚领土上空马来西亚权利协定》。①《联合国海洋法公约》生效之后，印度尼西亚于1996年制定了新的《领水法案》，② 并于2002年颁布了《印度尼西亚水域外国船舶行使无害通行权政府条例》③和《指定海道外国船舶和飞机行使群岛海道通过权政府条例》④。

1995年，新加坡和马来西亚签署《与〈1927年海峡殖民地与柔佛领海水域协定〉⑤相一致的领海边界精确划定协议》，⑥ 划定了两国在新加坡海峡的分界线。印度尼西亚、马来西亚、新加坡在2005年8月《马六甲海峡和新加坡海峡的巴淡部长联合宣言》⑦和

---

① See Treaty between the Republic of Indonesia and Malaysia relating to the Legal Regime of the Archipelagic State and the Rights of Malaysia in the Territorial Sea and Archipelagic Waters as well as in the Airspace above the Territorial Sea and Archipelagic Waters and the Territory of the Republic of Indonesia Lying between East and West Malaysia.

② See Indonesian Act Regarding Indonesian Waters, No. 6, 1996.

③ See Indonesian Government Regulation concerning Rights and Obligations of Foreign Vessels in Exercising Innocent Passage through the Indonesian Waters, No. 36, 2002.

④ See Indonesian Government Regulation on the Rights and Obligations of Foreign Ships and Aircraf t Exercising the Right of Archipelagic Sea Lanes Passage through Designated Archipelagic Sea Lanes, No. 37, 2002.

⑤ 由英国与柔佛苏丹国于1927年签订，划分了新加坡北部与马来西亚(半岛部分)南部的界线。

⑥ See Agreement between Malaysia and Singapore to delimit precisely the territorial waters boundary in accordance with the Straits Settlement and Johor Territorial Waters Agreement 1927, 1995.

⑦ See The Butam Joint Ministerial Statement on the Straits of Malacca and Singapore, 1 ~ 2 August, 2005.

2005 年 9 月《加强马六甲和新加坡海峡安全和环境保护的雅加达声明》①，再次强调沿岸三国对马六甲海峡拥有共同主权。2009 年和 2014 年，新加坡与印度尼西亚分别签订《新加坡海峡西段领海边界线划分协定》②和《新加坡海峡东段领海边界线划分协定》③。

如今，印度尼西亚、马来西亚、新加坡都已加入《联合国海洋法公约》，这意味着《联合国海洋法公约》关于用于国际航行的海峡的通行制度应当对马六甲海峡进行适用，但是，到目前为止沿岸三国并没有公开宣布废弃 1971 年三国联合声明关于无害通行制的规定，是否意味着 1971 年三国联合声明的无害通行制就是《联合国海洋法公约》规定的用于国际航行的海峡的无害通行制？我们认为：

(1)《联合国海洋法公约》规定的用于国际航行的海峡的无害通过制，适用于下列两种情况：①由海峡沿岸国的一个岛屿和该国大陆形成，该岛向海一面有一条航行和水文特征方面同样方便的穿过公海或专属经济区的航道；②位于公海或专属经济区的一个部分和外国领海之间。但马六甲海峡似乎不属于以上两种情况的任何一种。

(2)《联合国海洋法公约》要求用于国际航行的海峡适用的过境通行制，是实质上的过境通行制，而非名义上的过境通行制；如果 1971 年三国联合声明的无害通过制的具体内容与过境通行制无异，那么该无害通过制符合《联合国海洋法公约》的要求。

(3)《联合国海洋法公约》规定的用于国际航行的海峡的过境通行制，是用于国际航行的海峡的最低通行标准，不影响相关国家对通行此类海峡的船舶提供更为优惠的待遇；如果 1971 年三国联合声明的无害通过制对通行船舶提供比过境通行制更为优惠的待遇，

---

① See Jakarta Statement on Enhancement of Safety and Environmental Protection in the Straits of Malacca and Singapore, 8 September 2005.

② See Treaty between the Republic of Indonesia and the Republic of Singapore relating to the delimitation of the territorial seas of the two countries in the western part of the Strait of Singapore, 10 March 2009.

③ See Treaty between the Republic of Indonesia and the Republic of Singapore relating to the delimitation of the territorial seas of the two countries in the eastern part of the Strait of Singapore, 1 September 2014.

那么该无害通过制不违反《联合国海洋法公约》的要求。

(4)严格地说，无害通过制通常只能适用于领海，但马六甲海峡所在水域并非全为领海，也包括专属经济区，因此不能单一地适用无害通行制，只能在海峡水域属于领海的情况下适用无害通行制，而在海峡水域属于专属经济区的情况下，应当适用自由通行制。不过，考虑到马六甲海峡的特殊性，该海峡是至少由4个海峡构成的海峡群，整个海峡内部领海和专属经济区交织出现，① 如替换适用不同的通行制度，将给沿岸国的管理和外国船舶的航行带来困难，因此，较为合理的做法是适用统一的通行制度。

(5)马六甲海峡应当统一适用《联合国海洋法公约》的过境通行制。《联合国海洋法公约》的过境通行制与1971年三国联合声明的无害通过制是两种不同的法律制度，虽然两者有相似之处，例如都要求外国船舶的通行必须"继续不停和迅速进行"，并且"不应损害沿岸国的和平、良好秩序或安全"，而且沿岸国都可制定相关的"国内法律和规章"予以规范，但还是存在一些显著差别，如前者只适用于用于国际航行的海峡，后者主要适用于领海，前者可适用于飞机，但后者不适用于飞机。

虽然《联合国海洋法公约》也规定了条约通过制，但只是规定"本部分(第3部分，用于国际航行的海峡)的任何规定不影响：……沿岸国领海以外的水域……的法律地位"、"或某些海峡的法律制度……已全部或部分地规定在长期存在现行有效的专门关于这种海峡的国际公约中"。② 从另一个角度理解，《联合国海洋法公约》第3部分(用于国际航行的海峡)只是不影响海峡水域的法律地位，但该法律地位是否包括外国船舶在此类海峡水域中的通行权利则是不明确的；而且，除了《联合国海洋法公约》第3部分之外，条约通过制是否应当遵守《联合国海洋法公约》的其他规定，如第5部分(专属经济区)关于自由航行的规定？从麦哲伦海峡、

① See K. E. Shaw, Juridical Status of the Malacca Straits in International Law, The Japanese Annual of International Law, Vol. 14, 1970, pp. 34-47.

② 参见《联合国海洋法公约》第3部分。

直布罗陀海峡、达达尼尔和博斯普鲁斯海峡(黑海海峡)、松德海峡、大小贝尔特海峡等用于国际航行的海峡的现行通行制度来看,答案应当是肯定的。①

由于目前沿岸三国均已加入《联合国海洋法公约》,因此其规定的外国船舶通行马六甲海峡的条件应严格遵守《联合国海洋法公约》,否则应当承担国际法上的责任。换言之,马六甲海峡应当统一适用《联合国海洋法公约》的过境通行制,即使适用 1971 年三国联合声明的无害通过制,该制度也必须符合《联合国海洋法公约》的规定,不能施加比《联合国海洋法公约》更为苛刻的义务。

二、马六甲海峡面临的安全风险

马六甲海峡是包括中国在内的整个东亚地区能源运输的生命线,但该海峡如今不仅航路拥挤,事故频发,污染严重,而且海盗与武装劫船活动猖獗,② 同时,由于美国、日本、印度等大国也意欲插手海峡事务,包括东亚国家的能源运输安全由此而受到威胁,沿岸国自身的利益也受到很大影响。

(一)交通事故频发、环境污染严重

马六甲海峡是当今全球最繁忙的国际航道之一,如今每年通行的各类船舶约 8 万艘(2013 年为 77973 艘③),其中巨型油轮(Very Large Crude Carrier, VLCC)所占比例较大(2013 年为 13.2%④)。由于水流平缓导致泥沙淤积,因此马六甲海峡的海底密布浅滩与沙

① 参见薛桂芳、胡增祥:《海洋法理论与实践》,海洋出版社 2009 年版,第 85~87 页。

② See Adam J. Young and Mark J. Valencia, Conflation of Piracy and Terrorism in Southeast Asia: Rectitude and Utility, Contemporary Southeast Asia, Vol. 25, No. 2, 2003, pp. 270-274.

③ See Marcus Hand, Malacca Straits transits hit all time high in 2013, pass 2008 peak, available at http://www.seatrade-global.com/news/asia/malacca-straits-transits-hit-all-time-high-in-2013-pass-2008-peak.html, last visited on April 10, 2015.

④ See Marcus Hand, Malacca Straits transits hit all time high in 2013, pass 2008 peak, available at http://www.seatrade-global.com/news/asia/malacca-straits-transits-hit-all-time-high-in-2013-pass-2008-peak.html, last visited on April 10, 2015.

洲，仅23米以下的就有37处，① 给过往船舶尤其是大型船舶的通行带来阻碍，大型船舶不仅容易搁浅触礁，而且在航行时需放慢速度，影响了其他船舶的顺利通行。此外，海峡内客货船、渔船、观光船的随意穿行，也对海峡的正常交通秩序造成干扰，易引发船舶碰撞。另外，由于印度尼西亚部分地区有放火烧山的火耕传统，加上西南季风等自然因素的影响，导致马六甲海峡有时会烟雾弥漫、能见度不足，影响船舶的航行安全。上述原因使得马六甲海峡交通拥堵、秩序混乱，经常发生船舶搁浅、原油泄漏等事故。根据马来西亚海运部门统计，2000—2010年马六甲海峡共发生船舶碰撞、沉没、搁浅、火灾等事故100起，② 而且随着船舶通行量每年以9%的速度增长，马六甲海峡今后的通行状况仍不容乐观，事故风险依然很大。③

除了交通事故频发之外，马六甲海峡的环境污染也十分严重，主要表现为因船舶碰撞和搁浅导致的原油泄漏、船舶正常航行时的不当排污、沿岸城市生活垃圾的随意排放、因泥沙淤积导致的航道变浅等。因船舶碰撞和搁浅导致的原油泄漏是马六甲海峡生态环境面临的最主要威胁，据统计，1975—1993年马六甲海峡发生的75次事故中，有54次导致了原油泄漏，④ 最近一次大规模原油泄漏

---

① See Abd Rahim Bin Hussin, The Management of Straits of Malacca: Burden Sharing As the Basis for Cooperation, LIMA International Maritime Conference, 2005.

② See Mohd Hazmi bin Mohd Rusli, The Legal Feasibility of the Imposition of a Cost-recovery Mechanism in Straits Used for International Navigation: A Study of the Straits of Malacca and Singapore, China Oceans Law Review, Vol. 2013, No. 2, 2013, p. 179.

③ See Muhammad Razif bin Ahmad, The Finacial Cost of Risk Management in the Straits of Malacca, in Hamuzah Ahmad ed., The Straits of Malacca: International Cooperation in Trade, Funding & Navigational Safety, Petaling Jaya: Pelanduk Publication, 1977.

④ 参见胡月华：《马来西亚：让油污远离马六甲》，载《环球周刊》2008年5月8日，第8版。

发生在2010年5月，泄漏的原油达到2500吨。① 船舶正常航行时的不当排污和沿岸城市生活垃圾的随意排放是马六甲海峡生态环境面临的又一威胁，数量众多的过往船只日积月累地不断在海峡内排放废水、废气、废物，以及沿岸城市的生活垃圾未经处理直接向海峡倾倒，也对海峡的生态环境产生了不利影响。而因泥沙淤积导致的航道变浅是马六甲海峡生态环境面临的潜在性威胁，由于泥沙不断向海峡内淤积，使得海岸线每年向前延展约60~500米，如不尽快治理，按此速度10个世纪之内马六甲海峡将会彻底消亡。

（二）海盗活动猖獗，武装劫船问题突出

发生于公海或国家管辖范围以外地方的海盗行为，以及发生于国家管辖范围以内地方的武装劫船行为，都是危害人类共同利益的非法行为，该行为也同样困扰着马六甲海峡的沿岸国和使用国。马六甲海峡的海盗问题由来已久，自19世纪初起便有海盗在此区域活动，而最早的文字记录似乎可追溯至公元414年。② 20世纪90年代之后，马六甲海峡的海盗和武装劫船问题愈发严重，成为全球海盗和武装劫船袭击事件的高发地段。根据亚洲地区反海盗及武装劫船合作信息分享中心（ReCAAP ISC）2014年年度报告的统计，2014年亚洲共发生45起海盗事件和138起武装劫船事件，比2013年的150起上升了22%，达到该中心运行以来的最高值，其中，马六甲海峡和中国南海分别发生48起和42起，均超过2013年的3倍以上，③ 印度尼西亚海域是海盗和武装劫船行为的重灾区，约占全球的40%，印度尼西亚、马来西亚、新加坡三国约占全球的47%。④

① 参见新京报网：《新加坡海域两船相撞2500吨原油泄漏》，http：//www.bjnews.com.cn/world/2010/05/26/37169.html，2015年4月10日访问。

② See F. Moorhead, A History of Malaya and Her Neighbors, Kuala Lumpur: Longmans of Malaysia, 1957, p. 134.

③ See ReCAAP ISC, Piracy and Armed Robbery against Ships in Asia (Annual Report), 2 February 2015.

④ See International Maritime Bureau, Piracy and Armed Robbery against ships, Annual Report 2013, Jan. 2014.

海盗及武装劫船行为与恐怖主义本来并无太多联系，海盗和武装劫船行为的主要意图在于抢劫财物，通常“只谋财不害命”，但恐怖主义行为的主要意图在于不计后果地对抗政府、伤害无辜、制造混乱，相比较而言，恐怖主义行为无疑具有更大的社会危害性。随着国际反恐体系的构建和不断完善，恐怖主义的陆地生存空间和活动范围受到极大压缩，开始向不易设防的海洋转移活动阵地和寻找攻击目标，如果能够得到海盗或武装劫船分子的帮助，共同实施海上恐怖主义活动，将会给世界和平带来极为严重的危害。2000年10月12日，美国海军“科尔”号驱逐舰在也门亚丁港遭到“基地”组织自杀式袭击，导致17人死亡、42人受伤，成为海上恐怖主义发展的标志性事件。① 国际海事组织指出，有组织、有预谋、规模庞大、手段先进的海上恐怖袭击正在成为更严重的海事威胁。

马六甲海峡的海盗和武装劫船行为存在与恐怖主义活动相结合的发展趋势。马六甲海峡的海盗和武装劫船行为与国际恐怖组织相勾结被认为从“9·11事件”之后开始，② 2001年12月，新加坡逮捕了印度尼西亚极端组织“伊斯兰祈祷团”(Jemaah Islamiyah)③的13名成员，该组织与本·拉登的“基地”组织存在密切联系，经审

---

① See Wright Robin & Drogin Bob, CRISIS IN THE MIDEAST; New Chapter in Terrorism May Have Begun, Los Angeles Times, Oct 13, 2000.

② See Richard C. Paddock, Singapore Says Terror Ring Planned Attacks on Americans, Los Angeles Times, Jan. 12, 2002, available at http://articles.latimes.com/2002/jan/12/news/mn-22157, last visited on Oct. 11, 2010.

③ “伊斯兰祈祷团”(Jemaah Islamiyah)是东南亚影响力最大的恐怖组织之一，其目的是建立一个包括印度尼西亚、马来西亚、菲律宾南部、新加坡及文莱在内的“大伊斯兰国家”。该组织涉嫌在东南亚制造了多起恐怖事件，其中包括造成202人丧生的2002年10月印度尼西亚旅游胜地巴厘岛的爆炸案，以及造成15人死亡和153人受伤的2003年8月印度尼西亚首都雅加达万豪酒店爆炸案。这两起恐怖事件发生后，“伊斯兰祈祷团”被美国列为国际恐怖组织，同时也遭到世界各国，特别是东南亚国家的打击，印度尼西亚逮捕了“伊斯兰祈祷团”的精神领袖巴希尔，该组织的200多名成员也相继被东南亚国家抓获，实力受到严重削弱。但该组织又发动了2004年9月澳洲驻印度尼西亚大使馆炸弹袭击、2005年10月巴厘岛游客区库塔夜总会袭击、2006年试图刺杀印度尼西亚的西方外交官、2007年试图炸毁印度尼西亚多处重要建筑、2008年筹划暗杀菲律宾阿罗约总统、导致9人死亡和16人受伤的2009年雅加达两家酒店的爆炸案。

讯得知该组织曾计划袭击停留樟宜军港的美国军舰,① 引起了国际社会的密切关注。可见,马六甲海峡并不能免于遭受恐怖袭击的风险,② 而这正是包括沿岸国和使用国在内的所有国家最为担心的问题，因为一旦遭受恐怖袭击，整马六甲个海峡的运输可能会陷于瘫痪，海峡使用国和沿岸国的经济发展以及政治稳定将遭受到重大打击。③

海盗、武装劫船以及海上恐怖主义行为，对能源产品的运输安全存在很大的不利影响。④ 大型油轮和液化天然(石油)气船舶载运的货物通常数量十分庞大，价值非常高昂，正是海盗和武装劫船分子意图抢劫的目标，而海上恐怖主义分子则更为看中其潜在的巨大破坏力，一旦这些船舶落入海上恐怖主义分子手中，会给无辜的平民带来极大的伤害，同时也会严重扰乱正常的社会秩序。根据国际海事局(International Maritime Bureau)公布的数据，2013 年全球共发生 264 起海盗与武装劫船事件，其中 48 起是专门针对大型油轮和液化天然(石油)气船舶，约占 18%。⑤

(三)大国纷纷角力，地缘政治因素影响明显

由于马六甲海峡具有重要的战略地位，世界主要大国为了实现本国利益，纷纷谋求介入海峡的各类安全事务当中，海峡沿岸三国也愿意在一定程度上与其他国家共同负担维护的成本。除了中国之外，当前对马六甲海峡安全事务具有较大影响力的国家是美国、日本和印度。

① See Ministry of Home Affairs of Singapore, White Paper: The Jemaah Islamiyah Arrests and the Threat of Terrorism, January 7, 2003, pp. 29-30.

② 参见[新加坡]格拉汉·格拉德·奥:《海上恐怖主义和海盗威胁》，载《东南亚纵横》2006 年第 4 期，第 15 页。

③ 参见李兵:《国际战略通道研究》，人民出版社 2005 年版，第 240 页。

④ See International Maritime Bureau, Piracy and Armed Robbery against ships, Annual Report 2007, Jan. 2008.

⑤ See International Maritime Bureau, Piracy and Armed Robbery against ships, Annual Report 2013, Jan. 2014.

1. 美国：以军事合作为主

“9·11事件”之后，在美国的主导下通过了一系列海上安全倡议，包括：《集装箱安全倡议》(*Container Security Initiative*, CSI)、《防扩散安全倡议》(Proliferation Security Initiative, PSI)、《地区海上安全倡议》(*Regional Maritime Security Initiative*, RMSI)等，并促成了1988年《制止危及海上航行安全非法行为公约》及其议定书的修订。

美国曾于2004年试图通过RMSI以反恐、防扩散和打击跨国犯罪活动为名，向马六甲海峡派驻军队，但遭到沿岸国拒绝。① 马来西亚和印度尼西亚均认为美国在马六甲海峡的军事存在是对其国家主权的威胁。② 为此，美国主要采用不进入沿岸国领土的军事合作方式来介入马六甲海峡事务，即使是资金援助也基本上都与军事有关。目前，美国与沿岸三国均开展了密切的军事合作。

印度尼西亚曾是美国的军事盟友，但冷战结束后至“9·11事件”发生前，与美国中断了军事合作，“9·11事件”发生后，双方又逐渐恢复了军事合作。2002年美国向印度尼西亚提供了5000万美元支持其改革安全部队，③ 2005年解除了对印度尼西亚的军事援助禁令，并恢复向印度尼西亚出口“非杀伤性武器”，还共同举行打击海盗和恐怖活动的联合军事演习，2010年恢复了已中止12年的特种部队军事合作。

---

① See Testimony of ADM Tom Fargo, USN Commander, US Pacific Command Before The House Armed Services Committee United States House of Representatives, March 31, 2004; also see Daniel H. Joyner, The Proliferation Security Initiative: Nonproliferation, Counterproliferation and International Law, Yale Journal of International Law, Vol. 30, Issue 2, Summer 2005, pp. 507-508; also see Yann-huei Song, Security in the Strait of Malacca and the Regional Maritime Security Initiative: Responses to the US Proposal, International Law Studies Series, US Naval War College, Vol. 83, Issue 1, 2007, pp. 97-98.

② See Yann-huei Song, Security in the Strait of Malacca and the Regional Maritime Security Initiative: Responses to the US Proposal, International Law Studies Series, US Naval War College, Vol. 83, Issue 1, 2007, p. 99.

③ See Anthony L. Smith, A Glass Half Full: Indonesia-U. S. Relations in the Age of Terror, Contemporary Southeast Asia. Vol. 25, No. 3, 2003, pp. 449-472.

新加坡与美国的军事合作一直十分紧密，美国向新加坡出售了大量先进武器，新加坡对美国介入马六甲海峡事务予以支持。1990年新加坡与美国签署《合作备忘录》及《谅解备忘录补充协定》，同意美国海军使用新加坡的樟宜海军基地；2000年新加坡与美国签署协议，约定樟宜海军基地为美国第7舰队及包括航母等大型船只在内的其他过往船只提供后勤补给和维修服务；“9·11事件”发生之后，新加坡积极支持美军介入马六甲海峡的安全事务；2012年美国濒海战斗舰进驻樟宜海军基地①。

马来西亚从冷战时起便与美国有军事合作，“9·11事件”发生后，双方的军事合作进一步强化。1994年和2005年美国和马来西亚分别签署了两个为期10年的军事后勤合作协议。美国还与海峡沿岸三国举行海上军事演习，以加强后者在马六甲海峡及周边海域的防盗反恐能力，主要有东南亚反恐合作多边演习（Southeast Asia Cooperation against Terrorism）②和海上战备与合作训练双边联合演习（Cooperation Afloat and Readiness and Training）③。

2. 日本：以经济、技术援助为主

马六甲海峡对日本具有极大的战略价值，是日本的“运输生命线”，日本90%的进口石油和50%的出口产品均需由此通行，④ 同时日本也是受海盗及武装劫船行为影响最大的东亚国家，⑤ 因此，日本比其他任何国家都更为关注马六甲海峡的安全问题，但是考虑

① 参见吴敏杰：《美新式战舰卡住马六甲》，载《世界新闻报》2012年4月16日，第1版。

② 东南亚反恐合作多边演习（Southeast Asia Cooperation against Terrorism）始于2002年，目前已举行13次，成员为文莱、印度尼西亚、马来西亚、菲律宾、新加坡、泰国和美国。

③ 海上战备与合作训练双边联合演习（Cooperation Afloat and Readiness and Training）始于1995年，目前已举行24次，成员为马来西亚、菲律宾、印度尼西亚、泰国、新加坡、文莱、柬埔寨、孟加拉和美国。

④ 参见许晶岩、孙健：《论马六甲海峡在亚太地区大国战略中的地位与中国的政策选择》，载《东南亚之窗》2011年第2期，第2页。

⑤ 参见薛力：《马六甲海峡海盗活动的趋势与特征》，载《国际政治研究》2011年第2期，第146页。

到自身的侵略历史和马六甲海峡沿岸国对主权的高度敏感性，日本主要通过经济援助、技术支持、人员培训、信息资料共享等柔性合作方式，介入马六甲海峡事务。

日本根据其官方发展援助(Official Development Assistance, ODA)制度和一些具有政府背景的民间援助机构对马六甲海峡沿岸国提供各种经济、技术援助。1961 年，日本成立海外协力基金(Oversea Economic Cooperation Fund)①，负责实施日本的对外贷款援助项目，为马六甲海峡沿岸国提供了大量的贷款援助。1969 年，日本成立由官方和民间共同出资的马六甲海峡委员会(Malacca Strait Council)，旨在帮助沿岸三国调查水文地理、绘制航运图标、修护航运设施、清理疏浚航道。1974 年，日本成立国际协力机构(Japan International Cooperation Agency)②，负责实施日本的对外技术援助项目和部分无偿资金援助项目，为马六甲海峡沿岸国提供了急需的技术和资金。此外，日本财团(Nippon Foundation)、日本海洋基金会(Japan Maritime Foundation)③、日本海难防止协会(The Japan Association of Marine Safety)、日本国际问题研究所(The Japan Istitute of International Affairs)等民间机构在援助马六甲海峡沿岸国方面也发挥了重要的作用，到 2007 年为止，上述民间或半官方机构为马六甲海峡的航标修护、海路测量、海图编撰、航道疏浚、油污清理等，共计花费 147 亿日元。④ 日本财团还承担了马六甲海峡

① 海外协力基金(Oversea Economic Cooperation Fund)直属日本经济企划厅，于 1999 年 10 月 1 日与日本输出入银行合并成立日本国际协力银行(Japan Bank for International Cooperation)。

② 国际协力机构(Japan International Cooperation Agency)原来直属于日本外务省，2003 年成为日本的独立行政法人。

③ 日本海洋基金会(Japan Maritime Foundation)于 1964 年成立，2007 年与日本海事发展协会(Japan Maritime Development Association)合并组建日本海事中心(Japan Maritime Center)。

④ 参见[日本]永松健次：《マラッカ・シンガポール海峡問題——国際的協力の枠組み構築に向けて》，平成 18 年 7 月 11 日，http://www.sof.or.jp/jp/forum/pdf/35_01.pdf，http://www.sof.or.jp/jp/forum/pdf/35_0，2.pdf，2015 年 4 月 10 日访问。

航行援助基金(Aids to Navigation Fund)2007—2011年运营费用的1/3，约为624万美元,① 截至2014年9月，日本的民间机构共向马六甲海峡航行援助基金捐助了1010万美元。② 2014年9月，马六甲海峡沿岸三国还决定与日本共同开展海峡的航道测量工作。③

印度尼西亚是获日本援助力度最大的东南亚国家，从1966年开始就受到日本ODA的支持。日本为帮助印度尼西亚提升海洋维护能力提供了大量的贷款援助，用于印度尼西亚的港口建设发展、海洋疏浚、海洋和沿海无线电通信、海上搜救通信系统、海上通信系统开发，以及购置船舶导航设备、海上通信系统设备、港口设备等。④ 日本还向印度尼西亚无偿援助军事和警用设备，如2006年日本向印度尼西亚援助三艘巡逻艇用于反恐和打击海上犯罪，这是日本首次以ODA形式对外输出军事装备，突破了此前一直坚守的"ODA军事禁止原则"。⑤

① See Nippon Foundation, A Cooperative Framework for Maintaining Safety in the Straits of Malacca and Singapore, available at http: //www. nippon-foundation. or. jp/en/what/spotlight/ocean_outlook/story4/, last visited on 12 April, 2015.

② See Maritime Bureau of Ministry of Land, Infrastructure, Transport and Tourism of Japan, New Trend of Japan on the Cooperative Mechanism, available at http: //www. cm-soms. com/uploads/2/7/CF7-4-2% 20New% 20Trends% 20of% 20Japan%20on%20the%20CM,%20Japan. pdf, last visited on 12 April, 2015.

③ See Tripartite Technical Expert Group, Report of the Meeting Thirty Nineth Tripartite Technical Expert Group on Safety of Navigation in the Straits of Malacca and Singapore, TTEG 39/15, September 2014, available at http: //www. cm-soms. com/uploads/1/21/TTEG39-15%20Meeting%20Report. pdf, last visited on 12 April, 2015; also see 産経新聞網，マラッカ海峡測量に協力　来年から沿岸3カ国と, available at http: //www. sankei. com/ politics/news/141218/plt1412180005-n1. html, last visited on 12 April, 2015.

④ See Embassy of Japan in Indonesia, Japan's ODA Projects in Indonesia under Different Assistance Schemes, available at http: //www. id. emb-japan. go. jp/oda/en/odaprojects_loan. htm, last visited on 12 April, 2015.

⑤ See Embassy of Japan in Indonesia, Japan's ODA Projects in Indonesia under Different Assistance Schemes, available at http: //www. id. emb-japan. go. jp/oda/en/odaprojects_grant. htm, last visited on 12 April, 2015.

马来西亚也是日本重点援助的东南亚国家。日本于2002年向马来西亚捐助了一艘价值约8亿日元的浮标船,① 并分别于2008年、2009年、2011年向马来西亚提供了价值4.73亿、4.73亿、2.78亿日元的海事安全设备，用于提升马来西亚打击海盗的能力。同时，日本还于2011年向马来西亚海关提供了价值7.14亿日元的10艘快艇和14台手持热像仪，用于提升马来西亚海关打击海上走私和其他海上非法行为的能力。② 此外，日本还为马来西亚海事执法局(Malaysian Maritime Enforcement Agency)的创建和人员培训提供积极支持，于2006年向马来西亚海事执法局提供1艘价值8.3亿日元的训练船，并于2007—2009年为其举办了3期海事执法研讨会。③

除了提供经济、技术援助之外，日本也试图使用武装力量参与马六甲海峡的安全维护。1999年10月，载有2000万美元货物的日本巴拿马籍货轮“亚龙卓彩虹号”(Alondra Rainbow)在马六甲海峡遭到海盗劫持，这一事件促使日本开始正式考虑军事介入马六甲海峡安全维护的可能性。为此目的，日本充分施展了其灵活多变的政治手腕，一方面修改国内立法，为武力反恐和打击海盗扫清法律障碍，另一方面，利用通过经济援助获得的海峡沿岸国的好感，进一步提出武力合作或军事合作的要求。此外，日本还成功主导了多次相关国际会议，其热忱的态度和专业的水准也颇受他国好评，日本由此逐渐获得了亚洲地区打击海盗的合作主导权。

1999年11月，日本在第3次东盟与中日韩10+3首脑会议上提出合作打击海盗的建议。2000年2月，日本外务省首次表示可

---

① See International Maritime Organization, Lecture by Efthimios Mitropoulos, available at http://www.imo.org/blast/mainframe.asp?topic_id=847&doc_id=4402, last visited on 2 April, 2015.

② See Embassy of Japan in Malaysia, Japan's Grant Assistance to Malaysia for Maritime Security, available at http://www.my.emb-japan.go.jp/English/ODA/ODA.htm, last visited on 12 April, 2015.

③ See Embassy of Japan in Malaysia, Maritime Law Enforcement Seminar, available at http://www.my.emb-japan.go.jp/English/ODA/maritime_seminar.html, last visited on 12 April, 2015.

能会派遣海上保安厅的舰艇前往马六甲海峡打击海盗。2000年4月，日本在东京主办“关于海盗对策的国际会议”，会议的最终成果《亚洲海盗对策挑战2000》(*Asia Anti-piracy Challenges* 2000)规定：会议参与方的海上警备机构应在“一切可能的范围内”，就打击海盗进行情报交流、停船和拿捕措施、技术援助等事项的合作，并召开专家会议讨论具体实施办法。2000年9月，日本向印度尼西亚、马来西亚、新加坡派遣了由外务省、运输省、海岸警卫队官员共同组成的“海盗对策政府调查团”，就区域合作打击海盗、召开国际会议和专家会议、日本的援助意向、巡逻船舰的互访和共同演习、共同巡逻等问题进行协商和交流。2000年11月，日本派遣海上保安厅的巡逻舰艇访问马来西亚，双方举行反海盗共同演习。2002年3月，日本又与印度尼西亚举行反海盗共同演习。

2001年10月，“关于海盗对策的亚洲合作会议”在东京召开，日本提议采用共同巡逻的方式打击海盗。2001年11月，日本在第5次东盟与中日韩10+3首脑会议上倡议制订一个关于打击海盗、促进区域合作的法律框架，之后，在日本主导下，包括中日韩和东盟10国在内的16个国家参加了该法律框架的起草和制定。

2004年6月14日，日本通过《限制外国军事用品海上运输法案》、《美军行动便利法案》、《自卫队法修正案》等7部紧急状态法案，对“周边有事”作了进一步的扩大解释，为日本自卫队在马六甲海峡采取武力行动扫清了法律上的障碍。① 2004年11月，《亚

① 2004年5月之前日本突破和平宪法的路径如下：(1)1954年：以“自卫”的名义重新组建军队；(2)1991年：趁海湾战争之机强行突破宪法限制，将日本的扫雷艇开进波斯湾；(3)1992年：通过《联合国维持和平活动合作法案》，向柬埔寨派出首批维和部队；(4)1994年：修改《自卫队法》，把海外军事活动作为自卫队的重要职能；(5)1996年：推出《日美防卫合作指针》，把行使武力的条件从“遭敌入侵后”提前到“受敌人威胁时”；(6)1997年：新的《日美防卫合作指针》出台，明确将台湾海峡未来战事包括在范围之内；(7)1999年：通过《周边事态法》，不仅防卫范围可任意扩大，而且可为美军提供后勤支援；(8)2003年6月：通过“有事三法制”，认定首相在危急时刻可不经过国会同意直接派部队采取军事行动；(9)2003年12月：正式决定向伊拉克派遣自卫队；(10)2004年4月：自民党宪法调查会确定了宪法第9条的修改案，明文规定日本可行使集体自卫权；(11)2004年5月：众议院通过“有事”七法案；(12)2004年6月：参议院通过“有事”七法案。

洲地区反海盗及武装劫船合作协定》的正式文本获得通过并开放给相关国家签字，2006年9月4日该协定开始生效。根据《亚洲地区反海盗及武装劫船合作协定》，缔约国在新加坡设立了反海盗及武装劫船"信息分享中心"，首任负责人由日本人伊藤嘉章担任，日本承诺承担该中心2006年的4000万日元及今后部分运营费用。虽然该中心目前运行状态良好，但是由于担心可能会损害领土主权的完整性，因此印度尼西亚和马来西亚并未加入，马来西亚甚至认为"信息分享中心"冲击了国际海事局1992年在吉隆坡成立的海盗报告中心(Piracy Reporting Centre)的地位，这对日本欲主导亚洲打击海盗的雄心壮志来说，是一个不小的打击。

3. 印度：以军事合作为主

马六甲海峡对南亚大国印度而言也具有重大意义，每年有114艘特大型油轮共计95亿桶原油由此通行运往印度，① 而印度海军是亚洲少数具有远洋作战能力的海军之一，因此维护马六甲海峡的通行安全被印度认为是其不可推卸的责任。印度主要通过军事合作的方式介入马六甲海峡的安全事务。

印度介入马六甲海峡安全事务具有天然的优势，其东方门户安达曼—尼科巴群岛(Andaman and Nicobar Islands，简称安达曼群岛)就位于马六甲海峡西部入口处。早在1967年，印度就在安达曼群岛的布莱尔港(Blair Port)设立了军事基地，1984年印度设立了安达曼群岛要塞司令部，1998年印度组建了远东舰队并进驻安达曼群岛，2001年印度在安达曼群岛成立了"三军联合防御司令部"，2012年印度启动了安达曼群岛海军基地扩建计划，通过上述措施，印度对马六甲海峡地区的掌控能力得到强化。

1991年印度出台"东向政策"(Look East Policy)，意图重点发展与东南亚国家的关系，当然其中也包含着遏制中国崛起的因素。在"东向"过程中，印度积极寻求增强其对马六甲海峡安全事务的影响，主要表现为与海峡沿岸国共同举行军事演习和参与沿岸国主

---

① 参见廖新年、李玉华：《大国争夺中的马六甲海峡》，载《当代世界》2005年第3期，第16页。

导的共同巡逻。从1994年开始，印度每年都与新加坡举行代号为"SIMBEX"的海军联合军事演习，到目前为止已举行21次，演习位置主要包括安达曼群岛海域、中国南海、马六甲海峡。① 2004年，印度与新加坡还举行了代号为"Sindex"的联合空战演习。从2002年开始，印度与印度尼西亚开展名为"IND-INDO CORPAT"的联合巡逻，到目前为止已进行23次，巡逻位置主要是安达曼海域群岛海域。② 2003年，马来西亚和新加坡受邀参加印度进行的代号为"MILAN"的海上联合军事演习。2007年，印度与马来西亚签订协议，约定由印度为马来西亚培训苏30战机的飞行员。从2013年开始，印度与马来西亚定期开展名为"Indian Navy-Malaysian Navy CORPAT"的海上联合军事演习。③

目前，印度没有参与马六甲海峡的共同巡逻，虽然印度尼西亚和新加坡曾发出过邀请，但印度以沿岸国家完全有能力保障马六甲海峡安全为由而拒绝，不过却表示可以为维护马六甲海峡的航道安全提供卫星情报。此外，印度是《联合国海洋法公约》、《反对劫持人质公约》、《制止向恐怖主义提供资助国际公约》、《制止恐怖主义爆炸国际公约》、《国际海上人命安全公约》、《制止危及海上航行安全非法行为的公约》、《亚洲地区反海盗及武装劫船合作协定》等国际条约的缔约国，在打击海盗、武装劫船行为和恐怖主义活动方面，与马六甲海峡沿岸国存在共同合作的法律基础，不排除今后发生更紧密合作关系的可能性。

第五节　马六甲海峡的安全维护机制及其不足

由于拒绝区外大国势力的直接介入，目前马六甲海峡的安全维

① See Ministry of Defence of India, Annual Report 2014~2015, March 23, 2015.

② See Ministry of Defence of India, Annual Report 2014~2015, March 23, 2015.

③ See Ministry of Defence of India, Annual Report 2014~2015, March 23, 2015.

护基本上由沿岸国自己负责，主要的维护机制有：沿岸国的单方维护机制、沿岸国之间的双方共同维护机制（印新两国海上协同巡逻、印马两国海上协同巡逻）、沿岸国之间的三方共同维护机制（印马新三国海上协同巡逻）、沿岸三国与其他国家实施的多方共同维护机制（印马新泰四国空中协同巡逻）、他国出资但由沿岸三国负责实施的多方共同维护机制（日本出资但运营和决策权归印马新三国的周转基金、印马新三国设立的航行援助基金）。

一、沿岸国的单方维护机制

一直以来，马六甲海峡沿岸三国都坚持自主维护本国境内的海峡水域，只是在能力不足的情况下才与他国开展安全维护方面的合作，而且，在双方或多方联合维护机制出台之前，海峡的安全维护工作都是由各沿岸国独立完成的。沿岸三国的经济均高度依赖马六甲海峡，尤其是新加坡，其贸易量的90%须依靠马六甲海峡完成，因此海峡良好的通行环境不仅有利于沿岸国的经济发展，也有利于其国际社会地位的提升。为了确保马六甲海峡的航行安全，沿岸三国不仅制定了升级海上和空中军事及警备力量的计划，还力所能及地自主开展水文测量、航道疏浚、污染防治等基础工作。

印度尼西亚为了提高海军的快速反应能力，于2003年12月初成立了隶属于驻雅加达第2陆战旅的海军第7陆战营，2004年2月和8月又先后成立了分别编入第1、第2陆战旅的第8、第9陆战营。马来西亚为了提升近海及沿海水域的军事行动能力，于2001年10月采购了“海上大鸥”反舰导弹系统和“超级山猫”直升机。新加坡不仅已经建立了较为强大的海上和空中军事力量，还拥有完善的军事设施，如世界闻名的樟宜海军基地，从2005年3月起，新加坡还为满足一定条件的过往船只提供海军护航服务。

基于长久以来的被殖民历史，马六甲海峡沿岸三国（尤其是马来西亚和印度尼西亚）如今都十分强调国家主权的重要性，因此，在海峡的安全维护，特别是武力维护方面，对外国势力的介入一般都持反对态度，这是导致目前仅有泰国这一个非沿岸国参与马六甲海峡巡逻的主要原因，同时也是美国、日本、印度一直无法深度介入海峡事务的主要原因。但新加坡的态度有所不同，由于地理不利的因素，其对外界力量深度介入海峡事务并不反对，只不过囿于海峡事务需沿岸三国共同同意方能有效施行，而不得不遵从印度尼西亚和马来西亚的意见。

二、沿岸国之间的共同维护机制

自1971年发表《关于马六甲海峡和新加坡海峡问题的联合声明》之后，马六甲海峡安全维护的责任就由印度尼西亚、马来西亚、新加坡三国共同承担。冷战结束前，马六甲海峡的安全问题并不突出，虽有少许海盗，但尚不足以影响整个海峡良好的通行环境，沿岸三国也维护自如。不过从1989年开始，发生在马六甲海峡领域的海盗和武装劫船事件越来越多。由于自身的军事和警备实力本来就有限，再加上海盗和武装劫船分子易于流窜，导致难以予以有效惩治，因此沿岸国之间的合作被提上日程。

为了保障海峡的航运安全，1992年印度尼西亚和新加坡达成协议，决定在新加坡海峡进行协同巡逻(Coordinated Patrol)，为此两国还联合建立了“SURPIC”雷达系统以便监测新加坡海峡的海域动态。同年，印度尼西亚和马来西亚也达成协议，决定建立两国海军的“海上行动计划队”(Maritime Operation Planning Team)，每年在马六甲海峡开展4次协同巡逻行动。① 2001年，印度尼西亚和新加坡达成协议，在相互允许对方的海上军警力量在自己的海域一定的范围之内追捕海盗。此外，新加坡与印度尼西亚、马来西亚还在提升打击海盗与武装劫船行为的能力方面进行了双边合作，如开展联合军事演习、无偿援助军事设备等。

2004年7月，印度尼西亚、马来西亚、新加坡决定加强沿岸国在马六甲海峡的协同巡逻，由印度尼西亚派7艘、马来西亚与新

① See Admiral Bernard Kent Sondakh, National Sovereignty and Security in the Strait of Malacca, paper delivered at the Conference on “The Straits of Malacca: Building a Comprehensive Security Environment”, Maritime Institute of Malaysia, Kuala Lumpur, October, 2004.

加坡各派5艘共17艘军舰，共同开展代号为“MALSINDO”的马六甲海峡三方海上巡逻(Trilateral Malacca Strait Sea Patrol)。2005年9月，印度尼西亚、马来西亚、新加坡决定将马六甲海峡三方巡逻的范围从海面扩展至天空，由印度尼西亚、马来西亚、新加坡三国各派两架飞机，进行每周两次、代号为“天空之眼”(Eyes in the Sky)的空中巡逻，泰国作为观察员参加。①

2006年，印度尼西亚、马来西亚、新加坡决定进一步加强沿岸国在马六甲海峡的协同巡逻，为此建立了情报交换小组(Intelligence Exchange Group)，并成立了联合协调委员会(Joint Coordinating Committee)、马六甲海上巡逻联合军事委员会(Malacca Strait Sea Patrol Joint War Committee)和“天空之眼”联合军事委员会(“Eyes-in-the-Sky” Joint War Committee)，还制定了标准行动程序(Standard Operational Procedures)。至此，前述马六甲海峡的协同巡逻方式被统归为马六甲海峡巡逻(Malacca Strait Patrols)，由马六甲海峡海上巡逻(Malacca Strait Sea Patrol)、“天空之眼”空中巡逻(“Eyes-in-the-Sky” Air Patrols)和情报交换小组三部分组成，标准行动程序是马六甲海峡巡逻的行为指引，联合协调委员会负责意见沟通和争议调处。②

---

① See Singapore Ministry of Defence, Factsheet: Milestones of Malacca Strait Patrols, available at http://www.mindef.gov.sg/imindef/press_room/official_releases/nr/2008/mar/28mar08_nr/28mar08_fs.html#.VS3oX2OAIwI, last visited on 12 April, 2015.

② See Singapore Ministry of Defence, Factsheet: Malacca Strait Patrols Information System, available at http://www.mindef.gov.sg/imindef/press_room/official_releases/nr/2008/mar/28mar08_nr/28mar08_fs2.html#.VS3oxmOAIwI; also see Singapore Ministry of Defence, Inaugural Malacca Strait Patrols Information Sharing Exercise, available at http://www.mindef.gov.sg/imindef/press_room/official_releases/nr/2008/mar/28mar08_nr.html#.VS3ghmOAIwJ; also see Singapore Ministry of Defence, Factsheet: Milestones of Malacca Strait Patrols, available at http://www.mindef.gov.sg/imindef/press_room/official_releases/nr/2008/mar/28mar08_nr/28mar08_fs.html#.VS3oX2OAIwI; last visited on 12 April, 2015.

2006年11月，印度尼西亚、马来西亚、新加坡为了加强信息交流，决定建立马六甲海峡巡逻信息系统（Malacca Strait Patrols Information System），主要包括：可提供超过15万艘船舶动态监测信息的航运开放分析信息系统（Open and Analysed Shipping Information System），以及用于检测船舶异常行为并作出预警提示的决策意识分析研究工具（Sense-Making Analysis and Research Tool）。① 2008年3月，印度尼西亚、马来西亚、新加坡共同与泰国举行了首次马六甲海峡巡逻信息共享演习，② 同年9月，泰国全面加入马六甲海峡巡逻机制。③

马六甲海峡沿岸三国开展的上述双边和多边合作，目前确实取得了较为显著的成效。根据国际海事局的统计数据，2004年至2014年的10年间，整个马六甲海峡海域的海盗和武装劫船事件的报告数量呈持续下降的趋势，从2004年的38起减少到2013年的1起。④ 但是，印度尼西亚海域内的海盗和武装劫船事件却大幅上升，在经历了2009的低谷后（15起），2013年已达到106起之多。⑤ 上述情况表明，海盗和武装劫船分子并未得到有效的清理，

① See Singapore Ministry of Defence, Factsheet: Malacca Strait Patrols Information System, available at http: // www. mindef. gov. sg/imindef/press_room/official_releases/nr/2008/mar/28mar08_nr/28mar08_fs2. html#. VS3oxmOAIwI, last visited on 12 April, 2015.

② See Singapore Ministry of Defence, Inaugural Malacca Strait Patrols Information Sharing Exercise, available at http: //www. mindef. gov. sg/imindef/press_room/official_releases/nr/2008/mar/28mar08_nr. html#. VS3ghmOAIwJ, last visited on 12 April, 2015.

③ See Brendan Mark Foo, Thailand Joins Malacca Straits Patrols, available at http: //www. mindef. gov. sg/imindef/resourcelibrary/cyberpioneer/topics/articles/news/2008/September/23sep08_news. html#. VS35CGOAIwJ, last visited on 12 April, 2015.

④ See International Maritime Bureau, Piracy and Armed Robbery against ships, Annual Report 2008&2013, Jan. 2014.

⑤ See International Maritime Bureau, Piracy and Armed Robbery against ships, Annual Report 2008&2013, Jan. 2014.

他们只不过是将阵地从马六甲海峡海域转移到印度尼西亚海域而已。由此可见，马六甲海峡巡逻机制仍有进一步完善的必要。

三、他国出资但由沿岸三国负责实施的维护机制

尽管在维护马六甲海峡的安全方面作出了积极的努力，但由于自身的实力所限，沿岸三国无法独立解决当前面临的防盗反恐、航道疏浚、污染治理等问题。而根据《联合国海洋法公约》第 43 条的规定，对于马六甲海峡这样的用于国际航行的海峡，使用国有义务通过协议与沿岸国就下列事项进行合作：(1)建立并维持海峡内必要的助航和安全设备或帮助航行的其他改进办法；(2)防止、减少、控制船舶的污染。

为了在不损害主权的前提下更有效地保护航行安全和海洋环境，马六甲海峡沿岸三国与使用国于 2007 年共同建立了由合作论坛(Co-operation Forum)、项目协调委员会(Project Coordination Committee)、航行援助基金(Aids to Navigation Fund)三部分组成的合作机制(Co-operative Mechanism)，该合作机制的主要特点是由使用国为沿岸国提供资金、设备、技术和人员培训等方面的援助，但海峡的航行安全和海洋环境保护等事项由沿岸国负责具体实施。

上述合作机制的构想源自 2005 年在雅加达召开的马六甲和新加坡海峡会议。国际海事组织于 2004 年将马六甲海峡界定为具有重要意义的国际航道，并决定与沿岸三国以马六甲和新加坡海峡的航运安全和环境保护为主题，共同召开有使用国、航运业和其他利害关系方参与的国际会议，① 该会议分别于 2005、2006、2007 年的 9 月在雅加达、吉隆坡、新加坡举行。在 2005 年的雅加达会议上，与会各方认为应当建立一个沿岸三国与使用国、航运业和其他利害关系方的定期会议机制。在 2006 年的吉隆坡会议上，上述定期会议机制被命名为合作机制(Co-operative Mechanism)，与会各方

① See International Maritime Organization, Archives: Council-93rd session: 15-19 November 2004, available at http://www.imo.org/MediaCentre/MeetingSummaries/Council/Archives/Pages/default.aspx, last visited on 12 April, 2015.

进一步认为该机制的建立，将有利于沿岸三国与使用国、航运业和其他利害关系方开展对话和紧密合作。①

2007年的新加坡会议正式建立了上述定期会议机制，并将其正式命名为合作机制(Co-operative Mechanism)，该机制的目标是促进沿岸三国与使用国、航运业和其他利害关系方的对话和紧密合作，该机制的运行遵循以下5个基本原则：(1)尊重马六甲海峡沿岸国的主权、主权权利、管辖权和领土完整；(2)与国际法特别是《联合国海洋法公约》第43条相一致；(3)马六甲海峡的沿岸国对航运安全和环境保护负有主要责任；(4)承认使用国和其他利害关系方在马六甲海峡的利益；(5)合作以自愿为基础。②

2007年的新加坡会议还确定了合作机制(Co-operative Mechanism)的关注重点是马六甲海峡的航运安全和环境保护，并由以下三个主要部分组成：合作论坛(Co-operation Forum)、航行援助基金(Aids to Navigation Fund)、项目协调委员会(Project Coordination Committee)。另外，国际海事组织是该机制的受邀合作参与方，印马新三方技术专家小组(Tripartite Technical Experts Group)是沿岸三国的主要协调机构。

合作论坛为使用国、航运业、其他利害关系方与沿岸国开展各种对话、交换共同关心问题的观点、进行具体和实际的合作提供了

① See International Maritime Organization, the Co-operative Mechanism between the littoral States and user States on safety of navigation and environmental protection in the Straits of Malacca and Singapore, IMO/SGP 2. 1/1, August 2007, available at http://www.cm-soms.com/uploads/2/1/CF% 201-2-1% 20Annex% 201_ Cooperative%20Mechanism_1. pdf, last visited on 12 April, 2015.

② See International Maritime Organization, the Co-operative Mechanism between the littoral States and user States on safety of navigation and environmental protection in the Straits of Malacca and Singapore, IMO/SGP 2. 1/1, August 2007, available at http://www.cm-soms.com/uploads/2/1/CF% 201-2-1% 20Annex% 201_ Cooperative%20Mechanism_1. pdf, last visited on 12 April, 2015.

平台，自2008年5月到2014年9月已召开7次会议。① 航行援助基金专为向沿岸国提供资金援助而设立，资金援助完全基于捐助方的自愿，捐助方可以是任何主体，包括国家、国际组织、行业协会、私人团体、非政府组织。航行援助基金由沿岸三国轮流管理，3年轮换一次，到2014年9月1日共收到捐款1930万美元。②

项目协调委员会主要负责协调实施由使用国、航运业或其他利害关系方提供资金或非资金援助、经由合作论坛进行确定、通过双边或多边条约或安排商定的具体合作项目，目前共有8个具体合作项目，分别是：(1)分道通航制的沉船清除(马来西亚)；(2)有毒有害物质应急与反应能力的合作及建设(马来西亚)；(3)小型船舶B类自动识别系统应答器的示范项目(新加坡)；(4)潮汐、水流、风力测量系统的建设(新加坡)；(5)航标的更换与维护(印度尼西亚)；(6)2004年海啸毁损航标的更换(印度尼西亚)；③ (7)应急拖船服务的可行性研究(新加坡)；(8)实时监控的龙骨下方净空概

① See Cooperative Mechanism, Cooperative Forum—Meeting Series, available at http://www.cm-soms.com/?p=meeting-series&id=2#accordion6_6, visited on 12 April, 2015; also see Cooperative Mechanism, Project Coordination Committee—Meeting Series, available at http://www.cm-soms.com/?p=meeting-series&id=3, last visited on 12 April, 2015.

② See Secretary of the ANF Committee Secretariat (Ms Lee Wen Jie), Aids to Navigation Fund (ANF), TTEG 39 6/1/2, August 2014, available at http://www.cm-soms.com/uploads/1/21/TTEG%2039-6-1-2%2013th%20ANF%20Meeting.pdf, last visited on 12 April, 2015.

③ See Project Coordination Committee, Report of First Project Coordination Committee under the Cooperative Mechanism in the Straits of Malacca and Singapore, PCC 1/5, 29 May 2008, available at http://www.cm-soms.com/uploads/3/8/PCC%201_5%20Report%20of%20the%20Meeting.pdf, last visited on 12 April, 2015; also see International Maritime Organization, Identification and Prioritization of Needs for Projects on safety of navigation and environmental protection, IMO/SGP 1/3, 4 September 2007, available at http://www.cm-soms.com/uploads/3/8/PCC%201_3%20Project%201%20to%206.pdf, last visited on 12 April, 2015.

念研究(新加坡)。① 中国就项目2的有毒有害物质应急与反应能力建设作出承诺,② 并为项目4提供35万美元的专项资助, 还同意为项目6的7座航标中的2座提供更换援助、5座提供技术援助。③

此外, 由沿岸三国与国际海事组织于2009年通过签订《联合技术安排》(*Joint Technical Arrangement*)建立的马六甲海峡信托基金(IMO Malacca and Singapore Straits Trust Fund), 是马六甲海峡合作机制的有益补充, 旨在为经沿岸国和国际海事组织共同确定的合作项目获取并提供资金援助, 到2012年9月该信托基金共获捐款123.8193万美元和51.5万欧元。④ 另外, 由沿岸三国与日本马六甲海峡委员会于1981年建立的周转基金(The Revolving Fund), 在马六甲海峡的环境保护方面也发挥了重要作用, 其设立目的在于为

① See Project Coordination Committee, Report of Seventh Project Coordination Committee under the Cooperative Mechanism in the Straits of Malacca and Singapore, PCC 7/5, 24 September 2014, available at http: //www. cm-soms. com/uploads/3/14/PCC7-5% 20Meeting% 20Report. pdf, last visited on 12 April, 2015.

② See Project Coordination Committee, Report of First Project Coordination Committee under the Cooperative Mechanism in the Straits of Malacca and Singapore, PCC 1/5, 29 May 2008, available at http: //www. cm-soms. com/uploads/3/8/PCC%201_5% 20Report% 20of% 20the% 20Meeting. pdf, last visited on 12 April, 2015.

③ See Project Coordination Committee, Report of Third Project Coordination Committee under the Cooperative Mechanism in the Straits of Malacca and Singapore, PCC 3/REPORT, 6 October 2010, available at http: //www. cm-soms. com/uploads/3/11/pcc_report_3rd_pcc. pdf, last visited on 12 April, 2015.

④ See Cooperation Forum, Report of Fifth Cooperation Forum under the Cooperative Mechanism in the Straits of Malacca and Singapore, available at http: //www. cm-soms. com/uploads/2/5/5th% 20Co-operation% 20Forum% 20 Official% 20Report% 20 (adopted% 20on% 2025% 20Sep% 202012) _ 1. pdf, last visited on 12 April, 2015; also see Cooperative Mechanism, IMO Malacca and Singapore Straits Trust Fund, available at http: //www. cm-soms. com /? p=opage-content&id=2, last visited on 12 April, 2015.

马六甲海峡的船舶油污损害事故提供应急补救资金，马六甲海峡委员会为该周转基金提供了4亿日元的启动资金，到2014年3月31日，该周转基金的资金存量约为3.81亿日元。①

四、马六甲海峡安全维护机制存在的缺陷

虽然上述机制在马六甲海峡的安全维护方面发挥了很大作用，但仍有很大的不足和完善的必要，主要原因在于：

(一)沿岸三国宣布的无害通过制与《联合国海洋法公约》及《维也纳条约法公约》的规定不符

1. 马六甲海峡所在水域既包括领海也包括专属经济区，因此不能全部适用无害通过制

如前所述，马六甲海峡全长约1185公里，两岸之间的距离变化明显，从东南到西北逐渐增大，东南最窄处仅2.8公里，西北最宽处却达370公里，相差超过10倍。从马六甲海峡两岸距离分布状况来看，其所在水域包括领海和专属经济区，而且有相当大的一部分水域属于专属经济区。

1971年沿岸三国的联合声明宣布马六甲海峡适用无害通过制，虽然没有明确表示马六甲海峡所在水域属于领海，但是根据国际法，无害通过制通常只适用于领海，这表明沿岸三国本来意图将海峡所在水域划归为领海，只是由于法律依据不足转而求其次通过规定通行制度的方式来回避这一问题。而事实上，马六甲海峡所在水域并非全为领海，也包括大量专属经济区，因此严格地说，只能在海峡水域属于领海的情况下才能适用无害通行制，而在海峡水域属于专属经济区的情况下，应当适用公海的自由航行制。

2. 作为用于国际航行的海峡，马六甲海峡不能适用《联合国海

① See Directorate General Sea Transportation of Ministry of Transportation of Indonesia, An Overview and Update on the Cooperation of Revolving Fund in the Straits of Malacca and Singapore, September 2014, available at http://www.cm-soms.com/uploads/2/7/CF7-7-2%20An%20Overview%20and%20Updates%20on%20 Revolving%20Fund,%20Indonesia.pdf, last visited on 12 April, 2015.

洋法公约》第45条的无害通过制

根据《联合国海洋法公约》第45条的规定，用于国际航行的海峡在下列两种情况下可适用无害通过制：(1)由沿岸国的一个岛屿和该国大陆形成，且该岛向海一面有一条航行和水文特征方面同样方便的穿过公海或专属经济区的航道；(2)位于公海或专属经济区的一部分和外国领海之间。

但是，马六甲海峡不属于以上两种情况的任何一种。首先，上述第一种情况要求海峡由同一个国家的陆地和岛屿构成。而马六甲海峡是由印度尼西亚、马来西亚、新加坡的领土共同构成的，不是由同一个国家的陆地和岛屿构成的，而且，无论是在印度尼西亚的苏门答腊岛的向海一面，还是在马来半岛的向海一面，都没有一条“在航行和水文特征方面同样方便”的航道。其次，上述第二种情况要求海峡的整体须“位于公海或专属经济区的一个部分和外国领海之间”。而马六甲海峡只有一小部分“位于公海或专属经济区的一个部分和外国领海之间”(这种情况主要发生在海峡的东南段)，除此之外，都位于专属经济区的范围之内，整体上不是“位于公海或专属经济区的一个部分和外国领海之间”的海峡。因此，马六甲海峡不能适用《联合国海洋法公约》第45条的无害通过制。

3. 沿岸三国的单方面联合宣言既不是国际公约也不是国际条约，因此不能形成《联合国海洋法公约》第35条规定的条约通行制

根据1969年《维也纳条约法公约》和1986年《国家与其他国际组织间以及国际组织相互间的维也纳条约法公约》的规定，国际条约是至少两个国际法主体意在原则上按照国际法创设、变更或废止相互间权利义务的意思表示的一致。① 虽然国际条约可以使用各种各样的名称，如条约、公约、协定、宪章、盟约、规约、议定书、换文等，但判断一项国际文件是否属于国际法意义上的条约，应当以其内容为依据，而且，不同的名称往往能够反映条约在内容、缔结程序及缔约方数量等方面的差别。②

① 参见李浩培：《条约法概论》，法律出版社2003年版，第3页。
② 参见赵建文：《国际法新论》，法律出版社2000年版，第408页。

联合声明(Joint Statement)、联合公报(Joint Communique)、宣言(Declaration)常用来指两个或两个以上国家就某一重大问题举行会谈或会议后公开发表的正式文件，但能否构成国际法意义上的条约，应当以其内容为判断标准，主要看是否创设、改变或废止了国际法上的权利和义务。① 如果联合声明、联合公报、宣言创设、变更或废止了国际法上的权利和义务，就构成国际法意义上的条约，例如1985年在联合国登记的《中英关于香港问题的联合声明》；如果仅仅是阐明立场、宣布会谈结果，联合声明、联合公报、宣言就不是国际法意义上的条约，不过仍然具有一定的法律意义，例如联合国大会以宣言形式作出的大部分决议。②

《联合国海洋法公约》第35条规定了用于国际航行的海峡的条约通行制，“本部分的任何规定不影响：……某些海峡的法律制度，这种海峡的通过已全部或部分地规定在长期存在、现行有效的专门关于这种海峡的国际公约之中”。值得注意的是，《联合国海洋法公约》第35条原文使用的是“International Convention”，中文译为“国际公约”。从国际法的实践来看，国际公约通常是多数国家为解决某项重大问题通过举行国际会议而缔结的多边条约，其内容多具有造法性质，缔约国数量较多，缔约形式也较为庄重，一般需要一定数量的国家批准后方能生效，如《公民权利与政治权利国际公约》、《经济、社会、文化权利国际公约》。③

现在的问题是：1971年沿岸三国《关于马六甲海峡和新加坡海峡问题的联合声明》是否创设了马六甲海峡的条约通行制？首先需要明确的是，《关于马六甲海峡和新加坡海峡问题的联合声明》是否国际条约？《关于马六甲海峡和新加坡海峡问题的联合声明》共4个条文，主要内容集中于第4条的6个款项中：“上述磋商的结果

---

① 参见王铁崖：《国际法》，法律出版社2004年版，第295页。

② 参见王铁崖：《国际法》，法律出版社2004年版，第14页。

③ 参见王勇：《论条约名称在中国国内法上的规范化运用——以条约名称与条约内涵的和谐一致为视角》，载《南京社会科学》2012年第2期，第100页；另参见邵津：《国际法(第三版)》，北京大学出版社、高等教育出版社2008年版，第397页。

如下：(1)三国政府同意马六甲海峡与新加坡海峡的航行安全是沿岸国的责任；(2)三国政府同意有必要就这两个海峡的航行安全开展三边合作；(3)三国政府同意尽快建立一个只能由沿岸三国组成的合作机构，以协调马六甲海峡和新加坡海峡的航行安全；(4)三国政府也同意马六甲海峡和新加坡海峡的航行安全和国际化是两个不同的问题；(5)印度尼西亚和马来西亚两国政府同意马六甲海峡和新加坡海峡不是国际性海峡，但充分承认它们按照无害通过原则所具有的国际航运用途，新加坡政府注意到印度尼西亚和和马来西亚两国政府的此种立场；(6)在此项认识的基础上，三国政府同意继续进行水道测量工作”。①

从《关于马六甲海峡和新加坡海峡问题的联合声明》的主要内容来看，很难说它创设、变更或废止了关于马六甲海峡通行的国际法上的权利和义务，它只不过是在阐明沿岸三国关于马六甲海峡通行的共同立场、宣布沿岸三国就马六甲海峡通行问题进行磋商的结果，因此，它不是国际法意义上的条约，也就更谈不上属于国际公约了，当然，也就不能形成符合《联合国海洋法公约》第35条的条约通行制。

4. 即使沿岸三国的单方面联合宣言构成国际条约，但由于没有使用国的参与，因而也不能约束使用国

根据1969年《维也纳条约法公约》第34、35、36条的规定：非经第三国同意，条约不为该国创设义务或权利；条约为第三国创设义务的，须由第三国书面明示接受；条约为第三国创设权利的，除非条约另有规定，须第三国明示或默示同意，第三国不表示反对的，可推定其表示同意。②

从1969年《维也纳条约法公约》的上述规定可知，条约为第三国创设权利的，第三国同意(包括书面同意)或不反对即可享受该项权利，但条约为第三国创设义务的，该项义务需要第三国的书面

① See Joint Statement of Indonesia, Malaysia and Singapore on the Straits of Malacca, 16 November, 1971.

② 参见1969年《维也纳条约法公约》第34、35、36条。

同意才有拘束力。因此，1971 年沿岸三国《关于马六甲海峡和新加坡海峡问题的联合声明》即便属于国际法意义上的条约，但由于是为使用国创设义务，因此需要使用国的书面同意表示接受之后，才能产生约束力，然而到目前为止，就《关于马六甲海峡和新加坡海峡问题的联合声明》宣布的无害通过制为其设定的义务，还没有任何使用国通过书面形式表示同意。

5. 沿岸三国宣布的无害通过制没有在沿岸国与使用国之间形成国际习惯，因此也不能约束使用国

国际习惯（International Customary），也称习惯国际法（Customary International Law），是与国际条约相对应的重要国际法渊源，指由各国在反复实践中形成的具有法律约束力的不成文规则。① 根据《国际法院规约》第 38 条的规定，“作为通例之证明而经接受为法律者”，国际习惯的形成被认为必须具备两个条件：（1）物质因素或客观因素，即存在“通例”或“惯例”（General Practice）。“通例”或“惯例”必须满足时间性、连续性和一般性 3 个条件，② 即来自多个国家相当长时期内“反复”和“前后一致”的实践；（2）心理因素或主观因素，即“法律确信”或“法律必要确信”（Opinio Juris，Opinio Juris Sive Necessitatis），也就是说，上述“通例”或“惯例”必须被各国确认为具有法律拘束力，这是形成国际习惯的关键因素，部分学者甚至认为是唯一因素。③

国际习惯与国际强行法（International Jus Cogens）不同，国际强行法的效力具有普遍性，不需要当事国的同意，但国际习惯的约束力只及于接受该国际习惯为法律的国家，而非像有些学者所说的那样对未接受该国际习惯为法律的国家也具有约束力，④ 国际法院在

① 参见王献枢：《国际法》，中国政法大学出版社 2001 年版，第 18 页。

② See Ian Brownlie, Principle of Public International Law, Oxford: Clarendon Press, 1998, pp. 5-9.

③ See Cheng Bin, Studies in International Space Law, London: Oxford University Press, 1997, pp. 138-146.

④ 参见万鄂湘：《国际强行法与国际公共政策》，武汉大学出版社 1991 年版，第 36 页。

1950年哥伦比亚与秘鲁“庇护权案”的咨询意见中也表达了这种观点，它认为：援引国际习惯的当事国必须证明该国际习惯对另一当事国已形成拘束力。① 而且，国际习惯可因国家自始至终前后一致的持续反对(Persistent Object)，而对反对国不产生约束力。②

1971年沿岸三国《关于马六甲海峡和新加坡海峡问题的联合声明》宣布的无害通过制能否构成国际习惯？在多大程度上构成国际习惯？这需要我们仔细考查。首先，从物质因素来看，目前遵循该制度的基本上都是不属于外国政府或军队的私人商船，尚未发现外国政府在官方层面上明确表示遵守这一制度，因此不能形成相关的“通例”或“惯例”。其次，从心理因素来看，目前也未查证到外国政府正式确认《关于马六甲海峡和新加坡海峡问题的联合声明》法律效力的有效证据，外国政府对这一问题几乎都保持沉默，而沉默对意欲施加义务的国际习惯的形成来说，应当是远远不够的，国际常设法院在1927年的“荷花号案”中也表明了这种观点。③ 据此，我们可以认为，《关于马六甲海峡和新加坡海峡问题的联合声明》宣布的无害通过制，目前没有在沿岸国与使用国之间形成国际习惯，因而不能约束使用国。

① See International Court of Justice, Reports of Judgments: Advisory Opinions and Orders on Asylum Case (Colombia/Peru), 1950.

② See Curtis A. Bradley & Mitu Gulati, Withdrawing from International Custom, Yale Law Journal, Vol. 120, Issue 2, 2010, pp. 202, 205; also see International Court of Justice, Reports of Judgments: Advisory Opinions and Orders on Asylum Case (Colombia/Peru), 1950; also see International Court of Justice, Reports of Judgments: Advisory Opinions and Orders on Fisheries Case (United Kingdom v. Norway), 1951.

③ See Permanent Court of International Justice, Judgments: the Case of the S. S. "LOTUS" (France v. Turkey), 1927; also see Anthea Elizabeth Roberts, Traditional andModern Approaches to Customary International Law: A Reconciliation, The American Journal of International Law, Vol. 95, 2001, pp. 757-785.

(二)马六甲海峡的安全维护机制未能有效解决打击海上犯罪分子与维护国家主权之间的矛盾

虽然马六甲海峡的上述机制在维护海峡航行安全、保护环境等方面发挥了重要作用，但是目前仍然未能有效解决打击海上犯罪分子与维护国家主权之间的矛盾。主要原因在于马六甲海峡的各种安全维护机制基本上都是一种协作(Coordinated)机制，而不是联合(Joint)机制。① 协作机制与联合机制存在很大的区别，后者的合作程度更高，对国家主权的影响也更大，而前者只是一种“接力赛式”的松散性合作，对国家主权的影响相对较小。

2006年标准行动程序制定之前，马六甲海峡的海上巡逻机制，以及沿岸三国之间的双边或多边巡逻机制，基本上都属于协同巡逻(Coordinated Patrol)机制，而不是联合巡逻(Joint Patrol)机制，这种机制不允许其他合作参与国擅自进入本国领土采取打击海上犯罪分子的任何单方行动，但马六甲海峡所在水域分属沿岸三国，而海盗、武装劫船分子或其他海上犯罪分子善于流窜，极易跨越一国边界进入他国领海，如果不允许其他合作参与国跨境追捕的话，就会有利于海上犯罪分子逃避打击，极大地影响合作机制的实施效果。

2006年标准行动程序制定之后，马六甲海峡的海上巡逻机制开始允许其他合作参与国进入本国领海5海里的范围内追捕海上犯罪分子，② 虽然这是一个很大的进步，但是依然改变不了协同巡逻的基本性质，也解决不了紧急情况下5海里之外怎么办的问题。而且，与海峡所在水域的广阔面积相比，沿岸三国派遣的巡逻舰艇数量只有17艘，无法有效满足打击犯罪分子的需求。另外，出于对主权的高度敏感，印度尼西亚和马来西亚目前还没有把协同巡逻提升为联合巡逻的打算。③

---

① See Ian Storey, Securing Southeast Asia's Sea Lanes: A Work in Progress, Asia Policy, No. 6, July 2008, p. 119.

② See Ian Storey, Securing Southeast Asia's Sea Lanes: A Work in Progress, Asia Policy, No. 6, July 2008, p. 119.

③ See Ian Storey, Securing Southeast Asia's Sea Lanes: A Work in Progress, Asia Policy, No. 6, July 2008, p. 119.

2005年9月之后建立的"天空之眼"空中巡逻机制，将马六甲海峡的巡逻范围由海上扩展至天空，但覆盖面积却十分有限，仅在离海岸3海里的范围内开展巡逻活动，每周6次的巡逻次数也显得过少，若要全方位覆盖马六甲海峡，空中巡逻每周至少需进行70次。① 而且，"天空之眼"空中巡逻机制本身也无法采取抓捕行动，只能在发现可疑的海上犯罪行为后，向地面执法中心报告，由后者采取抓捕行动，这无疑影响了打击海上犯罪行为的效率。此外，由于缺少夜视监控设备，"天空之眼"空中巡逻目前还无法在晚上开展行动，而大多数海上犯罪行为却发生在夜间，这样就给了海上犯罪分子极大的可乘之机。

虽然《亚洲地区反海盗及武装劫船合作协定》的签订对打击马六甲海峡的海上犯罪行为具有积极的意义，但目前其作用还很有限，它只是为缔约国提供了一个信息交流和司法合作的平台，而且主要的海峡沿岸国印度尼西亚和马来西亚都没有加入，这样就使得该协定本应发挥的作用大打折扣。

(三)马六甲海峡当前的安全维护过于依赖使用国的援助，而且拟议中的收费制度其理由也不充分

在马六甲海峡的安全维护方面，沿岸三国花费了大量的人力、物力和财力，也取得了较为显著的成效，但同时也给沿岸国带来了不小的财政压力，根据印马新三方技术专家小组的估算，2010—2020年，仅印度尼西亚和马来西亚两国在维护航行设施方面每年就需花费550万美元，② 如将航道疏浚、协同巡逻等费用计算在内，维护成本更加高昂，确实让马六甲海峡沿岸国难堪重负，因为沿岸三国军事实力都不发达，而且印度尼西亚和马来西亚仍处于发展中

① See Graham Gerard Ong and Joshua Ho, Maritime Air Patrols: The New Weapon against Piracy in the Malacca Strait, IDSS Commentary (70/2005), 13 Oct. 2005, p. 2.

② See Mohd Hazmi bin Mohd Rusli, The Legal Feasibility of the Imposition of a Cost-recovery Mechanism in Straits Used for International Navigation: A Study of the Straits of Malacca and Singapore, China Oceans Law Review, Vol. 2013, No. 2, 2013, p. 157.

阶段，经济实力还很有限，缺乏足够的军事手段和资金支持。以印度尼西亚为例，目前其国防经费严重不足，舰艇服役比例不高，大多数使用年限已达极致，装备十分落后，其军用飞机的装备配置也不高，很多时候只能使用普通望远镜观测海面状况，因此，印度尼西亚仅靠自身力量无法有效建立一支先进的海上和空中巡逻力量。

如前所述，为了确保马六甲海峡的航运安全，主要使用国无论是从军事方面还是从资金、技术、设备等方面，均通过双边或多边途径给予了沿岸国极大的支持，但仍然还是很难完全满足沿岸国的需求。沿岸国还提出了各种各样的项目建设计划，如船舶报告系统（Ship Reporting System）、海上电子高速公路（Marine Electronic Highway）等，这些项目建设计划当然十分有助于维护马六甲海峡的海峡安全，但是都需要大量的资金投入，而沿岸国又不可能完全依靠自身力量筹措，这样的话，使用国的无偿捐助毫无疑问又是必不可少。沿岸国如此依赖使用国的援助，而忽视了加强自身能力的建设，从长远来看，使用国的捐助意愿将会变得越来越小。①

当前马六甲海峡沿岸国又在酝酿施行一种旨在回收维护成本的收费机制，② 以解决维护资金不足的问题。这种收费机制主要意图通过两个路径予以实施：（1）将马六甲海峡的特定区域识别为特别敏感海域③（Particularly Sensitive Sea Areas），然后实施强制领航制

① See Mohd Hazmi bin Mohd Rusli, The Legal Feasibility of the Imposition of a Cost-recovery Mechanism in Straits Used for International Navigation: A Study of the Straits of Malacca and Singapore, China Oceans Law Review, Vol. 2013, No. 2, 2013, p. 177.

② See Mohd Hazmi bin Mohd Rusli, The Legal Feasibility of the Imposition of a Cost-recovery Mechanism in Straits Used for International Navigation: A Study of the Straits of Malacca and Singapore, China Oceans Law Review, Vol. 2013, No. 2, 2013, pp. 170-192.

③ 特别敏感海域是指具有公认的生态、社会经济或科学重要性，易受国际海事活动损害，需由国际海事组织采取行动予以特别保护的海域。See International Maritime Organization, Particularly Sensitive Sea Areas, available at http: //www.imo.org/OurWork/Environment/PSSAs/Pages/Default.aspx, last visited on 12 April, 2015.

度，向过往船只收取领航费；(2)直接向过往船只征收通行费。①

然而，将马六甲海峡的特定区域识别为特别敏感海域，以及将强制领航制度作为特别保护措施，都需要由国际海事组织进行认定。② 到目前为止，国际海事组织共认定了 12 个特别敏感海域，③ 其中，托雷斯海峡(Torres Strait)是唯一的用于国际航行的海峡。④ 但是，强制领航制度可能并不适宜于马六甲海峡，因为其船舶通行量约为托雷斯海峡的 25 倍，⑤ 托雷斯海峡的沿岸国澳大利亚和巴布亚新几内亚，于 2005 年获得国际海事组织批准实行强制领航制度，⑥ 而马六甲海峡沿岸国被认为无法提供足够数量的领航员。⑦ 此外，在托雷斯海峡这样的用于国际航行的海峡实行强制领航制度，被一些国家认为阻碍了其他国家的船舶行使过境通行权，与

---

① See Tommy H Purwaka, Control of Marine Pollution in the Straits of Malacca and Singapore: Modalities for International Co-operation, Singapore Journal of International & Comparative Law, Vol. 2, 1998, pp. 457-458.

② See International Maritime Organization, Revised Guidelines for the Identification and Designation of Particularly Sensitive Sea Areas, A 24/Res. 982, 6 February 2006.

③ See International Maritime Organization, Particularly Sensitive Sea Areas, available at http://www.imo.org/OurWork/Environment/PSSAs/Pages/Default.aspx, last visited on 12 April, 2015.

④ See Mohd Hazmi bin Mohd Rusli, The Application of Compulsory Pilotage in Straits Used for International Navigation: A Study of the Straits of Malacca and Singapore, Asian Politics & Policy, Vol. 3, No. 4, 2011, p. 512.

⑤ See Mohd Hazmi bin Mohd Rusli, Balancing Shipping and Protection of the Marine Environment of Straits Used for International Navigation: A Study of the Straits of Malacca and Singapore, Doctor of Philosophy thesis, Australian National Centre for Ocean Resoures and Security, University of Wollongong, 2012, pp. 269-271.

⑥ See International Maritime Organization, Designation of the Torres Strait as an Extension of the Great Barrier Reef Particularly Sensitive Sea Area, MEPC 53/24/Add. 2, 22 July 2005.

⑦ See Mohd Hazmi bin Mohd Rusli, The Application of Compulsory Pilotage in Straits Used for International Navigation: A Study of the Straits of Malacca and Singapore, Asian Politics & Policy, Vol. 3, No. 4, 2011, pp. 519-520.

《联合国海洋法公约》第三部分的规定不符。①

至于直接向过往船只征收通行费的做法，则更容易引发争议。因为如果沿岸三国认为马六甲海峡所在水域是其共同领海，那么根据《联合国海洋法公约》第24、26条的规定，沿岸三国就必须保证外国船舶不受阻碍地行使无害通过权，不能仅以外国船舶通过其共同领海为由对其征收任何费用，只能在非歧视的基础上征收因提供特定服务而支出的费用。而如果沿岸三国认为马六甲海峡是用于国际航行的海峡，那么根据《联合国海洋法公约》第43、44条的规定，沿岸三国就必须保证外国船舶不受阻碍地行使过境通行权，只能与海峡使用国通过签订协议的方式，在"维持必要的助航和安全设备或帮助国际航行的其他改进办法"或"防止、减少和控制来自船舶的污染"方面进行合作。

如前所述，印度尼西亚、马来西亚、新加坡如今都是《联合国海洋法公约》的缔约国，这意味着《联合国海洋法公约》关于领海和用于国际航行的海峡的制度对其都应当适用。无论沿岸三国是将马六甲海峡所在水域当做其共同领海，还是将马六甲海峡当做用于国际航行的海峡，要想实行收费制度，除非国际海事组织将该海峡所在全部水域或特定区域认定为特别敏感海域，否则沿岸三国只能在与使用国进行协商的基础上，通过缔结条约的方式采取此类行动。

① See Jeanine B. Womble, Freedom of Navigation, Environmental Protection, and Compulsory Pilotage in Straits Used for International Navigation, Naval Law Review, Vol. 61, 2012, pp. 144-149.

第六章　南海油气资源开发的法律问题

第一节　中国—东盟争议海域能源资源共同开发合作概述

一、争议海域能源资源的共同开发合作

海洋是人类油气资源的宝库，但随着《联合国海洋法公约》确立的新海洋制度的诞生，致使全球范围内出现了许多海洋权利主张重叠的海域，据统计，目前世界上约有260条海洋边界存在争议或者需要划定。①

共同开发(Joint Development)，是指在领土主权争议或非领土的管辖权争议最终解决之前，为了开发和分配争议区域的潜在或探明的自然资源，或在领土主权争议或非领土的管辖权争议最终解决之后，为了开发和分配特定区域的潜在或探明的跨界自然资源，两个或两个以上国家通过签订政府间协议，对争议区域共同行使主权权利和进行管辖的资源开发方式，或对可能或现实蕴藏跨界自然资源的特定区域进行一体化开发的资源利用方式。

争议海域能源资源的共同开发合作，即开发领域为海上、开发对象是能源资源、开发时间在争议解决之前的共同开发，具体是指在海域主权或管辖权争议正式解决之前，为了尽早利用争议海域潜在或探明的石油、天然气等能源资源，两个或两个以上国家通过签

---

① 参见肖建国：《国际海洋边界石油的共同开发》，海洋出版社2005年版，第7页。

订政府间协议的方式，就对争议区域共同行使主权权利和进行管辖而开展的各种合作。①

二、中国—东盟争议海域能源资源共同开发合作

中国—东盟争议海域能源资源共同开发合作，是指中国与东盟申索国在南海岛礁等地理构造的主权争议最终解决，以及在南海海域大陆架和专属经济区的边界最终划定之前，为了开发和分配争议海域的潜在或已探明的油气资源，通过签订政府间协议，对争议海域共同行使主权权利和进行管辖的资源开发方式。

中国—东盟争议海域能源资源共同开发合作的主体，是作为主权国家的中国和相关东盟成员国，即越南、菲律宾、马来西亚、文莱、印度尼西亚5个南海申索国。值得注意的是，中国台湾地区也是对南海岛礁和海域提出权利主张的争议方，但是限于篇幅的考虑，本书不打算就其在中国—东盟争议海域能源资源共同开发合作中的地位和作用问题展开讨论。

中国—东盟争议海域能源资源共同开发合作的时间，是在中国和相关东盟成员国南海岛礁等地理构造的主权争议最终解决之前，或南海海域大陆架和专属经济区的边界最终划定之前。不包括南海岛礁等地理构造的主权争议最终解决之后，或南海海域大陆架和专属经济区的边界最终划定之后，中国和相关东盟成员国就跨界能源资源开展的一体化开发。

中国—东盟争议海域能源资源共同开发合作的对象，是中国与相关东盟南海申索国存在争议的海域中，潜在的或已探明的油气资源，不包括非争议海域的资源，也不包括争议海域的非油气资源或其他生物及非生物资源。

中国—东盟争议海域能源资源共同开发合作的地理位置，是东盟南海申索国权利主张范围与中国南海“U形线”存在重叠的那部分区域，不包括东盟成员国权利主张范围与中国南海“U形线”不

① See Zhiguo GAO, The Legal Coneept and Aspects of Joint Development in Intemational Law, Oeean Yearbook, Vol. 13, 1998, p. 112.

存在重叠的区域，如中越北部湾能源资源的共同开发合作。

第二节　中国—东盟争议海域能源资源共同开发合作的法律制度

一、中国—东盟争议海域能源资源共同开发合作的主要法律依据

（一）《联合国宪章》

《联合国宪章》第1条规定了联合国的4项宗旨，申明了建立联合国的目的和奋斗的目标：(1)维持国际和平与安全；(2)发展各国间友好关系；(3)促进国际合作；(4)协调各国行动。《联合国宪章》第2条规定了会员国为了实现联合国的宗旨而应当遵循的7项基本原则：(1)会员国主权平等；(2)善意履行宪章义务；(3)和平解决国际争端；(4)禁止使用武力或以武力相威胁；(5)集体协助；(6)确保非会员国遵守宪章义务；(7)不干涉内政。

根据《联合国宪章》的上述规定，中国与东盟及其成员国在共同开发争议海域能源资源时，须遵守主权平等、国际合作、和平解决国际争端等国际法义务。主权平等是中国与东盟成员国共同开发争议海域能源资源的前提，在此基础上，中国与东盟成员国应当平等地协商达成共同开发合作协议，产生共同开发合作纠纷时应采用和平的方式解决争议。

（二）《联合国海洋法公约》

《联合国海洋法公约》第56条规定沿海国在专属经济区内对下列事项享有主权权利：(1)勘探、开发、养护、管理海床、水域、底土的生物或非生物资源；(2)经济性开发和勘探。而且沿海国在专属经济区内还对下列事项享有管辖权：(1)人工岛屿、设施、结构的建造和使用；(2)海洋科研和环保。

《联合国海洋法公约》第77条规定了沿海国对大陆架的权利。根据该条，沿海国对大陆架享有为勘探开发非生物资源和定居种的生物的专属性主权权利，这种权利不取决于有效或象征的占领或任何明文公告，而且如果沿海国不行使，任何人未经沿海国的明示同

意，均不得行使。

《联合国海洋法公约》第74、83条规定了海岸相向或相邻国家间专属经济区和大陆架界限的划定规则：(1)海岸相向或相邻国家间专属经济区和大陆架的界限，应根据国际法公平协议划定；(2)如未在合理期限内达成协议，则应诉诸第15部分的"国际海洋法法庭"的程序；(3)在达成划界协议之前，相关各国应尽一切努力作出实际性的、不危害或阻碍最后协议达成和最后界限划定的临时安排。

根据《联合国海洋法公约》的上述规定，中国与东盟成员国对各自专属经济区和大陆架范围内的能源资源，享有勘探、开发的主权权利，如果就专属经济区和大陆架的界限划定产生争议，那么在达成最终的划界协议之前，应尽一切努力作出实际性的、不危害或阻碍最后协议达成和最后界限划定的临时安排。

(三)《南海各方行为宣言》(*Declaration on the Conduct of Parties in the South China Sea*)

于2002年签订的《南海各方行为宣言》，是中国与东盟10国为解决"南海问题"达成的一项政府间协议，该协议共10个条文。根据《南海各方行为宣言》，中国与东盟10国就"南海问题"形成如下一些共识，主要包括：(1)按照《联合国宪章》、《联合国海洋法公约》等国际法解决南海地区的领土和管辖权争议；(2)南海的航行及飞越自由；(3)保持自我克制，不采取使争议复杂化、扩大化和影响和平与稳定的行动；(4)在和平解决争议之前，努力通过各种途径建立相互信任，并探讨或开展各方面的合作；(5)以制定《南海各方行为准则》为目标。

根据《南海各方行为宣言》的上述规定，中国与东盟成员国在最终解决"南海问题"之前，可以采用共同开发这一临时性的合作方式，但应取得各相关方的一致同意并遵守各项可适用的国际法原则和规则。

2011年7月，中国与东盟10国达成《落实〈南海各方行为宣言〉的指导方针》(*Guidelines for the Implementation of the DOC*, *Guidelines of DOC*)，决定通过海洋科研、海上搜救等务实性的具体项目合作，来探寻和平解决“南海问题”的出路。目前，中国与东盟10国正在为制定《南海行为准则》(*Code of Conduct in the South China Sea*, COC)展开磋商谈判。① 一旦《南海行为准则》制定成功，将会对“南海问题”的最终全面解决起到有益的作用。

二、中国—东盟争议海域能源资源共同开发合作法律制度的基本内容

(一)国家主权平等原则

国家主权平等原则(Principle of Sovereignty Equality of States)是最重要的国际法基本原则，国际法的其他原则、规则和制度，都以该原则为出发点。② 国家主权平等，是指主权国家无论大小、强弱、政治制度、社会制度、经济水平，在国际关系中的法律地位一律相同。

与国内社会的“金字塔”结构不同，国际社会是一种“平行式”的结构，各主权国家林立，不存在超越主权国家之上的立法机关、司法机关和行政机关。③ 因此，国家主权平等原则要求国家在处理国际关系的任何领域都应尊重他国主权、政治独立和领土完整，不以大欺小、恃强凌弱、侵犯破坏他国主权，为本国谋取单方的优势或利益。

根据国家主权平等原则的要求，中国与东盟成员国在南海区域存在岛屿主权归属和海域管辖权划分争议的情况下，就共同开发争议海域的能源资源，应当秉持各国主权一律平等的观念，必须在各方自愿的基础上达成开发协议。

(二)国际合作原则

国际合作原则(Principle of International Cooperation)是现代国家间相互依存、共同发展的根本体现，是指为了维护国际和平与安

① 参见中国外交部：《王毅谈“南海行为准则”进程》，http：//www.fmprc.gov.cn/mfa_chn/zyxw_602251/t1064187.shtml，2015年5月1日访问。

② 参见梁西：《国际法》，武汉大学出版社2003年版，第46页。

③ 参见梁西：《国际法》，武汉大学出版社2003年版，第46页。

全、增进国际经济安定与进步以及各国的福利，各国无论是否在政治、经济、文化、社会制度等方面存在差异，均负有在国际关系各领域互相协助、解决问题的义务。①

根据国际合作原则的要求，中国与东盟成员国应当本着维持国际和平与安全的良好愿望，就最终全面解决南海区域存在的岛屿主权归属和海域管辖权划分争议，开展各方面的合作，包括在争议最终解决之前，就共同开发争议海域能源资源进行的合作。

(三)和平解决国际争端原则

和平解决国际争端原则(Principle of Peaceful Settlement of International Disputes)是指在国际交往和合作过程中，一旦发生争执或纠纷，当事国应当以和平的方法来解决争议，禁止使用武力或武力威胁。

根据和平解决国际争端原则的要求，中国与东盟成员国解决南海区域存在的岛屿主权归属和海域管辖权划分争议时，只能采用谈判、调停、和解、司法解决等和平方式，而不能采取任何武力手段或进行武力威胁。

第三节　南海的战略价值与法律地位

一、南海的战略价值

(一)南海的地理位置及构成

南海(The South China Sea)是指北纬23°27′~南纬3°、东经99°10′~122°10′的海域，它位于中国东南方向、太平洋和印度洋之间，北靠中国华南地区(台湾、香港、澳门、广东、广西、福建、海南)，东临菲律宾群岛，西邻中南半岛和马来半岛，南接加里曼丹岛和苏门答腊岛，是一个呈东北——西南走向的典型半闭海，也是世界三大边缘海之一，周边有中国、菲律宾、越南、马来西亚、印度尼西亚、文莱6个国家。南海水域辽阔，其南北长约2380公里，东

① 参见杨泽伟：《国际法》，高等教育出版社2007年版，第69页。

西宽约1380公里，总面积约356万平方公里，平均水深为1212米，最深处可达5559米。南海岛屿众多，包含东沙、中沙、西沙、南沙4大群岛（简称南海诸岛），岛屿、沙洲、暗礁、暗沙、暗滩等地理构造超过287个，① 是我国领土不可分割的重要组成部分。

东沙群岛（East Sand Reefs，Pratas Reefs）是南海诸岛中位置最北、岛礁最少的一组群岛，位于东经116°40′~116°55′、北纬20°35′~20°47′，主要由东沙岛（面积约1.74平方公里，南海诸岛第二大岛屿）、东沙礁、南卫滩、北卫滩组成，海域面积约5000平方公里，距汕头市约140海里，距高雄市约220海里，处于香港（170海里）——马尼拉（400海里）航路要冲，名义上归广东省汕尾市管辖，但目前全部由台湾地区控制。

中沙群岛（Central Sand Reefs，Macclesfield Bank）是南海诸岛中位置居中的一组群岛，位于北纬13°57′~19°33′、东经113°2′~118°45′，主要由黄岩岛（又称民主礁，Scarborough Shoal）和中沙大环礁上26座已命名的暗沙，以及一统暗沙、宪法暗沙、神狐暗沙、中南暗沙等4座分散的暗沙组成，海域面积约60万平方公里，居于中国海南省和菲律宾吕宋岛中部，而且除黄岩岛之外，其余部分皆隐没于海面之下，目前黄岩岛由中国控制。

西沙群岛（West Sand Reefs，Paracel Islands）是南海诸岛中位置最西、陆地面积最大的一组群岛，位于北纬15°47′~17°8′、东经111°10′~112°55′，主要由宣德群岛和永乐群岛组成，共有40多个岛、礁、滩、沙，海域面积约50万平方公里，陆地总面积约10平方公里，其中，永兴岛是南海诸岛中第三大岛屿，面积约2.1平方公里，是中国于2012年7月24日新成立的三沙市政府所在地。西沙群岛距三亚市和文昌市约180海里，距香港约390海里，距高雄

① 岛屿是露出海面、地势较高、四面环水的陆地，其形成时间较长，面积相对较大，一般有植物生长；沙洲是已经露出海面、一般不被海潮淹没、面积较小、植物很少生长的陆地；暗礁也称礁，是接近海面、涨潮时多数被淹没、退潮时多数可露出水面的珊瑚礁体；暗沙是淹没在水下的较浅的珊瑚沙层或珊瑚礁滩，海水最低潮时也露出水面；暗滩也称滩，是隐伏在水面以下较深处的珊瑚礁滩地。

市约720海里，距越南海防约240海里，1974年后全部由中国控制。

南沙群岛(South Sand Reefs, Spratly Islands)是南海诸岛中位置最南、岛礁最多、散布最广的一组群岛，位于北纬3°36′~11°57′、东经109°26′~117°59′，由230多个岛屿、暗礁、浅滩、沙洲、暗沙组成，北起礼乐滩的雄南礁、南至曾母暗沙、东至海马滩、西到万安滩，南北长约926公里，东西宽约740公里，海域面积约82万平方公里，截至2016年1月1日，最大的岛屿为美济岛(礁)①，面积约5.58平方公里。南沙群岛的诸多岛、礁、沙、洲、滩中，共有43个被越南、菲律宾、马来西亚这3个东盟成员国非法侵占和控制，其中，越南非法侵占、控制了29个,② 菲律宾非法侵占、控制了9个,③ 马来西亚非法侵占、控制了5个,④ 此外，文莱对南通礁提出了主权要求。中国目前只控制了其中的8个，即美济岛(礁)、永暑岛(礁)⑤、渚

① 中国于2015年1月14日开始对美济岛(Mischief Reef)进行填海作业，截至2015年6月8日，面积约为5.58平方公里，超过了渚碧岛(礁)和永暑岛(礁)的面积，成为南海最大的岛屿。See Center for Strategic and International Studies, Mischief Reef Tracker, available at http://amti.csis.org/mischief-reef-tracker/, last visited on 7 March 2016.

② 越南非法侵占、控制的29个是：南子岛、景宏岛、南威岛、鸿庥岛、奈罗礁、大现礁、鬼喊礁、毕生礁、无乜礁、六门礁、南华礁、中礁、西礁、东礁、日积礁、柏礁、琼礁、舶兰礁、广雅滩、人骏滩、李准滩、西卫滩、万安滩、蓬勃堡、敦谦沙洲、安波沙洲、染青沙洲、金盾暗沙、奥南暗沙。

③ 菲律宾非法侵占、控制的9个是：马欢岛、南钥岛、中业岛、西月岛、北子岛、费信岛、双黄沙洲、司令礁、仁爱礁。

④ 马来西亚非法侵占、控制的5个是：弹丸礁、南海礁、光兴仔礁、簸箕礁、榆亚暗沙。

⑤ 中国从2013年7月开始对永暑礁(Fiery Cross Reef)进行大规模填海造陆，使其成为永暑岛，截至2015年4月，陆地面积已达2.74平方公里，取代之前由台湾地区控制的太平岛(高潮面积约0.43平方公里、低潮面积约0.98平方公里)，成为南沙群岛第三大岛屿。See Center for Strategic and International Studies, Fiery Cross Reef Tracker, available at http://amti.csis.org/fiery-cross-reef-tracker/, last visited on 7 March 2016.

碧岛(礁)①、太平岛(由台湾地区实际控制)、华阳礁②、南薰礁③、赤瓜礁④、东门礁⑤。

(二)南海的战略价值

1. 重要的战略地位

南海被喻为“亚洲的地中海”，其战略位置非常重要，由于位居西太平洋和印度洋之间的航运要冲，是东亚通往南亚、中东、非洲、欧洲的必经通道，因此自古以来一直作为东西方之间交流的主要场所，同时也构成世界最繁忙、最重要海上航线之一的西欧——中东——远东航线的重要组成部分。

南海的战略重要性集中体现于南沙群岛和西沙群岛，尤其是南沙群岛，因其地处太平洋与印度洋、亚欧大陆的交通要冲，成为多条国际海运线和航运线的必经之地，同时也是扼守台湾海峡、巴士

---

① 中国于2015年1月开始对渚碧礁(Subi Reef)进行大规模填海造陆，使其成为渚碧岛，截至2015年6月10日，陆地面积已达3.95平方公里，超过永暑岛(礁)的2.74平方公里，成为南沙群岛第二大岛屿。See Center for Strategic and International Studies, Subi Reef Tracker, available at http: //amti. csis. org/subi-reef-tracker/, last visited on 7 March 2016.

② 中国于2013年7月开始对华阳礁(Cuarteron Reef)进行填海作业，截至2015年1月24日，面积已达0.23平方公里。See Center for Strategic and International Studies, Cuarteron Reef Tracker, available at http: //amti. csis. org/cuarteron-reef-tracker/, last visited on 7 March 2016.

③ 中国于2013年冬开始对南薰礁(Gaven Reef)进行填海作业，截至2015年1月24日，面积已达0.136平方公里。See Center for Strategic and International Studies, Gaven Reef Tracker, available at http: //amti. csis. org/gaven-reef-tracker/, last visited on 7 March 2016.

④ 中国于2014年1月开始对赤瓜礁(Johnson Reef)进行填海作业，截至2015年6月4日，面积已达0.109平方公里。See Center for Strategic and International Studies, Johnson Reef Tracker, available at http: //amti. csis. org/johnson-reef-tracker/, last visited on 7 March 2016.

⑤ 中国于2013年底开始对东门礁(Hughes Reef)进行填海作业，截至2015年1月24日，面积已达0.076平方公里。See Center for Strategic and International Studies, Hughes Reef Tracker, available at http: //amti. csis. org/hughes-reef-tracker/, last visited on 7 March 2016.

海峡(Bashi Channel)、巴布延海峡(Babuyan Channel)、巴拉巴克海峡(Balabac Strait)、巽他海峡(Sunda Strait)、望加锡海峡(Makassar Strait)、巴林塘海峡(Balintang Channel)、马六甲海峡(Malacca Strait)等海上交通咽喉的关键所在。

南海是中国的核心利益所在，对于中国具有极其重要的战略价值，这种价值无论如今怎么强调都不为过。21 世纪是海洋的世纪，走向海洋是中国和平崛起的必由之路。南海北部有台湾海峡通往东海和黄海，南部有卡里马塔海峡通往爪哇海，东北方向有巴士海峡通往太平洋，西南方向有马六甲海峡通往印度洋，是中国通过海洋联系东南亚、南亚、西亚、非洲、美洲、欧洲的必经之地，如果能进行有效控制，不仅可化解"第一岛链"、"第二岛链"给中国带来的国防压力，还可极大地扩展中国的战略生存空间(500~600 海里)。

南海的重要价值也引起了世界大国的关注，法国和日本较早认识到南海及其诸岛的战略意义，并曾先后占领过部分岛礁。法国对南海诸岛的战略地位十分关注，认为西沙群岛和南沙群岛具有重要的战略意义，一旦被敌方控制并建立海军基地，便可完全控制周边海上交通，进而对印度支那的安全形成严重威胁。在 1887 年 6 月 26 日作为宗主国与中国签订划分北部湾岛屿《中法续议界务专条》之后，法国于 1933 年占领了南沙群岛的 9 个岛礁，一直持续到 1939 年，1945—1956 年法国曾试图重返南海但未能成功。①

日本先是关注南海的丰富海洋资源，在 1895 年依《马关条约》割占台湾之后，日本提出了"水产南进"政策，并非法大量开采南海岛屿上的优质磷矿。② 在发动侵华战争前夕，日本开始重视南海诸岛的军事价值，认为应当夺取并固守香港—马尼拉—新加坡之间

① 参见谭玉华：《二战前法国南中国海政策的演变》，载《东南亚研究》2012 年第 5 期，第 59~65 页；另参见王胜：《法国统治印度支那时期的西沙与南沙群岛政策》，载《海南大学学报(人文社会科学版)》2015 年第 2 期，第 42~50 页。

② 参见李金明：《中国南海疆域研究》，黑龙江教育出版社 2014 年版，第 111 页。

的领土和海域，以确保运输安全。① 在发动侵华战争之后，日本于1939年占领了西沙群岛和南沙群岛，同时还在南沙群岛的岛屿上修筑军事要塞，直到1945年战败方才撤出。②

美国是当代十分重视南海战略价值的国家，在其意图控制的16条海上通道中，有3条便位于南海周边水域，因此美国极力主张南海的航行自由。虽然一直以来对南海岛礁主权争端保持模糊政策，但自其“重返亚太”的再平衡战略(Asia-Pacific Rebalance Strategy)出台以来，美国却以实际行动站在了中国对立面上，声称南海关乎美国的国家利益，并试图以维护南海航行自由的名义遏制中国崛起。

2. 关键的运输通道

南海是重要的国际航运通道，有“世界第三黄金水道”之称，也是连接印度洋和东亚的最短路线。南海每年的通行船舶吨数约占全球船舶通行总吨数的50%，船舶通行量为苏伊士运河的2倍，是巴拿马运河的3倍。③ 日本、韩国、中国台湾进出口总额的90%以上依靠海运，其中出口欧洲市场的货物转运和对东南亚、大洋洲的进出口贸易则主要依赖南海航线，而美国从亚太地区购买的各种重要原材料，其90%也要经由南海航道运回。

南海也是重要的国际能源通道。根据美国能源信息署的统计，全球1/3的石油运输和1/2以上的液化天然气运输需要经过南海水域，其中石油主要运往中国、日本和韩国，液化天然气则主要运往日本、韩国、中国和中国台湾。同时，全球最大的两个煤炭出口国——澳大利亚和印度尼西亚，也经由南海向中国、日本、印度等

① 参见马骏杰:《日本侵占南海诸岛始末》，载《环球军事》2000年第4期，第8页。

② 参见吴士存:《南沙争端的起源与发展》，中国经济出版社2013年版，第5页。

③ 参见[日]秋元一峰:《東アジア海域の戦略環境と南シナ海問題》，载《海洋安全保障情報月報》2011年8月号，第16~17页，http://www.sof.or.jp/jp/monthly/monthly/pdf/201108.pdf，2015年5月1日访问。

消费国输送煤炭。①

南海是中国货物进出口和能源进口的关键通道。中国39条现有对外航线中的21条，以及75%的对外贸易运输，均须穿行南海水域,② 而且，中国现阶段石油进口的86%，也须经过南海水域。可以说，只要进口能源产品采用海运方式，就只有通过南海，才能到达中国腹地。前已述及，中国石油海运进口有4条路线：中东航线、非洲航线、拉美航线、东南亚航线,③ 而无论中国海运进口石油使用的是哪一条航线，南海通道都是无法回避的。由此可见，南海在中国能源进口中的重要程度，甚至超过了马六甲海峡。毫无疑问，南海对于保障中国的能源安全，具有非常重要的意义。

3. 丰富的油气资源

南海拥有丰富的油气资源，号称"第二个波斯湾"。1969年，联合国亚洲及远东经济委员会下设的"亚洲海底矿产资源联合勘探协调委员会"(Committee for Coordination of Joint Prospecting for Mineral Resources in Asia Off-Shore Areas, CCOP)，提交了一份关于亚洲海底矿产资源的初步勘查研究报告——《东海和黄海的地质构造和水文特征》，该报告认为在越南近海、南沙群岛东部和南部海域可能蕴藏着丰富的油气资源。④

根据中国国土资源部的地质普查数据，南海拥有含油气构造200多个、油气田约180个，油气资源主要分布于曾母暗沙、文莱

① See U.S. Energy Information Administration, The South China Sea is an important world energy trade route, available at http://www.eia.gov/todayinenergy/detail.cfm? id=10671, last visited on 1 May, 2015.

② 参见冯丹、胡利明、周山丹：《南海争端新动向与我国维权之路》，载《世界地理研究》2010第1期，第14页。

③ 参见汪玲玲、赵媛：《中国石油进口运输通道安全态势分析及对策研究》，载《世界地理研究》2014年第3期，第34页。

④ See K.O. Emery et al., Geological Structure and Some Water Characteristics of East China Sea and Yellow Sea, ECAFE Committee for Coordination of Joint Prospecting for Mineral Resources in Asia Off-Shore Areas (CCOP), Technical Bulletin, Vol. 2, May 1969, p. 41.

沙巴、西北巴拉望、郑和、礼乐滩、安渡滩、万安滩等 24 个沉积盆地，总面积超过 82.54 万平方公里。①

根据美国能源信息署预测，南海的油气资源主要分布在南海周边浅海盆地，石油储量约为 110 亿桶，天然气储量约为 190 万亿立方英尺，西沙群岛和南沙群岛的油气资源较少。② 根据美国地质调查局(U. S. Geological Survey, USGS)估计，南海的石油储量约为 50~220 亿桶，天然气储量约为 70~290 万亿立方英尺。③ 但能源咨询机构伍德麦肯齐(Wood Mackenzie)认为南海的油气储量只相当于 25 亿桶油当量。④

根据中国国土资源部的地质调查，南海的石油储量约为 230~550 亿吨，天然气储量约为 20 万亿 m^3，⑤ 占中国油气资源总量的 1/3，相当于全球油气资源总量的 12%。根据中国海南省的专家估计，南海主要盆地的油气资源储量约为 707.8 亿吨油当量，其中石油约 291.9 亿吨，天然气约 58 万亿 m^3。⑥

虽然各方对南海油气资源储量的评估数据存在差异，但均毫无疑问地认为南海拥有丰富的油气资源，是全球四大油气资源富集海域之一，将成为能源开发与能源安全的焦点。

---

① 参见李金明：《南海波涛——东南亚国家与南海问题》，江西高校出版社 2005 年版，第 11 页。

② See U. S. Energy Information Administration, Contested areas of South China Sea likely have few conventional oil and gas resources, available at http://www.eia.gov/todayinenergy/detail.cfm?id=10651, last visited on 1 May, 2015.

③ See U. S. Energy Information Administration, Contested areas of South China Sea likely have few conventional oil and gas resources, available at http://www.eia.gov/todayinenergy/detail.cfm?id=10651, last visited on 1 May, 2015.

④ See U. S. Energy Information Administration, South China Sea, available at http://www.eia.gov/beta/ international/regions-topics.cfm?RegionTopicID=SCS, last visited on 1 May, 2015.

⑤ 参见梁振君：《南海油气资源丰富 将成新的经济增长极》，载《海南日报》2012 年 7 月 9 日，A2 版。

⑥ 参见潘健纲：《南海油气资源及其开发展望》，载《海洋开发与管理》，2002 年第 3 期。

除了传统的油气资源之外，南海还拥有丰富的新能源资源，如“可燃冰”(天然气水合物)、潮汐能、波能、温差能、密度差能、压力差能等。“可燃冰”的能量密度是煤的10倍，是替代石油、煤等传统能源的最佳新能源，$1m^3$“可燃冰”能释放出160~$180m^3$天然气，全球“可燃冰”储量是煤、天然气、石油储量总和的2倍。2007年，中国首次在南海北部的神狐海域钻取到“可燃冰”，目前中国“可燃冰”的探明储量约为102万亿m^3，南海地区的“可燃冰”储量约为700亿吨油当量，具有大规模开发的潜力和成为未来主流清洁能源的资源基础。①

二、南海的法律地位

南海水域辽阔，总面积约356万平方公里，岛屿众多，包含东沙、中沙、西沙、南沙4大群岛(简称南海诸岛)在内，岛屿、沙洲、暗礁、暗沙、暗滩等地理构造超过287个，② 这些岛屿、沙洲、暗礁、暗沙、暗滩，自古以来就是中国领土，并有大量史料为证。③

(一)中国依国际法的“先占原则”取得南海岛屿及其他地理构造的主权

先占(Occupation)，也叫无主地先占(Occupation of Terra Nullius)，是指一个国家以取得领土主权的意思占有并管辖当时不在任何国家主权之下的土地(即无主地，Terra Nullius)，由此而取

① 参见郭焦锋、高世楫、李维明、洪涛、武旭：《“可燃冰”开发：能源革命的新引擎——关于我国天然气水合物开发利用的思考与建议》，载《国土资源报》2014年8月15日；另参见小屋清风：《深海将是世界矿产资源的接替区》，载《中国矿业报》2011年8月15日。

② 参见中国地名委员会：《我国南海诸岛部分标准地名》，1983年4月24日。

③ See Jianming Shen, China's Sovereignty over the South China Sea Islands: A Historical Perspective, Chinese Journal of International Law, Vol. 1, Issue 1, 2002, pp. 94-157.

得被占领土主权的行为。① 先占是国际法承认的领土原始取得方式，通常认为包含占有和有效控制两个要素，由于往往会历经发现这一过程，因此这种领土主权取得方式也可称为发现——先占方式。南海岛屿及其他地理构造的领土主权便是由中国依发现——先占方式所取得。

1. 中国是最早发现并命名南海及其岛屿等地理构造的国家

早在公元前2世纪，中国就已发现了西沙群岛和南沙群岛，并将包括诸岛在内的南海称为“涨海”，将海中岛礁沙滩等地理构造称为“崎头”。② 东汉时期杨孚的《异物志》中，便有关于南海的记载：“涨海崎头，水浅而多磁石，徼外大舟，锢以铁叶，值之多拔”；③ 三国时期康泰的《扶南传》对南海岛礁地质特征的描述是：“涨海中，倒珊瑚洲，洲底有盘石，珊瑚生其上也。”④

唐宋以来，随着航海技术发展及生产实践增多，中国对南海岛屿等地理构造的认识也逐步加深，东沙、西沙、中沙、南沙4个群岛开始有了自己的称谓。如宋代将西沙群岛称为“九乳螺州/洲”⑤，将东沙群岛称为“珊瑚洲”⑥，将中沙群岛被称为“石塘”⑦；元代则将南沙群岛称为“万里石塘”⑧。

此后，各种民间或官方典籍多用“长沙”、“千里长沙”、“万里长沙”指称西沙群岛，多用“石塘”、“千里石塘”、“万里石塘”指

---

① 参见[英]詹宁斯、瓦茨：《奥本海国际法(第一卷第二分册)》，王铁崖、李适时、汤宗舜、周仁译，中国大百科全书出版社1998年版，第74页。

② 参见中国外交部：《中国对西沙群岛和南沙群岛的主权无可争辩》，载《人民日报》1980年1月30日。

③ 参见杨孚：《异物志》，载(明)唐胄：《正德琼台志》第9卷，上海古籍书店1964年版，第14页。

④ 参见康泰：《扶南传》，载(宋)李昉：《太平御览》第69卷，中华书局1963年版。

⑤ 参见曾公亮：《武经总要》(前集)第20卷，中华书局1959年版，第19页。

⑥ 参见裴渊：《广州记》，载(宋)乐史：《太平寰宇记》第157卷。

⑦ 参见《宋会要》第8116卷，收录于《永乐大典》。

⑧ 参见宋濂：《元史》(明洪武刻本)，第162卷。

称南沙群岛，如明代王佐的《琼台外纪》曾记载："(万)州东长沙、石塘，环海之地"。① 同时，根据指导中国历代海南渔民从事西沙、南沙群岛渔业生产的《更路簿》记载，西沙群岛和南沙群岛已获得命名的岛、礁、滩、洲共约106个。

可见，中国发现南海及其岛屿等地理构造，从东汉杨孚的《异物志》将其命名为"涨海"时起算，距今已超过1900年，从宋代曾公亮的《武经总要》将其命名为"九乳螺州"、"石塘"、"珊瑚洲"时起算，距今也有1000多年，远早于越南声称发现西沙群岛的15世纪，以及菲律宾声称发现南沙群岛的1947年。②

发现具有重要的国际法意义。美国国际法学者格哈德·冯·格拉恩(Gerhard Von Glahn)认为，在18世纪之前，发现是取得领土主权最传统、最重要的方式，仅靠发现就足以确立一项法律权利。③ 英国国际法学者奥康奈尔(O'Connell)也指出：在大扩张时期，将发现作为获得领土的权利根据是有效的。④

虽然按照当代国际法，单纯的发现并不能取得领土主权，但是仍然具有重要的意义，即：在合理的时期内为发现者的所属国建立一种不完全的所有权，这种不完全的所有权在该合理时期内，可以暂时阻止他国的先占行为。⑤

2. 中国是最早在南海及其岛屿等地理构造上从事生产经营的

---

① 参见王佐：《琼台外纪》，载(清)胡端书、杨士锦：《万州志》第3卷。

② 参见越南外交部：《黄沙群岛和长沙群岛与国际法》，载戴可来、童力主编：《关于西南沙群岛主权归属问题文件资料汇编》，河南人民出版社1991年版，第113页。

③ See Gerhard Von Glahn and James Larry Taubee, Law Among Nations: An Introduction to Public International Law, New York: Longman Publishing Group, 8th ed., 2006, p. 367.

④ See D. P. O'Connell, International Law, Vol. 1, 2nd ed., London: Stevens&sons, 1970, p. 408.

⑤ 参见[英]詹宁斯、瓦茨：《奥本海国际法(第一卷第二分册)》，王铁崖、李适时、汤宗舜、周仁译，中国大百科全书出版社1998年版，第75~76页。

国家

三国两晋时期，中国人民便已开始在南海及其岛礁沙滩上从事捕鱼、种植、开发、经营等生产经营活动。晋代张勃的《吴录》曾记载："交州涨海中有珊瑚，以铁网取之"、"玳瑁似龟而大，魏使以马求易珠璣、翡翠、玳瑁"。① 此外，宋代的《梦粱录》、元代的《岛夷志略》、明代的《东西洋考》、清代的《海国闻见录》、历代海南岛渔民的《更路簿》等，都有关于中国人民千百年在南海及其岛礁沙滩上航行、劳动、生产情况的记载。

从唐代开始，便有中国人民在南海岛屿上生活和定居。唐代段成式的《酉阳杂俎》曾记载："木饮州，珠崖一州，其地无泉，民不作井，皆仰树汁为用"②。近现代的文物考古工作者，在西沙群岛上曾挖掘到从南朝至明代的钱币，以及唐宋元明清时期的瓷器；并在南沙群岛的太平岛、西月岛、中业岛、双子岛、南威岛、北子岛等岛屿上，发现了海南琼海县、文昌县渔民挖建的水井、庙宇、地窖，甚至还有安葬中国渔民的坟墓。③

1910年，中国政府决定"招徕华商承办岛务，官为保护维持"。1916—1927年，中国政府多次审批华商开采西沙群岛磷肥、水产事宜，并对获准开发经营的商家征收税赋，同时还对违法经营的商家进行处罚。1933年，广东省预备筹建西沙群岛磷肥制造场并制定了实施西沙群岛的建设计划。④

中国人民在南海及其岛礁沙滩上从事捕鱼、种植、开发、经营等生产经营活动，以及在南海岛屿上生活和定居的事实，不仅表明中国已经发现了南海及其岛屿等地理构造，从某种程度上，也可视为一种民间占领，这是中国政府进行官方占领或管辖的必要基础和

① 参见张勃：《吴录》，载(宋)乐史：《太平寰宇记》第170卷。

② 参见段成式：《酉阳杂俎》第4卷，商务印书馆1941年版，第36页。

③ 参见邢广梅：《中国拥有南海诸岛主权考》，载《比较法研究》2013年第6期，第3~4页。

④ 参见胡焕庸：《法日觊觎之南海诸岛》，载《外交评论》，第三卷第5期，1934年，第70~71页；另参见拙民：《南海九岛问题之中法日三角关系》，载《外交日报》，第三卷第3期，1933年，第81页。

前提条件。

国际法院在审理的1953年明基群岛和艾克里荷(Minquiers and Ecrehos)案时表示：一国国民的私人存在可能意味着或涉及该国的先占，特别是对位于两国边界的土地而言，如果双方都提出主权要求的话，这种私人行为就显得尤为重要。① 奥康奈尔则更是直率地表明：私人行为本身虽然不足以构成先占，但是没有私人行为就不可能有先占。②

3. 中国是最早对南海及其岛屿等地理构造行使管辖权的国家

早在北宋时期(公元960—1127年)，中国就已将西沙群岛置于国家主权管辖之下，并派军巡视、测量天文、纳入版图、设官建治。由于交通工具和地理环境的制约，派遣海军巡视成为古代中国对海外岛屿行使主权的主要方式。③

宋代的《武经总要》中有关于中国水师巡视西沙群岛的记载："命王师出戍，置巡海水师营垒"、"从屯门山用东风西南行，七日至九乳螺洲"。④ 元世祖忽必烈1279年委派官员郭守敬到南海开展天文测量，郭守敬选择的南部测点位于"南海北极出地15度"⑤，排除技术原因导致的误差，正是当今西沙群岛所在地。

明清时期，中国政府已完全将西沙群岛和南沙群岛纳入中国版图之内，划归广东省琼州府万州管辖，并列于官方修纂的《广东通志》、《琼州府志》、《万州志》之中。同时，官方编纂或认可的地图也对西沙群岛(万里长沙)和南沙群岛(万里石塘)都进行了明确标

① See International Court of Justice, Reports of Judgments, advisory Opinions and Orders of The Minquiers and Ecrehos Case (France v. United Kingdom), 1953.

② See D. P. O ' Connell, International Law, 1970, Vol. 1, 2nd ed., London: Stevens&sons, p. 418.

③ 参见赵理海：《从国际法看我国对南海诸岛无可争辩的主权》，载《北京大学学报(哲学社会科学版)》1992年第3期，第35页。

④ 参见曾公亮：《武经总要》(前集)第20卷，中华书局1959年版，第19页。

⑤ 参见宋濂：《元史》(明洪武刻本)，第162卷。

绘，如明代的《郑和航海图》和清代的《大清中外天下全图》、《清直省分图》、《大清一统天下图》、《清绘府州县厅总图》等。①

由于技术条件的限制，古代的中国不可能像现在这样对南海岛屿进行派兵驻守，因此当时的占领只能是象征性的，但也并不违背当时的国际法。英国国际法学者詹宁斯指出：18 世纪之前的占领只要求具有象征性质，18 世纪之后才要求事实上的占领，直到 19 世纪才要求有效占领，即占有加上行政管理。② 美国国际法学者诺曼·希尔(Norman Hill)也指出：自 15—16 世纪早期以来，对不方便或不可能占领的岛屿，采取某些象征性占有行为后即可提出权利主张。③

常设仲裁法院(Permanent Court of Arbitration)审理的 1928 年帕尔马斯岛案中，独任仲裁员胡伯(Max Huber)就认为 19 世纪的国际法要求先占必须建立在实际占领的基础上，西班牙于 16 世纪发现帕尔马斯岛确实取得了初始权利，但由于没有进行实际占领，因此不能依先占取得帕尔马斯岛的主权，当然也就无权将其转让给美国，因此帕尔马斯岛应归荷兰所有。④

国际常设法院在审理 1933 年东格陵兰岛仲裁案时也认为：占有 10~16 世纪早期人口稀少或无人定居的无主地，比占有新近时

---

① 参见林金枝：《石塘长沙资料辑录考释》，载《南海诸岛史地考证论集》，中华书局 1981 年版，第 118~141 页；另参见朱奇武：《从国际法看南沙群岛主权的归属问题(上)》，载《政法论坛(中国政法大学学报)》1990 年第 6 期，第 8 页。

② 参见[英]詹宁斯、瓦茨：《奥本海国际法(第一卷第二分册)》，王铁崖、李适时、汤宗舜、周仁译，中国大百科全书出版社 1998 年版，第 75~76 页。

③ See Hill, Norman L, Claims to Territory in International Law and Relations, New York: Oxford University Press, 1945, p. 149.

④ See Permanent Court of Arbitration, Award of the Tribunal of The Island of Palmas Case (or Miangas) (United States of America v. The Netherlands), 1928.

期和人烟稠密地区的无主地，应当更少一些严格的检验标准。①

4. 中国一直持续地对南海岛屿及其他地理构造行使管辖权

除1933—1945年因法国、日本的非法侵占，以及近代因越南、菲律宾、马来西亚三国非法侵占，以致无法完整地行使管辖权之外，中国历代历届政府均一直持续地对南海岛屿及其他地理构造，进行实际、有效的管辖。

1909年，中国两广总督张人骏派水师提督李准、补用道李哲浚等人巡视西沙群岛，查明岛屿15座，并竖桩立碑、升旗鸣炮、重申主权。② 1911年，中国政府将西沙群岛划归海南岛崖县管辖。1935年，中国政府水路地图审查委员会编印了《中国南海各岛屿图》，详细标明了132个岛、礁、沙、滩的名称和位置，其中包括东沙、中沙、西沙、南沙4个群岛，但中沙群岛和南沙群岛当时的名称分别是"南沙群岛"和"团沙群岛"。

1946年11月，中国从日本手中收回了被侵占的南海诸岛，并立碑纪念、派兵驻守。1947年，中国政府公布《南海诸岛新旧名称对照表》，将"南沙群岛"和"团沙群岛"分别改为中沙群岛和南沙群岛，并重新审定了南海岛、礁、沙、滩的名称共计167个，东沙、西沙、中沙、南沙群岛分别有3、33、29、102个，同时宣布将东沙、中沙、西沙、南沙4个群岛划归广东省政府管辖。1983年中国政府的地名委员会补正并公布了南海诸岛的标准化名称，共计287个。③

中华人民共和国成立后，于1958年发布《关于领海的声明》，明确规定适用于东沙、西沙、中沙和南沙群岛；于1959年在永兴岛(西沙群岛)设立"西、南、中沙群岛办事处"，1969年改为"广

① See Permanent Court of International Justice, Judgment, Orders and advisory Opinions of Legal Status of Eastern Grennland (Norway v. Danmark), 1933.

② 参见中国外交部：《中国对西沙群岛和南沙群岛的主权无可争辩》，载《人民日报》1980年1月30日。

③ 参见中国地名委员会：《我国南海诸岛部分标准地名》，1983年4月24日。

东省西沙、中沙、南沙群岛革命委员会"，1979年后改为"广东省西沙、南沙、中沙群岛工作委员会"(直属广东省)，1988年海南建省后改为"海南省西沙、南沙、中沙群岛工作委员会"(海南省管辖)；于1992年颁布《中华人民共和国领海和毗连区法》，明确规定东沙、西沙、中沙和南沙群岛属于中国领土；于1996年发布《关于中华人民共和国领海基线的声明》，确定了西沙群岛的直线基线；2012年9月，中国决定在海南省设立三沙市，专门管辖中沙、西沙和南沙群岛。

(二)中国对南海岛屿及其他地理构造的主权获得了国际法上的承认

国际法上的承认(Recognition)有狭义和广义之分，狭义的承认仅指国家承认(Recognition of State)和政府承认(Recognition of Government)，即既存国家以一定方式对新国家或新政府出现这一事实进行确认，并表明愿意与之建立正式外交关系，而广义的承认泛指任何国际法主体在与其他国际法主体的关系中产生的任何事实或情势的接受，其中包括国际组织、国家对他国领土主权的确认。

根据国际法，承认与许诺(Promise)、抗议(Protest)、放弃(Renunciation)、通知(Notification)一样，是一种无须对方接受便能产生法律效果的单边法律行为(Unilateral Act)，① 国际法院在其审理的"西班牙国王1906年仲裁裁决案"中就表明了这一观点。②

国际法上的承认在领土主权争端中具有重要作用。1933年的东格陵兰岛案中，国际常设法院否定了挪威对丹麦东格陵兰岛部分领土的主权要求，其中一个重要理由是挪威外交大臣爱赫伦，曾于1919年7月22日在接见丹麦公使时，口头声明挪威将不阻碍丹麦的格陵兰岛主权，国际常设法院认为这一口头声明对挪威具有约束

① See Erzsébet Csatlós, The Legal Regime of Unilateral Act of States, Miskolc Journal of International Law, Vol. 7, No. 1, 2010, p. 34；另参见李浩培：《国际法的概念和渊源》，贵州人民出版社1994年版，第117~131页。

② See International Court of Justice, Reports of Judgments, advisory Opinions and Orders of The Arbitral Award Made by The King of Spain on 23 December 1906 (Honduras v. Nicaragua), 1960.

力，挪威不能对丹麦格陵兰岛提出主权要求。①

中国对南海岛屿及其他地理构造的主权，就曾明确获得国际条约、国际组织、外国政府的广泛承认。虽然国际社会的承认并非取得领土主权的必要条件，但却可以作为确定中国对南海岛屿及其他地理构造进行有效占领的证据，并且可依“禁止反言”的一般国际法原则，使承认者丧失机会推翻其原先承认的事实。

1943年的《开罗宣言》宣布：“三国宗旨在于……使日本向中华民国归还被其窃取的满洲、台湾、澎湖列岛等中国领土”。② 1945年的《波茨坦公告》第8条重申：“开罗宣言的条件必须实施……”③1951年的《旧金山和约》第2条第6款规定：“日本放弃对南沙群岛和西沙群岛的一切权利、权利根据和要求”。④ 1952年的《日台和约》第2条规定：“日本……承认放弃对台湾及澎湖列岛，以及南沙群岛和西沙群岛的所有权利、权利根据和要求”。⑤ 1972年的《中日联合声明》规定第3条规定：“日本……坚持遵循《波茨坦公告》第8条的立场。”⑥

---

① See Permanent Court of International Justice, Judgment, Orders and advisory Opinions of Legal Status of Eastern Grennland (Norway v. Danmark), 1933.

② See National Diet Library of Japan, Cairo Declaration, available at http://www.ndl.go.jp/constitution/e/shiryo/ 01/002_46/002_46tx.html, last visited on 7 March 2016.

③ See National Diet Library of Japan, Potsdam Declaration, Article 8, available at http://www.ndl.go.jp/ constitution/e/etc/c06.html, last visited on 7 March 2016.

④ See United Nations, Treaty of Peace with Japan, Article 2(f), available at https://treaties.un.org/doc/Publication/ UNTS/Volume% 20136/volume-136-I-1832-English.pdf, last visited on 7 March 2016.

⑤ See United Nations, Treaty of Peace between the Republic of China and Japan, available at http://www.taiwandocuments.org/taipei01.htm, last visited on 7 March 2016.

⑥ See Joint Communiqué of the Government of Japan and the Government of People's Republic of China, Article 3.

1930 年 4 月在香港召开的远东气象会议上，参会方(中国、法国、菲律宾、中国香港)一致建议中国政府在西沙群岛设立观象台，① 1955 年 10 月在菲律宾马尼拉召开的国际民航组织第 1 届太平洋地区飞行会议上，16 个参会方(包括菲律宾、越南共和国、中国台湾)一致建议中国台湾当局将南沙群岛的气象观测强度增加到每天 4 次，均可视为参会方认同南沙群岛属于中国的证据。1988 年，联合国教科文组织通过《全球海平面联测计划》，建议中国在南沙群岛设立永久性观测站，也可视为认同南沙群岛属于中国的证据。② 2015 年，国际民航组织官网刊登的有关三亚飞行情报区的航行地图，南沙群岛上写有中文"中国三沙市"字样，并且永暑礁上画有机场符号，用英文标注为"三沙永暑机场"。③

日本 1952、1955、1962、1966、1972、1973 年出版的《标准世界地图集》、《中国年鉴》、《世界新地图集》、《新中国年鉴——1966》、《世界年鉴》、《现代大百科辞典》，法国 1956、1968、1969、1970 年出版的《拉鲁斯世界政治与经济地图集》、《世界普通地图》、《拉鲁斯现代地图集》、《袖珍世界地图集》，美国 1961、1963 年出版的《哥伦比亚利平科特世界地名辞典》、《威尔德麦克各国百科全书》，英国 1957、1958、1959、1963 年出版的《大不列颠百科全书》、《牛津澳大利亚地图集》、《菲利普档案地图集》、《牛津世界经济地图集》、《斯坦福亚洲普通地图》等出版物，均认为南海诸岛归属于中国。据统计，世界上将南海诸岛部或部分划入中国版图的地图超过 200 种。④

① 参见陈东亚：《西沙群岛应有之认识》，载《外交评论》1933 年第 10 期，第 66 页。

② 参见邢广梅：《中国拥有南海诸岛主权考》，载《比较法研究》2013 年第 6 期，第 9 页。

③ See Vietnam requests ICAO correct Sanya FIR map in East Sea, available at http://en.vietnamplus.vn/vietnam-requests-icao-correct-sanya-fir-map-in-east-sea/87712.vnp, last visited on 7 March 2016；另参见白勉：《越想让国际民航组织改南沙相关地图》，载《环球时报》2016 年 1 月 18 日，第 3 版。

④ 参见李金荣：《国际法》，四川人民出版社 1990 年版，第 116 页。

(三)根据国际法的“禁止反言原则”，承认者不能推翻之前承认的事实

国际法上的“禁止反言原则”(The Principle of Estoppel)由英美法系国家的国内法引入发展而来，是指一国不得从事因与其先前表示不一致而损害他国利益的行为。“禁止反言原则”的主要理论基础是诚实信用原则(The Principle of Good Faith)①和一致性原则(The Principle of Consistency)②，前者要求行为主体恪守信用，不能背信弃义，后者要求主体的行为具备前后一致的连贯性，以维护国际秩序和关系的稳定。

“禁止反言原则”如今已成为国际法的一般法律原则，具有《国际法院规约》第38条所列举的国际法渊源地位，并获得了国际司法机构的明确承认。国际常设法院审理的1929年塞尔维亚贷款案③是“禁止反言原则”在国际争端中的首次应用，1933年东格陵兰岛案④则是“禁止反言原则”在国际领土争端中的首次应用。国际法院审理的1955年诺特鲍姆案⑤、1959年隆端寺案⑥、1969年

① See I. C. MacGibbon, Estoppel in International Law, International and Comparative Law Quarterly, 1958, Vol. 7, pp. 468-477.

② See Megan L. Wagner, Jurisdiction by Estoppel in the International Court of Justice, California Law Review, 1986, Vol. 74, pp. 1778-1782.

③ See Permanent Court of International Justice, Judgment of Case Concerning Payment of Various Serbian Loans Issued in France (Serbia v. France), 1929.

④ See Permanent Court of International Justice, Judgment, Orders and advisory Opinions of Legal Status of Eastern Grennland (Norway v. Danmark), 1933.

⑤ See International Court of Justice, Judgments, advisory Opinions and Orders of Nottebohm Case (Liechtenstein v. Guatemala), 1955.

⑥ See International Court of Justice, Reports of Judgments, advisory Opinions and Orders of Case Concerning Temple of Preah Vihear (Cambodia v. Thailand), 1962.

北海大陆架案①、1984年缅因湾案②等案件，都确认了“禁止反言原则”的重要性。

“禁止反言原则”的国际法渊源地位还得到了学者们的广泛支持。如英国国际法学者伊恩·布朗利指出：以信守义务和反对自食其言为基础的“禁止反言原则”，要求一国政府坚守其作出的声明，即使声明实事上违背其真实意思。③ 中国已故国际法学者李浩培教授也认为包含“禁止反言原则”在内的一般法律原则构成条约法的重要渊源。④

1956年6月15日，越南外交部副部长雍文谦在会见中国驻越大使馆临时代办李志民时曾表示：“西沙群岛和南沙群岛应当属于中国领土”。在座的越南外交部亚洲司司长黎禄也指出：“西沙群岛和南沙群岛早在宋朝就已经属于中国了”。1958年9月4日，中国发布的领海声明第1条指出：“这项规定适用于中国的一切领土，包括……东沙群岛、西沙群岛、中沙群岛、南沙群岛……”1958年9月14日越南总理范文同照会中国总理周恩来表示：“越南承认和赞同中国政府1958年9月4日关于中国领海的声明”。⑤

1965年5月10日，越南发表强烈谴责美国的声明时指出：“美国总统约翰逊把整个越南及其附近水域和中国西沙群岛的部分领海划为美国武装部队的战斗地区……越南强烈谴责和坚决反对……”越南国家测绘局、国家地理署、教育出版社等机构于

① See International Court of Justice, Reports of Judgments, advisory Opinions and Orders of North Sea Continental Shelf Cases (Federal Republic of Germany v. Denmark; Federal Republic of Germany v. Netherlands), 1969.

② See International Court of Justice, Reports of Judgments, advisory Opinions and Orders of Case Concerning Delimitation of the Maritime Boundary in the Gulf of Maine Area (Canada v. United States of America), 1984.

③ 参见[英]伊恩·布朗利：《国际公法原理》，曾令良、余敏友等译，法律出版社2002年版，第161页。

④ 参见李浩培：《条约法概论》，法律出版2002年版，第41页。

⑤ 参见中国外交部：《中国对西沙群岛和南沙群岛的主权无可争辩》，载《人民日报》1980年1月30日。

1958、1964、1968、1972、1974 年出版的《越南行政地图》、《越南地图》、《世界地图集》、《越南行政区域图》、《世界地图册》、《世界政治地图》等，都未将南海诸岛列入越南版图，且都用中文或汉语拼音标示南海诸岛。

菲律宾 1940、1950、1969 年出版的《多卷本菲律宾调查统计地图》、《菲律宾地图》、《地图集》也都未将南海诸岛划入菲律宾版图。①

英国国际法学者格雷格(Greig)认为：禁止反言意味着曾经承认另一国对特定领土权利的国家，将不得否认该另一国的权利。②国际司法实践表明，一国政府首脑或外交官就某一事实特别是领土问题作出的明确表示，对其本国具有约束力，不得以任何借口逃避责任。

由于曾经正式承认中国对西沙群岛和南沙群岛的主权，因此根据“禁止反言原则”，越南、菲律宾等南海争端当事国必须承担这种正式承认所产生的相应法律后果，即不得推翻其之前承认的事实，不能再对中国的西沙群岛和南沙群岛主权提出任何异议或主权要求。

对于南海争端当事国之外的国家，如美国、英国、法国和日本，它们均以国际条约、官方声明等形式承认了中国对南海诸岛的主权，也应受到“禁止反言原则”约束，不得推翻他们之前承认的事实，为证实中国拥有南海诸岛的主权提供有利的第三方证据。

(四)中国对南海岛屿及其他地理构造的主权以“U 形线”为界

1947 年，中国政府为维护南海的主权和管辖权，在中国地图上绘制了 11 条断续的虚线，并于 1948 年将标有 11 条断续虚线的

① 参见杨翠柏、唐磊：《从地图在解决边界争端中的作用看我国对南沙群岛的主权》，载《中国边疆史地研究》2001 年第 2 期，第 76 页。

② See D. W. Greig, International Law, Second Edition, London: Butter Worths, 1976, pp. 148-149.

中国地图正式对外公布,① 这 11 条断续虚线在地图上呈现的形状如同大写的英文字母“U”，因而得名“U 形线”(U-shaped Line)②，也称“断续线”(Dashed Line，Dotted Line，Segmented Line)。1953 年中国政府将 11 条断续虚线中位于北部湾内的 2 条去掉，并对其他各条的位置作了一定调整，这样中国对外公布的官方地图上就只剩下 9 条断续的虚线，因此也称为“九段线”(Nine-dashed Line，Nine-dotted Line，Nine-segmented Line)。之后，中国各版官方地图对此均予以沿用。

根据 1953 年之后的中国地图，南海“U 形线”内的海域面积约为 200.86 万平方公里,③ 约占整个南海海域面积的 85%,④ 各类岛屿、沙洲、暗礁、暗沙、暗滩等地理构造超过 287 个。⑤ 但关于南海“U 形线”的性质归属到底如何，则存在较大争议，而且至今也没有官方的权威定论。学术界对南海“U 形线”的性质则主要有以下几种主张：历史性水域说、历史性权利说、海上疆域线说、岛屿归属线说。

1. 关于南海“U 形线”性质的主要学说

---

① 《南海诸岛位置图》于 1947 年由当时民国政府的内政部方域司绘制，1948 年作为附件收入《中华民国行政区域图》。参见傅角今、郑资约：《南海诸岛地理志略》，商务出版社 1947 年版，第 83~94 页。

② 学术界对南海“U 形线”有很多提法，如“传统国界线”、“传统疆界线”、“岛屿归属线”、“九段线”等，虽表述不同，但都是指同一事物。傅崑成教授最早使用“U 形线”这一提法，并对该线内岛屿及水域的法律性质作了详尽的论述。参见傅崑成：《中国在南海的历史性水域与台湾的法律地位》，载《海洋管理的法律问题》，台湾文笙书局 2003 年版。

③ 参见李国强：《南海油气资源勘探开发的政策调适》，载《国际问题研究》2014 年第 6 期，第 105 页。

④ See Michael O' Hanlon, China's Unsinkable Aircraft Carriers: While America Builds Carriers, China Builds Islands, available at http://www.wsj.com/articles/China's-unsinkable-aircraft-carriers-1438880237, last visited on 25 August 2015.

⑤ 参见中国地名委员会：《我国南海诸岛部分标准地名》，1983 年 4 月 24 日。

(1)历史性水域说。该学说认为南海“U形线”范围内的整个海域都是中国的历史性水域，中国对于“U形线”范围内的岛、礁、沙、滩及海域享有历史性权利。该学说得到中国台湾当局的支持，其代表性人物有宋燕辉教授、俞剑鸿教授、赵国材教授等。①

(2)历史性权利说。该学说认为中国在南海“U形线”范围内享有历史性权利，包括对岛、礁、滩、沙等享有主权，以及对“U形线”范围内的“内水以外海域”以及海底自然资源享有主权权利，但是也承认其他国家在“U形线”范围内的海域享有航行、飞越、铺设海底电缆和管道等权利。该学说的代表性人物有潘石英教授、许森安教授等。②

(3)海上疆域线说。该学说认为南海“U形线”是一条海上的领土分界线，“U形线”范围内是中国领土，中国对“U形线”范围内的所有岛、礁、滩、沙以及海域享有主权。该学说的代表性人物有赵理海教授、陈德恭教授、傅崐成教授等。③

(4)岛屿归属线说。该学说认为南海“U形线”范围内的岛、礁、滩、沙是中国领土，但“U形线”范围内水域的法律地位则视岛、礁、滩、沙的法律地位而定，分别属于内水、领海、专属经济区或公海。该学说的代表性人物有高之国教授、李金明教授、刘楠

① 参见李金明：《国内外有关南海断续线法律地位的研究述评》，载《南洋问题研究》2011年第2期，第54~55页；另参见刘楠来：《从国际海洋法看“U”形线的法律地位》，载钟天祥、韩佳、任怀锋：《南海问题研讨会论文集》(2002年)，海南南海研究中心，第51页。

② 参见潘石英：《南沙群岛·石油政治·国际法》，香港经济导报出版社1996年版，第60~63页；另参见许森安：《南海断续国界线的内涵》，载海南南海研究中心：《21世纪的南海问题与前瞻研讨会论文选》(2000年)，第80~82页。

③ 参见赵理海：《海洋法问题研究》，北京大学出版社1996年版，第37页；李金明：《国内外有关南海断续线法律地位的研究述评》，载《南洋问题研究》2011年第2期，第59页；傅崐成：《南(中国)海法律地位之研究》，台湾123资讯有限公司1995年版，第204~205页。

来教授、俞赐宽教授等。①

2. 岛屿归属线说的合理性及采纳理由

上述4种学说在岛、礁、滩、沙的主权归属方面的认识并无差别，都认为"U形线"范围内的岛、礁、滩、沙及岛屿附近海域的主权属于中国，只不过对"U形线"范围内的"内水以外海域"的法律地位认识有所不同。总体而言，岛屿归属线说较能反映南海的现状，也得到多数学者认同，因此值得采纳。

(1)历史性水域说与历史性权利说的不足。

目前，还没有国际条约对历史性水域(Historic Waters)和历史性权利(Historic Rights)作出权威定义。《联合国国际海洋法公约》使用的是历史性所有权(Historic Title)这一表述方式，而《中华人民共和国专属经济区和大陆架法》使用的是历史性权利(Historic Rights)这一表述方式。

《联合国国际海洋法公约》第2部分(领海和毗连区)第2节(领海的界限)第15条(海岸相向或相邻国家间领海界限的划定)规定："但如因历史性所有权……而有必要按照与上述规定不同的方法划定两国的领海界限，则不适用上述规定"。1998年的《中华人民共和国专属经济区和大陆架法》第14条规定："本法的规定不影响中华人民共和国享有的历史性权利。"②虽然历史性所有权和历史性权利的表述方式不同，但其他的国际文件大多数情况下将两者混同使用，而且从理论上说，历史性权利应当包含历史性所有权，是历史性所有权的上位概念。

国际法院审理的1951年英挪渔业案，提到了历史性水域这一

---

① See Zhiguo Gao, The South China Sea: From Conflict to Cooperation, Ocean Development & International Law, Vol. 25, 1994, p. 136；李金明：《国内外有关南海断续线法律地位的研究述评》，载《南洋问题研究》2011年第2期，第61页；刘楠来：《从国际海洋法看"U"形线的法律地位》，载钟天祥、韩佳、任怀锋：《南海问题研讨会论文集》(2002年)，海南南海研究中心，第56页；俞赐宽：《我国南海U形线及线内水域之法律性质和地位》，载海南南海研究中心：《海南暨南海学术研讨会论文集》(2001年)，第427~439页。

② 参见《中华人民共和国专属经济区和大陆架法》(1998)第14条。

概念，同时也使用了历史性所有权这一表述方式，认为历史性水域是由一国享有历史性所有权的水域，通常属于一国的内水，而且构成历史性水域需要符合下列条件：长时间行使必要管辖权、无其他国家反对、虽然不符合现行法律规定但这种管辖权获得其他国家承认，① 这或许是国际文件中第一次正式提及历史性水域。

联合国国际法委员会1957年的《历史性海湾：联合国秘书处的备忘录》，同时使用了历史性所有权和历史性权利两种表述方式，认为历史性所有权或历史性权利的涵盖范围不仅包括海湾，也包括群岛水域、海峡、河口等水域，这些水域统称为历史性水域，属于一国的内水或领海。②

联合国秘书处在1962年的《包括历史性海湾在内的历史性水域的司法制度》中，也认为历史性水域是由一国享有历史性所有权或历史性权利的内水或领海，并且不局限于历史性海湾（Historic Bays），其构成要素主要是：(1)对历史性水域行使权利；(2)行使权利具有连续性；(3)获得其他国家承认。③

可见，历史性水域的存在及法律地位是获得国际社会承认的，该水域由一国享有历史性所有权或历史性权利，主要表现为历史性海湾，如中国的渤海湾、加拿大的哈得逊湾、前苏联的大彼得湾。④ 而且，作为一国领土的组成部分，历史性水域要么是内水，要么属于领海。

如果将南海"U形线"范围内的水域视为内水，外国船舶、飞机未经中国允许就不得进入。但是，"U形线"自1948年正式对外公布以来，外国商船和政府、军用船舶的航行自由，以及周边国家

---

① See International Court of Justice, Reports of Judgments, advisory Opinions and Orders of Fisheries Cases (United Kingdom v. Norway), 1951.

② See United Nations Conference of the Law of the Sea, Historic Bays: Memorandum by the Secretariat of the United Nations, A/CONF. 13/1, 30 September1957.

③ See Secretariat of the United Nations, Juridical Regime of Historic Waters, Including Historic Bays, A/CN. 4/143, March 9, 1962.

④ 参见梁西：《国际法》，武汉大学出版社2003年版，第131~132页。

渔民的捕鱼自由，均不受影响。而且，无论是中国政府还是中国台湾当局，基本上只是针对“U形线”范围内的岛屿及其周围水域而非整个水域行使权力。

如果将南海“U形线”范围内的水域视为领海，按照中国政府一直以来的立场，只有外国商船可行使无害通过权，外国军用船舶和飞机未经允许则不得进入。而现实的情况是，美国、日本及周边国家的军用船舶和飞机经常穿行其中，中国政府不仅未加阻止，反而还作出保证南海航行自由、飞行自由的承诺，① 这就明显与领海的法律地位相违背。

因此，将“U形线”范围内的水域视为历史性水域，或认为中国对“U形线”范围内的水域享有历史性所有权或历史性权利，似乎并不符合当前的实际情况。

值得注意的是，中国台湾当局曾于1993年通过“南海政策纲领”，将“U形线”范围内的水域识别为“中华民国历史性水域”，并且台湾当局“外交部”于1995年5月11日针对美国国务院关于南沙群岛和南中国海的政策声明所发布的南海问题5点声明，以及1996年5月28日反驳越南外交部言论时，仍强调“U形线”范围内的水域为“中华民国历史性水域”。但台湾当局“立法院”在1998年通过“中华民国领海及邻接区法”时，删除了草案第6条关于“历史性水域”的表述，② 不过台湾当局表示，仍然坚持将“U形线”范围内的水域视为“中华民国历史性水域”。③

(2)海上疆域线说的缺陷。

海上疆域线，就是海上的领土分界线，其作用是区分本国海域

---

① 参见《人民日报》1995年5月19日。

② See Yann-huei Song, United States and Territorial Disputes in the South China Sea: A Study of Ocean Law and Politics, University of Maryland School of Law, Maryland, 2002, pp. 142-144.

③ See Zou Keyuan, The Chinese Traditional Maritime Boundary Line in the South China Sea and Its Legal Consequences for the Resolution of the Dispute over the Spratly Islands, The International Journal of Marine and Coastal Law, Vol. 14, No. 1, 1999, pp. 37-42.

与他国海域，或区分本国海域与国际海域。海上疆域线是连接各地理坐标点的一条或数条弧线或直线，通常采用连续的实线而非断续的虚线进行标绘，① 如中国1996年《关于中华人民共和国领海基线的声明》规定："大陆领海的部分基线为下列各相邻基点之间的直线连线"、"西沙群岛领海基线为下列各相邻基点之间的直线连线。"②

根据中国国家测绘局2001年发布的《中国国界线画法标准样图》(1∶1000000)，南海"U形线"中有6段弧线和3段直线，但均未连续标绘，而且也未提供任何地理坐标参数，这与通常的国界线标绘方式存在明显的不同，值得注意的是，这是中国官方对"U形线"作出的具有法律意义的正式表述。③

无论是陆上边界线还是海上边界线，按照地图的正常标绘方式，连续的实线表示边界已经划定，连续的虚线则表示边界还没有正式划定。而南海"U形线"既用虚线表示，也未连续标绘，同时也没有具体的地理坐标参数，因此，外界容易将其理解为并非严格意义上的海上边界线，因为目前除了界河之外，还未发现对海上疆域线进行非连续标绘的先例。④

正如印度尼西亚资深外交官贾拉尔(Hasyim Djalal)所指出的那样："U形线"既无定义也无坐标，其合法性和准确性均不明确，不过可以想象，中国原先的主张限于群岛和礁石，而非"U形线"内的整个海域。⑤

如果认为"U形线"是海上疆域线，那么"U形线"范围内的水

① 参见中国国家海洋局政策研究室：《国际海域划界条约集》，海洋出版社1989年版，第190~687页。

② 参见《关于中华人民共和国领海基线的声明》(1996年)。

③ 参见贾宇：《南海"断续线"的法律地位》，载《中国边疆史地研究》2005年第2期，第117~118页。

④ 参见贾宇：《南海"断续线"的法律地位》，载《中国边疆史地研究》2005年第2期，第118页。

⑤ See Hasyim Djalal, Spratly dispute needs democratic settlement, The Jakarta Post, January 2, 1995, p. 5.

域，要么是中国的内水，受中国主权的完全和绝对管辖，要么是中国的领海，除外国商船可行使无害通过权之外，基本上也受中国主权的完全和绝对管辖。然而自 1948 年“U 形线”正式对外公布以来，对在“U 形线”范围内海域航行的外国船舶，以及在“U 形线”范围内海域上空穿越的外国飞机，中国从未提出过任何抗议，甚至周边国家渔民仍按历史习惯从事捕鱼活动，中国也从未驱逐。所有的这些情况只能表明，中国并将“U 形线”范围内的海域视为内水或领海。

而且，“U 形线”是由中国单方面确定的，并未与周边相关国家进行过商议，如通过谈判签订条约。虽然领海或内水的界限可以由一国单独确定，但由于中国政府并未表现出将“U 形线”范围内的海域视为内水或领海的态度，因此，“U 形线”还可被外界视为专属经济区或大陆架的分界线，而目前的确也存在大陆架的分界线用虚线表示的实例，如印度尼西亚和马来西亚的海峡外大陆架边界线。① 但是这样一来，就会与周边国家主张的专属经济区或大陆架界限产生冲突，如果未经协商便单方确定，确有不妥之处。

此外，中国颁布的法律法规等官方文件，也间接承认了“U 形线”不是海上疆域线。如 1958 年的《中华人民共和国关于领海的声明》明确表示：“这项规定适用于中华人民共和国的一切领土，包括……同大陆及其沿海岛屿隔有公海的……东沙群岛、西沙群岛、中沙群岛、南沙群岛……”②“隔有公海”这种表述可能意味着：中国仅将东沙群岛、西沙群岛、中沙群岛、南沙群岛等岛屿视为领土，而没有对“U 形线”范围内的“非领海水域”提出权利主张。③

再如 1996 年的《中华人民共和国关于领海基线声明》，规定了确定西沙群岛领海基线的 28 个基点的地理坐标。如果将“U 形线”

① 参见贾宇：《南海“断续线”的法律地位》，载《中国边疆史地研究》2005 年第 2 期，第 117 页。

② 参见《中华人民共和国关于领海的声明》(1958 年)。

③ See Lu Ning, Baseline for claims on territorial waters, Business Times (Singapore), June 19, 1996, p. 10.

视为海上疆域线，西沙群岛的领海基线便属画蛇添足。但中国政府发布的正式文件已无法撤回，否则就可能违背“禁止反言原则”。因此，将“U形线”视为海上疆域线并不是恰当的做法。

(3)岛屿归属线说的完善。

根据上述分析，目前中国将南海“U形线”视为岛屿归属线是较为合适的，一方面照顾到了现实的情况，另一方面，对中国的国家利益也没有过多的负面影响。虽然可能会导致部分油气资源落入周边国家手中，但是与南海的战略位置相比，油气资源虽非微不足道，却仍可作为丢卒保帅之不得已而为之之举。事实上，周边国家早已在“U形线”范围内大规模开采油气资源，中国不仅未能实现规模化开采，而且以当前的技术水平，即使能够实现规模化生产，存储、运输等问题也是必须面临的重要挑战。

当然，岛屿归属线说也并非完美无缺。从总体上看，岛屿归属线说的不足之主要是忽略非岛屿地理构造的重要性，以及忽略中国的非主权历史性权利。

岛屿归属线说强调南海“U形线”范围内的岛屿主权归属中国，这一观点与其他学说相同而且正确，但是除了岛屿之外，“U形线”范围内还存在大量的非岛屿地理构造，如沙洲、暗礁、暗沙、暗滩等，这些地理构造的主权同样应当属于中国。因为按照《联合国海洋法公约》第121条的规定，自然岛屿享有领海、毗连区、专属经济区和大陆架，而不能维持人类居住或其本身经济生活的岩礁(Rocks)，虽然不能享有专属经济区或大陆架，但享有领海则没有问题。至于沙洲、暗礁、暗沙、暗滩等非岛屿地理构造，虽然不能享有领海、毗连区、专属经济区和大陆架，但对其上覆水域和水域上空及底土享有的主权，依然不能忽视。

此外，除了岛屿和岩礁周围的领海之外，“U形线”范围内的其他海域虽然不是中国的内水或领海，但历代中国渔民在这些海域捕捞打渔，已经形成了历史性的权利，这些历史性的权利虽然不是历史性所有权，但对于居住在南海周边的中国渔民来说却十分重要，是他们的生活和经济来源，而且，也将是中国未来的“粮仓”。中国1998年颁布的《中华人民共和国专属经济区和大陆架法》第14

条规定：“本法的规定不影响中华人民共和国享有的历史性权利。”①岛屿归属线说似乎忽视了中国渔民的这些历史性的权利。

因此，中国应当将岛屿归属线说改为“海洋地理构造归属线说”，这样才能更好地涵盖中国对“U形线”范围内的沙洲、暗礁、暗沙、暗滩等非岛屿地理构造所享有的主权。

第四节 “南海问题”对油气资源开发的影响

“南海问题”是指中国与越南、菲律宾、马来西亚、文莱、印度尼西亚等5个东盟成员国，就南海地区岛屿、沙洲、暗礁、暗沙、暗滩等海洋地理构造的主权归属，以及大陆架与专属经济区的划分而产生的纠纷。“南海问题”的产生原因复杂，解决难度很大，目前处于僵持阶段。

“南海问题”主要涉及两方面内容：(1)领土主权争议。这是“南海问题”的核心，即关于南海岛屿、沙洲、暗礁、暗沙、暗滩等海洋地理构造的主权归属争议，涉及五国六方：中国、中国台湾地区、越南、菲律宾、马来西亚、文莱，其中，越南在西沙群岛和南沙群岛与中国存在岛礁领土争议，菲律宾在中沙群岛和南沙群岛与中国存在岛礁领土争议，马来西亚、文莱只在南沙群岛与中国存在岛礁领土争议；(2)海洋划界争议。这是“南海问题”的重要内容，即关于南海大陆架与专属经济区的界限划分，涉及六国七方：中国、中国台湾地区、越南、菲律宾、马来西亚、文莱、印度尼西亚，争议类型颇为复杂，既有两国之间的争议，也有三国之间的争议，甚至还有四国、五国之间的争议。

一、“南海问题”的产生

“南海问题”的产生，主要原因在于南海的重要战略位置，以及1961年美国伍兹霍尔海洋研究所的埃默里(K. O. Emery)与日本东海大学的新野弘(Hiroshi Niino)发表的《东海和南海浅水区的

① 参见《中华人民共和国专属经济区和大陆架法》(1998年)第14条。

沉积物》①和1969年“亚洲海底矿产资源联合勘探协调委员会”提交的勘查研究报告，对南海油气资源储量作出乐观估计之后，所唤起的周边国家对油气资源的强烈渴求。

1956年，菲律宾海事学校校长托马斯·克洛马(Tomas Cloma)率领的探险队宣布“发现与占领”了南沙群岛，并以“卡拉延群岛”命名。1970—1980年，菲律宾先后通过4次军事行动，非法侵占了马欢岛、费信岛、中业岛、北子岛、南钥岛、西月岛、双黄沙洲、司令礁等南沙群岛8个岛礁，并派军驻守。1978年，菲律宾总统马科斯签发第1596号总统令，将菲律宾非法侵占的南沙群岛岛礁以“卡拉延群岛”名义划归其巴拉瓦省，并对包括被侵占岛屿在内的南沙群岛33个岛礁，以及面积约6.5万平方海里的海域主张主权。② 1979年，菲律宾总统马科斯签发第1599号总统令，宣布建立200海里专属经济区，环绕整个菲律宾群岛。③ 此外，菲律宾1980年单方面宣布的大陆架也侵入“U形线”60余万平方公里。

从1973年起，越南一反之前明确承认西沙群岛和南沙群岛属于中国领土的官方立场，开始对西沙群岛和南沙群岛进行非法侵占。1974年，越南将西沙群岛全部划入其版图，并意图强行侵占，但遭中国守军击退。1975年，越南将南沙群岛划入其版图，并非法侵占南沙群岛的6个岛礁。1977年，越南先后两次公布领海基线，并依此单方宣称200海里的专属经济区和大陆架，侵入“U形线”100多万平方公里。1979年和1982年，越南发布《越南对于黄沙(Hoang Sa)和长沙(Truong Sa)群岛的主权》和《关于越南领海基线的声明》，宣称对西沙岛群和南沙群岛享有主权。1988年，正当中国落实联合国教科文组织的《全球海平面联测计划》在永暑礁建

---

① See Hiroshi Niino and K. O Emery, Sediments of Shallow Portions of East China Sea and South China Sea, Geological Society of America Bulletin, May 1961, Vol. 72, p. 731.

② 参见李金明：《南海波涛：东南亚国家与南海问题》，江西高校出版社2005年版，第47页。

③ See Foreign Service Institute, The Philippines and the South China Sea Islands, p. 12.

立海洋监测站之际，因越南军队破坏而导致武装冲突，中国军队获胜。1973—1999 年，越南非法侵占的南沙岛礁达 29 个。

1979 年，马来西亚出版了新的领海和大陆架疆域图，把南沙群岛的弹丸礁、南海礁、光兴仔礁、簸箕礁、榆亚暗沙等 12 个岛礁划入其版图。1983—1999 年，马来西亚先后占领了弹丸礁、南海礁、光兴仔礁、簸箕礁、榆亚暗沙等 5 个岛礁。马来西亚于 1966 年和 1984 年颁布《大陆架法》和《专属经济区法》，单方宣布 200 海里的大陆架和专属经济区，分割“U 形线”范围内海域面积达 27 万平方公里，① 意图通过将上述岛屿定位于大陆架和专属经济区范围内的方式，为其声称的主权提供国内法依据。

文莱对南沙群岛的南通礁提出了主权要求，虽然未派兵占领，但其立法宣布的 200 海里专属经济区，侵占南沙群岛海域达 0.3 万平方公里。② 印度尼西亚虽然对南沙群岛的岛礁没有侵占，也没有提出主权要求，但其与马来西亚 1969 年签订的大陆架划界协定，侵占南沙群岛海域达 5 万平方公里，而且其根据 1980 年发布《印度尼西亚专属经济区政府宣言》，单方面宣布的 200 海里专属经济区，在纳土纳群岛一带也已侵入南海“U 形线”，侵占了中国南沙群岛海域 3. 5 万平方公里。③

二、“南海问题”的现状

当前“南海问题”的现状可概括为如下几点：立法意图明显、资源争夺加剧、军事摩擦不断、国际化程度进一步深化。

越南于 2003 年通过《国家边界法》，重申对“黄沙和长沙群岛”

① 参见郭渊：《东南亚国家对南海石油资源的开发及其影响——以菲、马、印尼、文莱为考察中心》，载徐蓝：《近现代国际关系史研究》第四辑，世界知识出版社 2013 年版，第 137 页。

② 参见吴士存：《纵论南沙争端》，海南出版社 2005 年版，第 182 页。

③ 参见杨金森、高之国：《亚太地区的海洋政策》，海洋出版社 1990 年版，第 589 页。

的主权;① 于2012年通过《越南海洋法》，再次宣称对西沙群岛和南沙群岛享有主权。② 菲律宾于2009年通过第9522号《确定菲律宾群岛基线的法案》，将南沙群岛部分岛礁和黄岩岛纳入领土管辖范围;③ 于2012年发布《菲律宾对黄岩岛及其附近海域的立场》，声称对黄岩岛拥有主权。④ 马来西亚于2007年颁布《海洋区域基线法案》，规定了领海基线的测算方式，意图为大陆架的测算与划定提供法律依据；于2009年通过新的《大陆架法》修正案，增加了大陆架界限的确定方法。

2008年6月16日，印度尼西亚向联合国大陆架界限委员会(UN Commission on the Limits of the Continental Shelf，CLCS)提交了“200海里外大陆架划界”的申请。⑤ 2009年4月8日，菲律宾也向联合国大陆架界限委员会提交了“200海里外大陆架划界”的申请。⑥ 2009年

① See The Socialist Republic of Viet Nam, The law on National Border, No. 06/2003/QH11, 17 June 2003.

② See The Socialist Republic of Viet Nam, The Law of the Sea of Viet Nam, No. 18/2012/QH13, 21 June 2012.

③ See Republic of the Philippines, An Act to Amend Certain Provisions of Republic Act No. 3046, as Amended by Republic Act No. 5446, to Define the Archipelagic Baselines of the Philippines, and for Other Purposes, Republic Act No. 9522, 10 March 2009.

④ See Department of Foreign Affairs of Republic of the Philippines, Philippine Position on Bajo de Masinloc and the Waters Within its Vicinity, available at http://www.dfa.gov.ph/main/index.php/newsroom/dfa-releases? start = 32, last visited on July 5, 2015.

⑤ See Commission on the Limits of the Continental Shelf, Outer limits of the continental shelf beyond 200 nautical miles from the baselines: Submissions to the Commission: Submission by the Republic of Indonesia, available at http://www.un.org/depts/los/clcs_new/submissions_files/submission_idn.htm, last visited on July 5, 2015.

⑥ See Commission on the Limits of the Continental Shelf, Outer limits of the continental shelf beyond 200 nautical miles from the baselines: Submissions to the Commission: Submission by the Republic of the Philippines, available at http://www.un.org/depts/los/clcs_new/submissions_files/submission_phl_22_2009.htm, last visited on July 5, 2015.

5月6日，越南与马来西亚共同向联合国大陆架界限委员会提交“200海里外大陆架划界”的联合申请，① 分别涉及西沙群岛海域和南沙群岛海域7.8万和4.5万平方公里的海床和底土，② 越南还声称对西沙群岛和南沙群岛拥有主权，马来西亚则声称对其所占岛礁拥有主权。③ 2009年5月7日，越南又向联合国大陆架界限委员会提交“南海外大陆架划界”的单独申请，④ 声称拥有3260公里的海岸线并拥有西沙群岛和南沙群岛的主权。⑤ 2009年5月11日，文莱也向联合国大陆架界限委员会提交了初步信息，意图将中国南沙群岛的部分海域划为其外大陆架。

2013年1月21日，菲律宾向联合国国际海洋法庭(International Tribunal for the Law of the Sea，ITLOS)单方提出仲裁请求，要求确认中国的南海“U形线”违反《联合国海洋法公约》，并要求中国尊重菲律宾在南海(菲律宾称为“西菲律宾海”)的主权

---

① See Commission on the Limits of the Continental Shelf, Outer limits of the continental shelf beyond 200 nautical miles from the baselines: Submissions to the Commission: Joint Submission by Malaysia and the Socialist Republic of Viet Nam, available at www. un. org/depts/los/clcs_new/submissions_files/submission_mysvnm_33_2009. htm, last visited on July 5, 2015.

② 参见贾宇:《南海问题的国际法理》，载《中国法学》2012年第6期，第91页。

③ See Malaysia and Socialist Republic of Vietnam, Joint Submission to the Commission on the Limits of the Continental Shelf pursuant to Article 76, paragraph 8 of the United Nations Convention on the Law of the Sea 1982 in respect of the southern part of the South China Sea, 6 May 2009.

④ See Commission on the Limits of the Continental Shelf, Outer limits of the continental shelf beyond 200 nautical miles from the baselines: Submissions to the Commission: Submission by the Socialist Republic of Viet Nam, available at http: //www. un. org/depts/los/clcs_new/submissions_files/submission_vnm_37_2009. htm, last visited on July 5, 2015.

⑤ See Socialist Republic of Vietnam, Submission to the Commission on the Limits of the Continental Shelf pursuant to Article 76, paragraph 8 of the United Nations Convention on the Law of the Sea 1982: Partial Submission in respect of Vietnam's extended Continental Shelf-North Area(VNM-N), 7 May 2009.

以及其他海洋权益。2013年1月22日，菲律宾向中国递送其在联合国国际海洋法庭提出仲裁请求的照会、书面通知和说明,① 2013年3月25日，国际海洋法庭以中国拒绝回应为由，为中国选择了一名波兰籍仲裁员(Stanislaw Pawlak)，组建了由5名仲裁员组成的仲裁庭,② 并于2013年4月24日，不顾中国强烈反对，完成了5名仲裁员的任命。2013年7月11日，5人仲裁庭选定常设仲裁法院(Permanent Court of Arbitration)作为案件的书记官处。

2013年8月27日，常设仲裁法院通过了仲裁所适用的程序条例，仲裁庭确定菲律宾应于2014年3月30日之前提交包括管辖权、可受理性、争议实体问题等在内的书面陈述。③ 2014年6月3日，仲裁庭确定中国应于2014年12月15日之前提交辩诉状。④ 2014年12月7日，中国公布并向仲裁庭转交《关于菲律宾共和国所提南海仲裁案管辖权问题的立场文件》，重申不接受、不参与菲律宾单方面所提仲裁，并强调转交该文件不得被解释为中国接受或

① See Department of Foreign Affairs of Republic of the Philippines, Notification and Statement of Claim on West Philippine Sea, available at http：//www. dfa. gov. ph/index. php/newsroom/dfa-releases/7300-statement-by-secretary-of-foreign-affairs-albert-del-rosario-on-the-unclos-arbitral-proceedings-against-china-to-achieve-a-peaceful-and-durable-solution-to-the-dispute-in-the-wps, last visited on July 5, 2015.

② See International Tribunal for the Law of the Sea, Arbitrators Appointed in the Arbitral Proceedings Instituted by the Republic of the Philippines against the People's Republic of China, available at https：//www. itlos. org/ fileadmin/itlos/documents/press_releases_english/PR_191_E. pdf, last visited on July 5, 2015.

③ See Permanent Court of Arbitration, Arbitration between the Republic of the Philippines and the People's Republic of China：Arbitral Tribunal Establishes Rules of Procedure and Initial Timetable, available at http：//www. pca-cpa. org/PH-CN%20-% 20Press% 20Release% 20 (ENG) % 2020130827e141. pdf? fil _ id = 2311, last visited on July 5, 2015.

④ See Permanent Court of Arbitration, Arbitration between the Republic of the Philippines and the People's Republic of China, available at http：//www. pca-cpa. org/PH-CN% 20-% 2020140603% 20-% 20Press _ Release _ 2% 20 (ENG) a70e. pdf? fil_id = 2638, last visited on July 5, 2015.

参与仲裁,① 但2014年12月17日，仲裁庭仍裁定仲裁程序继续进行。② 2015年4月22日，仲裁庭将中国转交的立场文件视为对仲裁庭管辖权的抗辩,③ 2015年7月7日，仲裁庭就管辖权和可受理性问题进行开庭审理，同时表示中国仍可在任何时候参加仲裁程序。④

目前南海诸岛中，东沙群岛、中沙群岛和西沙群岛完全由中国控制，其中东沙群岛由中国台湾当局实际控制。而南沙群岛的众多岛、礁、沙、滩中，中国只控制了9个，即渚碧礁、南薰礁、东门礁、赤瓜礁、永暑礁、华阳礁、美济礁、仁爱礁和太平岛(台湾当局实际控制)。而越南方面侵占、控制了29个，即南子岛、景宏岛、南威岛、鸿庥岛、奈罗礁、大现礁、鬼喊礁、毕生礁、六门礁、南华礁、无乜礁、中礁、西礁、东礁、日积礁、柏礁、琼礁、舶兰礁、广雅滩、人俊滩、李准滩、西卫滩、万安滩、蓬勃堡、敦谦沙洲、安波沙洲、染青沙洲、金盾暗沙和奥南暗沙。菲律宾侵占、控制了8个，即马欢岛、南钥岛、中业岛、西月岛、费信岛、北子岛、双黄沙洲和司令礁。马来西亚侵占、控制了5个，即弹丸礁、南海礁、光兴仔礁、簸箕礁和榆亚暗沙。

除了非法侵占、控制南沙群岛的岛、礁、沙、滩之外，南海争

① 参见中华人民共和国:《中华人民共和国政府关于菲律宾共和国所提南海仲裁案管辖权问题的立场文件》，2014年12月7日。

② See Permanent Court of Arbitration, Arbitration between the Republic of the Philippines and the People's Republic of China, available at http://www.pca-cpa.org/PH-CN_20141217_Press_Release_No_3%20(ENG)dac6.pdf?fil_id=2846, last visited on July 5, 2015.

③ See Permanent Court of Arbitration, Arbitration between the Republic of the Philippines and the People's Republic of China, available at http://www.pca-cpa.org/PH-CN%20-%2020150422%20-%20Press%20Release%20No.%204%20(ENG)7045.pdf?fil_id=2910, last visited on July 5, 2015.

④ See Permanent Court of Arbitration, Arbitration between the Republic of the Philippines and the People's Republic of China, available at http://www.pca-cpa.org/PH-CN%20-%2020150707%20-%20Press%20Release%20No.%205%20(ENG)f05e.pdf?fil_id=3000, last visited on July 5, 2015.

端中的东盟声索国还在争议海域大规模勘探开采油气资源，并由此获得了巨大的经济利益；东盟声索国还将争议海域油气资源的勘探开采权大量授予西方国家的石油公司，以期形成利益捆绑，进而使争议的解决进一步复杂化。

"南海问题"目前仍在持续升温，深度国际化发展的趋势更加明显，① 其主要原因在于国际政治因素的影响。这有两个方面的体现：

一是东盟作为区域性国际组织其影响力进一步扩大，其全体成员国越来越趋向于对外用一个声音说话。1992 年 7 月《南海问题东盟宣言》的签署，是东盟全体成员国在"南海问题"上采取共同立场的首次体现。1994 年，东盟对外表示今后将以集体名义而非双边名义接受关于"南海问题"的谈判。② 2002 年 11 月，东盟全体成员国与中国共同签署了《南海各方行为宣言》。2011 年 5 月，第 18 届东盟峰会发表主席声明，强调与中国协商制定《南海行为准则》时应遵守东盟原则（Principle of ASEAN），即东盟成员国必须团结一致。③ 2011 年 7 月，东盟全体成员国与中国达成《落实〈南海各方行为宣言〉的指导方针》。

2012 年 7 月，第 45 届东盟外长会议达成《关于东盟制定〈南海行为准则〉关键要素的建议》（ASEAN's Proposed Key Elements for the Regional Code of Conduct in the South China Sea），④ 并发布《关于东

① See Daniel Ten Kate, U. S. Warship Docks in Vietnam Amid China Sea Dispute, available at http://www.businessweek.com/news/2010-08-10/u-s-warship-docks-in-vietnam-amid-china-sea-dispute.html, last visited on Oct 1, 2012.

② 参见张植荣：《中国边疆与民族问题》，北京大学出版社 2005 年版，第 186 页。

③ See ASEAN Summit, Chairman's Statement of the 18th ASEAN Summit, 8 May 2011, available at http://www.asean.org/archive/Statement_18th_ASEAN_Summit.pdf, last visited on 1 July 2015.

④ See ASEAN, On Track to ASEAN Community 2015: ASEAN annual report 2012-2013, 23 June 2013.

盟南海六点原则的声明》。① 2013 年 6 月第 46 届东盟外长会议发表的联合公报，② 以及 2014 年 5 月第 24 届东盟峰会的外长会议通过《东盟外长关于南海目前事态发展的声明》，均提及并强调《关于东盟南海六点原则的声明》的作用。③

2015 年 4 月，第 26 届东盟峰会发表主席声明，对南海正在进行的填海造地活动表示严重关切。④ 2015 年 8 月，第 48 届东盟外长会议发表联合公报，指出部分东盟国家外长对中国在南海岛礁上的填海造地活动表示严重关切，并表示各方应加强《南海行为准则》的磋商和自我行为的约束。⑤ 东盟的上述行为，已明确表现出其成员国在“南海问题”上的行动已基本趋向一致。

---

① See ASEAN Foreign Ministers Meeting, Statement of ASEAN Foreign Ministers on ASEAN's Six-Point Principles on the South China Sea, 20 July 2012, available at http://www.asean.org/images/AFMs%20Statement%20on%206%20Principles%20on%20SCS.pdf, last visited on 1 July 2015.

② See ASEAN Foreign Ministers Meeting, Joint Communiqué 46th ASEAN Foreign Ministers Meeting, 29~30 June 2013, available at http://www.asean.org/images/2013/news/joint%20communique%20of%20the%2046th%20asean%20foreign%20ministers%20meeting%2046th%20amm%20-%20final%20-%2030%20june%202013.pdf, last visited on 1 July 2015.

③ See ASEAN Foreign Ministers Meeting, ASEAN Foreign Ministers' Statement on the Current Developments in the South China Sea, 10 May 2014, available at http://www.asean.org/news/asean-statement-communiques/item/asean-foreign-ministers-statement-on-the-current-developments-in-the-south-china-sea?category_id=26, last visited on 1 July 2015.

④ See ASEAN Summit, Chairman's Statement of the 26th ASEAN Summit, 6 August 2015, available at http://www.asean.org/images/2015/april/26th_asean_summit/Chairman%20Statement%2026th%20ASEAN%20Summit_final.pdf, last visited on 1 July 2015.

⑤ See ASEAN Foreign Ministers Meeting, Joint Communiqué 48th ASEAN Foreign Ministers Meeting, 4 August 2015, available at http://www.asean.org/news/asean-statement-communiques/item/joint-communique-48th-asean-foreign-ministers-meeting-kuala-lumpur-malaysia-4th-august-2015?category_id=26, last visited on 1 July 2015.

二是美国、日本、印度等区外大国的干预。“南海问题”被美国看做构建亚太安全秩序的重要机遇，日本和印度则依附美国分别推行“南向”和“东进”政策，意图共同遏制中国。1995 年，美国便表示愿意以参与对话的方式协助解决“南海问题”。① 2001 年之后，美国积极推动与东盟国家举行以“南海问题”为背景的军事演习，并试图以反恐、防扩散、打击跨国犯罪的名义向马六甲海峡派驻军队。②

2010 年，美国更是直接表示“南海问题”关涉其国家利益，并称愿意帮助解决争端。③ 2011 年，美国在 1 个月内连续进行了 4 场以“南海问题”为背景的军事演习；④ 日本和菲律宾共同发表宣称在南海有重大利益的联合声明；⑤ 印度则联合越南在南海争议海域

① See US Department of Defense, United States Security Strategy for the East Asia-Pacific Region, Feb. 27, 1995.

② See Daniel H. Joyner, The Proliferation Security Initiative: Nonproliferation, Counterproliferation and International Law, Yale Journal of International Law, Vol. 30, Issue 2, summer 2005, pp. 507-508; also see Yann-huei Song, Security in the Strait of Malacca and the Regional Maritime Security Initiative: Responses to the US Proposal, International Law Studies Series, US Naval War College, Vol. 83, Issue 1, 2007, pp. 97-98.

③ See Mark Landler, Offering to Aid Talks, U. S. Challenges China on Disputed Islands, The New York Times, July 24, 2010.

④ 参见中国网：《美国携手东盟 6 国海上联合军演：加速重返东南亚》，http://www.china.com.cn/military/txt/2011-06/20/content_22818558.htm，2011 年 6 月 15 日；凤凰网：《美菲军演 28 日上演，中方吁对话解决南海争端》，http://news.ifeng.com/mainland/special/nanhaizhengduan/ontent-3/tail_2011_06/28/7299092_0.shtml；中国青年报：《日美澳欲在南海联合军演牵制中国》，http://zqb.cyol.com/html/2011-07/09/nw.D110000zgqnb_20110709_1-04.htm，2011 年 7 月 9 日；环球网：《美越 15 日举行海上联合演习，美媒称其意在抑制中国》，http://world.huanqiu.com/roll/2011-07/1825698.html，2011 年 7 月 15 日。

⑤ See Philippines-Japan Joint Statement on the Comprehensive Promotion of the "Strategic Partnership" between Neighboring Countries Connected by Special Bonds of Friendship, September 27, 2011, Art. 4.

共同勘探开采油气资源。①

2012年，美国和菲律宾在巴拉望岛附近海域联合举行以夺取被占近海油气平台为内容的军事演习，并与越南军队在岘港开展包括海上搜救在内的军事交流；日本则正式决定向菲律宾提供海上巡逻艇，以换取日本自卫队在南海的船舶停泊据点，并与美国探讨共同使用菲律宾军事训练设施的问题。

2013年，美国考本斯号导弹巡洋舰，在南海海域监视中国辽宁舰时，与航母编队的一艘中国两栖船坞登陆舰发生对峙，双方距离最近时仅为457米。2014年，美国国务院的海洋、国际环境和科学事务局发表《海洋边界——中国的南海主张》（*Limits in the Seas*, *China*: *Maritime Claims in the South China Sea*）的研究报告，对中国南海“U形线”的法律地位进行质疑。② 2015年，美国军用侦察机对中国建设南海岛礁进行侦察，遭到中国军队8次警告；日本公布年度《防卫白皮书》，诬称中国在南海的填海造陆工程违背现有的国际法律秩序。

三、“南海问题”对油气资源开发的影响

（一）摩擦冲突不断，影响勘探开发

除了非法侵占中国的南海岛礁之外，东盟的南海申索国还非法驱逐、扣押中国的渔船和渔民，以及中国能源企业的勘探测量船舶，甚至武力对抗中国政府的正常执法，严重影响了中国对南海油气资源的勘探开发。

据统计，到目前为止，中国被越南、菲律宾、马来西亚等东盟

---

① See Ananth Krishnan, China warns India on South China Sea exploration projects, available at http://www.thehindu.com/news/international/article 2455647.ece, last visited on Oct. 1, 2012.

② See United States Department of State, Bureau of Oceans and International Environmental and Scientific Affairs, Limits in the Seas, China: Maritime Claims in the South China Sea, 5 December 2014.

南海申索国非法扣留的渔船已超过 530 艘，渔民超过 6000 人，①非法驱逐、干扰正常作业的渔船超过 220 艘，渔民超过 5000 人，严重损害了中国的主权和中国渔民的利益。

2009 年 6 月 20 日，广西 8 艘渔船、75 位中国渔民在中国南沙群岛海域传统渔场内正常作业时，被印度尼西亚渔业执法船抓扣。2011 年 6 月 9 日，越南在中国南沙群岛万安滩海域非法进行油气勘探并驱赶正常作业的中国渔船。2012 年 5 月 18 日，5 艘中国渔船在“U 形线”范围内约 50 海里处海域作业，遭到 3 艘越南炮艇追击。2014 年 5 月 6 日，中国渔船“琼琼海 09063”、“琼琼海 03168”在南沙群岛半月礁海域捕鱼作业时，遭到菲律宾海警拦截和鸣枪威胁，“琼琼海 09063”及 11 位渔民被扣留。2014 年 6 月 20 日，中国 8 艘渔船及 69 位渔民在南沙群岛海域传统渔场内正常作业时，被 3 艘印度尼西亚武装船只抓扣。

1995 年 3 月，菲律宾以中国扣留其渔船和渔民并在美济礁建造军事设施为由，出动军队炸毁中国在半月礁、仁爱礁、仙娥礁、信义礁等岛礁上设立的测量标志，并突袭和拘留停靠在半月礁附近的 4 艘中国渔船及 62 位渔民。1997 年 5 月，菲律宾海军在黄岩岛附近海域拦截运送中外无线电业余爱好者的中国船只，并在黄岩岛附近海域扣押了 1 艘中国渔船及 21 位中国渔民。

1999 年，菲律宾第 57 号坦克登陆舰故意在仁爱礁搁浅，并且派出士兵轮班进驻，企图形成所谓的“实际控制”。2011 年 12 月，菲律宾以“非法捕鱼”为名扣留 5 位在巴拉望岛附近中菲争议海域捕鱼的中国渔民。2012 年 4 月，菲律宾海军试图抓扣黄岩岛潟湖内的中国渔船和渔民，与闻讯赶到的两艘中国海监船发生对峙。

2014 年 5—7 月，中海油的“海洋石油 981”号钻井平台在西沙群岛毗连区进行钻探作业时，先后遭到越南海警出动 200 余艘各类船只进行干扰，中国公务执法船舶在避免国家财产损坏时受到 1200 余次冲撞，被迫以撞击、水炮等非武力手段进行反击。2015

① 参见童伟华：《南海对策中“搁置争议”与“共同开发”之冲突及其调整》，载《中国海洋大学学报(社会科学版)》2011 年第 6 期，第 1 页。

年6月3日，在南沙群岛南康暗沙琼台礁附近海域，中国海警船1123号与马来西亚的海军和海事执法局舰机发生对峙，而马来西亚对南康暗沙与北康暗沙存在领土要求，将两者合称为卢康尼亚滩(Luconia Shoals)。

(二)东盟申索国恶意利用中国的善意进行非法开采

东盟申索国还恶意利用中国提出的“搁置争议、共同开发”所表现出来的政治善意，一方面表示愿意与中国进行谈判，另一方面却非法大量攫取中国的南海油气资源，而反观中国，至今在南海海域尚未开采哪怕是一滴石油。

越南侵占的南海岛礁最多，攫取的资源数量也很大。自1978年与日本达成合作开发南海石油的协议以来，越南已与50多家国际油气公司签署了数十份合作协议，① 开采的石油超过1亿吨、天然气超过1.5万亿 m^3，获得的收益在2008年即已达250亿美元，这些油气除供越南国内使用之外，还大量出口创汇，越南也由此一度成为新兴的石油出口国。② 目前，越南在中越争议海域的石油年产量已达800万吨，约占越南3000万吨石油年产量的26%。③

越南还将其认为可能含有油气蕴藏的海域分成185个区块进行对外招标，其中与南海“U形线”冲突的区块达80个，位于“U形线”上的有30个，位于位于“U形线”内的有50个，中标方包括美国、英国、加拿大、澳大利亚、俄罗斯、印度等多个国家的石油企业。1994年，越南授权包括美孚石油公司(Mobil Oil Corporation)在内的国际石油财团勘探开采的青龙(Thanh Long)油田，便处于“U形线”范围内。

2006年，越南授权印度石油天然气公司(Oil and Natural Gas Corporation Limited，ONGC)的子公司印度石油天然气公司海外投资

① 参见李金明：《南海问题的最新动态与发展趋势》，载《东南亚研究》2010年第1期，第37页。

② 参见姚冬琴：《南海宝藏——失去南海就相当于失去中国油气总资源的三分之一》，载《中国经济周刊》2012第21期，第27页。

③ 参见安应民：《论南海争议区域油气资源共同开发的模式选择》，载《当代亚太》2011年第6期，第129页。

和作业公司(ONGC Videsh Ltd.，OVL)勘探多个区块的油气资源，其中的127、128区块，也位于“U形线”范围内。

2009年，越南授权加拿大塔里斯曼石油公司(Talisman Energy Inc.)在南沙群岛万安滩海域多个区块进行资源勘探，其中的133和134区块，同样在“U形线”范围内，而且实际上就是中海油与美国克里斯通能源公司(Crestone Energy Corporation)1992年签订协议准备共同开发，但由于越南的干涉而暂时搁置的“万安北-21”区块。①

菲律宾对南海资源的掠夺也不甘落于人后。菲律宾在南海的非法油气勘探活动，主要集中在南沙群岛礼乐滩海域。从1975年与瑞典萨伦集团(Salen Group)、美国(阿莫科)石油公司(American Oil Company，Amoco)在礼乐滩、忠孝滩、棕滩、海马滩等海域合作勘探油气并获得重要发现开始，菲律宾对南海争议海域的资源争夺力度逐渐加大。2009年，菲律宾批准菲律宾国家石油公司(Philippine National Oil Company，PNOC)与英国弗伦姆能源公司(Forum Energy Technologies，FET)合作勘探南沙群岛礼乐滩海域GSEC-101区块的油气田，该区块便位于南海“U形线”范围内，同时也位于中菲越2005年《南海特定区域联合海洋地震研究协议》约定的三方合作区块之内。② 2012年，菲律宾公开招标合作方的15个油气区块中，有3个位于礼乐滩海域，面积达16万公顷。2014年，菲律宾公开招标合作方的11个油气区块中，虽然只有1个位于礼乐滩海域，但面积却达46.8万公顷。

马来西亚是东南亚第二大石油和天然气生产国，同时也是东盟申索国中获得南海油气资源最多的国家。马来西亚在南沙群岛的非法油气勘探活动，主要集中在曾母(暗沙)盆地的巴林凹陷和南康台地。1968年，马来西亚就已将“U形线”范围内面积达8万多平

① 参见毛凌云:《南海争端：搁置争议的关键在于共同开发——专访中国南海研究院院长吴士存》，载《南风窗》2011第17期，第32页。

② 参见毛凌云:《南海争端：搁置争议的关键在于共同开发——专访中国南海研究院院长吴士存》，载《南风窗》2011第17期，第32页。

方公里的南沙群岛海域划为矿区，出租给荷兰皇家壳牌集团(Royal Dutch /Shell Group of Companies)的子公司沙捞越壳牌公司进行勘探开发。① 截至2010年年底，马来西亚与国际石油公司签署的合作协议超过70份。马来西亚近年来划出多个深海油气区块进行招标，其中有13个区块的油气勘探和开采合同完全或部分位于“U形线”范围内。② 如今，马来西亚在“U形线”范围内开发了2个油田、8个气田及1个油气田，③ 其出口石油的70%来自于“U形线”范围内。④

印度尼西亚的纳土纳(Natuna)气田，是世界上最大的气田之一，在20世纪90年代由美国埃克森石油公司(Exxon Corporation)的子公司埃索(Esso)进行勘探开发，1996年该气田已有钻井侵入“U形线”100多公里位置，⑤ 目前已在“U形线”范围内形成油气钻井20多个。⑥ 印度尼西亚国家石油公司(Pertamina)2002年开采的南昆山盆地的油气田，也位于“U形线”范围内。

文莱的油气勘探开发原来主要集中在文莱——沙巴盆地，但从20世纪90年代中期开始，逐步向该盆地以北的深水区推进，深入到中国南沙群岛海域的“U形线”范围内，并发现了一系列的油气储藏。目前，在文莱——沙巴盆地周围海域发现的13个油气田，

① 参见吴士存：《南沙争端的起源与发展》，中国经济出版社2010年版，第142页。

② 参见丁刚、暨佩娟、孙广勇等：《200家西方公司狂敛南海油气》，载《环球时报》2012年3月22日，第3版。

③ 参见张丽娜：《促进南海油气资源共同开发的法律对策》，载《南海学刊》2015年第1期，第85页。

④ 参见安应民：《论南海争议区域油气资源共同开发的模式选择》，载《当代亚太》2011年第6期，第130页。

⑤ 参见常书：《印度尼西亚南海政策的演变》，载《国际资料信息》2011年第10期，第26页。

⑥ 参见安应民、蒋涛：《我国南海争议区域油气资源共同开发问题及其模式选择》，载《新东方》2011年第4期，第30页。

有8个位于“U形线”范围内。①

四、“南海问题”的外方解决模式辨析

南海问题不仅是中国学者关注的重点，也是其他国家学者特别是东盟国家学者关注的热点。由于南海的岛礁等地理构造归属问题涉及国家主权，只有在相关争端当事方一致同意的情况下，才能通过外交谈判或国际司法途径彻底解决，因此，国外学者对南海问题解决方案的探讨，目前主要局限于南海争议海域的管辖权划分方面。值得注意的是，中国一贯主张对南海“U形线”范围内的岛礁等地理构造享有主权，但对争议海域的油气等资源可与相关争议方进行共同开发。

就南海争议海域管辖权划分的具体解决方案，国内外学者进行了广泛的探讨，虽然各国学者基本上都是出于本国利益的考虑，立场并不相同，得出的结论也相差甚远，甚至可能会截然相反，但是仍然具有重要的参考或借鉴价值。

国外学者及政府提出的南海争议海域管辖权划分具体方案，主要有越南的“U形方案”，菲律宾的“北海模式”、“印(尼)澳航路模式”和“ZoPFF/C模式”，印度尼西亚贾拉尔的“南海环型模式”、瓦伦西亚的“南极条约模式”和“共管模式”、基维马基的“海洋公园区模式”。

(一)越南的“U形方案”

在1992年举行的第25届东盟外长会议上，越南提出：以越南、菲律宾、马来西亚等国的领海基线为基点向外延伸，200海里范围之内的海域是相关国家的领海，200海里范围之外的海域才是用来与中国进行划分的那部分海域。这就是越南的“U形方案”。

显而易见，越南的“U形方案”是专门针对中国的，不仅大量侵占了中国的南海“U形线”海域，而且其提出的200海里宽度领海，也明显违反了《联合国海洋法公约》的规定，当然遭到中国和

① 参见张丽娜：《促进南海油气资源共同开发的法律对策》，载《南海学刊》2015年第1期，第85页。

中国台湾当局的坚决反对，就连其他的东盟南海申索国，都认为该方案存在表述模糊、漏洞太多等弊端，因而不予赞同。

（二）菲律宾的“北海模式”、“印（尼）澳航路模式”和“ZoPFF/C模式”

“北海模式”是西欧北海沿岸国就北海大陆架的边界划分形成的模式。北海大陆架油气资源丰富，其边界划分涉及5个国家：英国、挪威、丹麦、荷兰、联邦德国。1965—1966年，英国分别与挪威、丹麦、荷兰达成大陆架边界划定协议，丹麦也分别与挪威、荷兰达成大陆架边界划定协议，这些协议基本上以中间线原则作为大陆架的划分依据。国际法院1969年就北海大陆架案作出裁决后，① 联邦德国于1971年按照公平原则与荷兰、丹麦、英国分别签订了大陆架边界划定协议，并与荷兰、丹麦签订了关于大陆架边界划定的三方协议，英国也按公平原则调整了之前与丹麦、荷兰签订的大陆架边界划定协议。

“印（尼）澳航路模式”是印度尼西亚和澳大利亚解决争议海域的模式。印度尼西亚与澳大利亚虽然分别于1971年和1972年缔结了关于帝汶岛东部、西部海域的大陆架边界划定协议，但在帝汶岛海域南部留下了一段约200海里宽的缺口，即帝汶缺口（Timor Gap）。1989年，印度尼西亚与澳大利亚签订《关于在印度尼西亚东帝汶省和北澳大利亚之间区域内建立合作区的条约》（即《帝汶缺口条约》），② 决定在帝汶缺口海域先行建立共同合作开发区，作为达成帝汶缺口大陆架边界协议之前的临时安排。

“ZoPFF/C模式”是2011年9月，菲律宾在马尼拉举办的主题为“把东海建成和平、自由、友好及合作区域（Zone of Peace, Freedom, Friendship and Cooperation, ZoPFF/C）的开发构想”会议

① See International Court of Justice, Reports of Judgments, advisory Opinions and Orders of North Sea Continental Shelf Cases (Federal Republic of Germany v. Denmark; Federal Republic of Germany v. Netherlands), 1969.

② See Treaty between Australia and the Republic of Indonesia on the Zone of Co-operation in an Area between the Indonesian Province of East Timor and Northern Australia, December 1989.

上，提出的解决南海问题的方案，其主要内容和基本顺序为：(1)根据《联合国海洋法公约》确定各方大陆架的合法区域和争议区域；(2)各方从大陆架争议区域撤出；(3)将大陆架争议区域建成和平、自由、友好及合作的区域(ZoPFF/C)。

菲律宾提出的“北海模式”、“印(尼)澳航路模式”和“ZoPFF/C模式”，用意在于以《联合国海洋法公约》为基础彻底否定中国的南海“U形线”，因此毫无疑问地遭到了中国反对。1993年，印度尼西亚建议解决南沙群岛争端所采用的石油共享方式，实际上就是“印(尼)澳航路模式”。

(三)印度尼西亚的“南海环型模式”、“南极条约模式”、“共管模式”、“海洋公园区模式”

1. 贾拉尔的“南海环型模式”

印度尼西亚海洋与渔业部高级顾问、外交部无任所大使哈希姆·贾拉尔(Hasjim Djalal)博士，以越南的“U形方案”为基础，于1994年6年提出了“南海环形方案”(Doughnut Formula)，其基本内容如下：

(1)争端各国按照《联合国海洋法公约》的规定，沿本国领海基线依次划定12海里的领海、12海里的毗连区和200海里的专属经济区，各国领海的重叠部分自行协商解决。

(2)不适宜人类居住或不能维持其本身经济生活的岩礁，不能享有专属经济区和大陆架，并且在划界中只具有零效力。

(3)争端各国划定的专属经济区范围以外的海域，是各国非军事化的联合开发区(Joint Development Zone)，不属于任何国家。

(4)联合开发区范围内的合作以经济合作和科研合作为主，各国都有权在联合开发区内，自由从事科研等非军事活动。无论南海国家的海域是否与联合开发区毗邻，都可以参与联合开发区的合作，经南海国家同意，非南海国家也可参与联合开发区的合作。①

贾拉尔的“南海环型模式”明显偏向于印度尼西亚的国家利益。

① See Hasjim Djalal, Spratly Dispute Needs Democratic Settlement, The Jakarta Post, Jan. 25, 1995, p. 46.

印度尼西亚在南海争端中没有主权要求，但却可以参与联合开发区的活动，并从中获得极大利益，并且按照他的划分方式，中国台湾当局控制的太平岛，便位于联合开发区范围之内，这无论是中国还是中国台湾当局都无法同意的。

2. 瓦伦西亚的“南极条约模式”和“共同管理模式”

1989 年，美国海洋政策专家、夏威夷东西方中心(East-West Center)高级研究员瓦伦西亚(Mark J. Valencia)提出了“南极条约模式”。根据瓦伦西亚的主张，在“南极条约模式”下，所有南海争端当事方的岛礁等领土争议将被冻结，并成立一个防止冲突的权威机构，以促进南海资源的勘探开发和共同管理。① 1997 年，瓦伦西亚又提出了更为具体详细的“共同管理模式”，② 其主要内容包括：

(1)南海争端各方应当搁置对南海岛礁和海域的主权要求；

(2)在南沙群岛中心地带依等距离原则划出非军事核心区，由南海争端各方成立“南沙群岛管理机构”(Spratly Management Authority)共同管理；

(3)“南沙群岛管理机构”的成员为包括中国台湾地区在内的“六国七方”，经争端各方同意，美国、日本、俄罗斯等非争端当事国可成为非正式成员，机构秘书长可由中国或中国台湾地区指派一人常任，副秘书长可由其他争端当事国指派人轮流担任；

(4)“南沙群岛管理机构”的股权比例分配为：中国和中国台湾地区占 51%、越南占 28%、菲律宾占 10%、马来西亚占 8%、文莱占 1%。

瓦伦西亚的“南极条约模式”和“共同管理模式”基本相同，只不过后者更加具体，但都不仅侵犯了中国的传统利益，也影响了越南、菲律宾、马来西亚的现有利益，其目的在于促使南海非军事化和国际化。无论制度设计多么完美，中国都不可能接受。事实上，

① See Mark J. Valencia, All-for-everyone Solution, Far Eastern Economic Review, March 30, 1989.

② See Mark J. Valencia, Jon M. Van Dyke and Noel A. Ludwig, Sharing the Resources of the South China Sea, Martinus Nijhoff Publishers, 1997.

就连越南学者也表示怀疑，认为不可能付诸实践。①

3. 基维马基的“海洋公园区模式”

“海洋公园区模式”由北欧亚洲研究所(Nordic Institute of Asian Studies)的资深研究员基维马基(Timo Kivimaki)为主提出，其核心内容包括：

(1)争端当事方承认南沙群岛不能维持人类居住或其本身的经济生活，不能获得12海里领海之外的海域。

(2)争端当事方的专属经济区和大陆架主张，只能通过中间线原则和协商谈判来确定。

(3)争端当事方通过中间线原则和协商谈判确定专属经济区和大陆架后，南海中部剩余的公海区域，作为海洋公园交由一个地区或国际机构管辖，并禁止从事一切经济活动。

(4)争端当事方应当搁置争议，将南沙群岛视为海洋公园的一部分，禁止除不损害环境的旅游之外的一切经济活动。②

基维马基的“海洋公园区模式”付诸实践的可能性更小，因为能够把争端当事方连接起来的纽带是南海的丰富资源以及由此带来的经济利益，仅仅开发旅游资源，而对油气等资源的开发避而不谈，不仅毫无疑问地会遭到中国的反对，其他的争端当事方同样也不会认同。

4. 印度尼西亚方案的总体评价

印度尼西亚提出的各种方案，其共同点是冻结各方主权要求，将南海作为“无主地”进行重新分配，分配余下的南海中部公海，要么作为非军事化的共同区，要么建立海洋公园区。这些方案均否认了中国南海“U形线”的法律地位，否认了中国对南海“U形线”范围内岛礁等地理构造享有的主权，以及对南海“U形线”范围内

① See Nguyen Hong Thao, Vietnam and the Code of Conduct for the South China Sea, Ocean Development & International Law, Vol. 32, No. 2, 2001, p. 109.

② See Timo Kivimaki, Liselotte odgard and Stein Tonnesson, What could be done? In Timo Kivimaki edited, War or Peace in the South China Sea? Nordic Institute of Asian Studies, Copenhagen, 2002, pp. 153-155.

海域享有的历史性权利，是中国所不能接受的。

第五节 “搁置争议、共同开发”——中国的方案

“搁置争议、共同开发”的完整表述应当是“主权属我、搁置争议、共同开发”，但是为了不激化矛盾及取得相关国家的共识，其实践层面的表达形式往往被简化为“搁置争议、共同开发”，虽然有些学者对此提出质疑，认为这样做不利于维护国家主权，不过鉴于中国官方已多次发布关于南沙群岛和西沙群岛的主权声明，而且多年来这样表达已成习惯，相信不会有损国家利益。

一、“搁置争议、共同开发”的提出

中国提出“搁置争议、共同开发”这一解决南海问题的方案，可追溯至自20世纪70年代末。1978年10月，邓小平同志应邀访问日本时，在东京记者招待会上，首次提出为实现中日和平友好，应暂时搁置钓鱼岛的主权争议问题。① 这是可算做中国“搁置争议、共同开发”模式的萌芽。

1984年2月22日，邓小平同志会见美国乔治城大学的代表团时，再次指出在解决领土主权争议之前，可以先进行共同开发。② 1984年10月22日，邓小平同志出席中央顾问委员会第三次全体会议，具体阐明了“搁置争议、共同开发”的思想，并表示可将其用来解决南沙群岛的主权争议问题。③ 1986年6月，邓小平同志会见菲律宾副总统兼外交部长劳雷尔，第一次正式向南海周边国家领导人提出“搁置争议、共同开发”这一解决南海问题的思路。④ 1988年4月，邓小平同志会见菲律宾总统阿基诺夫人，再次阐述

① 参见《人民日报》1978年10月26日，第15版。

② 参见邓小平：《邓小平文选(第三卷)》，人民出版社1993年版，第49页。

③ 参见邓小平：《邓小平文选(第三卷)》，人民出版社1993年版，第87页。

④ 参见《新华月报》1986年第6期，第170页。

了用“搁置争议、共同开发”解决南海问题的主张。

1990年，李鹏同志访问马来西亚，公开表达了利用“搁置争议、共同开发”方式解决南沙群岛主权争议的愿望。1993年4月，菲律宾总统拉莫斯访华，江泽民同志重申了中国的“搁置争议、共同开发”解决南沙群岛问题的主张。1995年7月，在文莱举行的第28届东盟外长会议上，钱其琛同志又重申了利用“搁置争议、共同开发”方式解决南沙群岛主权争议的立场。

此后，中国多次在国际社会的公开场合明确表示利用“搁置争议、共同开发”方式来解决南沙群岛主权争议的良好愿望，而且，中国在与东盟申索国的历次南海问题协商谈判过程中，均无一例外地将“搁置争议、共同开发”作为中国不可动摇的立场加以强调，这表明“搁置争议、共同开发”已成为中国解决南海问题的一项基本国策。

值得注意的是，除了中国提出的“搁置争议、共同开发”方案之外，中国台湾学者傅崐成教授还提出了一个“南海海域三层级”方案，该方案的具体内容如下：(1)中国对南海岛礁及其周围12海里的海域享有主权，南海岛礁及其周围12海里范围内不能进行共同开发，在此问题上中国不能妥协；(2)在南海岛礁及其周围12海里领海之外的“U形线”范围内的历史性水域，可以进行共同开发，但中国享有优先权；(3)对“U形线”范围之外包括泰国湾在内的整个南海海域，中国也有权按照《联合国海洋法公约》的规定参与共同开发。①

傅崐成教授提出“南海海域三层级”方案，建立在历史性权利说的基础之上，理论上确实能够较好地维护中国的南海主权，但落实起来难度很大，如何让东盟申索国承认中国的开发优先权、放弃已经非法占领的岛礁、停止已经进行的非法资源勘探和开采活动，这些都绝非易事。

---

① 参见傅崐成：《南(中国)海法律地位之研究》，台湾123资讯有限公司1995年版，第209页。

二、“搁置争议、共同开发”的内涵

“搁置争议、共同开发”是指对于国家之间既存的领土主权争议或非领土的管辖权争议，在不具备彻底解决条件的情况下，为避免激化矛盾而将领土主权争议或非领土的管辖权争议暂时予以搁置，并通过签订国家间的共同开发协议的方式进行自然资源的开发合作，以增进相互了解和信任，并为最终解决领土主权争议或非领土的管辖权争议创造良好条件。

搁置争议是指暂时搁置领土主权争议或非领土的主权性权利、历史性权利争议。搁置的期限是暂时性的而非永久性的，当然也不是放弃主权或主权性权利。搁置的对象既包括传统的领土主权争议，如领陆、领海、领空的主权争议，也包括现代的非领土的主权性权利争议，如专属经济区、大陆架争议，还包括对中国提出的南海“U形线“范围内海域历史性权利而产生的争议。搁置争议不是目的，而是将领土主权争议或非领土的主权性权利、历史性权利争议，留待以后条件成熟时，再通过和平的方式进行解决。

共同开发是指在领土主权争议或非领土的主权性权利、历史性权利争议最终解决之前，为了开发和分配争议区域的潜在或探明的自然资源，或在领土主权争议或非领土的主权性权利、历史性权利争议最终解决之后，为了开发和分配特定区域的潜在或探明的跨界自然资源，两个或两个以上国家通过签订政府间协议，对争议区域共同行使主权权利和进行管辖的资源开发方式，或对可能或现实蕴藏跨界自然资源的特定区域进行一体化开发的资源利用方式。

国际法院在1969年审理的“北海大陆架案”中赞成将共同开发作为解决争议海域权利冲突的方式，杰瑟普(Philip C. Jessup)法官在其个人独立意见中指出：“共同开发更适于有争议但尚未划界，而且又有部分权利主张重叠的大陆架区域。”①

① See International Court of Justice, Separate Opinion of Judge Jessup in the North Sea Continental Shelf Cases (Federal Republic of Germany v. Denmark; Federal Republic of Germany v. Netherlands), 1969.

共同开发的主体，根据大多数学者的观点，只限于主权国家，不包括企业法人，因此，共同开发协议只能由两个或两个以上的国家签署。① 但值得注意的是，有时候国家间的共同开发协议只规定基本的原则和框架，具体的条件则由企业法人负责制定，这是落实国家间共同开发协议的一种方式，而不能仅仅将其看做是共同开发协议本身。②

共同开发的区域，可以位于争议区域也可以位于非争议区域，可以是水域也可以是陆域，可以是海域也可以是非海域，但通常是争议的海域。③ 共同开发的对象，可以是生物资源也可以是非生物资源，④ 可以是潜在的资源也可以是已探明的资源，但通常是潜在的或已探明的非生物资源，⑤ 如油气资源。

共同开发的时间，可以是领土主权争议或非领土的主权性权利、历史性权利争议最终解决之前，⑥ 也可以是领土主权争议或非

① See Zhiguo GAO, the Legal Concept and Aspects of Joint Development in International Law, Ocean Yearbook, Vol. 13, 1998, pp. 112-113; Ian Townsend-Gault, Joint Development of Offshore Mineral Resources—Progress and Prospect for the Future, Natural Resources Forum, 1998, p. 275; Masahiro Miyoshi, The Joint Development of Offshore Oil and Gas in Relation to Maritime Boundary Delimitation, IBRU Maritime Briefing, 1999, p. 3; Rainer Lagoni, Oil and Gas Deposit Across National Frontier, The American Journal of International Law, Vol. 73, 1979, p. 215.

② 参见肖建国：《国际海洋边界石油的共同开发》，海洋出版社 2006 年版，第 11 页。

③ See Rainer Lagoni, Oil and Gas Deposit Across National Frontier, The American Journal of International Law, Vol. 73, 1979, p. 215.

④ See Zhiguo GAO, the Legal Concept and Aspects of Joint Development in International Law, Ocean Yearbook, Vol. 13, 1998, pp. 112-113; 另参见陈德恭：《共同开发的国际法原则和国际实践》，载《清华法律评论(第四辑)》，2002 年，第 223 页；蔡鹏鸿：《争议海域共同开发的管理模式：比较研究》，上海社会科学出版社 1998 年版，第 9 页。

⑤ See Rainer Lagoni, Oil and Gas Deposit Across National Frontier, The American Journal of International Law, Vol. 73, 1979, p. 215.

⑥ 参见李国强：《解决南沙群岛主权争议几个方案的解析》，载《中国边疆史地研究》2000 年第 3 期，第 88 页。

领土的主权性权利、历史性权利争议最终解决之后,① 还可以同时与解决领土主权争议或非领土主权性权利、历史性权利争议一起进行，但通常发生在领土主权争议或非领土的主权性权利、历史性权利争议最终解决之前。

本书所称的共同开发，是指在领土主权争议或非领土的主权性权利、历史性权利争议最终解决之前，为了开发和分配争议区域的潜在或已探明的非生物资源，两个或两个以上国家通过签订政府间协议，对争议区域共同行使主权权利和进行管辖的自然资源开发方式。

具体到南海问题上，本书所称的共同开发，是指中国与东盟申索国在南海岛礁等地理构造的主权争议最终解决之前，以及在南海海域大陆架和专属经济区的边界最终划定之前，为了开发和分配争议海域的潜在或已探明的油气资源，通过签订政府间协议，对争议海域共同行使主权权利和进行管辖的资源开发方式。

三、“搁置争议、共同开发”的现实基础

“搁置争议、共同开发”于南海周边各国有现实的基础。中国自改革开放以来，取得了巨大的成就，与东盟及其成员国的联系比以往任何时代都更加紧密，不仅在政治上建立了睦邻、互信、对话、合作的伙伴关系，在经济上也形成了你中有我、相互依赖的发展格局，为“搁置争议、共同开发”提供了坚实的基础。

“搁置争议、共同开发”于南海周边各国亦有现实的需要。南海的油气资源、渔业资源十分丰富，各国都有勘探、开采以发展经济的意愿。如果任由领土主权争议持续恶化，势必影响各方对南海资源的利用，特别是油气资源，如果将其长期闲置于深海洋底，显然不利于及时有效地实现其使用价值。此外，中国和东盟南海申索国在地区安全、海洋环境保护等非传统安全问题上，也有合作的需要，这些问题均不易由任何一方凭一己之力解决，合作乃是必然的

① See Bernard Tanerne, An Introduction to the Regulation of the Petroleum Industry, Graham & Troman, 1994, p. 114.

选择。

和平与发展是当今世界发展的两大主题，南海的主权问题中国不可能妥协，甚至不惜为此采用一切合法的武力措施予以维护，如果按照东盟申索国提出的上述解决方案，不仅否认了中国对南海“U形线”范围内的岛屿和水域的主权和历史性权利，还把南海作为“无主地”重新进行分配，剩下的海域作为共同使用区或海洋公园区，这种不考虑历史和国际司法实践的做法，肯定不能为中国所接受。因此，“搁置争议、共同开发”乃是当前解决南海问题最为务实的选择。

四、“搁置争议、共同开发”当前取得的成就

中国提出的“搁置争议、共同开发”主张，得到了国际社会的普遍好评，也获得了周边国家的正面回应，并且在部分领域已开始有了实质性的合作和进步。

1995年8月，中菲两国发表《中国和菲律宾关于南海问题和其他领域合作的磋商联合声明》，表示将循序渐进地进行合作，最终谈判解决双方的南沙群岛争议。2000年5月，中菲两国发表《关于21世纪双边合作框架的联合声明》，表示将依据公认的国际法原则，通过友好协商和谈判来促进南沙群岛争议的和平解决。2003年8月，中国与菲律宾进行双边会谈，探讨共同开发巴拉望群岛海域和南海其他地区资源的可能性。① 2004年9月，中国海洋石油总公司与菲律宾国家石油公司签署《在中菲南海部分争议海域联合开展海洋地震工作的协议》。2007年1月，中国和菲律宾签署《中菲关于扩大和深化双边经济贸易合作的框架协定》，决定进一步加强在渔业、矿业、能源等方面的合作。2011年9月，中菲两国发表《联合声明》，重申将通过和平对话处理海上争议，不让其影响两国的友好合作大局。

① 参见《中菲两国联手推动南沙群岛探索开发》，香港《大公报》2003年9月2日，第3版，转引自李金明：《南海波涛——东南亚国家与南海问题》，江西高校出版社2005年5月版，第167页。

2000年12月25日，中国和越南签署《中越北部湾渔业合作协定》和《中越北部湾划界协定》。其中，《中越北部湾划界协定》第7条直接明确涉及北部湾海底油气资源的共同开发，规定双方应通过友好协商达成跨界油气资源的开发和收益分享协议。2005年10月31日，中国海洋石油总公司和越南石油总公司签署《北部湾油气合作框架协议》，2006年11月16日，又与越南油气总公司签署《北部湾协议区联合勘探协议》，这两份协议是落实《北部湾划界协定》的具体表现。2011年10月，中越两国签署《关于指导解决中国和越南海上问题基本原则的协议》，决定循序渐进、先易后难地解决中越两国的海上问题，并就包括海洋环保和科研等在内的低敏感领域的海上合作达成了共识，同时还约定稳步推进北部湾湾口外海域的划界谈判、积极商谈该海域的共同开发问题。

2005年3月14日，中国海洋石油总公司、菲律宾国家石油公司和越南油气总公司三方共同签署了为期3年的《南海特定区域联合海洋地震研究协议》，商定在总面积约14.3万平方公里的协议区内共同开展联合调查，并研究评估石油资源状况，以确定是否有商业开采价值，这实际上是共同开发的前期步骤。

2002年11月4日，中国与东盟全体成员国共同签署了《南海各方行为宣言》，该宣言虽未提及能源资源的共同开发，但其规定的争端和平解决方式为共同开发奠定了基础。2011年7月，中国与东盟10国达成《落实〈南海各方行为宣言〉指导方针》，决定通过海洋科研、海上搜救等务实性的合作，来探寻和平解决“南海问题”的出路。2013年10月，中国与文莱发表《联合声明》，同意支持两国相关企业开展海上共同开发活动。这些情况表明距离共同开发已不再很遥远。

第六节 “搁置争议、共同开发”——反思及调整

将“搁置争议、共同开发”用于解决南海问题，从提出到现在已超过30年，但目前中国不仅还未与任何东盟申索国达成共同开发协议，反而因岛礁等主权争议而陷入愈演愈烈的纷争和对抗之

中，这的确值得我们反思。

“搁置争议、共同开发”当前还只是一个宏观的战略构想，如何将其落实到具体的共同开发事务中，需要考虑诸多的因素，如共同开发协议的签订主体、主权争议与共同开发的关系、争议海域的具体范围、争议海域的资源蕴藏情况、共同开发区的选择、共同开发的模式选择、开发实体的先存权保护、投资者的权益保障、单一地质构造的可能性、共同开发的争端解决、申索国的合作意愿，等等。

一、共同开发协议的签订主体

需要明确的是，中国与东盟申索国之间就南海争议海域油气资源的共同开发，应当由中国与相关申索国签订国家间的共同开发协议，即共同开发协议的签订主体只能是主权国家，而不能是东盟这样的国际组织，也不能是企业法人。

共同开发协议的签订有两种操作方式：(1)中国与相关东盟申索国签订详尽具体的共同开发协议；(2)中国与相关东盟申索国签订只规定基本的原则和框架的共同开发协议，共同开发的具体条件则由相关企业法人负责制定。

虽然中国海洋石油总公司在2005年10月31日、2006年11月16日、2005年3月14日分别与越南石油总公司、越南油气总公司、菲律宾国家石油公司和越南油气总公司，签订了《北部湾油气合作框架协议》、《北部湾协议区联合勘探协议》、《南海特定区域联合海洋地震研究协议》，但前两份协议并不属于南海争议海域的共同开发范畴，不过值得南海共同开发借鉴，后一份协议则由于缔约主体不是主权国家，或者说不是为了执行中菲越三国政府之间的共同开发协议而签订的，因此还不能算作是严格意义上的共同开发协议，即使事先已获得中菲越三国政府的许可，也只是私法意义上的涉外商业合同。

二、主权争议与共同开发的关系

在南海“搁置争议、共同开发”，需要将岛礁等地理构造的主权归属和海域的划分与共同开发的关系理清。以发生的时间为标准，共同开发主要分为争议解决之前作为一种临时措施的共同开发，以及争议解决之后的一体化共同开发。就南海地区而言，共同开发当然属于《海洋法公约》第 83 条所规定的正式划界前的一种“临时安排”，这一点应该没有疑义。

从理论上说，共同开发与解决争议是两种不同的法律制度，①两者应当并行不悖，也不存在时间上的先后顺序或彼此之间的制约关系。但是从国际社会的实践来看，共同开发通常发生在争议解决之前，而且共同开发协议的达成往往有利于争议的解决，可为争议的解决创造良好的环境。而且，“搁置争议、共同开发”的这种提法，本身也表明了将争议留待共同开发之后进行解决的意思。

因此，南海的“搁置争议、共同开发”，如果将确定岛礁的主权归属和海域的管辖权划分作为共同开发的前提条件，很可能从一开始就会使共同开发陷入困境，这也是为什么中国要将“主权属我、搁置争议、共同开发”简化表述为“搁置争议、共同开发”的重要原因。况且，领土主权等争议的解决过程通常是十分漫长复杂的，待这一漫长过程结束后再进行共同开发，并不符合共同开发本身所包含的及时有效利用自然资源的宗旨。

如今，包括中国在内的“南海问题”6 个当事国既是联合国的会员国，也是《联合国海洋法公约》的缔约国，以及《南海各方行为宣言》的签署国，因此，各方处理“南海问题”时，必须符合这些条约和宣言的规定。在和平解决争议已成为基本共识的基础上，当前较为理性的选择是先进行共同开发，然后再解决领土主权等争议。

三、争议海域的具体范围

南海的“搁置争议、共同开发”，还需要确定争议海域的具体范围。尽管“南海问题”的争端方均提出了各自的解决方案，如越南的“U 形方案”，菲律宾的“北海模式”、“印(尼)澳航路模式”和

---

① See D. P. O'Connell, The International Law of the Sea, Oxford: Clarendon Press, 1984, pp. 691-692.

“ZoPFF/C 模式”，马来西亚的“管理局方案”、印度尼西亚的“南海环型模式”、“南极条约模式”、“共管模式”、“海洋公园区模式”，但是各方的争议海域具体位置并不明确。

争议海域具体位置难以确定，一方面是由东盟申索国恶意主张权利所导致。正如印度尼西亚的贾拉尔所言，由于《联合国海洋法公约》关于岛屿、岩礁权利的规定并不十分明确，有些申索国主张岩礁本身可拥有大陆架及专属经济区，甚至主张建立设施的暗礁也可拥有大陆架及专属经济区，这就造成了南海各申索国权利主张多次重叠的复杂局面，以至于很难确定哪些是争议区。①

争议海域具体位置难以确定，另一方面也与中国南海“U 形线”的法律定位模糊有关。中国政府至今没有对南海“U 形线”的性质作出官方的权威定性，虽然学术界对南海“U 形线”的性质存在历史性水域说、历史性权利说、海上疆域线说、岛屿归属线说等几种主张，但这些学术主张并不具有法律效力。

“南海问题”主要集中在南沙群岛及其周围海域，该地区各方的权利主张冲突严重，不仅存在两国权利主张的重叠海域，还存在三国甚至四国、五国权利主张的重叠海域。而从国际社会的实践来看，在双边范围内谈判确定争议海域的具体范围相对容易，而在多边范围内谈判解决此类问题难度要大很多，因为迄今为止，国际社会多边共同开发的先例极少，只出现过尚未成功的一例。

当前较为现实的选择是先确定两国权利主张的重叠海域，再确定三国、四国、五国的权利主张重叠海域，然后由易到难、循序渐进地确定共同开发的合作内容。南海油气资源的共同开发应当分为 4 个步骤进行：先确定争议海域的具体范围，然后从海洋地质调查、海洋环境保护等基础工作做起，接着过渡到共同开发区的设置、共同开发模式的确定、合同条款的拟定，再进行试开采，最后真正实现共同开发。

中菲越三国石油公司签订的《南海特定区域联合海洋地震研究

① 参见萧建国：《国际海洋边界石油的共同开发》，海洋出版社 2006 年版，第 182~183 页。

协议》，以及中越两国石油公司签订的《北部湾油气合作框架协议》和《北部湾协议区联合勘探协议》，表明当前南海争议海域的共同开发基本上仍处于初级阶段，今后的合作有待进一步深化。

四、争议海域的资源蕴藏情况

争议海域切实存在商业性的油气蕴藏是共同开发得以进行的前提条件，如果争议海域不存在任何油气蕴藏，或其油气蕴藏无法用于商业性开发，那么共同开发将变得毫无意义。因此，在共同开发争议海域的油气资源之前，一项重要的工作就是对争议海域进行油气资源勘探，具体查明油气资源蕴藏的具体情况。

目前，各争议方由于勘探能力所限，对南海地区能源资源的蕴藏情况并不十分了解，相关数据基本上来自于欧美发达国家，但仍然出现了差异较大的估算数值。如对南海的石油和天然气储量，美国能源信息署估计为110亿桶和190万亿立方英尺，美国地质调查局估计为50~220亿桶和70~290万亿立方英尺，能源咨询机构伍德麦肯齐估计只相当于25亿桶油当量，中国国土资源部估计为230~550亿吨和20万亿m^3，中国海南省专家估计为291.9亿吨和58万亿m^3。

至于南海争议海域的能源资源蕴藏情况，各争议方的了解程度就更低了。如美国能源信息署认为南海的油气资源主要分布在南海周边浅海盆地，西沙群岛和南沙群岛的油气资源较少。如果真如美国能源信息署所预测的那样，那么主要集中于南沙群岛附近的争议海域，其共同开发就根本没有必要，因为这极大地增加了共同开发的商业风险。

因此，当前中国和各东盟申索国的主要任务，不是急于就共同开发进行谈判，而是应当加大争议海域的油气资源勘探力度，详细查明争议海域油气资源的具体蕴藏情况，包括油气资源的蕴藏种类、数量、品质等，从而为共同开发提供必要的参考依据。

值得注意的是，单一地质构造的可能性也是争议海域油气资源勘探需要查明的重要内容。因为部分东盟申索国目前已在争议海域之外的附近区域进行单方开发，如果其开发的油气矿藏部分位于争议海域范围内，那么中国就可根据具体情况合理地提出共同开发或共享收益的请求。例如，印度尼西亚对中国的权利主张可能与其开发的纳土纳气田产生冲突，抱有十分警惕的心理，是否因为担心纳土纳气田的部分位于争议海域范围内，值得我们合理地怀疑。

五、共同开发区的选择

共同开发区(Joint Development Zone)，也称共同开发特别区(Special Zone)、共有区(Common Zone)、中立区(Neutral Zone)、合作区(Cooperation Zone)、特别合作区(Special Cooperation Area)等，是共同开发协议确定的争议当事方进行共同开发合作的海上区域。①共同开发区的选择和确定，主要受下列因素影响：是否承认存在争议、当事方进行共同开发合作的政治意愿、当事方对油气资源或技术的渴求程度、当事方的数量等。②

共同开发协议的签署和共同开发区的选择，其前提条件是当事方彼此承认对方提出过相关权利主张，即承认当事方之间存在争议的海域或权利重叠区域。③1979年泰国和马来西亚签署的《泰国与马来西亚关于为开发在泰国湾两国大陆架划定区域海床资源而建立联合管理局的谅解备忘录》，其前言和第1条就明确规定："承认因两国就泰国湾大陆架边界线提出的主权要求相互重叠，导致两国相邻的大陆架上存在一块重叠区域。"④1995年的《英国和阿根廷共

① 参见余民才：《海洋石油勘探与开发的法律问题》，中国人民大学出版社2001年版，第141页。

② 参见杨泽伟：《论海上共同开发"区块"的选择问题》，载《时代法学》2014年第3期，第5~7页。

③ See Robert Beckman (eds.), Beyond Territorial Disputes in the South China Sea: Legal Framework for the Joint Development of Hydrocarbon Resources, Edward Elgar Publishing Limited, 2013, p. 140.

④ Memorandum of Understanding between Malaysia and the Kingdom of Thailand on the Establishment of a Joint Authority for the Exploitation of the Resources in the Sea-Bed in a Defined Area of the Continental Shelf of the Two Countries in the Gulf of Thailand.

同声明》也承认双方虽然对福克兰群岛及其附近的海域存在主权和管辖权方面的争议，但是都同意在不影响双方主权立场的条件下划出部分海域作为共同开发区。①

共同开发是受政治意愿影响较大的一种国际合作行为，无论是共同开发协议的签署，还是共同开发区的选择，均是如此，而良好的国际政治关系和国内政治环境无疑可增加当事方共同开发的政治意愿，如1981年冰岛与挪威签订的《关于冰岛和扬马延岛之间大陆架的协议》，两国共同开发区中挪威的面积要远大于冰岛，其主要原因就是挪威想得到北约的保护但本国法律又不允许外国驻军，因此希望冰岛继续留在北约并作为抗衡与其隔海相望的苏联之前哨。② 当事方的经济利益也是影响共同开发区选择的重要因素，对急需油气资源或开发技术的当事方来说，当然希望尽快达成共同开发协议并划定共同开发区，进而快速实现油气生产以满足国内需求，1992年越南与马来西亚签订《马来西亚和越南关于在两国大陆架确定区域勘探和开发石油的谅解备忘录》，其主要原因在于越南希望获得油气资源和开发技术及管理经验。③ 争议当事方的数量也是影响共同开发区选择的主要因素，迄今为止绝大多数共同开发的成功案例都是双边的，多边共同开发尚无成功的先例，当前仅有的多边共同开发案例是1999年越南、泰国、马来西亚三方在泰国湾进行的共同开发，④ 但是至今仍未能取得实质性进展。

---

① See Patrick Armstrong and Viv Forbes, Calming the Ripples: The Cooperative Management of Ocean Resources—The Falkland Islands Example and Some Southeast Asian Comparisons, in Gerald Blake etc. (eds.), Boundaries and Energy: Problems and Prospects, Kluwer Law International, 1998, p. 350.

② 参见蔡鹏鸿：《争议海域共同开发的管理模式：比较研究》，上海社会科学院出版社1998年版，第103页。

③ See Memorandum of Understanding between Malaysia and the Socialist Republic of VietNam for the Exploration and Exploitation of Petroleum in a Defined Area of the Continental Shelf involving the Two Countries.

④ See Nguyen Hong Thao, Vietnam and Joint Development in the Gulf of Thailand, Asian Yearbook of International Law, Vol. 8, 2003, p. 138; also see Zou Keyuan, Implementing the United Nations Convention on the Law of the Sea in East Asia: Issues and Trends, Singapore Year Book of International Law, 2005, pp. 7-8.

理论上，在海上边界线尚未划定的情况下，当事方可以把争议海域或权利主张重叠的区域全部划为共同开发区，但实际上这种情况很少出现，通常只会划出争议海域或权利主张重叠区域的一部分作为共同开发区，即使是这样，共同开发区的面积也大小不一，面积较大的接近10万平方公里，如1974年《日本和韩国关于共同开发邻接两国南部大陆架的协定》规定的日韩共同开发区，面积就达8万平方公里，1989年《关于在印度尼西亚东帝汶省和北澳大利亚之间区域内建立合作区的条约》规定的澳印(尼)共同开发区，面积也有6.1万平方公里；面积中等的在1万平方公里左右，1979年《泰国与马来西亚关于为开发在泰国湾两国大陆架划定区域海床资源而建立联合管理局的谅解备忘录》规定的马泰共同开发区，面积为7250平方公里；面积较小的不超过1000平方公里，1974年《法国和西班牙关于两国在比斯开湾划分大陆架的协议》规定的法西共同开发区，只有814平方公里。① 为了便于共同开发的实施，当事方通常会将共同开发区分为一定数量的区块，如日韩共同开发区先后被分为9个和6个区块、澳印(尼)共同开发区被分为A、B、C三个区块，其中的A区块又被分为14个小区块。②

共同开发区面积越小通常就越有利于达成共同开发协议，也更有利于管理。因此，南海争议海域共同开发区的设置，面积以小为佳，当事方以少为宜，而且应尽量避开岛屿争议区域，以减少共同开发区的划定难度。事实上，南海周边国家如今成功的共同开发案例都是双边性质的，如1979年《泰国与马来西亚关于为开发在泰国湾两国大陆架划定区域海床资源而建立联合管理局的谅解备忘

---

① See Patrick Armstrong and Viv Forbes, Calming the Ripples: The Cooperative Management of Ocean Resources—The Falkland Islands Example and Some Southeast Asian Comparisons, in Gerald Blake etc. (eds.), Boundaries and Energy: Problems and Prospects, Kluwer Law International, 1998, p. 354.

② 参见杨泽伟:《论海上共同开发“区块”的选择问题》，载《时代法学》2014年第3期，第5~6页。

录》、1982年《越南和柬埔寨关于历史性水域的协议》(后归无效)①、1992年《马来西亚和越南关于在两国大陆架确定区域勘探和开发石油的谅解备忘录》。

目前在南海地区，中国与越南、印度尼西亚、马来西亚、菲律宾存在两国间争议海域，中国与越南和印度尼西亚、马来西亚和越南、马来西亚和文莱、越南和菲律宾存在三国间争议海域，中国与越南、文莱、马来西亚和越南、菲律宾、马来西亚存在四国间争议海域，中国与菲律宾、越南、马来西亚、文莱存在五国间争议海域。中国与东盟申索国设置共同开发区时，应由易到难，先确定两国间的共同开发区，再确定三国、四国、五国间的共同开发区。

具体而言，中国应首先与只存在双边争议的越南、印度尼西亚、马来西亚、菲律宾，设立开发区进行双边共同开发，如与菲律宾在礼乐滩海域进行双边共同开发，与越南在万安西盆地海域进行双边共同开发，与马来西亚在曾母(暗沙)盆地海域进行双边共同开发，与文莱在文莱—沙巴盆地海域进行双边共同开发，与印度尼西亚在纳土纳群岛海域进行双边共同开发。待双边共同开发成功实施后，以及其他条件成熟时，再将共同开发推及三国争议海域，然后推及四国争议海域，最后推及五国争议海域。

六、共同开发区的管理模式

共同开发区的模式是指共同开发协议规定的争议当事方对共同开发区的管理和经营方式，目前国际上的共同开发区管理模式主要有五种：超国家管理模式、共同管理模式、代理制模式、联合经营模式、混合管理模式。②

1. 超国家管理模式(Super National Administration Model)

超国家管理模式类似于《联合国海洋法公约》的国际海底管理

① 参见陈鸿瑜：《东南亚各国海域法律及条约汇编》，[台北]暨南国际大学东南亚研究中心，1997年，第244页。

② 参见蔡鹏鸿：《争议海域共同开发的管理模式：比较研究》，上海社会科学院出版社1998年版，第2~3页。

局模式，在这种模式下，共同开发协议的缔约方联合组建具有独立法律人格的超国家性质管理机构，由其统一行使各方在共同开发区的管理权，包括制定规章制度、对外招标、颁发许可证，等等。1974年《苏丹和沙特阿拉伯关于共同开采共同区域内红海海床和底土自然资源的协定》建立的联合委员会、1979年《泰国与马来西亚关于为开发在泰国湾两国大陆架划定区域海床资源而建立联合管理局的谅解备忘录》建立的联合管理局①，就属于这一模式。

2. 共同管理模式(Joint Administration Model)

共同管理模式是由共同开发协议的缔约方联合行使共同开发区管理权的模式，在这种模式下，不建立具有独立法律人格的超国家性质管理机构，但可建立执行具体共同开发事务的机构，共同开发事项的最高决策权则由缔约方共同行使。1989年《关于在印度尼西亚东帝汶省和北澳大利亚之间区域内建立合作区的条约》②就使用了这种模式，印度尼西亚和澳大利亚就共同开发区A区的管理，建立了部长委员会和联合管理局两个机构，其中，部长委员会是共同开发区的最高决策机构，联合管理局是共同开发区的执行机构，并且具有独立的法律人格。

① 1990年，马泰两国签订了旨在执行《泰国与马来西亚关于为开发在泰国湾两国大陆架划定区域海床资源而建立联合管理局的谅解备忘录》的《关于建立马来西亚与泰国联合管理局有关章程及其他事项的规定》，正式成立共同开发联合管理局。1994年，马泰两国签署了第一份共同开发合同，正式启动了在泰国湾争议海域的共同开发工作。

② 随着东帝汶于1999年8月通过公民投票决定脱离印度尼西亚独立，印尼和澳大利亚1989年签署的关于帝汶海域共同开发的《帝汶缺口条约》成为"非法"，印度尼西亚和澳大利亚两国在帝汶海域的争端变成了东帝汶和澳大利亚之间的争端，为此，澳大利亚和东帝汶于2001年7月签署了《关于帝汶海油气资源开发的谅解备忘录》。与《帝汶缺口条约》相比，《关于帝汶海油气资源开发的谅解备忘录》的主要不同之处在于：两国将《帝汶缺口条约》规定的A区作为两国的共同开发区域，而原来的B区和C区则取消了共同开发；在收入的分配方式上，将原先印度尼西亚和澳大利亚之间的五五分成模式变为东帝汶和澳大利亚之间的90∶10分成模式，即共同开发区域内90%的收益归东帝汶，10%的收益归澳大利亚。

3. 代理制模式(Agency Model)

代理制模式是由共同开发协议的一方根据另一方的授权，按照本国的法律制度代理另一方对共同开发区进行管理的模式，在这种模式下，代理方按照本国的法律制度管理共同开发活动，如颁发本国的许可证，同时需向被代理方支付一定比例的共同开发收入。1858 年《巴林和沙特阿拉伯关于划分波斯湾大陆架边界的协议》和 1969 年《卡塔尔和阿布扎比关于解决两国间岛屿海洋边界线和主权权利的协议》属于这一模式，根据这两份协议，沙特阿拉伯负责管理经营巴林—沙特共同开发区的法斯特布沙法(Fasht bu SaaFa)油田，但所得净收益的 50%归巴林，阿布扎比负责开发卡塔尔—阿布扎比共同开发区的奥班代格(al-Bundug)油田，但所得收益的 50%归卡塔尔。

4. 联合经营模式(Joint Operation Model)

联合经营模式也称强制合资模式(Compulsory Joint Venture Model)，是由共同开发协议缔约方各自授权的开发实体签订共同经营协定，然后由合资机构对共同开发区进行勘探开发的模式。在这种模式下，租让权人订立的共同经营协定须由共同开发协议的缔约方共同批准，租让权人全面负责共同开发区的经营活动，并对各自的政府负责。1974 年《日本和韩国关于共同开发邻接两国南部大陆架的协定》、1974 年《法国和西班牙关于两国在比斯开湾划分大陆架的协议》、1992 年《马来西亚和越南关于在两国大陆架确定区域勘探和开发石油的谅解备忘录》，属于此类模式。

5. 混合管理模式(Mixed Management Model)

混合管理模式是综合运用前述 4 种模式中两种以上的管理模式。1989 年《关于在印度尼西亚东帝汶省和北澳大利亚之间区域内建立合作区的条约》(即《帝汶缺口条约》)采用的就是混合管理模式。《帝汶缺口条约》同时建立了 A、B、C 三个共同开发区，A 区位于中部并且最具开发前景，是共同开发的主区，其范围内的开发活动由双方建立的部长委员会和联合管理局完全掌控，所得收益双方平分；B、C 两区分别位于 A 区的南、北两侧，是辅助开发区，各自范围内的开发活动分别由澳大利亚和印度尼西亚单独掌控，但需向对方支付其征收的资源租赁税或承包人所得税的10%。

《帝汶缺口条约》是国际社会迄今为止最全面、最完善、或许也是最先进的共同开发协议,① 它综合运用共同管理模式和代理制模式设置了三个共同开发区，减轻了以往因设立单一开发区所带来的平衡各方利益要求的困难，更容易被争议各方所接受。②《帝汶缺口条约》所采取的混合管理模式，对南海争议海域的共同开发具有积极的借鉴作用。

对于具有或可能具有良好商业开发前景和重大资源价值的南海争议海域，可将其定位为"核心区域"，从维护中国利益的角度来说，超国家管理模式、共同管理模式、联合经营模式、(中方)代理制模式、混合管理模式，都可以适用。但考虑到东盟申索国的接受程度，共同管理模式、联合经营模式或混合管理模式，可能是较为现实的选择。但是无论如何，"核心区域"的共同开发不可单独采用外方代理制模式，即外方代理制模式只有在混合管理模式下，才能适用于"核心区域"非主要区块的共同开发，否则有可能会被误认为是对东盟申索国权利主张的默认，不利于维护中国的利益。

对于已经进入勘探开发阶段的南海争议海域，如不属于"核心区域"，则可将其定位为"非核心区域"，除采用超国家管理模式、共同管理模式、联合经营模式、混合管理模式之外，也可考虑采用单独的代理制模式。在"非核心区域"更接近东盟申索国的情况下，甚至可考虑采用单独的外方代理制模式，由该国继续开发和经营，中国则按一定比例分配收益。因为在既得利益面前，要让东盟申索国同意采用超国家管理模式、共同管理模式或联合经营模式，难度会很大，因此，中国作出一定妥协，承认东盟申索国在"非核心区域"勘探开发的现实，通过不干涉其经营管理但分享固定收益的方

① 参见蔡鹏鸿：《争议海域共同开发的管理模式：比较研究》，上海社会科学院出版社1998年版，第233页。

② See W. Onarato & M. Valencia, International Cooperation for Petroleum Development: Timer Gap Treaty, ISCID Reviw Foreign Investment Law Journal, Vol. 5, No. 1, 1990, p. 21.

式，灵活务实地处理共同开发争议，也不失为一种可选择的策略。

对于涉及三方或三方以上的南海争议海域，如果要进行共同开发，选定一个各方均认可的共同开发区当然是最好不过的方式，但是如果无法选定一个各方均认可的共同开发区，便可考虑同时设立包括主区块和辅区块在内的若干个开发区块，主区块可由所有相关争议方采用超国家管理模式、共同管理模式或联合经营模式进行共同开发，辅区块则可根据具体情况由一个或少数相关争议方，采用超国家管理模式、共同管理模式、联合经营模式或代理制模式，进行共同开发。

值得注意的是，对于涉及三方或三方以上的南海争议海域，如果要进行共同开发，但又不能在所有相关争议方之间就共同开发区的划定达成一致，此时在能够达成一致的那部分相关争议方之间，可考虑采用联合经营模式进行共同开发，以便未达成一致的相关争议方今后能够较为方便地加入到共同开发当中来，而不能排除未达成一致的相关争议方的权利主张，否则会引起国际争端，严重者可导致武装冲突或战争，同时还应尽量避免将共同开发区设置在未达成一致的相关争议方的权利主张范围之内，从而事先预防冲突的产生。

七、开发实体的先存权保护

先存权(Pre-existing Right)也称既存权，是指在共同开发区块划定之前，其他争议国家按照其本国法律授予相关企业法人等开发实体的，在共同开发区内勘探或开采自然资源的特许权利。①

先存权是争议国家单方开发的产物，一些国家为了证明自己对某一争议海域享有权利，会抢先向本国或外国的企业法人等开发实体，发放争议海域的勘探开发许可证，授予其在争议海域进行油气资源勘探或开发的权利，以期强化证明本国对该争议海域享有的权

① 参见蔡鹏鸿：《争议海域共同开发的管理模式：比较研究》，上海社会科学院出版社1998年版，第17页；另参见肖建国：《国际海洋边界石油的共同开发》，海洋出版社2006年版，第113页。

利。而且，为了避免因未发放许可证而在争议解决中处于不利地位，或为了对抗争议他国的发放许可证行为，会形成相关国家在争议海域竞相向不同的企业法人等开发实体颁发许可证的局面。

先存权是争议国家未经争议他国同意而依据其本国法律单方授予的，理论上争议他国可以完全否认，但是这样做可能会导致共同开发协议的谈判陷入僵局，① 因为如果争议国家否认了自己授予的先存权，很可能会构成对私人财产的征收行为，将面临各种标准的赔偿问题，在先存权由非争议国家的外国企业享有的情况下，可能还会涉及国际投资争端解决程序的启动，争议国家将不得不花费大量的时间和精力进行应对，这也会对其投资声誉带来负面影响。

国际社会实践中主要通过两种方式处理开发实体的先存权：(1)不正式承认开发实体的先存权，但对享有先存权的开发实体，按照共同开发协议规定的新条件，重新颁发勘探开发许可证，1974年苏丹与沙特阿拉伯签订的《苏丹和沙特阿拉伯关于共同开采共同区域内红海海床和底土自然资源的协定》、1974年日本和韩国签订的《日本和韩国关于共同开发邻接两国南部大陆架的协定》，便是采用这种方式；(2)明确承认开发实体的先存权，享有先存权的开发实体，在共同开发协议生效后，仍可在共同开发区域内继续进行勘探开发，1979年泰国和马来西亚签订的共同开发协议——《泰国与马来西亚关于为开发在泰国湾两国大陆架划定区域海床资源而建立联合管理局的谅解备忘录》，采用的就是这种方式，该《谅解备忘录》第3条第2款规定："联合管理局承担的权利和义务不得对任何一方迄今已作出的安排、达成的协议或签发的许可证或授予特许权的有效期限，产生任何方式的影响或缩短。"

南海争议海域油气资源共同开发，同样也会面临先存权的问题，我们应当予以重视。目前，已有不少东盟申索国的本国或外国油气企业，深度参与到南海争议海域的油气资源单方开发活动当中，这当然也是东盟申索国将"南海问题"复杂化、国际化的一种

① 参见张辉：《中国周边争议海域共同开发基础问题研究》，载《武大国际法评论》，第16卷(第1期)，武汉大学出版社2013年版，第50页。

战略，虽然我们不愿意看到这种局面的出现，但是如果今后确实要与东盟申索国就共同开发协议进行正式谈判，这些油气企业的先存权肯定会成为谈判的议题，否则谈判将很难取得实质性进展。

1974年《日本和韩国关于共同开发邻接两国南部大陆架的协定》对先存权的处理方式，值得南海争议海域的共同开发借鉴。该协议虽然字面上没有提及先存权，但是通过具体的实际操作，又对先存权表示了认可，因为该协议采用的是联合经营的管理模式，而根据该协议第3、4条的规定，每一方对各分区块的经营者分别授权，因此，先前已获授权的经营者就可重新获得授权。通过这种方式，在不需改变任何一方现有制度的情况下，达到了承认先存权的实际效果，操作起来非常灵活，避免了将争议方冲突公开化引起的不便。

南海争议海域如设立为共同开发区，应区分不同情况对先存权进行处理：(1)具有商业开发前景或已进入商业开发阶段，应对先存权人已投入的费用进行协商补偿；(2)不具有商业开发前景且特许权期限临近届满，原则上无需补偿，但如要求分享信息数据，应向先存权人协商支付必要费用；(3)未发现商业开发前景但特许权剩余期限较长，作出共同开发安排后，应对先存权人协商提供适当补偿。①

八、跨界单一地质构造的可能性

单一地质构造(Single Geological Structure)是指油气等自然资源在地质构造上属于一个统一的地理单元。当单一地质构造跨越边界线分属不同国家时，就构成跨界单一地质构造，当单一地质构造位于海域时，就是海上单一地质构造。本文所称单一地质构造，专指海上跨界单一地质构造。

与固体矿藏不同，油气资源具有较强的流动性，在其属于跨界单一地质构造的情况下，由于很难从技术上对此类油气资源属于各

① 参见张丽娜：《促进南海油气资源共同开发的法律对策》，载《南海学刊》2015年第1期，第87页。

个国家的部分进行准确的计算，如果任由一个或少数国家进行开发，基于被开采对象的整体性和流动性，就会使位于他国领土范围内的油气资源因虹吸效应向本国方向移动，从而损害他国的利益，进而导致国家间的争端。因此，对属于海上跨界单一地质构造的油气资源，进行共同开发是各方都能接受的处理方式。

英国和挪威1965年签订的《英国和挪威关于两国间大陆架的划界协议》，第4条就海上跨界单一地质构造作了专门规定：如果任何单一的石油地质结构或油田或其他矿藏地质结构或矿田，跨越了分界线，而且上述结构位于分界线一侧的的部分，可以全部或部分从另一侧进行开发，缔约双方应就上述结构的最有效开发和分配由此获得的收益的方式，协商谋求达成一致协议。1976年，《英国和挪威关于开发费里格气田并向英国输送天然气的协议》，就是根据《英国和挪威关于两国间大陆架的划界协议》第4条而签订的，第4条也是最早的海上共同开发"单一地质构造"条款，为日后许多划界协议所效仿。

国际法院也对海上共同开发"单一地质构造"条款表示支持。国际法院在1969年审理的"北海大陆架案"中认为："当事方必须接受大陆架的权利要求存在重叠的现实，并通过达成协议的方式，或达不成协议时采用公平划分重叠区域的方式，或签订共同开发协议的方式，进行解决。从维持矿藏的完整性考虑，后一种解决方式看起来最为恰当。"①国际法院在1982年审理的"突尼斯和利比亚大陆架案"中，也支持对单一地质构造的油气资源进行共同开发。艾文森(Jens Evensen)法官在其个人反对意见中指出："如果油田位于边界线的两端或前述共同开发区界线的两端，本案当事国……应加入关于其完整性的规定，这看来是可取的"。②

① See International Court of Justice, Reports of Judgments, advisory Opinions and Orders of North Sea Continental Shelf Cases (Federal Republic of Germany v. Denmark; Federal Republic of Germany v. Netherlands), 1969.

② See International Court of Justice, Dissenting Opinion of Judge Evensen in the Tunisia and Libya Continental Shelf Case (Tunisia v. Libya), 1982.

南海争议海域范围内蕴含着不少属于单一地质构造的油气资源，这些单一地质构造油气资源，有些已被证实，有些则尚待证实，既可能跨越中国的南海"U形线"，也可能全部或部分位于争议海域范围内，具体情况需要通过地质勘探予以查明。因此，中国在与相关争议方订立共同开发协议时，加入单一地质构造条款，有利于为共同开发单一地质构造的油气资源提供直接的法律依据，而且这种单一地质构造条款不仅应包括已被证实的单一地质构造油气资源，同时也应包括今后发现的单一地质构造油气资源。

1965年《英国和挪威关于两国间大陆架的划界协议》、1974年《法国和西班牙关于两国在比斯开湾划分大陆架的协议》、1979年《泰国与马来西亚关于为开发在泰国湾两国大陆架划定区域海床资源而建立联合管理局的谅解备忘录》、1981年《挪威和冰岛关于冰岛和扬马延岛之间大陆架的协议》、1989年《关于在印度尼西亚东帝汶省和北澳大利亚之间区域内建立合作区的条约》、1992年《马来西亚和越南关于在两国大陆架确定区域勘探和开发石油的谅解备忘录》、2000年《中越北部湾划界协定》等，都规定了单一地质构造条款。

九、投资者的权益保障

共同开发协议既属于国际海洋法的调整范围，同时也属于国际投资法的调整范围。① 国家虽然是共同开发协议的签订者，但企业才是共同开发协议的执行者，共同开发活动最后总是由一个或几个企业来具体完成的。企业进入争议海域的共同开发区从事勘探开发活动，当然也是一种投资行为。无论执行共同开发协议的企业是本国企业还是外国企业，都应当对其投资权益进行保护，否则共同开发便无法落于实处。

企业进入争议海域的共同开发区从事勘探开发活动，与通常的企业投资活动相比，具有较大的特殊性。主要是其投资活动所发生

① 参见林忠：《海洋石油资源共同开发协定初探》，载《国标经济法论丛(第1卷)》，法律出版社1998年版，第270~271页。

的地理位置，并非传统的国家边界线范围内，而是边界线尚未划定的争议海域。因此，除了面临较大的自然界破坏力和科学技术局限性等海上油气勘探开发共有的自然灾害风险和商业技术风险之外，还面临着较大的法律风险，如法律制度的缺失或无法适用，以及争议方合作关系恶化所带来的可能性更大的政治风险。

争议海域共同开发中的投资者权益保障，主要涉及投资保险、投资保护协议的适用、投资者与国家之间投资争议的解决等方面。陆上油气资源勘探开发的风险本身已经很大，而海上油气资源勘探开发的风险更大，不仅技术水平和资金投入方面的要求更高，而且面临的不确定因素也更多，成功率也更低，周期也更长。即使在浅海海域采用最新技术，海上钻井的成功率也只有50%左右，每口钻井的建设成本就需要500~1000万美元，一个海上油气田的建设成本高达几十亿美元，建设周期约为7~10年，此后3~7年才能取得收益。①

鉴于海上油气资源勘探开发是一项高技术、高投入、高风险的活动，如果相关企业的投资者权益得不到有效保障，就会缺乏进入这一行业的动力。国家通常会对从事海上油气资源勘探开发活动的本国企业，提供力所能及的投资者权益保障，如在条件具备的情况下，通过海外投资保险制度和双边或多边投资保护协议为其提供政治风险担保。

而争议海域油气资源开发要面临更大的法律风险和政治风险，对进入争议海域从事勘探开发活动的本国企业，虽然国家仍会想方设法对其投资者权益进行保护，如将海外投资保险制度和双边或多边投资保护协议的适用范围扩大到争议海域，但是由于风险实在太大，普通的商业保险公司甚至海外投资保险机构，一般情况下都不愿对此类风险进行承保，而双边或多边投资保护协议如未经特别规定，往往也不适用于争议海域。

只有在争议方达成共同开发协议的情况下，进入争议海域从事

---

① 参见《能源百科全书》编辑委员会、中国大百科全书出版社编辑部：《能源百科全书》，中国大百科全书出版社1997年版，第187页。

勘探开发活动的本国企业，面临的法律风险和政治风险才会有一定程度的降低。此时，相关国家将海外投资保险制度和双边或多边投资保护协议的适用范围扩大到争议海域，方才具备一定的现实基础。

中国与东盟申索国之间的争议海域共同开发，对投资者权益的保护，可以考虑从完善海外投资保险制度、扩大 CAFTA 投资协议①或双边投资保护协议的适用范围、在共同开发协议中加入保护伞条款等几个方面进行选择。

海外投资保险制度(Investment Insurance Scheme)也称海外投资保证制度(Investment Guaranty Program)，是指资本输出国为了鼓励本国私人进行海外投资，而对保护本国私人海外投资可能遭受的东道国政治风险，承担保险或保证责任的一种国家制度。

本国企业在争议海域从事共同开发活动，容易遭遇其他争议方采取的征收或国有化、政府违约、战争或武装冲突等政治风险，特别是在其他争议方认为争议海域是其领土组成部分的情况下，这种政治风险发生的可能性较大。因此，为了鼓励和保护本国投资者在争议海域进行共同开发的投资权益，建立和完善本国的海外投资保险制度，就显得十分重要，否则，在争议方之间没有共同适用的投资保护协议或条款，或者投资保护协议或条款不适用于争议海域的情况下，本国投资者一旦遭受其他争议方引起的政治风险，其投资权益将无法得到有效保护。

CAFTA 投资协议和中国与东盟成员国之间的双边投资保护协议，是调整国际投资关系的重要区域性多边条约和双边条约，为符

---

① CAFTA 投资协议第 27 条规定：“本协议自签订之日起 6 个月生效。缔约方承诺完成使本协议生效的国内程序。如一缔约方未能在签订之日起 6 个月内完成使协议生效的国内程序，该缔约方依照本协议的权利与义务应自其完成此类国内程序之日后 30 天开始。”但根据东盟秘书处的统计，到 2012 年 3 月，只有中国、菲律宾、马来西亚、文莱、柬埔寨和印度尼西亚 6 个国家批准。See ASEAN Secretariat, Table of ASEAN Treaties/Agreements and Ratification, March 2012.

合条件的缔约方投资者在中国—东盟自由贸易区或缔约他方的跨国投资提供了较为全面的保护。但是，无论是CAFTA投资协议，还是中国与东盟成员国之间的双边投资保护协议，其适用范围均只限于缔约国的领土，如CAFTA投资协议第3条规定其适用范围是：东盟成员国各自的领土和中国2001年12月11日加入WTO时的关税领土(排除台湾、香港、澳门)，1985年《中国和新加坡关于促进和保护投资协定》第2条规定其适用范围是：中国和新加坡的领土。

根据国际法，领土只包括领陆、领空、领水(领海和内水)、底土，除此之外的毗连区、专属经济区、大陆架、公海、外层空间等，都不是领土的组成部分。此外，CAFTA投资协议和中国与东盟成员国之间的双边投资保护协议，都没有规定存在领土争议时如何进行适用，而根据通常的理解，条约适用的领土范围应当是确定的，对尚未确定边界的那部分领土不能适用。

因此严格来说，CAFTA投资协议和中国与东盟成员国之间的双边投资保护协议，目前并不能适用于中国与东盟申索国的争议海域，而且，即使投资者具备CAFTA投资协议和中国与东盟成员国之间的双边投资保护协议所规定的资格，是具有缔约方国籍、公民身份或永久居民权的自然人，或是根据缔约方法律组建的法人或其他实体，但相关争议方也可以投资活动发生于本国领土之外为由，拒绝对其提供投资保护。如果希望使用CAFTA投资协议和中国与东盟成员国之间的双边投资保护协议，保护争议海域共同开发中的投资者权益，那么就需要修订协议的相关条款，将其适用范围扩展至边界尚未确定的争议领土，以及领土之外的争议区域，这种修订应当由所有缔约国共同修订，既可以适用于所有缔约国，也可以只适用于存在领土争议或非领土区域争议的缔约国。

保护伞条款(Umbrella Clause)也称承诺遵守条款(Clause of Commitments Observation)，是指在双边或多边投资保护协定或其他条约中，规定缔约方应遵守其对缔约他方投资者作出的特定承诺的条款。如2001年《中国与缅甸关于鼓励促进和保护投资协定》第10条第2款就规定："缔约一方应恪守其对缔约另一方投资者就投资作出的承诺。"①2003年《中国和德国关于促进和相互保护投资的协定》第10条第2款也规定："缔约一方应恪守其就缔约另一方投资者在其境内的投资承担的任何其他义务。"②这些条款都属于保护伞条款。

保护伞条款最主要的特征是将国家原本在国内合同中承担的义务，上升为国际条约义务，从而加大对投资者的保护力度，其本质上是一种投资保护条款，可以起到投资保护协议的作用。企业通常都是由相关国家颁发许可证或特许权证书后，才获得在争议海域进行共同开发的资格，这些许可证或特许权证书应当被视为相关国家"对投资者就投资所作出的承诺"。特别值得注意的是，如果这些许可证或特许权证书，是由所有相关国家共同颁发，如超国家管理模式和共同管理模式，或者各自企业签订的联合经营协议，是由所有相关国家共同批准，如联合经营模式，那么这些许可证、特许权证书或联合经营协议，就应当被视为相关国家"与缔约另一方投资者就投资所作出的承诺"。

因此，在共同开发协议中加入保护伞条款，将相关国家"与缔约另一方投资者就投资所作出的承诺"上升为国际条约义务，毫无疑问可以起到保障投资者权益的作用。而且，对于南海争议海域的相关当事国来说，如果就扩大CAFTA投资协议和中国与东盟成员国之间双边投资保护协议的适用范围，缔约方无法达成一致意见的话，那么除了完善国内海外投资保险制度之外，剩下的唯一路径或许就是在共同开发协议中加入保护伞条款。

十、共同开发的争端解决

共同开发过程中产生的争端，主要包括三种类型：(1)共同开发协议的当事方，即相关争议国之间就共同开发协议产生的争端；(2)共同开发的执行者，即企业与作为共同开发协议当事方的国家或由其共同组建的开发管理机构之间产生的争端；(3)共同开发的

① 参见《中缅关于鼓励促进和保护投资协定》第10条第2款。

② 参见《中国和德国关于促进和相互保护投资的协定》第10条第2款。

执行者，即企业之间就具体的共同开发活动产生的争端。①

相关争议国之间就共同开发协议产生的争端，属于公法性质的争端，共同开发协议由相关争议国签署，本质上是一种国际条约，因共同开发协议产生的争端，实际上是国际条约争端，即因条约义务的履行存在瑕疵而产生的国家之间争端。这种争端应当依据国际法的基本原则，通过协(磋)商、谈判、斡旋、调停、调查、和解等政治途径，或者通过国际仲裁、国际诉讼等司法途径进行解决，上述方式通常被综合运用，而且通常要求在司法解决之前用尽政治解决方式。

冰岛和挪威对两国之间就共同开发协议产生的争端，采用磋商和调解的方式解决。1981 年《冰岛和挪威关于冰岛和扬马延岛之间大陆架的协议》第 9 条规定："……如双方磋商无法达成一致，应将问题提交由三名成员组成的调解委员会解决。……调解委员会由双方各指派 1 名成员，并共同指派调解委员会主席。调解委员会的建议书应尽早提交双方政府……双方应对建议书予以充分尊重"。

英国和挪威对两国之间就共同开发协议产生的争端，采用谈判和仲裁的方式解决。1976 年《英国和挪威关于开发费里格气田并向英国输送天然气的协议》第 28 条规定："……任何关于本协定的解释和适用的争议，或根据第 1 条第(2)段和第 14 条提交两国政府解决的其他任何问题，均应通过费里格气田咨询委员会或两国政府的谈判进行解决……如不能通过上述方法或两国政府同意的其他任何程序解决，经一国政府要求，此项争议应提交由下列人员组成的仲裁庭解决：双方各指定 1 名仲裁员，由这 2 名仲裁员选出担任主席的第三名仲裁员……如在关于指定仲裁员的要求提出后的 3 个月内，任一政府不能指定 1 名仲裁员，任一政府均可请求国际法院院长指定。如在第 2 名仲裁员被指定后的 1 个月内，不能选出第三位仲裁员，上述程序同样适用……"

苏丹和沙特阿拉伯对两国之间就共同开发协议产生的争端，采

① 参见肖建国：《国际海洋边界石油的共同开发》，海洋出版社 2006 年版，第 151 页。

用协商和国际司法机构的方式解决。1974年《苏丹和沙特阿拉伯关于共同开采共同区域内红海海床和底土自然资源的协定》第16条规定：“……如通过友好协商不能解决这种纠纷，应提交国际法院解决……”

企业与相关国家或开发管理机构之间的争端，是既有公法性质又有私法性质的争端，基本上可等同于投资者与东道国之间的投资争端。这种争端通常根据“缔约方与投资者之间的争端解决条款”，可由有管辖权的争端缔约方国内法院，或者提交解决投资争端国际中心或联合国国际贸易法委员会，或各方同意的任何其他仲裁机构或根据任何其他仲裁规则进行仲裁。

印度尼西亚和澳大利亚为企业与开发管理机构之间的争端解决方式作了原则性的规定。1989年《印度尼西亚与澳大利亚关于在印度尼西亚东帝汶省和北澳大利亚之间区域内建立合作区的条约》第30条要求，联合管理局所订立的每一个产品分成合同，对其解释和适用所产生的争端，均应提交一种特别的、有约束力的商业仲裁解决，缔约国应为其法院执行仲裁裁决提供方便。

企业之间就具体的共同开发活动产生的争端，是一种纯私法性质的争端，主要是指具体执行共同开发协议的不同国家之间的企业，就履行联合经营协议的义务产生的商业性法律争端。这种争端通常由当事方通过协商一致提交有管辖权的国内法院或仲裁机构解决。鉴于联合国《承认及执行外国仲裁裁决公约》的广泛国际影响力，国际商事仲裁裁决较容易得到该公约缔约国的承认与执行，因此在联合经营协议中约定使用仲裁方式解决企业之间的争端，是较好的选择。

中国与东盟申索国之间的南海争议海域共同开发，其争端解决也应区分国家之间就共同开发协议产生的争端、企业与国家或开发管理机构之间的争端、企业之间就具体的共同开发活动产生的争端三种类型，分别进行处理。

对于国家之间就共同开发协议产生的争端，如不能将CAFTA投资协议或双边投资保护协议的适用范围扩大到争议海域，就可考虑在共同开发协议中规定：争议方应通过协(磋)商、谈判、和解等政治外交手段解决，如双方磋商无法达成一致，应将问题提交由三名成员组成的调解委员会解决。调解委员会由争议方各指派 1 名成员，并共同指派调解委员会主席。调解委员会的建议书应尽早提交争议方政府，争议方应对建议书予以充分尊重。

或者规定应先通过协(磋)商、谈判、和解等政治外交手段解决，如在一定时期(如 6 个月)内未能通过政治外交手段解决，则应提交由下列人员组成的仲裁庭解决，仲裁庭的裁决应以一致同意的方式作出，对所有争议方具有约束力：相关争议方各指定 1 名仲裁员，并共同指定担任仲裁庭主席的仲裁员；如在关于指定仲裁员的要求提出后的 3 个月内，任何一方不能指定 1 名仲裁员，则任何一方均可请求国际法院院长指定；如在各方的仲裁员均被指定后的 1 个月内，不能选出担任仲裁庭主席的仲裁员，上述程序同样适用。

对于企业与相关国家或开发管理机构之间的争端，如不能将 CAFTA 投资协议或双边投资保护协议的适用范围扩大到争议海域，可考虑利用《解决国家与他国国民之间投资争议公约》的投资争议解决机制，在开发管理机构或相关国家共同批准或签订的许可文件或类似文件或联合经营协议中，加入《解决国家与他国国民之间投资争议公约》的管辖条款，规定企业与与相关国家或开发管理机构之间的争端，可由有管辖权的争端缔约方国内法院，或者提交解决投资争端国际中心或联合国国际贸易法委员会，或各方同意的任何其他仲裁机构或根据任何其他仲裁规则进行仲裁。

对于企业之间就具体的共同开发活动产生的争端，国家可通过制定标准合同并掌控合同审批权的方式，在联合经营协议中强制纳入国际商事仲裁条款，并对仲裁适用的准据法作出约定。

除此之外，也可考虑从南海油气资源共同开发的实际出发，借鉴现有、成熟的国际争端解决机制，如世界贸易组织、北美自由贸易区、东盟自由贸易区，在条件成熟时设立独立的争端解决机构，用以专门处理南海油气资源共同开发过程中产生的各类争端。

十一、加强单方开发以维护海洋权益

在尚未达成或无法达成共同开发协议的情况下，争议海域的单方勘探开发行为并不合法，虽然此时边界线还未划定，权利归属也未定性，但却极有可能阻碍争议的最终解决。高尔特(Ian T. Gault)就认为：“如果国家的单方行为损害了相关国家的矿藏或权利，则属违法。”①

中国的“搁置争议、共同开发”策略之所以未能在南海地区取得实质性进展，主要原因之一就在于东盟申索国的单方开发行为。越南、菲律宾、马来西亚、印度尼西亚、文莱等申索国，利用其地理临近的优势，早已开始了对近海油气资源的开发，而且有些开发区就位于中国的南海“U形线”附近，如今甚至直接将开发地点扩展到“U形线”范围之内，无疑侵犯了中国的海洋权益。

与南海东盟申索国相比，除了南海北部的油气资源开发之外，我国在南海争议海域的单方开发程度明显不足，一直因东盟申索国的干预而处于被动状态，至今未能实现实质性的油气资源开发。

1992年中海油与美国克里斯通公司签订的“万安北-21”开发合同因越南干涉一直搁置。2002年中海油对外招标9个合作区块(7个位于中建南盆地，2个位于万安盆地与南薇西盆地部分区域)，也因越南干涉而未能取得实质性进展。2012年中海油的“海洋石油981”深水半潜式钻井平台，在西沙群岛中建南盆地进行海洋钻探时，也遭到越南的非法干涉。

由于各种历史或现实的原因，中国未能对东盟申索国在南海争议海域的单方开发行为进行有效的反制，从而使其怀有一种侥幸的心理，认为单方开发无需付出代价，而且还能够获得巨大的资源和经济利益，当然也就缺乏与中国进行共同开发的意愿。

当前，中国如果要在南海争议海域的共同开发问题上取得进

① See Ian T. Gault, Petroleum Development Offshore: Legal and Contractual Issues, in Nicky Beredjick (ed.), Petroleum Investment Policies in Developing Countries, Graham & Troman, 1988, p. 145.

展，就必须加大自己的单方开发力度，以此作为一种合法的、可以免除国际法律责任的反措施(Counter Measure)①行为，迫使东盟申索国产生共同开发的意愿。② 常设仲裁法院2007年审理的"圭亚那-苏里南仲裁案"表明，针对单方开发采用非武力的反措施并不违反国际法。③

加强在争议海域的单方开发力度，不仅可以宣示中国的海洋权益，也可以促使东盟申索国正视与中国存在海域争议的事实，还可以增加中国今后在共同开发谈判中的砝码，实为维护中国海洋权益一举多得的良策。④

在争议海域进行油气资源开发，是国家对该争议海域主张权利的标志。中国一直以来主张对南海"U形线"范围内的岛礁沙滩和海域享有权利，虽然立场十分坚定，但主要还是表现为各种立法、声明、照会、抗议等书面或口头形式，而非强有力的实际行动，往

① 反措施(Counter Measure)，也叫对抗措施，是指受害方针对加害方实施的国际不法行为采取的暂时不履行自己原已承担的国际法义务的行为。根据联合国国际法委员会通过的《国家对于国际不法行为的责任条款草案(二读)》，反措施可以免除国家对其国际不法行为应当承担的国际法律责任。根据国际司法实践，采取反措施必须受到以下条件限制：1. 不能以惩罚为目的。反措施的目的在于使加害方停止侵害、履行义务、赔偿损失，而不是对加害方进行惩罚。2. 必要性和相称性。采取反措施必须出于必要，即用尽其他和平手段仍无法使事态得到解决，而且范围和程度必须与加害方行为的范围和程度相适应。3. 同一性。反措施只能针对加害方行使。4. 合法性。反措施不能违反国际强行法所确立的基本义务。5. 非武力。自卫是国际法许可的国家唯一能够实施武力的情况，因此反措施不能以武力的方式实施。参见陈亚芸：《国际公法案例教材》，法律出版社2015年版，第227页；See International Court of Justice, Reports of Judgments, advisory Opinions and Orders of Case Concerning Gabcikovo-Nagymaros Project (Hungary v. Slovakia), 1997.

② 参见张辉：《中国周边争议海域共同开发基础问题研究》，载《武大国际法评论》，第16卷(第1期)，武汉大学出版社2013年版，第60页。

③ See Permanent Court of Arbitration, Award of the Arbitral Tribunal of Guyana/Suriname Case (Guyana v. Suriname), 2007.

④ 参见张丽娜：《促进南海油气资源共同开发的法律对策》，载《南海学刊》2015年第1期，第85~86页。

往不能真正使东盟申索国认识到问题的严重性。因此，中国应当重视利用强有力的非武力实际行动，来表达对争议海域的权利主张，而单方开发正是一种强有力的、非武力的权利表达方式，值得中国采纳。

东盟申索国无视中国对南海"U 形线"范围内岛礁沙滩和海域的权利，甚至否认相关海域存在争议，意图为其大肆攫取南海"U 形线"附近以及范围内的油气资源提供合法依据。面对这种局面，中国必须"以其人之道，还治其人之身"，强化在争议海域的单方开发力度。或许只有通过这种强有力的措施，才能使东盟申索国清醒地认识到其与中国存在海洋权利争议的事实，从而促使其尽早达成共同开发协议。

此外，相关争议方需要经过的艰苦谈判，才能达成共同开发协议，而需要考虑的谈判因素很多，开发实体的先存权就是其中的重要因素之一，而且会影响到谈判是否能够取得实质性进展。前已述及，不少东盟申索国的本国或外国油气企业，已深度参与南海争议海域的油气资源单方开发，这些油气企业的先存权肯定会成为今后共同开发谈判的议题。

由于中国是南海争议海域勘探开发的后来者，在先存权方面，明显处于劣势。因此，利用共同开发谈判尚未正式开始的这段时间，加大对争议海域的单方开发力度，增加与中国有关的开发实体的先存权存在，有利于中国今后在共同开发的谈判中，争取到更多利益。此外，加强中国在争议海域的单方开发力度，还有利于探明争议海域的油气资源蕴藏情况，避免可能存在的商业开发风险，为共同开发谈判提供参考依据。

十二、北部湾跨界油气资源共同开发的借鉴意义

北部湾(Beibu Gulf)全部位于中越两国共有的大陆架上，面积约 12.8 万平方公里，最大宽度约 180 海里，其海床储油条件良好，蕴藏着丰富的石油和天然气资源。北部湾海域分布有三个重要的含油气沉积盆地——北部湾盆地、莺歌海盆地和琼东南盆地，根据中国海洋石油总公司截至 2009 年的预测评价显示，上述 3 个盆地的

石油资源远景储量约22.8亿吨，已探明储量约1.87亿吨，天然气资源远景储量约4.5万亿m^3，已探明储量约0.27万亿m^3。① 目前，北部湾盆地、莺歌海盆地和琼东南盆地的石油和天然气资源勘探程度仍然较低，但相信随着勘探程度的进一步加大，探明油气资源储量肯定还会进一步增加。

从20世纪70年代起，中越两国相继在北部湾海域进行油气勘探。但由于当时两国在北部湾划界问题上存在不同的主张，围绕北部湾油气勘探问题产生的纠纷不断，从而严重地影响了两国的关系。

1974年中越两国开始就北部湾的划界问题进行谈判。1991年中越两国关系正常化之后，于1993年恢复了边界谈判。1999年中越两国签署《中国和越南陆地边界条约》，此后北部湾划界的谈判进程加快。1993年中越两国签署《关于解决中国和越南边界领土问题的基本原则协议》，决定设立北部湾划界联合工作组，并同意按照公平原则，同时也考虑北部湾的所有相关情况，通过谈判来划分两国的北部湾边界。

2000年12月25日，历经27年来的数十轮谈判，中国和越南在北京签署《中越北部湾划界协定》，确定了两国在北部湾的领海、专属经济区和大陆架分界线，同时还参照其他国家的划界条约和实践，约定共同开发跨界油气资源。至此，除了南沙群岛和西沙群岛之外，中国和越南的领土和海域边界纠纷，便只剩下北部湾湾口外海域的部分。

2005年7月21日，中越两国国家主席在北京签署《中越联合公报》，表示将"尽早启动北部湾湾口外海域的划界谈判"。2006年8月的《中越联合新闻公报》，以及2008年6月《中越联合声明》，均强调要稳步推进"北部湾湾口外海域的划界谈判，积极商谈共同

① 参见张宽、胡根成、吴克强、王国纯：《中国近海主要含油气盆地新一轮油气资源评价》，载《中国海上油气》2007年第5期，第294页；另参见朱伟林：《中国近海油气勘探进展》，载《中国工程科学》2010年第5期，第20页。

开发问题”。

2011年10月，中国和越南签署《中越关于指导解决海上问题基本原则的协议》，达成了如下共识：循序渐进、先易后难地解决海上问题，稳步推进北部湾湾口外海域的划界谈判，积极商谈共同开发问题。

《中越北部湾划界协定》的签订意义重大，由该协定确定的中越两国在北部湾的领海、专属经济区和大陆架分界线，是中国第一条海上边界线，该协定第7条对跨界油气资源共同开发的规定，是中国第一次与外国就共同开发跨界油气资源正式达成一致，对南海争议海域的油气资源共同开发具有重要的借鉴意义。

《中越北部湾划界协定》的签订表明，协商谈判是和平解决中国与东盟申索国领土或海域纠纷的最佳路径。国际社会对领土或海域纠纷并无强制性的解决方式，因此，中国政府历来坚持采用协商谈判的方式和平解决领土或海域争端，这一主张并不违反现行有效的国际法。北部湾的分界线，正是中越两国根据《联合国海洋法公约》的精神，采用协商谈判的方式划定的，划界的结果较好地体现了公平原则，中越双方由此各得约占北部湾总面积46.77%和53.23%的海域，① 分别为5.9和6.6万平方公里，② 与中越两国分别为695和763公里的海岸线长度比例基本相当。

《中越北部湾划界协定》的签订表明，对跨界油气资源进行共同开发是国际社会的通行做法。2004年6月30日，《中越北部湾划界协定》正式生效，中越共同开发北部湾跨界油气资源正式拉开序幕。2005年10月31日，中国海洋石油总公司和越南国家油气集团(Vietnam National Oil and Gas Group)签署了《北部湾油气合作框架协议》。2006年11月16日，中国海洋石油总公司与越南油气总公司(Vietnam Oil and Gas Group)签署了《北部湾协议区联合勘探

① 参见李令华：《关于南海U型线与国际海洋边界划定问题的探讨》，载《现代渔业信息》2005年第12期，第16页。

② See Zou Keyuan, Law of the sea in East Asia: issues and prospects, New York, N.Y.: Routledge, 2005, p.86.

协议》，由于未能发现商业性油气资源，2013 年双方决定将该协议有效期延长至 2016 年，并将联合勘探区从原先的 1541 平方公里扩大到 4076 平方公里。①

《中越北部湾划界协定》的签订表明，在两个争议方之间达成共同开发协议，比在三个或更多争议方之间达成共同开发协议，具有更大的可行性。2005 年 3 月 14 日，中国海洋石油总公司、菲律宾国家石油公司和越南油气总公司三方签署了为期 3 年的《南海特定区域联合海洋地震研究协议》，商定在总面积约 14.3 万平方公里的协议区内共同开展联合调查、研究评估石油资源状况及商业开采价值，毫无疑问这是共同开发的前期步骤。但是 2008 年该协议到期后，其续期建议未能获得一致同意，从而使中菲越三国无法就争议海域的共同开发达成一致，不过这也印证了国际社会尚无多边共同开发先例的事实。

十三、“搁置争议、共同开发”的前景

中国和东盟申索国在南海争议海域的共同开发上，虽然取得了一定的成效，但从整体上看，这种努力仍然远远不够。关键的问题是东盟申索国缺乏政治意愿，在中国学者蔡鹏鸿看来，共同开发协议的达成，并非仅取决于经济因素，经济需求只是共同开发的物质驱动力，但从目前的形势来看，政治意愿或许是更为重要的决定因素，② 东盟申索国的政治意愿对共同开发的有效开展起着决定性的影响。印度尼西亚的贾拉尔为此也提出过 10 点建议。③

“搁置争议、共同开发”当前面临严峻挑战，但总体而言，和平与发展的世界两大主题并未发生改变，我国以经济建设为中心的战略也没有发生变化，仍然切实遵守和平解决争端的国际法原则，

① See Nguyen Pham Muoi, Vietnam, China Expand Joint Exploration in Gulf of Tonkin, Dow Jones Newswires, Thursday, June 20, 2013.

② 参见蔡鹏鸿：《争议海域共同开发的管理模式：比较研究》，上海社会科学出版社 1998 年版，第 96~104 页。

③ See Hasjimd Jalal, The Relevance of the Concept of Joint Development to Maritime Disputes in the South China Sea, The Indonesian Quarterly, 1999, (3).

因此“搁置争议、共同开发”作为我国处理与南海问题，以及与其他周边国家的领土主权和海洋争议的重要指导原则，依然没有过时。因此，“搁置争议、共同开发”的前景应当是乐观的。

虽然东盟申索国对南海及其岛礁的权利主张行为时有发生，但是争议各方也认识到，主权争议必须采用和平的方式解决，而且，《联合国海洋法公约》并非解决岛礁等主权归属争议的合适场所，① 由于其只规定了海洋划界争端的一般性原则，因此给各方均留下了较多的周旋余地。

随着经济的增长而导致的能源需求增加，东盟申索国将会更为清醒地认识到，“搁置争议、共同开发”是最为务实的解决“南海问题”之道，即使“搁置争议、共同开发”暂时还不能应用于所有的南海争议海域，但至少在局部地区非常有可能成为现实，特别是只存在两方争议的那些海域，事实上，中越北部湾的共同开发距离成功完成就仅剩一步之遥。

---

① 参见杨泽伟：《论〈海洋法公约〉解决南海争端的非适用性》，载《法学杂志》2012 年 10 期，第 1~8 页。

第七章　中国—东盟能源安全合作的前景展望

第一节　中国—东盟能源安全合作的有利因素

一、优势互补的资源配置

中国和东盟成员国在能源资源、能源资金、能源技术、能源设备的配置方面，各有其自身的优势。就能源资源而言，中国的优势主要在于丰富的煤炭储量，1145 亿吨的探明储量以及 31 年的采储比值，可为东盟成员国的工业发展提供源源不断的动力；东盟的优势主要在于文莱、印度尼西亚、马来西亚、缅甸、越南等东盟成员国已探明的天然气蕴藏，以及柬埔寨潜在的天然气开发潜力，上述 6 国 2014 年的天然气探明储量超过 5.4 万亿立方米，约为中国的 1 倍，平均采储比值达 33.48 年，可助中国的经济发展一臂之力。①中国和东盟成员国的石油储量相近，分别为 24 亿吨和 21 亿吨，②但由于自身的需求均很大，因此彼此之间不可能开展大规模的石油贸易，这也是近年来中国从东盟进口的石油数量持续下降的主要原因。

就能源技术设备和能源资金而言，中国对东盟无疑具有压倒性的明显优势。中国的能源技术较绝大多数东盟成员国先进，在煤矿

---

① See British Petroleum Company, BP Statistical Review of World Energy, June 2015.

② See World Energy Council, 2010 Survey of Energy Resources.

的勘探采掘加工、水电站和火电站的设计建造施工、石油天然气的勘探开发和加工提炼，以及新能源的开发和利用等方面，都具有丰富的实践经验，这是大多数东盟成员国，尤其是东盟 4 个新成员所不具备的。而且，凭借强大的工业制造能力，中国生产出的先进能源设备，为进一步勘探开发潜在的能源资源提供了有力的保障。

能源行业属资金密集型行业，除了具备先进的技术、设备之外，大量的资金投入也必不可少。在能源资金方面，中国对东盟仍具有巨大的优势。2014 年东盟 10 国的国民生产总值为 25735. 89 亿美元，① 外汇和黄金储备约为 7126. 84 亿美元。② 中国经过改革开放以来的持续快速发展，积累了大量的资金，目前中国是仅次于美国的全球第二大经济体，截至 2014 年底，国民生产总值为 636463 亿元人民币，③ 外汇和黄金储备高达 39800 亿美元④（其中外汇储备为 38430 亿美元⑤），分别居世界第 2 和第 1 位，明显超过整个东盟地区。如此巨量的外汇储备，如不加以有效合理的利用，这本身就是一种损失，而在当前油气紧缺的情况下，将其投入到国际市场，用于购买能源产品或进行能源投资，确实可达到一举两得的效果。事实上，中国提出的"走出去"战略、利用"两种资源、两个市场"理论，都是为了有效利用自身庞大的外汇储备，而

① See Associate of South-East Asian Nations, Table 1 of Selected basic ASEAN indicators, August 2015, available at http: //www. asean. org/images/2015/september/selected-key-indicators/table1_as %20of %20Aug %202015. pdf, last visited on October 10, 2015.

② See Central Intelligence Agency, The World Factbook, available at https: //www. cia. gov/library/publications/the-world-factbook/rankorder/2188rank. html, last visited on October 10, 2015.

③ 参见中国国家统计局：《中华人民共和国 2014 年国民经济和社会发展统计公报》，2015 年 2 月 26 日发布。

④ See Central Intelligence Agency, The World Factbook, available at https: //www. cia. gov/library/publications/the-world-factbook/rankorder/2188rank. html, last visited on October 10, 2015.

⑤ 参见中国国家统计局：《中华人民共和国 2014 年国民经济和社会发展统计公报》，2015 年 2 月 26 日发布。

东盟及其成员国无疑可成为中国利用外汇储备满足国内资源需求的主要场所。

二、现实存在的相互需求

中国和大多数东盟成员国都处于经济快速发展的过程中，未来20年之内对能源的需求将不断增加。虽然各国际组织和国际研究机构的预测数值并不一致，但都对中国未来的经济发展水平作出了比较乐观的估计。根据世界银行的研究表明，中国的经济规模将于2020—2030年超过美国居世界第一，2010—2015年的经济平均增长率为8.4%，2016~2020年的经济平均增长率为7.0%。① 中国未来如此巨大的经济发展规模，对能源的需求程度可想而知。根据APEC的预测，2020年中国分别需要进口石油和天然气2.75亿吨和362亿 m^3，2030年需要进口石油和天然气4.7亿吨和1520亿 m^3，② 对外依存度将分别超过80%和30%。③ 而煤炭几乎是中国唯一可长期保持净出口状态的化石能源，2020和2030年的出口量可达7000和4000万吨。④

东盟成员国的经济也具有很大的发展潜力，多数成员处于经济发展的初期，增长速度快、能源需求大。根据APEC的预测，东盟7国(不含柬埔寨、老挝、缅甸)2010—2035年的平均经济增长速度将保持在4.2%，2020年经济总量将达4.37万亿美元，2035年经济总量将达8.66万亿美元。⑤ 而这样的经济发展同样需要消费

---

① See World Bank China Office, China Through 2020-A MacroEconomic Scenario, World Bank China Research Paper, No. 9, June 2009.

② See Asia-Pacific Economic Cooperation, APEC Energy Demand and Supply Outlook, 2006, p. 137.

③ See International Energy Agency, World Oil Outlook to 2030; also see International Energy Agency, World Energy Outlook, 2002.

④ See Asia-Pacific Economic Cooperation, APEC Energy Demand and Supply Outlook, 2006, p. 137.

⑤ See Asia-Pacific Economic Cooperation, APEC Energy Demand and Supply Outlook, 5th Edition, February 2013, p. 29.

大量的能源产品来支撑。根据亚太能源研究中心(Asia Pacific Energy Research Center, APERC)预测,到2020年整个东南亚地区将短缺石油2.02亿吨。① 根据APEC的预测,2030年东南亚地区将短缺石油2.878亿吨,届时将不得不通过进口以满足国内需求。② 但是大部分东盟成员的经济水平有限,2020年除新加坡、马来西亚、泰国、文莱的人均国内生产总值在10000美元以上之外,其余成员的人均国内生产总值均在6500美元以下,③ 它们显然无法承受日益上涨的油气价格,因此不可避免要将部分能源消费转向价格更为低廉的煤炭以及太阳能、水能、地热能、核能等清洁能源和新能源。不过东盟成员国的煤炭储量也十分有限,而且储采比值较低。东盟的两大煤炭生产国印度尼西亚和越南,其煤炭资源分别只可供开采14和4年,整个东盟到2020年尚有煤炭盈余3742万吨,到2030年则会短缺4700万吨。④

三、日益紧密的合作关系

1991年,中国与东盟正式开启了对话与合作的进程。1997年,中国与东盟建立了睦邻互信的伙伴关系。2003年,中国与东盟建立了"面向和平与繁荣的战略伙伴关系",而且中国作为第一个区外大国率先加入了《东南亚友好合作条约》。一直以来,中国与东盟的政治互信都在不断增强,经济合作的成效也十分显著,其他领域的合作持续得到拓展。

2002年11月,中国同东盟签署《中国—东盟全面经济合作框架协议》,正式启动了CAFTA的建设进程,2010年1月,CAFTA

① 参见[新加坡]安德鲁·西蒙:《能源与东盟经济一体化》,刘雪芹译,载《东南亚纵横》2005年第4期,第26~28页。

② See Asia-Pacific Economic Cooperation, APEC Energy Demand and Supply Outlook, 2006, p. 209.

③ See Asia-Pacific Economic Cooperation, APEC Energy Demand and Supply Outlook, 5th Edition, February 2013, p. 29.

④ See Asia-Pacific Economic Cooperation, APEC Energy Demand and Supply Outlook, 2006, p. 209.

全面建成。如今，中国是东盟第一大贸易伙伴和第四大外资来源地，东盟是中国第三大贸易伙伴和第三大外资来源地。2014年，双方贸易额达到4804亿美元，是2002年的9.6倍。2002年，中国—东盟双向实际投资只有301亿美元，其中中国企业在东盟国家投资7亿美元，但到2014年底，双向投资累计已达1300亿美元，是10年前的3.8倍，其中中国企业到东盟的投资额超过400亿美元，东盟对华投资达累计超过900亿美元。

中国和东盟确定了农业、交通、能源、文化、旅游、环境、相互投资、公共卫生、信息通信技术、人力资源开发、湄公河流域开发等11个重点合作领域，在法律、教育、新闻、青年事务、劳动保障、非传统安全等20多个领域开展了务实的合作，已签署了农业、交通、文化、新闻、知识产权、技术法规、信息通信、非传统安全、卫生和植物卫生、标准和合格评定程序、中国—东盟中心等合作谅解备忘录。中国还与文莱、菲律宾、印度尼西亚和马来西亚四国正式签署了《经济合作框架》，以加强中国同东盟东部增长区之间的合作。

第二节　中国—东盟能源安全合作的不利因素

一、中国威胁论的影响

中国威胁论是国际社会一种要求对中国进行围追堵截的观点，该观点源于美国19世纪的“黄祸论”，经“红色威胁论”发展至今具有多种内涵。在中国威胁论者看来，由于庞大的人口规模和经济总量，日渐强盛的中国不仅会搅乱以美国为首的西方所主导的国际秩序，而且会给各国正常的国内秩序和稀缺的自然资源带来负面影响，同时在解决与周边国家的历史遗留问题时还会持十分强硬的立场。① 美国外交政策研究人员罗斯·芒罗(Ross Munro)的《正在觉

① See Ross H. Munro, Awakening Dragon: The Real Danger in Asia Is Coming from China, Policy Review, September 1992, pp. 12-15.

醒的巨龙：亚洲真正的威胁来自中国》与哈佛大学教授塞缪尔·亨廷顿(Samuel Huntington)的《文明的冲突与世界秩序的重建》对中国威胁论的观点有深入描述，前者渲染中美军事冲突的不可避免，后者则断言儒教文明与伊斯兰教文明的结合将是西方文明的天敌。①

中国威胁论具体包括军事威胁论、经济威胁论、资源威胁论、粮食威胁论、环境威胁论、科技威胁论、间谍威胁论、软实力威胁论、意识形态威胁论、新民族主义威胁论等多种形态，尤以军事威胁论、经济威胁论、资源威胁论、意识形态威胁论最受关注。军事威胁论将中国近年来通过军事现代化取得的成就和进步视作威胁，经济威胁论将中国在国际贸易中的大额贸易顺差和与西方不尽相同的发展模式视为对自身价值观的冲击，资源威胁论认为中国对自然资源的巨大需求将使全球原材料价格不断攀升并耗尽地球的有限资源，意识形态威胁论将中国以文化交流形式增加软实力的做法视为意识形态输出。总体来看，中国威胁论反映了西方及周边国家对中国崛起对它们的国家利益可能产生的影响的一种猜忌，但将其上升到“威胁”的程度，则显得过于冷战思维化。

中国威胁论在东盟地区也有一定市场。首先，东盟这个区域性国际组织的建立本身就具有防范“红色中国的扩张”的政治目的，东盟的创始成员印度尼西亚、马来西亚、菲律宾、泰国均担心本地的华人会发展成为“第五纵队”，威胁本国政权的稳定。② 其次，随着冷战的结束和中国改革开放以来所取得的巨大成就，一些东盟成员国担心中国强大之后会采取扩张性的战略，以填补因美国和前苏联撤出后形成的东南亚战略真空，甚至取代东盟在地区合作中的主导地位，并以武力方式解决南海问题。最后，由于中国经济的快速稳定发展，东盟成员国一方面担心中国因为经济结构的同质性挤占其国际市场和分流其外来投资，另一方面担心中国为了发展经济

① 参见[美]亨廷顿：《文明的冲突》，周琪等译，新华出版社 2013 年版，第 161~274 页。

② 参见曹文琦：《试析东盟初期反华的背景及其原因》，载《佳木斯大学社会科学学报》2007 年第 3 期，第 78~80 页。

对其自然资源进行掠夺性开发，同时还忧虑中国对澜沧江—湄公河上游水力资源的开发会给下游的东盟成员国带来生态方面的灾难。①

事实上，东盟对中国的心态是复杂的，一方面将中国经济的快速发展视为商机，另一方面又将中国日益强大的军事力量视为威胁。虽然中国一再强调在对外关系上永不称霸、永不威胁或侵略别国，但鉴于2010年以来关于"南海问题"的冲突不断加剧，要在短期内消除中国威胁论的影响并不容易。

二、南海问题的深度国际化②

南海问题目前仍在持续升温，深度国际化发展的趋势更加明显，③ 其主要原因在于国际政治因素的影响。这有两个方面的体现：

一是东盟作为区域性国际组织其影响力进一步扩大，其全体成员国对外越来越趋向于用一个声音说活。1992年7月《南海问题东盟宣言》的签署首次表明，东盟全体成员国在南海问题上采取了共同立场。1994年，东盟曾对外表示今后将以集体名义而非双边名义接受谈判。④ 2002年11月，东盟全体成员国与中国共同签署《南海各方行为宣言》。2011年5月，第18届东盟峰会发表主席声明，强调与中国协商制定《南海行为准则》时应遵守东盟原则(Principle of ASEAN)，即东盟成员国必须团结一致。⑤ 2011年7

① 参见翟崑：《试析东南亚地区的"中国威胁论"》，载《亚非纵横》2006年第5期，第52~55页。

② 参见谭民：《加强中国与东盟能源安全合作的国际法思考》，载《南洋问题研究》2012年第1期，第32页。

③ See Daniel Ten Kate, U. S. Warship Docks in Vietnam Amid China Sea Dispute, available at http://www.businessweek.com/news/2010-08-10/u-s-warship-docks-in-vietnam-amid-china-sea-dispute.html, last visited on Oct 1, 2012.

④ 参见张植荣：《中国边疆与民族问题》，北京大学出版社2005年版，第186页。

⑤ See ASEAN Summit, Chairman's Statement of the 18th ASEAN Summit, 8 May 2011, available at http://www.asean.org/archive/Statement_18th_ASEAN_Summit.pdf, last visited on 1 July 2015.

月，东盟全体成员国与中国达成《落实〈南海各方行为宣言〉的指导方针》。

2012 年 7 月，第 45 届东盟外长会议达成《关于东盟制定〈南海行为准则〉关键要素的建议》(*ASEAN's Proposed Key Elements for the Regional Code of Conduct in the South China Sea*)，① 并发布《关于东盟南海六点原则的声明》。② 2013 年 6 月第 46 届东盟外长会议发表的联合公报，③ 以及 2014 年 5 月第 24 届东盟峰会的外长会议通过《东盟外长关于南海目前事态发展的声明》，均提及并强调《关于东盟南海六点原则的声明》的作用。④

2015 年 4 月，第 26 届东盟峰会发表主席声明，对南海正在进行的填海造地活动表示严重关切。⑤ 2015 年 8 月，第 48 届东盟外长会议发表联合公报，指出部分东盟国家外长对中国在南海岛礁上的填海造地活动表示严重关切，并表示各方应加强《南海行为准

① See ASEAN, On Track to ASEAN Community 2015: ASEAN annual report 2012-2013, 23 June 2013.

② See ASEAN Foreign Ministers Meeting, Statement of ASEAN Foreign Ministers on ASEAN's Six-Point Principles on the South China Sea, 20 July 2012, available at http: //www. asean. org/images/AFMs %20Statement % 20on %206 % 20Principles %20on %20SCS. pdf, last visited on 1 July 2015.

③ See ASEAN Foreign Ministers Meeting, Joint Communiqué 46th ASEAN Foreign Ministers Meeting, 29~30 June 2013, available at http: //www. asean. org/images/2013/news/joint % 20communique % 20of % 20the % 2046th % 20asean % 20foreign % 20ministers % 20meeting % 2046th % 20amm % 20-% 20final% 20-% 2030%20june%202013. pdf, last visited on 1 July 2015.

④ See ASEAN Foreign Ministers Meeting, ASEAN Foreign Ministers' Statement on the Current Developments in the South China Sea, 10 May 2014, available at http: //www. asean. org/news/asean-statement-communiques/item/asean-foreign-ministers-statement-on-the-current-developments-in-the-south-china-sea?category_id=26, last visited on 1 July 2015.

⑤ See ASEAN Summit, Chairman's Statement of the 26th ASEAN Summit, 6 August 2015, available at http: // www. asean. org/images/2015/april/26th_asean_summit/Chairman% 20Statement% 2026th% 20ASEAN% 20Summit _ final. pdf, last visited on 1 July 2015.

则》的磋商和自我行为的约束。① 东盟的上述行为，已明确显示了其成员国在南海问题上的行动，基本上已经趋向一致。

二是美国、日本、印度等区外大国的干预。南海问题被美国看做构建亚太安全秩序的重要机遇，日本和印度则分别推行“南向”和“东进”政策以依附美国，意图共同遏制中国。1995 年，美国便表示准备以参与对话的方式协助解决南海问题。② 2001 年之后，美国积极推动与东盟国家举行以南海问题为背景的军事演习，并试图以反恐、防扩散和打击跨国犯罪为名派驻军队。③

2010 年，美国更是直接表示南海问题关涉美国的国家利益，并称愿意帮助解决争端。④ 2011 年，美国在 1 个月内连续进行了 4 场以南海问题为背景的军事演习；⑤ 日本和菲律宾发表鼓吹在南海

① See ASEAN Foreign Ministers Meeting, Joint Communiqué 48th ASEAN Foreign Ministers Meeting, 4 August 2015, available at http://www.asean.org/news/asean-statement-communiques/item/joint-communique-48th-asean-foreign-ministers-meeting-kuala-lumpur-malaysia-4th-august-2015? category_id = 26, last visited on 1 July 2015.

② See US Department of Defense, United States Security Strategy for the East Asia-Pacific Region, Feb. 27, 1995.

③ See Daniel H. Joyner, The Proliferation Security Initiative: Nonproliferation, Counterproliferation and International Law, Yale Journal of International Law, Vol. 30, Issue 2, summer 2005, pp. 507-508; also see Yann-huei Song, Security in the Strait of Malacca and the Regional Maritime Security Initiative: Responses to the US Proposal, International Law Studies Series, US Naval War College, Vol. 83, Issue 1, 2007, pp. 97-98.

④ See Mark Landler, Offering to Aid Talks, U.S. Challenges China on Disputed Islands, The New York Times, July 24, 2010.

⑤ 参见中国网：《美国携手东盟 6 国海上联合军演：加速重返东南亚》，http://www.china.com.cn/military/txt/2011-06/20/content_22818558.htm，2011 年 6 月 15 日；凤凰网：《美菲军演 28 日上演，中方吁对话解决南海争端》，http://news.ifeng.com/mainland/special/nanhaizhengduan/ontent-3/tail_2011_06/28/7299092_0.shtml；中国青年报：《日美澳欲在南海联合军演牵制中国》，http://zqb.cyol.com/html/2011-07/09/nw.D110000zgqnb_20110709_1-04.htm，2011 年 7 月 9 日；环球网：《美越 15 日举行海上联合演习，美媒称其意在抑制中国》，http://world.huanqiu.com/roll/2011-07/1825698.html，2011 年 7 月 15 日。

有所谓的重大利益的联合声明;① 印度则联合越南在南海的争议海域勘探开采油气资源。②

2012 年，美国和菲律宾在巴拉望岛附近海域联合举行以夺取被占近海油气平台为内容的军事演习，并与越南军队在岘港开展包括海上搜救在内的军事交流；日本则正式决定向菲律宾提供海上巡逻艇，以换取日本自卫队在南海的船舶停泊据点，并与美国探讨共同使用菲律宾军事训练设施的问题。

2013 年，美国考本斯号导弹巡洋舰，在南海海域监视中国辽宁舰时，与航母编队的一艘中国两栖船坞登陆舰发生对峙，双方距离最近时仅为 457 米。2014 年，美国国务院的海洋、国际环境和科学事务局发表《海洋边界——中国的南海主张》(*Limits in the Seas, China: Maritime Claims in the South China Sea*)的研究报告，对中国南海“U 形线”的法律地位进行质疑。③ 2015 年，美国军用侦察机对中国建设南海岛礁进行侦察，遭到中国军队 8 次警告；日本公布年度《防卫白皮书》，诬称中国在南海的填海造陆工程违背现有的国际法律秩序。

第三节 完善中国—东盟能源安全合作法律制度的建议

一、能源货物贸易合作方面

对能源产品贸易的影响最大的是出口限制措施。要在中国和东

① See Philippines-Japan Joint Statement on the Comprehensive Promotion of the “Strategic Partnership” between Neighboring Countries Connected by Special Bonds of Friendship, September 27, 2011, Art. 4.

② See Ananth Krishnan, China warns India on South China Sea exploration projects, available at http://www.thehindu.com/news/international/article2455647.ece, last visited on Oct. 1, 2012.

③ See United States Department of State, Bureau of Oceans and International Environmental and Scientific Affairs, Limits in the Seas, China: Maritime Claims in the South China Sea, 5 December 2014.

盟各成员国之间实现能源产品贸易的自由化，必须从两个方面着手：一是将能源产品的出口关税及其税率纳入关税减让表进行约束；二是禁止对能源产品的出口采用非关税限制措施。

在约束能源产品的出口关税方面，中国和东盟成员国可以借鉴ECT和NAFTA的做法。作为能源领域最重要的多边条约之一，ECT对推动、保护能源贸易、投资、运输的自由化具有重要意义,① 为解决能源领域的各类问题提供了较为理想的法律框架。② ECT对国际能源贸易制度的贡献在于其纳入了WTO货物贸易制度的基本规则，同时又对能源产品的出口关税作了一定约束。根据《ECT贸易条款修正案》第1条的规定，ECT的缔约方应向ECT秘书处提交征收出口关税的能源产品名单，并且应当"尽量"(shall endeavor)不提高出口关税的征收水平。③ 作为目前最成功的区域自由贸易协定，NAFTA对能源问题作了专门规定。作为NAFTA"能源专章"的第6章对缔约国在能源产品的出口关税方面规定了约束性义务——除非对国内消费施加相同限制，否则禁止对能源产品的进出口征收关税。④

在约束能源产品出口限制的非关税措施方面，中国和东盟成员国应当重申GATT第11条关于禁止出口限制的规定，明确规定除征收出口关税之外，中国和所有东盟成员国均不得采用出口许可证、出口配额、最低出口价格等非关税措施以限制能源产品的出口。另外，中国和东盟成员国还应当严格遵守GATT第17条就国营贸易企业为其所属国规定的透明度、不妨碍、非歧视等义务。根据GATT第17条和《关于解释GATT第17条的谅解》的规定，中国

① See Energy Charter Secretariat, The Energy Charter Treaty and Related Documents, September 2004, pp. 13-16.

② 参见谭民：《加强中国与东盟能源安全合作的国际法思考》，载《南洋问题研究》2012年第1期，第34页。

③ See Amendment to the Trade-Related Provisions of the Energy Charter Treaty (Annex 1 to the Final Act of the International Conference and Decision of the Energy Charter Conference), Article1.

④ See North American Free Trade Agreement, Article 604.

和东盟成员国应当主动或应要求公布其能源领域的国营贸易企业和国营贸易产品，保证和不妨碍其能源领域的国营贸易企业按 WTO 的规则从事经营活动，同时给予他国企业充分参与竞争的机会。但目前透明度义务的履行程度不足，只有中国、越南和老挝作了较为详尽的通知，① 其他国家要么未作任何通知，如文莱和缅甸，② 要么通知其能源领域不存在任何国营贸易企业和产品，如柬埔寨、菲律宾、印度尼西亚、马来西亚、泰国，③ 新加坡则通知其国内不存在任何国营贸易企业和产品。④ 由于新加坡经济发展水平较高，市场体制也较为成熟，因此其通知的可信度较高，但其他东盟成员国的通知则令人怀疑，因为这些国家都是发展中国家，能源领域广泛受到国家控制，存在大量具有国营贸易企业特征的国有企业，很难相信这些国有企业不是 WTO 所指的国营贸易企业。为此，可考虑利用 GATT 第 17 条第 4 款规定的“反向通知”程序，要求上述国家履行通知义务，如未获满意解决，则向 WTO 货物贸易理事会提出申请。

在不能完全禁止各国能源产品出口限制行为的情况下，除通过谈判将能源产品的出口关税税率降至更低的水平之外，严格限制例外条款的使用是规范能源产品出口限制行为的另一个有效途径。WTO 和 CAFTA 允许限制能源产品出口的例外情况主要有以下 5 种，同时也规定了采取相关措施时应当满足的条件：(1)防止或缓解出口方粮食或其他必需品的严重短缺而临时实施(GATT 第 11 条第 2 款)；(2)保护可用竭的自然资源，但须与限制国内生产或消

① See WTO Document, G/STR/N/7-8/CHN (13 Dec. 2002), G/STR/N/9/CHN/Add. 1 (14 July 2003), G/STR/N/9/CHN/Add. 1/Corr. 1 (25 September 2003), WT/ACC/VNM/14/Rev. 1 (6 Oct. 2006), WT/ACC/LAO/45 (1 Oct. 2012).

② See WTO Document, WT/TPR/S/196 (21 Jan. 2008).

③ See WTO Document, WT/TPR/S/253 (27 September 2011), G/STR/N/4-7/PHL (24 September 2002), G/STR/N/11-12/IDN (9 Feb. 2009), G/STR/N/2/MYS (7 July 2010), G/STR/N/12/THA (8 July 2008).

④ See WTO Document, G/STR/N/7, 8, 14/SGP (6 Nov. 2012).

费一同实施(GATT 第 20 条第 7 款、CAFTA 货物贸易协议第 12 条第 7 项)；(3)在作为政府稳定计划的一部分将国内原料价格压至低于国际价格水平的时期内，保证国内加工产业必需的数量，但不得用于增加该国内产业的出口或对其提供的保护，也不得偏离非歧视原则(GATT 第 20 条第 9 款、CAFTA 货物贸易协议第 12 条第 7 项)；(4)在普遍或局部供应短缺的情况下分配产品，但应在实施条件不具备时停止(GATT 第 20 条第 10 款、CAFTA 货物贸易协议第 12 条第 10 项)；(5)保护国家安全(GATT 第 21 条、CAFTA 货物贸易协议第 13 条)。

上述例外条款均存在被滥用的危险，其中最有可能被滥用的是“环保例外条款”和“国家安全例外条款”。“环保例外条款”最容易被滥用，因为保护环境的借口往往容易获得国际社会广泛的同情。现实中，不少国家就是以保护环境和可用竭的自然资源为由实施出口限制的。不过，采用“环保例外条款”的关键是要能够证明相关措施“与限制国内生产或消费一同实施”，而这一点往往被实施限制措施的国家所忽视，因此今后应当对其加以重视。“国家安全例外条款”的危害更大，因为按照该条款的规定，一国可自主判断其国家安全是否受到损害或损害威胁，这样该条款的使用就几乎没有限制。① 因此，可考虑借鉴 NAFTA 第 6 章的做法，规定除以下 4 种情况外，各国不能以“国家安全”为由对能源产品采取或维持进出口的限制措施：(1)供应一方军事基地或履行一方重要防御协议；(2)应对与实施措施一方相关的武装冲突形势；(3)实施与核武器或其他核爆炸设施相关的国家政策或国际协议；(4)应对防卫所需核材料供应中断的直接威胁。②

二、能源服务贸易合作方面

将能源服务部门单独加以规定十分必要。首先，能源服务十分

---

① See Donald N. Zillman, Energy Trade and the National Security Exception to the GATT, Journal of Energy & Natural Resources Law, Vol. 12, 1994, pp. 117-127.

② See North American Free Trade Agreement, Art. 607.

重要。虽然能源产品的价格和供应量决定了日常生活的质量和经济发展的水平，但是能源服务的质量能够决定能源产品的产量、品质、价格和分配效率。① 其次，权威性国际组织已将能源服务作为独立的服务部门加以考虑。早在2001年，WTO就将能源服务列入多哈回合的谈判议程，谈判方就能源服务的界定、分类、范围等进行了广泛讨论，形成了许多共识,② 具有强烈的示范作用。最后，能源服务的涉及面极广且与国家安全密切关联，对其范围、类别予以明确界定，既可避免因开放程度过大而危及国家安全，也可避免因认识的局限性而对市场开放施加不当限制。

东盟成员国，尤其是柬埔寨、老挝、缅甸、越南等4个东盟新成员，可为中国提供的能源服务市场主要有：能源基础设施建设服务（CPC5133～5136、CPC5163、CPC51641）、能源运输服务（CPC71122～能源铁路运输、CPC7131～能源管道运输、CPC72122～能源海上运输）、能源存储服务（CPC742）、能源勘探开采服务（CPC86751、CPC86752、CPC883）。③ 上述能源服务部门的开放，有利于中国能源服务的出口和保障中国的能源运输安全。不过到目前为止，在10个东盟成员国中，只有6国（越南、柬埔寨、马来西亚、泰国、菲律宾、印度尼西亚）开放能源基础设施建设服务、4国（越南、泰国、菲律宾、缅甸）开放能源存储服务、4国（菲律宾、越南、柬埔寨、印度尼西亚）开放能源勘探开采服务部门。④ 而对中国影响最大的能源运输服务（CPC71122、

---

① See United Nations Conference on Trade and Development, Energy Services in International Trade: Development Implications, Jun. 18, 2001.

② See Francesco Meggiolaro, Paolo R. Vergano, Energy Services in the Current Round of WTO Negotiations, International Trade Law & Regulation, Vol. 11, No. 3, 2005, pp. 97-108.

③ 参见谭民：《中国—东盟自由贸易区能源贸易制度的法律问题》，载《昆明理工大学学报（社会科学版）》2011年第6期，第11～16页。

④ See Agreement on Trade in Services of the Framework Agreement on Comprehensive Economic Co-operation between the People's Republic of China and the Association of Southeast Asian Nations, Annex 1/SC1& SC2.

CPC7131、CPC72122)，虽然开放国达到8个(文莱、越南、柬埔寨、马来西亚、泰国、新加坡、印度尼西亚、菲律宾),① 但开放能源管道运输服务(CPC7131)的只有柬埔寨，开放能源铁路运输服务(CPC71122)的只有菲律宾和越南，这将对中缅油气管道的运营维护和“泛亚铁路”(昆明—新加坡)潜在的能源运输方面的用途②，造成不利影响。并且，在新加坡、马来西亚、泰国、缅甸这4个印度洋沿岸的东盟成员国中，只有泰国和缅甸在2012年开放了能源存储服务(CPC742),③ 这同样使得中缅油气管道和“泛亚铁路”(昆明—新加坡)在保障中国能源运输安全方面的功能受到一定制约。

因此，对中国而言，今后在与东盟成员国开展进一步开放能源服务市场的谈判时，必须对以下几个方面加以重视：(1)扩大东盟能源勘探开采服务(CPC86751、CPC86752、CPC883)开放国的范围，尤其是缅甸、马来西亚和文莱；(2)扩大东盟能源基础设施建设服务(CPC5133~5136、CPC5163、CPC51641)的开放国范围，特别是缅甸和新加坡；(3)开放其他“泛亚铁路”(昆明—新加坡)所经国(新加坡、马来西亚、泰国、柬埔寨、老挝、缅甸)的能源铁路运输服务(CPC71122)，重点是缅甸；(4)开放新加坡和马来西亚的能源存储服务(CPC742)；(5)开放缅甸的能源管道运输服务(CPC7131)。

① See Agreement on Trade in Services of the Framework Agreement on Comprehensive Economic Co-operation between the People's Republic of China and the Association of Southeast Asian Nations, Annex 1/SC1& SC2.

② 对于中国而言，将从中东、非洲等地购买的石油存储于印度洋沿岸东盟成员国的港口，再经由“泛亚铁路”或中缅油气管道运回国内，可以极大地减少穿越“马六甲”海峡的运输成本和安全风险。

③ 根据2012年1月1日生效的CAFTA服务贸易协议第二批服务承诺清单，泰国和缅甸首次开放了能源存储服务(CPC742)，这对我国的能源运输安全起到了很大的保障作用，但考虑到能源存储的多元化以及防范可能存在的政治风险，今后还是应当争取使新加坡和马来西亚开放其能源存储服务部门。

三、能源投资合作方面

当前，要完善中国—东盟能源投资合作法律制度，首先就是要清理各国国内法中违反前述能源投资准入、保护义务的规定。中国和各东盟成员国的国内法中，不少能源投资准入方面的规定是违反或可能违反前述条约义务的。如印度尼西亚《石油和天然气法》(2001年第22号)第40条关于外国投资者应当优先使用当地产品和服务的规定,① 以及《关于矿业经营活动的政府规章》(2010年第23号)第40条关于为了满足质量标准和售后服务的要求或为了保证持续供应和及时输送，外国投资者应当优先购买印度尼西亚国内的产品、设备、原材料或在印度尼西亚国内销售的进口原材料的规定,② 就构成SCM协议的进口替代补贴。印度尼西亚《矿产和煤炭法》(2009年第4号)第124条和《关于矿业经营活动的政府规章》(2010年第23号)第86条关于优先使用印度尼西亚当地或国内的矿业服务公司以及当地人员提供服务的规定,③ 则可能构成GATS的服务贸易补贴，虽然目前尚无有效规制，但至少不能免除"非违反之诉"的质疑。此类规定在其他国家的法律中也大量存在，及时采取对应措施对其进行清理，有利于为能源领域的外国投资创造良好的投资环境。

其次，应考虑将国民待遇适用于能源投资的准入阶段，这有利于扩大中国和各东盟成员国能源投资的准入范围和程度，因为资源国对本国投资者的能源准入限制通常会大大少于外国投资者。但为

---

① See Law of The Republic of Indonesia Concerning Oil and Natural Gas (Number 22 of 2001), Article 40.

② See Government Regulation of The Republic of Indonesia Regarding the Implemetation of Mineral and Coal Mining Business Activity (Number 23 of 2010), Article 87.

③ See Law of The Republic of Indonesia Regarding Mineral and Coal mining (Number 4 of 2009), Article 124; also see Government Regulation of The Republic of Indonesia Regarding the Implemetation of Mineral and Coal Mining Business Activity (Number 23 of 2010), Article 86.

了不影响各方的国家利益，应当借鉴《东盟全面投资协议》第5条和第9条的规定，允许将不能开放和不能给予国民待遇的行业分别列入“暂时排除清单”和“敏感清单”。建议将CAFTA投资协议第4条修改为：“各缔约方在其境内，在投资的准入、设立、获得、扩大、管理、经营、运营、维护、使用、销售、清算或其他形式的处置方面，应当给予另一缔约方投资者及其投资不低于在同等条件下给予本国投资者及其投资的待遇”、“每个缔约方可在本条款修改生效后的6个月之内，递交关于任何行业或者影响投资措施的暂时例外清单(Temporary Exclusion List)和敏感清单(Sensitive List)，清单的内容包括不能向其他缔约方投资者开放或者不能给予其他缔约方投资者国民待遇的行业部门。暂时例外清单每2年审查一次，中国、印度尼西亚、泰国、新加坡、菲律宾、马来西亚、文莱应在5年之内逐步取消暂时例外清单，越南、老挝、缅甸、柬埔寨应在10年之内逐步取消暂时例外清单，敏感清单每6年审查一次”。

再次，还应利用MIGA的投资担保制度，为中国和各东盟成员国的海外投资者，在CAFTA范围内能源投资的提供安全保障。东盟地区是中国海外能源领域的主要目的地。到2012年底，中国企业到东盟的投资额累计达到236亿美元，其中大部分属于能源领域的投资。能源投资的重要特点是资金投入量大，如中国电力投资集团投资的缅甸密松水电站，截至2013年3月，中方已投入的资金为73亿元人民币，并且财务费用还以每年3亿元人民币的速度在增加。① 如此大规模的资金流动，其安全性就不得不加以慎重考虑。MIGA是中国和东盟成员国参与程度较高的国际组织，中国和除文莱、缅甸以外的东盟成员国是其成员。这些国家绝大多数都属于发展中国家，本身的海外投资保险制度要么尚未建立，要么不够完善，由此给本国海外投资者的财产安全带来隐患，如果能够利用MIGA的投资担保机制，可以在一定程度上防范潜在的政治风险。

最后，应利用ICSID的争端解决机制，妥善解决外国投资者与

① 参见李新民：《求解密松困局——走进缅甸探访伊江水电项目真相》，载《经济参考报》2013年9月2日，第6版。

东道国之间的争端，实现对外国投资者利益的有力保障虽然老挝、越南、缅甸、泰国这4个东盟成员国没有加入ICSID公约，但是由于CAFTA投资协议植入了“ICSID管辖条款”，因此，中国和所有东盟成员国都可以利用ICSID的争端解决机制。根据CAFTA投资协议第14条的规定，当作为缔约方的东道国违反CAFTA投资协议第4条(国民待遇)、第5条(最惠国待遇)、第7条(投资待遇)、第8条(征收)、第9条(损失补偿)、第10条(转移和利润汇回)所规定的义务时，投资者可要求磋商，若6个月的磋商期满未达成一致，投资者可以寻求东道国法院救济或提交下列仲裁机构进行国际仲裁而无需再另行获得东道国的书面同意(菲律宾除外)：解决投资争端国际中心(以争端所涉缔约方或争端所涉投资者母国为ICSID成员国为前提)、联合国国际贸易法委员会、争端当事方同意的其他仲裁机构。

事实上，印度尼西亚2011年10月18日要求与外国公司就矿业、石油、天然气方面的合同进行重新谈判，缅甸2011年9月30日以保护环境为理由宣布搁置由中国电力投资集团(中电投)开发建设的密松水电站的行为，就属于外国投资者与东道国之间的投资争端。由于中国是ICSID公约的缔约国，满足CAFTA投资协议第14条规定的将争议提交ICSID解决的前提条件，因而中方投资者完全可以分别依《ICSID仲裁程序规则》(印度尼西亚)和《ICSID附加便利规则》(缅甸)诉诸ICSID的仲裁程序，但遗憾的是，至今未见到中方投资者就此采取任何法律行动。

考虑到ICSID管辖权的排他效力和ICSID的裁决承认与执行制度的有效性，今后应当加强对ICSID争端解决机制的利用。虽然中国和大部分东盟成员国在利用ICSID争端解决机制方面缺乏经验，甚至更愿意采用政治外交谈判等手段，但是投资者与东道国之间的投资争端毕竟是一种法律争端而非外交争端，应当使其回复本身具有的法律性质。

四、能源通道安全维护合作方面

马六甲海峡的沿岸国对海盗、武装劫船以及海上恐怖主义行为的危害性早有警觉，一直费尽心思予以治理，但并无显著成效。主要原因在于：(1)自然条件特殊。海峡最浅处25米，最窄处2.8公里，暗礁浅滩密布，不仅限制了船舶的航行速度，也降低了犯罪的难度，导致航行事故和海盗事件频发。(2)经济、军事实力有限。海峡沿岸三国军事实力都不发达，印、马两国还是发展中国家，经济实力有限，在海峡的日常管理和安全维护方面缺乏足够的军事手段和资金支持。(3)安全维护机制存在缺陷。海峡安全维护的最大障碍是制度问题。

在维护中国—东盟能源运输通道安全方面，应当充分尊重国家主权，建立以沿岸国为主导的多边合作机制，使用国则提供资金、设备、技术、人员培训等非军事支持。

防盗反恐必须尊重他国主权，不得干涉他国内政。作为国际法的两大基本原则，国家主权平等和不干涉内政明确规定在《联合国宪章》及其他国际条约之中。① 虽然《海洋法公约》赋予了缔约国对海盗罪行的普遍管辖权、登临权和紧追权。安理会第1267、1368、1373号决议和《资助公约》、《爆炸公约》、《人命公约》、《非法行为公约》，也明确了恐怖主义的国际危害性以及各国的惩治与防范义务。但这些条约和决议同时还规定，防盗反恐要尊重他国主权，不能干涉他国内政。此外，《东南亚友好合作条约》、《亚洲反海盗协定》和《南海各方行为宣言》均强调了国家主权的重要性。依照《联合国海洋法公约》，马六甲海峡所在水域是分属沿岸三国的领海和专属经济区，沿岸国对此拥有主权和专属管辖权。因此，沿岸国对发生在其领海的海盗或恐怖主义行为，享有排他性的领土管辖权，并且不受国外势力以任何理由与方式干涉。尽管马六甲海峡所在水域有一部分是专属经济区，但其所有要塞部位均为沿岸国领土，没有沿岸国的配合，无法在该地区进行防盗反恐。中国和所有东盟国家都是联合国会员国，中国和马六甲海峡沿岸三国还是《海

① 国家主权平等原则是最重要的国际法基本原则，国际法的其他原则、规则和制度，都以该原则为出发点。参见梁西：《国际法》，武汉大学出版社2003年版，第46页。

洋法公约》、《资助公约》、《爆炸公约》、《人命公约》、《东南亚友好合作条约》、《南海各方行为宣言》的缔约国。因此，在维护能源运输通道安全时，相关国家必须遵守上述条约和决议的规定，充分尊重沿岸国的主权和领土完整。

建立沿岸国和使用国共同参与的多边维护机制。根据《海洋法公约》第43条的规定，马六甲海峡使用国在船舶航行、污染防治等方面，负有与沿岸国合作的义务。另外，由于沿岸国经济、军事实力有限，在海峡安全维护方面也应当获得使用国的帮助。出于维护国家主权和领土完整的考虑，一直以来，海峡的安全维护基本上由沿岸国自身负责，另有少数国家通过双边途径提供资金援助和技术支持。今后，为了保障沿岸国的主权独立，海峡的日常管理和安全维护仍应继续由沿岸国自身负责，不过，少数国家援助的局面必须得到改变，应当由所有使用国与沿岸国一道共同分担海峡的安全维护费用，而且主要使用国应当负担较大的份额，同时，使用国也应当享有相应的权利。对建立沿岸国与使用国共同参与的多边维护机制而言，2009年成立的ReCAAP无疑是一个良好的开端，但也存在两大不足之处：(1)职能有限，只限于防盗反恐信息情报的收集与交流；(2)主要沿岸国印度尼西亚没有加入。今后可以考虑将该组织的职能扩展到沿岸国领海之外的联合军事行动，并邀请印度尼西亚参加。同时，还应当明确赋予使用国向航行援助基金缴纳款项的义务，以及参与海峡安全维护的权利。

五、争议海域能源资源共同开发合作方面

针对南海地区能源资源频遭抢先开发的局面和“南海问题”日益复杂与国际化的趋向，中国和东盟均应保持克制，并对“搁置争议，共同开发”的策略进行反思和调整。“搁置争议、共同开发”当前还只是一个宏观的战略构想，如何将其落实到具体的共同开发事务中，需要考虑诸多的因素，如共同开发协议的签订主体、主权争议与共同开发的关系、争议海域的具体范围、争议海域的资源蕴藏情况、共同开发区的选择、共同开发的模式选择、开发实体的先存权保护、投资者的权益保障、单一地质构造的可能性、共同开发的

争端解决、申索国的合作意愿，等等。

当前，中国如果要在南海争议海域的共同开发问题上取得进展，就必须加大自己的单方开发力度，以此作为一种合法的、可以免除国际法律责任的反措施行为，迫使东盟申索国产生共同开发的意愿。①

由于各种历史或现实的原因，中国未能对东盟申索国在南海争议海域的单方开发行为，进行有效的反制，从而使其怀有一种侥幸的心理，认为单方开发无须付出代价，而且还能够获得巨大的资源和经济利益，当然也就缺乏与中国进行共同开发的意愿。

加强在争议海域的单方开发力度，不仅可以宣示中国的海洋权益，也可以促使东盟申索国正视与中国存在海域争议的事实，还可以增加中国今后在共同开发谈判中的砝码，实为维护中国海洋权益一举多得的良策。②

在争议海域进行油气资源开发，是国家对该争议海域主张权利的标志。中国一直以来主张对南海“U形线”范围内的岛礁沙滩和海域享有权利，虽然立场十分坚定，但主要还是表现为各种立法、声明、照会、抗议等书面或口头形式，而非强有力的实际行动，往往不能真正使东盟申索国认识到问题的严重性。因此，中国应当重视利用强有力的非武力实际行动，来表达对争议海域的权利主张，而单方开发正是一种强有力的、非武力的权利表达方式，值得中国采纳。

东盟申索国无视中国对南海“U形线”范围内岛礁沙滩和海域的权利，甚至否认相关海域存在争议，意图为其大肆攫取南海“U形线”附近以及范围内的油气资源提供合法依据。面对这种局面，中国必须“以其人之道，还治其人之身”，强化在争议海域的单方开发力度。或许只有通过这种强有力的措施，才能使东盟申索国清

① 参见张辉：《中国周边争议海域共同开发基础问题研究》，载《武大国际法评论》，第16卷(第1期)，武汉大学出版社2013年版，第60页。

② 参见张丽娜：《促进南海油气资源共同开发的法律对策》，载《南海学刊》2015年第1期，第85~86页。

醒地认识到其与中国存在海洋权利争议的事实，从而促使其尽早达成共同开发协议。

此外，相关争议方需要经过的艰苦谈判，才能达成共同开发协议，而需要考虑的谈判因素很多，开发实体的先存权就是其中的重要因素之一，而且会影响到谈判是否能够取得实质性进展。前已述及，不少东盟申索国的本国或外国油气企业，已深度参与南海争议海域的油气资源单方开发，这些油气企业的先存权肯定会成为今后共同开发谈判的议题。

由于中国是南海争议海域勘探开发的后来者，在先存权方面，明显处于劣势。因此，利用共同开发谈判尚未正式开始的这段时间，加大对争议海域的单方开发力度，增加与中国有关的开发实体的先存权存在，有利于中国今后在共同开发的谈判中，争取到更多利益。此外，加强中国在争议海域的单方开发力度，还有利于探明争议海域的油气资源蕴藏情况，避免可能存在的商业开发风险，为共同开发谈判提供参考依据。

参 考 文 献

(一)官方文献

1. 商务部国际贸易经济合作研究院、商务部投资促进事务局、中国驻印度尼西亚大使馆经济商务参赞处:《对外投资合作国别(地区)指南——印度尼西亚》,2012 年 11 月 27 日。
2. 商务部国际贸易经济合作研究院、商务部投资促进事务局、中国驻缅甸大使馆经济商务参赞处:《对外投资合作国别(地区)指南——缅甸》,2012 年 11 月 27 日。
3. 商务部国际贸易经济合作研究院、商务部投资促进事务局、中国驻老挝大使馆经济商务参赞处:《对外投资合作国别(地区)指南——老挝》,2012 年 11 月 27 日。
4. 商务部国际贸易经济合作研究院、商务部投资促进事务局、中国驻泰国大使馆经济商务参赞处:《对外投资合作国别(地区)指南——泰国》,2012 年 11 月 27 日。
5. 商务部国际贸易经济合作研究院、商务部投资促进事务局、中国驻文莱大使馆经济商务参赞处:《对外投资合作国别(地区)指南——文莱》,2012 年 11 月 27 日。
6. 商务部国际贸易经济合作研究院、商务部投资促进事务局、中国驻柬埔寨大使馆经济商务参赞处:《对外投资合作国别(地区)指南——柬埔寨》,2012 年 11 月 27 日。
7. 商务部国际贸易经济合作研究院、商务部投资促进事务局、中国驻越南大使馆经济商务参赞处:《对外投资合作国别(地区)指南——越南》,2012 年 11 月 27 日。
8. 商务部国际贸易经济合作研究院、商务部投资促进事务局、中国驻菲律宾大使馆经济商务参赞处:《对外投资合作国别(地区)指南——菲律宾》, 2012 年 11 月 27 日。
9. 商务部国际贸易经济合作研究院、商务部投资促进事务局、中国驻马来西亚大使馆经济商务参赞处:《对外投资合作国别(地区)指南——马来西亚》, 2012 年 11 月 27 日。
10. 商务部国际贸易经济合作研究院、商务部投资促进事务局、中国驻新加坡大使馆经济商务参赞处:《对外投资合作国别(地区)指南——新加坡》, 2012 年 11 月 27 日。
11. 中国国家统计局能源统计司:《中国能源统计年鉴》, 中国统计出版社, 2012 年 12 月。
12. 中国国务院新闻办公室:《中国的能源政策(2012)》, 2012 年 10 月 24 日。
13. 中国国务院新闻办公室:《中国的能源状况与政策》, 2007 年 12 月 26 日。
14. 中国国家发展和改革委员会、外交部、财政部、科技部:《中国参与大湄公河次区域经济合作国家报告》, 2011 年 12 月 16 日。

(二) 中文著作

1. 许前飞主编:《大湄公河次区域国家经济贸易法律汇编》, 法律出版社 2013 年版。
2. 刘稚主编:《大湄公河次区域合作发展报告(2012—2013)》, 社会科学文献出版社 2013 年版。
3. 范必著:《中国能源政策研究》, 中国言实出版社 2013 年版。
4. 杨泽伟著:《国际法析论》(第三版), 中国人民大学出版社 2012 年版。
5. 梁咏著:《双边投资条约与中国能源投资安全》, 复旦大学出版社 2012 年版。
6. 黄振中、赵秋雁、谭柏平、廖诗评著:《国际能源法律制度研究》, 法律出版社 2012 年版。
7. 白中红著:《〈能源宪章条约〉争端解决机制研究》, 武汉大学出版社 2012 年版。
8. 马迅著：《〈能源宪章条约〉投资规则研究》，武汉大学出版社 2012 年版。
9. 吕江著：《英国新能源法律与政策研究》，武汉大学出版社 2012 年版。
10. 程荃著：《欧盟新能源法律与政策研究》，武汉大学出版社 2012 年版。
11. 杨解君主编：《国际能源合作与国际能源法》，世界图书出版广东有限公司 2012 年版。
12. 刘振亚著：《中国电力与能源》，中国电力出版社 2012 年版。
13. 刘稚主编：《大湄公河次区域合作发展报告（2011—2012）》，社会科学文献出版社 2012 年版。
14. 崔民选、王军生、陈义和主编：《中国能源发展报告 2012》，社会科学文献出版社 2012 年版。
15. 杨泽伟主编：《发达国家新能源法律与政策研究》，武汉大学出版社 2011 年版。
16. 杨泽伟主编：《中国海上能源通道安全的法律保障》，武汉大学出版社 2011 年版。
17. 陈淑芬著：《国际法视角下的清洁发展机制研究》，武汉大学出版社 2011 年版。
18. 随平著：《海外能源投资法律与实践》，法律出版社 2011 年版。
19. 刘稚主编：《大湄公河次区域合作发展报告》，社会科学文献出版社 2011 年版。
20. 刘铁男主编：《中国能源发展报告 2011》，经济科学出版社 2011 年版。
21. 中国能源中长期发展战略研究项目组编：《中国能源中长期（2030、2050）发展战略研究：综合卷》，科学出版社 2011 年版。
22. 中国能源中长期发展战略研究项目组编：《中国能源中长期（2030、2050）发展战略研究：节能·煤炭卷》，科学出版社 2011 年版。

23. 中国能源中长期发展战略研究项目组编：《中国能源中长期(2030、2050)发展战略研究：电力·油气·核能·环境卷》，科学出版社2011年版。
24. 齐虹丽主编：《中国—东盟自贸区法律协议条文释义》，经济管理出版社2011年版。
25. 田文英主编：《外资并购与国家安全》，法律出版社2011年版。
26. 董秀丽著：《世界能源战略与能源外交·总论》，知识产权出版社2011年版。
27. 陈会颖著：《世界能源战略与能源外交·欧洲卷》，知识产权出版社2011年版。
28. 张爽著：《世界能源战略与能源外交·美洲卷》，知识产权出版社2011年版。
29. 郭依峰著：《世界能源战略与能源外交·中东卷》，知识产权出版社2011年版。
30. 赵剑等著：《世界能源战略与能源外交·非洲卷》，知识产权出版社2011年版。
31. 申险峰著：《世界能源战略与能源外交·亚洲卷》，知识产权出版社2011年版。
32. 赵剑著：《世界能源战略与能源外交·中国卷》，知识产权出版社2011年版。
33. 刘学军著：《中国—南美能源合作研究》，云南大学出版社2011年版。
34. 吴崇伯著：《当代印度尼西亚经济研究》，厦门大学出版社2011年版。
35. 蒋满元主编：《中国—东盟自由贸易区概论》，中南大学出版社2011年版。
36. 张晓君主编：《中国—东盟法律评论》(第1卷第1期)，厦门大学出版社2011年版。
37. 李晓辉著：《保障我国能源安全的经济法律制度研究》，厦门大学出版社2011年版。
38. 何曼青、马仁真编著：《世界银行集团》，社会科学文献出版社

2011 年版。
39. 余建华等著：《世界能源政治与中国国际能源合作》，长春出版社 2011 年版。
40. 于宏源、李威著：《创新国际能源机制与国际能源法》，海洋出版社 2010 年版。
41. 刘宏杰著：《中国能源(石油)对外直接投资研究》，人民出版社 2010 年版。
42. 魏景赋、邱成利著：《大湄公河次区域经济研究——GMS 机制内的产业与贸易合作》，文汇出版社 2010 年版。
43. 管清友著：《石油的逻辑——国际油价波动机制与中国能源安全》，清华大学出版社 2010 年版。
44. 国务院发展研究中心资源与环境政策研究所著：《政府中国石油资源的开发与利用政策研究》，中国发展出版社 2010 年版。
45. 梁咏著：《中国投资者海外投资法律保障与风险防范》，法律出版社 2010 年版。
46. 张广荣著：《中国的资源能源类境外投资基本问题研究——基于中国企业实践和政府政策的角度》，中国经济出版社 2010 年版。
47. 杨泽伟著：《中国能源安全法律保障研究》，中国政法大学出版社 2009 年版。
48. 肖兴利著：《国际能源机构能源安全法律制度研究》，中国政法大学出版社 2009 年版。
49. 高宁著：《国际原子能机构与核能利用的国际法律控制》，中国政法大学出版社 2009 年版。
50. 黄振中、赵秋雁、谭柏平著：《中国能源法学》，法律出版社 2009 年版。
51. 倪健民、郭云涛著：《能源安全》，浙江大学出版社 2009 年版。
52. 夏义善主编：《中国国际能源发展战略研究》，世界知识出版社 2009 年版。
53. 陈岳、许勤华主编：《中国能源国际合作报告》，时事出版社 2009 年版。

54. 何力著：《中国海外投资战略与法律对策》，对外经济贸易大学出版社2009年版。
55. 叶玉著：《石油投资与贸易措施的国际法规制》，上海人民出版社2009年版。
56. 刘稚主编：《GMS大湄公河次区域经济走廊建设研究》，云南大学出版社2009年版。
57. 黄进主编：《中国能源安全问题研究——法律与政策分析》，武汉大学出版社2008年版。
58. 何沙、秦杨著：《国际石油合作法律基础》，石油工业出版社2008年版。
59. 韩文科等著：《中国能源问题研究：2007》，中国环境科学出版社2008年版。
60. 余劲松著：《跨国公司法律问题专论》，法律出版社2008年版。
61. 吕振勇著：《能源法简论》，中国电力出版社2008年版。
62. 杨德新著：《中国海外投资论》，中国财政经济出版社2008年版。
63. 郭云涛著：《中国能源与安全》，中国经济出版社2007年版。
64. 郭渊著：《南海地缘政治研究》，黑龙江大学出版社2007年版。
65. 姜润宇主编：《石油战略储备——欧盟的储备体制及其借鉴意义》，中国市场出版社2007年版。
66. 陈元主编：《加强对外合作，扩大我国能源、原材料来源战略研究》，中国财政经济出版社2007年版。
67. 张秋明编：《中国能源安全战略挑战与政策分析》，地质出版社2007年版。
68. 卢进勇、余劲松、齐春生主编：《国际投资条约与协定新论》，人民出版社2007年版。
69. 米良编著：《东盟国家经济法律法规选编》，云南大学出版社2007年版。
70. 柴瑜、陆建人、杨先明主编：《大湄公河次区域经济合作研究》，社会科学文献出版社2007年版。
71. 李玫著：《大湄公河次区域经济合作法律问题研究》，对外经济贸易大学出版社 2006 年版。
72. 陈安主编：《国际投资法的新发展与中国双边投资条约的新实践》，复旦大学出版社 2007 年版。
73. 国家发展和改革委员会石油储备办公室等编译：《石油供应安全—2000 年国际能源署成员国应急潜力》，石油工业出版社 2006 年版。
74. 叶荣泗、吴钟瑚主编：《中国能源法律体系研究》，中国电力出版社 2006 年版。
75. 吴勤学著：《中国海外直接投资理论与实务》，首都经济贸易大学出版社 2006 年版。
76. 曾华群著：《WTO 与中国外资法的发展》，厦门大学出版社 2006 年版。
77. 徐泉著：《国家经济主权论》，人民出版社 2006 年版。
78. 肖建国著：《国际海洋边界石油的共同开发》，海洋出版社 2006 年版。
79. 米良主编：《老挝人民民主共和国经济贸易法律指南》，中国法制出版社 2006 年版。
80. 米良主编：《老挝人民民主共和国经济贸易法律选编》，中国法制出版社 2006 年版。
81. 杨眉主编：《印度尼西亚共和国经济贸易法律指南》，中国法制出版社 2006 年版。
82. 杨眉主编：《印度尼西亚共和国经济贸易法律选编》，中国法制出版社 2006 年版。
83. 蔡磊主编：《新加坡共和国经济贸易法律指南》，中国法制出版社 2006 年版。
84. 蔡磊主编：《新加坡共和国经济贸易法律选编》，中国法制出版社 2006 年版。
85. 沈安波主编：《缅甸联邦经济贸易法律指南》，中国法制出版社 2006 年版。
86. 沈安波主编：《缅甸联邦经济贸易法律选编》，中国法制出版社 2006 年版。

87. 董治良，赵佩丽，木向宏编：《柬埔寨王国经济贸易法律指南》，中国法制出版社 2006 年版。
88. 王义明编：《柬埔寨王国经济贸易法律选编》，中国法制出版社 2006 年版。
89. 祁希元主编：《马来西亚经济贸易法律指南》，中国法制出版社 2006 年版。
90. 祁希元主编：《马来西亚经济贸易法律选编》，中国法制出版社 2006 年版。
91. 陶晴、安树昆主编：《文莱达鲁萨兰国经济贸易法律指南》，中国法制出版社 2006 年版。
92. 陶晴、安树昆主编：《文莱达鲁萨兰国经济贸易法律选编》，中国法制出版社 2006 年版。
93. 冯建昆主编：《泰王国经济贸易法律指南》，中国法制出版社 2006 年版。
94. 王义明编著：《泰王国经济贸易法律指南》，中国法制出版社 2006 年版。
95. 陈云东主编：《菲律宾共和国经济贸易法律指南》，中国法制出版社 2006 年版。
96. 陈云东主编：《菲律宾共和国经济贸易法律选编》，中国法制出版社 2006 年版。
97. 陈志波、米良编著：《东盟国家对外经济法律制度研究》，云南大学出版社 2006 年版。
98. 呼书秀著：《中国与东盟发展相互投资的法律机制研究》，北京大学出版社 2005 年版；
99. 杨光主编：《中东非洲发展报告：防范石油危机的国际经验》，社会科学文献出版社 2005 年版。
100. 查道炯著：《中国石油安全的国际政治经济学分析》，当代世界出版社 2005 年版。
101. 张玉卿主编：《WTO 新回合法律问题研究》，中国商务出版社 2005 年版。
102. 王庆一主编：《能源词典》，中国石化出版社 2005 年版。

103. 李金明著:《南海波涛——东南亚国家与南海问题》，江西高校出版社 2005 年版。
104. 吴士存著:《纵论南沙争端》，海南出版社 2005 年版。
105. 张值荣著:《中国边疆与民族问题——当代中国的挑战及其历史由来》，北京大学出版社 2005 年版。
106. 国际能源署:《世界能源展望: 2002》，中国石化出版社 2004 年版。
107. 丁伟主编:《经济全球化与中国外资立法完善》，法律出版社 2004 年版。
108. 中国能源发展战略与政策研究课题组:《中国能源发展战略与政策研究》，经济科学出版社 2004 年版。
109. 葛艾继、郭鹏、许红编著:《国际油气合作理论与实务》，石油工业出版社 2004 年版。
110. 曹建明、贺小勇著:《世界贸易组织(第二版)》，法律出版社 2004 年版。
111. 朱榄叶编著:《世界贸易组织国际贸易纠纷案例评析 1995—2002》(上、下)，法律出版社 2004 年版。
112. 徐泉著:《国际贸易投资自由化法律规制研究》，中国检察出版社 2004 年版。
113. 王贵国主编:《区域安排法律问题研究》，北京大学出版社 2004 年版。
114. 杨丽艳著:《区域经济一体化法律制度研究——兼评中国的区域经济一体化法律对策》，法律出版社 2004 年版。
115. 吴磊著:《中国石油安全》，中国社会科学出版社 2003 年版。
116. 王玉梅著:《中国外国直接投资法律制度研究》，法律出版社 2003 年版。
117. 刘秀玲著:《国际直接投资与技术转让》，经济科学出版社 2003 年版。
118. 李浩培著:《条约法概论》，法律出版社 2003 年版。
119. 刘笋著:《国际投资保护的国际法制——若干重要法律问题研究》，法律出版社 2002 年版。

120. 国际能源机构编：《世界能源展望：2001 为促进明天的发展而评价今天的供应》，地质出版社 2002 年版。
121. 丁伟、朱榄叶主编：《当代国际法理论与实践研究文集》(国际经济法卷)，中国法制出版社 2002 年版。
122. 余劲松主编：《国际经济交往法律问题研究》，人民法院出版社 2002 年版。
123. 陈安主编：《国际经济法论丛》第五卷，法律出版社 2002 年版。
124. 陈安主编：《国际经济法论丛》第六卷，法律出版社 2002 年版。
125. 陈卫东著：《WTO 例外条款解读》，对外经济贸易大学出版社 2002 年版。
126. 张向晨著：《发展中国家与 WTO 的政治经济关系》，法律出版社 2002 年版。
127. 刘光溪编：《多哈会议与 WTO 首轮谈判》，上海人民出版社 2002 年版。
128. 徐淑萍著：《贸易与环境的法律问题研究》，武汉大学出版社 2002 年版。
129. 汪慕恒、周明伟著：《东盟国家外资投资发展趋势与外资投资政策演变》，厦门大学出版社 2002 年版。
130. 刘笋著：《WTO 法律规则体系对国际投资法的影响》，中国法制出版社 2001 年版。
131. 陈安主编：《国际投资争端案例精选》，复旦大学出版社 2001 年版。
132. 倪世雄主编：《当代西方国际关系理论》，复旦大学出版社 2001 年版。
133. 卢炯星主编：《中国外商投资法问题研究》，法律出版社 2001 年版。
134. 陈安主编：《国际经济法论丛》第四卷，法律出版社 2001 年版。
135. 刘世元主编：《区域国际经济法研究》，吉林大学出版社 2001

年版。
136. 卢进勇编著:《入世与中国利用外资和海外投资》,对外经济贸易大学出版社 2001 年版。
137. 赵威主编:《国际经济法论文专集》,中国政法大学出版社 2000 年版。
138. 朱榄叶编著:《世界贸易组织国际贸易纠纷案例分析》,法律出版社 2000 年版。
139. 曹建明、陈治东主编:《国际经济法专论》(第四卷),法律出版社 2000 年版。
140. 赵维田著:《世贸组织(WTO)的法律制度》,吉林人民出版社 2000 年版。
141. 张宇霖编著:《跨国公司法律问题》,大连海事大学出版社 1999 年版。
142. 余劲松主编:《中国涉外经济法律问题研究》,武汉大学出版社 1999 年版。
143. 吴士存著:《南海争端的由来与发展》,海洋出版社 1999 年版。
144. 李金明著:《中国南海疆域研究》,福建人民出版社 1999 年版。
145. 沈宗灵著:《比较法研究》,北京大学出版社 1998 年版。
146. 王铁崖著:《国际法引论》,北京大学出版社 1998 年版。
147. 万鄂湘、石磊、杨成铭、邓洪武著:《国际条约法》,武汉大学出版社 1998 年版。
148. 能源百科全书编委会:《能源百科全书》,中国大百科全书出版社 1997 年版。
149. 王庆一主编:《中国能源》,冶金工业出版社 1988 年版。

(二)中文译著

1. [德]希尔著:《能源变革:最终的挑战》,王乾坤译,人民邮电出版社 2013 年版。
2. [美]斯科特 L. 蒙哥马利著:《全球能源大趋势》,宋阳、姜文波译，机械工业出版社 2012 年版。
3. [美]丹尼尔·耶金著:《能源重塑世界》(上、下)，朱玉犇、阎志敏译，石油工业出版社 2012 年版。
4. [美]波特金、佩雷茨著:《大国能源的未来》，草沐译，电子工业出版社 2012 年版。
5. [美]亚伦·M. 海泽顿、安德鲁·S. 托伊费尔著:《能源投资》，传神翻译、朱晓婷译，中信出版社 2010 年版。
6. [美]克鲁普、霍恩著:《决战新能源》，陈茂云等译，东方出版社 2010 年版。
7. [美]威廉·恩道尔著:《石油战争》，赵刚、旷野等译，知识产权出版社 2008 年版。
8. [美]丹尼尔·耶金著:《石油大博弈：追逐石油、金钱与权力的斗争》(上、下)，艾平译，中信出版社 2008 年版。
9. [俄罗斯] C.З. 日兹宁著:《俄罗斯能源外交》，王海运、石泽译审，人民出版社 2006 年版。
10. [加拿大]阿米塔·阿查亚著:《构建安全共同体：东盟与地区秩序》，王正毅、冯怀信译，上海人民出版社 2004 年版。
11. [俄罗斯]斯·日兹宁著:《国际能源政治与外交》，强晓云、史亚军、成键译，华东师范大学出版社 2005 年版。
12. [新加坡]黄朝翰著:《中国与亚太地区变化中的政治经济关系》，张乃坚、许衍敦、刘勇译，暨南大学出版社 1990 年版。
13. [美]戴维·A. 迪斯、约瑟夫·S. 奈伊编:《能源和安全》，李淼、周水玉、张文涟、刘山、谢榕津、胡思旅译，上海译文出版社 1984 年版。

(三)中文论文

1. 谭民、邱寅莹:《中国—东盟能源贸易合作国际法问题探讨》，载《昆明理工大学学报(社会科学版)》2013 年第 5 期。
2. 余敏友、胡传海:《认真对待 WTO 对中国原材料案裁决的长远不利影响》，载《国际贸易》2012 年第 11 期。
3. 陈咏梅:《中国—东盟自由贸易协议法律性质论》，载《暨南学报(哲学社会科学版)》2012 年第 7 期。
4. 李娟:《中国—东盟自由贸易区国际投资条约的冲突与协调》,载《东南亚纵横》2012 年第 5 期。
5. 朱雯、曾方燕:《〈中国—东盟投资协议〉法律问题研究》,载《中国—东盟博览》2012 年第 5 期。
6. 朱雯:《中国—东盟自由贸易区与 WTO、其他自由贸易区争端解决机制的比较》,载《中国—东盟博览》2012 年第 4 期。
7. 张永忠:《从自由贸易到区域可持续发展:中国—东盟自由贸易区的法律演进及其因应对策》,载《中国社会科学院研究生院学报》2012 年第 3 期。
8. 孙志煜:《国际制度的表达与实践——以中国—东盟自由贸易区争端解决机制为样本的分析》,载《暨南学报(哲学社会科学版)》2012 年第 3 期。
9. 杜康平:《中国清洁能源国内规范不构成"可诉补贴"析-以中美风能争议为例》,载《西部法学评论》2012 年第 3 期。
10. 王雪、李键:《中国—东盟矿业投资合作的困境研究》,载《改革与战略》2012 年第 3 期。
11. 梁丹妮:《国际投资条约最惠国待遇条款适用问题研究——以"伊佳兰公司诉中国案"为中心的分析》,载《法商研究》2012 年第 2 期。
12. 谭民:《中国—东盟能源安全合作及其国际法律保障》,载《云南民族大学学报(哲学社会科学版)》2012 年第 2 期。
13. 谭民:《加强中国与东盟能源安全合作的国际法思考》,载《南洋问题研究》2012 年第 1 期。
14. 谭民:《国际法视角下的中国—东盟能源安全合作》,载《太原理工大学学报(社会科学版)》2012 年第 1 期。
15. 沈大勇、龚柏华:《中美清洁能源产业争端的解决路径——中美风能设备补贴争端案的思考》,载《世界经济研究》2011 年第 7 期。
16. 谭民:《中国—东盟自由贸易区能源贸易制度的法律问题》,载《昆明理工大学学报(社会科学版)》2011 年第 6 期。

17. 魏艳茹:《〈中国—东盟投资协议〉: 成就、不足与完善》, 载《国际经贸探索》2011 年第 6 期。
18. 房沫、陈光辉:《试论中国—东盟自由贸易区投资仲裁机制》, 载《广西大学 学报(哲学社会科学版)》2011 年第 6 期。
19. 李轩:《中国—东盟自由贸易区建设对中国 FDI 的影响效应》, 载《国际贸易问题》2011 年第 4 期。
20. 周凤翱、周淼:《WTO 能源服务谈判对各国的潜在影响》, 载《华北电力大学学报(社会科学版)》2011 年第 4 期。
21. 李庆灵:《WTO 能源服务贸易谈判之最新进展及中国的对策》, 载《世界贸易组织动态与研究》2011 年第 3 期。
22. 陆以全:《中国—东盟自由贸易区投资争端解决机制评析——以缔约方与投资者间争端解决为视角》, 载《西部法学评论》2011 年第 3 期。
23. 丁世勋、傅新:《跨国并购与海外能源投资》, 载《南京政治学院学报》2011 年第 3 期。
24. 孙志煜:《区域经贸争端解决的制度与实践——以中国—东盟自由贸易区为例》, 载《法学评论》2011 年第 1 期。
25. 张智勇:《解析中国—东盟自由贸易区〈投资协议〉》, 载《甘肃政法学院学报》2011 年第 1 期。
26. 何力:《国际环境法硬法化趋势下的中国海外能源投资》, 载《东方法学》2011 年第 1 期。
27. 魏艳茹:《中国—东盟框架下国际投资法律环境的比较研究——以〈中国—东盟投资协议〉的签订与生效为背景》, 载《广西大学学报(哲学社会科学版)》2011 年第 1 期。
28. 樊安、李春玲:《构建更具司法性的中国—东盟自由贸易区争端解决机制》, 载《学术探索》2011 年第 1 期。
29. 朱轩彤:《推动我国能源服务出口刍议》, 载《中国能源》2010 年第 12 期。
30. 高燕艳:《中国—东盟投资自由化进程中的国民待遇问题探析》, 载《黑龙江省政法管理干部学院学报》2010 年第 6 期。
31. 顾华详:《中国—东盟自贸区建设若干法律问题研究》, 载《中国社会科学院研究生院学报》2010年第5期。
32. 孙志煜：《CAFTA争端解决机制条约化之路——NAFTA、CAFTA争端解决机制的比较视角》，载《武汉大学学报(哲学社会科学版)》2010年第3期。
33. 余敏友、唐旗：《论WTO构建能源贸易规则及其对我国能源安全的影响》，载《世界贸易组织动态与研究》2010年第2期。
34. 贺小勇：《WTO框架下中美原材料出口限制争端的法律问题》，载《国际商务研究》2010年第3期。
35. 李玉娟：《中国—东盟自由贸易区法律制度框架存在的问题研究——基于与WTO法律制度比较分析》，载《上海立信会计学院学报》2010年第2期。
36. 刘元玲：《中国能源发展“走出去”战略探析》，载《国际关系学院学报》2010年第1期。
37. 许勤华、王红军：《亚太经合组织多边能源合作与中国》，载《现代国际关系》2009年第12期。
38. 赵振国：《论我国能源直接投资政治风险与法律应对措施》，载《知识经济》2009年第7期。
39. [越南]黎士兴著：《东盟能源安全保障合作》，李太生译，载《东南亚纵横》2009年第5期。
40. 杨丽艳、雷晓航：《FTA战略下我国海外能源投资的法律问题研究》，载《政法论丛》2009年第4期。
41. 岳树梅：《中国参与国际能源合作的法律机制创新研究》，载《河北法学》2009年第4期。
42. 唐青阳：《论中国—东盟自由贸易区投资纠纷的法律适用》，载《思想战线》2009年第3期。
43. 李庆灵：《中国在CAFTA能源服务谈判中的立场和策略研究》，载《经济与社会发展》2009年第1期。
44. 杨泽伟：《中国能源安全问题：挑战与应对》，载《世界经济与政治》2008年第8期。
45. 杨泽伟：《国际能源法：一个新的国际法分支》，载《华冈法粹》(台湾)2008年第40卷。

46. 余敏友、唐旗：《略论石油贸易与WTO体制》，载《武汉大学学报(哲学社会科学版)》2008年第5期。
47. 唐旗：《WTO体制与能源贸易问题》，载《法学评论》2008年第4期。
48. 韩天森、汪洋：《中国与东盟国家国际投资保护法律制度研究》，载《西南政法大学学报》2008年第2期。
49. 岳树梅：《国际能源合作法律框架构建研究》，载《政治与法律》2008年第2期。
50. 漆多俊、沈明宁：《国际石油合作模式演变及合作领域扩张》，载《河北法学》2007年第12期。
51. 管清友、何帆：《中国的能源安全与国际能源合作》，载《世界经济与政治》2007年第11期。
52. 杨丽艳：《析中国—东盟自由贸易区运作中所及法律及其效力层次》，载《河北法学》2007年第7期。
53. 罗刚：《自由贸易区法律制度比较研究——以中国—东盟自由贸易区为视角》，载《云南大学学报法学版》2007年第7期。
54. 马延琛、吴兆雪：《中国新能源安全观：实现全球能源安全的新思路》，载《科学社会主义》2007年第3期。
55. 周凤翱、穆忠和、刘玉红：《论GATS中的能源服务及其在DDA谈判中的分歧》，载《法学》2007年第2期。
56. 朱庆华：《SCM协议不可诉补贴条款简析》，载《世界贸易组织动态与研究》2007年第2期。
57. 杨泽伟：《国际能源机构法律制度研究》，载《法学评论》2007年第1期。
58. 孙法柏、刘明明：《能源贸易适用自由化原则之现状及发展趋向》，载《法治论丛》2007年第1期。
59. 周凤翱、穆忠和：《WTO/RTAs框架下“能源服务”的界定》，载《华北电力大学学报(社会科学版)》2007年第1期。
60. 黄若君：《东盟国家投资法律环境分析》，载《东南亚纵横》2006年第12期。
61. 黄若君：《越南投资法律环境分析与投资对策》，载《东南亚纵横》2006年第10期。
62. 林宝珠：《中越在北部湾合作开发能源的可行性》，载《东南亚纵横》2006年第2期。
63. 管清友：《国际能源合作：适应规则还是改变规则?》，载《中国经济时报》2006年6月19日第4版。
64. 何帆、管清友：《中国能源安全的新思路》，载《中国经营报》2006年10月23日第A11版。
65. 王震、刘显法：《国际能源安全机制的演变与面临的新挑战》，载《中国经济时报》2006年8月11日第四版。
66. 崔宏伟：《实现中国能源安全战略》，载《世界经济研究》2005年第6期。
67. 曾华群：《WTO规则与中国—东盟自由贸易区的发展》，载《厦门大学学报(哲学社会科学版)》2005年第6期。
68. 杨泽伟：《我国能源安全保障的法律问题研究》，载《法商研究》2005年第4期。
69. [新]安德鲁·西蒙：《能源与东盟经济一体化》，刘雪芹译，载《东南亚纵横》2005年第4期。
70. 刘兴华、秦仪：《中国的石油安全及其战略选择》，载《现代国际关系》2004年第12期。
71. 查道炯：《中国的能源安全：国际政治经济学的视角》，载《教学与研究》2004年第8期。
72. 丁一凡：《世界能源形势的变化与中国的能源安全》，载《国际经济评论》2004年第6期。
73. 杨中强：《中国能源安全及其战略选择》，载《国际论坛》2004年第5期。
74. 张学刚：《东南亚各国能源安全战略》，载《国际资料信息》2004年第2期。
75. [美]丹尼尔·耶金：《全球能源安全》，单卫国、李春霞译，载《国际经济评论》2003年第3期。
76. 郭云涛：《我国国家能源安全及能源管理体制面临的挑战与对策》，载《中国煤炭》2002年第9期。

77. Ken Koyama:《国际石油市场与东盟国家能源安全》，张迎新译，载《国土资源情报》2002年第7期。
78. 叶兴平:《〈北美自由贸易协定〉投资争端解决机制剖析》，载《法商研究》2002年第5期。
79. 叶兴平:《外国直接投资最新趋势与变迁中的国际法投资规则——宏观考虑》，载《法学评论》2002年第4期。
80. [美]西奥多·H. 莫兰:《针对FDI的新的政策议程及其实施策略》，杨立强译，载《国际贸易译丛》2002年1月。
81. 叶兴平:《TRIMs协议的局限性及其对于国际投资法发展的意义》，载《法学家》2001年第6期。
82. 余劲松:《〈TRIMS〉协议研究》，载《法学评论》2001年第2期。
83. 韩亮:《20世纪90年代双边投资保护协定的发展及评价》，载《法学评论》2001年第2期。
84. 卢进勇:《多边投资协议必要性及主要内容》，载《国际经济合作》2001年第4期。
85. 刘笋:《从MAI看综合性国际投资多边立法的困境和出路》，载《中国法学》2001年第5期。
86. 刘笋:《浅析国际投资多边立法的不足及其影响》，载《政法学刊》2001年第6期。
87. 钟伟、樊华:《国际投资的基本架构与中国的政策选择》，载《投资研究》2001年第7期。
88. 张莉:《WTO体制下国际投资法的擅变之分析》，载《华侨大学学报》(人文社会科学版)2001年第4期。
89. 曹云华:《东南亚国家的能源安全》，载《当代亚太》2000年第9期。
90. 刘志云:《中外双边投资条约中经济主权问题研究》，载《现代法学》2000年第5期。
91. 韩亮:《单边外资自由化——90年代发展中国家外资法发展趋势》，载《国际贸易》2000年第1期。
92. 余劲松:《论国际投资法的晚近发展》，载《法学评论》1997年第6期。

93. 徐崇利：《从南北纷争焦点的转移看国际投资法的晚近发展》，载《比较法研究》1997 年第 1 期。
94. 徐崇利：《国际投资法中的重大争议问题与我国的对策》，载《中国社会科学》1994 年第 1 期。

(四)学位论文

博士论文

1. 杨楠：《WTO 对自然资源产品国际贸易的规制及中国立场》，吉林大学 2013 年。
2. 郑磊：《中国对东盟直接投资研究》，东北财经大学 2011 年。
3. 薛狄：《国际法对生物燃料问题的多维规制》，吉林大学 2010 年。
4. 唐旗：《论 WTO 对能源贸易规则的重构——以能源安全为视角》，武汉大学 2009 年。
5. 岳树梅：《国际能源合作法律问题研究》，西南政法大学 2007 年。
6. 谢文捷：《世界能源安全研究》，中共中央党校 2006 年。

硕士论文

1. 周冠：《〈能源宪章条约〉能源贸易法律制度研究》，武汉大学 2009 年。
2. 黄晓睛：《国际能源合作机制的法律原则探析》，厦门大学 2009 年。
3. 宋继瑛：《WTO 体制下的能源贸易法律问题研究》，武汉大学 2007 年。
4. 李勇：《中国与东盟能源贸易发展研究》，广西大学 2007 年。

(五)英文论著

1. Peter D. Cameron, *International Energy Ivestment Law: The Pursuit of Stability*, Oxford University Press, 2010.
2. Xuanli Liao, *Politics of Oil behind Sino-Japanese Energy Security Strategies*, *Asia Paper*, Stockholm: The Institute for Security and

Development Policy, 2008.

3. Martha M. Roggenkamp, Anita Ronne, Catherine Redgwell, *Energy Law in Europe: National, EU and International Law and Institutions*, Oxford University Press, 2007.
4. Michael Wesley ed., *Energy Security in Asia*, Routledge, 2007.
5. Peter Duncanson Cameron, *Competition in Energy Markets: Law and Regulation in the European Union*, Second Edition, Oxford University Press, 2007.
6. Antonio Cassese, *International Law*, Oxford University Press, 2005.
7. Malcolm N. Shaw, *International Law*, Peking University Press, 2005.
8. Myron H. Nordquist, John Norton Moore and Alexander S. Skaridov. *International Energy Policy, the Arctic and the Law of the Sea*, Martinus Nijhoff Publishers, 2005.
9. C. F. Amerasinghe, *Principles of the Institutional Law of International Organizations*, Cambridge University Press, 2005.
10. Elizabeth Bastida, Thomas Walde and Janeth Warden, *International and Comparative Mineral Law and Policy: Trends and Prospects*, Kluwer Law International, 2005.
11. H. McPherson eds., *Emerging Threats to Energy Security and Stability*, Springer Netherlands, 2005.
12. Jan Kallicki & David Goldwyn ed., *Energy and Security: Toward a New Foreign Policy Strategy*, The Johns Hopkins University Press, 2005.
13. Grace Wandoo Nomhwange, *Transboundary Pipelines: What Is the Role of the Energy Charter Treaty Regarding Dispute Settlement?* Dundee, 2005.
14. Barry Barton, Catherine Redgwell, Anita Ronne, *Energy Security: Managing Risk in a Dynamic Legal and Regulatory Environment*, Oxford University Press, 2004.
15. Todd Weiler, *NAFTA Investment Law and Arbitration: Past Issues*,

Current Practice, Future Prospects, Transnational Publisher, Inc. 2004.
16. Lucy Reed, Jan Paulsson, Nigel Blackaby, *Guide to ICSID arbitration*, The Hague, New York, Kluwer Law International, 2004.
17. Ibrahim Sidi-Aliyu, *Organization of the Petroleum Exporting Countries (OPEC) Pricing Policies: What Is the Role of the Spot Price?* Dundee, 2004.
18. Philip Andrews-Speed, *Energy Policy and Regulation in the People's Republic of China*, Kluwer Law International, 2004.
19. International Energy Agency, *Security of Gas Supply in Open Markets: LNG and Power at A Turning Point*, Paris, 2004.
20. Janusz Bielecki, *Electricity Trade in Europe: Review of the Economic and Regulatory Challenges*, Kluwer Law International, 2004.
21. Organization of American States, *Natural Resources, Energy, the Environment, and International Law*, Washington 2003.
22. Arlos M. Correa&Nagesh Kumar, *Protecting Foreign Investment Implications of a WTO Regime and Policy Options*, Zed Press and RIS, 2003.
23. Adrian J. Bradrook and Richard L. Ottinger, *Energy Law and Sustainable Development*, International Union for Conservation of Nature and Natural Resources, 2003.
24. Malgosia A. Fitzmaurice and Milena Szuniewicz ed. , *Exploitation of Natural Resources in the 21st Century*, Kluwer Law International, 2003.
25. Organization of American States, *Natural Resources, Energy, the Environment, and International Law*, Washington 2003.
26. Leroy Bennett and James K. Oliver, *International Organizations: Principles and Issues*, Prentice Hall, 2002.
27. Jan Klabbers, *An Introduction to International Institutional Law*, Cambridge University Press, 2002.

28. Asif H. Qureshi, *Perspectives in International Economic Law*, Kluwer Law International, 2002.

29. Michael J. Trebilcock & Robert Howse, *The Regulation of International Trade*, Routledge. London, 2002,

30. Theodore H. Moran, *Strategy and Tactics for the Doha Round: Capturing the Benefits of Foreign Direct Investment*, Asian Development Bank, 2002.

31. Philip Andrews-Speed etc., *The Strategic Implications of China's Energy Needs*, Oxford University Press, 2002.

32. Sergei Vinogradov, *Cross-Border Oil and Gas Pipelines: International Legal and Regulatory Regimes*, Dundee University, 2001.

33. E. D. Brown, *Sea-bed Energy and Minerals: the International Legal Regime*, Kluwer Law International, 2001.

34. Robert A. Manning, *The Asian Energy Factor: Myths and Dilemmas of Energy, Security and the Pacific Future*, New York, 2000.

35. Konstantinos D. Magliveras, *Exclusion from Participation in International Organisations: The Law and Practice behind Member States' Expulsion and Suspension of Membership*, Kluwer Law International, 1999.

36. Daniel D. Bradlow &Alfred Escher, *Legal Aspects of Foreign Direct Investment*, Kluwer Law International, 1999.

37. Andrew Jackson and Matthew Sanger, *Dismantling democracy: the Multilateral Agreement on Investment (MAI) and its impact*, Halifax, N.S. James Lorimer, 1998.

38. John H. Jackson, *The World Trading Systems Law and Policy of International Relations*, MTT Press, 1997.

39. Jorge Luis Ramos Uriarte, *Foregin Investment In Mexico under NAFTA*, Kluwer Law Internationa1, 1995.

40. Henry G. Schermers & Niels M. Blokker, *International Institutional Law: Unity within diversity*, Kluwer Law International, 1995.

41. Peter H. F., *The Legal Position Of Intergovernmental Organizations:*

A Functional Necessity Analysis Of Their Legal Status And Immunities, Martinus Nijhoff Publishers, 1994.

(六)英文论文

1. Noriko Yodogawa & Alexander M. Peterson, An Opportunity For Progress: China, Central Asia, and The Energy Charter Treaty, *Texas Journal of Oil, Gas, and Energy Law*, Vol. 8, Issue 1, 2012.
2. Dennis J. Hough Jr., World Trade Organization Agreements and Principles as a Vehicle for the Attainment of Energy Security, *Richmond Journal of Global Law and Business*, Vol. 9, Issue 2, spring 2010.
3. Melaku Geboye Desta, OPEC Production Management Practices under WTO Law and the Antitrust Law of Non-OPEC Countries, Journal of Energy & Natural Resources Law, Vol. 28, No. 4, November, 2010.
4. Xuanli Liao, "China's Dealing with Energy Security: Domestic Reform and International Challenges", in Raimund Bleischwitz ed., *Sustainable Resource Management at A Global Scale*, Wuppertal Institute for Climate, Environment and Energy, Berlin 2009.
5. Xuanli Liao, "China and Central Asia: A strategic or Energy Partnership?" in Jean-Marc F. Blanchard ed., *China's Search for Energy Security*, Cambridge University Press, 2009.
6. Xuanli Liao, "Perceptions and Strategies on Energy Security: the Case of China and Japan", in the Institute for Security and Development Policy of Sweden ed., *Spotlight on Asia's Energy and Security Challenges*, Stockholm 2009.
7. Benjamin K. Sovacool, Energy policy and cooperation in Southeast Asia: The history, challenges, and implications of the trans-ASEAN gas pipeline (TAGP) network, *Energy Policy*, Vol. 37, 2009.
8. Danae Azaria, Energy Transit under the Energy Charter Treaty and the General Agreement on Tariffs and Trade, *Journal of Energy and*

Natural Resources Law, Vol. 27, No. 4, 2009.

9. Andrey A Konoplyanik, Gas Transit in Eurasia: Transit Issues between Russia and the European Union and the Role of the Energy Chartert, *Journal of Energy and Natural Resources Law* , Vol. 27, No. 3, 2009.
10. Tim Carey, Cartel Price Controls vs. Free Trade: A Study of Proposals to Challenge OPEC's Influence in the Oil Market Through WTO Dispute Settlement, *American University International Law Review*, Vol. 24, 2009.
11. Wen-chen Shih, Energy Security, GATT/WTO, and Regional Agreements, *Natural Resources Journal*, Vol. 49, Spring 2009.
12. Xuanli Liao, Sino-Japanese Energy Security and Regional Stability: the Case of the East China Sea Gas Exploration, *East Asia: An International Quarterly*, Vol. 25, No. 1, 2008.
13. Prof. A. F. M. Maniruzzaman, The pursuit of stability in international energy investment contracts: A critical appraisal of the emerging trends, *Journal of World Energy Law & Business*, Vol. 1, No. 2, 2008.
14. Susan L. Sakmar, Bring Energy Trade into the WTO: The Historical Context, Current Status, and Potential Implications for the Middle Ease Region, *Indiana International and Comparative Law Review*, Vol. 18, Issue 1, 2008.
15. Robert Pritchard, The Complication that Climate Change Poses for Asia-Pacific Energy Security, *International Energy Law & Taxation Review*, Vol. 1, 2007.
16. Jennifer C. LI, China's Rising Demand for Mineralsand Emerging Global Norms and Practices in the Mining Industry, *Minerals & Energy*, Vol. 22, 2007.
17. Roger K. Raufer, Sustainable Urban Energy Systems in China, *New York University Environmental Law Journal*, Vol. 15, 2007.
18. Marcus Svedberg, Energy in Eurasia: the Dependency Game,

Transition Studies Review, Vol. 14, No. 1, 2007.

19. Xuanli Liao, The Petroleum Factor in Sino-Japanese Relations: Beyond Energy Cooperation, *International Relations of the Asia-Pacific*, Vol. 7, No. 1, 2007.
20. Adrian J. Bradbrook & Judith G. Gardam, Placing Access to Energy Services within a Human Rights Framework, *Human Rights Quarterly*, Vol. 28, 2006.
21. Robert Pritchard, Global Energy Security and Middle East Oil, *International Energy Law & Taxation Review*, Vol. 1, 2006.
22. Kevin X. Li & Jin Cheng, Maritime Law and Policy for Energy Security in Asia: A Chinese Perspective, *Journal of Maritime Law & Commerce*, Vol. 37, No. 4, 2006.
23. Monika Ehrman, Competition is A Sin: An Evaluation of the Formation and Effects of A Natural Gas OPEC, *Energy Law Journal*, Vol. 27, 2006.
24. Xuanli Liao, A Silk Road for Oil: Sino-Kazakh Energy Diplomacy, *The Brown Journal of World Affairs*, Vol. 7, Issue 2, 2006.
25. Xuanli Liao, Energy and Geopolitics: A Chinese Perspective, *Foreign Voices*, November 2006.
26. Peter Roberts, China and LNG Revolution, *International Energy Law & Taxation Review*, Issue 4, 2006.
27. Daniel Yergin, Ensuring Energy Security, *foreign affairs*, Vol. 85, No. 2, 2006.
28. Nancy Turck, Global Energy Trends and Challenges, *International Energy Law & Taxation Review*, Vol. 4, 2005.
29. Christopher M. Flynn, Energy Security and South-East Asia: Re-embracing Functionalism, *International Energy Law & Taxation Review*, Vol. 11, 2005.
30. Lakshman D. Guruswamy, A New Framework: Post-Kyoto Energy and Environmental Security, *Colorado Journal of International Environmental Law and Policy*, Vol. 16, 2005.

31. Lakshman D. Guruswamy, Sustainable Energy: A Preliminary Framework, *Indiana Law Review*, Vol. 38, 2005.
32. Gaye Christoffersen, The Dilemmas of China's Energy Governance: Recentralization and Regional Cooperation, *The China and Eurasia Forum Quarterly*, Vol. 3, No. 3, 2005.
33. Francesco Meggiolaro and Paolo R. Vergano, Energy Services in the Current Round of WTO Negotiations, *International Trade Law & Regulation*, Vol. 11, No. 3, 2005.
34. Michael Dulancy and Robert Merrick, Legal Issues in Cross-Border Oil and Gas Pipelines, *journal of Energy & Natural Resources Law*, Vol. 23, No. 3, 2005.
35. Chritopher M. Flynn, Energy Security and South-East Asia: Re-embracing Functionalism, *International Energy Law & Taxation Review*, Issue 11, 2005.
36. Chritopher M. Flynn, A Broad Framework for the Exploration of South China Sea Hydrocarbon Deposits in the Context of the Trans-ASEAN Gas Pipeline, *Melbourne Journal of International Law*, Vol. 5, 2004.
37. J. Nandakumar, "China's Energy Security and Taiwan Factor", available at http://www.dundee.ac.uk/cepmlp/journal/html/vol14/vol14-6.pdf, 2004.
38. Philip Andrews-Speed, "China's Oil Import Strategies", available at http://www.dundee.ac.uk/cepmlp/journal/html/vol.14/vol.14-6.pdf, 2004.
39. Gaye White, Energy Regulation, *SMU Law Review*, Vol. 56, No. 3, 2003.
40. Liao Xuanli, "Chinese International Relations Think Tanks and China's Energy Security in Post-'9 · 11'", *Institut Francais de Relations Internationales*, 2003.
41. Philip Andrews-Speed and Stephen Dow, "China's Developing Gas Industry: Policy, Institutional and Regulatory Requirements",

available at http://www.dundee. ac.uk/cepmlp/journal/html/vol13/vol13-4. pdf, 2003.

42. Philip Andrews-Speed, "Energy Security in East Asia: A European View", available at http://www.dundee.ac.uk/cepmlp/journal/html/vol13/vol13-5. pdf, 2003.
43. Marisa Reuter and John L. Keffer, Gas to Energy: Structuring Downstream Projects, *International Energy Law & Taxation Review*, 2002.
44. David J. Jhirad, An Energy Policy for the 21st Century, *Canada-United States Law Journal*, Vol. 28, 2002.
45. F. Michael Cleland, Reconciling Energy and Environmental Policy, *Canada-United States Law Journal*, Vol. 28, 2002.
46. Kishor Uprety, Transboundary Energy Security, *Journal of Energy and Natural Resources Law*, Vol. 20, No. 4, 2002.
47. Philip Andrews-Speed etc., "Searching for Energy Security: The Political Ramifications of China's International Energy Policy", Woodrow Wilson International Centre, *China Environment Series*, Issue 5, 2002.
48. Lee A. Kimball, "International Ocean Governance: Using International Law and Organizations to Manage Marine Resources Sustainably", available at http://www.dundee.ac.uk/cepmlp/journal/html/vol11/vol11-2. html, 2002.
49. Paul Stevens, "'Resources Curse' and Investment in Oil and Gas Projects: the New Challenge", available at http://www.dundee.ac.uk/cepmlp/journal/html/ vol11/vol11-8. html, 2002.
50. Dingli Shen, China's Energy Problem and Alternative Solutions, *Journal of Contemporary China*, Vol. 29, No. 10, 2001.
51. "Energy and International Law: Development, litigation, and Regulation (Symposium)", *Texas International Law Journal*, Vol. 36, 2001.
52. Philip Andrews-Speed, China's Energy Policy in Transition:

Pressure and Constraints, *Journal of Energy Literature*, Vol. 2, 2001.

53. Francis N. Botchway, International Trade Regime and Energy Trade, *Syracuse Journal of International Law and Commerce*, Vol. 28, 2001.
54. Philip Andrews-Speed, "The Challenges Facing China's LNG Industry", available at http://www.dundee.ac.uk/cepmlp/journal/html/vol8/vol8-11.html, 2001.
55. Thomas W. Wälde, "Access to Energy Networks: A Precondition for Cross-Border Energy and Energy Services Trade", available at http://www.dundee.ac.uk/ cepmlp/journal/html/vol9/vol9-2.html, 2001.
56. The UNCTAD Secretariat, "Energy Services in International Trade: Development Implications", available at http://www.dundee.ac.uk/cepmlp/journal/html/vol9 /vol9-19.html, 2001.
57. Keith F. Miller, Energy Regulation and the Role of the Market, *The Albert Law Review*, Vol. 37, No. 2, 1999.
58. Sergei Vinogradov, "Cross-Border Pipelines in International Law", Natural Resources and Environment, Vol. 14, No. 2, 1999.
59. Philip Andrews-Speed, Stephen Dow and Zhiguo Gao, "A Provisional Evaluation of the 1998 Reforms to China's Government and State Sector: the Case of the Energy Industry", available at http://www.dundee.ac.uk/cepmlp/journal/html/vol4/ article4-7.html, 1999.
60. Thomas W. Wälde, "The Effectiveness of International Law Disciplines, Rules and Treaties in Reducing the Political and Regulatory Risk for Private Infrastructure Investment in Developing Countries", available at http://www.dundee.ac.uk/cepmlp/journal/html/vol5/article5-5.html, 1999.
61. Thomas W. Wälde, "Investment Arbitration Under the Energy Charter Treaty: From Dispute Settlement to Treaty Implementation",

available at http://www.dundee.ac.uk/cepmlp/journal/html/vol1/article1-10.html, 1998.

62. Philip Andrews-Speed, "The Energy Charter Treaty and International Petroleum Politics", available at http://www.dundee.ac.uk/cepmlp/journal/html/vol3/article3-6.html, 1998.

63. Rainer Liesen, "Transit Under the 1994 Energy Charter Treaty", available at http://www.dundee.ac.uk/cepmlp/journal/html/vol3/article3-7.html, 1998.

64. Judith N. Gardam, Energy and the Law of Armed Conflict, *Journal of Energy and Natural Resources Law*, Vol. 15, No. 2, 1997.

65. Sheila Hollis, International "Energy and Resources", *The International Lawyer*, Vol. 31, No. 2, 1997.

66. Philip Andrews-Speed and Stephen Dow, "Regulating Energy in Federal Transition Economics: the Case of China", available at http://www.dundee.ac.uk/cepmlp/journal/html/vol2/article2-11.html, 1997.

67. Thomas W. Wälde, International Energy Investment, *Energy Law Journal*, Vol. 17, No. 1, 1996.

68. Adrian J. Bradbrook, Energy Law as an Academic Discipline, *Journal of Energy and Natural Resources Law*, Vol. 14, No. 2, 1996.

69. Nwosu E. Ikenna, "International Petroleum Law": Has It Emerged as a Distinct Legal Discipline? *African Journal of International and Comparative Law*, Vol. 8, No. 2, 1996.

70. Donald N. Zillman, Energy Trade and the National Security Exception to the GATT, *Journal of Energy and Natural Resources Law*, Vol. 12, No. 1, 1994.

71. David S MacDougall, Trade in Energy and Natural Resources: The Role of the GATT and Developing Countries, *Journal of Energy and Natural Resources Law*, Vol. 12, No. 1, 1994.

72. Adrian J. Bradbrook, Energy Law: The Neglected Aspect of

Environmental Law, *Melbourne University Law Review*, Vol. 19, No. 1, 1993.

73. Dennis C. Stickley, New Forces in International Energy Law: A Discussion of Political, Economic, and Environmental Forces within the Current International Energy Market, *Tulsa Journal of Comparative & International Law*, Vol. 1, 1993.
74. Jeffrey P. Bialos, Oil Imports and National Security: The Legal and Policy Framework for Ensuring United States Access to Strategic Resources, *University of Pennsylvania Journal of International Business Law*, Vol. 11, 1989.
75. G. N. Barrie, International Nuclear Energy Law-Present and Future, *Journal of South African Law*, No. 2, 1988.
76. James J. Friedberg, Monitoring Foreign Investment in Energy Resources: Problems and Proposals, *West Virginia Law Review*, Vol. 84, Issue 4, June 1982.
77. Robert O. Keohane, The International Energy Agency: State Influence and Transgovernmental Politics, *International Organization*, Vol. 32, No. 4, 1978.
78. J. D. Muir, The Changing Legal Framework of International Energy Management, *The International Lawyer*, Vol. 9, 1975.

(七)国际组织文件

1. Asia Pacific Energy Research Centre, APEC Energy Demand and Supply Outlook (5th Edition), 2013.
2. International Energy Agency, World Energy Outlook, 2008-2012.
3. Asia Pacific Energy Research Centre, APEC Energy Overview, 2008-2012.
4. United Nations Conference on Trade and Development, World Investment Report, 2008-2012.
5. United Nations Conference on Trade and Development, Trade and Development Report, 2011.

6. World Energy Council, 2010 Survey of Energy Resources, 2010.
7. World Energy Council, Trade and Investment Rules for Energy, 2009.
8. Asian Development Bank, Energy Sector in the Greater Mekong Subregion, 2008.
9. International Energy Agency, World Energy Investment Outlook, 2003.
10. Organisation for Economic Co-operation and Development, Energy: The Next Fifty Years, 1999.
11. Development Committee of World Bank Group, World Bank Guidelines on the Treatment of Foreign Direct Investment, 1992.

(八)相关网站

1. 国际能源机构，http://www.iea.org/
2. 经济合作与发展组织，http://www.oecd.org/
3. 能源宪章秘书处，http://www.encharter.org/
4. 国际投资争议解决中心，https://icsid.worldbank.org/ICSID/Index.jsp
5. 多边投资担保机构，http://www.miga.org/
6. 东南亚国家联盟，http://www.asean.org/
7. BP 阿莫科公司，http://www.bp.com/
8. 世界能源理事会，http://www.worldenergy.org/
9. 亚洲开发银行，http://www.adb.org/
10. 世界贸易组织，http://www.wto.org/
11. 美国能源信息署，http://www.eia.gov/
12. 日本能源经济研究所，http://eneken.ieej.or.jp/en/
13. 亚太经济合作组织能源研究中心，http://aperc.ieej.or.jp/
14. 联合国贸易与发展会议，http://unctad.org/en/Pages/Home.aspx
15. 中国驻菲律宾大使馆经济商务参赞处，http://ph.mofcom.gov.cn/index.shtml
16. 中国驻柬埔寨大使馆经济商务参赞处，http://cb.mofcom.

gov. cn/index. shtml
17. 中国驻老挝大使馆经济商务参赞处，http：//la. mofcom. gov. cn/index. shtml
18. 中国驻马来西亚大使馆经济商务参赞处，http：//my. mofcom. gov. cn/index. sh
19. 中国驻缅甸大使馆经济商务参赞处，http：//mm. mofcom. gov. cn/index. shtml
20. 中国驻泰国大使馆经济商务参赞处，http：//th. mofcom. gov. cn/index. shtml
21. 中国驻文莱大使馆经济商务参赞处，http：//bn. mofcom. gov. cn/index. shtml
22. 中国驻新加坡大使馆经济商务参赞处，http：//sg. mofcom. gov. cn/index. shtml
23. 中国驻印度尼西亚大使馆经济商务参赞处，http：//id. mofcom. gov. cn/index. shtml
24. 中国驻越南大使馆经济商务参赞处，http：//vn. mofcom. gov. cn/index. shtml
25. 中国自由贸易区服务网，http：//fta. mofcom. gov. cn/index. shtml
26. 中国商务部条法司，http：//tfs. mofcom. gov. cn/
27. 英国邓迪大学能源、石油、矿产法律与政策中心，http：//www. dundee. ac. uk/cepmlp/
28. Oil，Gas & Energy Law Intelligence，http：//www. gasandoil. com/ogel/
29. Oil & Gas Journal，http：//www. ogjonline. com

附　　录

附录 1
中华人民共和国与东南亚国家联盟成员国政府全面经济合作框架协议

我们，中华人民共和国（以下简称“中国”）与文莱达鲁萨兰国，柬埔寨王国，印度尼西亚共和国，老挝人民民主共和国，马来西亚，缅甸联邦，菲律宾共和国，新加坡共和国，泰王国和越南社会主义共和国等东南亚国家联盟成员国（以下将其整体简称为“东盟”或“东盟各成员国”，单独一国简称“东盟成员国”）政府首脑或国家元首：

忆及我们 2001 年 11 月 6 日在文莱达鲁萨兰国斯里巴加湾东盟—中国领导人会上关于经济合作框架和在 10 年内建立中国—东盟自由贸易区（以下简称“中国—东盟自贸区”）的决定，自由贸易区将对柬埔寨、老挝、缅甸和越南等东盟新成员国（以下简称“东盟新成员国”）给予特殊和差别待遇及灵活性，并对早期收获做出规定，其涉及的产品及服务清单将通过相互磋商决定；

期望通过具有前瞻性的《中国与东盟（以下将其整体简称为“各缔约方”，单独提及东盟一成员国或中国时简称为“一缔约方”）全面经济合作框架协议》（以下简称“本协议”），以构筑双方在 21 世纪更紧密的经济联系；

期望最大限度地降低壁垒，加深各缔约方之间的经济联系；降低成本；增加区域内贸易与投资；提高经济效率；为各缔约方的工商业创造更大规模的市场，该市场将为商业活动提供更多机会和更大规模的经济容量；以及增强各缔约方对资本和人才的吸引力；

确信中国—东盟自贸区的建立将在各缔约方之间创造一种伙伴关系，并为东亚加强合作和维护经济稳定提供一个重要机制；

认识到工商部门在加强各缔约方之间的贸易和投资方面的重要作用和贡献，以及进一步推动和便利它们之间的合作并使它们充分利用中国—东盟自贸区带来的更多商业机会的必要性；

认识到东盟各成员国之间经济发展阶段的差异和对灵活性的要求，特别是为东盟新成员国更多地参与中国—东盟经济合作提供便利并扩大它们出口增长的需要，这要着重通过加强其国内能力、效率和竞争力来实现；

重申各缔约方在世界贸易组织(以下简称为 WTO)和其他多边、区域及双边协议与安排中的权利、义务和承诺；

认识到区域贸易安排在加快区域和全球贸易自由化方面能够起到的促进作用，以及在多边贸易体制框架中起到的建设性作用。

现达成如下协议：

第一条　目标

本协议的目标是：

(a)加强和增进各缔约方之间的经济、贸易和投资合作；

(b)促进货物和服务贸易，逐步实现货物和服务贸易自由化，并创造透明、自由和便利的投资机制；

(c)为各缔约方之间更紧密的经济合作开辟新领域，制定适当的措施；以及

(d)为东盟新成员国更有效地参与经济一体化提供便利，缩小各缔约方发展水平的差距。

第二条　全面经济合作措施

各缔约方同意迅速地进行谈判，以在 10 年内建立中国—东盟自贸区，并通过下列措施加强和增进合作：

(i)在实质上所有货物贸易中逐步取消关税与非关税壁垒；

(ii)逐步实现涵盖众多部门的服务贸易自由化；

(iii)建立开放和竞争的投资机制，便利和促进中国—东盟自贸区内的投资；

(iv)对东盟新成员国提供特殊和差别待遇及灵活性；

(v)在中国—东盟自贸区谈判中，给各缔约方提供灵活性，以解决它们各自在货物、服务和投资方面的敏感领域问题，此种灵活性应基于对等和互利的原则，经谈判和相互同意后提供；

(vi)建立有效的贸易与投资便利化措施，包括但不限于简化海关程序和制定相互认证安排；

(vii)在各缔约方相互同意的、对深化各缔约方贸易和投资联系有补充作用的领域扩大经济合作，编制行动计划和项目以实施在商定部门/领域的合作；以及

(viii)建立适当的机制以有效地执行本协议。

第一部分

第三条　货物贸易

1. 除本协议第六条所列的"早期收获"计划以外，为了加速货物贸易的扩展，各缔约方同意进行谈判，对各缔约方之间实质上所有货物贸易取消关税和其他限制性贸易法规(如必要，按照WTO关税与贸易总协定(以下简称为GATT)第24条(8)(b)允许的关税和限制性贸易法规除外)。

2. 就本条而言，应适用如下定义，除非文中另有解释：

(a)"东盟六国"指的是文莱、印度尼西亚、马来西亚、菲律宾、新加坡和泰国；

(b)"实施的最惠国关税税率"应包括配额内税率，并应：

(i)对于2003年7月1日时为WTO成员的东盟成员国及中国，指其2003年7月1日各自的实施的最惠国关税税率；以及

(ii)对于2003年7月1日时非WTO成员的东盟成员国，指其2003年7月1日对中国的实施税率；

(c)"非关税措施"应包括非关税壁垒。

3. 各缔约方的关税削减或取消计划应要求各缔约方逐步削减列入清单的产品关税并在适当时依照本条予以取消。

4. 依照本条纳入关税削减或取消计划的产品应包括所有未被本协议第六条所列的"早期收获"计划涵盖的产品，这些产品应分为如下两类：

(a)正常类：一缔约方根据自身安排纳入正常类的产品应：

(i)使其各自的实施的最惠国关税税率依照特定的减让表和税率(经各缔约方相互同意)逐步削减或取消，对于中国和东盟六国，实施期应从2005年1月1日到2010年，对于东盟新成员国，实施期应从2005年1月1日到2015年，并采用更高的起始税率和不同实施阶段；以及

(ii)按照上文第4款(a)(i)已经削减但未取消的关税，应在经各缔约方相互同意的时间框架内逐步取消。

(b)敏感类：一缔约方根据自身安排纳入敏感类的产品应：

(i)使其各自的实施的最惠国关税税率依照相互同意的最终税率和最终时间削减；以及

(ii)在适当时，使其各自的实施的最惠国关税税率在各缔约方相互同意的时间框架内逐步取消。

5. 敏感类产品的数量应在各缔约方相互同意的基础上设定一个上限。

6. 各缔约方依照本条及第六条所做的承诺应符合WTO对各缔约方之间实质上所有贸易取消关税的要求。

7. 各缔约方之间依照本条相互同意的特定的关税税率应仅列出各缔约方削减后适用关税税率的上限或在特定实施年份的削减幅度，不应阻止任一缔约方自愿加速进行关税削减或取消。

8. 各缔约方之间关于建立涵盖货物贸易的中国—东盟自贸区的谈判还应包括但不限于下列内容：

(a)管理正常类和敏感类产品的关税削减或取消计划以及本条前述各款未涉及的任何其他有关问题的其他具体规则，包括管理对等承诺的各项原则；

(b)原产地规则；

(c)配额外税率的处理；

(d)基于GATT第28条，对一缔约方在货物贸易协议中的承诺所做的修改；

(e)对本条或第六条涵盖的任何产品采用的非关税措施，包括但不限于对任何产品的进口或者对任何产品的出口或出口销售采取

的数量限制或禁止，缺乏科学依据的动植物卫生检疫措施以及技术性贸易壁垒；

(f)基于 GATT 的保障措施，包括但不限于下列内容：透明度，涵盖范围，行动的客观标准——包括严重损害或严重损害威胁的概念，以及临时性；

(g)基于 GATT 现行规则的关于补贴、反补贴措施及反倾销措施的各项规则；以及

(h)基于 WTO 及世界知识产权组织(简称 WIPO)现行规则和其他相关规则，便利和促进对与贸易有关的知识产权进行有效和充分的保护。

第四条　服务贸易

为了加速服务贸易的发展，各缔约方同意进行谈判，逐步实现涵盖众多部门的服务贸易自由化。此种谈判应致力于：

(a)在各缔约方之间的服务贸易领域，逐步取消彼此或各缔约方间存在的实质所有歧视，和/或禁止采取新的或增加歧视性措施，但 WTO《服务贸易总协定》(以下简称为 GATS)第五条第 1 款(b)所允许的措施除外；

(b)在中国与东盟各成员国根据 GATS 所做承诺的基础上，继续扩展服务贸易自由化的深度与广度；以及

(c)增进各缔约方在服务领域的合作以提高效率和竞争力，实现各缔约方各自服务供应商的服务供给与分配的多样化。

第五条　投资

为了促进投资并建立一个自由、便利、透明并具有竞争力的投资体制，各缔约方同意：

(a)谈判以逐步实现投资机制的自由化；

(b)加强投资领域的合作，便利投资并提高投资规章和法规的透明度；以及

(c)提供投资保护。

第六条　早期收获

1. 为了加速实施本协议，各缔约方同意对下文第 3 款(a)所涵盖的产品实施“早期收获”计划(该计划为中国—东盟自贸区的组成

部分)，“早期收获”计划将按照本协议中规定的时间框架开始和结束。

2. 就本条而言，应适用如下定义，除非文中另有解释：

(a)“东盟六国”指的是文莱、印度尼西亚、马来西亚、菲律宾、新加坡和泰国；

(b)“实施的最惠国关税税率”应包括配额内税率，并应：

(i)对于2003年7月1日时为WTO成员的东盟成员国及中国，指其2003年7月1日各自的实施的最惠国关税税率；以及

(ii)对于2003年7月1日时非WTO成员的东盟成员国，指其2003年7月1日对中国的实施税率；

3.“早期收获”计划中适用的产品范围、关税削减和取消、实施的时间框架、原产地规则、贸易补偿及紧急措施等问题应遵循下列规定：

(a)产品范围

(i)下面各章中HS 8或9位税号的所有产品都应包括在“早期收获”计划中，除非一缔约方在本协议附件1的例外清单中将其排除，此种情况下该缔约方的这些产品可以得到豁免：

章	描述	章	描述
01	活动物	02	肉及食用杂碎
03	鱼	04	乳品
05	其他动物产品	06	活树
07	食用蔬菜	08	食用水果及坚果

(ii)已将某些产品纳入例外清单的任何一缔约方可以在任何时候修改例外清单，将例外清单的一项或多项产品纳入“早期收获”计划。

(iii)本协议附件2中所列的特定产品应涵盖在“早期收获”计划中，这些产品的关税减让应仅对附件2中列明的缔约方适用。这些缔约方必须就该部分产品相互提供关税减让。

(iv)对于附件1或附件2所列的未能完成适当的产品清单的缔约方，经相互同意可在不迟于2003年3月1日前完成。

(b)关税削减和取消

(i)"早期收获"计划中涵盖的所有产品都应按照规定划分为三类进行关税削减和取消，并按照本协议附件3中所列的时间框架执行。本款不应阻止任何缔约方自愿加速其关税削减或取消。

(ii)所有实施的最惠国关税税率为零的产品，应继续保持零税率。

(iii)实施税率降低到零的产品，税率应继续保持为零。

(iv)一缔约方应享受所有其他缔约方就上文第3款(a)(i)所列的某一产品所作的关税减让，只要该缔约方的同一产品保持在第3款(a)(i)所列的"早期收获"计划中。

(c)临时原产地规则

适用于"早期收获"计划所涵盖产品的临时原产地规则应在2003年7月以前谈判并完成制定。临时原产地规则应由各缔约方根据本协议第三条(8)(b)谈判制定并实施的原产地规则替换和取代。

(d)WTO条款的适用

WTO中有关承诺的修订、保障措施、紧急措施和其他贸易补偿措施——包括反倾销措施、补贴及反补贴措施等方面的条款，应临时性地适用于"早期收获"计划涵盖的产品。一旦各缔约方根据本协议第三条第8款谈判达成的相关规定得以执行，上述WTO的条款应被这些相关规定替换和取代。

4. 除了本条上面各款中规定的货物贸易方面的"早期收获"计划以外，各缔约方应在2003年初探讨在服务贸易方面推行早期收获计划的可行性。

5. 为了推动各缔约方之间的经济合作，本协议附件4中规定的各项活动应予执行或视情况要求加快实施。

第二部分

第七条　其他经济合作领域

1. 各缔约方同意在下列五个优先领域加强合作：

(a)农业；

(b)信息及通讯技术；

(c)人力资源开发；

(d)投资；以及

(e)湄公河盆地的开发。

2. 合作应扩展到其他领域，包括但不限于银行、金融、旅游、工业合作、交通、电信、知识产权、中小企业、环境、生物技术、渔业、林业及林业产品、矿业、能源及次区域开发等。

3. 加强合作的措施应包括但不应仅限于：

(a)推动和便利货物贸易、服务贸易及投资，如

(i)标准及一致化评定；

(ii)技术性贸易壁垒和非关税措施；以及

(iii)海关合作。

(b)提高中小企业竞争力；

(c)促进电子商务；

(d)能力建设；以及

(e)技术转让。

4. 各缔约方同意实施能力建设计划以及实行技术援助，特别是针对东盟新成员国，以调整它们的经济结构，扩大它们与中国的贸易与投资。

第三部分

第八条　时间框架

1. 在货物贸易方面，关于本协议第三条中所列的关税削减或取消和其他问题的协议的谈判应于2003年初开始，2004年6月30日之前结束，以建立涵盖货物贸易的中国—东盟自贸区，对于文莱、中国、印度尼西亚、马来西亚、菲律宾、新加坡和泰国，建成自贸区的时间是2010年，东盟新成员国建成自贸区的时间是2015年。

2. 本协议第三条所列的关于货物贸易原产地规则的谈判应不迟于2003年12月结束。

3. 服务贸易和投资方面，各项协议的谈判应于2003年开始，

并应尽快结束，以依照相互同意的时间框架付诸实施，实施时需要：(a)考虑各缔约方的敏感领域；(b)为东盟新成员国提供特殊和差别待遇及灵活性。

4. 对于本协议第二部分中所列的经济合作的其他领域，各缔约方应继续巩固实施本协议第七条中所列的现有的或经同意的各项计划，制定新的经济合作计划，并在经济合作的各个领域达成协议。各缔约方应迅速采取行动，以便以所有相关缔约方都能接受的方式和速度尽早实施。这些协议应包含实施其中各项承诺的时间框架。

第九条　最惠国待遇

中国自本协议签字之日起应给予所有非 WTO 成员的东盟成员国符合 WTO 规则和规定的最惠国待遇。

第十条　一般例外

在遵守关于此类措施的实施不在情形相同的各缔约方彼此或各缔约方之间构成任意或不合理歧视的手段或构成对中国—东盟自贸区内贸易的变相限制的要求前提下，本协定的任何规定不得阻止任何缔约方采取或实施保护其国家安全、保护具有艺术、历史或考古价值的文物所采取的措施，或保护公共道德所必需的措施，或保护人类、动物或植物的生命和健康所必需的措施。

第十一条　争端解决机制

1. 各缔约方应在本协议生效 1 年内，为实施本协议建立适当的正式的争端解决程序与机制。

2. 在上文第 1 款所称的争端解决程序与机制建立前，任何关于本协议的解释、实施和适用的争端，应通过磋商和/或仲裁以友好的方式加以解决。

第十二条　谈判的机构安排

1. 已建立的中国—东盟贸易谈判委员会(以下简称“中国—东盟 TNC”)应继续负责执行本协议中所列的谈判计划。

2. 各缔约方在必要时可以建立其他机构来协调和实施依照本协议开展的任何经济合作活动。

3. 中国—东盟 TNC 和上述所有机构应通过中国对外贸易经济

合作部（以下简称“中国外经贸部”）与东盟经济高官会（简称SEOM），定期向中国外经贸部部长和东盟经济部长会议（简称AEM）汇报其谈判进度及成果。

4. 无论中国—东盟TNC于何时何地进行谈判，东盟秘书处和外经贸部应联合给以必要的行政支持。

第十三条　杂项条款

1. 本协议应包含所附附件及其内容，以及将来所有依照本协议通过的法律文件。

2. 除非本协议另有规定，本协议或依照本协议采取的任何行动不得影响或废止一缔约方依照其现为缔约方的协议所享受的权利和承担的义务。

3. 各缔约方应当努力避免增加影响实施本协议的约束或限制。

第十四条　修正

本协议的条款可经各缔约方以书面形式相互同意达成的修正案加以修订。

第十五条　交存方

对于东盟成员国，本协议应交存于东盟秘书长，东盟秘书长应及时向每一个东盟成员国提供一份经核证的副本。

第十六条　生效

1. 本协议于2003年7月1日生效。

2. 各缔约方应于2003年7月1日前完成使本协议生效的国内程序。

3. 如一缔约方未能在2003年7月1日之前完成使本协议生效的国内程序，该缔约方依照本协议的权利与义务应自其完成此类国内程序之日开始。

4. 一缔约方一俟完成使本协议生效的国内程序，即应以书面形式通报所有其他缔约方。

鉴此，我们签署《中华人民共和国与东南亚国家联盟全面经济合作框架协议》。

本协议以英文书就，一式两份，2002年11月4日签署于柬埔寨金边。

附录 2
中华人民共和国政府与东南亚国家联盟成员国政府全面经济合作框架协议货物贸易协议

中华人民共和国政府(以下简称“中国”)与文莱达鲁萨兰国，柬埔寨王国，印度尼西亚共和国，老挝人民民主共和国，马来西亚，缅甸联邦，菲律宾共和国，新加坡共和国，泰王国和越南社会主义共和国等东南亚国家联盟成员国政府(以下将其整体简称为“东盟”或“东盟各成员国”，单独提及一国时简称“东盟成员国”)；

忆及 2002 年 11 月 4 日在柬埔寨金边由中国和东盟领导人签署的《中国与东盟(以下将其整体简称为“各缔约方”，单独提及东盟一成员国或中国时简称为“一缔约方”)全面经济合作框架协议》(以下简称《框架协议》)以及 2003 年 10 月 6 日在印度尼西亚巴厘由各缔约方经济部长签署的《关于修改〈中国—东盟全面经济合作框架协议〉的议定书》；

再次忆及《框架协议》的第二条(1)，第三条(1)和第 8 条(1)款反映出的各缔约方的承诺，即对于中国和东盟六国，将在 2010 年建成涵盖货物贸易的中国—东盟自贸区，对于东盟新成员国，将在 2015 年建成自贸区；

重申各缔约方在规定的时间框架内建立中国—东盟自贸区的承诺，同时允许各缔约方按照《框架协议》规定，享有解决敏感领域问题的灵活性。

达成协议如下：

第一条　定义

就本协议而言，将适用下列定义，除非文中另有规定：

(一)“WTO”指世界贸易组织；

(二)“the GATT 1994”指《1994 年关税与贸易总协定》，包括附件一(注释和补充条款)；

(三)“东盟六国”指文莱、印度尼西亚、马来西亚、菲律宾、新加坡和泰国；

（四）“东盟新成员国”指柬埔寨、老挝人民民主共和国、缅甸和越南；

（五）“实施最惠国税率”应包括配额内税率，且1. 对东盟成员国（2003年7月1日时为WTO成员）和中国，指其各自于2003年7月1日的实施税率；以及2. 对东盟成员国（2003年7月1日时为非WTO成员），指其在2003年7月1日对中国产品实施的税率；

（六）“非关税措施”应包括非关税壁垒；

（七）“AEM”指东盟经济部长；

（八）“MOFCOM”指中华人民共和国商务部；

（九）“SEOM”指东盟经济高官会。

第二条　国内税和国内法规的国民待遇

一缔约方应根据GATT1994第3条向所有其他缔约方的本协议和《框架协议》涵盖的货物给予国民待遇。为此，GATT1994第3条的规定应在必要修正后纳入本协议，并作为本协议的组成部分。

第三条　关税削减和取消

一、各缔约方的关税削减或取消计划应要求逐步削减被列明税目的实施最惠国税率，并在适当时依照本条予以取消。

二、依照本协议纳入关税削减或取消计划的税目应包括所有未被《框架协议》第6条所列的早期收获计划涵盖的税目，这些税目应按如下规定进行关税削减和取消：

（一）正常类：一缔约方自愿纳入正常类的税目应依照本协议附件1中列明的模式逐步削减和取消各自的实施最惠国税率，并应实现模式中的降税门槛所规定的目标。

（二）敏感类：一缔约方自愿纳入敏感类的税目应依照本协议附件2中的模式削减或取消各自的实施最惠国税率。

三、根据本协议附件1和附件2，各缔约方按照本条履行的承诺应适用于其他所有缔约方。

第四条　透明度

GATT 1994第10条应在必要修正后纳入本协议，并作为本协议的组成部分。

第五条　原产地规则

适用于本协议和《框架协议》早期收获计划所涵盖产品的原产地规则及其签证操作程序将在本协议的附件3中列明。

第六条　减让的修改

一、本协议的任一缔约方可同其已按照本协议做出减让的另一缔约方谈判并达成协议，修订或撤销在本协议下达成的上述减让。

二、在上述可包括关于其他产品的补偿性调整条款的谈判和协议中，所涉及的各缔约方应保持对等互利的减让水平总体上不低于在上述谈判和协议达成之前本协议中规定的水平。

第七条　WTO规则

一、根据本协议的条款和各缔约方基于本协议第17条对本协议进行审议所可能达成的任何未来的协议，各缔约方，由此同意并重申它们遵守WTO规则中有关条款的承诺，其中包括非关税措施，技术贸易壁垒，卫生和植物卫生措施，补贴和反补贴措施，反倾销措施和知识产权。非WTO成员的缔约方应根据它们加入WTO的承诺遵守WTO的条款。

二、在本协议中没有被特别提及或修正的WTO货物贸易多边协定的条款，应在必要修正后适用于本协议，除非文中另有要求。

第八条　数量限制和非关税壁垒

一、除非WTO规则允许，各缔约方不应在任何时候保留任何数量限制措施。非WTO成员的缔约方应自本协议生效之日起3年后[越南：4年]或根据其加入WTO的承诺逐步取消其数量限制，以时间较早者为准。

二、各缔约方应在本协议生效后尽快列明非关税壁垒(数量限制除外)以逐步取消。取消这些非关税壁垒的时间框架应由各缔约方共同商定。

三、各缔约方在实施本协议时应公布其数量限制的有关信息并使这些信息易于取得。

第九条　保障措施

一、每一为WTO成员的缔约方，保留其根据GATT1994第19条及《WTO保障措施协定》所享有的权利及义务。

二、关于中国—东盟自贸区保障措施，一缔约方有权在某一产品的过渡期内针对该产品启动保障措施。上述过渡期始于本协议生效之日，终止于该产品完成关税减让或取消的5年之后。

三、如一缔约方因履行其依据本协议或《框架协议》早期收获计划所承担关税减让的义务，或者，如因不可预见的情况和一缔约方因履行其依据本协议或《框架协议》早期收获计划所承担的义务，导致其从其他缔约方进口的任何特定产品的数量有绝对的或相对于其国内产量的增加，且此种情况已对进口方生产类似或直接竞争产品的国内产业造成严重损害或严重损害威胁，则该缔约方有权采取中国—东盟自贸区保障措施。

四、一缔约方采取中国—东盟自贸区保障措施后，可将所涉产品的适用税率提高至保障措施采取时适用于该产品的WTO最惠国税率。

五、中国—东盟自贸区保障措施的最初实施时间不应超过3年，可最多延长1年。不论对某一产品的中国—东盟自贸区保障措施实施期限如何，该保障措施应于该产品过渡期届满之日终止。

六、在实施中国—东盟自贸区保障措施时，各缔约方应适用《WTO保障措施协定》中关于实施保障措施的规则，但《WTO保障措施协定》第五条所列的数量限制措施及第9、13、14条不适用。《WTO保障措施协定》的所有其他条款应在必要修正后纳入本协议，并作为本协议的组成部分。

七、对于来自一缔约方的产品，只要其在进口成员中所涉产品进口中的份额不超过从各缔约方进口总量的3%，即不得对该产品实施中国—东盟自贸区保障措施。

八、在依据《WTO保障措施协定》第8条寻求补偿时，各缔约方应寻求第十二款中提及的机构的斡旋，以在中止任何相等的减让义务前确定实质相等的减让水平。所有与此斡旋有关的程序应在中国—东盟自贸区保障措施实施之日起90天内结束。

九、当一缔约方终止针对某一产品实施的中国—东盟自贸区保障措施时，该产品的税率应为根据本协议附件1及附件2所规定的关税减让表在保障措施终止之年的1月1日本应开始实行的税率。

十、各缔约方之间及送达第12款中提及的机构的所有与中国—东盟自贸区保障措施相关的官方信函和文件应采用书面形式，并使用英文。

十一、当一缔约方实施中国—东盟自贸区保障措施时，不得同时依据第一款的规定诉诸 WTO 保障措施。

十二、为实现本条之目的，在根据第 16 条第 1 款设立常设机构之前，所有列入本协议的 WTO 保障措施协定条款中提及的“货物贸易理事会”或“保障措施委员会”均应指中国—东盟经贸部长会议或中国—东盟经济高官会，常设机构在设立后应替代中国—东盟经贸部长会议和中国—东盟经济高官会。

第十条　承诺的加速实施

本协议不能阻止各缔约方进行谈判并达成协议，以加速实施在本协议下做出的承诺，此类协议应经全体缔约方相互同意并共同实施。

第十一条　保障国际收支的措施

如发生严重国际收支和对外财政困难或其威胁，一缔约方可根据 GATT1994 和《关于 GATT1994 国际收支条款的谅解》，采取限制性进口措施。

第十二条　一般例外

在遵守关于此类措施的实施不在情形类似的有关缔约方之间构成任意或不合理歧视的手段或构成对国际贸易的变相限制的要求前提下，本协议的任何规定不得解释为阻止一缔约方采取或实施以下措施：

（一）为保护公共道德所必需的措施；

（二）为保护人类、动物或植物的生命或健康所必需的措施；

（三）与黄金或白银进出口有关的措施；

（四）为保证与本协议的规定不相抵触的法律或法规得到遵守所必需的措施，包括与海关执法、根据 GATT1994 第 2 条第 4 款和第 17 条实行的有关垄断、宝库专利权、商标和版权以及防止欺诈行为有关的措施；

（五）与监狱囚犯产品有关的措施；

（六）为保护具有艺术、历史或考古价值的国宝所采取的措施；

（七）与保护可用尽的自然资源有关的措施，如此类措施与限制国内生产或消费一同实施；

（八）为履行任何政府间商品协定项下义务而实施的措施，该协定符合 WTO 其 WTO 不持异议的标准，或该协定本身提交各缔约方且各缔约方不持异议；

（九）在作为政府稳定计划的一部分将国内原料价格压至低于国际价格水平的时期内，为保证此类原料给予国内加工产业所必需的数量而涉及限制此种原料出口的措施；但是此类限制不得用于增加该国内产业的出口或增加对其提供的保护，也不得偏离本协议有关非歧视的规定；

（十）在普遍或局部供应短缺的情况下，为获取或分配产品所必需的措施；但是任何此类措施应符合以下原则：即本协议的各缔约方在此类产品的国际供应中有权获得公平的份额，且任何此类与本协议其他规定不一致的措施，应在导致其实施的条件不复存在时即行停止。

第十三条　安全例外

本协议的任何规定不得解释为：

（一）要求任何一缔约方提供其认为如披露则会违背其基本安全利益的任何信息；

（二）阻止任何一缔约方采取其认为对保护其基本国家安全利益所必需的任何行动，包括但不仅限于如下行动：

1. 与裂变和聚变物质或衍生这些物质的物质有关的行动；

2. 与武器、弹药和作战物资的贸易有关的行动，及与此类贸易所运输的直接或间接供应军事机关的其他货物或物资有关的行动；

3. 为保护重要通讯基础设施免遭使该基础设施失效或功能削弱的蓄意图谋所采取的措施；或

4. 在战时或国内、国际关系中的其他紧急情况下采取的行动。

（三）阻止任何缔约方为履行其在《联合国宪章》项下的维护国际和平与安全的义务而采取的任何行动。

第十四条　承认中国市场经济地位

东盟10国中的每一个成员国同意承认中国是一个完全市场经济体，自本协议签署之日起，将对中国与东盟10国中任何一个成员之间的贸易，不适用《中华人民共和国加入WTO议定书》第15条和第16条以及《中国加入WTO工作组报告书》第242段。

第十五条　国家、地区和地方政府

在履行本协议项下的义务和承诺时，每一缔约方应保证其领土内的地区、地方政府和主管机构，以及非政府机构(行使中央、州、地区或地方政府或主管机关的授权)遵守这些义务和承诺。

第十六条　机构安排

一、在建立常设机构前，中国—东盟经济部长会议，在中国—东盟经济高官会议的支持和协助下，应检查、监督、协调和审议本协议的执行。

二、东盟秘书处应监测并向中国—东盟经济高官会报告本协议的执行情况。在东盟秘书处行使其职责的过程中，各缔约方应予以合作。

三、每一缔约方应指定联络点，为各缔约方就本协议涉及的任何问题进行沟通提供便利。应一缔约方的请求，被请求缔约方的联络点应确定负责该问题的机构或官员，并为便利与提出请求的缔约方之间的沟通提供协助。

第十七条　审议

一、中国—东盟经济部长会议或其指定的代表应在本协议生效之日起1年之内召开会议，此后每两年或任何适当的时间召开会议，审议本协议，以考虑进一步采取措施开放货物贸易，并就本协议第7条涉及的问题或各缔约方同意的任何其他问题制定规则和谈判协定。

二、在考虑各自执行本协议情况的基础上，各缔约方应在2008年对敏感产品进行审议，以提高敏感产品的市场准入条件，包括对敏感类产品的数量进行进一步的、可能的削减以及审议被一缔约方列为敏感的产品的对等关税待遇条件。

第十八条　附件和将来的文件

本协议应包括：

(一)附件及其内容应为本协议的组成部分；以及

(二)将来依据本协议达成的所有法律文件。

第十九条　修正

各缔约方达成书面协议即可对本协议进行修正，此类修正应在各缔约方达成一致的日期生效。

第二十条　杂项条款

除非本协议另有规定，本协议或依据本协议采取的任何行动不应影响或废止一缔约方依据其现为缔约方的协议所享受的权利和承担的义务。

第二十一条　争端解决

《中国—东盟争端解决机制协议》适用于本协议。

第二十二条　交存

对于东盟成员国，本协议应交存于东盟秘书长，东盟秘书长应及时向每一个东盟成员国提供一份经核证的副本。

第二十三条　生效

一、本协议经各缔约方代表签署后，于2005年1月1日生效。

二、各缔约方应在2005年1月1日之前完成使本协议生效的国内程序。

三、如一缔约方未能在2005年1月1日之前完成使本协议生效的国内程序，该缔约方依照本协议的权利与义务应自其完成此类国内程序之日开始。

四、一缔约方一俟完成使本协议生效的国内程序，应通过外交渠道通知所有其他缔约方。

本协议于2004年11月29日在万象签订，一式两份，每份均用中文和英文写成，两种文字同等作准。

附录3

中华人民共和国政府与东南亚国家联盟成员国政府全面经济合作框架协议服务贸易协议

中华人民共和国(以下简称“中国”)政府，文莱达鲁萨兰国，柬埔寨王国，印度尼西亚共和国，老挝人民民主共和国，马来西亚，缅甸联邦，菲律宾共和国，新加坡共和国，泰王国和越南社会主义共和国等东南亚国家联盟成员国(以下将其整体简称为“东盟”或“东盟各成员国”，单独提及一国时简称“东盟成员国”)政府；

忆及2002年11月4日在柬埔寨金边由中国和东盟领导人签署的《中华人民共和国政府与东南亚国家联盟成员国政府(以下将其整体简称为“各缔约方”，单独提及东盟一成员国或中国时简称为“一缔约方”)全面经济合作框架协议》(以下简称《框架协议》)；

忆及《框架协议》第四条及第八条第三款关于尽快完成服务贸易协议谈判，以逐步实现自由化，并取消各缔约方间存在的实质上所有歧视，和(或)禁止针对服务贸易采取新的或增加歧视性措施，在中国与东盟各成员国根据《WTO服务贸易总协定》所做承诺的基础上，继续扩展服务贸易自由化的深度与广度；

致力于加强各缔约方间的服务合作，以提高效率和竞争力，使各缔约方服务提供者的服务供给和销售多元化；按照《框架协议》各缔约方相互达成的时间表进行实施，并照顾到各成员的敏感部门；和对柬埔寨、老挝、缅甸和越南实行特殊和差别待遇及展现灵活性；

认识到各缔约方为实现国家政策目标，有权对其领土内的服务提供进行管理和采用新的法规，同时认识到由于各缔约方服务法规发展程度方面存在的不平衡，发展中国家特别需要行使此权利；

达成协议如下：

第一部分：定义和范围

第一条　定义

就本协议而言，

(一)“行使政府职权时提供的服务”指既不依据商业组织提供，也不与一个或多个服务提供者竞争的任何服务；

(二)“商业存在”指任何类型的商业或专业机构，包括为提供服务而在一缔约方领土内：

1. 组建、收购或维持一法人，或　2. 创建或维持一分支机构或代表处；

(三)“直接税”指对总收入、总资本或对收入或资本的构成项目征收的所有税款，包括对财产转让收益、不动产、遗产和赠与、企业支付的工资或薪金总额以及资本增值所征收的税款；

(四)GATS 指《服务贸易总协定》；

(五)“法人”指根据适用法律适当组建或组织的任何法人实体，无论是否以盈利为目的，无论属私营所有还是政府所有，包括任何公司、基金、合伙企业、合资企业、独资企业或协会；

(六)“另一缔约方的法人”指：

1. 根据该另一缔约方的法律组建或组织的、并在该另一缔约方或任何其他缔约方领土内从事实质性业务活动的法人；或

2. 对于通过商业存在提供服务的情况：

(1)由该方的自然人拥有或控制的法人；或

(2)由(1)项确认的该另一缔约方的法人拥有或控制的法人；

(七)“法人”：

1. 由一缔约方的个人所“拥有”，如该方的人实际拥有的股本超过 50%，

2. 由一缔约方的个人所“控制”，如此类人拥有任命其大多数董事或以其他方式合法指导其活动的权力；

3. 与另一缔约方具有“附属”关系，如该法人控制该另一人，或为该另一人所控制；或该法人和该另一人为同一人所控制；

(八)“措施”指一缔约方的任何措施，无论是以法律、法规、规则、程序、决定、行政行为的形式还是以任何其他形式；

(九)“各缔约方的措施”指：

1. 中央、地区或地方政府和主管机关所采取的措施；及

2. 由中央、地区或地方政府或主管机关授权行使权力的非政府机构所采取的措施；

(十)“各缔约方影响服务贸易的措施”包括关于下列内容的措施：

1. 服务的购买、支付或使用；

2. 与服务的提供有关的、各缔约方要求向公众普遍提供的服务的获得和使用；

3. 一缔约方的个人为在另一缔约方领土内提供服务的存在，包括商业存在；

（十一）"服务的垄断提供者"指一缔约方领土内有关市场中被该方在形式上或事实上授权或确定为该服务的独家提供者的任何公私性质的人；

（十二）"另一缔约方的自然人"指居住在该另一缔约方或任何其他方领土内的自然人，且根据该另一缔约方的法律：

1. 属该另一缔约方的国民；或

2. 在该另一缔约方中有永久居留权①，如该另一缔约方：

按本协议生效后所做通知，在影响服务贸易的措施方面，给予其永久居民的待遇与给予其国民的待遇实质相同，只要各缔约方无义务使其给予此类永久居民的待遇优于该另一缔约方给予此类永久居民的待遇。此类通知应包括该另一缔约方依照其法律和法规对永久居民承担与其他缔约方对其国民承担相同责任的保证；

（十三）"人"指自然人或法人；

（十四）服务"部门"，

1. 对于一具体承诺，指一缔约方减让表中列明的该项服务的一个、多个或所有分部门，

2. 在其他情况下，则指该服务部门的全部，包括其所有的分部门；

（十五）"服务"包括除在政府机关为行使职权提供的服务以外的任何服务；

（十六）"服务消费者"指得到或使用服务的任何人；

（十七）"另一缔约方的服务"，

1. 指自或在该另一缔约方领土内提供的服务，对于海运服务，

---

① 对于印度尼西亚、老挝、泰国、越南和中国，另一缔约方的自然人限于居住在该另一缔约方领土内或其他地方以及根据该另一缔约方法律是该另一缔约方国民的自然人。因此，根据互惠的原则，本协议不适用于印度尼西亚、老挝、泰国、越南和中国的永久居民。一旦上述缔约方中的任何一方颁布了关于另一缔约方或非协议方永久居民的优惠待遇的国内法，应该就在本协议下该缔约方是否将永久居民纳入自然人涵盖范围问题进行谈判。

则指由一艘根据该另一缔约方的法律进行注册的船只提供的服务，或由经营和/或使用全部或部分船只提供服务的该另一缔约方的人提供的服务；或

2. 对于通过商业存在或自然人存在所提供的服务，指由该另一缔约方服务提供者所提供的服务；

(十八)“服务提供者”指提供一服务的任何人；①

(十九)“服务的提供”包括服务的生产、分销、营销、销售和交付；

(二十)“服务贸易”定义为：

1. 自一缔约方领土向任何其他方领土提供服务；

2. 在一缔约方领土内向任何其他方的服务消费者提供服务；

3. 一缔约方的服务提供者通过在任何其他方领土内的商业存在提供服务；

4. 一缔约方的服务提供者通过在任何其他方领土内的自然人存在提供服务；

(二十一)“资格程序”指与资格要求管理相关的行政程序；

(二十二)“资格要求”指服务提供者为了获得认证或许可而需达到的实质要求。

第二条　范围

一、本协议适用于各缔约方影响服务贸易的措施②。

二、本协议不适用于：

(一) 在每一个缔约方领土范围内行使政府职权时提供的服务；

(二) 管理政府机构为政府目的而购买服务的法规或要求，此种购买不得用于进行商业转售或用于为商业销售而提供的服务。

---

① 如该服务不是由法人直接提供，而是通过如分支机构或代表处等其他形式的商业存在提供，则该服务提供者(即该法人)仍应通过该商业存在被给予在本协定项下规定给予服务提供者的待遇。此类待遇应扩大至提供该服务的存在方式，但不需扩大至该服务提供者位于提供服务的领土以外的任何其他部分。

② 各缔约方应在本协议生效前进一步讨论将菲律宾税收措施从本协议中排除的问题。

第二部分：义务和纪律

第三条　透明度

GATS 第 3 条，经做必要调整，纳入本协议并成为本协议的组成部分。

第四条　机密信息的披露

GATS 第 3 条之二款，经做必要调整，纳入本协议并成为本协议的组成部分。

第五条　国内规制

一、在第三部分下，在已作出具体承诺的部门中，每一缔约方应保证所有影响服务贸易的普遍适用的措施以合理、客观和公正的方式实施。

二、(一)每一缔约方应维持或尽快设立司法、仲裁或行政庭或程序，在受影响的服务提供者请求下，对影响服务贸易的行政决定迅速进行审议，并在请求被证明合理的情况下提供适当的补救。如此类程序并不独立于作出有关行政决定的机构，则该方应保证此类程序在实际中提供客观和公正的审查。

(二)(一)项的规定不得解释为要求一缔约方设立与其宪法结构或其法律制度的性质不一致的法庭或程序。

三、对在本协议下已作出具体承诺的服务，如提供此种服务需要得到批准，则各缔约方的主管机关：

(一)在申请不完整的情况下，应申请方请求，指明所有为完成该项申请所需补充的信息，并在合理的时间内为其修正不足提供机会；

(二)应申请方请求，提供有关申请情况的信息，不得有不当延误；

(三)如在申请被终止或否决，尽最大可能以书面形式毫不延误地通知申请方采取该项行动的原因。申请方应有自行决定重新提交的新的申请的可能。

四、为保证有关资格要求和程序、技术标准和许可要求的各项措施不致构成不必要的服务贸易壁垒，各缔约方应按照 GATS 第六条第四款的规定，共同审议有关这些纪律措施的谈判结果，以将这些措施纳入本协议。各缔约方注意到此类纪律应旨在特别保证以下要求：

(一)依据客观的和透明的标准，例如提供服务的能力和资格；

(二)不得超越为保证服务质量所必需限度的负担；

(三)如为许可程序，则这些程序本身不成为对服务提供的限制。

五、(一)在一缔约方已在第三部分下作出具体承诺的部门中，在本条第四款规定的纪律被纳入之前，该缔约方不得以以下方式实施使本协议下的义务失效或减损的许可要求、资格要求和技术标准：

1. 不符合本条第四款第一项、第二项或第三项中所概述的标准的；且

2. 在该缔约方就这些部门作出具体承诺，不能合理预见的。

(二)在确定一缔约方是否符合第五款第一项下的义务时，应考虑该缔约方所实施的有关国际组织①的国际标准。

六、在已就专业服务作出具体承诺的部门，每一缔约方应规定适当程序，以核验任何其他方专业人员的能力。

第六条　承认

一、为使服务提供者获得授权、许可或证明的标准或准则得以实施，一缔约方可承认在另一缔约方已获得的教育或经历、已满足的要求、或已给予的许可或证明。此类承认可通过协调或其他方式实现，或可依据与各缔约方之间或相关主管机构之间的协议或安排，或可自动给予。

二、两个或更多缔约方，为使服务提供者获得授权、许可或证明的标准或准则得以实施，可以开展或者鼓励与它们相关主管机构开展关于承认资格要求、资格程序、许可和(或)注册程序的谈判。

三、属第一款所指类型的协定或安排参加方，无论此类协定或安排是现有的还是在将来订立，均应向其他利害关系方提供充分的

① “有关国际组织”指其成员资格至少对本协议全体缔约方相关机构都开放。

机会，以谈判加入此类协定或安排，或与其谈判类似的协定或安排。如一缔约方自动给予承认，则应向任何其他方提供充分的机会，以证明在该其他方获得的教育、经历、许可或证明以及满足的要求应得到承认。

四、一缔约方给予承认的方式不得构成在适用服务提供者获得授权、许可或证明的标准或准则时在各国之间进行歧视的手段，或构成对服务贸易的变相限制。

第七条　垄断和专营服务提供者

一、每一缔约方应保证在其领土内的任何垄断服务提供者在有关市场提供垄断服务时，不以与其在减让表下的义务不一致的方式行事。

二、如一缔约方的垄断提供者直接或通过附属公司参与其垄断权范围之外且受该方具体承诺约束的服务提供的竞争，则该方应保证该提供者不滥用其垄断地位在其领土内以与此类承诺不一致的方式行事。

三、如一缔约方有理由认为任何其他缔约方的垄断服务提供者以与第一款和第二款不一致的方式行事，则在该缔约方请求下，可要求设立、维持或授权该服务提供者的缔约方提供有关经营的具体信息。

四、如一缔约方在形式上或事实上(1)授权或设立少数几个服务提供者，且(2)实质性阻止这些服务提供者在其领土内相互竞争，则本条的规定应适用于此类专营服务提供者。

第八条　商业惯例

一、各缔约方认识到，除属第七条(垄断和专营服务提供者)范围内的商业惯例外，服务提供者的某些商业惯例会抑制竞争，从而限制服务贸易。

二、在任何其他缔约方(“请求方”)请求下，每一缔约方应进行磋商，以期取消第一款所指的商业惯例。被请求方对此类请求应给予充分和积极的考虑，并应通过提供与所涉事项有关的、可公开获得的非机密信息进行合作。在遵守其国内法律并在就请求方保障其机密性达成令人满意的协议的前提下，被请求方还应向请求方提供其他可获得的信息。

第九条　保障措施

各缔约方注意到，根据 GATS 第 10 条，就紧急保障措施问题而进行的多边谈判是基于非歧视原则开展的。一旦完成这些多边谈判，各缔约方应进行审议，讨论适当地修改本协议，以将此类多边谈判的成果纳入本协议。

在第一款中提及的多边谈判完成之前，若实施本协议对一缔约方的某一服务部门造成了实质性的负面影响，受影响的缔约方可要求与另一缔约方磋商，以讨论与受影响的服务部门相关的任何措施。按照本款规定采取的任何措施应获得相关各缔约方的相互同意。相关各缔约方应视具体事件的情况，对寻求采取措施的缔约方给予同情的考虑。

第十条　支付和转移

一、除在第 11 条(保障国际收支的限制)中设想的情况下，一缔约方不得对与其具体承诺有关的经常项目交易的国际转移和支付实施限制。

二、本协议的任何规定不得影响国际货币基金组织成员在《基金组织协定》项下的权利和义务，包括采取符合《基金组织协定》的汇兑行动，但是一缔约方不得对任何资本交易设置与其有关此类交易的具体承诺不一致的限制，根据第 11 条或在基金请求下除外。

第十一条　保障国际收支的限制

如发生严重国际收支和对外财政困难或其威胁，一缔约方可按照 GATS 第十二条的规定对服务贸易采取或维持限制。

第十二条　一般例外

在此类措施的实施不对情形类似的国家构成任意或不合理的歧视手段或构成对服务贸易的变相限制的前提下，本协议的任何规定不得解释为阻止任何方采取或实施以下措施：

(一)为保护公共道德或维护公共秩序①所必需的措施；

① 只有在社会的某一根本利益受到真正的和足够严重的威胁时，方可援引公共秩序例外。

（二）为保护人类、动物或植物的生命或健康所必需的措施；

（三）为使与本协议的规定不相抵触的法律或法规得到遵守所必需的措施，包括与下列内容有关的法律或法规：

1. 防止欺骗和欺诈行为或处理服务合同违约而产生的影响；

2. 保护与个人信息处理和传播有关的个人隐私及保护个人记录和账户的机密性；

3. 安全；

（四）与第十九条（国民待遇）不一致的措施，只要差别待遇是为了保证对其他方的服务或服务提供者公平或有效地①课征或收取直接税；

（五）只要差别待遇是基于避免双重征税的协定或任何其他国际协定或安排中关于避免双重征税的规定的结果的措施。

第十三条　安全例外

本协议的任何规定不得解释为：

（一）要求任何缔约方提供其认为如披露则会违背其根本安全利益的任何信息；或

（二）阻止任何缔约方采取其认为对保护其根本安全利益所必需的任何行动：

1. 与裂变和聚变物质或衍生此类物质的物质有关的行动；

---

① 旨在保证公平或有效地课征和收取直接税的措施包括一缔约方根据其税收制度所采取的以下措施：(1)认识到非居民的纳税义务由源自或位于该方领土内的应征税项目确定的事实，而对非居民服务提供者实施的措施；或(2)为保证在该方领土内课税或征税而对非居民实施的措施；或(3)为防止避税或逃税而对非居民或居民实施的措施，包括监察措施；或(4)为保证对服务消费者课征或收取的税款来自该方领土内的来源而对在另一缔约方领土内或自另一缔约方领土提供的服务的消费者实施的措施；或(5)认识到按世界范围应征税项目纳税的服务提供者与其他服务提供者之间在课税基础性质方面的差异而区分这两类服务提供者的措施；或(6)为保障该方的课税基础而确定、分配或分摊居民或分支机构，或有关联的人员之间，或同一人的分支机构之间收入、利润、收益、亏损、扣除或信用的措施。第十四条第四款和本脚注中的税收用语或概念，根据采取该措施的方国内法律中的税收定义和概念，或相当的或类似的定义和概念确定。

2. 与武器、军火和战争工具相关的交易以及与直接或间接为军事机关提供其他货物和原料的交易有关的行动；

3. 为保护关键的交通基础设施免受故意破坏，防止这些设施丧失或降低功能；

4. 在战时或国际关系中的其他紧急情况下采取的行动；或

（三）阻止任何缔约方为履行其在《联合国宪章》项下的维护国际和平与安全的义务而采取的任何行动。

第十四条　补贴

除非本条另有规定，本协议不应适用于一缔约方提供的补贴，或者附加于接受或持续接受这类补贴的任何条件，不论这类补贴仅给予国内服务、服务消费者或服务提供者。如果这类补贴显著影响了在本协议下承诺的服务贸易，任何缔约方均可请求磋商，以友好地解决该问题。

按照本协议的规定，各缔约方应：

（一）应请求，向任何请求方提供本协议下承诺的服务贸易的补贴信息；且

（二）在WTO制定出相关纪律时，审议补贴待遇。

第十五条　WTO规则

各缔约方在此同意并重申它们承诺遵守有关并适用于服务贸易的WTO协议的规定，除非各缔约方根据第二十七条（审议条款）通过对本协议进行审议而在将来达成任何协议。

第十六条　合作

各缔约方应努力加强包括未包含在现有合作安排内的部门的合作。各缔约方应讨论并相互同意拟开展合作的部门，并制定这些部门的合作计划，以促进它们的能力、效率及竞争力。

第十七条　加强柬埔寨、老挝、缅甸和越南的参与

加强柬埔寨、老挝、缅甸和越南对本协议的参与应通过经谈判达成的具体承诺推动，这些承诺与以下措施相关：

（一）通过商业基础上的技术引进，加强它们国内服务的能力、效率和竞争力；

（二）促进它们进入销售渠道及信息网络；

（三）对它们有出口利益的服务部门的市场准入和服务提供方便，实现自由化；且

（四）对柬埔寨、老挝、缅甸和越南展现适当的灵活性，允许它们开放较少的部门和较少的交易种类，并按照它们各自的发展情况逐步扩大市场准入。

第三部分：具体承诺

第十八条　市场准入

对于通过第一条第二十项第一至第四目确认的服务提供方式实现的市场准入，每一缔约方对任何其他方的服务和服务提供者给予的待遇，在条款、限制和条件方面，不得低于其在具体承诺减让表中所同意和列明的内容。①

在作出市场准入承诺的部门，除非在其减让表中另有列明，否则一缔约方不得在其一地区或在其全部领土内维持或采取按如下定义的措施：

（一）无论以数量配额、垄断、专营服务提供者的形式，还是以经济需求测试要求的形式，限制服务提供者的数量；

（二）以数量配额或经济需求测试要求的形式限制服务交易或资产总值；

（三）以配额或经济需求测试要求的形式，限制服务业务总数或以指定数量单位表示的服务产出总量；②

（四）以数量配额或经济需求测试要求的形式，限制特定服务部门或服务提供者可雇用的、提供具体服务所必需且直接有关的自然人总数；

（五）限制或要求服务提供者通过特定类型法律实体或合营企业提供服务的措施；以及

---

① 如一缔约方就通过第 1 条第 20 项第 1 目所指的方式提供服务作出市场准入承诺，且如果资本的跨境流动是该服务本身必需的部分，则该方由此已承诺允许此种资本跨境流动。如一缔约方就通过第 1 条第 20 项第 4 目所指的方式提供服务作出市场准入承诺，则该方由此已承诺允许有关的资本转移进入其领土内。

② 第 2 款第 3 项不涵盖一缔约方限制服务提供投入的措施。

（六）以限制外国股权最高百分比或限制单个或总体外国投资总额的方式限制外国资本的参与。

第十九条　国民待遇

一、对于列入减让表的部门，在遵守其中所列任何条件和资格的前提下，每一缔约方在影响服务提供的所有措施方面给予任何其他方的服务和服务提供者的待遇，不得低于其给予本国同类服务和服务提供者的待遇。①

二、一缔约方可通过对任何其他方的服务或服务提供者给予与其本国同类服务或服务提供者的待遇形式上相同或不同的待遇，满足第一款的要求。

三、如形式上相同或不同的待遇改变竞争条件，与任何其他缔约方的同类服务或服务提供者相比，有利于该缔约方的服务或服务提供者，则此类待遇应被视为较为不利的待遇。

第二十条　附加承诺

各缔约方可就影响服务贸易、但根据第十八条（市场准入）或第十九条（国民待遇）不需列入减让表的措施，包括有关资格、标准或许可事项的措施，谈判承诺。此类承诺应列入一缔约方减让表。

第二十一条　具体承诺减让表

一、各缔约方应进行谈判以达成本协议下的一揽子具体承诺。

二、各缔约方应努力做出超越GATS业已作出的承诺。每一缔约方应在减让表中列出其根据本协议第十八条（市场准入）和第十九条（国民待遇）作出的具体承诺。对于作出此类承诺的部门，每一减让表应列明：

（一）作出此类承诺的部门；

（二）市场准入的条款、限制和条件；

（三）国民待遇的条件和资格；

（四）与附加承诺有关的承诺；以及

① 根据本条承担的具体承诺不得解释为要求任何成员对由于有关服务或服务提供者的外国特性而产生的任何应有的竞争劣势作出补偿。

（五）在适当时，实施此类承诺的时限。

三、与第十八条（市场准入）和第十九条（国民待遇）不一致的措施应列入与第十八和第十九条有关的栏目。

四、一缔约方具体承诺减让表只适用于那些通过谈判已经完成各自具体承诺减让表的缔约方。

五、结束谈判后，具体承诺减让表应成为本协议组成部分，并附在本协议之后。

第二十二条　承诺的适用与扩大

中国应在本协议第二十一条（具体承诺减让表）下做出一份具体承诺减让表，并应将该减让表适用于所有的东盟成员国。每一个东盟成员国应在本协议的具体承诺减让表条款项下做出各自的具体承诺减让表，并应将该减让表适用于中国和东盟其他成员国。

第二十三条　逐步自由化

一、涵盖每一缔约方具体承诺减让表的第一批具体承诺附在本协议之后。

二、各缔约方应在本协议生效之日起1年内完成第二批具体承诺的谈判，以实质性改善第一批具体承诺。

三、各缔约方应按照第二十七条（审议），在随后的审议中，通过连续的谈判回合，就该部分项下的进一步具体承诺展开谈判，以实现各缔约方间的服务贸易逐步自由化。

第二十四条　具体承诺减让表的修改

一缔约方可以在减让表中任何承诺自生效之日起3年后的任何时间修改或撤销该承诺，只要

（一）该缔约方将其修改或撤销某一承诺的意向，在不迟于实施修改或撤销的预定日期前3个月通知各缔约方及东盟秘书处；且

（二）该缔约方与任何受影响的缔约方进行谈判，以商定必要的补偿性调整。

为实现补偿性调整，各缔约方应确保互利承诺的总体水平不低于在此类谈判之前具体承诺减让表中规定的对贸易的有利水平。

依照本条规定制订的任何补偿性调整应在非歧视的基础上适用于所有缔约方。

如果有关缔约方无法就补偿性调整达成协议，应按照《框架协议》下的《争端解决机制协议》通过仲裁解决。修改方应在根据仲裁结果进行补偿性调整后，修改或撤销其承诺。

如果修改方实施了拟议的修改或撤销，并且没有执行仲裁结果，参与仲裁的任何缔约方可按照仲裁结果修改或撤销实质性对等的利益。尽管有第 22 条(承诺的适用与扩大)的规定，此类修改或撤销应仅适用于修改方。

第四部分：其他条款

第二十五条　国家、地区与地方政府

在履行本协议项下的义务和承诺时，每一缔约方应保证其领土内的地区、地方政府和主管机构，以及非政府机构(行使中央、省、地区或其他地方政府或主管机关的授权)遵守这些义务和承诺。

第二十六条　联络点

一、各缔约方应指定一个联络点，以便利缔约方之间就本协议下的任何事务进行沟通，包括对本协议的执行和实施交换信息。

二、应任何一缔约方请求，被请求方的联络点应指定负责该事务的部门或官员，并为便利与请求方的沟通提供帮助。

第二十七条　审议

东盟经济部长和中国商务部部长或其指定的代表应在本协议生效之日起 1 年之内召开会议，此后每两年或任何适当的时间召开会议，审议本协议，以考虑进一步采取措施实现服务贸易自由化，并就本协议关于 WTO 纪律的第十五条或各缔约方同意的任何其他问题制定纪律和谈判协定。

第二十八条　杂项条款

GATS 附件，即《关于提供服务的自然人流动的附件》、《关于空运服务的附件》、《关于金融服务的附件》和《关于电信服务的附件》，经必要调整后，适用于本协议。

本协议包括(1)附件和其涵盖的内容，它们应成为本协议的组成部分，以及(2)按照本协议达成的所有未来的法律文件。

除非本协议另有规定，本协议或依据本协议采取的任何行动不应影响或废止一缔约方依据其现为缔约方的协议所享受的权利和承担的义务。

第二十九条　修正

各缔约方达成书面协议即可对本协议进行修正，此类修正应在各缔约方达成一致的日期生效。

第三十条　争端解决

《全面经济合作框架协议争端解决机制协议》适用于本协议。

第三十一条　利益的拒绝给予

一缔约方可对下列情况拒绝给予本协定项下的利益：

(一)对于一项服务的提供，如确定该服务是从或在一非缔约方的领土内提供的；

(二)在提供海运服务的情况下，如确定该服务是：

1. 由一艘根据一非缔约方的法律进行注册的船只提供的，及

2. 由一经营和/或使用全部或部分船只的非缔约方的人提供的；

(三)对于一个具有法人资格的服务提供者，如确定其不是另一缔约方的服务提供者。

第三十二条　生效

本协议经各缔约方代表签署后，应于2007年7月1日生效。

各缔约方应在2007年7月1日之前完成使本协议生效的国内程序。

如一缔约方未能在2007年7月1日之前完成使本协议生效的国内程序，该缔约方依照本协议的权利与义务应自其完成此类国内程序之日开始。

一缔约方一俟完成使本协议生效的国内程序，应书面通知所有其他缔约方。

第三十三条　交存

对于东盟成员国，本协议应交存于东盟秘书长，东盟秘书长应及时向每一个东盟成员国提供一份经核证的副本。

具名于下的经各自政府正式授权的代表，特签署《中华人民共和国政府与东南亚国家联盟成员国政府全面经济合作框架协议服务

贸易协议》，以昭信守。

本协议于2007年1月14日在菲律宾宿务签署，一式两份，以英文书就。

附录4

中华人民共和国政府与东南亚国家联盟成员国政府全面经济合作框架协议投资协议

中华人民共和国(以下简称“中国”)政府，文莱达鲁萨兰国，柬埔寨王国，印度尼西亚共和国，老挝人民民主共和国，马来西亚，缅甸联邦，菲律宾共和国，新加坡共和国，泰王国和越南社会主义共和国等东南亚国家联盟成员国(以下将其整体简称为“东盟”或“东盟各成员国”，单独提及一国时简称“东盟成员国”)政府，(以下将其整体简称为“各缔约方”，单独提及东盟一成员国或中国时简称为“一缔约方”)：

忆及2002年11月4日在柬埔寨金边由中国和东盟领导人签订的《中华人民共和国政府与东南亚国家联盟成员国政府全面经济合作框架协议》(以下简称《框架协议》)；

进一步忆及《框架协议》第五条及第八条，为建立中国—东盟自由贸易区和促进投资，建立一个自由、便利、透明及竞争的投资体制，各缔约方同意尽快谈判并达成投资协议，以逐步实现投资体制自由化，加强投资领域的合作，促进投资便利化和提高投资相关法律法规的透明度，并为投资提供保护；

注意到《框架协议》所认识到的缔约方之间不同的发展阶段和速度，和对柬埔寨、老挝、缅甸和越南等东盟新成员实行特殊和差别待遇及灵活性的必要性；

重申各缔约方按既定的时间表建成中国—东盟自由贸易区的承诺，并允许各缔约方在处理《框架协议》所包含的各自敏感领域中具有灵活性，在平等互利的基础上实现经济的可持续增长与发展，实现双赢的结果；

重申各缔约方在世界贸易组织(WTO)和其他多边、区域及双边协定和安排中的权利、义务和责任。

达成协议如下：

第一条　定义

一、就本协议而言：

（一）“AEM”是指东盟经济部长会议；

（二）“可自由兑换货币”是指国际货币基金组织在其协议相关条款及任何修正案中指定为可自由兑换货币的任何货币；

（三）“GATS”是指世界贸易组织协定附件1B《服务贸易总协定》；

（四）“投资”是指一方投资者根据另一缔约方相关法律、法规和政策①在后者境内投入的各种资产，包括但不限于：

1. 动产、不动产及抵押、留置、质押等其他财产权利；

2. 股份、股票、法人债券及此类法人财产的利息；

3. 知识产权，包括关于版权、专利权和实用模型、工业设计、商标和服务商标、地理标识、集成电路设计、商名、贸易秘密、工艺流程、专有技术及商誉等权利；

4. 法律或依合同授予的商业特许经营权②，包括自然资源的勘探、培育、开采或开发的特许权；和

5. 金钱请求权或任何具有财务价值行为的给付请求权。

就本目中的投资定义而言，投资收益应被认作投资，投入或再投入资产发生任何形式上的变化，不影响其作为投资的性质；

（五）“一缔约方的投资者”是指正在③或已在其他缔约方境内进行投资的一缔约方自然人或一缔约方法人；

（六）“一缔约方的法人”是指根据一缔约方适用法律适当组建

---

① 为进一步明确，政策指经一缔约方政府批准和宣布并以书面形式向公众公布的影响投资的政策。

② 商业特许经营权包括合同权利，诸如承包权、建筑和管理合同、生产或收入分配合同、特许经营或其他类似合同，也可包括例如建设-运营-转交（BOT）和建设-运营-拥有（BOO）方式的项目投资资金。

③ 为进一步明确，“正在其他缔约方境内进行投资”仅与最惠国待遇条款和转移和利润汇回条款相关。

或组织的任何法人实体，无论是否以营利为目的，无论属私营还是政府所有，并在该缔约方境内具有实质经营，包括任何公司、信托、合伙企业、合资企业、个人独资企业或协会；

（七）“措施”是指一缔约方所采取的，影响投资者和/或投资的，任何普遍适用的法律、法规、规则、程序、行政决定或行政行为，包括：

1. 中央、地区或地方政府和主管机关所采取的措施；和

2. 由中央、地区或地方政府和主管机关授权行使权力的非政府机构所采取的措施；

（八）“MOFCOM”指中华人民共和国商务部；

（九）“一缔约方的自然人”是指根据一缔约方法律法规拥有该缔约方国籍、公民身份或永久居民权的任何自然人①；

（十）“收益”是指获利于或源自一项投资的总金额，特别是指但不限于利润、利息、资本所得、红利、版税或酬金；

（十一）“SEOM”是指东盟经济高官会议；

（十二）“WTO 协定”是指 1994 年 4 月 15 日于摩洛哥马拉喀什订立的《马拉喀什建立世界贸易组织协定》。

二、上述每一术语的定义应适用于本协议，除非文中另有规定或者一缔约方对任何上述术语对其承诺或保留的适用另有特殊定义。

三、除非文中另有规定，本协议中单数形式的定义措辞应包括复数形式，及所有复数形式的定义措辞应包括单数形式。

第二条　目标

---

① 对于印度尼西亚、老挝、缅甸、泰国和越南，由于其不授予外国人永久居民权或不给予永久居民与其国民或公民同等利益，上述缔约方没有法律义务将本协议的利益给予任何其他缔约方的永久居民，或不要求任何其他缔约方要求将上述利益给予该缔约方的永久居民，如果可适用上述利益。对于中国，在中国颁布关于外国永久居民的待遇国内法律之前，在其他缔约方给予对等待遇的前提下，中国给予其他缔约方永久居民的待遇在同等条件下应不低于给予第三国的待遇，如果该永久居民放弃其源自中国与任何第三国达成的任何其他投资协定或安排中关于争端解决的规定的权利。

本协议的目标是旨在通过下列途径，促进东盟与中国之间投资流动，建立自由、便利、透明和竞争的投资体制：

（一）逐步实现东盟与中国的投资体制自由化；

（二）为一缔约方的投资者在另一缔约方境内投资创造有利条件；

（三）促进一缔约方和在其境内投资的投资者之间的互利合作；

（四）鼓励和促进缔约方之间的投资流动和缔约方之间投资相关事务的合作；

（五）提高投资规则的透明度以促进缔约方之间投资流动；以及

（六）为中国和东盟之间的投资提供保护。

第三条　适用范围

一、本协议应适用于一缔约方对下列相关情形采取或保留的措施：

（一）另一缔约方的投资者；和

（二）另一缔约方投资者在其领土内的投资：

1. 对于中国，根据2001年12月11日中国加入世界贸易组织时世界贸易组织定义的全部关税领土。就此而言，本协议中对中国"领土"的表述是指中国的关税领土；和

2. 对于东盟成员国，其各自的领土。

二、除非本协议另有规定，本协议应适用于一缔约方投资者在另一缔约方境内的所有投资，无论其设立于本协议生效前或生效后。为进一步明确，本协议的规定不对任何缔约方，涉及在本协议生效之前发生的任何行动或事实或已终止的任何状态，具有约束力。

三、就泰国而言，本协议仅适用于在泰国境内被确认并依据泰国适用的国内法律、法规和政策，获得其主管机构①明确书面批准保护的另一方投资者的投资。

四、本协议不适用于：

---

① 负责授予此类批准的主管机构的名称和联系方式应通过东盟秘书处通知其他缔约方。

(一)任何税收措施。本项不应损害缔约方关于下列税收措施的权利和义务：

1. 依据 WTO 的权利和义务准予或征收的；

2. 第八条(征收)和第十条(转移和利润汇回)的规定；

3. 第十四条(投资者与国家间争端解决)的规定，若争端源自第八条(征收)；以及

4. 关于避免双重征税的任何税收协定的规定。

(二)规范政府机构为政府目的(政府采购)进行货物或服务采购的法律、法规、政策或普遍适用的程序，只要该采购不以商业转售或为商业销售生产货物或提供服务为目的；

(三)一缔约方提供的补贴或补助，及接受或持续接受此类补贴 或补助所附带的任何条件，无论此类补贴或补助是否仅提供给国内投资者和投资；

(四)一缔约方相关机构或主管机关行使政府职权时提供的服务。就本协议而言，行使政府职权时提供的服务指既不以商业为基础，也不与一个或多个服务提供者竞争的任何服务；以及

(五)一缔约方采取或维持的影响服务贸易的措施。

五、尽管有第四款第(五)项的规定，第七条(投资待遇)、第八条(征收)、第十条(转移和利润汇回)、第九条(损失的补偿)、第十二条(代位)和第十四条(缔约方与投资者间争端解决)，经必要修改后，应适用于影响一缔约方服务提供者在另一缔约方境内通过商业存在的方式提供服务的任何措施，但仅限于此类措施与本协议相关的投资和义务，无论此服务部门是否列于 2007 年 1 月 14 日于菲律宾宿务签订的《中华人民共和国与东南亚国家联盟全面经济合作框架协议服务贸易协议》的缔约方的具体承诺减让表中。

第四条　国民待遇

各方在其境内，应当给予另一方投资者及其投资，在管理、经营、运营、维护、使用、销售、清算或此类投资其他形式的处置方面，不低于其在同等条件下给予其本国投资者及其投资的待遇。

第五条　最惠国待遇

一、各缔约方在准入、设立、获得、扩大、管理、经营、运

营、维护、使用、清算、出售或对投资其他形式的处置方面，应当给予另一缔约方投资者及其相关投资，不低于其在同等条件下给予任何其他缔约方或第三国投资者及/或其投资的待遇。

二、尽管有第一款的规定，如果一缔约方依据任何其为成员的将来的协定或安排，给予另一缔约方或第三国投资者及其投资更优惠的待遇，其没有义务将此待遇给予另一缔约方的投资者及其投资。但是，经另一缔约方要求，该缔约方应给予另一缔约方充分的机会，商谈其间的优惠待遇。

三、尽管有第一款和第二款的规定，此待遇不包括：

(一)在任何现存与非缔约方的双边、地区及国际协定或任何形式的经济或区域合作中，给予投资者及其投资的任何优惠待遇；和

(二)在东盟成员国之间及一缔约方同其单独关税区之间的任何协定或安排中，给予投资者及其投资的任何现有或未来优惠待遇。

四、为进一步明确，本条规定的义务不包含要求给予另一方投资者除本章规定内容以外的争端解决程序。

第六条　不符措施

一、第四条(国民待遇)和第五条(最惠国待遇)不适用于：

(一)任何在其境内现存的或新增的不符措施；

(二)任何第(一)项所指不符措施的延续或修改。

二、各方应当尽力逐步消除不符措施。

三、各方应根据第二十四条(审议)展开讨论，以推进第二条第(一)项和第(五)项中的目标。在根据第二十二条(机构安排)设立的机构监督下，各方应尽力实现上述目标。

第七条　投资待遇

一、各缔约方应给予另一方投资者的投资公平和公正待遇，提供全面保护和安全。

二、为进一步明确：

(一)公平和公正待遇是指各方在任何法定或行政程序中有义务不拒绝给予公正待遇；和

(二)全面保护与安全要求各方采取合理的必要措施确保另一缔约方投资者投资的保护与安全。

三、违反本协议其他规定或单独的国际协定的决定，并不构成对本条的违反。

第八条　征收

一、任何一缔约方不得对另一缔约方投资者的投资实施征收、国有化或采取其他等同措施(“征收”)，除符合下列条件：

(一)为公共目的；

(二)符合可适用的国内法包括法律程序；

(三)以非歧视的方式实施；以及

(四)按照第二款规定给予补偿。

二、此补偿应以征收公布时或征收发生时被征收投资的公平市场价值计算，孰为先者作准。补偿应允许以可自由兑换货币从东道国自由转移。补偿的偿清和支付不应有不合理的拖延。公平市场价值不应因征收事先被公众所知而发生任何价值上的变化。

三、一旦发生拖延，补偿应包括按主要商业利率计算的从征收发生日起到支付日之间的利息①。包括应付利息在内的补偿，应当以原投资货币或应投资者请求以可自由兑换货币支付。

四、尽管有第一段、第二段和第三段的规定，任何相关土地征收的措施，应由各缔约方各自现有的国内法律、法规及任何修正案进行解释，对于补偿金额也应依据上述法律、法规解释。

五、对于一缔约方所征收的法人财产，若该法人为根据其法律、法规以股份形式组成或建立，且另一缔约方的投资者拥有其中股份，本条前述几款的规定应适用，以保证支付给此投资者的补偿符合其所征收财产的利益。

六、本条不适用于根据WTO协定附件1C《与贸易有关的知识

① 对马来西亚、缅甸、菲律宾、泰国和越南而言，一旦发生拖延，对另一缔约方投资者的投资征收补偿的利息应根据其法律、法规和政策确定，前提是此法律、法规和政策在非歧视基础上适用于另一缔约方或非缔约方投资者的投资。

产权协定》给予的与知识产权相关的强制许可。

第九条　损失补偿

一缔约方投资者在另一缔约方境内的投资，如果因另一方境内战争或其他武装冲突、革命、国家紧急状态、叛乱、起义或骚乱而遭受损失，则另一缔约方在恢复原状、赔偿、补偿和其他解决措施方面，在同等条件下，给予该投资者的待遇不应低于其给予任何第三国投资者或本国国民的待遇，并从优适用。

第十条　转移和利润汇回

一、任一缔约方应允许任何其他方投资者在该缔约方境内的投资的所有转移，能以转移当日外汇市场现行汇率兑换为可自由兑换货币，允许此类转移不延误地自由汇入或汇出该方领土。此类转移包括：

（一）初始投资，及任何用于保持或扩大投资的追加资本①；

（二）任何其他缔约方投资者的任何投资所产生的净利润、资本所得、分红、专利使用费、许可费、技术支持、技术及管理费、利息及其他现金收入；

（三）任何其他缔约方投资者的任何投资的全部或部分销售或清算所得款项，或减少投资资本所得款项；

（四）一缔约方投资者偿付任何其他方投资者的借款或贷款，只要各缔约方已认定其为投资；

（五）任何其他缔约方自然人的净收入和其他补偿，该自然人受雇佣并允许从事与在该方境内投资相关的工作；

（六）依据任何其他缔约方投资者或其投资所订立合同进行的支付，包括依据贷款业务进行的支付；以及

（七）依据第八条（征收）和第九条（损失补偿）进行的支付。

二、各方给予第一款所述转移的待遇，在同等条件下，应等同于任何其他缔约方或第三国投资所产生的转移。

三、尽管有第一款和第二款的规定，一缔约方在公平、非歧视

---

①　各缔约方同意“初始投资及任何用于保持或扩大投资的追加资本”所指仅适用于成功完成审批程序的资本流入。

和善意实施其与下列内容相关的法律法规基础上，可以阻止或延迟某一项转移，包括：

（一）破产，丧失偿付能力或保护债权人权利；

（二）未履行东道方的关于证券、期货、期权或衍生产品交易的转移要求；

（三）未履行税收义务；

（四）刑事犯罪和犯罪所得的追缴；

（五）社会安全、公共退休或强制储蓄计划；

（六）依据司法判决或行政决定；

（七）与外商投资项目停业的劳动补偿相关的工人遣散费；以及

（八）必要时用于协助执法或金融管理机构的财务报告或转移备案记录。

四、为进一步明确，本条前述各款所指的转移应遵守各自外汇管理国内法律和法规所规定的相关程序，只要此类法律和法规不被用做规避缔约方本协议义务的手段。

五、本协议的任何规定不得影响各方作为国际货币基金组织成员在《国际货币基金协定》项下的权利和义务，包括采取符合《国际货币基金协定》的汇兑行动，但是一方不得对任何资本交易设置与其在本协议中具体承诺不一致的限制，但以下情形除外：

（一）依据第十一条（国际收支平衡保障措施）；

（二）应国际货币基金组织的要求；

（三）在特殊情形下，资本的流动导致相关缔约方严重的经济或金融动荡，或存在导致上述情况的威胁。

六、根据第五款第（三）项所采取的措施①：

（一）应与《国际货币基金组织协定》条款相一致；

（二）不得超过处理第五款第（三）项所指情况所必需的程度；

（三）应是暂时的，并在其设立和维持不再具有合理性时予以

① 为进一步明确，为维持汇率稳定包括为防止投机资本流动而采取或维持的任何措施，不应以保护某一特定部门为目的。

取消；

（四）应尽早通知其他缔约方；

（五）应使任何一方所获待遇不低于任何其他方或非缔约方所获待遇；

（六）应在国民待遇的基础上实施，且

（七）应避免对其他缔约方的投资者、所涉投资和商业、经济和财政利益造成不必要的损害。

第十一条　国际收支平衡保障措施

一、若发生国际收支严重不平衡、外部金融困难或威胁，一缔约方可采取或保留投资限制措施，包括与此类投资相关的支付和转移。认识到缔约方在经济发展过程中面临的保持国际收支平衡的特别压力，可在必要时采取限制措施或其他方式，确保维持适当的外汇储备水平以实施其经济发展计划。

二、第一段所指的限制措施应：

（一）与国际货币基金组织协议的条款相一致；

（二）在缔约方之间没有歧视；

（三）避免对任何其他缔约方的商业、经济和金融利益造成不必要的损害；

（四）不超越处理第一段所描述情形的必要限度；

（五）属临时性的，并在第一段所述情形改善时逐步取消；以及

（六）给予任一其他缔约方的待遇不低于任何第三国。

三、一缔约方依据第一款采取或保留的任何限制措施，或对这些措施的任何修改，应及时通知所有其他缔约方。

第十二条　代位

一、如果任何一方或其指定的任何代理、机构、法定机构或公司，依照保险向其本国投资者就相关投资或其中任何一部分依据本协议形成的要求权进行了支付，其他相关方应当承认前述缔约方或其指定的任何代理、机构、法定机构或公司有资格代位履行其投资者的权利和要求权。代位权利或要求权不应超过投资者的原始权利或要求权。

二、如一方或其指定的任何代理、机构、法定机构或公司已向其投资者进行了支付，并已接管该投资者的权利及请求，则该投资者不得向另一方主张这些权利或请求，除非其得到授权，代表该方或进行支付的代理机构采取行动。

第十三条　缔约方间争端解决

2004 年 11 月 29 日于老挝万象签订的《中国—东盟全面经济合作框架协议争端解决机制协议》的规定，适用于本协议缔约方间争端解决。

第十四条　缔约方与投资者间争端解决

一、本条适用于一缔约方与另一缔约方的投资者之间产生的，涉及因前一缔约方违反本协议第四条(国民待遇)、第五条(最惠国待遇)、第七条(投资待遇)、第八条(征收)、第九条(损失补偿)、第十条(转移和利润汇回)，通过对某一投资的管理、经营、运营、销售或其他处置等行为给投资者造成损失或损害的投资争端。

二、本条不适用于：

(一)在本协议生效前，已发生的事件引发的投资争端、已解决的投资争端或者已进入司法或仲裁程序的投资争端；

(二)争端所涉投资者拥有争端所涉缔约方的国籍或公民身份的情况。

三、争端所涉方应尽可能通过磋商解决争端。

四、如果按第三款规定提出磋商和谈判的书面请求后 6 个月内，争端仍未解决，除非争端所涉方另行同意，则应当根据投资者的选择，将争端：

(一)提交有管辖权的争端缔约方法院或行政法庭；或

(二)如果争端所涉缔约方和非争端所涉缔约方均为国际投资争端解决中心公约的成员，则可根据《国际投资争端解决中心公约》及《国际投资争端解决中心仲裁程序规则》①提交仲裁；或

① 对于菲律宾，出现投资争端，只有争端双方的书面同意，方可根据《解决国家和他国国民之间投资争端公约》和《解决投资争端国际中心仲裁程序规则》提交仲裁请求。

(三)如果争端所涉缔约方和非争端所涉缔约方其中之一为国际投资争端解决中心公约的成员，则可根据国际投资争端解决中心附加便利规则提交仲裁；或

(四)根据《联合国国际贸易法委员会的规则》提交仲裁；或

(五)由争端所涉方同意的任何其他仲裁机构或根据任何其他仲裁规则进行仲裁。

五、在一争端已被提交给适格的国内法院的情况下，所涉投资者如果在最终裁决下达前从国内法院撤回申请，可将其提交给国际争端解决机构。对于印度尼西亚、菲律宾、泰国和越南，一旦投资者将争端提交给其适格的法院和行政法庭，或根据本条第四款第(二)、(三)、(四)或(五)项规定的仲裁程序之一，则选定的程序是终局性的。

六、与本条内容保持一致，根据如上第四款第(二)、(三)、(四)或(五)项将争端提交调解或仲裁，应取决于：

(一)将争端提交调解或仲裁发生在争端所涉投资者知道，或者在合理情况下应当知道对本协议义务的违反对其或其投资造成损失或损害之后的3年内；以及

(二)争端所涉投资者在提交请求90日前以书面方式将他(或她)欲将此争端提交调解或仲裁的意愿通知争端所涉缔约方。争端所涉缔约方收到通知后，可要求争端所涉投资者在提交争端前根据第四款第(二)、(三)、(四)或(五)项完成其国内法规规定的国内行政复议程序。通知应：

1. 指定第四款第(二)、(三)、(四)或(五)项之一作为争端解决法庭，在第4款第(二)项的情况下，指明是寻求调解或是仲裁；

2. 在第四款所指的任何争端所涉法庭上，放弃其发起或进行任何程序(不包括第7款所指的中期保护措施的程序)的权利；并且

3. 简要总结本协议(包括被认为所违反的条款)项下争端所涉缔约方被认为违反规定的情况，以及对投资者或其投资造成的损失或损害。

七、任何缔约方不得阻止争端所涉投资者，在第四款所指任何

争端解决机制的程序之前，寻求过渡性保护措施，以保护其权利和利益，只要该措施不涉及需争端缔约方法院判决和行政裁决的伤害补偿和争端实质问题的解决。

八、任何缔约方不得对其投资者和任一其他缔约方依照本条应同意提交或已提交调解或仲裁的相关争端，提供外交保护或国际要求，除非此缔约方对此争端未能遵守所做出的裁定。对于本款，外交保护不包括为便利一项争端解决的单一目的进行的非正式外交交涉。

九、当一投资者提出争端缔约方采取或执行税收措施已违背第8条(征收)，应争端缔约方请求，争端缔约方和非争端缔约方应举行磋商，以决定争议中的税收措施是否等效于征收或国有化。任何依照本协议设立的仲裁庭应根据本款认真考虑缔约双方的决定。

十、如缔约双方未能启动此类磋商，也未能在自收到第4款所指的磋商请求的180天内，决定此类税收措施是否等效于征收或国有化，则不应阻止争端所涉投资者根据本条款将其要求提交仲裁。

第十五条　利益的拒绝

一、经事先通知及磋商，一方可拒绝将本协议的利益给予：

(一)另一方投资者，如果该投资是由非缔约方的人拥有或控制的法人进行的，且该法人在另一方境内未从事实质性商业经营；或者

(二)另一方投资者，如果该投资是由拒绝给予利益一方的人拥有或控制的法人进行的。

二、尽管有第一款规定，对于泰国，根据其适用的法律和/或法规，可以拒绝将与投资准入、设立、收购和扩大相关的本协议利益给予作为另一方法人的投资者或此类投资者的投资，如果泰国确定该法人①被一非缔约方或拒绝给予利益方的自然人或法人所控制

---

① (一)对于泰国，本条中的法人是指：1. 被一方或非缔约方自然人或法人所“拥有”，若其中超过50%的股比被此类人受益拥有；2. 被一方或非缔约方自然人或法人所“控制”，若此类人有权任命大部分董事，或合法指导法人的行为。(二)对于印度尼西亚、缅甸、菲律宾和越南，拥有和控制由其本国法律法规定义。

或拥有。

三、在不影响第一款的前提下，菲律宾可拒绝将本协议利益给予另一方的投资者和该投资者的投资，如果其确定该投资者所设投资违反了名为“惩治规避某些权利、特权或优先权的国有化法行为的法案”的《第108号联邦法案》，该法案由第715号总统令修订，并可经修订称作《反欺诈法》。

第十六条　一般例外

一、在此类措施的实施不在情形类似的缔约方、缔约方的投资者或投资者的投资之间构成任意或不合理歧视的手段，或构成对任何一方的投资者或其设立的投资的变相限制的前提下，本协议的任何规定不得解释为阻止任何成员采取或实施以下措施：

（一）为保护公共道德或维护公共秩序所必需的措施①；

（二）为保护人类、动物或植物的生命或健康所必需的措施；

（三）为使与本协议的规定不相抵触的法律或法规得到遵守所必需的措施，包括与下列内容有关的法律或法规：

1. 防止欺骗和欺诈行为或处理服务合同违约而产生的影响；

2. 保护与个人信息处理和传播有关的个人隐私及保护个人记录和账户的机密性；以及

3. 安全；

（四）旨在保证对任何一方的投资或投资者公平或有效地②课征或收取直接税；

（五）为保护具有艺术、历史或考古价值的国宝所采取的措施；

（六）与保护不可再生自然资源相关的措施，如这些措施与限制国内生产或消费一同实施。

二、对于影响提供金融服务的措施而言，WTO协议附件1B GATS关于金融服务的附件第二款（国内规制），经必要调整后并入

① 就本款而言，《服务贸易总协议》第14条脚注5经必要修改后纳入本协议，构成协议一部分。

② 就本款而言，《服务贸易总协议》第14条脚注6经必要修改后纳入本协议，构成协议一部分。

本协议，构成协议的一部分。

第十七条　安全例外

本协议的任何规定不得解释为：

（一）要求任何一方提供其认为如披露会违背其基本安全利益的任何信息；或

（二）阻止任何一方采取其认为对保护基本安全利益所必需的任何行动，包括但不限于：

1. 与裂变和聚变物质或衍生这些物质的物质有关的行动；

2. 与武器、弹药和作战物资的贸易有关的行动，及与此类贸易所运输的直接或间接供应军事机关的其他货物和物资有关的行动；

3. 为保护关键的公共基础设施免受使其丧失或降低功能的故意袭击行动；

4. 战时或国内或国际关系中其他紧急情况下采取的行动；或者

（三）阻止一方为履行其在《联合国宪章》项下的维护国际和平与安全的义务而采取的任何行动。

第十八条　其他义务

一、若任何一方在协议实施之时或此之后的法律或缔约方之间的国际义务使得另一方投资者的投资所获地位优于本协议下所获地位，则此优惠地位不应受本协议影响。

二、各方应遵守其对另一方投资者的投资业已做出的任何承诺。

第十九条　透明度

一、为实现本协议的目标，各方应：

（一）发布在其境内关于或影响投资的所有相关法律、法规、政策和普遍使用的行政指南；

（二）及时并至少每年向其他方通报显著影响其境内投资或本协议下承诺的任何新的法律或现有法律、法规、政策或行政指南的任何变化；

（三）建立或指定一个咨询点，其他方的任何自然人、法人或

任何人可要求并及时获取第(一)项和第(二)项下要求公布的与措施相关的所有信息;

(四)至少每年一次通过东盟秘书处向其他方通报该方作为缔约方的任何未来的给予任何优惠待遇的投资相关协议或安排。

二、本协议的任何规定不得要求一方提供或允许接触机密信息，披露此类信息会阻碍法律实施、违背公共利益或损害特定法人、公众或私人的合法商业利益。

三、根据第一款的所有通报和通信应使用英文。

第二十条　投资促进

在其他方面，缔约方应合作采取以下措施加强中国—东盟投资地区意识:

(一)增加中国—东盟地区投资;

(二)组织投资促进活动;

(三)促进商贸配对活动;

(四)组织并支持机构举行形式多样的关于投资机遇和投资法律、法规和政策的发布会和研讨会;并

(五)就与投资促进和便利化相关的互相关心的其他问题开展信息交流。

第二十一条　投资便利化

在其他方面，缔约方应按照其法律法规，在中国和东盟间开展以下投资便利化合作:

(一)为各类投资创造必要环境;

(二)简化投资适用和批准的手续;

(三)促进包括投资规则、法规、政策和程序的投资信息的发布;并

(四)在各个东道方建立一站式投资中心，为商界提供包括便利营业执照和许可发放的支持与咨询服务。

第二十二条　机制安排

一、鉴于常设机构尚未建立，由中国—东盟经济高官会支持与协助的中国—东盟经济部长会应监督、指导、协调并审议本协议的实施。

二、东盟秘书处应监控并向中国—东盟经济高官会报告协议的实施情况。所有缔约方应在履行东盟秘书处职责方面与秘书处进行合作。

三、各方应指定一个联系点，促进缔约方间就本协议涵盖的任何事务开展交流。应一方要求，被要求方的联系点应指明某事务的办事机构或负责人员，便利与要求方的交流。

第二十三条　与其他协议的关系

本协议不得减损一方作为任何其他国际协议缔约方的现有权利和义务。

第二十四条　一般审议

中国—东盟经济部长会或其指定代表应在协议实施之日起 1 年内召开会议，之后应每 2 年或在其他适当时候召开会议，审议本协议，以推进第 2 条(目标)所设定的目标。

第二十五条　修订

缔约方可书面修订本协议，此类修订应在缔约方同意的日期生效。

第二十六条　交存

对于东盟成员国，本协议应交存于东盟秘书长，东盟秘书长应及时向每一个东盟成员国提供一份经核证的副本。

第二十七条　生效

一、本协议自签订之日起 6 个月生效。

二、缔约方承诺完成使本协议生效的国内程序。

三、如一缔约方未能在签订之日起 6 个月内完成使协议生效的国内程序，该缔约方依照本协议的权利与义务应自其完成此类国内程序之日后 30 天开始。

四、一缔约方一俟完成使本协议生效的国内程序，应书面通知其他缔约方。下列代表经各自政府正式授权，特签订《中华人民共和国政府与东南亚国家联盟成员国政府全面经济合作框架协议投资协议》，以昭信守。

本协议于 2008 年 8 月 15 日在泰国曼谷签订，一式两份，以英文写成。

附录 5
中华人民共和国政府与东南亚国家联盟成员国政府全面经济合作框架协议争端解决机制协议

中华人民共和国政府（以下简称“中国”）与文莱达鲁萨兰国，柬埔寨王国，印度尼西亚共和国，老挝人民民主共和国，马来西亚，缅甸联邦，菲律宾共和国，新加坡共和国，泰王国和越南社会主义共和国等东南亚国家联盟成员国政府（以下将其整体简称为“东盟”或“东盟各成员国”，单独提及一国时简称“东盟成员国”）；

忆及中国和东盟各成员国家/政府首脑于 2002 年 11 月 4 日在金边签署的《中国—东盟全面经济合作框架协议》（下称《框架协议》）；

忆及《框架协议》第十一条第一款关于在《框架协议》生效一年内为《框架协议》之目的建立适当正式争端解决程序和机制的规定；

达成协议如下：

第一条　定义

为本协议之目的，除非另有规定，应当适用以下定义：

（一）《框架协议》中的所有定义应当适用于本协议；

（二）“日”为日历日，包括周末和节假日；

（三）“争端各方”、“争端当事方”或“有关当事方”，是指起诉方和被诉方；

（四）“起诉方”指依据第 4 条提出磋商请求的当事方；

（五）“被诉方”指第 4 条下磋商请求所指向的当事方。

第二条　适用范围

一、本协议适用于《框架协议》项下发生的争端，《框架协议》包含附件及其内容在内。除非另有规定，下文中提及的《框架协议》应包括将来依据《框架协议》达成的所有法律文件。

二、经缔约方全体同意，对《框架协议》中有关争端解决的特殊和附加规则，东盟秘书处可将其列为本协议附件。

三、除非本协议或者《框架协议》另有规定，或者缔约方另有约定，本协议的规定应适用于各缔约方间就其《框架协议》项下权利和义务争端的避免和解决。

四、对缔约方境内的中央、地区、地方政府或者权力机构采取的影响《框架协议》得到遵守的措施，可援引本协议的规定。

五、在遵守第6款的前提下，本协定不妨碍缔约方依据其均是缔约方的其他条约，诉诸该条约项下争端解决程序的权利。

六、涉及本协议项下或者争端当事方均是缔约方的其他条约项下具体权利或义务的争端，若本协定项下或其他条约项下的争端解决程序已经启动，起诉方所选择的争端解决场所应排除其他争端解决场所对该争端的适用。

七、对一具体争端，争端当事方明示同意选择一个以上的争端解决场所的，第五款和第六款将不适用。

八、为第5款至第7款的目的，一俟起诉方依据本协议或争端当事方均是缔约方的其他条约，要求设立或将争端提交一争端解决专家组或者仲裁庭，将视为起诉方已经选择了争端解决场所。

第三条　联系点

一、为本协议之目的，缔约方应：

(一)指定一个负责本协议所规定的所有联系事务的办公室；

(二)负责指定的办公室的运作和费用；及

(三)在完成本协议生效的国内程序30天内，通知其他缔约方其指定的办公室的地点和地址。

二、除非本协议另有规定，将本协议项下的任何请求或文件提交一缔约方指定的办公室，应被视为向该缔约方提交了此请求或文件。

第四条　磋商

一、如由于被诉方未能履行其在《框架协议》项下的义务，导致以下情形，对起诉方就影响《框架协议》的执行或适用的任何事项提出的磋商请求，被诉方应当给予应有的考虑和充分的磋商机会：

(一)起诉方在《框架协议》项下直接或者间接获得的利益正在丧失或减损；或

(二)《框架协议》任何目标的实现正受到阻碍。

二、任何磋商请求应以书面形式提交，应包括争议的措施以及指控的事实和法律依据(包含被声称违反的《框架协议》的规定及任何其他有关规定)。起诉方应将磋商请求送达被诉方以及其他缔约方。一俟收讫，被诉方即应通知起诉方及其他缔约方收到此请求。

三、如一磋商请求被提出，则被诉方应在收到该请求之日起7天内作出答复，并应在收到该请求之日起不超过30天的期限内真诚地进行磋商，以达成双方满意的解决办法。如被诉方未在前述的7天内作出答复，或未在前述的30天内进行磋商，则起诉方可以直接依据第六条请求设立仲裁庭。

四、争端当事方应尽最大努力通过磋商对有关事项达成双方满意的解决办法。为此目的，有关当事方应当：

(一)提供充分的信息，以便对有关措施如何影响《框架协议》的执行进行全面审查；

(二)对另一当事方在磋商中提交并指定为保密的信息进行保密。本协定项下不允许提起非违反之诉。

五、磋商应保密，且不得损害任何一方在进一步或者其他诉讼程序中的权利。

六、只要一缔约方(非案件的当事方)认为按照本条进行的磋商涉及其实质利益，则该成员即可在被诉方收到磋商请求之日起10天内，将其参加磋商的愿望通知争端当事方。该缔约方应被允许参加入磋商，只要被诉方同意实质利益的主张是有理由的。被诉方应当在磋商开始前将其决定通知起诉方和其他缔约方。如加入磋商请求未予接受，则提出申请的缔约方有权根据本条提出单独的磋商请求。

七、在紧急案件中，包括涉及易腐货物的案件，有关当事方应在收到请求之日起不超过10天的期限内进行磋商。如在被诉方收到请求之日起20天的期限内，磋商未能解决争端，则起诉方可依据第六条直接请求设立仲裁庭。

八、在紧急案件中，包括涉及易腐货物的案件，争端当事方及仲裁庭应尽一切努力尽最大可能加快诉讼程序。

第五条　调解或调停

一、争端当事方可随时同意进行调解或调停。此程序可由争端当事方随时开始，随时终止。

二、如争端当事方同意，在第六条项下仲裁庭解决争议的同时，调解或调停程序可在争端方同意的任何人士或者组织主持下继续进行。

三、有关调解或调停的程序以及争端当事方在这些程序中的立场，应当保密，并且不得损害任何一方在任何进一步或其他诉讼中的权利。

第六条　仲裁庭的设立

一、如在收到磋商请求之日起 60 天内，或在包括涉及易腐货物案件在内的紧急情况下在收到磋商请求之日起 20 天内，第 4 条所指的磋商未能解决争端，起诉方可书面通知被诉方请求依据本条设立仲裁庭。其他缔约方应收到此请求的副本。

二、设立仲裁庭的请求应当说明请求的理由，包括确认：

(一)争论中的具体措施；及

(二)足以明确陈述问题的起诉的事实和法律根据(包含被声称违反的《框架协议》的规定及任何其他有关规定)。

三、如一个以上起诉方就同一事项请求设立仲裁庭，有关当事方，在考虑各自的权利情况下，只要可行，可设立单一仲裁庭来审理该事项。

四、在依据第三款设立单一仲裁庭的情况下，该仲裁庭应组织审查并将其调查结果提交所有争端当事方，以保证争端当事方在若干仲裁庭分开审查起诉时本可享受的权利决不受到减损。如争端任何一方提出请求，在撰写报告时间允许情况下，仲裁庭可就争端向有关争端当事方提交单独的报告。每一争端当事方的书面陈述应可使其他争端当事方获得，且每一争端当事方有权在本争端的其他当事方向仲裁庭陈述意见时在场。

五、如根据第三款设立一个以上的仲裁庭来审查同一事项，在最大可能的限度内，争端当事方应指定相同的人员在每一单独仲裁庭中任职，且每一单独仲裁庭程序的时间表应进行协调。

第七条　仲裁庭的组成

一、除非本协议另有规定或者争端当事方另有约定，仲裁庭应包括3名成员。

二、在被诉方收到第六条项下设立仲裁庭请求的20日内，起诉方应当为仲裁庭指定一名仲裁员。被诉方应当在其收到第六条项下设立仲裁庭请求的30日内为仲裁庭指定一名仲裁员。如争端任何一方未能在此期限内指定仲裁员，则另一方所指定的仲裁员应作为仲裁庭的独任仲裁员。

三、若起诉方和被诉方已经根据第二款分别指定了仲裁员，有关当事方应尽力就将作为仲裁庭主席的另外一名仲裁员达成一致。如第二款项下的最后一名仲裁员被指定30日后，有关当事方未能就仲裁庭主席人选达成一致，则应请求世界贸易组织(WTO)总干事来指定仲裁庭主席，且争端当事方应接受此种指定。若总干事为一争端当事方的国民，则副总干事或其他非任何争端当事方国民的次级别官员应被请求进行此种指定。若一争端当事方并非WTO成员，则争端当事方应请求国际法院院长指定仲裁庭主席，争端当事方应接受此种指定。若院长是一争端当事方的国民，则副总院长或其他非任何争端当事方国民的次级别官员应被请求进行此种指定。

四、仲裁庭组成的日期，为依照第三款指定主席的日期，或在独任仲裁员的情况下为第六条中规定的收到请求后的第30日。

五、若依照本条所指定的仲裁员辞职或者不能履行职责，继任仲裁员的选任应与最初仲裁员的指定方式相同，且继任仲裁员应享有最初仲裁员的权力和义务。在选任继任仲裁员期间，仲裁庭的工作应当中止。

六、被指定作为仲裁庭成员或者主席的人选，应在法律、国际贸易、《框架协议》涵盖的其他事项、或者国际贸易协议争端的解决方面具有专门知识或经验，并且仅在客观、可靠、公正和独立的基础上严格选任。此外，主席不应为任何争端当事方的国民，且不得在任何争端当事方的境内具有经常居住地或者为其所雇佣。

七、若根据本协议的规定，设立仲裁庭审查某事项，但由于某种原因该原仲裁庭不能进行审查，则应根据本条设立一新的仲裁庭。

第八条　仲裁庭的职能

一、仲裁庭的职能是对审议的争端作出客观评价，包括对案件事实及《框架协议》的适用性和与《框架协议》的一致性的审查。如仲裁庭认定一措施与《框架协议》的规定不一致，则应建议被诉方使该措施符合该规定。除其建议外，仲裁庭还可就被诉方如何执行建议提出办法。在其调查结果和建议中，仲裁庭不能增加或减少《框架协议》所规定的权利和义务。

二、仲裁庭应具有下列职权范围，除非争端当事方在仲裁庭组成之后20天内另有议定：

"按照《框架协议》有关规定，审查(争端方名称)提交仲裁庭的事项，并提出调查结果和《框架协议》规定的决定和建议"。仲裁庭应就争端当事方引用的《框架协议》有关规定进行专门说明。

三、依照上述第六条设立的仲裁庭：

(一)应定期与争端当事各方进行磋商，并为达成双方满意的解决方法提供充分机会；

(二)应根据《框架协议》和对争端当事各方适用的国际法规则作出裁决；及

(三)应在其裁定中说明事实和法律方面的调查结果及其理由。

四、仲裁庭裁决为终局，对争端各当事方有约束力。

五、仲裁庭应基于一致作出裁决；如果仲裁庭不能取得一致，则应依照多数意见作出裁决。

六、除第六条第二、三和四款以及第九条规定的事项外，仲裁庭经与争端各当事方磋商，应规范仲裁庭有关当事方权利和其审议的程序。

第九条　仲裁庭程序

一、仲裁庭的会议不公开。争端各当事方只有在仲裁庭邀请时方可出席会议。

二、实质性会议的地点应由争端各方协商一致来确定，如果不能达成一致，则第一次实质性会议在被诉方首都举行，第二次实质性会议在起诉方首都举行。

三、在与争端各当事方磋商后，仲裁庭应尽快且只要可能，在仲裁庭组成后的15日内，确定仲裁程序的时间表。在确定仲裁程序的时间表时，仲裁庭应为争端当事方提供充分的时间准备各自的书面陈述。仲裁庭应设定争端各方提交书面陈述的明确期限，各方应遵守此最后期限。

四、仲裁庭的审议和提交仲裁庭的文件应保密。本条的任何规定不妨碍一争端方向公众披露其自身立场或其书面陈述；一争端方应将另一争端方提交仲裁庭、并由该提交方指定为机密的信息按机密信息对待。如一争端方向仲裁庭提交其书面陈述的保密版本，则应任一争端方的请求，该争端方应提供一份其书面陈述所含信息的可对外公布的非机密摘要。

五、仲裁庭应遵守本协议附件1中的有关仲裁的规则和程序，除非仲裁庭在与争端各方磋商后另有决定。

六、仲裁庭报告应在争端各方不在场的情况下，按照提供的信息和所作的陈述起草。仲裁庭的审议应当保密。仲裁庭报告中仲裁员个人发表的意见应匿名。

七、在考虑书面陈述、口头辩论及其他提交的信息后，仲裁庭应向争端方提交一份报告草案，包括有关争端事实和争端各方争议的描述部分以及仲裁庭的调查结果和结论。在报告最终完成前，仲裁庭应给予争端方充分机会来审查整个报告草案，并在最终报告中包括对争端方评论的讨论情况。

八、仲裁庭应在其组成的120天内向争端方散发最终报告。在紧急案件中，包括涉及易腐货物的案件，仲裁庭应力求在其组成的60天内将其报告散发各争端方。如仲裁庭认为不能在120天内散发最终报告，或在紧急案件中不能在60天内散发报告，则应书面通知争端方延迟的原因和散发报告的估计期限。自仲裁庭组成至报告散发争端方的期限无论如何不应超过180天。

九、仲裁庭的最终报告在散发争端方的10天后，成为公开文件。

第十条　第三方

一、任何对仲裁庭审议的争端有实质利益并且已将其利益书面通知争端当事方和其他缔约方的缔约方，应享有向仲裁庭提交书面陈述的机会。这些书面陈述也应提交争端各当事方，并应反映在仲裁庭报告中。

二、第三方应收到争端各方提交仲裁庭首次会议的书面陈述。

三、如第三方认为仲裁庭程序所涉及的措施造成其根据《框架协议》项下的利益丧失或减损，则该缔约方可援引本协议项下的正常争端解决程序。

第十一条　程序的中止和终止

一、如争端各方同意，仲裁庭可在任何时间中止其工作，期限不超过12个月。在中止后，根据争端任何一方的请求，仲裁程序即应恢复。如仲裁庭的工作已经中止12个月以上，则设立仲裁庭的授权即告终止，除非争端各方另有约定。

二、在最终报告散发前，如形成双方满意的解决方法，则争端当事方经一致同意可终止仲裁庭程序。

三、在仲裁庭作出裁决前，在程序的任何阶段，仲裁庭可建议争端当事方友好解决争端。

第十二条　执行

一、被诉方应通知起诉方关于其执行仲裁庭建议和裁决的意向。

二、如立即遵守仲裁庭建议和裁决不可行，被诉方应有一合理的执行期限。被诉方应在合理期间内执行仲裁庭的建议。合理期间应由争端当事方一致确定，如争端各方未能在仲裁庭报告散发后的30天内就合理期间达成一致，只要可能，争端任何一方可以将此事项提交原仲裁庭审查。经与争端各方磋商，仲裁庭应在该事项提交其审查的30日内确定合理期间。如仲裁庭认为其不能在该期间内提交报告，仲裁庭应书面通知争端当事方迟延的原因，并不得晚于该事项提交其审查的45日内提交报告。

三、若在第二款所指的合理期间内是否存在为遵守仲裁庭建议所采取的措施或此类措施是否与《框架协议》相一致的问题上存在分歧，只要可能，此争端应提交原仲裁庭加以决定。仲裁庭应在该事项提交其审查的60日内向争端当事方提交报告。如仲裁庭认为其不能在该期间内提交报告，仲裁庭应书面通知争端当事方迟延的原因，并不得晚于该事项提交其审查的75日内提交报告。

第十三条　补偿和中止减让或利益

一、补偿和中止减让或利益属于在建议和裁决未在合理期限内执行时可获得的临时措施。但是，无论补偿还是中止减让或利益均不如完全执行建议以使一项措施符合框架协定。补偿是自愿的，且如果给予，应与《框架协议》相一致。

二、如在第十二条第二款的合理期限内，被诉方未能使被认定与《框架协议》不一致的措施符合仲裁庭建议，则该争端方如收到请求应与起诉方进行谈判，以期达成双方均可接受的必要的补偿调整协议。

三、如在起诉方请求就补偿调整进行谈判的20天内未就补偿达成双方满意的协议，起诉方可请求原仲裁庭来确定对未能使被认定与《框架协议》不一致的措施符合仲裁庭建议的争端方实施的中止减让或利益的适当水平。仲裁庭应在该事项提交其审查的30日内向争端当事方提交报告。如仲裁庭认为其不能在该期间内提交报告，仲裁庭应书面通知争端当事方迟延的原因，并不得晚于该事项提交其审查的45日内提交报告。减让或利益不得在仲裁过程中予以中止。

四、中止减让或利益应限于在《框架协议》项下、未能使被认定与《框架协议》不一致的措施符合仲裁庭建议的争端方所享有的减让或利益。该争端方以及其他缔约方应当被通知任何此类中止的开始和详细信息。

五、在考虑中止哪些减让或利益时：

（一）起诉方应首先寻求对与仲裁庭认定有违反《框架协议》或者造成丧失或损害情形的部门相同的部门中止减让或利益；

（二）如起诉方认为对相同部门中止减让或利益不可行或无效，则可寻求中止其他部门项下的减让或利益。

六、减让或利益的中止应是临时性的，且只维持至被认定与《框架协议》不一致的措施已取消，或必须执行仲裁庭建议的缔约方已经做到，或已达成双方满意的解决办法。

第十四条　语言

一、本协议项下的任何程序应以英语进行。

二、提交的用于本协议规定程序的任何文件，应为英文。如一文件的原文并非英文，则提交该文件用于本协议规定程序的一方应提供其英文翻译。

第十五条　费用

一、争端任何一方应负担其指定的仲裁员的费用，以及其自己的花费和法律费用。

二、仲裁庭主席的费用以及其他与程序进行有关的费用，应由争端当事方平均承担。

第十六条　修订

经缔约方书面一致同意达成修正，可对本协议的规定进行修订。

第十七条　交存

对东盟而言，本协议应交存于东盟总干事，且其应迅速地向每一东盟成员国提供经核准的副本。

第十八条　生效

一、本协议经缔约方代表签署后，于2005年1月1日生效。

二、缔约方应于2005年1月1日前完成本协议生效的国内程序。

三、如一缔约方未能于2005年1月1日前完成本协议生效的国内程序，则该缔约方在本协议项下的权利和义务，自其国内程序完成之日起开始。

四、一俟本协议生效的国内程序完成，一缔约方应通过外交渠道通知其它缔约方。

本协议于2004年11月于万象签订，一式两份，每份均用中文和英文写成，两种文本同等作准。